NOUVEAUX MÉLANGES

D'ARCHÉOLOGIE

D'HISTOIRE ET DE LITTÉRATURE

SUR LE MOYEN AGE

« Codices..., ut senex potui, sub collatione priscorum codicum amicis ante me legentibus, sedula lectione transivi. »

(Cassiodor., *Institut divinar. littera-rum* præfat. (Opp. t. II, p. 538.)

NOUVEAUX MÉLANGES

D'ARCHÉOLOGIE

D'HISTOIRE ET DE LITTÉRATURE

SUR LE MOYEN AGE

PAR LES AUTEURS DE LA MONOGRAPHIE DES VITRAUX DE BOURGES
(CH. CAHIER et FEU ARTH. MARTIN, DE LA Cie DE JÉSUS)

COLLECTION PUBLIÉE PAR

LE P. CH. CAHIER

BIBLIOTHÈQUES

PARIS

LIBRAIRIE DE FIRMIN-DIDOT ET Cie

IMPRIMEURS-LIBRAIRES DE L'INSTITUT DE FRANCE, RUE JACOB, 56

1877

Droits de traduction et de reproduction réservés.

AVANT-PROPOS.

uoique j'eusse à peine rencontré un instant le P. Arthur Martin lorsque s'imprimaient pour la première fois les pages qui ont servi de base principale à ce volume, le nom de cet ancien collaborateur ne pouvait être absent de mon titre. C'est lui, artiste infatigable, qui réunissait, exécutait même de sa propre main presque tous les ornements dont s'enrichira mon ouvrage pour le public d'aujourd'hui. Sans son aide encore subsistante, ces écrits ne donneraient aux amateurs du moyen âge que

> « Exesa... scabra rubigine pila,
> Aut...... galeas pulsasset inanes;
> Grandiaque effossis..... ossa sepulcris. »

Grâce à lui, je puis exhumer des restes beaucoup moins décharnés et rudes. Ses gravures sur métal, ou dessinées de sa main sur bois, effaceront un peu la rouille de mon érudition trop bornée aux vieux textes (et même pas toujours assez vieux). Je serai donc moins désossé, ou moins réduit à l'état de squelette, que ne le comportaient mes premiers plans; et quelque vie des temps passés animera ces pages rétrospectives, qui eussent pu rester bien mornes sans un peu de souffle emprunté aux gens dont je plaidais la réhabilitation posthume. Nous continuons donc passablement à cheminer de conserve, et je ne veux pas du tout déguiser le secours qu'il persiste à me prêter ainsi depuis sa mort.

Cela étant, il ne saurait être inutile de revenir sur les critiques qu'on nous a décochées à tous deux. J'y suis pour ma bonne part et ne prétends pas qu'on ait toujours eu tort. Bien plus, comme j'avais paru un peu brusque dans une réponse imprimée en tête du troisième volume de cette série, ce peut être l'occasion de revenir sur ce que je disais alors au sujet d'un critique voilé d'abord par l'anonymat, et qui combat maintenant à découvert (*Revue critique d'histoire...*, mars 1876). Il ne m'épargne guère quelques petites maussaderies dont je ne serais pas toujours embarrassé[1]; mais je dois lui rendre cette justice qu'il me redresse à bon droit,

---

[1]. A la page 208, par exemple, on suppose que j'ai cru voir quelque parti pris dans l'article de septembre 1874 (même revue). Que ce soit une erreur, je ne dis pas non; mais j'étais à l'aise pour supposer ce qu'il me plairait avec un auteur qui ne signait pas, tant d'hommes écrivant aujourd'hui plus que jamais sous l'empire de préjugés misérables

au sujet du *Sacramentaire* de Drogon (II⁰ volume des *Nouveaux Mélanges*, p. 120). Ce qu'il dit semble tout à fait d'accord avec l'indication tracée par le P. A. Martin sur son esquisse, et que j'avais écartée par trop de hâte. Satan y porte un costume qu'on pouvait bien prendre pour désignation de bergers syriens. Ce sera mon excuse quelconque. Je n'en remercie pas moins M. R. de Lasteyrie, pour avoir donné raison en ce point à mon ancien collaborateur dont je n'ai pas toujours pris l'avis comme définitif. Cette initiale curieuse pourra désormais être bel et bien restituée au premier dimanche de carême (*Deus qui ecclesiam tuam quadragesimali observatione purificas*, etc.), et se rapporter à l'Évangile du jour qui raconte les tentations de Notre-Seigneur dans le désert. Ce n'est pas d'une clarté entièrement éblouissante, mais c'est plus que probable, et je m'y range volontiers.

Pour le reste, que je sois philologue ou non (puisqu'on me dénie ce titre que je n'avais ni postulé ni affiché), peu importe. J'avais au moins commencé dès 1841 à préparer la publication de textes normands et picards sur un manuscrit de Wace à l'Arsenal, lorsque l'*École* même *des Chartes* ne poussait pas encore extraordinairement ce genre d'études. Si j'avais adjoint à mes publications du Bestiaire français (en prose et en vers) un petit lexique relevant parmi ces bizarres opuscules bien des mots oubliés, on eût peut-être tenu un peu plus compte de mes glanures; car il s'y rencontrait certaines expressions que nos dialectes du nord ont laissé perdre depuis le xɪɪɪ⁰ siècle et que des travailleurs célèbres n'ont pas signalées, même depuis mes Bestiaires[1]. Mais je n'ai pas voulu y prendre d'autre rôle que celui

qui courent les rues ou même les revues! Et combien est-il d'esprits sachant se soustraire au pitoyable code qui régit si grand nombre de contemporains? Rien ne me disait clairement que j'eusse affaire à une intelligence d'élite qui se permit d'avoir ses idées propres. Cette valeur est devenue assez rare pour que je ne fusse pas tenu à la deviner chez qui m'abordait en *domino* comme dans un bal masqué. Ne pouvait-on lui répondre alors comme au premier venu? Or, le premier venu manque de titres à passer pour un esprit indépendant; il lui faut des garanties préalables, vu l'état actuel de notre monde.

Je ne sais plus quel médecin anglais de ce siècle-ci (ou peu s'en faut) disait dans ses mémoires : « L'anatomie bien apprise m'avait convaincu, dès ma jeunesse, que l'homme a été fait par son créateur pour l'attitude verticale; mais, après avoir longtemps vu la société, je me suis mis à croire que l'homme moral s'accommode merveilleusement d'une vie habituelle de quadrupède, voire même de reptile. » Veut-on, à l'appui de ce sarcasme britannique, un témoignage d'un Français encore vivant il y a quelques mois? M. Eug. Fromentin, pour le monde des artistes, imprimait tout récemment (*Revue des Deux-Mondes*, mars 1876, p. 121, sv.) sa théorie expérimentale sur la faculté que possède notre espèce de vivre à quatre pattes et à plat ventre. « Faut-il le dire? Avec tous ces airs rebelles, l'esprit humain au fond n'est qu'idolâtre. Sceptique, oui, mais crédule ; son plus impérieux besoin est de croire, et son habitude de se soumettre. Il change de maîtres, il change d'idoles; sa nature sujette persiste à travers tous ces renversements.

« Il n'aime pas qu'on l'enchaîne, et il s'enchaîne. Il doute, « il nie; mais il admire, ce qui est une des formes de la foi; « et, dès qu'il admire, on obtient de lui le plus complet aban-« don de cette faculté du libre examen dont il prétend être si « jaloux...... Sans examiner de trop près si ses préférences « (*artistiques*) sont toujours rigoureusement exactes, on ver-« rait du moins que l'esprit moderne n'a pas une si grande « aversion pour le convenu ; et l'on découvrirait son secret « penchant pour les dogmes, en apercevant tous ceux dont « il a bien ou mal semé son histoire. Il y a, semblerait-il, « dogmes et dogmes. Il y a ceux dont on s'irrite, il y a ceux « qui plaisent et qui flattent... On admire, on crie au grand « homme, au chef-d'œuvre; et tout est dit. De l'inexplicable « formation d'une œuvre tombée du ciel, personne ne s'oc-« cupe. Et, grâce à cette inadvertance, qui régnera sur le « monde aussi longtemps que le monde vivra, le même « homme qui fait fi du surnaturel, s'inclinera devant le « surnaturel sans paraître s'en douter. Etc. »

D'après ces diverses données, qui me disait à moi que je ne rencontrasse pas dans la *Revue critique* un personnage à vau-l'eau, comme tant d'autres? Si je me suis trompé cette fois, j'en suis fort aise pour la curiosité du fait; et l'on sera toujours sûr de me faire plaisir par la nouvelle *motivée* qu'il y ait encore des hommes ne se piquant pas trop de descendre directement du singe.

1. Témoin, par exemple, l'ancien mot picard au xɪɪɪ⁰ siècle (et encore castillan) *escoupir*, dont la trace persiste jusqu'à nos jours dans le dialecte populaire du Porentruy sous la forme *étieupé*. Ce ne sauraient être assurément les Espa-

d'un travailleur honnête qui ne s'en fait pas accroire. C'étaient simples matériaux, non théories ou visées doctrinales présentées de façon autoritaire. Je l'avais dit bien formellement d'avance (*Mélanges*, A, t. II, p. 92, 99; et C, t. III, p. 43). Aussi, quand je reprenais ma vieille copie de l'Arsenal pour une verrière de Saint-Nicolas (*Revue critique...*, 1876, p. 211, sv.), mon but n'était point de lutter en *philologie* médiévale contre M. Delius. Il ne s'agissait que de donner un ancien texte (fort inférieur, si l'on veut), qui pouvait éventuellement figurer comme pièce aux débats. Tel philologue très-autorisé ne m'en a pas blâmé plus que de raison, voyant sans doute que je n'arborais point de prétentions outrecuidantes. D'ailleurs il faut bien que je l'avoue, pour ne pas prendre des airs de fatuité qui ne conviennent plus à la la vieillesse. Déclarons humblement que je garde le coin du feu depuis beaucoup de mois, sans pouvoir visiter les bibliothèques pour vérifier les cotes nouvelles du catalogue, sans reprendre en sous-œuvre un examen critique des manuscrits, ou consulter même les imprimés que je n'ai pas sous la main. Voilà donc qui est entendu, et je ne me pose pas du tout comme prêt à exhumer des documents très-nouveaux dans l'état où l'âge m'a mis[1].

On me donne à entendre aussi que je suis un peu baroque pour le style. Au cas où cela voudrait dire que je ne sache pas le français, je ne laisserais pas d'en être humilié; si c'est autre chose, mes soixante-onze ans sonnés n'offrent guère d'espoir pour une amélioration future. Mais enfin il y a place au soleil pour divers genres, classes, etc., etc.; et les joailliers ne font pas fi d'une perle *baroque*, malgré sa forme insolite. L'Espagne possédait au commencement de notre siècle un vieux dominicain (Alvarado, je crois, qui n'a pris devant le monde que le nom d'*El filosofo rancio*). Je ne me souviens guère qu'il ait annoncé dans ses volumes castillans aucune intention littéraire pour emboîter le pas derrière Solis, Cervantes, sainte Thérèse, Quevedo, etc.; mais, puisqu'il a fait lire à bon nombre de ses compatriotes les enseignements qu'il voulait leur inculquer pour les besoins du temps, que lui deman-

gnols qui auront porté dans les terres romandes de l'évêché de Bâle une expression si quotidienne, pas plus que le Beauvoisis de Philippe-Auguste ne le devait aux *tercios* de l'Artois ou de Doullens et du Santerre (XVIᵉ siècle).

1. Si peu philologue qu'on me permette de l'être, il me semble que l'étymologie et le véritable sens du mot *critique* est souvent méconnu par plus d'un qui prend ce titre. N'est-ce pas à dire un juge? mais un juge qui prononce d'après l'équité, sans adopter *à priori* le *maximum* de la peine requis par l'accusateur public. Plus d'un critique français d'aujourd'hui paraît croire qu'il lui perd un moyen d'avancement s'il n'écrase pas le prévenu; et ce prévenu (accusé, intimé, etc.) sera quiconque se présente de façon quelconque au parquet d'un journal ou d'une revue, soit par lui-même soit par son éditeur. Est-ce bien ce que nos pères (sauf l'école voltairienne, époque du persiflage) appelaient la critique? Un juge peut sans doute croire qu'il lui convienne de passer pour supérieur aux allégations des plaidoiries; mais généralement il s'en tient à des motifs sommaires connus par tout le monde, et qui (le code aidant) ne seront pas trop sujets à discussion, sauf quelque vice de forme. Les critiques, eux, admettent peu l'appel à une cour supérieure. Chez nous, sauf recommandation particulière, ils paraissent çà et là poser comme grondeurs attitrés, ou bien comme hauts-justiciers prononçant en dernier ressort; ce qui ne manque pas d'un certain sans-gêne, mais ne réussit pas moins, grâce à la puissance de l'affirmation formulée intrépidement. Aussi m'est-il advenu de voir plus d'une honnête personne fort horripilée pour avoir entendu dire quelque proposition en désaccord avec ce qu'on avait lu huit ou quinze jours avant, dans le recueil autorisé au logis. Et l'on se gendarme contre l'infaillibilité dogmatique du successeur de saint Pierre, en matière de foi!

Or, je ne demande pas du tout que les comptes-rendus soient réduits au rôle de louanges banales qu'on se décerne volontiers dans une coterie; mais pourquoi aussi deviendraient-ils une censure autoritaire qui daigne à peine donner ses raisons, ou passe outre comme en questions indiscutables qui se trancheraient du premier coup? Des reproches mitigés ne valent guère mieux; et il semble qu'entre les deux voies on pourrait tracer une route moyenne, qui ne serait ni invective ou taquinerie avec qualifications maussades, ni blâme hautain et moqueur, ni fadaises d'un panégyrique de convention.

deriez-vous de plus? Il en sera quitte pour ne pas prendre rang au *Parnasse espagnol* des prosateurs, à quoi son zèle doctrinal n'aspirait peut-être point du tout. L'utilité aura fait toute son ambition, ce qui est fort excusable si un académicien de Madrid ne le jugeait pas assez *puriste* en fait de langage suffisamment *culto*.

D'autres ne m'ont pas épargné les critiques çà et là; et je ne leur en discute pas le droit; mais, comme ils m'adressent surtout des éloges, je dois les en remercier sans chicane. M. R. de Lasteyrie (quant à sa *seconde manière*) peut se regarder comme compris lui-même entre les remercîments que j'adresse aux comptes-rendus d'Angleterre, de Belgique, de Suisse et de France par cette seule ligne; sans exclusion de feu L. Pannier, dont l'aigreur était fort modérée dans la *Revue archéologique*.

Il ne m'est pas revenu que l'Allemagne y ait pris aucune part, soit laudative, soit dénigrante, quoiqu'il se trouvât dans nos volumes assez d'objets propres à l'intéresser pour son histoire[1]. Ce peut être dû à quelque mot d'ordre, comme la *conspiration du silence*; espèce de guerre que, Français et catholiques, nous avons tout lieu de suspecter chez les Teutons de nos jours[2]. Ne m'est-il pas arrivé en 1873 (à peu près) de rencontrer un récent in-4° allemand sur les

---

1. Si bien que les gens d'Hildesheim ont publié photographiquement (chez Bædeker) une partie de leur trésor depuis que nous en avions imprimé diverses pièces en dimension beaucoup plus grande (*Nouveaux Mélanges*, t. III, *passim*), et avec un texte qui ne laissait pas d'en expliquer le sens dans plusieurs cas. Ce n'est pas à dire que je prétende avoir seul attiré l'attention des Hanovriens sur leur belle collection d'orfèvrerie ecclésiastique; mais ils auraient absolument pu entendre parler de ce que le P. Arthur Martin et moi avions donné à ce sujet en maintes circonstances. L'ouvrage de M. J.-M. Kratz (1840) n'en offrait qu'une idée assez maigre, malgré un zèle estimable auquel je rends volontiers hommage; car je ne vois pas pourquoi on étoufferait ses voisins ou prédécesseurs, et n'avais pas attendu jusqu'à ce jour pour le citer avec un certain tribut d'éloge.

2. Convenons aussi que, très-peu liseur de journaux, j'aurai bien pu ignorer ce qui s'imprimait, à Paris même, sur mon compte. Presque tout ce qui est arrivé sous mes yeux ne vient que de communications obligeantes faites par des tierces personnes. Si les aristarques voulaient bien adopter que la critique de riposte eût aussi quelque chose à leur dire, il pourrait être loyal que l'inculpé reçût communication du débat porté par eux en audience soi-disant publique (dont plusieurs incriminés ne se doutent guère). Dans l'état actuel des opinions, qui nous divisent chaque jour davantage, injustice et âcreté doivent être prévues tout naturellement. On aura donc grand tort de supposer qu'un homme qui écrivait en son âme et conscience sur des questions par lui passablement étudiées, se tienne ensuite à l'affût pour épier ce que par hasard pourraient en dire d'autres: peut-être sans y avoir consacré de bien longues heures; mais par antipathie préconçue, sur la consigne d'un parti, et même par simple fantaisie d'arbitre amateur qui se constitue *expert* définitif (sans recours interjetable).

attributs des saints, où mes deux gros volumes de 1866-67 (*Caractéristiques des Saints dans l'art populaire*, encore plus in-4°) ne sont pas censés avoir jamais vu le jour? J'en adresse mes compliments... de condoléance à l'auteur germanique, puisqu'il est d'un pays où l'on veut passer pour être fort en bibliographie (*Literatur*). Peut-être, cependant, que son prédécesseur welche aurait eu par hasard de quoi épargner à cet inventeur tardif bien des recherches et plus d'une bévue. On n'a pas daigné croire que ce fût possible, tout en se mêlant d'études ardues où les populations de la droite du Rhin ont quelque besoin de nous autres Français et Belges à plus d'un titre (ne leur en déplaise!) :

« Non ragioniam' di lor, mà guarda e passa. »

Au surplus, je ne prétends en aucune façon connaître tout ce qui aura pu être publié à l'occasion de mes travaux récents ou anciens, dans l'isolement où je vis confiné à cette heure. Rien d'étonnant non plus si un aristarque de parti pris glisse aisément sur les qualités, pour appuyer d'autant sur les défauts. Mais qui n'a pas de défauts, et pourquoi les charger si une autre face peut être mise aussi en lumière? La perfection n'est pas tellement commune qu'on puisse la requérir habituellement comme denrée exigible chaque jour.

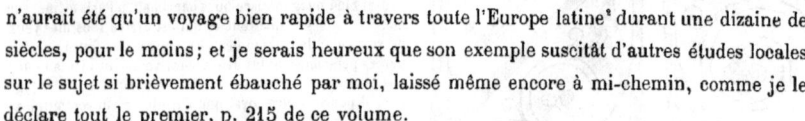

n mien confrère qui a déjà publié ou réédité avec soin et additions des ouvrages sérieux du XVII° et du XVIII° siècle[1], et que j'excitais depuis des années à montrer enfin ses propres travaux, a bien voulu m'offrir un complément pour ce volume. C'est lui qui donne ici, en manière d'appendice, un travail sur l'Espagne du haut moyen âge; et je désire que ce lui soit un commencement pour livrer au public plus d'un ouvrage qu'il conserve en portefeuille trop longtemps. Sa monographie régionale, à la fin de ce volume, pourra corriger ce qu'il y avait d'insuffisamment neuf et de trop vague dans mon livre qui, sans lui, n'aurait été qu'un voyage bien rapide à travers toute l'Europe latine[2] durant une dizaine de siècles, pour le moins; et je serais heureux que son exemple suscitât d'autres études locales sur le sujet si brièvement ébauché par moi, laissé même encore à mi-chemin, comme je le déclare tout le premier, p. 215 de ce volume.

Ainsi se compléterait, avec le temps, une réponse définitive à maintes faussetés outrageu-

---

[1]. Theologia virceburgensis. — Kilber, *Analysis biblica*. — Nicolas Perrot, *Mémoires sur les... sauvages de l'Amérique septentrionale* (Bibliotheca americana, 1864); sans compter divers articles semés çà et là. Mais je lui connais des réserves que je voudrais voir entrer en ligne.

[2]. Ce mot *latine* est pour indiquer la quasi-exclusion donnée ici à l'Église grecque se qualifiant d'*orthodoxe*, c'est-à-dire séparée des successeurs du prince des apôtres. Mais on doit comprendre que, jusqu'au XVI° siècle, l'Église romaine (avec ses Ordres religieux) embrasse toutes les races germaniques et une grande portion de la Slavie; à plus forte raison, les Magyars, chez qui le latin était devenu langue d'État (ou législative). La Russie pourrait également y être un peu comprise, même après Michel Cérulaire.

ses qui ont abusivement couru les livres, et dont commencent à se lasser les hommes sérieux. M. Ambroise Firmin-Didot, par exemple, tout fils qu'il était du siècle de Voltaire, n'admet pas à Renouard le droit d'inculper les moines (*in globo*) pour la perte des manuscrits anciens qui ne sont pas venus jusqu'à nous. Or il écrivait cela dans son dernier livre (*Alde Manuce....*, 1875, p. 357). Heureux qui ne prolonge sa vie que pour se rendre chaque jour plus indépendant des préjugés recueillis à la légère sur la route des prétendus axiomes frayée par une mode aussi impérieuse qu'aveugle!

Le supplément hispanique par lequel se complète mon volume, en fera beaucoup moins une quasi-répétition d'ouvrage imprimé déjà précédemment; et servira d'excuse très-suffisante, pour cette fois, au défaut de répertoire alphabétique réclamé çà et là dans les comptes rendus de mes livres. Ailleurs, peut-être, cette abstention sera expliquée si Dieu me prête encore vie et santé. Aujourd'hui sa légitimité paraît évidente; mieux valait, ce semble, multiplier les matériaux que de les étaler par le menu en prêtant au soupçon de gloriole qui veut se faire valoir par ostentation vaniteuse.

Hommes et œuvres seront passablement représentés dans mon travail et dans celui de ce nouveau collaborateur, par les listes de bibliophiles anciens, de calligraphes et miniateurs, que nous ne prétendons pas donner au complet, car j'en rencontre encore chaque jour. On y pourra du moins trouver des points de repère utiles pour l'histoire littéraire, et nous ne prétendions pas davantage. Sans nous donner l'air de dire précisément, ni l'un ni l'autre :

« Oyez une merveille, »

nous croyons avoir rendu service à des études qui pourront se développer utilement sur la voie ici tracée. Des successeurs futurs condenseront mieux les documents et les multiplieront; soit! Nous les y convions, et applaudirons de grand cœur à leur réussite qui était notre vœu; trop heureux même d'avoir suscité ce progrès auquel nous travaillons courageusement jusqu'à nouvel ordre.

Comme arrivait enfin à son terme l'impression de ce volume, deux tomes posthumes de M. le comte Ch. de Montalembert sur les *Moines d'Occident* viennent d'être publiés, qui ajoutent déjà plusieurs recherches aux miennes, même sur le terrain que j'avais choisi et parcouru avec attention il y a trente-huit ans. Elles devancent en outre quelques-unes de celles que je tenais en réserve pour l'avenir douteux qui m'a fait défaut, lorsque je me permettais d'y tailler d'avance en plein drap[1]. Mais je n'ai pas à faire l'éloge de ce travail d'autrui si

---

[1]. Cf. *Infra*, p. 215, sv.; croquis d'une continuation jadis échafaudée provisoirement pour mener à meilleure fin ce mémoire, lorsque je ne prévoyais pas les interruptions qui ont fait dévier mes études depuis lors. J'y fixais, sans plus, une espèce de canevas tissé à l'aise où devaient se caser avec ordre les notes et aperçus nés de lectures quotidiennes, d'observations progressives, etc.; et qui aurait pu se modifier plus tard.

bien recommandé par ses antécédents et sa propre valeur, d'autant que l'illustre écrivain m'y donne des louanges qui pourraient passer pour avoir enflé mon admiration envers lui. L'ayant très-peu flatté, ou même fréquenté de son vivant, il ne me sied plus que de remercier Dieu pour ce que j'aurais suggéré par hasard de projets ou de chapitres à un homme si ostensiblement et si véritablement catholique, quoi qu'on ait pu dire de lui sous certains prétextes que je n'ai pas à discuter en ce moment. Ses assertions, si bien autorisées, s'accordaient trop avec les miennes pour me permettre de passer ce grand nom sous silence. Car grand nom, ce l'est à coup sûr pour notre siècle, qui n'en compte pas beaucoup de cette lignée-là ; et je ne pense pas que, tout bien pesé, la postérité loyale me démente jamais en ce point. Sans en faire précisément un saint ou un sage accompli, il doit être permis d'affirmer que ses quelques défauts semblent imputables à des influences étrangères subies çà et là par une amitié trop confiante, mais que ses hautes et rares qualités sont bien siennes ; et donnent, à vrai dire, la note tout à fait dominante de sa belle vie dont c'est la réelle unité, le fond véritable sans conteste. C'est aussi ce qui en restera par-dessus tout, pour son perpétuel honneur.

C. C.

NOUVEAUX MÉLANGES

D'ARCHÉOLOGIE

D'HISTOIRE ET DE LITTÉRATURE

BIBLIOTHÈQUES DU MOYEN AGE

INTRODUCTION.

Le fond du volume que voici date de 1834, à vrai dire. Mes condisciples de théologie pourront attester ce que j'en affirme ; et plusieurs vivent encore, parce que, chez nous, la théologie est affaire des vingt-six ou vingt-huit ans.

Tous les mois, outre un exercice public de théologie dogmatique, trois ou quatre élèves devaient lire une dissertation sur l'Écriture sainte, l'histoire de l'Église, la liturgie et le droit canon. L'on ne devenait pas docteur pour cela ; la tâche étant donnée presque à tour de rôle d'après le choix du préfet d'études, et les véritables examens portant sur la théologie toute pure ; mais c'était un coup d'éperon quasi perpétuel qui faisait comprendre à tous ce qu'il y a de points curieux dans les sciences ecclésiastiques, si on en creuse un peu la surface première.

Il m'arriva donc d'être chargé d'un mémoire sur les bibliothèques du moyen âge ; et j'avais rassemblé des matériaux qui dépassaient beaucoup la mesure d'une dissertation à lire durant trois quarts d'heure environ, tandis que j'aurais pu remplir aisément une demi-journée (pour le moins) avec la mise en valeur de ces premières glanures dans le champ du moyen âge monastique.

Plus tard, vers 1838, il me sembla que l'on continuait encore beaucoup trop à nous répéter les phrases convenues sur l'ignorance monastique et les ténèbres du moyen âge. M. Libri venait de recommencer cette indélébile ritournelle, et je ne me sentis pas d'humeur à laisser perpétuer des vieilleries si outrageuses. Les études médiévales devenaient assez à la mode, mais pour l'art beaucoup plus que pour le reste ; et il était encore bien entendu qu'abbayes ou couvents, moines ou religieuses, ne devaient guère en bénéficier. Je repris alors sous œuvre mon brouillon grossoyé dans le Velay, où trop peu de livres étaient à ma disposition pour des recherches définitives ; et M. Bonnetty voulut bien accueillir cet essai dans les *Annales de philosophie chrétienne*. Là, presque chaque mois jusqu'à l'automne de 1839, le sujet alla se développant petit à petit ; si bien que d'autres occupations impérieuses, survenues ensuite, n'en permirent pas l'achèvement projeté d'abord. Aussi le mémoire ou volume interrompu est-il demeuré à l'état primitif dans le recueil qui avait abrité ses fragments successifs durant plus d'une année. Quelque journal d'alors (surtout en province) et plusieurs hommes sérieux depuis témoignèrent le désir de voir réimprimer ces articles en un volume.

Or de tels suffrages où mon intervention n'avait aucune part, puisque j'en connais à peine aujourd'hui un ou deux votants, n'étaient pas dus aux sympathies personnelles pour l'auteur qui se tenait dans l'incognito le plus simple. Ne jouissant d'aucune notoriété qui pût ajouter quelque valeur aux preuves alléguées dans le débat, et ne sachant si mes supérieurs entendaient me donner la tâche d'écrivain, je signai tout bonnement par une anagramme de mon vrai nom. Puis la monarchie de juillet, avec ses plus zélés adhérents, se souciait généralement peu d'entendre même nommer les jésuites ; en sorte qu'il était bon de cheminer avec modestie sous ce régime si libéral.

Les *Annales de philosophie chrétienne*, qui s'imprimaient en Champagne sur une seule épreuve d'auteur, s'avisèrent de clore mon anagramme par un *y* (pour Acheri, qui était la vraie signature du premier article) ; et cette faute typographique une fois commise, il n'y avait pas raison majeure pour faire dédire l'atelier. Je me bornai donc à prier le directeur de ne pas continuer l'enjolivement d'une telle mascarade ; et surtout de ne point laisser écrire d'Achery une autre fois, afin que je n'eusse pas l'air de m'affubler frauduleusement en bénédictin de Saint-Maur.

Voilà toute l'histoire de ma pseudonymie durant dix-huit mois, laquelle fut dévoilée ensuite à mon insu par M. Bonnetty dans ses tables, et reprise dans les curiosités bibliographiques postérieures ; en sorte que depuis assez longtemps ce n'est plus un mystère. Cette explication pouvait sembler utile après diverses paroles décochées par l'introduction du IIIe volume des *Nouveaux Mélanges* contre un anonyme de la *Revue critique* en septembre 1874.

Pour en revenir aux articles mensuels de 1838 et 1839, ils étaient alors intitulés à peu près : « Le christianisme a-t-il nui au développement des connaissances humaines ? » Gardons-en quelques traces encore çà et là, quoique ce puisse bien sembler une mauvaise plaisanterie maintenant. Que voulez-vous ? c'était assez bien porté en 1838. Depuis ce temps-là on a imprimé qu'il fallait *étouffer le catholicisme dans la boue*, on a confisqué des biens ecclésiastiques et des maisons religieuses, fusillé, emprisonné ou exilé des prêtres et des évêques ; etc. Lequel de ces procédés est le pire ? J'aime autant la violence brutale, parce qu'elle parle plus nettement, et que sa vraie mère est la subversion des esprits qui lui frayait traîtreusement le chemin sous mine de science et de littérature. A bas les masques ! et que les cœurs s'ouvrent : « Ut revelentur ex multis cordibus cogitationes (Luc. II, 35). » En attendant, et par manière d'engager tout doucement les troupes qu'on voulait conduire au feu, Espagne, France et Allemagne tiraillaient sur la *hiérarchie*, le clergé, les corporations religieuses, l'inquisition, etc. L'archevêché de Paris saccagé impunément, les assassinats au *Collège impérial* de Madrid, laissés tout aussi bien sans répression, les redites insupportables de calomnies plus ou moins usées contre l'Église dans les chaires publiques salariées par l'État, pouvaient faire croire aux braves fils de Voltaire qu'ils auraient le terrain libre désormais. On parle d'*intolérance* ; où est-elle ici, vraiment, si ce n'est chez ceux qui préparent et attisent les fureurs populaires (peut-être inconsciemment), pour se dire ensuite avec un calme absolu : « Qu'ai-je fait qui soit qualifiable d'après le Code Napoléon ? » J'ai bien connu quelqu'un (Raymond Brucker) qui avait brisé sa plume de journaliste vers 1835, en disant à ses confrères du *National,* etc. : « Je ne veux plus de ce métier. Ne voyez-vous pas que nous sommes des assassins ; et que les *machines infernales* ou coups de fusil en traître partent de nos bureaux soi-disant littéraires et purement politiques ? » Or ce n'était pas qu'il n'eût point fait le coup de feu lui-même dans les rues et jusque dans l'église de Saint-Merry ; mais c'était en émeutes, à visage découvert, en y mettant sa tête comme enjeu bien franc. Lorsque Dieu permit que la conscience de cet homme droit s'ouvrît sur les instigations homicides que des amis trop peu attentifs répandaient avec lui, la voie chrétienne se traçait déjà devant son cœur ; et il la suivit bientôt jusqu'au dernier jour de sa vie. D'autres sont moins francs ou voient moins clair.

Toutefois, revenons aux écrivains et professeurs du temps où je commençai à faire gémir la presse. Leurs procédés me semblèrent abusivement renouvelés du dix-huitième siècle, et je m'engageais à prendre la plume pour montrer que les catholiques n'étaient pas encore plus consternés que de raison par ces fadaises ressassées imperturbablement à la queue des encyclopédistes.

Quant à réaliser dès 1840 une réimpression, ou surtout un achèvement des pages qu'on voulait bien redemander, il eût fallu, pour conduire ce projet à bien, que le travail fût complété par des études ultérieures. Le temps a manqué par suite de pensers tout autres, que l'on m'imposait ; et encore aujourd'hui, où je me décide enfin à réunir ces divers morceaux jadis séparés, ils ne recevront pas le couronnement qui leur avait été assigné dès l'origine par l'auteur.

En somme, l'opuscule primitif reparaîtra ici avec un certain nombre d'additions, mais non pas remanié comme il aurait vraiment besoin de l'être. Les recherches sur le moyen âge ont accompli bien des progrès depuis 1838 ; et la *Bibliothèque de l'École des chartes* a répandu le goût de travaux beaucoup plus précis, ou pris de plus haut que l'opinion publique ne l'exigeait communément il y a une quarantaine d'années. Convenons-en avec la franchise qui est de simple justice, mais disons aussi que ces dissertations quelconques n'ont pas été inutiles à plus d'un amateur qui les a mises à profit sans indiquer la source où il puisait. Des trouvailles de vieux textes peuvent être faites par divers chercheurs, néanmoins on ne se rencontre guère si facilement à écrire de deux côtés les mêmes phrases modernes ; ce qui n'a pas empêché des applaudissements aux derniers venus. Ainsi le point de départ semblait n'être pas tout à fait à mépriser.

Ce sera pourtant (tel que c'est), une sorte de jalon pour signaler le point où se trouvait arrivée l'appréciation des manuscrits de la vieille chrétienté, lorsque parut notre essai ; puisque plusieurs personnes jugèrent qu'il s'y rencontrait beaucoup de bon, et qu'on pouvait y trouver de quoi prendre assez copieusement.

Depuis lors il a été fait, sans contredit, de grands pas en avant pour la connaissance de l'art au moyen âge ; aussi maintes balourdises en ce genre, qui se disaient et s'écrivaient encore avec aplomb doctoral il n'y a pas très-longtemps, seraient peu de mise chez nos contemporains actuels. Sur la calligraphie et la miniature claustrale principalement, le progrès des travaux chromolithographiques ne permet presque plus qu'on s'en rapporte désormais à la simple parole d'autrui ou à des traits dépouillés de toute couleur. Je serai donc d'autant plus dispensé de recourir à des planches nombreuses, comme aussi de renvoyer çà et là le lecteur à des publications importantes qui sont quasi ès mains de tout le monde, du moins à l'aide des grandes bibliothèques ; mais que je ne me suis pas cru obligé de mettre en lumière par le menu, comme on pourrait l'attendre d'un répertoire dressé par des amateurs spécialistes ou par un bibliographe décidément voué au moyen âge.

Cependant le P. Arthur Martin, dans son zèle d'ornemaniste, avait projeté, durant nos travaux communs, une collection d'initiales copiées sur les manuscrits du moyen âge; et généralement son attention s'était fixée sur l'œuvre des calligraphes de la haute époque. Peut-être voulait-il rassembler plus tard des séries moins anciennes; mais je livrerai au public ce qu'il avait déjà fait graver lui-même. Presque tout provenait principalement de la Bavière, si je ne me trompe. Pour servir d'encadrement à cette collection, qui ne comportait guère de texte, adoptons un moyen terme; ce sera de la parsemer, pour ainsi dire, dans un ensemble consacré aux *Bibliothèques du moyen âge*. Si je réussis (ce qui est fort chanceux) à trouver l'indication sûre des manuscrits copiés par mon ancien collaborateur, je me ferai un devoir d'indiquer la vraie provenance; mais il ne semble pas honnête de promettre plus qu'on ne peut tenir, ou d'affirmer ce que l'on devrait donner sous forme de doute. Or je tiens à être honnête (*honnête homme*, entendons-nous; car il se fait quelque abus de ce qui paraît confondre l'honnêteté invariable avec la politesse de pure convention).

La forme générale demeurera ce qu'elle fut d'abord, et le lecteur verra sans peine comment les idées y prirent leur place peu à peu malgré un désordre apparent. C'était le résultat d'une question soulevée par M. Libri dans son *Histoire des sciences mathématiques en Italie*, avec cette âpre hostilité contre l'Église à quoi la mode récente n'avait pas encore accoutumé le public [1] lorsque le *cléricalisme* n'était pas inventé par les journaux.

Quelqu'un pourra demander pourquoi l'on ressuscite ces vieilles querelles : ce serait faire mine de ne pas savoir qu'elles ne sont point mortes du tout, et qu'on les renouvelle chaque jour sans tenir nul compte des réponses antérieures. M. Letronne lui-même, par lequel je commençais jadis, écrivait à M. Bonnetty, sur la fin de 1838, une lettre (lue et copiée par moi) où se trouvaient ces paroles : « J'aurais beaucoup à répondre à cette réfutation, mais je serais obligé de dire des choses que vous accueilleriez difficilement dans votre recueil orthodoxe. Je réserve donc pour ailleurs une réponse générale; non pas sur ce point, mais sur un point plus étendu qui comprendra toute ma manière de voir, laquelle n'est pas aussi hérétique que ces messieurs le disent. Etc. [2]. »

En conséquence de cette promesse, je me suis ingénié de mon mieux jusqu'à la mort de M. Letronne, pour savoir si cette réponse générale avait jamais paru en quelque recueil plus ou moins orthodoxe, et il ne

---

1. L'Italie et même la France nous ont fait voir depuis lors que c'était là une simple reconnaissance de cavalerie légère, derrière laquelle se massait le corps d'armée. Il ne s'agissait apparemment que d'explorer le terrain et de tâter l'ennemi afin de voir ce que l'on pourrait frapper de bons coups au moment opportun. M. Libri a été mal récompensé par les siens pour ce zèle. Au sud et au nord des Alpes, ses plus vifs adversaires n'ont pas été précisément les cléricaux (comme on s'est mis à nommer les catholiques). Pour moi, je persiste encore à penser que plusieurs des accusations dont il a été poursuivi, ne sont pas absolument prouvées malgré le grand bruit qui s'est fait autour de ses collections bibliographiques. Que d'autres, s'ils veulent, crient l'ancien *Væ victis!* C'est une consigne qui ne me va point, quoiqu'elle passe pour venir de nos ancêtres les Gaulois. Le vieux et savant libraire M. R. Merlin était de mon avis en cela, et il avait eu lieu de peser bien des assertions présentées comme écrasantes, mais qu'il tenait pour fausses de tout point.

2. Il ajoutait que la forme de mes réfutations n'était pas toujours très-polie, mais qu'enfin chacun a sa manière. J'ignore si la manière de M. Letronne a paru polie au public de la *Revue des Deux-Mondes*; un catholique avait droit de la trouver à peu près grossière en maint passage, et l'auteur pouvait me savoir gré de n'avoir point transcrit plusieurs véritables impertinences éparses dans son opuscule. Je ne voulais relever que le fond des choses.

m'est pas arrivé d'en rien savoir. D'ailleurs, une réponse quelconque eût-elle été publiée, ces sortes de polémique ont presque toujours l'inconvénient de porter l'attaque et la défense devant des auditoires différents; d'où il arrive que chacun, lisant son journal ou sa *Revue*, tient la question pour décidée dans le sens de son parti. Et puis on nous ressasse des objections vingt fois réfutées, que l'on tient pour irréfutables! Il est donc utile que pareilles discussions sortent quelquefois des recueils périodiques pour être mises sous les yeux de ceux qui ne s'abandonnent pas aveuglément à penser comme la feuille de leur choix. On veut avoir une opinion pour son argent. Notez qu'il vient encore de nous être préconisé (*Journal des savants*, 1874, p. 404) l'*excellent travail de Letronne sur les doctrines scientifiques des PP. de l'Église*; en sorte que ce n'est pas moi qui aurai remis cela gratuitement sur le tapis à notre époque, si l'on s'avisait de me juger batailleur incorrigible.

i donc ces fragments déjà un peu vieillis reparaissent de nouveau, ce n'est pas du tout que leur auteur ne reconnaisse combien ils étaient hâtés, principalement à leur origine [1]; et que depuis lors plusieurs travaux remarquables sur les mêmes matières sont venus éclaircir davantage la question. Quant aux études du moyen âge, M. Ozanam en a parlé bien plus abondamment que moi dans ses publications diverses qui ont reçu un juste accueil. On a prêté aussi en France à M. Hurter une histoire quasi générale des institutions du moyen âge, tandis que le savant biographe d'Innocent III avait tout simplement prétendu faire comprendre les établissements contemporains de ce grand pape; comme le dit en toutes lettres le titre allemand de son livre.

Nonobstant ces progrès fort réels, venus d'ailleurs, et malgré le cercle fort restreint où prétendait s'enfermer mon ébauche, je ne la reproduis pas moins dans son ancien état à peu de choses près; me bornant quasi à citer plusieurs des nouveaux venus, pour qu'on puisse s'y référer au besoin. Ainsi, les grandes lignes du premier opuscule n'ayant pas été modifiées, il n'y avait pas de raison pour que l'ancien titre ne demeurât point ici ce qu'il était d'abord. Les diverses sections conserveront aussi leur sommaire primitif, à très-peu de chose près, pour qu'il soit bien entendu que tant de vieilles affirmations n'étaient pas demeurées sans réponse même en leur temps; quoiqu'on nous les donne encore comme définitives.

---

1. Ç'avait été l'affaire de quinze jours pour le premier article (*facit indignatio versum*), tant il était aisé de répondre à un savant fourvoyé sur le terrain théologique! Car *il y a savant et savant*, aussi bien que *fagot et fagot*. L'affaire est que chacun s'en tienne à la science qu'il connaît; hors de là, il est ignare, si patenté qu'il soit en d'autres facultés. Ne parlons tous que de ce que nous connaissons.

Certes, je ne veux point dire que M. Letronne ne puisse figurer parmi les savants qui font honneur à la France; mais s'il s'agit de déclarer qu'il savait tout, je dirai que non. Cela n'ôte rien à sa véritable valeur dans les matières qui étaient de son vrai ressort; mais qu'avait-il besoin de s'engager dans une sphère qui n'était pas la sienne? D'autres, qui ne le valent point, pourront profiter de sa mésaventure.

LE CHRISTIANISME

A-T-IL NUI AU DÉVELOPPEMENT DES CONNAISSANCES HUMAINES OU DU MOINS A CERTAINES SCIENCES?

D'un EXAMEN CRITIQUE DE LA COSMOGRAPHIE DES PÈRES, par M. Letronne. — Ses principales assertions. — Du droit de déterminer le *sens littéral* de la Bible. — Des véritables opinions cosmographiques émises par les Pères en interprétant la Genèse. — D'où vient que la Genèse elle-même se trouve mise en cause ici? — M. Letronne, sans bien s'en rendre compte peut-être, décharge l'Écriture sainte de ce que ses citations indiqueraient d'absurde. Ces absurdités, qui se contredisent réciproquement, ne sauraient pourtant avoir une source commune. Elles n'étaient point puisées dans l'*interprétation littérale* de la Bible, ni même dans la Bible, à vrai dire; et toujours d'après M. Letronne. — Ce qu'il rapporte de plus absurde n'appartient pas à des *Pères de l'Église*; et déjà était considéré comme singulier, du temps des auteurs qui l'ont avancé. Après quoi, peu importe que ces absurdités aient été données comme appuyées sur l'Écriture. — Quant aux SS. *Pères*, ils ne tranchent point si à leur aise dans l'interprétation de la Bible; aussi bien nul n'est autorisé à donner le mot de la Genèse d'une manière définitive, sur les faits scientifiques. — Résumé.

> « Quod si eos cogitemus pios celebresque viros, contra quos... peccatum sæpe fuit; præ ceteris sane dolendi sunt hoc titulo primi Christianæ Civitatis doctores, quos *Patrum* nomine compellare moris est. Nec enim eorumdem tumulis insultare haud pauci erubuerunt, primis vix labris ipsorum scripta degustantes.
>
> Winckler, *Philologemata Lactantiana*, Præfat., p. vij [1].

En lisant le mois passé (septembre 1838) un ouvrage que M. Libri vient de faire paraître sous le titre d'*Histoire des sciences mathématiques en Italie*, et où la religion est considérée généralement par l'auteur comme fatale aux études, j'ai trouvé, dès les premières pages, le titre d'un mémoire publié par M. Letronne sur la *Cosmographie des Pères de l'Église*. J'avouerai ingénument qu'assez peu curieux de journaux et de revues, j'avais à peine entendu parler de ce procès intenté aux premiers docteurs chrétiens; et, supposant qu'il ne s'agissait là que d'une des échappées théologiques de nos cours supérieurs, j'avais alors laissé passer la nouvelle sans plus m'en soucier. Mais trouvant dans un ouvrage grave, tel que celui de M. Libri, qu'on y renvoyait comme à chose jugée, et que la pièce en question existait dans la *Revue des Deux-Mondes* (15 mars 1834), je cédai à la curiosité de connaître cet article indiqué comme *très-intéressant* par mon auteur. Passant donc pour le moment du membre de l'Académie des

---

1. Notez donc que l'avis est d'un luthérien; car citer un catholique, ne serait sûrement pas bien reçu en affaires d'intérêt clérical. Aujourd'hui, plus d'un protestant ne regarderait pas de si près à l'honneur des SS. Pères.

sciences à l'académicien des Inscriptions, je me mis à lire la *Revue des Deux-Mondes*. J'eus lieu de reconnaître tout d'abord, aux nombreuses citations d'auteurs ecclésiastiques et d'écrivains allemands, que le directeur de la Bibliothèque du Roi n'avait pas dérogé, et qu'on avait fait aux Saints-Pères l'honneur de les enterrer avec quelque appareil. Toutefois ayant bien, moi aussi, une certaine connaissance de ces Docteurs, et de plusieurs moyens appelés en aide par le savant antiquaire, je ne me tins point pour dit tout ce qu'avait enseigné l'auteur aux abonnés de la *Revue*. Seulement mon examen de l'*Histoire des sciences mathématiques en Italie* se trouvait ajourné par cet examen nouveau, et je savais d'ailleurs qu'il avait été répondu à M. Letronne, par M. l'abbé Delalle. Je n'aurais donc pas manqué de revenir immédiatement à M. Libri, si son collègue de l'Institut n'eût été présenté par lui comme un important auxiliaire, dont l'appréciation, par conséquent, ne me détournait point de mon but; et s'il ne m'eût paru qu'on pouvait dire quelque chose après les lettres du théologien qui avait remarqué l'article de la *Revue* dès son apparition.

elui-ci, en homme entendu, avait compris que le titre donné par M. Letronne à son article, ne désignait pas précisément le but de l'écrivain, mais que l'attaque couvrait une feinte plus ou moins reconnue par l'auteur; qu'au fond, c'était la *Genèse* qu'on attaquait sous le nom des Pères, puisqu'après avoir bien poussé ceux-ci, on leur tend définitivement la main, en disant qu'ils étaient franchement plus à plaindre qu'à censurer, n'ayant fait réellement que commenter Moïse et l'interpréter du mieux qu'ils le pouvaient en leur âme et conscience. Répondant donc à l'intention beaucoup plus qu'aux paroles de l'académicien, M. Delalle s'occupait surtout à venger l'Écriture Sainte[1]. Mais, tout en reconnaissant la sagacité de cette polémique, un certain faible pour l'érudition ne me permettait pas de voir sans quelque chagrin tant de citations et de notes bibliographiques franchies comme d'un pas dans la réponse, de manière à faire croire que M. Letronne y avait perdu son latin (pour ne rien dire du grec et de l'allemand). Or, quel amateur de citations n'éprouverait pas un certain dépit à voir les recherches, même d'un adversaire, écartées presque sans coup férir, fût-ce du meilleur droit du monde[2]?

C'est ce qui m'a fait commencer la réponse à M. Libri par une discussion du témoignage qu'il invoque, afin de laisser aux laïques qui se donneront la distraction de traiter des matières de théologie (bien que M. Guizot ne le leur conseille point[3], ni moi non plus,

---

1. Aussi, laissant le mot de *cosmographie* employé par M. Letronne, la réponse annonce par son titre qu'elle est surtout dirigée vers la *cosmogonie*, ce qui n'est point mon but. J'en dirai seulement quelques mots.

2. Pendant que j'écrivais ceci, on m'a fait connaître une autre réponse, insérée par M. Foisset dans les *Annales de Philosophie chrétienne*, t. VIII, p. 210; article écrit avec beaucoup de mesure et de sens, mais à quoi il m'a semblé qu'on pouvait ajouter quelque chose sur la question principale et sur la manière dont elle avait été traitée par la *Revue*; attendu que M. Foisset se place surtout au point de vue historique, qui ne lui permettait point ces détails. Cet article servira donc de complément à celui qui avait déjà paru dans les *Annales de philosophie chrétienne*.

Du reste, quant à la dépense d'érudition faite par M. Letronne, n'exagérons rien. N'aurait-il pas tout simplement établi son travail presque entier d'après une notice de Fabricius (*Bibliothec. græc.*, lib. III, c.xxv; ed. Harles, t. IV, p. 251, sqq.)? Que ne consultait-il aussi l'introduction publiée par Quercius dans son édition de George Pisidès (*Corporis historiæ byzantinæ nova appendix*, p. 123-142)? Là encore se seraient rencontrées bien des recherches toutes faites. Mais ces notes (p. 190, sqq.) auraient trop dérangé la théorie préconçue.

On peut voir à cette occasion les libertés que se donnait déjà le luthérien Zorn dans sa *Delineatio theologiæ patristicæ*. Cf. Winckler, *Tempe anecdota sacra*, p. 313. Ainsi tout cela n'est pas très-neuf, et la réfutation s'en pouvait déjà trouver chez des auteurs qui n'étaient pas trop papistes. Ce qui n'empêche pas que ces mêmes pauvretés ont reparu (avec quelque discrétion) dans la *Revue des Deux-Mondes* en 1839 (t. XX, p. 326, sv.).

3. Comme il le disait: « Rien n'est plus fâcheux à la théologie, que la théologie d'un laïque. » Et je me rappelle avoir

à vrai dire), la consolation de penser qu'il pourra leur être répondu précisément sur le terrain où ils ont eu la complaisance de s'engager. Aussi, répondant encore plus aux paroles du savant antiquaire, qu'à ses vues, je m'attacherai à peu près uniquement à ce qu'il y avait de positif, comme on dit, dans son article. Après quoi, j'en viendrai à l'*Histoire des sciences mathématiques en Italie,* si rien n'y met obstacle.

Voici, ou je me trompe fort, le vrai fond de l'article publié dans la *Revue;* et pour qu'on puisse me rectifier ou me suivre, je noterai les pages où se trouvent les assertions que j'en extrais[1].

— Les Saints Pères n'ont voulu admettre dans l'exposition des passages de l'Écriture qui ont rapport à la *cosmologie,* que l'interprétation littérale; si bien que toute interprétation prise d'un autre point de vue était dissimulée plus ou moins par ses auteurs, et écartée par les théologiens[2].

— Cette interprétation emporte nécessairement des conséquences absurdes[3].

— Cette interprétation néanmoins est la seule *orthodoxe;* en ce sens du moins, que seule elle répond à la doctrine de l'inspiration absolue de Moïse[4]. Mais, au fond, l'on ne peut voir dans la *cosmologie* de l'Écriture, sous peine d'absurdité, que l'expression d'idées populaires[5].

D'où il résulte, je crois, en bonne forme, qu'il n'y aurait d'interprétation orthodoxe de la cosmologie biblique, qu'une interprétation absurde; mais n'importe en ce moment.

— Les Pères étaient sous l'empire des opinions cosmologiques populaires, et des doctrines adoptées par les écoles philosophiques de la Grèce[6].

— Cosmas a construit le monde d'une façon fort divertissante[7], et son système est une conséquence de plusieurs textes bibliques[8].

Le reste appartient de près ou de loin à ces divers chefs, que je traiterai sans trop de méthode, pour ne pas affecter un appareil didactique ou pédantesque.

Demandons d'abord à notre auteur ce que c'est que l'*interprétation littérale* ou *verbale* d'un texte. Y a-t-il, peut-il y avoir une explication littérale absolue d'un texte donné? Je ne dirai rien de nouveau si j'affirme qu'au moins souvent la chose est inadmissible, dès qu'il s'agit d'un texte écrit loin de nous, soit dans l'espace, soit dans le temps[9].

Quel homme, ayant une idée de l'herméneutique, s'imaginera qu'il suffise d'avoir un texte sous les yeux pour en déterminer le sens assuré, au moyen du seul texte? Tout ce que nous apprenons dans une expression quelconque, ne se dévoile à notre intelligence

---

entendu ces mots à l'Académie française (août 1838) : « Il n'y a que la mauvaise théologie et la mauvaise philosophie qui se craignent. » *Qui habet aures... audiat.*

1. L'imprimeur des *Annales* avait placé des guillemets à toutes ces assertions où je prétendais uniquement donner la pensée de M. Letronne, ne me proposant que de résumer le fond de son article. C'est peut-être sous prétexte de cette faute d'impression (car je n'avais pas revu les épreuves, composées en province), que M. Letronne (dans sa lettre citée plus haut) s'est plaint d'avoir été repris sur des choses qu'il n'aurait pas dites.

2. *Revue des Deux-Mondes,* p. 602-605, 612, 616, etc.
3. P. 602-605, 611, 631, etc.
4. P. 603, 604.
5. P. 604, 605.
6. P. 605-607, 612, 613, 617, 619, 620, 628, 631.
7. P. 606-611, et au delà.

8. *Revue...,* p. 611, etc.
9. Voyez par exemple Fülleborn, *Encycl. philolog.*, edent. Kaulfuss., p. 48, etc. — Ast, *Grundlinien der Hermeneutik und Kritik* (Landshut, 1808), p. 168, sv. On y fait observer que cette faculté acquise par l'étude philologique, de dépasser le niveau factice des impressions journalières pour atteindre l'horizon où vivaient les grands écrivains, est une condition essentielle de toute bonne interprétation. Si quelque lecteur me trouve obscur, mon excuse sera de le renvoyer au texte : « So werden wir weder das Alterthum im Allgemeinen (*à plus forte raison,* je pense, die Urwelt), noch ein Kunstwerk oder eine Schrift verstehen, wenn nicht unser Geist an ihm ursprünglich Eins wære mit dem Geiste des Alterthums, so dass er den ihm nur zeitlich und relativ fremden Geist in sich selbst aufzunehmen vermag. » Etc., etc. Cf. *ibid.*, p. 171, sv. Qui ne jugerait pas cela très-clair n'en peut accuser moi tout seul.

qu'en vertu même des connaissances antérieures apportées à l'examen; en sorte que la probabilité de comprendre un passage est en raison de ce que nous savions déjà sur l'objet dont il y est traité, et de l'analogie entre l'emploi qu'y reçoivent les expressions et celui qui leur est attribué dans des passages connus. Si l'objet est inconnu ou étrange, si le discours, avec cela, se met peu en peine du développement des idées et de la propriété stricte des expressions, l'interprète n'a point de prise; le texte est entre ses mains une énigme. Nous le voyons même dans les auteurs grecs ou latins qui nous sont les plus familiers, mais où quantité de passages échappent aux plus habiles[1]. On les torture parfois, on a recours à des *leçons* plus ou moins forcées jusqu'à l'instant où la découverte d'un monument qui les éclaire, vient faire voir aux érudits qu'il n'y avait nul changement à y introduire, et qu'il manquait jusque-là une seule chose : la connaissance du fait même, pour le pouvoir lire dans son exposition. Que de textes des écrivains les plus étudiés ont obtenu et reçoivent chaque jour une interprétation nouvelle par les progrès de l'archéologie, sans que le texte lui même ait reçu ou perdu une lettre! Ceux qui avaient voulu traduire, et ceux qui avaient condamné les copistes ou l'auteur avant l'étude ou l'apparition des documents, s'étaient trop pressés; et les versions antérieures, pour littérales qu'elles se prétendissent, peut-être à cause de cela même, se sont trouvées fausses par défaut de connaissances subsidiaires[2]. Cependant l'auteur attendait en paix que le progrès de l'étude vînt confondre ses critiques les plus intrépides[3]. Jusque-là, où était la version littérale? Il n'y en avait point, parce que, sans le contexte et la signification du texte entier, les mots ont quantité de valeurs possibles et pas une réelle.

Mais, malheureusement pour beaucoup d'hommes instruits, ce qui semble tout à fait palpable dans un auteur classique ne l'est plus dans le grand livre du chrétien; et tel qui écrirait des pages sur une ligne de Cornélius Népos, ou au moins d'Hérodote[4], a son parti pris antérieurement à toute étude sur des chapitres entiers de Moïse.

---

1. Fülleborn, *op. cit.*, p. 57. Ceux qui ne sont point étrangers aux études philologiques de l'Allemagne, ou même qui ont eu seulement sous les yeux un catalogue de dissertations publiées en ce pays, savent combien de débats s'y élèvent pour deux ou trois mots d'un classique. Voyez encore entre autres une petite rectification pour la version française de Cicéron (*De republica*), dans une note du docte doyen de Rennes (M. Th.-H. Martin, *Sur quelques anciennes prédictions d'éclipses*; Revue archéologique, mars 1861, p. 194, sv.). Ajoutons aussi une malicieuse sévérité du grave M. Patin contre l'abbé Prévost (*Journal des savants*, 1864, p. 113-115). On y verra qu'il est toujours bon de savoir ce dont on parle; eût-on, d'ailleurs, tout l'esprit du monde.— Item, un professeur de droit romain à Rennes (M. G. de Caqueray) consacre tout un volume à faire comprendre aux professeurs d'humanités et de rhétorique combien peu la connaissance du latin leur suffit pour expliquer Cicéron sans lui faire dire ce qu'il ne disait vraiment pas.

2. Cela est si vrai que, dans tout nouveau projet d'explication pour un texte, c'est la grammaire qui joue le moindre rôle; on en appelle toujours, et presque *uniquement*, aux lumières acquises d'ailleurs sur le fait qu'il s'agit d'y lire.

Ast (*op. cit.*, p. 177, 195) n'énumère pas mal ce qu'il faut d'éléments associés pour produire une bonne version : *notions historiques*, sur le fait ou l'objet; *notions grammaticales*, sur le mode d'exposition ou la forme propre soit au siècle, soit à l'écrivain; *notions psychologiques* ou philosophiques, sur l'esprit de l'écrivain et sa sphère ambiante, d'où est venue la forme spéciale qu'a revêtue le fonds primitif. En sorte, dit-il, qu'une même ligne pourrait bien avoir chez Aristote tout autre sens que si elle est écrite par Platon. Et puis, jouez-vous aux premiers chapitres de la Genèse après ces théories de l'interprétation! Il ne s'agissait pourtant que de préparer à la licence ès lettres. Cela ne vaut-il plus rien quand il n'est question que de passer sur le corps à la théologie?

« Tout *devient* juste alors ! »

Pour moi, je pense que c'est *alors* double et triple contresens, loin d'avoir excuse quelconque.

3. La chose est trop fréquente pour qu'il soit nécessaire d'en citer des exemples. Ce n'est pas d'ailleurs à un antiquaire qu'il faut prouver de pareils faits; M. Letronne croirait à bon droit que je me moque, si je le renvoyais à ce qu'il ne peut ignorer; aux ouvrages des Heyne, des Bœkh, etc., pour ne parler que des travaux récents, et des Allemands que mon auteur paraît affectionner. Autrement il faudrait faire la liste de presque tout ce qu'il y a jamais eu de philologues habiles et de scholiastes distingués.

4. Par exemple M. Letronne, dans le XIIe tome des *Mémoires de l'Académie des inscriptions*, entre autres.

ù est le *sens littéral* du début de la *Genèse*, et qui peut se flatter de le voir? L'Église, qui certes s'en occupe depuis longtemps avec quelque sérieux, ne nous a point fixés là-dessus, nous autres; et la *Revue des Deux-Mondes* prétend en déterminer le *sens orthodoxe*! Les Saints Pères, quels hommes! n'auraient fait que tâtonner dans une pareille question, et c'est Heyne ou M. Pott[1], qui viennent enlever définitivement le voile! C'est à la fois bien du respect pour les docteurs de Gœttingue ou d'Helmstadt, et bien peu pour le maître du peuple de Dieu. Or, que Pott ait tranché la question dans un opuscule du siècle dernier, je l'admire plus que je ne m'y rends.

Prenons de là néanmoins l'occasion de faire savoir à nos professeurs que tout le monde ne plie point pour avoir entendu citer un nom allemand, pas plus dans un article de *Revue*, qu'en Sorbonne ou au Collége de France[2]. Autrement j'aurais eu bientôt fini de nommer Botsacc, Krag, Werchau, Engestroem, Rambach, Kirchmaier, Sennert, Kromayer, Gramme, Meisner, Rottenbeck, Weissenbach, Leonhard, Hottinger, Silberschlag, Leibnitz, Tribbechow, Rosenmüller, Eichhorn, Kurtz, etc., etc., auxquels la cosmologie biblique n'a pas semblé inextricable[3]. Mais enfin, ce qu'il y a de vrais savants (et je ne dispute point du tout à l'Allemagne sa véritable gloire en ce genre) ne peuvent méconnaître

---

1. *Revue* ..., p. 605. Pott imprimait à Berlin, en 1799, sous ce titre : *Moses und David keine Geologen*. Je pourrais tout aussi bien dire : *Letronne und Libri keine Theologen*. Il est vrai qu'on ne tient guère à être théologien (titre un peu démonétisé devant le public d'aujourd'hui), mais il serait bon d'y tenir au moins quand on se mêle de *théologiser*; ou bien, que ne sait-on s'abstenir tout simplement! Le silence est donc chose bien difficile, même en ce que l'on ignore tout à fait (si habile qu'on puisse être en mainte autre matière)! Je m'étais imaginé qu'il n'y avait rien de plus simple,

« stultus ego ! »

mais il paraît que, pour attaquer l'Eglise, toute larme est assez bonne.

2 Cette année encore (1838), à la faculté des lettres, on s'appuyait aussi d'un nom allemand pour expliquer le sacrifice d'Abraham d'une manière tout à fait *mythique*, c'est-à-dire à peu près illusoire. Mais, puisque les noms allemands ont un si grand poids, on pouvait en citer un autre beaucoup plus récent à l'appui du contraire. Voyez une dissertation publiée à Trèves cette année-ci même (1838), je crois, où l'interprétation préconisée en Sorbonne est formellement réfutée. Je sais bien qu'à la manière dont s'élaborent aujourd'hui certains ouvrages scientifiques français, ceux qui en connaissent le mystère peuvent être tentés de chercher hors de chez nous des garanties d'érudition véritable et des conclusions toutes formulées. Mais je sais aussi que plusieurs travaux d'outre-Rhin ressemblent aux nôtres en cela, et que plus d'une réputation germanique perdrait tout autant à être sondée. Ceci ne soit dit qu'en passant; mais dans l'occasion je pourrais en donner des preuves.

3. Si l'on veut des Anglais ou des Flamands, nous pourrions bien citer encore Whiston, Burnet, Chalmers, Buckland, Wiseman, H. Miller, La Bêche, etc.; et M. H.-B. Waterkeyn (*Géologie et ses rapports avec les vérités révélées*, Louvain,

que le poids de leur nom équivaut dans une question au poids de leurs raisons, ni plus ni moins; et qu'une fois la raison trouvée, ce qui n'appartient pas à tout le monde, l'appréciation de cette raison est dévolue à tout homme de sens qui sait ce dont il s'agit.

Quoi qu'il en soit, quel est donc le sens littéral du début de la *Genèse*? pourrait me demander M. Letronne. Et qui m'empêcherait de répondre, sans la moindre hétérodoxie, que jusqu'à présent il n'y en a pas? que nous attendons pour interpréter le texte que les abords en aient été déblayés [1]? Mais par qui déblayés? De la main de M. Letronne si vous voulez, et par tout autre savant, mais savant véritable : non pas seulement archéologue, mais naturaliste, physicien, géologue; nous les appelons, nous les invitons, nous leur disons comme autrefois l'Écriture : *Assemblez-vous, évertuez-vous, concertez-vous et faites-vous battre* [2]. Compulsez, analysez, comparez, même plus sérieusement que vous ne faites jusqu'ici, c'est nous qui vous en prions; et quand vous aurez chacun dans votre sphère poussé vos théories, les uns jusqu'à l'absurde, les autres jusqu'à l'évidence, un théologien qui ne vous vaudra pas, ni en archéologie, ni en sciences naturelles, ni en physique générale, viendra, la Bible en main, expliquer au plus simple la profondeur et la haute portée de ce que vous jugiez pitoyable, de ce que vous déclariez enfanté par l'ignorance populaire d'une nation à peine civilisée [3]. Quand les neptuniens et les vulcanistes (ou plutoniens) auront terminé leurs débats; quand le soulèvement des montagnes aura été jugé sans appel, quand on saura si M. Poisson a dit vrai en terminant l'atmosphère par une couche d'eau [4] qui lui serve de limite, etc., etc.; nous arriverons, avec des textes clairs comme le jour, pour montrer au monde, non pas que nous savions tout cela, mais que tout cela était déposé sous le sceau, entre nos mains, pour enseigner par un moyen nouveau à l'incrédulité des derniers âges, que *Dieu est le maître des sciences* [5]. Nous expliquerons en ouvrant la *Genèse*, sur les monceaux de vos livres réduits désormais à leur juste valeur, l'énigme divine du passé; comme le missionnaire assis sur les ruines de Tyr contemplait dans Isaïe la ponctualité de cette histoire de l'avenir. Voilà sur quoi nous comptons, ce dont nous nous flattons; et ce qui fait que nous vous pressons de pousser vigoureusement vos travaux préparatoires, car ils ne sont que cela. Nous savons déjà quel verset de Moïse ou des Saints Pères il nous faudrait prendre [6] pour justifier la foi en adaptant vos sciences à la parole qui ne passera pas; si ce n'était là faire trop d'honneur

1841). Le P. J.-B. Pianciani avait rédigé dès 1826 un mémoire italien (*Cosmogonia naturale comparata col Genesi*) sur ces matières, qui n'a été imprimé que beaucoup plus tard à Georgestown, mais reproduit en Italie (1862) avec de nombreuses additions. On peut y voir que les saints Pères ne lui causaient pas beaucoup d'embarras pour accorder la Genèse avec la science moderne. Mgr Meignan et le P. de Valroger ne s'en montrent pas plus gênés aujourd'hui.

1. C'est ce qu'a fait voir récemment avec beaucoup de détails et de raison M. Reusch, dans son livre intitulé *la Bible et la Nature*. Comparez aussi les recherches du Dr Gérald Molloy et de son traducteur français (*Géologie et Révélation*, Paris, 1875). Il ne m'appartient à aucun titre d'annoncer que je sois disciple ni adhérent de l'un ou de l'autre; mais pourquoi ne dirais-je pas à mon aise qu'il reste encore plus d'un *point noir*, pendant que plusieurs (de droite aussi bien que de gauche) nous donnent l'horizon comme parfaitement éclairci? Au moins y verra-t-on çà et là que la Bible n'est pas précisément désemparée encore par le tir opiniâtre des nombreux assaillants qui se croyaient en mesure de franchir la brèche sans encombre, et de raser tout dans les premiers chapitres de la Genèse. Il leur faut rabattre un peu de ces grands airs triomphateurs qu'ils ne se sont pas épargnés suffisamment.

2. Congregamini, ... et vincimini; ... confortamini, et vincimini; accingite vos, et vincimini. *Isaï.* VIII, 9.

3. Article de la *Revue des Deux-Mondes*, p. 605.

4. On d'air qui aurait perdu son élasticité en se liquéfiant. Cf. *Revue des Deux-Mondes*, 1840 (t. XXIII, p. 425).

5. I Reg. II, 3. — Ps. XCIII, 10.

6. Quelqu'un veut-il, par manière de distraction, savoir à qui l'on pourra, dans une nouvelle édition de Dutems (*Origine des découvertes attribuées aux modernes*), faire honneur de la théorie des soulèvements? Je lui propose Rupert, un abbé du XIIe siècle (*in Genes.*, I, 34, etc.) ou au moins Cornélius Vandensteen, célèbre commentateur de la *Bible* au XVIIe siècle. « Tertio mundi die fecit Deus terram partim subsidere, partim assurgere; unde facti sunt « montes et valles. » Or ils avaient vu, ou cru voir cela dans la *Genèse* et dans les *Psaumes*. Ps. CIII. — Gen. I.

à des sciences d'un jour, à des connaissances qui ne sont que des hypothèses, lorsqu'elles ne sont pas des assertions plus ou moins gratuites.

on intention n'est pas du tout de nier que la cosmologie (y compris la géologie) ait reçu aucun avancement depuis les Saints Pères jusqu'à Newton et Laplace, ou même depuis G. Cuvier jusqu'à nos jours. Mais avouons tous avec l'Écriture sainte (Eccl. I, 18) que les plus beaux progrès des sciences les plus positives se résolvent souvent en problèmes bien autrement compliqués et matière nouvelle de modestie pour les théoriciens hâtifs : « Qui addit scientiam, addit et laborem. » Ce que maintes gens ont de plus pressé, c'est toujours de conclure victorieusement contre l'Église. D'autre part, certains apologistes non moins précipités voudraient former à la Genèse une couronne de victoire définitive, avec la dernière venue des hypothèses ou découvertes qui semblent prendre pied dans le monde scientifique. N'est-ce pas zèle intempérant chez nos amis, aussi bien que chez nos adversaires; comme s'il était bien dur de suspendre son jugement au sujet de l'ensemble, jusqu'à plus ample informé sur les détails qui sont la vraie base d'un prononcé valable ? Chacun (croyants et incroyants) me paraît envieux du miracle de Josué (Jos. X, 12-14); on dirait que la science doit se fermer ou s'arrêter avant notre mort, et sur nos ordres à jour dit, afin que nous ayons l'honneur d'avoir fixé l'opinion universelle. Ce n'est là nullement ce qu'enseignait l'Ecclésiaste (III, 11) disant : « Mundum tradidit disputationi eorum. » Discutez donc tout à votre aise, soit ; mais sur des données solides, et ne dogmatisez qu'à bon escient. Tout fait acquis véritablement (c'est-à-dire bien établi) mérite sa place dans les archives de l'histoire du monde, sans entraîner pour cela nécessairement à remaniement total de ce qui avait été constaté avant nous. Ces acquisitions doivent d'abord être convertibles en solutions ou lois déduites avec certitude; sinon, qu'elles s'emmagasinent paisiblement pour l'avenir afin de valoir en leur temps ce qu'il appartiendra. Sachons donc que les pas de géant ou les *bottes de sept lieues* ne sont pas donnés au premier venu, ni même toujours à un siècle entier; ainsi soyons modestes, quel que soit notre apport. Ne hasardons pas de systèmes qui pourraient bien ne durer qu'un jour, et nous ridiculiser le surlendemain. Tout bon observateur doit comprendre qu'il n'est pas seul privilégié au département des explorations décisives ou des résultats généraux. Patience et longueur de temps n'y gâtent rien, au contraire; quoique mainte personne se dise encore sur la trace de Cicéron, qui avait la bonhomie de l'écrire (mais en lettre privée) : « Vivi etiam gloriola nostra fruamur. »

Item, en questions analogues, les paléontologistes, avant de guerroyer la théologie, ne feraient-ils pas bien de s'accorder d'abord entre eux sur les subdivisions (tous les jours croissantes) des terrains à vestiges organiques, sur le cantonnement des espèces, la continuité des séries, les modifications lentes ou brusques des terrains stratifiés, et les déplacements considérables de température locale, etc.? Or on y avait tracé de bonne heure, et, fort à l'aise, quelques étages qui passaient pour définitifs sur la théorie du passé ou les spéculations de l'avenir; mais qu'il a fallu remanier ensuite (éocène, miocène, pliocène, etc.).

Non pas, encore une fois, que je prétende glorifier tous les théologiens (ou apologistes se donnant pour tels) qui ont bien voulu entrer en lice pour ce tournoi ;

« Iliacos intra muros peccatur et extra. »

Nous avons à maintenir entière une question supérieure où tout amour-propre personnel fait triste figure, de part et d'autre, en affaires de portée si haute que l'égoïsme doit toujours s'y effacer devant le vrai encore plus qu'ailleurs.

Laissons donc les véritables observateurs (c'est-à-dire les hommes compétents et patients) débrouiller le chaos des faits découverts ou à découvrir, sans empressement indiscret. Puis, ce travail achevé (Dieu sait quand), des gens moins empressés que ceux d'aujourd'hui, et avec inductions vraiment légitimes, auront sur quoi élever leurs constructions durables. Jusque-là nous avons matière à discussions sans fin. Il est plus d'une science encore où cette théorie serait de mise ; les géologues hâtés ne doivent pas la prendre pour eux seuls, mais peuvent en profiter lorsque leur viendra la démangeaison de mettre flamberge au vent.

Si notre siècle somme l'Église de respecter les connaissances qu'il tient pour acquises définitivement, la théologie demande aussi aux savants de ne pas exagérer les conséquences des faits qui seraient leur conquête bien avérée. Sur semblable entente, on s'accorderait sans grand'peine ; et peut-il être affirmé, de bonne foi, que l'Église (par des organes sérieux) se soit montrée intraitable depuis cinquante ans ? Mais les sciences naturelles, après avoir proclamé plus d'une fois qu'on ne leur donnait point place suffisante au soleil, prennent çà et là des airs un peu trop vainqueurs. Nous voyons éclore chaque jour en ce genre nombre de questions plus tranchées que bien déterminées ; ce qui n'est pourtant pas un procédé vraiment scientifique. On a donc de part et d'autre à se faire quelques excuses au cas où plusieurs d'entre nous auraient traité cavalièrement la Géologie et la Paléontologie. Le progrès sérieux demande moins de précipitation, et l'on voit rarement une découverte bien établie par le premier homme habile qui en avait signalé ou soupçonné la base.

Cependant, au cas où il serait vrai qu'aujourd'hui même le sens littéral des premiers chapitres de la *Genèse* pût bien n'être pas assignable encore, comment se ferait-il que les Saints Pères eussent précisé ce sens ? C'est ce dont il s'agit réellement, je crois, et ce que nous allons voir.

Y a-t-il une doctrine cosmologique commune, sinon à la totalité, du moins à la généralité des Saints Pères ? On doit voir que cette question revient tout à fait à cette autre : y a-t-il une interprétation de la cosmologie biblique qui ait reçu la sanction d'orthodoxie ? par décision ou par consentement commun, n'importe. Car on imagine aisément que les Pères de l'Église tenaient à l'orthodoxie et à l'Écriture sainte avant tout.

M. Letronne répond à cette question affirmativement, et moi négativement. Reste à peser les preuves : voici les miennes. Et comme tous ne peuvent pas avoir entre les mains la *Revue des Deux-Mondes,* j'en citerai souvent les expressions, afin qu'on pèse le pour et le contre.

I. — STRUCTURE DU FIRMAMENT.

Selon M. Letronne, « le plus grand nombre des Pères crut que les eaux « célestes étaient soutenues par le firmament, qui avait des portes « et des fenêtres; car c'est ainsi que l'on interpréta les termes de « *cataractes* ou de fenêtres du ciel, qui se trouvent dans la *Genèse.* »
Ce n'est pas qu'il soit précisément question de fenêtres du ciel dans la *Genèse,* ni même à ma connaissance dans aucun livre de l'Écriture sainte[1]; mais enfin, comme les psaumes parlent des portes du ciel, on a pu se croire autorisé à en compléter l'architecture par induction. Quant à l'opinion indiquée comme appartenant au plus grand nombre des Pères, il serait absolument possible que l'idée en eût été puisée par le critique chez saint Basile, à la manière dont quelques théologiens novices prennent parfois dans la Somme de saint Thomas les objections pour la doctrine elle-même ; car saint Basile rapporte, à la vérité, cette description d'un ciel percé à jour[2], mais il termine par le traiter d'*enfantillage* et de *simplicité* absurde, παιδικῆς... καὶ ἀπλῆς διανοίας. Du moins saint Chrysostome ne connaissait point cette doctrine pour orthodoxe et obligatoire, lorsqu'il affirmait[3] que personne ne saurait décider si le mot *ciel,* dans la Genèse, indique une voûte solide, ou des nuages épais, ou un air plus dense que le nôtre. Et, franchement, un peu plus de lecture des Pères eût montré qu'ils ne façonnaient point le firmament en une manière de toit à lucarnes, puisque les uns[4] en font une sorte de sphère enflammée; d'autres[5], une voûte aérienne purement et simplement. A l'appui de quoi saint Ambroise[6], Olympiodore[7], saint Basile[8] et d'autres encore, citent Isaïe : *Formavit cœlum sicut fumum;* ce qui n'est point la *leçon* de la Vulgate, mais ce qui ne prouve pas moins leur manière de penser. D'autres[9] n'y voient qu'une zone de nuages. Saint Augustin[10] permet de n'y reconnaître que la région supérieure aux tempêtes; auquel cas, son nom *firmamentum* lui serait donné par opposition aux agitations de la région inférieure ; et il loue[11] l'idée de ceux qui n'entendaient par ciel rien autre chose que les nues et l'air qui les supporte ; tout comme, c'est lui qui parle, nous disons les *oiseaux du ciel* pour les oiseaux de l'air.

---

1. On a déjà fait remarquer (*Annales de philosophie chrétienne,* t. VIII, p. 248), pour un autre texte, que M. Letronne, lequel a probablement lu avant de citer, paraît avoir fait usage d'un exemplaire de la *Bible* qui est peu connu. L'avait-il exhumé de la Bibliothèque royale où il fut quelque temps conservateur en chef pour les imprimés ? Ce lui eût été bien poli de nous signaler par le menu cette édition si rare.
2. Basil. *Hexaem.,* 3. — Cf. Augustin. Eugubin. (Steuchi); *in cap. I Genes.*
3. Chrysost. in *Genes.* hom., 4. — *De incompr. Dei natura,* 2.
4. Greg. Nyss., *Hexaem.* — August. *De Genes. ad litt..* lib. II, cap. 3.
5. Ambr., *Hexaem.* — Basil., *Hexaem.*
6. Ambr., *Hexaem.,* I, 6. — Joann. Damasc., *Orthod. fid.,* lib. II, cap. 6. — Severianus de Gabala, *de Creat.* 2; etc., etc.
7. Olymp. ap. Nicetam, *Catena in Job.* ad cap. 38.
8. Basil., *Hexaem.,* 3 et 6. — Hilar. *in ps.* cxxxv.
9. Theodoret. *in Genes. Quæst.,* 11, 14. — Anastas. Sinaït. *Hexaem.* — Cyrill. hierosol., *Catech.,* IX, 5, sq.; et VI, 3.
10. August., *Lib. imperf. de Genes.,* cap. 8.
11. August., *Genes. ad litt.,* lib. II, cap. 4. — Id., *in ps.* CI, serm. 2.

enri de Malines[1], élève d'Albert le Grand, Guillaume d'Auvergne, et le cardinal Pierre d'Ailly[2] après eux, expliquent les *cataractes* du ciel, si lourdement interprétées ici, par l'influence de certaines constellations sur les pluies. Et saint Chrysostome[3] avait dit positivement que les cataractes du ciel ne sont qu'une expression figurée. Saint Thomas qui n'était pas un théologien du tiers parti, à coup sûr, et qui n'entendait point raillerie sur les sentiments de la majorité des Pères ou sur l'interprétation orthodoxe de la Bible, décharge de tout scrupule celui pour qui le firmament ne serait que la partie de l'atmosphère occupée par les nuages[4], ou encore tout l'espace compris entre la terre et les astres[5].

Saint Augustin[6], saint Chrysostome encore[7], et après lui Michel Glycas[8] comme Bède[9], doutent s'il faut voir dans la création du firmament autre chose que le rassemblement des vapeurs. Saint Basile[10] et Olympiodore[11], dont il a déjà été dit un mot, confondent le firmament avec l'air ou l'atmosphère ; et, de fait, l'Écriture ne parle-t-elle pas de *la route de l'aigle dans le ciel*, etc., aussi bien que des *oiseaux du ciel?* Saint Ambroise[12] fait venir le nom du firmament, de ce que Dieu l'a établi, quel qu'il soit, d'une manière durable ; en sorte qu'il ne tient pas à ce docteur que vous n'y voyiez une simple loi du monde et rien de plus. Car, lorsqu'il explique, à sa manière, comment les eaux peuvent être maintenues au-dessus du firmament, il termine ainsi[13] : « Ce que j'en dis, est unique-
« ment pour montrer qu'à ce qu'on nous oppose nous avons des hypothèses tout aussi pro-
« bables à opposer nous-mêmes, etc.[14] ». Et il a si peu besoin d'un toit qui divise les eaux supérieures d'avec celles de la terre, que, pour expliquer leur suspension, il se contenterait volontiers d'un ordre de Dieu comme celui qui sépara les eaux du Jourdain devant le peuple hébreu. Saint Jean de Damas[15] cite quatre ou cinq opinions sur la nature du firmament, sans se prononcer ni pour ni contre aucune d'elles ; persuadé sans doute, comme saint Chrysostome[16], qu'on serait téméraire de vouloir préciser ce que l'Écriture entendait par là.

Rupert[17], proposant son explication du mot *firmamentum*, oppose la densité des nuages à la subtilité de l'air. D'autres pensent que ce pourrait bien être une simple désignation de

---

1. Comment. *Albumasar.*
2. Petr. de Alliac., *passim.* Cf. Sixt. senens., *Biblioth.*, t. II.
3. Chrysost., *in Genes.*, hom. 25. Cf. De Genesi ad litteram, II, 4.
4. S. Thom., *Quæst.* 68, a. 1. « Potest intelligi per fir-
« mamentum... illa pars aeris in qua condensantur nubes...
« secundum hanc opinionem nihil sequitur repugnans cui-
« cumque opinioni. » It. a. 2.
5. S. Thomas, *Quæst.* 68, a. 1, 2; et quæst. 70, a. 1.
6. August., *Conf.*, lib. XIII, cap. 32, etc.
7. Chrysost., *in Genes.*, hom., 4.
8. Glyc., *Annal. in principio.*
9. Bed., *Hexaem.*
10. Basil. *Hom.*, 3.
11. Olymp., *op. cit., loc. cit.* Cf. Augustin. Eugubin., *Cosmopœia* in cap. 1 Genes., *passim.*
12. Ambr., *Hexaem.* Severianus de Gabala parle à peu près de même, *De creat.*, or. 3.

13. Ambr., *ibid.*
14. Ajoutons ces autres paroles plus générales de saint Augustin, pour ceux qui croiraient que saint Ambroise a eu peu d'imitateurs dans ses concessions : « Libri Gene-
« seos multipliciter quantum potui enucleavi, protulique
« sententias de verbis ad exercitationem nostram obscure
« positis; non aliquid unum temere affirmans cum præju-
« dicio alterius expositionis fortasse melioris, ut pro suo
« modulo eligat quisque quod capere possit : ubi autem
« intelligere non potest, scripturæ Dei det honorem, sibi
« timorem. » Aug., *de Genes. ad litt.*, lib. I, cap. 20. Et cela n'est rien pourtant, au prix de ce qu'il dit sur l'interprétation de l'Écriture dans le livre *De doctrina christiana.* — Item, contra *Maximin.*, II, 22.
15. *De Orthod. fid.*, II, 6.
16. Chrysost. *in Genes.*, hom. 4.
17. Rupert. *in Genes.*, I, 22. — Greg. Nyss. *Hexaem.* On voit si nous sommes gênés par nos interprètes !

l'atmosphère elle-même, par opposition aux régions éthérées. Or combien de fois a-t-il été répété, chez les écrivains ecclésiastiques, que le mot hébreu rendu par *firmamentum* ou στερέωμα, correspond à *expansion*, continuité; mais non pas à *solidité*!

C'est assez de témoignages, ce semble, dans une seule question; et je ne m'arrête que pour n'avoir pas l'air de les entasser. On peut voir du reste, entre autres, saint Eucher[1] (*in Genes.*), saint Jérôme (*passim*). Et cependant je n'ai rien dit de ceux qui, se fondant sur plusieurs textes, et particulièrement d'après ce passage de l'Apocalypse[2] : « les grandes eaux, ce sont des peuples nombreux, » ont vu dans les eaux supérieures la multitude des anges[3]. Or, quand saint Augustin, qui avait cru pouvoir le dire après d'autres, rétracte son ancien avis à ce sujet, il dit uniquement[4] que *la chose est très-obscure*. Du reste, il reconnaît fort bien le droit d'entendre ce texte autrement que lui; et approuve, comme nous l'avons indiqué, l'interprétation de ceux pour qui le firmament couvert par les eaux n'est que les nuages flottant dans l'air[5].

Que veut donc dire M. Letronne lorsque, décrivant son toit percé de fenêtres, il affirme si nettement que *cette disposition fut regardée comme la condition indispensable de toute cosmologie prétendue orthodoxe*? Il ne dissimule pas, à la vérité, un passage de Bergier[6], où ce théologien déclare aux incrédules que l'idée de transformer le ciel en une voûte solide, recouverte d'une couche d'eau, et percée de trous, est une invention qui leur appartient, et non pas à Moïse ; mais Bergier plaisante évidemment (à ce que pense M. Letronne), aussi ne fait-on mention de cette réponse du savant théologien que pour y ajouter avec une assurance piquante : « Le docteur de Sorbonne *range d'un trait de plume, sans y songer, presque tous les Pères de l'Église parmi les incrédules.* » Un vieux sorboniste relevé en fait de patristique par un antiquaire du dix-neuvième siècle ! Il faut convenir que la mystification est réjouissante.

II. — PLURALITÉ DES CIEUX.

« L'idée d'un double ciel qui divise le monde en deux compartiments, » dit notre auteur, « n'est que la conséquence de plusieurs textes de la Bible entendus à la lettre... La plupart « des docteurs chrétiens expliquant littéralement les expressions de cieux, de ciel des cieux, « dans plusieurs passages des livres saints... crurent à l'existence de plusieurs cieux. » Et

---

1. Ou le Pseudo-Eucherius.
2. *Apoc.* XIV, 2; XVII, 15, etc.
3. August. *Confess.* XIII, 15 et 32. — Origène cité par saint Épiphane, et par saint Ambroise, *Hexaem.* — S. Greg. Nyss., *Hexaem.*; etc., etc.
4. August., *Retract.*, II, 6. « Res in abdito est valde. »
5. August., *Genes. ad litt.*, II, 4. Notez que je n'avais guère pris la peine de puiser dans le trésor du P. Pétau qui résume si magistralement les anciens commentateurs. Mais cette tâche a été quelque peu reprise par le Dr G. Molloy (Paris, 1875), p. 350, svv.; et je ne tiens pas à chasser sur les terres d'autrui. Cependant la géologie n'était guère née au temps de Pétau, et aurait bien pu profiter après coup de ce qu'il disait largement (à sa manière) avant elle. Voyez aussi dans le même livre ce que pensaient sur l'interprétation de la Genèse divers docteurs parisiens du XIIIe siècle et du XIVe, ou même auparavant (ibid., p. 349, svv.; 355, et 434; 436, svv; 440, svv.). Or on nous donnait ces gens-là comme serfs très-humbles du texte littéral !

Cela s'appelle-t-il étudier son sujet, respecter son public, ou se respecter soi-même ? Alors, je ne m'y connais guère.
6. *Dict. de théologie*, art. *ciel et eaux*, cité par la *Revue*. On en pouvait citer d'autres encore que Bergier, mais il eût fallu se mettre en frais d'érudition ecclésiastique; et maint lecteur de la *Revue des Deux-Mondes* n'est pas si exigeant. Donnez-lui une formule bien affirmative, sa conviction sera inébranlable désormais; on y croit volontiers à tout, sauf à l'Église. Moi, au contraire, quand j'ai fini mon *Credo* (... vitam æternam. Amen), je me tiens pour bien à l'aise sur tout le reste (qui est fort large) :

« Les méchants m'ont vanté leurs mensonges frivoles,
Moi je n'aime que les paroles
De l'éternelle vérité (Ps. CXVIII, 85). »

Montrons aux gens de lettres un vieux poète normand (P. Corneille) qui leur paraîtra sans doute valoir bien la Vulgate, laquelle a pourtant du bon quoiqu'on la chante au lutrin. Mais notre bonhomme était marguillier.

ailleurs : « La division du monde en deux compartiments ou deux étages... paraît[1] avoir été « adoptée assez généralement. » A quoi on ajoute que les Pères ne se sont pas bornés au nombre de deux ; ce qui pourrait déjà faire préjuger, à celui dont le parti ne serait pas pris d'avance, que la Bible n'était point pour les écrivains ecclésiastiques, l'unique source du système cosmographique, ni responsable par conséquent de toutes leurs doctrines cosmologiques. D'autant que M. Letronne nous fait voir peu après que la pluralité des cieux et leur distribution est due à Philolaüs. Ajoutez que (toujours d'après M. Letronne) le sens littéral paraîtrait n'avoir été obligatoire que dans les livres de l'Ancien Testament ; puisque le troisième ciel, dont parle saint Paul, ne contraint pas saint Augustin[2] à reconnaître un troisième compartiment. Saint Augustin cependant avait été cité[3] comme un rigide partisan de l'interprétation littérale en dépit de la raison. Mais, en admettant même trois cieux, les Saints Pères eussent marché à la suite de Pythagore[4] autant que sur les pas de Moïse.

u reste, les Saints Pères[5], et saint Jérôme par exemple, savaient fort bien que le mot hébreu qui désigne le ciel ou les cieux, si l'on y tient beaucoup, n'a point de singulier ; et peut signifier entre autres choses : *les eaux supérieures*, comme qui dirait *la région des nuages*. Mais il y a mieux ; c'est que l'idée d'un double ciel est exclue en propres termes par saint Chrysostome[6] et par saint Grégoire de Nysse[7], lequel même regarde le firmament (le *plafond* de M. Letronne[8]) comme étant tout uniment une désignation du point où la matière, atteignant son plus haut point de raréfaction, cesse d'occuper l'espace ; et il qualifie toute autre opinion de *philosophie étrangère*[9]. De même, pour Procope de Gaza[10]. Saint Chrysostome est si loin de lire dans l'Écriture la pluralité des cieux, qu'il reproche[11] à ceux qu l'affirment, de construire le monde à leur fantaisie. Selon saint Justin martyr[12], « *Moïse ne « parle ni d'un, ni de deux, ni de plusieurs cieux.* »

Je suis dans une grande erreur si ces manières de s'exprimer de la part de S. Chrysostome, de S. Grégoire de Nysse, etc., ne prouvent pas à elles seules que la pluralité des cieux n'était point enseignée par la plupart des docteurs chrétiens. D'ailleurs, à défaut même de la valeur que j'attribue à ces témoignages, on comprend aisément que tous ceux dont j'ai rapporté la façon de penser au sujet du firmament, ne réclament point le *plafond* que leur construit M. Letronne ; et ne tiendraient tout ou plus qu'à un *toit*, c'est-à-dire pas plus d'un ciel, pour mettre les choses au pire[13]. Quant à ceux qui auraient enseigné la pluralité des

---

1. *Paraît* ; quelle modestie après tant de recherches ! mais aussi quelle condescendance après une affirmation pure et simple ! Toutefois j'oserai dire, et mes lecteurs diront, je pense, avec moi, que cela ne *paraît* pas ; au moins comme conséquence de l'Écriture.
2. Saint Augustin cité dans ce même article de la *Revue*, et à ce propos, p. 614. Les Bénédictins font la même remarque pour saint Chrysostome, *in Genes*. hom., 4.
3. Article de la *Revue*, p. 604, 605. Il en sera parlé plus bas encore.
4. Photius, *Bibl*., c. 240.
5. S. Chrysost., *in Genes hom*., 4. — Theodoret., *in Genes. quæst*., 11.
6. Chrysost., *in Genes*., 4.

7. Greg. Nyss., *Contra Eunomium*, or. 12 ; etc., etc.
8. *Revue des Deux-Mondes*, pag. 615.
9. Greg. Nyss., *Hexaem*.
10. Procop. Gaz., *in Genes*.
11. Chrysost. *in Genes*., 3 et 4. Voici, pour faire d'une pierre deux coups, l'opinion de saint Chrysostome rapportée par saint Thomas (qu. LXVIII, a. 4) : « Dicit Chrysostomus (homil. IV in Hexaemeron, ante med.) non esse nisi unum cælum ; et quod pluraliter dicitur *cæli cælorum*, hoc est propter proprietatem linguæ hebrææ.... ; sicut sunt etiam multa nomina in latino quæ singulari carent. »
12. Justin. *Quæst. ad orthodoxos*, 57.
13. Comme ceux qui n'ont point vu l'article de M. Letronne imagineraient difficilement ce que vient faire ici un

cieux, S. Grégoire de Nysse[1], et d'autres avec lui, les expliquent d'une manière qui n'est point ridicule du tout : en disant que le mot *ciel*, dans l'Écriture, indique une région distincte (et non pas un plancher), c'est-à-dire le théâtre d'un ordre de faits physiques spéciaux; en sorte que les cieux distincts seraient autant de sections idéales du monde, correspondant chacune à des séries de phénomènes *sui generis*.

Pour établir ce qu'il attribue à la plupart des Pères, au sujet de la pluralité des cieux, l'article de la *Revue* citait Raban Maur et le vénérable Bède, lesquels ne reparaissent plus après cette mise en cause. Mais puisque Bède figurait dans cet exposé de la *cosmologie orthodoxe*, pourquoi ne lui accorder qu'une place si étroite, et ne parler nullement de son véritable mérite scientifique? Il n'eût pas été hors de propos, dans l'analyse de la cosmographie adoptée par les docteurs chrétiens, de nous apprendre que, selon les éléments de philosophie qui portent le nom de Bède, le passage de la Genèse où il est question des eaux que Dieu suspend au-dessus de la terre, est expliqué par l'évaporation qui forme les nuages dans l'atmosphère[2]; que le docteur de la Grande-Bretagne enseignait la sphéricité de la terre, et paraît avoir soupçonné l'influence de la lune sur les marées[3]. Si je signale cette omission, c'est que le choix des passages empruntés aux Pères[4] par M. Letronne me paraît fait *à charge*, sans mention de ce qui pourrait être *à décharge*; d'où il résulte une espèce de factum contre les Pères, bien plus qu'un tableau de leurs opinions cosmographiques.

III. — CONFIGURATION DE LA TERRE ET DU CIEL.

Ce que j'ai dit de Bède, et le plan du monde attribué aux Saints Pères, me conduit à l'idée que les docteurs ecclésiastiques auraient adoptée sur la forme de la terre et des cieux.

---

plafond, quoique nous ayons vu déjà établir un *toit à lucarnes*, je leur rapporterai l'exposé, attribué aux Pères dans le numéro de la Revue que j'examine. « *Severianus de Gabala* (nous verrons bientôt quel était ce saint Père)... « compare le monde à une maison à double étage, dont la terre « serait le rez-de-chaussée; le ciel inférieur.... le plafond et « le ciel supérieur le toit. » *Revue*, pag. 615.

Cela étant, qui oserait se plaindre de ce qu'on a percé des fenêtres ou mansardes dans ce toit? Aussi bien, on les retrouverait peut-être dans quelque docteur non moins imposant que Sévérianus.

1. Greg. Nyss., *Hexaem*.
2. Eusèbe (*in Ps.* LXXVI, 17, 18; ed. Montfaucon, p. 450) ne voit dans les eaux qu'une population nombreuse. Ce pourrait donc être absolument les anges du ciel, comme nous venons de le dire (p. 17, note 2).
3. Lingard, *Antiquities of the Anglo-Saxon church*, chapt. X. J'aime mieux renvoyer à l'édition anglaise, ayant remarqué plus d'une fois des suppressions et des inexactitudes dans la traduction française. Voici le passage de Bède sur les marées : *Tamquam lunæ quibusdam aspirationibus invitus protrahatur* (Oceanus), *et iterum ejusdem vi cessante in propriam mensuram refundatur*.

On peut voir sur cette question divers renseignements utiles donnés par Feller dans son *Dictionnaire historique*, à l'article de S. Virgile; quoiqu'il y mêle quelques erreurs dont je ne me porte pas responsable.

Pour et contre les antipodes on citerait sans peine des auteurs classiques et des écrivains chrétiens, des Pères même; si c'était la peine d'en faire l'énumération contre des adversaires qui veulent ne rien voir qu'en faveur du parti adopté par eux dans le débat.

4. En les tenant tous pour valables; car je ne me suis guère occupé à les rechercher, de peur de paraître disputer sur des mots. Mais aussi, pour ne pas oublier les délicatesses de la charité chrétienne, disons que M. Letronne avait probablement donné peu d'heures à l'examen des écrivains ecclésiastiques. J'aime à croire que, conduit ailleurs par ses études, il aura pensé pouvoir prendre comme de bon augure ce qu'il rencontrait cité par d'autres. Cela se résout, à la vérité, en une pauvre excuse; car pourquoi s'engager sur un terrain que l'on ne connaît pas? Plus on est habile en certaines parties, plus on devrait prendre garde à ce que l'on a de côtés faibles. Nous en avons tous, et qui devrait mieux le savoir qu'un homme de longues études?

Ne dissimulons pas non plus que M. Letronne met çà et là quelque moyen de défense aux mains des accusés; mais ce semble être tout à fait par mégarde, puisqu'il détruit lui-même ainsi le poids de ses assertions si absolues.

La connexion de ces opinions ne permet pas qu'on les sépare : si pour ces écrivains le ciel était un toit et la terre un rez-de-chaussée, le ciel n'avait à faire que de le couvrir et à représenter tout à fait une toiture. En effet, « *ils concevaient les cieux comme des hémisphères concentri-* « *ques qui venaient s'appuyer sur la terre.* » La note ici nous cite pour autorité « *les Manichéens* » (sic?). Je n'imagine pas que M. Letronne compte les Manichéens parmi les Saints Pères. Que veut donc dire cette note? Pour moi, j'avoue qu'elle m'a confondu. Mais nous pourrons reparler des autorités invoquées par notre auteur. Ce qu'il y a de clair, au moins dans le texte de la *Revue*, c'est que les Pères n'ont point tenu à un ciel qui fût autre chose qu'un hémisphère, ou à peu près cela. Quant à la terre, c'est une base, un plan; hors de là, point de salut. Je n'attribue pas à l'écrivain ce qu'il n'aurait point dit; voici ses paroles: « *Ces étranges* « *hypothèses se réunissaient toutes dans l'exclusion formelle de la rondeur de la terre. Saint Augus-* « *tin, Lactance, saint Basile, saint Ambroise, saint Justin martyr* (soi-disant), *saint Jean Chry-* « *sostome, saint Césaire, Procope de Gaza, Severianus de Gabala, Diodore de Tarse,* etc., *ne* « *permettent pas que le vrai chrétien conserve là-dessus le moindre doute.* »

Mais saint Jean de Damas le permet[1], et avec lui bon nombre d'autres encore. Quand saint Augustin semble repousser cette doctrine, il déclare qu'à son avis[2], l'Écriture ne se prononce point là-dessus. Où donc aurait-il pris, en effet, l'idée d'exiger une profession de foi à ce sujet? Saint Jérôme taxe d'ineptie[3] l'interprétation de ceux qui prétendent fonder sur l'Écriture sainte l'hémisphéricité du ciel, en le réduisant à n'être qu'une voûte (le toit soi-disant orthodoxe) de la partie que nous habitons. Saint Jean de Damas, comme je l'ai fait remarquer, paraît faire très-peu de cas de la doctrine *orthodoxe* dans son livre *sur la foi orthodoxe*. Saint Ambroise n'est pas aussi exclusif qu'on le dit; il se contente de citer quelques textes de l'Écriture, et ajoute que le reste importe peu à l'enseignement ecclésiastique. Saint Justin[4] (?) donne de son opinion des motifs assez pauvres (je lui en demanderais bien pardon s'il était vraiment l'auteur de cet exposé), mais où l'Écriture n'entre pour rien absolument. Saint Basile[5] fait allusion au système de Ptolémée, sans l'anathématiser en aucune façon; si bien qu'il y accommode l'interprétation d'un passage de la Bible.

Et puis, fiez-vous aux citations de la *Revue des Deux-Mondes* !

1° Un ouvrage souvent attribué à saint Anselme[6] dit en propres termes que le ciel est

---

1. Il nous donne le ciel, en toutes lettres, comme une Sphère. *De orthodox. fid.*, II, 6; et plus bas: *Sphéroïde*; plus bas encore : *de figure sphérique*. Or il expose tout cela comme doctrine reçue; tandis qu'au sujet des partisans de l'hémisphéricité, il a dit: *D'autres ont imaginé que le ciel n'était qu'une voûte.*

2. August., *Genes. ad litt.*, II, 9. Voir le chapitre tout entier.

Veut-on l'avis de saint Ambroise, entre ceux qui excluent *formellement la rondeur de la terre* ? Voici comme il s'exprime (*in Psalm.* CXVIII, 90) : « Quo modo fundaverit « Deus terram Scriptura nos docuit; dicente Propheta « Prov. III, 19): *Deus sapientia fundavit terram, paravit* « *autem cœlos in intellectu.* Terra autem tanquam fundamentum est, in qua consistimus; licet ipsam in meditul- « lio *(al.* hemicyclo) cœli esse et is qui foris est sermo concelebret, et Scriptura significare videatur, dicente Job « XXVI, 7): *Suspendens terram in nihilo.* Includitur ergo « orbe cælesti; et ideo sol noctibus non videtur, quia gy- « rando in inferiore invenitur orbis parte cælestis. Sed non « est cura sanctis axem cœli et elementorum spatia philo- « sophico more, numerosque describere. Quid enim hoc « prodest saluti? Quia sancti semper intendunt, et vitæ « æternæ profutura vel cognoscere gestiunt vel docere. »

Cf. Basil. *Hexaemer.*, homil. IX (ed. Garnier, t. I, p 80, sq.). Ce grand théologien, on l'avait dit avant moi (*Præfat. in Cosmæ topographiam*; ap. Galland. *bibl. vet.* PP., t. II), ne voit pas ce que l'Église aurait à faire avec les gens qui donnent à la terre la forme sphérique, ou celles d'un cylindre, d'un disque, d'une surface concave; etc., etc.

3. Hieronym. *in Isai.*, lib. XI, cap. 40.

4. Justin. (?), *Quæst.* 58, *ad Orthodox.*

5. Basil. M., *Comment. in Isai.*, XIII.

6. Pseudo-Anselm., *De imagine mundi*, lib. I, capp. I, 84, 87. Le compilateur de ce livre passe pour être Honorius d'Autun. Cf. Bibl. PP. Lugd., t. XX, p. 967, 973.

sphérique; et s'il eût voulu s'appuyer pour cela sur les Pères et docteurs qui l'avaient précédé, il pouvait alléguer saint Clément pape[1], saint Grégoire de Nazianze, saint Hilaire[2], saint Ambroise[3] qu'on nous oppose, saint Jérôme[4], saint Augustin[5] qu'on nous représentait encore comme intraitable en ce point; Bède[6], etc., etc. Je crois que cela peut suffire[7].

Riccioli, auquel on ne contestera sûrement pas une connaissance très-passable de la cosmographie des Pères, n'y avait point trouvé de consentement unanime sur *l'exclusion formelle de la rondeur de la terre*; car voici ce qu'il en rapporte[8] : « *Le nombre des Pères qui ont admis la sphéricité du ciel et de la terre, est de beaucoup le plus grand.* » Sur l'existence des antipodes, il ajoute plus bas que les Saints Pères ne sont point d'accord pour la nier[9], et que ceux qui la nient n'empruntent point à l'Écriture leurs moyens de preuves[10]; Dracontius[11], poëte chrétien du viie siècle, qui se proposait pour thème de ses vers le récit de la création dans la Genèse, croyait-il la terre plate, quand il a écrit :

« Eruitur terra. . . . .
« Et solidante GLOBO, gravior per *inane* pependit[12] ? »

Or l'ouvrage de ce poëte, loin d'encourir l'animadversion des théologiens, fut publié par un évêque de Tolède.
On remarquera que je m'interdis tout emprunt chez les Pères ou docteurs qui ne sont pas absolument clairs sur ce point. Aussi ne cité-je nul texte qui emploie purement et simplement le mot *orbis*, parce qu'on aurait pu n'y voir que la notion de *disque;* et, comme il s'agissait de *sphéricité* proprement dite, je n'ai rien voulu admettre qui ne s'y rapportât bien clairement, sans prêter à débat quelconque.

Je pense avoir traité les principaux griefs cosmographiques de M. Letronne contre les Pères. Pour la forme un peu légère de son relevé, elle ne fait pas plus l'objet de ma critique

---

1. Clem. Rom., *Recognit.*
2. Hilar. *in ps.* CXXXV.
3. Ambros. *in ps.* CXVIII, 12.
4. Hieronym. *in Isai.*, libr. XI, cap. 40. — *In epist. ad Ephes.*, lib. II, cap. 3; etc.
5. August. *in ps.* CIII. — *De Genes. ad litt.*, lib. I, cap. 20; lib. II, cap. 9.
6. Bed., *De Creat. 6 dier.* — *De natura rerum.* — *De temporum ratione:* « Orbem terræ dicimus, non quod absolute « orbis sit forma in tanta montium camporumque dispa- « ritate; sed cujus amplexus, si cuncta linearum compre- « hendantur ambitu, figuram absoluti orbis efficiat. » Ap. Lingard, *loc. cit.*
A-t-on assez reproché au moyen âge d'être beaucoup trop aristotélicien? Or les Aristotéliciens (même du vieux temps) s'étaient prononcés pour la rotondité de la terre et pour son isolement dans l'espace. Que les ennemis, ou persifleurs malavisés, de l'Église veuillent donc bien ne pas se montrer ridicules outre mesure par des invectives contradictoires. Ce n'est pas moi qui les plaindrais en pareille occurrence; mais je leur donne un conseil d'adversaire loyal, ce qu'ils ne sont pas toujours avec nous (tant s'en faut). « A bon entendeur, salut ! »

7. Je trouverais aussi peut-être bien à citer S. Césaire d'Arles, indiqué comme formellement contraire, mais je n'ai pas besoin de multiplier les citations contre un savant qui se gêne si peu avec les auteurs ecclésiastiques.
8. Ricciol., *Almagest.*, libr. IX, sect. 4, cap. 38, § 7. « Multo plures sunt Patres qui cœli ac terræ rotunditatem « agnoverunt. »
Sur l'enseignement des écoles du moyen âge au sujet de la forme de la terre, cf. Hurter, *Gesch. der Papst Innocenz III*, t. IV (Hamburg, 1842), p. 633, svv.
9. Voyez, v. g., Greg. Nyss. *in Cantic.* Homil. X (Opp. 1615, t. I, p. 620). — Cyrill. Alexandr. *in Ps.* LXXVI (*Vox toni- trui... in rota*); ap. Mai, *Nov. PP. biblioth.*, P. I, p. 405; et P. II, p. 255, sq. — Petr. Chrysol., *Serm. XXV*; et ibid. not. 2 (Augustæ Vindel., p. 44).
10. Voyez aussi la lettre de S. Clément, publiée à Rome en 1832 par l'abbé Graziani, note 121.
11. Dracont., *Hexaemeron*, ed. Carpzov. Je n'ai nul besoin de citer l'édition du P. Arevalo, il ne me déplait pas au contraire de recourir à un éditeur luthérien en cas pareil.
12. Observez, en passant, l'*isolement* de la terre suspendue dans l'espace, malgré son poids; ou, si vous le voulez même, précisément en vertu de la *gravitation*.

que, par exemple, la discussion sur la localité occupée par les anges; attendu que nul *cosmologiste* ne sera gêné, je crois, pour leur placement, et que, d'après le savant académicien [1], ce qu'il en rapporte n'est autorisé par aucun texte de l'Écriture. L'unique chose qui importe désormais à la question, c'est de savoir jusqu'à quel point les erreurs plus ou moins nombreuses des Pères sur la cosmographie peuvent les charger en tant que docteurs ecclésiastiques. M. Letronne l'a bien senti quand il s'est tant efforcé de ramener leurs erreurs à n'être qu'une interprétation de l'Écriture. C'est que dans le fait parler d'une cosmographie des docteurs chrétiens, sans le soin de montrer que leur doctrine physique ait été la conséquence de leur doctrine religieuse, serait tout aussi ridicule que le projet d'incriminer, par exemple, le corps des médecins pour les bévues historiques ou philologiques échappées à ceux de leurs confrères qui se sont occupés d'histoire ou de philologie [2]. Notre auteur n'est point si mal avisé; il va droit au fond, et son but est bien ce qu'il devait être pour sauver son titre du ridicule ou de la niaiserie; savoir : de montrer que les erreurs des théologiens en cosmographie sont nées de la théologie. Seulement, qu'il se soit proposé de le prouver et qu'il l'ait prouvé réellement, ce sont deux choses, et nous allons chercher s'il a réussi. Discussion d'où il pourrait bien arriver pour conséquence que plutôt d'interdire la cosmologie aux théologiens, il fallût interdire la théologie aux antiquaires.

Supposons que je n'aie rien prouvé jusqu'à présent contre le dire de M. Letronne, il en résulterait tout au plus que la majorité des SS. Pères s'est tristement égarée dans les questions de cosmologie. Je n'en conviens pas, comme on le voit; et je pense même qu'il y a au moins lieu d'en douter, après ce qu'on vient de lire. Mais enfin, admettons qu'il n'y ait rien de fait, s'ensuivrait-il quelque chose contre la théologie ou l'orthodoxie telles qu'ils l'entendaient [3]? Je n'en crois rien. Comment cela? M. Letronne ne dit-il pas que tous ces bizarres systèmes avaient leur source dans l'opiniâtreté à suivre Moïse? Écoutez-le : « Tout cela tirait sa force princi- « pale de l'autorité des SS. Pères, qui se persuadèrent « que la seule cosmographie possible était celle qu'ils « trouvaient exposée dans la Bible.... » — « Il faut « convenir que si les phénomènes naturels n'étaient « pas là pour contredire le texte... l'explication que « les Pères donnent de la Bible, et les conséquences « qu'ils en tirent, seraient également incontesta- « bles; etc., etc. [4] »

---

1. Article de la *Revue des Deux-Mondes*, p. 619.
2. Figurez-vous l'effet que produirait un article intitulé : *Sur les opinions philologiques ou historiques des médecins!* Philosophiques, à la bonne heure! parce que les recherches médicales peuvent donner occasion de raisonner, et partant, de déraisonner sur la philosophie. Mais tout ce qui n'est point lié aux études de la profession, ne peut retomber que sur l'individu qui s'y fourvoie, et non sur la profession qu'il exerce ou dont il prend le titre. Je ne me suis étendu sur cette remarque que pour faire comprendre comment un tableau qui semblait n'appartenir qu'à l'histoire littéraire, est nécessairement devenu une question d'exégèse; sans qu'il faille absolument, pour s'en rendre compte, supposer dans son auteur un parti pris d'hostilité contre l'Église. Les questions ont une force logique qui leur est intrinsèque, et qui conduit les hommes, fût-ce à leur insu.

3. Et je déclare, pour mon propre compte, que je tiens beaucoup à l'entendre comme eux.

4. *Revue des Deux-Mondes*, ibid., page 604.

Je reconnais que la *Revue des Deux-Mondes* dit cela, mais elle dit aussi le contraire. J'ai même à y choisir entre plusieurs réponses. Commençant donc par profiter du secours qu'elle prête aux SS. Pères, j'indiquerai d'abord quelques-unes seulement des contradictions par où elle se réfute sans m'attendre.

2° Les Pères établissaient absolument la non-sphéricité de la terre [1]. — D'autres pourtant (quoiqu'on ait dit que « *les hypothèses se réunissaient toutes dans l'exclusion formelle de la rondeur* « *de la terre* ») souffraient que la terre fût ronde [2], pourvu qu'il n'y eût point d'antipodes [3]. — Selon quelques-uns, « *la forme de l'univers doit être celle d'une grande caisse une fois plus lon-* « *gue que large* [4] ; *une sorte de grand coffre oblong* [5]. » — Selon d'autres c'était « *celle d'un œuf* « *coupé par moitié, perpendiculairement à son grand axe* [6] ; » etc., etc.

Tout cela découle-t-il de l'interprétation littérale, et Moïse doit-il être chargé de ces cosmologies si discordantes ? Notez que je m'en réfère uniquement ici à mon auteur ; car, si je voulais tenir compte de ce que j'ai rapporté, il en résulterait que (toujours d'après Moïse, puisque les Saints Pères n'ont eu garde de s'en départir, nous dit-on) la terre est une sphère, et elle est un plan ; les cieux sont solides, et ils ne le sont point ; ils sont au nombre de neuf, et il n'y en a que trois, ou même deux, et enfin jusqu'à un seul ; etc.

3° Quantité d'opinions cosmologiques des Pères avaient leur source dans l'interprétation allégorique, et toutes étaient d'ailleurs d'origine grecque, sans en excepter une seule. Je rapporterai quelques-unes des phrases de M. Letronne, pour ne pas être incroyable.....
« Ces auteurs ne le cédaient pas beaucoup sur l'article des allégories à d'autres docteurs
« qui en avaient puisé le goût chez les Alexandrins [7]. » — « Plusieurs Pères refusèrent de
« s'attacher à la lettre de ces textes [8]. » — « Cette manie d'interprétation symbolique
« gagna les théologiens du moyen âge [9], etc... » Voilà pour l'interprétation allégorique ;
voici maintenant d'autres passages qu'il s'agirait de concilier avec ceux-là : « Les Pères,
« forcés tout à la fois par le sens certain des mots, et l'ascendant d'une conviction profonde,
« croyaient ne pouvoir hésiter sur les conséquences de l'interprétation littérale ; ils fer-
« maient les yeux sur leur absurdité ; ce qui était écrit devait être vrai ; tant pis pour la
« raison humaine [10]. » — « Saint Augustin [11] ne se dissimulait pas combien cette disposition

---

1. *Revue des Deux-Mondes*, p. 604.
2. Vous remarquerez que, d'après la *Revue* (p. 604), on ne souffrait pas que le fidèle se permît de soupçonner la terre d'être sphérique ; et que (*ibid.*), à prendre la Bible pour autorité, il n'était pas possible de rien répliquer dans le fait. Cependant remarquez encore ceci (p. 626) : *Ceux des chrétiens qui persistaient à croire que l'Écriture n'était point contraire au système de Ptolémée, expliquaient* AVEC FACILITÉ *dans leur sens les textes de l'Écriture. Ils y voyaient la suspension de la terre..., c'est-à-dire, l'immobilité d'une sphère également sollicitée de toutes parts.* J'ai pu, comme on voit, me contenter d'une vingtaine de textes, puisque M. Letronne est si traitable.
    Ne laissons pas cependant de faire observer au lecteur que S. Hilaire de Poitiers (*in Ps.* CXXIX) et S. Zénon de Vérone (libr. II, tractat. 17) se moquent à peu près des études cosmologiques ; ignorant sans doute qu'il existât une cosmologie toute faite dans la Genèse et rédigée par les Pères des trois premiers siècles. Cf. Zenon. opp., ed. Ballerini, p. 194, sq. ; et p. 321.
3. *Revue*, p. 692. — 4. *Ibid.*, p. 508.
5. *Revue*, p. 609.
6. Toujours la *Revue*, p. 625. Cet *œuf* ne se rencontre-t-il pas bien à propos pour rendre les Pères divertissants ? Il est seulement fâcheux qu'on ne puisse pas nommer de Saint Père qui soit l'auteur de cette comparaison si lourde dans son objet, quoique si géométrique dans son expression. Quant aux cosmologistes du moyen âge, lorsqu'ils recouraient à pareil moyen pour expliquer le monde, ils s'y prenaient moins malencontreusement, témoin celui qui assimilait l'*univers* à un œuf dont le jaune représenterait la terre. Ce n'est pas là sans doute grande preuve de l'exclusion donnée à la sphéricité de la terre. Cf. Lebeuf, *Dissertations sur l'hist. de Paris*, t. II, p. 193. — Notices et extraits des manuscrits de la Biblioth. du Roi, t. V, p. 259, sv.
    Du reste, je n'ignore pas que cet œuf nous vient de Varron ; mais il fut couvé par Abailard, Honorius d'Autun, et autres philosophes du moyen âge qu'on n'a point condamnés pour cette hardiesse.
7. *Revue*, p. 609.
8. *Ibid.*, p. 616.
9. *Revue* encore, p. 609.
10. De plus en plus la *Revue des Deux-Mondes* (p. 605).
11. Il faut avouer que M. Letronne joue de [malheur dans ses citations. Leurré ici par une petite phrase, il s'compare de saint Augustin ; et c'était précisément saint Augustin

« était contraire aux plus simples notions du bon sens, mais comme elle était appuyée par
« des textes dont le sens littéral lui paraissait le seul admissible, etc...; car, ajoute-t-il,
« toute la capacité de l'esprit humain doit céder à l'autorité de l'Écriture. Ce seul mot expli-
« que et excuse tant d'aberrations[1], » etc., etc.

e moyen d'arranger tout cela! Il faudrait opter entre des imputations contradictoires. Si la majorité des théologiens s'en tint toujours à l'interprétation littérale
(ce que je n'examine point, mais ce que l'on affirme[2]), faut-il les faire responsables d'une cosmographie fondée sur l'interprétation allégorique à laquelle on
consacre une si grande partie de l'article? Que si l'interprétation allégorique
a dominé[3], ou du moins si c'est elle qui a causé les plus grandes
absurdités, ou des absurdités quelconques, faut-il s'en prendre à
la Bible de ce qu'ont dit ceux qui s'en écartaient à leur gré?

4° Même difficulté pour accorder ce que l'on avance sur les
sources où étaient puisées les idées cosmologiques des théologiens.
Dans les premières pages de la *Revue*, la faute en était au parti pris
de trouver la science toute faite dans la Genèse; puis, comme pour
enlever aux Pères de l'Église le mérite de l'invention, l'on montre
leur cosmographie en entier dans les enseignements des vieilles écoles grecques. Le lecteur dira si j'y mets du mien. « Il fut un temps... où toutes les sciences devaient prendre
« leur origine dans la Bible. C'était la base unique sur laquelle on leur permettait de
« s'élever... Les sciences avaient leur point de départ fixé et déterminé, et l'on traçait au-
« tour de chacune d'elles un cercle d'où il leur était interdit de sortir, sous peine de tom-
« ber à l'instant sous la redoutable censure des théologiens, qui avaient *toujours* au ser-
« vice de leur opinion, bonne ou mauvaise, trois arguments irrésistibles, la persécution,
« la prison ou le bûcher. Ces obstacles que l'esprit scientifique rencontra dans tout le
« moyen âge, et qui retardèrent si longtemps les progrès des sciences d'observation,
« tiraient leur force principale de l'autorité des Saints Pères. Ceux-ci s'étaient persuadé
« que la seule cosmographie possible était celle qu'ils trouvaient exposée dans la Bible, et
« que... toutes les paroles de Moïse, inspirées par l'Esprit divin, devaient offrir le reflet de
« l'éternelle sagesse[4]. » — « Ce n'est vraiment qu'à l'aide des interprétations les plus for-
« cées qu'on peut voir dans le texte de la Bible autre chose que ce qu'y ont vu les Pè-
« res[5], » etc. J'ai déjà rapporté précédemment et j'aurais pu ajouter encore plusieurs
passages qui répètent la même assertion avec un ton de certitude que l'on appréciera mieux
quand on aura vu la contre-partie dans l'auteur lui-même.

« Les Pères étaient presque à leur insu[6] sous l'influence des opinions populaires qui

---

dont il ne fallait pas prononcer le nom dans cette cause malencontreuse. Car est-il si mince commençant en théologie qui ne sache qu'un texte de l'Écriture devient entre les mains de ce docteur, ce qu'on n'eût jamais songé à y voir? Saint Augustin, transformé en un rigide partisan de l'interprétation littérale ! Vraiment, on ne pouvait pas mieux tomber pour nous faire voir ce qu'est un savant quand il sort de sa sphère.

Maintes gens s'imaginent très à tort, certes; mais beaucoup trop souvent de nos jours, que les études ecclésiastiques sont une manière de passe-temps où peut se délasser tout amateur qui aura étudié n'importe quelle autre chose. On ne saurait souhaiter piège plus insidieux à son

ennemi. Je veux donc bien le signaler à ceux qui n'en soupçonneraient pas le péril.

1. *Revue des Deux-Mondes*, même article, p. 618.
2. *Ibid.*, p. 602-603, etc.
3. Au fond, il n'est pas douteux que les Saints Pères et les interprètes orthodoxes de la *Bible* s'accordent généralement à préférer l'interprétation la plus simple; mais à condition qu'il n'y ait point de raison pour s'en départir, et que le texte présente réellement un sens clair. Est-ce le cas pour le premier chapitre de la *Genèse*?
4. *Revue*, p. 601, 602.
5. *Ibid.*, p. 604.
6. *Presque* n'est pas le mot; car à quelques lignes de là

« dominaient encore les esprits même assez éclairés, et de celles qui avaient été soutenues
« dans les écoles philosophiques des païens...... La plus étrange de leurs explications (de la
« Bible) a sa racine dans quelque opinion de ces philosophes païens dont ils méprisaient
« beaucoup la morale[1], mais dont ils estimaient fort le savoir, et *qu'ils aimaient toujours à*
« *citer* à l'appui de leurs propres opinions. C'est ainsi que les idées cosmographiques aux-
« quelles l'autorité des Saints Pères donna tant de crédit, *remontent presque toutes aux écoles*
« *philosophiques de la Grèce*[2]. » — « Les arguments de Cosmas datent de loin, et en tout temps
« ils ont été trouvés fort bons. Plutarque les met déjà dans la bouche d'un de ses inter-
« locuteurs, grand ennemi de la sphéricité de la terre et des antipodes[3]. » — « Il est curieux
« de voir, après tant de siècles, reparaître une des notions favorites de la cosmographie des
« poètes grecs[4]. » — En foi de quoi sont appelés pour témoins Pisandre, Mimnerme,
Eschyle, Antimaque, Phérécyde[5]. — « La théorie de Cosmas, qui nous paraît si extra-
« vagante, tire encore son origine de la philosophie grecque; il s'appuie lui-même de l'au-
« torité de Xénophane et d'Éphore... Il pouvait y ajouter Anaximène[6]. » On est libre d'aller
voir encore la page 631 de la *Revue*, entre autres.

Tout cela est-il clair? Mais aussi tout cela est-il associable? Ici donc, de nouveau, choisis-
sons entre des assertions opposées. La faute en est-elle aux interprétations soit littérales,
soit allégoriques? Que nous importent alors Plotin, Plutarque, Philolaüs, Homère, Parmé-
nide, etc., etc.? Ces cosmographies, au contraire, se réclament-elles des philosophes grecs
de l'antiquité? Ne vous en prenez donc point à la Bible et aux partisans du sens verbal ou
symbolique. Mieux eût valu un peu moins d'érudition et un peu plus d'ensemble, ou au moins
un peu plus de franchise; car que résulte-t-il de toutes ces citations réunies par M. Letronne?
Que les docteurs chrétiens n'étaient point au niveau de la science telle qu'elle existait de
leur temps? Mais on dit que leurs opinions cosmographiques étaient celles d'hommes même
assez éclairés d'alors, chose en vérité fort pardonnable; et qu'ils s'appuyaient toujours du
savoir païen. — Que s'ensuit-il donc? Que les Pères de l'Église n'ont point été coperniciens?
On nous l'eût persuadé à moindres frais. — Que le système cosmographique de Ptolémée
lui-même a trouvé chez eux peu de faveur? Quand cela serait, cela constituerait-il contre

---

M. Letronne vous dira que c'était comme un plan adopté, une espèce de tactique convenue, que de s'appuyer sur la science païenne. Mais alors pourquoi la Bible serait-elle en cause? Il faudrait être au moins d'accord avec soi-même.

1. Méprisait-on si fort la morale (théorique s'entend) de Sénèque, par exemple, lorsqu'on voulait en faire un disciple de saint Paul? Mais passons; car je ne tiens pas à cette thèse de curiosité historique, malgré l'affection que j'ai professée ailleurs pour la littérature apocryphe. Ce qui me plairait en questions de ce genre, ce ne serait pas qu'on s'y aheurtât; mais plutôt qu'on les abordât vigoureusement pour n'en laisser debout que les côtés indestructibles, s'il en est. Autrement, qu'elles soient rasées une bonne fois afin de déblayer le terrain! Seulement qu'on n'y emploie pas des engins pour rire, surtout en les soutenant d'un sérieux d'autant plus comique chez des hommes qui font trop bon marché des maîtres de la science chrétienne.

Ceci n'est pas précisément amené par M. Letronne, sans être tout à fait hors de propos à son endroit; mais ce n'en vaut pas moins pour tous cas à quoi il appartiendrait, quand même des gens bien intentionnés envers l'Église s'y trouveraient compris. Si l'intention est sauve, c'est affaire à Dieu;

les principes et le bon sens demeurent ce qu'ils sont, quoi qu'il en soit des personnes qui doivent ressortir à tribunal plus clairvoyant que nous autres simples humains.

2. *Revue des Deux-Mondes*, p. 605 et 606.

3. *Ibid.*, p. 607. Là, était-ce la faute des SS. Pères ou de Moïse? On peut bien dire, et je ne m'y opposerai guère, que saint Basile a profité de Plutarque; mais on ne prétendra sûrement pas qu'il lui ait communiqué rétrospectivement ses idées bibliques.

4. Toujours la *Revue*, p. 627.

5. *Revue*, encore; *ib.* — Il faut avoir de l'érudition de reste pour la prodiguer à propos de Cosmas et de ses consorts; mais il paraît qu'il était impossible aux plus tristes écrivains des premiers siècles de l'Église, d'imaginer une niaiserie. Les auteurs classiques leur étaient nécessaires pour cela, à ce qu'il semble. Du moins ce serait la conclusion à tirer des indications savantes que M. Letronne apporte à la question. Remercions-le d'un témoignage si gracieux qui nous fait plus d'avantages que nous n'aurions osé le prétendre. Car enfin il n'est pas de foi ecclésiastique qu'un chrétien ne puisse absolument être un sot.

6. *Revue des Deux-Mondes*, ibid., p. 628.

26   MÉLANGES D'ARCHÉOLOGIE.

eux une charge bien grave? Je ne pense pas que, pour avoir adopté les doctrines du cosmologiste alexandrin, les docteurs ecclésiastiques s'en fussent mieux trouvés au XIX° siècle. Si cela devait du reste leur être de quelque avantage, nous rappellerions à M. Letronne ses propres paroles [1], que « *des Docteurs recommandables par leur savoir osèrent* « *prendre ouvertement la défense des idées grecques, et se proposèrent de prouver que rien* « *dans la Sainte Écriture ne s'oppose réellement au système de Ptolémée* [2]. » Il pouvait ajouter que Synésius appelle l'école d'Alexandrie, *une école divine*.

Encore une fois, que s'ensuit-il? Rien, ce vous semble peut-être? Point du tout : on songeait à conclure de tout cela ce que ne disait pas précisément le titre : savoir, que toutes les erreurs cosmologiques honnies ici étaient puisées dans le texte de l'Écriture. Ce but, indiqué simplement çà et là dans le courant de l'article, se montre enfin nettement dans un appendice qu'on a eu la bonne idée de désigner par le titre : *Conclusion*, en grandes lettres. Le lecteur dira s'il eût imaginé, sans cette ressource typographique, que ce fût là une *conclusion* de ce qu'avait dit M. Letronne; abstraction faite même des passages par où je me suis permis de reprendre en sous-œuvre l'érudition de mon auteur. Jugez-en par vous-même. « Telles sont les principales idées cosmographiques que « les Pères de l'Église ont tirées de l'interprétation littérale de la Bible. » CE QU'IL FALLAIT DÉMONTRER. Ce n'est pas qu'on ne nous ait dit dans la même page qu'ils les avaient tirées de Xénophane, d'Éphore, et autres; mais enfin telle est la *conclusion* de M. Letronne, ce n'est pas moi qui lui ai donné ce nom. Et l'on ajoute : « La terre plate, le ciel formant une « voûte solide au-dessus de laquelle est la couche des eaux célestes [3], voilà les notions fon-« damentales de la cosmologie biblique, et celles que les Saints Pères y ont vues, parce « qu'elles y sont réellement [4]... Tous ces vieux préjugés, tous ces vains systèmes... repa-« rurent avec bien plus de force, à l'abri de l'autorité des Saints Pères; ils firent une nou-« velle invasion, et se répandirent partout à la suite du christianisme; ils régnèrent pen-« dant tout le moyen âge, etc. »

Le moyen âge, ici condamné en masse sans avoir été ouï, et englobé dans la cause d'autrui comme par complicité, nous l'abandonnons pour le moment à son malheureux sort, afin de ne point quitter la question, qui est la cosmologie des Pères. Pourtant je pense avoir plus cité de témoignages contre ce que dit M. Letronne sur cette époque, qu'il n'en a lui-même apporté pour appuyer son accusation [5]. Mais ne nous écartons point de la route que nous avait tracée la *Revue des Deux-Mondes* en 1834, et demeurons aussi fidèlement que possible dans l'apologie des Saints Pères contre une attaque si hostile, mais si mal menée.

1. *Revue des Deux-Mondes*, p. 603.
2. Pourquoi tant de sobriété tout à coup dans l'érudition, dès que les citations ne conduiraient plus qu'à montrer la science des docteurs chrétiens égale pour le moins à celle de leur temps?
3. Si l'on voulait absolument voir dans la *Genèse* d'autres eaux célestes que les nuages, les cosmologistes actuels seraient autorisés à se dispenser de vérifier leur existence aujourd'hui. Voir saint Augustin, *De Genesi ad litt.*, III, 4; d'après la seconde épître de saint Pierre, III, 5, 6.
4. C'est toujours l'*interprétation littérale*, *quand même*; il y a là idée fixe évidemment.

5. M. Letronne, qui porte tant d'intérêt à l'introduction des sciences physiques et mathématiques d'Alexandrie, dans l'Église, aurait vu Ptolémée, par exemple, admis dans quantité d'écoles au moyen âge. Contentons-nous de lui rappeler l'ouvrage de Théodore, grand sacellaire et archidiacre de Constantinople au XIV° siècle, lequel vante si fort Ptolémée, Théon et Pappus. Voir Fabricius, *Bibl. Græca*, ed. Harles, t. X.
Les *Annales de philosophie chrétienne* (t. VIII, p. 211) ont exposé les doctrines du cardinal de Cusa sur le mouvement de la terre. Ce pouvait être une occasion de réhabiliter quelque peu ce triste moyen âge.

éfinitivement, y a-t-il une cosmologie des Pères, et une cosmologie dont la Bible soit responsable? Que s'il y en a une, est-elle absurde? Voilà sur quoi on eût aimé à trouver quelques détails plus concluants. Occupons-nous-en donc sans M. Letronne, puisqu'il est si malaisé de décider quelque chose avec les matériaux qu'il nous a choisis.

Je crois avoir montré que l'unanimité des Pères, en fait de cosmologie, n'est pas bien établie, principalement pour les absurdités. M. Letronne, après s'être chargé de montrer que ces absurdités ont été prises ailleurs que dans la Bible, a fait plus encore pour avancer ma tâche, en choisissant (et il le fallait bien) ses plus absurdes cosmologistes parmi les plus insignifiants des écrivains ecclésiastiques. Car, de bonne foi, que sont Cosmas Indicopleustes, Sévérianus de Gabala, Théodore de Mopsueste, Diodore de Tarse [1]? Et quel théologien a jamais songé à jurer par ces noms-là? Ce sont cependant les hommes dont la cosmologie est présentée comme type de la doctrine des Saints Pères, et développée avec un détail dont la diffusion tranche sur le reste de l'article d'une manière choquante (malgré le bon vouloir de l'accusateur).

Cosmas! un marchand devenu moine, qui se donne franchement pour illettré; dont le laborieux Photius a ignoré le vrai nom, et qui ne nous est peut-être connu que par une espèce de sobriquet [2]; dont le livre, d'après Photius [3], annoncerait par la forme *un homme au-dessous du vulgaire,* et par le fond *un faiseur de contes*. Ajoutez que, selon La Croze lui-même [4], Cosmas aurait été nestorien (belle recommandation d'orthodoxie).

Sévérianus de Gabala! orateur assez disert, mais auquel sa jalousie et son inimitié contre saint Chrysostome n'ont pas procuré un rang fort avantageux, ni un suffrage bien influent parmi les Saints Pères. Interprète d'ailleurs de la Genèse, qui s'annonce lui-même [5] comme visant à dire des choses nouvelles et différentes de ce qu'ont dit les Pères; hardiesse dont il a bien quelque peine à s'excuser; mais enfin il passe outre: priant ses auditeurs, quels juges! d'examiner le mérite et non l'âge de sa doctrine.

Théodore de Mopsueste! homme d'une orthodoxie pour le moins problématique, et dont plusieurs ouvrages montrent que ses idées propres étaient souvent l'unique guide qu'il suivît dans l'interprétation de l'Écriture [6].

---

1. N'oublions pas Jean Philoponus, non plus, au sujet duquel on pourra s'édifier dans le travail de Quercius sur l'*Hexaemeron* de Georges Pisidès (l. c., p. 133, sqq.).

2. Fabricii *Biblioth. Græca*, ed. Harles, t. IV, c. 25. — Galland., *Biblioth. Vet. PP.*, Prolegom., ad t. XI.

3. Photius, *Bibl.*, c. 36.

Sur la sphéricité de la terre au moyen âge, nous aurons occasion de revenir en parlant des études de cette époque, principalement chez les Irlandais. Contentons-nous de renvoyer pour le moment à quelques travaux qui peuvent suffire. Cf. Honor. Augustod., *De imagine mundi*, lib. I, cap. 5 (Biblioth. PP. Lugdun., t. XX, p. 967). — Soldati, *In Senecam*: « Quare bonis viris... », p. 108, sq. — Emery, *Christianisme de Bacon*, t. II, avant-dernier opuscule. — Berger de Xivrey, *Traditions tératologiques*, p. 185-188.

4. *Hist. du christianisme d'Éthiopie*, liv. I, p. 4. Cf. Assemani, *Biblioth.*, t. III, P. II, p. cccxv.

On peut savoir que Veyssières de La Croze, ex-bénédictin de Saint-Maur, et naturalisé prussien, ne professait pas un respect outré pour les Saints Pères.

5. Severian., *De Creatione*, or. 1.

Baronius voyait si peu un saint Père dans Sévérien de Gabala, qu'il raya du martyrologe (25 janvier) saint Sévérien de Javols (Gévaudan) par antipathie contre son homonyme de Palestine. Que ce fût une bévue du docte cardinal, soit; elle prouve toutefois ce qu'il pensait de l'évêque syrien.

6. Sur ce Théodore, alambiqueur vaniteux de la Bible et publiquement anathématisé par l'Église, il n'est pas besoin

Diodore de Tarse! désigné par saint Cyrille et par Photius[1] comme le précurseur de Nestorius, et qui paraît avoir poussé la passion de l'interprétation littérale jusqu'à nier les prophéties de l'Ancien Testament sur Jésus-Christ, ce qui n'était pas fait pour lui mériter une place parmi les interprètes *orthodoxes*[2]; et quand Photius parle de ce Diodore qui veut établir sa cosmographie sur l'Écriture, nous y voyons qu'il n'est ni clair ni exact[3]; que ses citations n'ont nulle valeur[4]; qu'il est aussi pauvre par la logique, que pieux par les intentions[5] peut-être.

« Voilà, voilà les Dieux! et nous les adorons! »

on vraiment, ce n'est point là du tout ce que nous appelons les Saints Pères. Libre à qui voudra de décrier ces hommes à son aise; nous ne tenons nullement à leur réputation et nous ne verrons pas, sans quelque plaisir, ruiner le crédit de pareils docteurs. Aussi ne prendrai-je même pas la peine de vérifier s'ils ont dit tout de bon ce qu'on leur attribue.

Cependant pourquoi ne citerait-on pas ces auteurs, tout insignifiants qu'ils soient par eux-mêmes, si leur doctrine physique a été jugée admissible, ou s'ils n'étaient en cela qu'organes des idées communes? Passe, s'il en était ainsi, mais il en va tout autrement. Cosmas ne s'appuie assurément pas de l'enseignement commun, quand il nous annonce, avec une emphase pleine de bonhomie, qu'il est redevable de sa science aux leçons du grand Patrice (Abba) Chaldéen, qui promenait cette doctrine par le monde[6]. Sans cet aveu désintéressé, Cosmas courait risque de passer pour l'inventeur de la *pieuse doctrine*, tant elle était peu connue; mais il s'en défend avec une modestie trop juste[7]. Ce qui montre qu'au VIe siècle la *topographie chrétienne* était encore une merveille dont lui, Cosmas, se trouvait le dépositaire privilégié. Bien plus il nous apprend que les théories auxquelles il déclare la guerre (sphéricité de la terre, etc.) sont enseignées par des chrétiens; scandale qu'il ne peut supporter (*de Mundo*, lib. I), et qui lui paraît impliquer une apostasie formelle. Mais, quoi qu'il en soit de sa susceptibilité, son témoignage dépose pour l'existence de la théorie ptolémaïque parmi les docteurs qui faisaient profession du christianisme.

Pour Diodore de Tarse, on souligne ce qu'en dit Photius[8] que ses idées « ont bien quelque « connexion avec les livres saints » : mais on ne souligne pas cette autre phrase qui suit : « On lui accordera difficilement qu'il ait fait preuve de sens dans sa prétention de s'atti- « buer l'appui de l'Écriture[9]; » ni cette autre expression, « qu'il se figure avoir l'Écriture « pour lui ».

Les idées attribuées à ces écrivains et à Sévérianus de Gabala, ainsi qu'à Théodore de Mopsueste, sur la forme du monde et le mouvement des astres, sont désignées par Philo-

---

de recourir à des textes peu connus. Que l'on se contente de consulter Bossuet (*in Psalmos*, supplenda), le *Dictionnaire historique* de Feller, ou la *Biographie universelle* de Michaud. Le moins qui se puisse dire à sa charge, c'est qu'il fit preuve d'un caractère ou d'un esprit bien tortueux; comme le pensèrent ses plus graves contemporains et successeurs.

1. Photius, *Biblioth.*, c. 102.
2. L'interprétation *orthodoxe*, la cosmologie *orthodoxe* sont du style de M. Letronne, qui a par moments un langage tout à fait édifiant; comme quand il parle de l'*an de grâce* 1820. Je lui devais ce témoignage.
3. Photius, *Biblioth.*, c. 223 ; au début de son analyse.
4. Photius, *loc. cit.*, *ad* libr. III.
5. Photius, *ib.*; à la fin du même paragraphe.
6. C'est encore M. Letronne qui se charge bénévolement de nous citer cela, p. 614.
7. Toujours l'obligeant M. Letronne, *ibid.*
8. Article de la *Revue*, p. 624.
9. Photius, *Biblioth.*, c. 223 ; *ad* libr. 3 et 8.

ponus¹ comme *opinions de certaines gens, prétentions de quelques auteurs*; paroles qui sont loin de les signaler comme enseignement général.

Un mémoire de M. Th.-Henri Martin (*Académie des inscriptions et belles-lettres*, t. XXVIII, Iʳᵉ partie, p. 211, 235; et 336, svv.) sur la cosmographie grecque, peut faire comprendre aux esprits calmes et sérieux ce qu'il y avait de mélanges confus chez les Hellènes entre des souvenirs poétiques, philosophiques et scientifiques où chacun puisait à son gré selon ses études littéraires ou positives. Dans cet état de choses, quoi d'étonnant si tel ou tel chrétien (évêque même), plus ou moins avisé, aura pu croire que son éducation quelconque suffisait pour trouver réponse et solution admissibles à des difficultés qui dépassaient réellement sa compétence !

Que si l'on demande comment il se faisait que l'Écriture fût alléguée par ces songe-creux et même par des hommes moins nuls, pour des systèmes de même force, nous demanderons à notre tour comment il se fait que chaque jour dans les tribunaux ou dans les chambres législatives, ou dans les écrits politiques, le code et la charte soient allégués dans des sens tout opposés. Ne sait-on pas que, quand un suffrage est important, c'est à qui se le revendiquera? L'Écriture étant une autorité si imposante dans les temps où la foi était forte et générale, chacun prétendait y rattacher ses doctrines; et les y adaptait de son mieux pour les ériger par là, s'il se pouvait, en vérités incontestables. La Bible, avec Virgile, Homère et la Mythologie, n'étaient-elles point les pièces généalogiques du moyen âge, soit pour les nations, soit pour les familles²? Et l'on ne copiait assurément point ces systèmes dans leurs sources, pour les y avoir réellement trouvés, mais on les y rattachait pour donner crédit à ses inventions; ou bien on les y voyait parce qu'on avait pris le parti de les y voir. Tout comme tant de docteurs luthériens et calvinistes ont lu et lisent peut-être encore dans la Bible que Rome chrétienne est la grande prostituée, la Babylone anathématisée par l'Esprit saint; et même qu'elle croulerait à telles et telles années bien précises, qui ont passé depuis sans encombre³. Toutes choses qui, pour être tirées soi-disant de l'Écriture sainte, ne laissent pas moins le texte sacré fort innocent de ce qu'on lui prête.

Ce serait une belle audace à M. Letronne que de nous avoir jeté à la tête ces noms de valeurs si diverses, ou si peu triés, et surtout si mal pesés. Pour moi, je penche à croire que ce pouvait bien n'être pourtant pas mauvaise foi, mais uniquement souvenir de l'étourderie espiègle d'un lycéen peu formé au respect (surtout envers l'Église). On se sera

---

1. Encore l'article de la *Revue*, p. 625, 627. Car c'est plaisir de rencontrer un adversaire aussi naïf, ou si peu sûr de son fait.

Ajoutez, ce que la *Revue* se garde bien de dire, que Philoponus (*De Creatione*, lib. III, cap. XIII) apporte en témoignage les plus grands Pères grecs pour montrer qu'il faut savoir être modeste dans l'interprétation de la Genèse.

2. Voyez par exemple Samuel de Bochat : *Mém. sur l'hist. ancienne de la Suisse.* — Ferrario: *Storia de' romanzi.* — Le baron de Reden : *Tableaux généalogiques de l'empire britannique.* — La série des rois primitifs d'Espagne chez les chroniqueurs insérés dans l'*Hispania illustrata*; etc. — La généalogie risiblement sérieuse des princes bretons, rapportée par Henri de Huntington; et que d'Achery a publiée à la suite des œuvres de Guibert (p. 136, sq.). — Les Arvernes se donnaient de bonne heure pour frères des Romains par la descendance troyenne. Cf. Lucan., *Pharsal.*, I, v. 427, sq.

3. Témoin l'opuscule intitulé : *Romæ ruina finalis A. D. 1666, mundique finis sub 45ᵘᵐ post annum; sive litteræ ad Anglos Romæ versantes datæ, quibus... Babylonis in apocalypsi nomine Romam pontificiam designari, papamque romanum ipsissimum esse antichristum scripturis prædictum; et Bestiam derelinquere et Babylone, urbe nempe Roma, anno jam dicto MDCLXVI, excidio et incendio delenda atque funditus evertenda, confestim exire admonentur.* Londres, 1665, in-4°; avec une érudition patristique et biblique tout à fait amusante, malgré son intention d'être grave.

dit par renouveau de ci-devant collégien : « Bah! les prêtres n'ont pas le haut du pavé ; donc :

> « Promenons-nous dans le bois,
> Pendant que le loup n'y est pas...; »

« et puis, la *Revue des Deux-Mondes* n'est pas si difficile quand il s'agit de vexer les *calotins* « (comme disait feu Pr. Mérimée)! » Que si c'était tour d'écolier dans le projet, c'est aussi œuvre d'écolier quant au résultat, comme on a pu s'en convaincre [1].

Les véritables Saints Pères et docteurs de l'Église, ou même ceux des écrivains ecclésiastiques distingués qui ne méritent pourtant pas d'être comptés dans les deux premières classes, ces grands hommes, dis-je, s'y prennent différemment. Ils avaient prévenu ce que M. Letronne dit de vrai et de juste dans la *Revue des Deux-Mondes*; et, plus étudiés ou mieux compris, ils lui eussent épargné par leurs avis ce qu'il avance de faux et de hasardé.

Ainsi Théodoret [2] dit quelque part : « Je n'affirme point, et il serait téméraire d'affirmer, « quand l'Écriture n'offre point un sens clair. Que quelqu'un dise, s'il veut, le contraire de « ce que j'expose, je ne saurais le condamner. »

Ainsi Photius [3] vante surtout Théodoret pour n'avoir point tranché les questions qui étaient douteuses. Ailleurs il nous avertit [4] que Moïse avait une mission plus haute que celle d'enseigner aux hommes les sciences physiques ; ce qui ne veut point dire qu'il leur ait fait des contes sur ce sujet, mais ce qui montre que Photius ne se tenait pas pour enfermé, quant à ces sciences, dans *un cercle tracé par la Genèse*.

Ainsi les Saints Pères proprement dits, et les docteurs, ne sont point si décisifs sur l'Écriture, qu'on voudrait nous le faire croire. J'ai montré qu'ils interprétaient la Genèse avec une grande latitude ; on peut s'en assurer encore mieux dans les ouvrages qui réunissent sur divers points leurs différentes manières de voir [5]. Or cette latitude qu'ils se donnaient, ils la laissaient aux autres. Je pourrais donner, en preuve de cette ampleur d'idées, des textes même d'où M. Letronne conclut tout le contraire ; par exemple celui de saint Augustin par où mon auteur termine une tirade si tranchante contre l'étroitesse de l'interprétation littérale [6] chez les Pères. « Ils fermaient les yeux sur l'absurdité des conséquences ;... tant pis « pour la raison humaine... car, comme dit saint Augustin : *Major est Scripturæ auctoritas* « *quam omnis humani ingenii capacitas.* » Un peu moins d'empressement eût permis de lire le passage entier, que je rétablis ; et où saint Augustin exige tout simplement que parmi toutes les hypothèses laissées à la raison, chacun conserve au fond du cœur la soumission convenable pour le véritable sens de l'Écriture, tout en se donnant libre carrière tant que l'autorité n'a point prononcé. Il s'agissait là des opinions si divergentes sur la façon d'entendre les *eaux supérieures*. Le saint en propose et en loue même plusieurs, toutes différentes ; après quoi il termine de la sorte : « Quoi qu'il en soit, et de quelque manière qu'on veuille « entendre ces mots, Comptez sur une réalité correspondante à l'expression. L'Écriture, « garant plus solide que toutes nos imaginations, est là pour nous en répondre [7]. »

---

1. Il m'est revenu par un témoin, qu'on parla de mon article à la Bibliothèque du Roi, devant M. Letronne; lequel repondit : « On m'a trouvé voltairien, n'est-ce pas ? — Oui, pour la science », repartit quelqu'un du groupe.
2. Theodoret., *in Genes. Quæst.*, 4.
3. Photius, *Biblioth.*, c. 203.
4. Photius, *Bibl.*, c. 222, § 19.

5. Cf. v. g. Schweitzer, *Thesaur. ecclesiastic.* — Pétau, Tanner, Molina, *de op. 6 dier.*
6. Article de la *Revue*, p. 603-605.
7. August., *De Genes. ad litt.* II, 5. « Quoquo modo autem et qualeslibet aquæ ibi sint, esse eas minime dubitemus ; major est quippe scripturæ hujus auctoritas, quam omnis humani ingenii capacitas. » On se rappellera que ces

i quelqu'un doutait encore du véritable sens de ce passage, il s'en convaincra par d'autres phrases du même docteur dont je choisirai exprès les témoignages préférablement à d'autres ; pour faire mieux voir ce qu'était l'inflexibilité de celui que nous cite M. Letronne comme le plus intraitable des Pères sur le sens verbal.

« Imaginer, dit M. Letronne, que Moïse a pu n'être point inspiré en
« tout ce qu'il a écrit ; distinguer, comme l'ont fait quelques moder-
« nes, ce qui est de foi et ce qui est de science, c'est là ce qui ne vint
« pas et ne pouvait venir dans la pensée des Pères... » Les Saints Pères, dans le fait, ne paraissent pas avoir imaginé que Moïse ne fût point inspiré en tout ce qu'il a écrit ; mais distinguer dans l'Écriture sainte *ce qui est de foi et ce qui est de science*, ils l'ont fait, ainsi qu'on peut s'en convaincre dans saint Augustin dont voici le langage : « Dieu, en parlant aux hommes, proportionne
« ses paroles à leur intelligence [1]. » — « Disons en deux mots, pour ce qui est de la confi-
« guration du ciel, que les auteurs sacrés, tout en la connaissant fort bien, inspirés qu'ils
« étaient par l'esprit de Dieu, n'ont point voulu enseigner aux hommes ce qui ne pouvait
« procurer en rien leur salut [2]. » C'était s'exprimer, non-seulement comme Tycho-Brahé [3], mais comme Keppler lui-même [4]. Cette idée, au fond, n'est pas une merveille parmi les anciens docteurs. Saint Augustin dit encore [5] : « Il n'est point écrit dans l'Évangile : Je vous
« envoie l'Esprit-Saint pour vous enseigner le cours des astres ; c'était des chrétiens qu'il
« s'agissait de faire, et non des cosmologistes. »

oici qui est encore plus formel, ce me semble, et c'est toujours saint Augustin. Qu'on dise s'il faisait abstraction de la science même profane, même païenne, pour l'interprétation de l'Écriture, lorsqu'il blâme si hautement ceux qui prétendent trouver dans les livres saints *un sens certain* (comme celui de M. Letronne) contraire aux démonstrations scientifiques, précisément en fait de cosmographie et de connaissances physiques [6]. « Souvent des hommes non
« chrétiens doivent à l'expérience et à des études solides la connais-
« sance incontestable des faits physiques ; et c'est chose déplorable, qu'entendant là-des-

---

eaux supérieures avaient donné lieu à des hypothèses bien distantes les unes des autres, depuis les nuages et les couches d'eau, jusqu'aux anges.

1. August., *in Genes.*, I, 39 : « More humano in scripturis Deus ad homines loquitur. »
2. August. *De Genes. ad litt.*, II, 9. « Breviter dicendum
« est de figura cæli, hoc scisse auctores nostros quod veri-
« tas habet ; sed Spiritum Dei qui per ipsos loquebatur, no-
« luisse ista docere homines, nullius saluti profutura. »
3. Tycho *apud* Riccioli, *Almagest.*, lib. IX, sect. 4, § 10.
4. Keppler, *not. ad cap.* 1. *Mysterii cosmographici*, — et *Epitome astronomiæ*.
5. August., *contra Felic. Manich.* I, 10. « Non legitur in
« evangelio Dominum dixisse : Mitto vobis Paracletum qui
« vos doceat de cursu solis et lunæ ; christianos enim vole-
« bat facere, non mathematicos. »
6. August. *De Genes. ad litt.*, I, 19. « Plerumque accidit
« ut aliquid de terra, de cælo, de ceteris hujus modi ele-
« mentis, de motu et conversione, vel etiam magnitudine et
« intervallis siderum, de certis defectibus solis et lunæ, de

« circuitibus annorum et temporum, de naturis animalium,
« fruticum, lapidum, atque hujusmodi ceteris, etiam non
« christianus ita noverit, ut certissima ratione vel experien-
« tia teneat. Turpe autem est nimis et perniciosum, ac
« maxime cavendum, ut christianum de his rebus quasi se-
« cundum christianas litteras loquentem, ita delirare quili-
« bet infidelis audiat, ut toto cælo errare conspiciens, risum
« tenere vix possit. Et non tam molestum quod errans homo
« deridetur, sed quod auctores nostri ab iis qui foris sunt talia
« sensisse creduntur ; et cum magno eorum exitio de quo-
« rum salute satagimus, tamquam indocti reprehenduntur
« atque respuuntur. Quum enim quemquam de numero
« christianorum in ea re quam optime norunt errare depre-
« henderint, et vanam sententiam suam de nostris libris
« asserere, quo pacto illis libris credituri sunt de resurrec-
« tione mortuorum et de spe vitæ æternæ regnoque cælo-
« rum ! quando de iis rebus quas jam experiri, vel indubi-
« tatis numeris percipere potuerint, fallaciter putaverint
« esse conscriptos. Quid enim molestiæ tristitiæque inge-
« rant prudentibus fratribus temerarii præsumptores, satis

« sus déraisonner des chrétiens qui prétendent s'appuyer de l'Écriture dans leurs asser-
« tions, ils prennent en pitié, non pas seulement les fidèles, ce qui serait tolérable, mais
« l'Écriture sainte, au détriment de leurs âmes, dont l'intérêt nous est cher. Comment, en
« effet, assurés qu'ils sont des résultats de leurs observations, se soumettraient-ils pour les
« vérités éternelles à un livre qu'ils jugent en défaut dans ce qui est de leur ressort à
« eux ! Tout ce qu'il y a de sage parmi nous, gémit plus amèrement qu'on ne saurait
« dire, sur la présomption de ceux qui compromettent ainsi les intérêts de notre foi, en
« attribuant aux auteurs sacrés, par une témérité coupable, ce qu'il leur a plu y lire, ou ce
« qu'ils y cherchent pour couvrir des assertions hasardées. »

Issue de cette école si large, la théologie du moyen âge n'avait point forligné, quand elle disait au XIIIe siècle par la bouche de saint Thomas[1] : « Celui qui interprète ces sortes de passages dans
« l'Écriture, doit bien se rappeler, d'abord la véracité du texte,
« que rien ne saurait ébranler ; et puis, que le sens qu'il renferme
« ne saurait être en contradiction avec une certitude obtenue par
« d'autres voies que celle de l'interprétation. Car, le cas échéant,
« s'obstiner à une explication différente, serait entêtement et
« manque de respect pour l'écrivain inspiré. » Et Melchior Cano, un dominicain espagnol du XVIe siècle, est bien plus explicite encore quand il formule ce principe avec tant de netteté[2] : *Tous les saints ensemble ne seraient point recevables dans les questions qui n'appartiennent pas à la foi.* En quoi l'on peut voir si la condamnation de Galilée, dont parle M. Letronne, l'eût beaucoup embarrassé[3].

« dici non potest ; quum si quando de prava et falsa opi-
« nione sua reprehendi et convinci cœperint ab iis qui nos-
« trorum librorum auctoritate non tenentur, ad defenden-
« dum id quod levissima temeritate et apertissima falsitate
« dixerunt, eosdem libros sanctos unde id probent proferre
« conantur, etc. » Je suis honteux de citer quelques lambeaux d'un si grand auteur pour lui revendiquer une doctrine dont toutes ses pages sont empreintes. Si celui qui occasionne ces observations eût connu le moins du monde les opuscules exégétiques de saint Augustin, il nous eût épargné le ridicule tâche de faire remarquer le jour en plein midi. Mais il parait que, sur les terres de l'Église, toute incursion est de bonne guerre ; et quoi ni érudition ni probité n'ont rien à y voir.

1. S. Thomas, *Qu.* 68, a. 1. « In hujusmodi quæstioni-
« bus duo sunt observanda. Primo quidem ut veritas Scrip-
« turæ inconcusse teneatur. Secundo, quum Scriptura di-
« vina multipliciter exponi possit, quod nulli expositioni
« aliquis ita præcise inhæreat, ut si certa ratione constite-
« rit hoc esse falsum quod aliquis sensum Scripturæ esse
« credebat, id nihilominus asserere præsumat ; ne scrip-
« tura ex hoc ab infidelibus derideatur, et ne eis via cre-
« dendi prohibeatur. » Et il s'exprime de même ailleurs *Opusc. X*, comme pour maintenir énergiquement ce principe de plein droit : « Plures horum articulorum ad fidei doctrinam non pertinent, sed magis ad philosophorum dogmata. Multum autem nocet talia quæ ad pietatis doctrinam non spectant vel asserere vel negare, quasi pertinentia ad sacram doctrinam... Unde mihi videtur tutius esse, ut hæc quæ philosophi communes senserunt et nostræ fidei non repugnant, neque sic esse asserenda ut dogmata fidei, licet aliquando sub nomine philosophorum introducantur ; neque sic esse neganda tamquam fidei contraria, ne sapientibus hujus mundi contemnendi doctrinam fidei occasio præbeatur. »

Ce n'est là qu'une doctrine exprimée vingt fois par saint Augustin. Cf. August. epist. 143, *ad Marcellin*. — *Imperf. de Genes.*, 8. — *De Genes. ad litt.*, I, 8, 19, 20 ; et II, 9. Ce dernier chapitre suffirait à lui tout seul. Mais entre les SS. Pères auxquels il a été fait des prêts dérisoires, sous prétexte d'emprunt, saint Augustin parait avoir été spécialement exploité par les mécréants. Le jansénisme en a voulu faire son patron au XVIIe siècle, à l'imitation de Calvin. Pour ce qui est des assertions toutes gratuites qui passent avec les honneurs de la guerre dès qu'elles ont pour but de discréditer les grands docteurs catholiques, je citerai uniquement cette fois un opuscule de Christianus Wormius (Wilhelmi filius), *De corruptis antiquitatum hebræarum apud Tacitum et Martialem vestigiis*, liber II (Hafniæ, 1694). p. 10. Saint Augustin y est donné comme se portant pour témoin de l'existence des Arimaspes, cyclopes quoique acéphales. On n'avait pas attendu l'édition des Bénédictins pour rayer des écrits de saint Augustin celui qui renferme ces jolies choses (copiées d'ailleurs dans les classiques) ; mais comme tout est de bonne guerre contre les docteurs de l'Église, cette attribution se répète encore dans les *Mémoires de Berlin* en 1794 (Berlin, 1799, p. 120) et passe peut-être à l'état de chose jugée dans les pays *évangéliques*.

2. Canus, *L. Th.*, VII, cap. 3, concl. 4. « Omnium etiam
« sanctorum auctoritas in eo genere quæstionum quas ad
« fidem diximus minime pertinere, fidem non facit. »

3. Gassendi, huit ans après le décret de l'inquisition ro-

Mais enfin, que répondre aux quelques textes des véritables Saints Pères qui demeureraient intacts dans l'article de la *Revue*? Nous répondrons que, s'il en reste, nous les admettons sans chercher à les vérifier trop minutieusement; que nous les recueillons même soigneusement, comme un témoignage de l'esprit qui a guidé ces grands maîtres et qui doit nous guider après eux. Voici en quoi : c'est qu'ils nous apprennent que l'élément de liberté représenté par un grand nombre des premiers Docteurs[1], n'a jamais été poussé jusqu'à se jouer du texte sacré. Toujours a prévalu l'élément principal, celui de la foi et de la soumission profonde à la parole divine qui ne saurait errer. Respect que plusieurs ont pu porter jusqu'à l'excès, en croyant pouvoir construire la science de la matière, la science de curiosité, sur ce qui était destiné à fonder la science intellectuelle et morale par excellence, la science du devoir; mais respect dont nous prions Dieu de nous faire les héritiers, en nous rappelant que la condescendance pour l'aveuglement de cœur où vivent bien des hommes à esprit éclairé, ne doit jamais aller jusqu'à nous faire souscrire aucune altération, aucune modification, aucune composition dans le texte inspiré. Souvenons-nous que tout ce qui ressemble à de tels accommodements ne doit être entrepris qu'aux risques et périls de celui qui prête à ces éclaircissements; sans qu'il puisse rien en résulter contre la Genèse elle-même que nul n'a droit de livrer au bras séculier[2]. Engageons d'abord les

---

maine que nous rappelle M. Letronne, désigne la doctrine des inquisiteurs comme une opinion (*placitum*) tout uniment; et ajoute en propres termes, bien qu'en professant son respect pour ce qu'elle exprime, qu'il ne la tient nullement pour article de foi, n'ayant pas ouï dire qu'on ait jamais prétendu la qualifier ainsi dans l'Église (*Epist. ad Petr. Put.*, apud *Riccioli : Almagest*, lib. IX, sect. 4, cap. 38). Quoi qu'il en soit pourtant de Galilée, puisqu'on le faisait apparaître ici, on ne devait pas franchir si rapidement l'espace qui le séparait des Pères et du moyen âge; il ne fallait pas dissimuler, ou bien il aurait été opportun de savoir que Copernic était chanoine, qu'il avait dédié son ouvrage au pape Paul III, et l'avait publié surtout d'après les instances du cardinal de Schonberg et de l'archevêque de Culm; que ses doctrines trouvèrent des partisans parmi les théologiens (par exemple Didacus Stunica, Foscarini; et Clavius même, quoique à mots un peu couverts), aussi bien que des adversaires parmi les savants; enfin, que l'inquisition elle-même, qui s'effraya plus tard du ton trop affirmatif de Galilée (voulant tirer la Bible à lui), n'avait marqué pour l'ouvrage de Copernic que des suppressions extrêmement légères, auxquelles on ne se fût assurément pas borné si on l'eût considéré comme doctrine vraiment théologique.

Cf. *Journal des savants*, 1864, p. 87, sv.; p. 89 et 90. — Sur Galilée, on peut consulter les travaux de MM. Biot et Th.-H. Martin à ce sujet. Ils ne s'y montrent pas disposés à prendre en douceur tous les actes de l'inquisition romaine dans cette cause, mais ne dissimulent pas non plus les torts de Galilée.

Disons en outre que la destruction de l'Académie *del Cimento* poursuivie avec animosité par la cour de Rome (Letronne, *ibid.*, p. 632), c'est à quoi il a été répondu très-suffisamment dans les *Annales de philosophie chrétienne*, t. X (1835), p. 17-37.

1. On sait, ou l'on doit savoir, que nul Père ne représente à lui seul la doctrine de l'Église; c'est leur nombre et leur accord qui vaut quelque chose; et à moins d'une valeur tout à fait exceptionnelle chez l'un ou l'autre, nous gardons notre liberté (sauf respect) avec chacun d'entre eux.

2. Sans vouloir, ni relever toutes les inexactitudes de M. Letronne, ni préjuger sur les résultats de la science qui n'est pas faite encore, ni adopter exclusivement aucune interprétation du premier chapitre de la *Genèse*, je ne puis m'empêcher de signaler l'intrépidité d'assertion avec laquelle l'article de la *Revue* se prononce sur la manière d'entendre les jours de la création. « Ce n'est vraiment, nous « dit-il, qu'en changeant le sens naturel des mots, en bou-« leversant à la suite des idées, que les géologues bibliques, « depuis Burnet et Whiston jusqu'à Kirwan et Deluc ont pu « réussir à faire accorder la *Genèse* avec leurs idées. Telle « est par exemple leur explication du mot *jour* dans le récit « de la création. Selon eux, ce n'est pas un espace de vingt-« quatre heures, c'est un intervalle de temps indéterminé... « Mais c'est acheter bien cher l'avantage de faire de Moïse « un géologue, car cette fameuse interprétation, contraire « à l'ensemble du texte, le rend complètement inintelligi-« ble... Elle ne donne à Moïse l'apparence du savoir géolo-« gique, qu'en lui ôtant jusqu'à l'ombre du sens commun « (*sic*). Ce récit demeure véritablement inexplicable lors-«.qu'on part du point de vue scientifique; etc. », p. 604.

Burnet et Whiston n'avaient que faire avec les Pères de l'Église, et ne sont point considérés du tout comme interprètes orthodoxes. Aussi leur apparition ne saurait-elle s'expliquer que par l'idée qui perçait vingt fois dans cet article, celle d'opposer à l'Écriture sainte une *fin de non recevoir* dans toute question scientifique. Mais puisqu'il s'agit de la cosmographie des Pères, et par incidence de leur cosmogonie, les études faites par M. Letronne sur cette partie auraient dû lui faire découvrir que cette liberté d'interprétation remonte plus haut que Burnet et Whiston. Car il pouvait bien l'apercevoir dans saint Athanase (*or. contr. Arianos*, II, 60), dans Photius (*Biblioth.*, c. 222, § 36), dans saint Augustin (*De civit. Dei*, XI, 30. — *Imperf. de Genesi*, 7, 9. — *De Genes. ad litt.*, IV, 22, etc.), dans Procope de Gaza (*in Genes.*), etc. Comme aussi dans Philon (*de mundi opificio*,

géologues et autres savants qui se portent pour tels, à s'entendre les uns avec les autres sur bien des controverses scientifiques encore pendantes (quoi qu'on dise) avant d'appeler la Genèse à leur tribunal ; et tenons-nous-en à ce fait, que plusieurs d'entre eux expriment parfois avec un air de candeur dont je ne veux point percer l'écorce, savoir : qu'une vérité ne saurait nuire à la vérité. La vérité, nous l'avons, nous, dans l'Écriture ; que ces messieurs cherchent la portion de vérité qui appartient à leurs études ; et quand ils auront bien trouvé, ils admireront comme quoi était avisé notre acquiescement paisible aux oracles éternels. C'est *l'Homme qui court après la fortune, et l'Homme qui l'attend dans son lit.*

ien[1] des découvertes ou théories (que je ne patronne pas précisément) ouvrent chaque année de nouveaux aperçus, mais ne laissent pas de signaler aussi des lacunes immenses dans les données qui seraient indispensables pour l'établissement d'une doctrine satisfaisante. Aussi voyons-nous assez fréquemment que l'on admet des faits pour le besoin de la cause, au lieu de les prouver pour ne passer outre qu'à pied ferme. On se grise d'une vraisemblance prématurée, bientôt traduite avec toutes ses déductions en vérités incontestables!... jusqu'à nouvel ordre. Mais aussi le nouvel ordre ne se fait guère attendre. C'est que chacun veut avoir tout vu dès qu'il croit avoir saisi quelques traits de l'ensemble ; et la complexité des phénomènes successivement mis en lumière, conduit sans cesse à modifier le plan général qui vingt fois avait paru fixé. Une synthèse hâtée stimule l'éclosion de plusieurs autres ; sans que les généralisateurs, piqués au jeu, sachent reconnaître ce qu'il y a de leçons pour l'esprit de système dans ces révolutions rapides de la science trop ambitieuse. Contentons-nous donc du bon sens et de la

ed. Pfeiffer, 1785, p. 42. — *Allegor.* I, *ibid.*, p. 122, 124), pour ne rien dire d'Origène et du cardinal Cajétan. Cf. Gérald Molloy, *Géologie et révélation* (Paris, 1875), p. 335-359, et 433-441.

Voilà pour la question d'érudition ; quant à celle de la cosmogonie biblique, qui, si elle était justiciable d'un tribunal humain, ressortirait bien plutôt à l'Académie des sciences qu'à celle des inscriptions, je me contenterai de citer à M. Letronne deux hommes qui devaient s'y connaître : le religieux et savant André-Marie Ampère, qui se plaisait à faire remarquer l'accord de la science avec la *Genèse* ; et le célèbre Georges Cuvier, qui pour s'être parfois affranchi du joug de l'Écriture plus qu'on ne le dit généralement, n'en a pas moins écrit ceci entre autres choses : *Moïse nous a laissé une cosmogonie dont l'exactitude se vérifie chaque jour, d'une manière admirable* (Disc. sur les révolut. du globe). Or j'avoue n'être pas assez au fait des progrès annuels de la science, pour m'expliquer comment elle aurait si fort débordé Cuvier depuis lors, qu'il ait pu être tout à fait mis au vieux papier dès le 15 mars 1834. Mais saint Augustin nous avait prévenu d'avance de ces différences produites par la lecture des livres saints, quand il écrivait (*De Genes. ad litt.* V, 3), que « l'Écriture a des profondeurs « qui se jouent des esprits dédaigneux, en même temps « qu'une hauteur qui conquiert les âmes élevées. » Cf. Molloy, *op. cit.,* p. 421-432 ; 392-410, svv. Ne serait-ce pas là une des iniquités humaines qu'un apôtre avait en vue (pour le présent, comme pour le passé) en écrivant de certains philosophes (Jud. 10). : « Quæcumque... ignorant, blasphemant, etc. ? »

1. Cette initiale, provenant d'un manuscrit poitevin de la fin du onzième siècle ou des premières années du douzième (en l'honneur de sainte Radegonde), m'a été obligeamment transmise par M. de Longuemar ; et l'on me permettra sans doute de ne la faire servir dans mon texte français, que pour unique fonction de lettre capitale sans tenir compte des mots latins qui lui donnent sa valeur dans le texte paléographique.

droiture qui se désintéressent des résultats à venir, sans hâter les conséquences que le temps éclaircira, s'il peut. Jusque-là soyons modestes, de part et d'autre, sans prendre des airs de pourfendeurs. Qui voit bien clair en tout cela? Pas plus les autres que nous assurément; puisque la science se modifie tous les jours. Mais on dirait que l'humilité a été mise au monde pour nous autres catholiques tout seuls. De quel droit ce partage léonin, s'il vous plaît? Serait-ce parce que vous avez des chaires bien rétribuées par l'État, des revues plus ou moins titrées, et des auditoires tout prêts à battre des mains quand l'Église et ses institutions sont conspuées par vous? Ce peut être un motif, mais ce n'est pas une raison avouable. Dites donc franchement quelle est l'impulsion qui vous met en branle, et convenez que vous êtes des lâches qui courent au succès assuré sans encombre, ou des hommes haineux pour qui la vérité n'est rien quand on est sûr de se faire applaudir. N'affichez pas ces érudiitions qui ne pèsent pas une once, si ce n'est pour les gens à parti tout pris d'avance. Belle affaire, que de grouper des *claqueurs* qui ne vérifieront ni ne pèseront aucun des textes qu'on leur jette magnifiquement à la tête[1]! Tenons à distance les inductions hâtées, la science laïque y trouvera son compte aussi bien que la théologie. Libre à qui aura bien constaté un fait (et il faut souvent beaucoup d'années pour cela), de nous l'offrir avec toutes preuves à l'appui ; mais qu'il ne se presse pas trop pour couronner sa découverte par quelque théorie à perte de vue, où la prétendue loi (géologique, paléontologique, etc.), imaginée par lui en conséquence, ne sort pas légitimement du fait exposé, quoi qu'on en dise. De la sorte, un dernier venu est censé culbuter les autres, sans que l'ensemble avance guère. Chacun voudrait qu'il ne restât plus rien à faire après lui.

Si je voulais entrer dans quelques détails, j'aurais l'air de tourner en ridicule des hommes qui ne laissent pas de mériter considération ; et il n'est convenable, ce semble, que de se moquer de la Bible et des théologiens ; mode impérieuse à laquelle je ne tiens pas, si bien portée qu'elle puisse être par plusieurs qui se croient esprits indépendants.

Terminons. Il résultera, je pense, de tout ceci :

1° Que les erreurs cosmographiques attribuées aux Pères n'étaient pas aussi générales qu'on le dit ;

2° Que, le fussent-elles autant et plus encore, l'Écriture sainte n'a rien à souffrir de ce qu'il y aurait d'erroné dans les opinions cosmographiques enseignées par plusieurs d'entre eux. J'aurais pu montrer que les Saints Pères et commentateurs, au contraire, doivent à l'Écriture des aperçus extraordinaires, cosmologiquement parlant ; mais ce n'est pas le lieu, et notre science n'est pas assez avancée pour rendre ce triomphe suffisamment lumineux ;

3° Que l'Écriture sainte reste intacte au milieu des ténèbres quelconques des premiers siècles de l'Église et des lumières quelconques du nôtre ;

---

[1]. Un naturaliste français, fort positif, écrivait en tête d'un de ses récents travaux (1872): « Dans les sciences naturelles, l'examen comparatif des faits fournis par l'observation est préférable aux vues de l'esprit ; » et notre Académie des sciences ne lui savait point mauvais gré d'être ainsi entré en matière sans nul parti pris avant une discussion où il écartait franchement plus d'un système à la mode, *quoadusque probetur*.

« . . . . . Et que dis- e autre chose? »

4° Que les plus habiles gens peuvent s'égarer beaucoup quand ils veulent traiter en passant ce qui mérite et exige des études prolongées.

Cette dernière conclusion a plus d'étendue que les autres, au moins pour la pratique; et qui voudrait l'appliquer à tous les écarts théologiques de ceux qui occupent nos chaires publiques à titre d'enseignement profane trouverait peut-être tant de faits à glaner en ce genre, qu'il renoncerait bientôt à en faire le relevé. C'est là, sans doute, ce qui a fait qu'on s'en occupât si peu jusqu'à présent. Cependant, ne fût-ce que pour empêcher la prescription, il pourrait n'être pas inutile d'en signaler une çà et là. Aussi ne veux-je point répondre que moi ou d'autres n'en prennent la peine quelque jour, ou du moins parfois en passant. Ce pourra former une série d'articles qu'on intitulerait, à l'imitation de M. Letronne : *De quelques opinions théologiques, etc., des hommes chargés d'enseigner la jeunesse de France au* XIX° *siècle.*

Depuis l'époque où s'imprimaient ces lignes pour la première fois, M. l'abbé Gorini a montré que l'on pouvait relever bien des propositions malsonnantes dans l'enseignement rétribué par l'État ou dans les savants patentés. On dit que plusieurs de ces messieurs ne lui en ont pas su trop mauvais gré; ce qui fait peut-être l'éloge de l'un et des autres. Je suis, du reste, convaincu que si des observations semblables se faisaient jour au moment où les assertions hasardées sollicitent le zèle des honnêtes gens, plus d'un homme en réputation présentable se garderait souvent d'encourir la critique motivée.

Deux ou trois des générations avec lesquelles j'ai pu vivre ont été gavées d'impertinences outrageuses dont il serait bon de tenir compte, comme circonstance atténuante, à des polémistes catholiques chez qui notre époque prétend reprendre une façon peu courtoise. Vraiment, nous a-t-on beaucoup épargné à nous autres les contes les plus absurdes quand ils pouvaient décrier l'Église; et a-t-on manqué d'auditeurs ou de lecteurs pour admettre ces bourdes comme parole d'Évangile? Journaux, pamphlets, revues qui affichent la prétention d'être sérieuses, chaires même rétribuées par l'État sur le budget que nous payons pour notre quote-part, ont répété à l'envi d'énormes sottises en ce genre. Puis, malveillance ou niaiserie aidant, ces jaseries dignes d'un estaminet (et qui peuvent bien y être nées) passent à l'état de matériaux pour l'histoire : *histoire* de la mauvaise foi et de la crédulité humaine, oui; mais non pas des faits inventés ou propagés par les endoctrineurs, qui ne sont pas toujours si sots que ce qu'ils disent ouvertement.

« De glace pour la vérité,
L'homme est de feu pour le mensonge. »

Exemplum. — Parlant de la Restauration, sous Louis-Philippe, M. Lacretelle jeune (en Sorbonne) disait devant la jeunesse de nos grandes écoles parisiennes : « C'était alors, messieurs, que l'on ne recevait pas les Ordres du roi sans avoir été faire un pèlerinage à Montrouge (acclamations sans doute, mais je ne puis pas l'affirmer). » Que le bonhomme, car il était assez bonhomme, fût persuadé de ce qu'il déclamait, je ne voudrais pas le nier; et ce serait assez probable pour le frère d'un ancien rédacteur de la *Minerve*[1]. Mais un gouver-

---

[1]. Lacretelle jeune était bien aise, d'ailleurs, qu'on ne le tînt pas pour étranger à ces cris du Champ-de-Mars où la garde nationale parisienne voulait que Charles X la débarrassât des ministres et des jésuites. Or on vit bientôt si la suppression de nos collèges sauvait les Bourbons de la branche aînée. Cela ne fit pourtant pas que le triste professeur fût particulièrement protégé après le renversement du roi en 1830. On ne réussit pas toujours, même avec une certaine dose de bassesse. Les gens d'autrefois prétendaient que la sorcellerie ne se conférait point sans quelque initiation fortement ignominieuse; tout le monde n'est pas si humble que de descendre jusque-là.

nement charge-t-il pareils hommes d'enseigner l'histoire contemporaine à ceux qui accepteront cela comme fait avéré ! Ces doctrines affadies sont devenues, en effet, renseignements à peu près indubitables ; et je lis dans une *Histoire populaire contemporaine de la France*[1], encouragée par les souscriptions du Ministère, ces intéressantes pages (entre autres) : « Le P. Ronsin... demeurait à Montrouge (!) dans la maison professe (!) des Jésuites (*deux niaiseries et faussetés en une seule ligne, mais on cherchait de la couleur locale*). Cette thébaïde... retentissait perpétuellement du fracas des voitures (*moi qui ai fait mon noviciat à Montrouge, de 1824 à 1826, je n'ai guère entendu que le bruit des charrettes de carriers, ou leurs chansons assez peu légitimistes et dévotes*) ; etc., etc. »

Suit une gravure (p. 100) où le P. Ronsin (homme dont la modestie allait jusqu'à la timidité) est censé recevoir, assis et d'un air rogue, la visite d'évêques, d'officiers supérieurs et de diplomates qui viennent se recommander à ses bons soins auprès de la Cour. En face, autre gravure, tirée sans doute d'un ouvrage pittoresque quelconque, et voulant représenter Saint-Acheul sous la forme d'un reste d'abbaye qui remonterait au xii° siècle. Or ceux qui ont habité Saint-Acheul comme moi durant dix ou onze ans, savent s'il y demeurait de nos jours rien qui remontât au-delà du xvii° siècle. Mais cela sent les donjons, et l'on y soupçonne probablement des *oubliettes*; ce qui ne va pas mal à des écrivains de vaudeville ou de vieux mélodrame accidenté par maint tableau bien sombre.

aturellement, ces décors sont accompagnés dans le texte par quelque tirade sur le P. Loriquet (p. 101-103). Mais on y oubliait cette fois la charmante invention du *marquis de Bonaparte*, général des armées de Louis XVIII ; pauvreté qui obtint un grand succès dans l'opposition vers 1820, et dont il était plus facile de grossir les journaux, que de donner la preuve. Le P. Loriquet, que j'ai très-bien connu, n'était ni sot ni plat ; et ne mourut pas sans être un peu vengé à la Chambre des pairs par le comte Charles de Montalembert. N'importe, la vieille ritournelle continue encore ; et M. Ch. Louandre dans la *Revue des Deux-Mondes* du 1ᵉʳ août 1873, persiste à ressasser tant de vieilleries devenues bien rances. Il y a donc toujours, même chez les ennemis de l'Église, des gens qui *n'oublient rien et n'apprennent rien ;* or c'est à nous que l'on prétend appliquer cet axiome du citoyen Barras contre les émigrés. Ne serait-il pas temps que des bouffonneries si amèrement absurdes fussent enfin démonétisées parmi les gens qui se respectent un peu, et qui ne sont pas jaloux d'être comptés au nombre des moutons de Panurge ? Ces lourdes et malhonnêtes facéties ont pu absolument être qualifiées d'espièglerie joyeuse dans le parti qui les inventait il y a cinquante et quelques années, comme arme de combat ; de nos jours, ne peut plus être appelé que balourdise incurable et sénile, ou mauvaise foi qui s'entête contre preuves quelconques.

On ne renonce pourtant pas à revenir sur ces aménités écœurantes (ou *scies d'ateliers*) qui se permettent de vivre encore, à une époque où Cimarosa passe pour être du rococo en musique. Est-ce que les vieilles partitions de la presse antireligieuse ne pourraient pas aussi changer leur orchestration, voire même leurs mélodies ? Et puis on parle de progrès ! Tout cela remet en mémoire le maigre dictionnaire de rimes qui défrayait infatigablement les chansons bonapartistes sous la Restauration : « lauriers, guerriers ; gloire, victoire ;

---

1. Lahure et Hachette, 1864, t. I, p. 99, svv. Je le relève pour l'avoir vu de mes yeux, par hasard.

français, hauts-faits; etc. » Les partis seraient-ils donc incurables ? Il paraît cependant que le mensonge et ses succès sont imprescriptibles comme leur père (Joann. VIII, 44) jusqu'au dernier jour de ce monde, où le grand Témoin *fidèle et vrai* (Apoc. XIX, 11) viendra traiter chacun définitivement selon ses œuvres. Donc, je ne m'étonnerais pas d'apprendre que ces ci-devant gentillesses fussent encore bien accueillies dans les cabarets autour du comptoir d'un marchand de vin ; mais la *Revue des Deux-Mondes* attendue par certaines dames provinciales pour défrayer les entretiens de leur salon le 2 et le 16 de chaque mois, peut-elle servir ce vin bleu à des personnes qui ont l'intention d'être *distinguées* et *avancées* ? C'est un criant abus de confiance pour le moins ; la fourniture ne répondant pas aux désirs de cette clientèle trop peu difficile sur l'*article* qu'on lui débite sans gêne.

omme je vais m'occuper des moines et chanoines réguliers (des religieuses même) du moyen âge, qu'on veuille bien se rappeler aussi que nos pères et notre enfance ont été assourdis de bavardages insolents et incessants contre l'ignorance des moines. On pourra voir jusqu'à quel point ce prétendu axiome se tient debout. Ce sera l'excuse, s'il en est besoin, pour ce que j'imprimais à leur occasion en 1838, et que je réimprime aujourd'hui. Les plus ignares étaient bien, sans contredit, ceux qui criaient le plus fort durant ma jeunesse. Il est un peu temps que l'on sache si les ânes bâtés (sans compter les imposteurs) sont à droite ou à gauche.

RÉFUTATION DES ERREURS DE M. LIBRI.

Motifs qui ont déterminé la priorité donnée au sujet du premier mémoire. — M. Libri : qualités qui distinguent son ouvrage. — Préjugés qui déparent et faussent souvent ses travaux historiques. — Opinion du journal de l'*Instruction publique* sur son *Histoire des sciences mathématiques*, etc. — Espèce d'examen qu'on se propose d'en faire ici. — Extraits du premier volume. — Passages sur le moyen âge en particulier. — Morceaux qui semblaient promettre une appréciation plus juste et plus généreuse. — Un mot sur les bibliothèques ecclésiastiques des premiers siècles. — Projet d'une notice sur les bibliothèques du moyen âge.

I.

En commençant la critique de M. Libri par celle d'un opuscule de M. Letronne, je crois m'être conformé à l'ordre des temps comme à celui des idées, aussi bien qu'à la marche suivie par M. Libri lui-même, qui invoque le témoignage de son docte collègue dès les premières pages de son *Histoire*. Je ne pouvais d'ailleurs, avec le but que je me propose, laisser passer une accusation d'ignorance portée si affirmativement contre les docteurs des premiers siècles chrétiens; Leibnitz n'était pas plus endurant à ce sujet, lui qui écrivait à un autre protestant[1] : « Je « suis, Monsieur, de la partie avec vous, contre « ceux qui s'émancipent de maltraiter les Pères en « toute occasion... Le mépris des Pères, poussé à ou-« trance, rejaillit sur la religion chrétienne; et si « elle n'a jamais eu de propagateurs véritablement pieux et éclairés, quelle opinion en « doit-on avoir ? »

II.

Venons-en à l'ouvrage qui est l'objet direct de ces articles. Et comme il pourra nous occuper quelque temps, des éclaircissements une fois donnés sur la nature et l'esprit de ce livre ne seront point de trop. L'*Histoire des sciences mathématiques en Italie* s'ouvre par un discours où l'auteur se propose une œuvre assez distincte de l'ouvrage lui-même. Là, traçant d'abord le tableau des époques principales qui dominent l'histoire littéraire de tous les peuples, sous le rapport des sciences physiques et mathématiques, il élève comme

---

[1]. *Lettre à Veyssière de Lacroze.* Opp., t. V, p. 481. Ce n'est pas que Lacroze fût partisan tout à fait à outrance des vieux écrivains ecclésiastiques; mais il gardait parfois quelque mesure dans son protestantisme de défroqué.

le portique du temple qu'il a voué au mérite scientifique de sa patrie ; et l'érudition répandue par lui sur ce sujet suppose, j'aime à le dire, des études plus sérieuses qu'on n'a coutume d'en faire aujourd'hui. Aussi notre écrivain ne se réclame-t-il que fort peu du xixe siècle. L'*avertissement* mis en tête de son premier tome annonce un homme qui ne s'enthousiasme que tout juste pour la civilisation actuelle dont on fait parfois tant de bruit, et qui ne craint pas de porter le doigt sur plusieurs plaies de notre état social. Là-dessus il exprime çà et là une indignation généreuse à laquelle je m'associe de grand cœur; mais je ne saurais adhérer de même à certaines autres idées qu'il expose du reste sans fard : bien différent de certains esprits cauteleux dont le mauvais vouloir contre la religion revêt, par respect pour une certaine opinion publique, toute faible qu'elle soit en ce point, les formes qu'aurait pu leur inspirer le règne absolu de l'inquisition, si une inquisition eût laissé à de pareils hommes un penser indépendant. Ames du tiers parti qu'appréciait ainsi la grande âme de Dante [1] :

« . . . . Quel cattivo coro
Degli angeli che non furon ribelli
Ne pur fedeli a Dio, ma per se foro. »

uant à M. Libri, il n'en est point aux expédients pour mordre dans l'ombre; et certes, s'il est un défaut qu'on puisse lui reprocher, ce n'est pas le manque de franchise. Il se pose bien à découvert comme tenant les *chrétiens* (c'est la désignation également très-nette qu'il substitue aux vieilles expressions de *cour de Rome, papes, clergé, ultramontanisme*, ou encore *hiérarchie*, ainsi que diraient les Allemands) pour une race funeste, ennemie née de tous les progrès intellectuels [2]. Et comme il ne paraît pas homme à se plier, du moins sciemment, à des opinions d'emprunt, il expose ses idées avec la verve d'une conviction vive et profonde ; de quoi je lui laisse la responsabilité devant Dieu et devant les hommes.

III.

Tout ce que le *Journal de l'Instruction publique* trouve à redire en cela, c'est un peu de dureté pour le Catholicisme; reproche même qui ne serait applicable qu'au cas où l'on jugerait l'ouvrage du point de vue français (*sic*). Cela veut dire, comme on l'explique, en effet, que l'auteur, né dans une contrée où les esprits en sont encore aux opinions qui nous dominaient vers 89, ne peut pas apprécier les résultats des institutions chrétiennes avec la modération qu'y apporte un Français de 1838. M. Libri serait donc un peu arriéré, voilà tout. A-t-il été bien mécontent de cette qualification désobligeante? Je croirais plutôt qu'il en a

---

1. *Inferno*, III.
2. Cette façon de penser avait déjà été indiquée au public par M. Libri dans un mémoire lu depuis longtemps à l'Institut, et inséré dans les *Annales de chimie et de physique*, au sujet de la dispersion des académiciens del Cimento. Voir dans les *Annales de philosophie chrétienne*, t. X, p. 17, la réfutation qu'en a faite un savant compatriote de M. Libri, le P. Olivieri de Rome (pseudonyme, si je ne me trompe, où la réponse n'en valait pas moins par le fond).
Mais recule-t-on quand on s'est ainsi engagé ? M. Letronne (ci-dessus, p. 33, en note) n'avait pas manqué de rappeler Libri sur ce point, de même Libri a vanté plus tard Letronne au sujet des SS. Pères. Ainsi les deux amis s'épaulaient cordialement, et je n'ai pas dû les séparer.

ri dans sa barbe : voyant avec sa finesse italienne, que 89 et Cie vivaient encore sans intention de se faire porter en terre prochainement.

Que la France de 1837 appréciât bien à leur juste valeur les œuvres du Christianisme, ce n'est pas mon affaire ; mais pour le jugement porté sur l'historien des *sciences mathématiques en Italie*, je dis qu'il est à la fois faux, lorsqu'on ajoute que son *hostilité contre l'Église est le plus souvent justifiée par les faits* ; et peu honorable à M. Libri, quand on nous le représente comme un homme qui n'avait qu'à naître quelque six degrés plus à l'ouest à peu près sous le même parallèle, pour penser tout autrement qu'il ne le fait. Il est à déplorer que des hommes faits pour rendre contagieuse, en quelque sorte, la manière de voir qu'ils ont une fois adoptée, en prennent une de travers sur les objets les plus importants à l'humanité ; mais quand de tels hommes s'égarent par le cœur, il ne faut point énerver les âmes déjà trop incapables d'efforts, en leur offrant cet exemple comme une preuve de l'empire, si exagéré, des temps et des lieux ; excuse des lâches et refuge de ceux qui ont peur de prendre leur point de départ dans la conscience. Il ne faut point non plus conniver à l'insouciance des esprits pour les sujets les plus relevés, en leur donnant à croire que la mode d'un pays ou d'un siècle peut excuser l'erreur en ce genre ; il faudrait, s'adressant franchement à celui qui s'égare ainsi de la vraie route au détriment des autres, lui montrer qu'il se fourvoie, et que son amour pour le vrai doit avant tout s'éprendre du vrai social, du vrai utile à la vie morale de l'homme et des nations. L'écrivain que je critique ici, n'est pas, je pense, jaloux d'une flatterie ni d'une excuse ; et je m'assure qu'une réfutation aussi positive que son attaque lui plaira plus que des critiques doucereuses. Concessions pitoyables faites par des esprits auxquels manque le vrai fil-à-plomb des droites pensées pour ce qui tient même aux premières assises ; et qui n'en prononcent pas moins comme juges autorisés en la matière (de par la Presse, qui est censée conférer diplôme et investiture valables).

IV.

Toutefois, comme il n'est point ici question de personnes, mais de faits, je ferai le plus souvent abstraction de l'auteur, pour ne m'occuper que de ce qu'il avance ; et, traitant bien plus ses erreurs que son livre, je lui associerai parfois d'autres écrivains qui partagent sa manière de voir, pour montrer qu'ils se trompent les uns et les autres ; trop heureux d'éviter en des discussions si sérieuses l'apparence même d'une polémique personnelle.

Je déclare avant tout, sans aucune affectation de modestie, que je suis loin de me croire comparable à M. Libri pour l'érudition physico-mathématique ; cependant je me permettrai plus tard, peut-être, de discuter la valeur de quelques-unes de ses assertions relatives exclusivement à l'histoire littéraire, mais je ne me propose actuellement que de traiter la question religieuse. Et imitant mon auteur, qui ne résume l'expression de son animosité vigoureuse en traits fortement accentués et soutenus, qu'après quelques attaques isolées, je m'attacherai à repousser d'abord les inculpations partielles, pour n'arriver au corps de la place qu'après avoir désemparé les ouvrages avancés. Donnons d'abord une idée de la nature de ces charges et de la manière dont elles sont articulées[1].

---

1. L'*Histoire des sciences mathématiques* en Italie n'étant encore qu'à son second volume (novembre 1838), je me bornerai à peu près au *Discours préliminaire* qui fait la matière du premier.

V.

Cette fois, c'est bien M. Libri avec ses propres termes, pour qu'on soit dûment informé. « Il ne faut pas voir dans le Christianisme un fait isolé, ni la puissance d'un seul « homme. Ce fut peut-être une grande nécessité ; déjà du temps de la république, Rome « avait été ébranlée par les associations religieuses [1]. Plus tard, lorsque des monstres cou-« ronnés eurent répandu la désolation et l'effroi du Tage à l'Euphrate, on embrassa avi-« dement une religion d'égalité qui promettait le paradis aux malheureux et menaçait les « Césars. D'autres sectes tentèrent en vain de lutter contre le Christianisme ; ce n'était ni « la subtilité grecque, ni les tours d'Apollonius de Tyane, qui devaient accomplir la grande « révolution. Il n'était donné qu'à des hommes non corrompus, accoutumés par tradition « au martyre, doués d'une immense énergie et d'une imagination puissante, de pouvoir « sortir d'une écurie de Nazareth [2], pour aller s'asseoir sur le trône impérial. Cette reli-« gion, qui devait remuer si fortement le monde, fut, dès l'origine, ennemie de la science... « La lecture même des anciens auteurs fut défendue aux chrétiens : elle ne fut permise « qu'à ceux qui voulaient combattre le paganisme, et à ceux qui cherchaient (chose incon-« cevable !) dans les écrivains grecs et romains, des prédictions de l'arrivée du Messie. « Aussi, dans les premiers siècles de l'Église, on ne rencontre pas un seul chrétien qui ait « laissé un nom dans les sciences [3]. »

Ici vient la citation qui appelait Letronne à la rescousse ; et nous l'avons examinée dans le mémoire précédent (p. 7 et 39). De plus belle, Libri continue : « Sans l'arrivée des « barbares, on ne saurait concevoir comment l'Europe serait sortie de l'état d'abru-« tissement où l'avait plongée la corruption des mœurs, une ignoble tyrannie, et « l'action d'une religion qui absorbait toutes les forces sociales [4]. La nullité des « Byzantins qui, sans avoir subi aucune invasion [5], et malgré les trésors littéraires

---

1. Je ne pense pas que ce soient les Gracques, Catilina ou Spartacus, ni même les meurtriers de César, pas plus que les partisans de Marius et de Sylla ou des triumvirs, qui fussent grands mystiques.

2. Écartons la pensée de ceux qui verraient ici un retour au style voltairien pour ridiculiser le berceau du christianisme. M. Libri me paraît trop grave pour avoir songé à s'armer de moyens aussi pauvres : mais il est Italien, et dans sa langue maternelle le mot *stalla* signifie également *étable* et *écurie*. Quant à *Nazareth*, c'est *Bethléem* qu'il fallait dire ; nouvelle preuve entre mille, que les hommes les plus instruits se donnent la liberté de traiter de la religion, sans avoir pris la peine d'en connaître les enseignements les plus communs.

3. Libri, p. 65-67. Nous verrons plus tard ce qu'il en est, de même que pour les autres pages citées ici. Certainement cela ne ressemble guère à ce qu'écrivait saint Jérôme dans le prologue de son livre sur les auteurs ecclésiastiques ; et les évêques du temps de Julien l'Apostat n'applaudissaient guère aux desseins de ce législateur perfide qui prétendait nous interdire l'accès de la littérature antique. Mais M. Libri aurait voulu sans doute que les chrétiens durant la persécution s'occupassent dans leur cabinet à méditer des théorèmes scientifiques, comme Archimède pendant l'assaut donné par les Romains à Syracuse. Ils étaient un peu plus patriotes que cela (pour la *Cité de Dieu*), et couraient à la brèche où ils savaient mourir.

En fait de travaux purement scientifiques, ne voit-on pas que ceux qui s'occupèrent du *Canon pascal*, comme l'évêque martyr saint Hippolyte, par exemple, savaient quelque peu de calcul ? Et les patriarches d'Alexandrie auxquels on déféra plus tard le soin de fixer constamment la Pâque, devaient avoir près d'eux des hommes tant soit peu au fait des travaux astronomiques, chronographiques, etc.

4. Que veut dire cette *absorption de toutes les forces sociales* par le christianisme ? Les grands hommes d'église tels que saint Athanase, saint Grégoire de Nazianze, saint Basile, saint Ambroise, saint Jérôme, saint Augustin, etc., empêchaient-ils la société politique ou civile d'avoir ses Pappus, Théon, Macrobe, Stobée, Tribonien, Hermogène ; les Théodose, Aétius, Boniface, Ægidius, Marcien, Marcellin, Bélisaire, Narsès, etc. ? Que si les caractères baissent généralement, la faute en est-elle par hasard aux enfants des martyrs, ou aux successeurs des saints évêques qu'empereurs et barbares trouvèrent constamment devant eux pour leur barrer la voie dans l'homicide et l'arbitraire ?

5. Quant à la question de savoir si réellement les Byzantins n'ont subi aucune invasion, M. Libri aurait bien dû la trancher moins brusquement. Il fallait connaître, ou ne pas écarter par le simple silence, les travaux du savant Fallmerayer. Cf. *Gesch. der Halbinsel Morea waehrend d. Mittelalters*,

« hérités de leurs pères, dégénérèrent sans cesse sous l'influence du Christianisme[1], nous
« fait prévoir quel aurait été le sort de l'Occident, si la sauvage énergie de ses nouveaux
« conquérants n'y eût pas retrempé le sang corrompu des Romains... Rome n'attira plus
« l'ambition des savants; et, livrée à la toute-puissance ecclésiastique, elle vit disparaître
« peu à peu ce qu'on appelait les *lettres profanes*. Une religion qui, étant encore au berceau,
« avait autorisé un autodafé littéraire[2], et qui admettait le dogme de la dégénération
« morale de l'homme, ne devait ni croire aux progrès de l'esprit humain, ni les encou-
« rager[3]. Elle devait au contraire craindre les idées nouvelles. D'ailleurs, les persécutions
« dont les chrétiens avaient été si longtemps l'objet, l'intolérance même de Julien qui leur
« défendit l'étude des lettres, devait les porter à haïr également les païens et leurs écrits.
« Les successeurs du grand apostat se chargèrent d'assouvir cette haine[4]... »

« En Occident, les guerres civiles...., enfin les canons de l'Église qui défendaient la
« lecture des livres païens[5]; toutes ces causes réunies préparèrent les ténèbres dans les-
« quelles se trouvait plongée l'Italie losqu'arrivèrent les Goths[6], qui, selon l'expression
« d'un illustre[7] historien (Gibbon), moins nuisibles aux lettres que ne le fut l'établissement
« du Christianisme[8], etc., etc. »

1. Theil, 1830; et addition en 1835, sous le titre : *Welchen Einfluss hatte die Besetzung Griechenlands durch die Slaven.* Sur les Slaves dans l'empire d'Orient, il pouvait consulter aussi Wachsmuth, *Europæische Sittengeschichte*, t. II, 537.

1. M. Libri ignore apparemment que Jésus-Christ a dit : *Qui non est mecum contra me est*; et comme les Byzantins furent trop souvent séparés de la véritable Église de J.-C., il n'y avait point lieu à les citer pour modèles de l'influence du christianisme. Voici comme l'entendait saint Jérôme écrivant au pape saint Damase : « Quicumque tecum non colligit, « spargit : hoc est *qui Christi non est, antichristi est*. »

2. On cite ici le fait rapporté dans les *Actes des Apôtres* (XIX, 19) où, du reste, il n'est point dit du tout que saint Paul ait conseillé l'autodafé en question, mais où la conduite de ceux qui vinrent brûler publiquement leurs livres est rapportée comme l'effet spontané d'une ferveur soudaine. Ajoutez que, selon des auteurs très-graves indiqués par M. Libri lui-même, le texte parle de livres sur la magie; et que notre auteur qui s'oppose ici (p. 69) à ce qu'on les brûle, avait indiqué plus haut (p. 45) l'étude de la magic comme funeste aux recherches scientifiques dont il fait l'histoire. En sorte que l'*autodafé littéraire* d'Éphèse eût été précisément un avantage pour les sciences physiques.

3. Est-ce qu'il n'y aurait point quelque chose comme la croyance et l'encouragement au progrès, dans ces quatre mots de saint Paul (Eph. I, 1-23) : « ... Instaurare omnia in Christo ? » Ce que j'en dis ne signifie pas que j'adhère beaucoup à la doctrine du progrès indéfini; mais, puisqu'on en parle, il ne fallait pas sembler croire que le christianisme s'y opposât absolument.

4. Libri, p. 67-69.

5. On ne nous indique pas ces *canons de l'Eglise*, et il se peut bien que les connaissances (d'ailleurs très-variées) de M. Libri ne s'étendent pas jusqu'au droit canonique; mais, en ce cas, pourquoi en parlait-il ? Plus on sait, plus on devrait comprendre qu'il est malaisé de tout savoir. Les sciences ecclésiastiques seules auraient-elles ce privilège d'être possédées sans étude ? Préjugé fort répandu depuis une centaine d'années, mais qui n'en vaut pas mieux pour avoir quasi la date d'un siècle. L'esprit de Voltaire n'est pas à l'usage de tout le monde, et il ne fallait guère moins que les facéties du patriarche de Ferney pour donner cours à ses assertions philosophico-théologiques chez ses contemporains. Encore même est-il désormais bien reçu que cet homme si spirituel ne fait pas autorité en érudition. Redisons d'après un témoin sérieux, que M. Letronne (à la Bibliothèque royale) entendant parler de ce que je venais d'écrire sur sa *Cosmographie des PP. de l'Église*, répondit : « On m'a trouvé un peu voltairien, n'est-il pas vrai ? ». — « Oui, pour la science, » repartit quelqu'un du groupe. Ce qui fut si peu goûté du docte académicien, qu'il tourna brusquement les talons pour commencer une inspection de son *département* à laquelle il ne songeait pas jusque-là.

J'aime à croire que c'est ce qui m'a valu en maintes circonstances des accueils inqualifiables au *département des imprimés* de ladite Bibliothèque durant plusieurs années. Car, si d'autres ont éprouvé le même sort, ce serait vraiment abusif pour un service public; et l'on eût sans doute crié beaucoup plus qu'on ne l'a. Croyons pieusement que c'était correction exceptionnelle infligée à qui, simple citoyen, avait mérité la défaveur d'un fonctionnaire, crime inexpiable, même depuis 89 qui nous aurait soi-disant affranchis.

6. Boëce vivait alors, et ne semblait pas homme à passer inaperçu dans une histoire des sciences en Italie. Ne l'a-t-on oublié qu'à titre de dévot, parce qu'il est honoré en Lombardie comme martyr ? Il faudrait n'avoir guère lu les écrits de cet illustre personnage, pour oser dire que l'Italie de son temps fût plongée dans les ténèbres. Lâcheté générale, ou si l'on veut découragement universel, passe ! mais ténèbres, allons donc ! L'habileté des plus grands princes goths ne fut-elle pas au contraire obligée de s'appuyer sur des hommes tels que Cassiodore, par exemple, que Boëce, et Symmaque, beau-père de ce dernier ?

7. L'*illustre historien* Gibbon ne laisse pas que d'avoir perdu un peu de son ancien lustre depuis le règne de Voltaire et des encyclopédistes. La montre de M. Libri était donc assez en retard, comme le lui firent observer en 1839 des gens que la dévotion n'aveuglait pas.

8. Pages 71-73. Voyez aussi par exemple p. 186, 187. Tout cela était emprunté à l'historien anglais (Gibbon) chez lequel

VI.

« Après la mort de Charlemagne..., les écoles furent fermées ou négligées; on oublia
« les sciences et la philosophie des anciens sans y rien substituer. L'ignorance dans les arts
« fut extrême : les livres devinrent de plus en plus rares ; on laissa périr les plus importants
« sans les copier, et on ne s'attacha qu'à la conservation des ouvrages ascétiques, comme
« le prouvent[1] les manuscrits de cette époque qui nous sont restés. Un problème remar-
« quable, et qui mériterait toute l'attention des historiens, c'est celui de rechercher pour-
« quoi les plus épaisses ténèbres n'arrivèrent pas en Europe avec la grande invasion des
« barbares, et pourquoi elles n'en furent pas la suite immédiate. Ce fut seulement après
« que Charlemagne eut dompté les Saxons, repoussé les Mores d'Espagne, rendu l'éclat à
« l'Église, et rétabli l'empire d'Occident, que l'Europe tomba dans le dernier degré de
« l'abrutissement[2]. Cette question est trop vaste pour que nous puissions la traiter ici ;
« mais on doit remarquer qu'après Charlemagne, l'ignorance augmenta avec l'agrandis-
« sement de la féodalité et du pouvoir des pontifes[3]... »

« Les successeurs de Charlemagne essayèrent de relever le royaume d'Italie ; mais com-
« ment rendre l'unité à cette agglomération de Francs, d'Allemands, de Goths, de Lom-
« bards, de Grecs et de Sarrasins, agités à la fois par les discordes civiles et par l'ambition
« papale? Pendant que les débris de tous ces peuples se déchiraient entre eux, les prêtres,
« voulant que toutes les facultés de l'homme fussent exclusivement appliquées au triomphe
« de l'Église, s'opposaient au libre développement de l'intelligence. On sait que Gui d'Ar-
« rezzo fut récompensé par une persécution, de la découverte qui fait la base de la musique
« moderne[4]. En ouvrant les Annales ecclésiastiques, on y voit les maux qu'eurent à souffrir

---

M. Guizot n'avait pas encore signalé une déplorable mécon-
naissance du christianisme, et des remèdes que l'Évangile
apportait aux infirmités du vieux monde comme aux bruta-
lités des nations barbares.

1. J'espère montrer qu'ils *prouvent* toute autre chose.
D'où vient donc, par exemple, que nous avons des manuscrits assez importants du Digeste qui appartiennent
au douzième siècle, au onzième, et même au neuvième?
Était-ce là matière ascétique, ou même utile aux cours de
grammaire? cause qui pourrait absolument expliquer la
transcription de textes profanes encore existants alors, et
perdus plus tard. Mais tout semble bon quand on croit avoir
l'opinion en poupe afin d'enfler vos voiles.

2. Ici l'auteur met une note qui prouverait que l'abrutissement ne fut point complet du tout. Je le reconnais là
seulement ; il était haineux dans le texte, mais le savant
se fait jour dans la note à travers ses propres préjugés,
ne fut-ce que pour l'amour des citations.

3. Libri, p. 90-91.
Transcrivons seulement quelques mots d'une autre plume
sur ce prétendu problème; et l'on ne dira pas que nous
ayons recours à un écrivain fanatique. C'est M. Marcel
Barthe [dans le *Journal de l'instruction publique*] : « M. Au-
« gustin Thierry (*Conquête de l'Angleterre par les Nor-
« mands*) ne parle jamais des influences salutaires que le
« christianisme exerça sur les barbares; il semble même
« les nier, en citant de nombreux exemples de Saxons ou
« de Danois qui, après avoir endossé par-dessus leur cui-

« rasse la blanche tunique du néophyte, revinrent au pa-
« ganisme. Sans doute l'eau lustrale (*traduisez* : le baptême)
« n'effaça pas de suite dans ces âmes grossières les traces
« de la barbarie; mais, avec le temps, la parole du Christ
« traversa les poitrines de fer, amollit les cœurs et fit cour-
« ber les têtes de ces *fiers Sicambres*... Les Normands (*Con-
« quérants de l'Angleterre*) étaient beaucoup plus civilisés
« que les Anglo-Saxons; ils avaient déjà toute l'élégance (?)
« des mœurs chevaleresques. Les relations actives qu'ils
« entretenaient avec la France méridionale (?), la contrée
« la plus éclairée de l'Europe(?) à cette époque, et avec
« Rome le foyer de l'Église, concoururent puissamment à
« développer la civilisation en Angleterre. En quelques
« années le clergé anglais fit dans les sciences des progrès
« inouïs. » Il aurait pu citer Marsham, qui, dans le Propylée
du *Monasticum anglicanum*, rend justice aux abbayes catholiques. Cf. Ziegelbauer, *Hist. litt. o. s. B.*, t. I, 483 ; et
t. II, 520.

4. Ceux qui savent cela ne seront pas sans doute restés en
chemin ; et, passant outre, ils n'auront pas manqué d'apprendre aussi que, pour des querelles de couvent, où il
se pourrait bien que la sagacité musicale ne l'eût pas dispensé de certains travers de caractère, Gui reçut en dédom-
magement les bonnes grâces du pape, à l'aide de quoi il
rentra en bonne intelligence avec sa communauté. Puis,
dans quel catéchisme ou traité de théologie aura-t-on vu
que l'impeccabilité avec tout agrément de caractère fussent
garantis aux moines ? Nul catholique sensé n'a dit cela, que

« les Virgilistes [1], accusés d'être surtout trop enthousiastes du grand poëte, qui plus d'une
« fois porta malheur à ses admirateurs. Il y avait sans doute au fond du cloître des hommes
« qui se vouaient à l'étude ; mais leur talent, consacré à des controverses religieuses et à la
« lecture des Pères de l'Église, était perdu pour les sciences. On formait des bibliothèques,
« il est vrai, mais elles se composaient presque uniquement [2] de livres ascétiques [3], etc. »

VII.

Vous croiriez parfois, en lisant ces tirades, avoir rencontré une de ces plumes subjuguées par des opinions d'école qu'on adopte toutes faites, pour ne se charger que d'y mettre la forme. Que vous dirai-je? J'ai lu l'ouvrage de M. Libri, et j'admire je sache. Au contraire, le *Corpus juris canonici* suppose comme possibles chez les gens d'Église bien d'autres misères qu'un peu de jalousie. Les savants et gens du monde sont peut-être à l'abri de ces misères-là, qui n'ont refuge que sous le froc! En sorte que les institutions ecclésiastiques deviendraient seules responsables de cette nature humaine apportée par Adam et Ève hors du paradis terrestre. Avons-nous, chrétiens ou dévots quelconques, un livre tant soit peu recommandé qui autorise pareilles prétentions? Que l'on veuille bien nous les citer, au cas où on les connaîtrait par hasard.

D'ailleurs, un homme qui devait apparemment s'y connaître, M. Bottée de Toulmon (*Sur l'histoire de l'art musical...*, dans le *Congrès historique de Paris* en 1835, t. I, p. 271) ne voit pas clairement que Gui ait *découvert* la base de la *musique moderne*.

En outre M. Libri a-t-il continué de croire que la persécution fût une recette à l'usage exclusif des monastères? Persécution ou non, il s'en est plaint dans le fait; et je ne sache pas qu'il ait eu lieu de l'attribuer aux gens d'Église, lesquels pourtant n'avaient pas à se louer beaucoup de lui.

1.° Si vous ouvrez les *Annales ecclésiastiques* à l'endroit indiqué (Baronius, édition de Lucques, t. XVI, p. 400, ad ann. 1000), vous trouverez ceci, extrait des chroniques de Glaber Radulfus (Cf. Muratori, *Antiquitat.*, t. III, p. 834) : « Quidam « Vilgardus dictus, studio artis grammaticæ magis assiduus « quam frequens, sicut Italis mos semper fuit artes negli- « gere ceteras, illam sectari; is, quum ex scientia suæ artis « cœpisset inflatus superbia stultior apparere, quadam nocte « assumpsere dæmones poetarum species, Virgilii et Horatii « atque Juvenalis ; apparentesque illi, fallaces retulerunt « grates quoniam suorum dicta voluminum charius amplec- « tens exerceret... promiscrunt in insuper suæ gloriæ post- « modum fore participem. Hisque dæmonum fallaciis de- « pravatus, *cœpit multa turgide docere fidei sacræ contraria,* « *dictaque poetarum per omnia esse credenda asserebat.* Ad « ultimum vero hæreticus est repertus, atque a pontifice « ipsius urbis (Ravennæ) Petro damnatus. » D'où il conste qu'un pauvre grammairien à qui l'opiniâtreté de l'étude avait brouillé la cervelle, se fit condamner pour avoir prétendu trouver des articles de foi dans les paroles de Virgile, d'Horace et de Juvénal. Y a-t-il là rien de concluant sur les rigueurs de l'Église contre les classiques? Encore ne dit-on pas s'il fut condamné à autre chose qu'aux Petites-Maisons.

Il est vrai qu'on a condamné au moyen âge la manie de tirer la bonne aventure dans Virgile et dans Homère, coutume fort ancienne, du reste, et antérieure au Christianisme; mais on ne fit pas plus d'honneur à la Bible, puisque les conciles réprouvèrent également la pratique de chercher des pronostics dans l'Écriture-Sainte. Cf. *Conc. Agath.* A. 506. Can. 42. — Augusti, *Denkwürdigkeiten.* t. X, p. 277-284. — Reiske, ad *Const. Porphyrog.* (Bonn, t. II, p. 524). — Morcelli, *Afr. Christ.* A. 400, n° 11. — Etc., etc.

Ne voilà-t-il pas Virgile bien maltraité! J'aime à croire que M. Libri n'avait pas lu ce qu'il cite là. Mais alors, que valent ses assertions?

2. A cet endroit une note affirme que, sauf rares exceptions, les bibliothèques monastiques du moyen âge ne contenaient que des ouvrages de dévotion. Je puis dire par anticipation que mes recherches à ce sujet ne m'ont pas conduit aux mêmes résultats. Les lecteurs en jugeront quand nous en serons venus à cet endroit. Contentons-nous pour le moment d'indiquer ce qu'en ont pensé des hommes non suspects. Leibnitz écrit à Magliabecchi (tome V, ép. 14) sur le sentiment de l'abbé de Rancé, qui prétendait interdire l'étude aux moines : « Si ea invaluisset opinio, nullam hodie « eruditionem haberemus. Constat enim libros et litteras « *monasteriorum ope fuisse conservatas...* Corbeia ad Visur- « gim nobis vicina, *monachis doctrina non minus quam pic- « tate præstantibus* fidei lumen per totum septentrionem « sparsit. » Selon M. Ellendorf (*die Karolinger und die Hierarchie ihrer Zeit*, t. I, c. 4), sorte de *catholique non-romain,* comme il nous le déclare dans sa préface : « Sans le « clergé et spécialement sans les moines nous n'aurions « conservé ni les Pères de l'Église, *ni les classiques; ils ont « d'ailleurs fait de grandes choses pour les sciences,* » etc. Voir Hurter : *Kirchliche Zustände zu Pabst Innocenz des dritten Zeiten*, tome I, livre 21, chap. 7. *Passim.* — Henry, *History of great Britain* (*passim*), écrivain que Hume n'aurait pas dû faire oublier, dit Heeren; ce qui ne signifie pas que nous lui reconnaissons une autorité irréfragable. Le docteur Lingard (*Antiquities of the Anglo-Saxon church*) a montré en plus de dix endroits combien cet auteur avait été aveuglé par ses préjugés contre l'Église catholique. L'éloge que lui accorde Heeren montre donc seulement qu'on peut être bien plus véridique que Hume ou Gibbon, sans toutefois mériter encore une confiance entière.

3. Libri, p. 156-160.

comment il a pu se faire qu'un homme vraiment instruit, qu'un homme d'un caractère indépendant, qu'un homme à pensers nobles (autant que je puis en juger sur son livre), ait été fasciné à ce point, et comme érudit, et comme penseur, et comme appréciateur des grandes choses. Auriez-vous eu la pensée de reconnaître dans ces saillies d'humeur, l'âme qui a dicté le morceau suivant, par exemple ? « Si j'ai su rendre dans cet ouvrage les impressions que
« j'ai éprouvées, on sentira que rien n'est plus injuste que ce mépris que l'on affecte pour
« la science imparfaite de nos aïeux. Sans leurs essais, nous serions encore dans l'igno-
« rance ; et peut-être ce savoir dont nous sommes si fiers, est-il destiné à exciter bientôt un
« sourire de pitié chez une postérité injuste à son tour. Ni les hommes, ni les nations, ne
« sauraient mépriser leur propre enfance [1], et il faut que les plus puissantes et les plus
« glorieuses n'oublient pas qu'elles auront aussi leur vieillesse. Tous les siècles comme
« tous les peuples contribuent aux destinées de l'humanité : il y en a eu de plus obscurs,
« de plus malheureux ; mais c'est un motif pour les plaindre, et non pas pour les mépriser.

« Et d'ailleurs, sommes-nous sûrs de valoir en tout mieux que nos ancêtres ? On le pro-
« clame sans cesse, mais moi je n'oserais pas l'affirmer. Tout ce qui est nouveau n'est pas
« un perfectionnement : souvent ce n'est qu'un retour vers les choses déjà oubliées ; et puis,
« à présent, nous changeons si vite en tout, nous passons si brusquement d'une extrémité
« à l'autre, que, par cette continuelle mobilité, nous donnons un démenti continuel à nos
« prétentions. Que dirait-on si l'on voyait les géomètres, les astronomes, changer sans cesse
« toutes leurs méthodes, tous leurs systèmes, et parcourir rapidement le cercle des opinions
« les plus opposées ? On dirait sans doute que les sciences qu'ils cultivent sont dans l'en-
« fance. Que faut-il donc penser de ces peuples qui se proclament maîtres en science sociale,
« et qui changent à chaque instant de constitution et de tendance politique ? On flatte les
« nations et les siècles ; mais malheureusement l'homme semble toujours avoir eu les
« défauts inséparables d'une grande et rude énergie [2], ou les qualités qui accompagnent
« des mœurs plus douces, il est vrai, mais plus molles..... D'ailleurs, dans des circonstances
« analogues, les mêmes causes produisent encore les mêmes résultats. Nous avons vu, dans
« le *siècle des lumières*, au centre des villes les plus policées, le peuple se ruer (comme au
« moyen âge) sur les passants, et les déchirer en lambeaux, leur attribuant l'apparition
« d'une terrible épidémie... Dans un autre continent, des nations qui prétendent servir de
« modèle à la vieille Europe, traitent leurs semblables comme des bestiaux, et transforment
« en système la destruction graduelle des anciens maîtres du sol. N'insultons donc pas à
« la mémoire de nos aïeux. »

« ...L'histoire dira un jour qu'au foyer de la civilisation, aux portes de nos capitales, on
« nous enjoignait insolemment d'emporter d'un cimetière les ossements de nos pères pour
« abréger le chemin aux charrettes des rouliers. Elle dira aussi que dans cette Italie qui se
« repose si volontiers sur d'anciens lauriers, et qu'on accuse d'être la terre des morts [3], les

---

1. M. Libri ne mépriserait-il donc l'enfance de l'Italie moderne qu'à raison de l'Église qui fut sa nourrice ? Il y aurait, en ce cas, mépris admissible et mépris intolérable ; toujours comme fagots et fagots.

2. Cela étant, il n'y avait pas lieu de malmener si fort les âges mérovingien et carlovingien, sans parler des siècles où vinrent Normands, Magyars, etc. Ces temps eurent la rude énergie, passez-leur donc quelque chose. Mais l'Église s'avi-serait peut-être d'en bénéficier, ce qu'il faut éviter soigneusement. Aussi l'Afrique chrétienne, depuis Tertullien jus-

qu'à saint Augustin, pèse-t-elle pour rien devant M. Libri. A la vérité on ne voit pas qu'elle ait beaucoup fait pour les mathématiques, qui étaient l'*objectif* (comme on dit) du docte Italien.

3. Ceci était apparemment (avec opportunité quelconque) un coup de boutoir patriotique contre l'invective de Lamartine (*Child-Harold*) qui termine ainsi une strophe poignante :

« Je vais chercher ailleurs (pardonne, ombre romaine)
Des hommes, et non plus de la poussière humaine. »

« hommes les plus illustres attendent encore une pierre tumulaire, tandis qu'il y a des villes
« opulentes où les médailles et les statues sont prodiguées aux chanteurs et aux danseurs.
« Elle dira surtout qu'après une lutte qui a soulevé tous les peuples de l'Europe, les champs
« où gisaient nos soldats furent livrés à des compagnies qui transformèrent en engrais
« animal les restes de ces vaillantes cohortes... Le cœur bondit au souvenir de ces profa-
« nations ! Voilà où nous mène le principe exagéré de l'utilité. Quelques épis sacrilèges l'em-
« portent sur le respect que l'on doit aux trépassés ; et l'on compte pour rien l'exemple et
« l'influence des honneurs rendus à la mémoire des grands citoyens. Je l'ai déjà dit : trop
« souvent l'homme n'est considéré que comme un animal de rapport. Ce principe peut être
« favorable à la production dans les manufactures ; mais si on l'adopte, il ne faudra plus
« demander ni grandes pensées, ni grands sentiments, ni grandes actions à ceux que l'on
« traite comme des brutes [1], etc., etc. »

VIII.

ais je ne me suis point donné pour tâche l'éloge de M. Libri ; loin de là, si je fais la part de la louange, c'est afin de ne point comprendre tout son ouvrage dans un même blâme ; ou plutôt, car je ne sais point flatter, pour prier que l'on m'explique comment il peut arriver qu'à une allure si franche en face des travers de notre époque, il associe une souplesse si docile aux préjugés atrabilaires du siècle passé ; comment, si respectueux pour nos pères, il les repousse et les méconnaît dès qu'il les trouve disciples de Jésus-Christ. Quoi qu'il en soit, venons-en à l'appréciation des griefs qu'il proclame si aigrement ; et pour ne point paraître éviter les engagements sérieux, commençons par une des charges les plus chaleureusement poussées. Les autres trouveront leur place successivement, dût-il en résulter une série d'articles [2].

Désormais je n'aurai plus lieu de transcrire mot à mot l'historien des sciences mathématiques en Italie. Les pages précédentes suffisent pour faire connaître sa manière.

armi [3] les *chrétiens* (dit M. Libri), les moines surtout, et en général tout le moyen âge, avaient comme conspiré l'annihilation des chefs-d'œuvre de l'esprit humain ; et tout ce qui tenait à l'Église procéda d'une manière continue à cette œuvre jusqu'au xive siècle, menaçant les classiques d'une destruction totale ; faits que l'on ne saurait nier, attestés

1. Pages xix-xxii. Cf. p. 64, xvj, etc.
2. En écrivant ceci, je n'avais prévu ni l'éloignement du terme où pareille promesse pouvait conduire, ni les circonstances qui devaient interrompre mon travail et lui substituer d'autres tâches. Aujourd'hui je le laisserai encore suspendu, le reproduisant à peu près tel qu'il demeura sur la fin de 1839, sauf maintes intercalations.
3. Cette lettre initiale provient encore du manuscrit poitevin sur sainte Radegonde (ci-dessus, p. 34), et je la dois à M. de Longuemar. J'y suppose de nouveau qu'on voudra bien n'y tenir compte que du P capital.

qu'ils sont par d'irréfragables témoignages[1]. — Sans nier ni prétendre infirmer l'autorité de ces témoignages, je me permettrai de nier les faits qu'on y veut trouver; et recule si peu devant les auteurs invoqués en cet endroit particulièrement, que je me propose bien de puiser la réfutation aux mêmes sources. Disons un mot d'abord sur le soin qu'on prit dans l'Église, dès l'origine, pour former des bibliothèques.

Les plus anciens monuments de l'histoire ecclésiastique[2] parlent déjà de bibliothèques et, de livres d'étude réunis aux églises. Ces collections renfermaient d'abord, nécessairement les *écrits ecclésiastiques* et *liturgiques* : tels que *matricules, actes des martyrs, diptyques*, *lectionnaires*, etc. Puis les *textes* et *versions* de l'*Écriture sainte*, les *constitutions ecclésiastiques, homélies, catéchèses*, etc. Eusèbe et saint Jérôme, qui avaient consulté entre autres les bibliothèques de Jérusalem et de Césarée, nous apprennent qu'il y en avait de fort importantes. Ces témoignages, qui ne remontent guère plus haut que le III° siècle, se multiplient à mesure que la paix accordée aux fidèles permit à l'Église de remplir librement sa mission. A Rome, à Constantinople, à Alexandrie, des bâtiments considérables près des basiliques furent consacrés à cet usage ; celle de Sainte-Sophie à Constantinople, fondée par Constantin, et augmentée de beaucoup par Théodose le jeune, renfermait quelque cent mille volumes qui furent brûlés dans une sédition[3]. A Rome, saint Grégoire, consulté par Eulogius, évêque d'Alexandrie[4], répond que l'ouvrage demandé par lui ne se trouvait ni dans les archives de l'Église romaine (bibliothèque de Latran), ni dans les autres collections de la ville. L'Église de Latran avait une bibliothèque double, fondée au v° siècle, par le pape Hilaire[5], et il était assez ordinaire que les églises eussent deux bibliothèques[6] : l'une intérieure consacrée aux livres ecclésiastiques ou ascétiques, et aux archives ; l'autre extérieure, où se plaçaient les ouvrages d'études profanes et de philosophie. Je ne saurais m'expliquer que par cette distinction de bibliothèques sacrées et profanes, comment un homme aussi habile que M. Libri peut avoir cru que les catalogues des bibliothèques du moyen âge annonçassent des collections presque exclusivement ascétiques. Accordons-lui cela pour excuse quelconque.

---

1. Libri, pages 160, 161, etc.
2. Eusèbe, *Hist. eccl.*, VI, 20 ; et VIII, 2.—Hieronym. *adv. Rufin.*, lib. 3. (Cf. Scholia, *ed. Erasm.* Francof. et Lips., 1684, tom. X, p. 90). — It. *De viris illustrib.*, cap. 75, 81, 113 ; et *Catalog. Script. eccles.* (Orig. — Pamphil., etc.). — Augustin. *De Hæres.*, 80, etc., etc. Voir aussi le mot *Bibliothécaire* dans le *Dictionnaire diplomatique* de D. de Vaines, édité par M. Bonetty, avec des additions qui ne sont pas toutes des améliorations du texte primitif.
3. Cf. Augusti et Siegel, *Manuels d'archéologie ecclésiastique* (en allemand); — Hospinianus, *de templis* (particulièrement *de origine et progressu bibliothecarum*). — Lomeier, *de bibliothecis*. — Bingham, *de ecclesiarum scholis et bibliothecis* (t. III). — Beherm, *Dissertatio de archiviis, sive tabulariis veterum christianorum*. — Goetz, *de chartophylacibus veteris Ecclesiæ inter Miscell. Hist. crit.*). — Ebert, *Encyclop. d'Ersch et Gruber*.
4. Gregor. Epist. xiii, 29. — Cf. Cancellieri, *De secretariis*, t. II, p. 880, sqq. — Eug. de Rozière, *Recherches sur le liber diurnus des pontifes romains* (Comptes-rendus de l'Académie des sciences morales et politiques, décembre 1868, p. 351.
5. Anastas. in vita Hilarii. Cf. Cancellieri, *De secretariis : Disquisitio de Bibliothec.* — Anastas., ed. Bianchini, t. III,

p. 168, 169.—Cenni, apud Zaccaria, *Raccolta*, t. XIV, p. 56, sgg. ; 74, sgg. — Labus, *Fasti*, t. I, p. 23, sg. — Rœstell, ap. *Beschreibung der Stadt Rom*, von Platner, Bunsen, Gerhard, etc. : t. I, P. II, p. 281-295, 303-323, 337-343. — Blume, *Iter italic.*, t. IV, p. 264. — Maï, *Memorie istoriche degli archiv. della S. sede* (Rome, 1825, in-8°). — Ruggieri, *Memor. istor. della biblioteca Ottoboniana*. — Rocca, *Biblioth. apostol. Vaticana*. — Assemani, *Biblioth. apostol. Catalog.*, t. I, præfat. C. II.

La bibliothèque romaine sera devenue fort considérable d'assez bonne heure, puisqu'au commencement du septième siècle (malgré les quinze ou seize prises et reprises de Rome), il fallut plusieurs jours pour y trouver les œuvres de saint Grégoire le Grand. Or, comme pape, et voisin de ce temps, il ne semblait pas devoir être perdu dans la foule. « Dum a papa... de die in diem differretur in longum, quasi « in archivo romanæ Ecclesiæ præ multitudine quæsitum « facile nequaquam reperiretur libellum, etc. (Baron., ad A. « 649, LXXXI) »; et Isidor. Pacens. — Leon. M. *Epist.* cxix (al. xcii), ed. Ballerini, *Opp.*, t. I, p. 1215, sq.

6. Villoison, *Prolegomena ad Homerum*, p. xl ; ap. Heeren. *Geschichte der Literatur*, I, 69, 83. — Cancellieri, *op. c. syntagm.*, p. 3, c. 4. — Petit-Radel, Biblioth., p. 34. — Galletti, *Del primicero della santa sede*. — Etc.

Saint Pamphile avait réuni à Césarée près de trente mille volumes, selon le récit de saint Isidore [1]; et les écrits de saint Isidore lui-même, qui rappellent l'érudition d'un Varron, montrent qu'il avait pu disposer de bibliothèques vraiment surprenantes. En Angleterre, les évêchés fondés au VII° siècle (Cantorbéry surtout) devinrent par leurs *monastères épiscopaux* (chapitres, séminaires ou maîtrises, etc.) de véritables centres littéraires, en même temps que des chaires apostoliques [2].

hez les empereurs d'Orient, quand Léon l'Arménien voulut tenter la voie scientifique, contre la doctrine catholique sur les saintes images qui avait résisté à la violence de ses prédécesseurs, ce fut dans les églises et les monastères qu'il envoya faire des recherches [3] pour réunir parmi les auteurs ecclésiastiques des documents dont l'hérésie pût tirer parti contre l'enseignement orthodoxe.

Le lieu où se déposaient les livres des églises faisait partie des bâtiments annexés à la basilique elle-même, et désignés sous le nom général de *sacrarium, pastophoria, diaconicum*, etc. La bibliothèque en particulier est communément indiquée par quelqu'une des expressions suivantes : *secretarium, chartilogium, chartophylacium, chartarium, chartularium, armarium, archivium*, ou *archivum, tabularium, tablinum, scrinium, librarium, grammatophylacium*, etc. [4].

Je traiterai, Dieu aidant, des bibliothèques du moyen âge, dans la continuation la plus prochaine de ces articles; mais sans prétendre donner sur ce sujet autre chose qu'une ébauche. Semblable travail, exécuté tout de bon, serait assurément un important service rendu à l'histoire littéraire. Pour cela, il faudrait un loisir et des moyens d'étude que je ne

---

1. Isidor., *Origin.*, VI, 6. Saint Jérôme (*Epist. ad Marcellam*) le représente comme rappelant Démétrius de Phalère. Cf. Hieronym. *Catalog. script. ecclesiast.*, C. LXXV. Ce qu'il dit dans sa lettre à Marcelle (*Cæsaræensi Ecclesiæ dicavit*) se rapporte pour le moins aux livres copiés par saint Pamphile lui-même.
Sur la bibliothèque de Jérusalem (*Ælia*), fondée par l'évêque Alexandre au III° siècle, cf. Euseb., *Hist. eccl.*, VI, 20. Saint Augustin parle aussi de la bibliothèque de son Église (*in nostra*). Cf. J.-M. Claden., *de Fortuna biblioth. D. Augustini in excid. Hippon.* (Leipzig, 1742). — Struve, *Introduct. in notit. rei litterar.*, c. II, § 15 (Iena, 1706, p. 63, sq.).
Le cardinal A. Mai a dit quelques mots sur les bibliothèques chrétiennes dans son *Discorso II*, intitulé *Meriti di Pio VII e del clero verso la letteratura* (Discorsi di argomento religioso, Roma, 1835; in-4°, p. 56).

2. Heeren, *op. c.*, I, 65; d'après Henry, *History of Great Britain*, t. II, p. 135, etc.; 152, 320, etc.

3. Heeren, *op. c.*, I, 79.

4. Cf. Cancellieri, *op. c., Syntagm.*, p. 3, c. 4; et p. 4, c. 10. Sur le mot *secretarium*, voir les notes à la chronique du Mont Cassin (ap. Muratori, *Rer. italic. Scriptt.*, t. IV, p. 442).
Les mots *scrinium, scrineum, scrinum* (comme *scrineus, scriniarium*, etc.) rappellent assez bien le mot layette dont nous nous servons encore en fait d'archives. Cf. *Nouveaux Mélanges*, t. II, p. 87, sv.
On rencontre aussi les mots *agano, peribolum*, etc. (*Chronic. glunafol.*, apud AA. SS. *Januar.*, t. I, p. 1054), qui paraissent désigner le soin pris par les fondateurs pour donner aux bibliothèques une enceinte assurée contre le bruit, les coups de main et les causes les plus fréquentes d'accidents fâcheux.

puis plus avoir à ma disposition sur mes vieux jours[1]. En attendant qu'un savant laborieux s'impose cette utile mais pénible tâche, ce serait chose curieuse que de réunir, comme par manière de programme, les matériaux bibliographiques dont il importerait de s'entourer pour l'entreprendre avec quelque chance de succès. Il se peut que j'essaye de le faire, au moins sur quelques parties; mais celui qui, pourvu des connaissances suffisantes pour tracer la route dans son entier, ferait part au public de ces indications préparatoires, aura la consolation peut-être d'avoir frayé le chemin à un ouvrage dont les résultats ne sauraient manquer d'être glorieux pour l'Église.

Enfin, pour venger le bon sens et l'histoire, voici toujours les premiers siècles de l'Église mis quelque peu à couvert des gros anathèmes qu'on leur lançait si étourdiment avec une conviction fort gratuite. Le reste va venir peu à peu, pour ce qui regarde le moyen âge proprement dit; et je pense qu'on n'y verra pas ce mépris des livres profanes que M. Libri donnait comme fait incontestable. Le lecteur prononcera sur pièces du procès, quoique je ne prétende pas épuiser la matière.

---

1. Les *Annales de philosophie chrétienne* ont semé déjà dans leur collection d'intéressants détails sur ce sujet (voir la *table générale des douze premiers volumes*, à la fin du XIIᵉ) surtout en 1830 (t. I, p. 96, etc.). Mais les auteurs de ces divers articles, n'ayant point en tête des adversaires aussi érudits et d'une hostilité aussi prononcée que M. Libri, pouvaient ne pas se croire obligés à un système d'apologie complet. La mienne, sans l'être entièrement, présentera, si j'ai rempli mon dessein, un front plus étendu. La circonstance l'exigeait, et je tâcherai d'y satisfaire; quoique maintes circonstances tout à fait indépendantes de ma volonté aient beaucoup trop circonscrit les recherches auxquelles il aurait fallu se livrer pour être moins incomplet dans une entreprise si vaste. Ceux qui connaissent le métier, sans même savoir tous les fondements de mes excuses, comprendront que je ne dise pas dans ce simple essai :

« Exegi monumentum ære perennius. »

Ma prétention ne va pas jusque-là; et qui voudrait s'y mettre avec bon courage, pourra certainement trouver bien mieux. Car aujourd'hui les sources deviennent tout autrement accessibles qu'elles ne l'étaient il y a trente-huit ans pour un homme sans nulle protection (au contraire).

DES BIBLIOTHÈQUES AU MOYEN AGE. — PREMIÈRE PARTIE.

Les Églises et les monastères eurent des bibliothèques rassemblées avec une sollicitude extrême. — Ces bibliothèques furent souvent très-considérables pour leur temps. — La formation des bibliothèques n'était pas un luxe arbitraire, mais une sorte de nécessité qui permet d'étendre par analogie les faits positifs; et qui s'oppose par conséquent aux conclusions générales qu'on voudrait inférer des faits négatifs. — Indication de quelques-unes des bibliothèques les plus remarquables.

IX.

La[1] religion, quels que fussent les enseignements qu'on lui attribuât, a toujours paru, dans le fait, la gardienne née des connaissances humaines. On sait que l'histoire des civilisations nous montre d'abord le corps des prêtres, dépositaire de la science[2]; l'*âge sacerdotal*, l'*époque religieuse* est l'âge antique et primitif de la science, comme l'a fait remarquer G. Cuvier, si je ne me trompe. Aussi, soit que les plus hautes occupations de l'esprit humain dans les choses profanes semblassent par leur élévation même devoir occuper un rang voisin des vérités célestes, qui d'ailleurs ont l'imprescriptible droit de les contrôler pour ainsi dire, et de leur servir comme de garde-

---

[1]. Pour cette lettre capitale (saint Matthieu écrivant son évangile), comme précédemment à plus d'une reprise, il doit être entendu — et désormais de même — que l'élément alphabétique initial compte seul dans mon texte français. Cela soit dit une fois pour toutes, sans qu'il faille y revenir.

[2]. Hérodote consulta surtout les prêtres; et l'on s'aperçoit que son récit acquiert chaque jour une nouvelle valeur, à mesure que les progrès des connaissances nous permettent de l'entendre mieux. Car, qu'on me laisse rappeler encore ce que je disais dans le premier de ces articles (p. 9, sv.). Les faits expliquent les textes bien plus que les textes n'enseignent les faits.

fou¹ ; soit, si l'on y veut quelque chose de plus matériel, qu'on ait tout simplement cherché à donner aux monuments de la science les plus grandes garanties de durée ou d'assurance contre les accidents, les dépôts scientifiques et les documents d'un intérêt général ont communément cherché l'asile du sanctuaire². C'était dans les bâtiments des temples que les nations d'autrefois³, mais particulièrement les rois d'Égypte et les empereurs romains, avaient rassemblé des archives, formé des bibliothèques et des lieux d'étude pour les savants.

Sans entrer dans aucune des considérations philosophiques qui devraient faire juger, antérieurement à tout témoignage, que la religion véritable dans son plein développement, la religion de Jésus-Christ, ne pouvait manquer de projeter un éclatant reflet sur toutes les études dignes d'occuper l'intelligence, montrons que toujours le Christianisme a répandu parmi les hommes une lumière aussi intense que le comportaient les circonstances données. Ici, pour nous borner à des faits palpables, bien qu'ils aient été niés outrageusement, arrêtons-nous à faire voir que le clergé (c'est-à-dire l'action ecclésiastique en quelque sorte personnifiée) a toujours, dans les âges les plus ténébreux, rassemblé avec soin et recueilli avec une infatigable persévérance les instruments de la science, les livres.

Les moines, en particulier, n'avaient pas attendu pour s'adonner à l'étude et réunir des collections d'ouvrages anciens (y compris les modèles du langage) que la science, chassée de la société, cherchât son dernier abri dans l'enceinte des monastères. La règle de saint Pacôme (III° siècle) offre de curieux détails⁴ sur la distribution des livres entre les solitaires, sur leur classement dans la bibliothèque, sur le soin qu'en devaient prendre les lecteurs⁵, etc.; et, ce qui paraît supposer une quantité considérable de livres, il veut que deux religieux soient chargés de la bibliothèque. On ne le trouvera pas étrange, si l'on se rappelle que chaque solitaire devait avoir son livre de lecture, d'après la règle, et que les monastères de Saint-Pacôme étaient ordinairement formés de trente ou quarante maisons habitées chacune par une quarantaine au moins de religieux⁶.

1. Je me permets d'emprunter cette expression à un homme célèbre (c'était M. V. Cousin) dont le nom surprendrait ici peut-être, si je ne disais comme témoin l'avoir entendu déclarer (dans une conversation à la Sorbonne) que *l'Église est la garde-fou de la philosophie*. Ce que sa vraie pensée intérieure y prétendait mettre, n'est pas mon affaire ; mais on était en 1839 ou 1840, et je m'apercevais sans peine qu'il y faisait quelque peu de coquetterie envers ma soutane qui ne s'aplatissait pas plus que de raison dans le cabinet du grand et solennel éclectique en robe de chambre (vers les trois heures après-midi).

Je ne m'étais nullement introduit pour l'évangéliser ; mais comme simple interprète de deux Italiens que lui adressait l'abbé Rosmini, et qui pouvaient à peine proférer une phrase française ; aussi le rôle d'officieux (un peu curieux) prêtait fort bien à ne pas faire ma cour, et à m'effacer derrière cette fonction de trucheman pour des étrangers (comme qui dirait un *valet de place*).

2. C'était là sans doute ce qui engageait Justinien (Nov. 8, cap. τῆς παραδοθείσης. — Nov. 74, c. IV, § 2) à exiger qu'un exemplaire de ses lois fût conservé dans le trésor de l'Église, *avec les vases sacrés*, ou du moins parmi les meubles précieux des basiliques ἐν τοῖς ἀρχείοις...... ἐν τῷ εὐαγεῖ κειμηλιοφυλακίῳ. Cf. Caresmar, dans le *Semanario erudito*, t. XXVIII, p. 53, sgg.

3. Sous Auguste, le temple d'Apollon Palatin, et sous ses successeurs le temple de la Paix, le Capitole. Déjà auparavant, Asinius Pollion avait placé sa bibliothèque dans les bâtiments du temple de la Liberté. A Alexandrie, le Serapeum ; à Antioche, le temple de Trajan ; etc. Voyez d'autres exemples dans l'ouvrage de l'abbé Petit-Radel, intitulé *Recherches sur les bibliothèques*, p. 2, 4, etc. — It. Girolamo Fabri, *Sacre memorie di Ravenna antica* (Venise, 1664, in-4°), p. 10. — Mabillon, *De re Diplomatica*, l. — Fontanini, *Vindiciæ*, l. — J.-F. Facius, *Miscellen zur Geschichte d. Cultur und Kunst des Alterthums* (Coburg, 1803, in-12), II, 6 (p. 34-36).

Un petit mémoire (assez maigre) de l'abbé de la Rue, *Sur les bibliothèques du moyen âge*, a trouvé place dans le *Bulletin monumental* de M. de Caumont, t. II. Mais cela datait probablement d'un peu loin, et M. de Caumont n'avait communément pas grand espace dans son recueil pour les dissertations qui réclamaient plus de vingt ou trente pages. Il lui fallait de la variété, ou principalement du monumentalisme descriptif ; à raison du monde qu'il enrôlait dans ses vaillantes tournées par nos provinces.

4. Cf. Mabillon, *Études monastiques*, 1ʳᵉ partie, ch. 6. Comme je n'aurai à citer que la première partie de cet ouvrage, je m'abstiendrai d'en répéter l'indication désormais.

5. Par exemple, la recommandation de ne pas les laisser ouverts en quittant sa cellule. — 6. Mabillon, *l. c.*

Cependant les solitaires d'alors n'avaient nullement pour objet de cultiver leur esprit par ces études que recommandèrent dans la suite les fondateurs de plusieurs Ordres : uniquement occupés de leur sanctification propre, et rarement élevés à la prêtrise, ils pouvaient passer leur vie dans une simplicité pieuse, où la prière et le travail des mains remplissaient leurs journées et leur vie [1]. Mais l'application à la vie chrétienne, toute restreinte qu'on la suppose, et le soin de se perfectionner soi-même, pour exclusif qu'il fût, ne pouvait être séparé de la lecture des livres saints, et des modèles laissés par les premiers héros du Christianisme [2]. L'étude des maîtres de la perfection, des saints Pères, s'y joignait naturellement ; et l'on voit qu'à réduire ces bibliothèques au pur nécessaire, on n'en a pas moins un résultat vraiment sérieux, ne fût-ce que pour la quantité. Si vous faites réflexion, en outre, que, malgré cet état de choses ordinaire, il s'en fallait bien que tous les moines de ce temps fissent profession d'ignorance [3], vous imagineriez aisément que les écrits rassemblés par les cénobites d'alors pouvaient se recommander par quelque autre titre encore que par celui du nombre.

Quant aux églises et au clergé séculier, dont il a été dit un mot précédemment (p. 48, svv.), certaines circonstances y nécessitaient et y facilitèrent la formation des bibliothèques. C'était par exemple la réunion des prêtres de la cathédrale en une même communauté sous la conduite de l'évêque [4] ; mais surtout les écoles, ordinairement dépendantes des

1. Grand nombre des premiers moines d'Orient étaient des hommes simples et sans lettres, dont la rudesse et le fanatisme parfois ne fait rien du tout à la profession monastique en elle-même. Mais quant à l'emploi que Heeren, entre autres (*op. c.*, l. I, 31) fait de son érudition pour montrer, par le témoignage de Libanius (*pro templis*), que ces moines étaient des oisifs de profession et des emportés, c'est ce qui approche du comique, ou plutôt c'est ce qui le dépasse. Comment donc? Est-ce que les recherches des Bénédictins de Saint-Maur, par exemple, et les plus grossières déclamations des Protestants contre l'état monastique n'ont pas été contemporaines ? Plaisante manière d'écrire l'histoire, que de puiser ses titres dans les plus décidés calomniateurs! Mais c'est une loi de notre nature et un arrêt de la Providence, que les hommes les plus savants et les plus distingués du reste, deviennent comme par enchantement les hommes les plus communs et les plus petits, quand ils tombent sous l'empire des préjugés ; et surtout des préjugés anti-chrétiens.

2. Saint Augustin raconte que des courtisans entrant près de Trèves, chez des solitaires, y rencontrèrent la vie de saint Antoine (*Conf.*, l. VIII, cap. VI). Je parlerai plus au long (§ XI) de cette espèce d'exigence de la profession religieuse. Ce qui pourrait faire soupçonner tout d'abord que les cénobites d'Orient n'étaient pas habituellement des hommes grossiers, c'est que dans l'énumération de ce qu'ils avaient chaque jour sous la main, des livres ou des instruments pour écrire sont les premiers objets qui se présentent à l'esprit de Cassien leur imitateur (Cassian., *De instit. renunt.*, lib. IV, c. 13) : « ... Ne verbo quidem audeat quis dicere aliquid suum ; magnumque sit crimen ex ore monachi processisse *codicem meum, tabulas meas, graphium meum, tunicam meam,* etc. » Nous retrouvons encore la trace de ces antiques usages monastiques vers la fin du XIIIᵉ siècle. Arsène, patriarche de Constantinople, étant déposé par l'empereur Michel Paléologue (vieil usage byzantin qui persiste encore à Stamboul), prend congé de ses clercs en leur disant (G. Pachymère, lib. IV, c. 7) : « J'emporte du palais patriarcal ce que j'y avais apporté ; mon vêtement..., et trois pièces d'argent que j'ai gagnées à transcrire un psautier, suivant la règle monastique. »

3. Outre qu'on vit plus d'une fois des hommes illustres et habiles embrasser, comme saint Arsène par exemple, la vie cénobitique, l'histoire littéraire a conservé le nom et les travaux de plusieurs solitaires : ainsi Anianus ou Annianus, moine d'Égypte, imagina, vers la fin du IVᵉ siècle ou au commencement du Vᵉ, un cycle semblable à celui qui prit depuis le nom de Victor d'Aquitaine. Ce semble être celui que les Arméniens appellent Enanos, et dont la chronographie aujourd'hui perdue est souvent citée jusqu'au XIIIᵉ siècle. Cf. Ideler, *Handbuch d. Chronologie,* t. II, p. 451, 453 et 278. — Syncelle, *Chron.*, p. 35. Pour ce qui est des sciences plus spécialement ecclésiastiques, il peut suffire en ce moment de rappeler Isidore de Péluse, et avant lui les deux Macaires contemporains de saint Antoine. D'ailleurs, bien que la cléricature ne fût point nécessairement unie à l'état monastique, il est certain qu'un grand nombre d'évêques distingués furent dès lors choisis parmi les moines. Cf. *Fulgentii vit.*, cap. XIV. — Mabillon, *op. c.*, cap. XV, XVI (fin du XIᵉ) ; et II, III-V.

4. Les communautés de chanoines ou de clercs vivant en commun dans l'Église latine (monastères épiscopaux) remontent pour le moins au IVᵉ siècle. On les trouve sous saint Eusèbe de Verceil (368-370), sous saint Martin de Tours (371-400) ; et à Hippone, sous saint Augustin. Au moyen âge, leur organisation fut réglée par Chrodegand, évêque de Metz (760-769), mais cette institution ne paraît pas avoir jamais cessé entièrement, depuis les exemples donnés par le IVᵉ siècle (Cf. Lingard, *Antiquit. of the anglo-saxon Church..* ch. 2 ; et *passim*). Ruhkopf ainsi que Heeren conviennent que la désuétude de la vie commune parmi les chanoines, vers le XIᵉ siècle, eut une influence extrêmement fâcheuse pour les études. Cf. Nardi, *De' Parrochi, passim.* — Thomassin. — Binterim. — Ferraris. — Durr, etc.

églises[1] non-seulement épiscopales, mais d'un ordre inférieur. Il serait hors de propos de s'étendre ici sur l'origine ancienne et l'universalité de ces deux institutions, qu'il suffise de les avoir rappelées avec une indication sommaire des monuments qui nous les attestent.

Mais ce qui aurait pu n'être d'abord que le moyen d'une pieuse occupation, fut une nécessité lorsqu'après l'invasion des barbares, les églises et les cloîtres se trouvèrent devenus le seul refuge des ouvrages de l'antiquité sacrée ou profane. En outre on sait qu'à la manière romaine, les cloîtres voulaient avoir dans leur enceinte tout ce qui était nécessaire ou même simplement utile à la consommation quotidienne. Nos villageois, il y a cinquante et quelques années, conservaient encore cette coutume pour ce qui pouvait être absolument exécutable dans un petit ménage sans recourir à aucun industriel intermédiaire ; sauf meunier ou boucher. Jadis, la meule même était un meuble domestique.

Le grand Cassiodore (VI° siècle), malgré tous les soins qu'il se donnait pour civiliser les conquérants de l'Italie, avait bien compris que là seulement était la semence d'une vie nouvelle pour la société ; et, tout en intéressant les princes goths pour les restes de la civilisation romaine, c'était à des solitaires qu'il remettait le dépôt de la science mourante[2]. C'était aussi à préparer minutieusement dans l'ombre et le silence des monastères, ces *démiurges* du monde moderne, qu'il consacrait les derniers efforts d'une main accoutumée au gouvernail de l'État, et d'une activité que n'avait pu décourager la chute de l'Empire. En même temps, les évêques travaillaient au même but par des moyens tout semblables[3] ; l'unique testament de saint Augustin (430) fut de recommander à ses prêtres le soin des livres qu'il leur avait rassemblés à Hippone[4] ; et saint Grégoire le Grand ne croyait pas dérober à l'Église des moments trop précieux, ni compromettre en rien la dignité du vicaire de Jésus-Christ, en s'entremettant auprès d'un officier public[5] pour faire restituer à un monastère des livres qui en avaient été détournés (598). Aussi voit-on les missionnaires envoyés par cet homme de Dieu dans la Grande-Bretagne, porter aux Anglais le flambeau de la science en même temps que celui de l'Évangile. D'anciens documents donnent le détail des ouvrages que l'Angleterre tenait de ses Apôtres, y compris saint Théodore de Cantorbéry qui fut envoyé au VII° siècle[6] ; et ceux qui ne savent pas, ou ne veulent pas croire que le Christianisme marche toujours accompagné des lumières même profanes, ne verront point peut-être sans quelque surprise que l'un de ces livres fût Homère[7] dont le manuscrit était d'une beauté remarquable[8].

1. L'histoire des écoles ecclésiastiques, et des écoles cléricales surtout, n'a pas été traitée, que je sache, d'une manière complète ; quoiqu'il existe des ouvrages utiles sur ce sujet. Cf. Thomassin, Launoy, Joly, Rubkopf, Meiners, Savigny, Theiner, Nardi, Thiersch, Del Giovanni, Masdeu, Binterim, etc., *passim*. Mieux vaut indiquer cette question importante, que de la traiter superficiellement. On s'en est occupé d'une manière utile depuis quelque douze ans, et je crois que le gouvernement *libéral* de Louis-Philippe n'y aura pas nui par l'étroitesse opiniâtre avec laquelle il poursuivit de son mieux les moindres traces d'institutions ecclésiastiques dans l'enseignement ; peut-être pour qu'on entendît bien que libéral et catholique ne marchent pas ensemble. *Salutem ex inimicis nostris.*

2. Cassiodor., *de musica*, dernières lignes. — *De institut. divin. scripturarum, præf.*—*Præf.* ad libr. *de orthograph.*; etc.

3. Cf. *vit. Fulgentii*, c. VIII, XIV, XIX, XX, XXVII.

4. Possid., *Vit. S. Augustini*, lib. VIII, cap. XI (*Opp.*, t. XI, col. 491). Saint Benoît Biscop, mourant, insistait sur deux avis solennels : conservation de la régularité monastique, et soins vigilants pour la bibliothèque. Cf. Bed., *Vita BB. abbat. wiremuth.* (*Opp.*, ed. Giles, t. IV, p. 378).

5. Gregor. Magn., *Ep.* x, 14 (ed. venet., 1768-76, in-4°), alias 15.

6. Dans une miniature anglo-saxonne, que je reproduirai ci-dessous (§ XXIV) et qui passe pour être due à saint Dunstan lui-même, je pense que les deux petits personnages prosternés aux pieds de saint Grégoire le Grand sont saint Augustin de Cantorbéry (portant le pallium) comme fondateur du siége primatial ; et Dunstan lui-même, qui par humilité ne se serait donné que le costume de simple moine.

7. Lingard, *Antiquities*, ch. x. — Godwin. *De præsul. Angliæ* (1743), page 41.

8. On peut déjà présumer par ce trait et par plusieurs autres qui se rencontreront dans cet article, que les bibliothèques ecclésiastiques ne renfermaient pas seulement des livres de liturgie ou de dévotion. (Cf. *supra*, p. 48.) Une autre partie de ce travail doit être exclusivement consacrée

X.

éritiers de l'esprit qui avait animé ces propagateurs de la foi, leurs disciples continuèrent à suivre la voie frayée par eux. Saint Benoît Biscop (vers 674), qui avait été sur le continent étudier au sein des anciens cloîtres le véritable esprit monastique [1], fonda en son abbaye de Weremouth une sorte d'établissement modèle pour la civilisation de sa patrie, dans les arts et dans les sciences [2] aussi bien que dans la piété. Ces mêmes vues lui firent entreprendre cinq voyages outre-mer, avec des recherches infatigables, afin de former à son monastère une bibliothèque énorme pour ces temps-là, dont il s'occupait avec une sollicitude touchante sur son lit de mort; rendant ses disciples responsables devant Dieu des pertes qu'elle pourrait éprouver par leur négligence [3]. Ceolfrid, successeur de saint Benoît Biscop dans le gouvernement des abbayes de Jarrow (ou Gyrve) et de Weremouth, prit encore à tâche d'augmenter la bibliothèque commencée par ce saint qui avait été son maître, et dont il avait partagé les voyages et les recherches sur le continent [4]. Alcuin nous montre dans son maître Ecbert [5] le même zèle des expéditions scientifiques et des recherches littéraires [6] :

> « Non semel externas peregrino tramite terras
> Jam peragravit ovans, sophiæ ductus amore;
> Si quid forte novi *librorum* aut studiorum
> Quod secum ferret, terris reperiret in illis. »

Aussi l'espèce de catalogue en vers de la bibliothèque d'York qui lui est attribué, annonce-t-il une collection assurément extraordinaire pour le viiie siècle [7]. Le même Alcuin,

à ce point; il ne s'en trouvera d'exemples ici, que ceux qui se présenteront d'eux-mêmes.

1. Lingard, *op. c.*, ch. iv.
2. Cf. *Biogr. univ.*, art. Benoît (Bennet) Biscop.
3. Lingard, ch. x.— Mabillon, *op. c.* vi; et *Ann. Bened.*, t. I. — Heeren, *Geschichte der class. Litteratur im Mittelalter*, I, 65.— Bède, parlant de son quatrième voyage : « Eum « *innumerabilem* librorum omnis generis copiam apportasse. » Cf. Bed. *Homil.*, xxv (ed. Giles, t. V, p. 184). — It. *Vit. abbat. Wiremuth.* (*ibid.*, t. IV, p. 378).

Cette espèce de testament du saint religieux était entièrement conforme aux recommandations laissées par saint Augustin à ses disciples; et même esprit se retrouve aux diverses époques du moyen âge. Hariulf (*Chronic. centul.*, ap. d'Achery, *Spicileg.*, t. IV), moine de Saint-Riquier, terminant (1088) la chronique de son monastère dans laquelle il avait inséré le catalogue de la bibliothèque, adresse cette prière aux religieux à venir: « Obsecro omnes qui in hoc « sancto loco militaturi sunt, imo per virtutem Dei et sa- « pientiam, Christum, obtestor ut hæc in quibus congre- « gandis desudavimus, diligenter ipsi custodiant, et ea « qualicumque modo perire non permittant. »

4. D. Ceillier, t. XVII, ch. xliii. N° 10.
5. Ecbert, frère d'un roi saxon, avait été élevé par le vénérable Bède, et devint archevêque d'York.
6. Alcuin(?) *De Pontif. eborac.*, v. 1453, sq.
7. Voici ces vers attribués à Alcuin, qui pouvait parler de cette bibliothèque, pour en avoir été le gardien (mais Lanigan doute que ce soit de lui) :

> « Illic invenies veterum vestigia patrum;
> « Quidquid habet pro se latio Romanus in orbe,
> « *Græcia* vel quidquid transmisit clara Latinis;
> « *Hebraicus* vel quod populus bibit imbre superno,
> « Africa lucifluo vel quidquid lumine sparsit.
> « Quod pater *Hieronymus*, quod sensit *Hilarius*, atque
> « *Ambrosius* præsul, simul *Augustinus*, et ipse

écrivant aux moines de Jarrow [1], pour les exciter à ne point dégénérer de la science et de la vertu qui avaient distingué leurs prédécesseurs, leur rappelle surtout la bibliothèque formée par ces pieux cénobites, comme un éclatant témoignage de ce qu'avaient été leurs études.

Il ne faut donc point s'étonner si, un siècle et demi seulement après la conversion de l'Angleterre, cette île fut le foyer auquel recourut surtout Charlemagne [2], pour rallumer dans ses provinces le flambeau des sciences qui menaçait de s'y éteindre. C'était vers l'Angleterre encore que se tournaient parfois les regards de l'abbé de Ferrières (Servatus Lupus, IX° siècle), ce zélateur des lettres; et, pour être plus à portée d'en recevoir les livres qu'il y demandait [3], il se servait de son prieuré de Saint-Josse-sur-mer comme d'un entrepôt. Dans une de ses demandes, il emploie, pour réussir auprès de l'abbé d'York (Altsig), des expressions qui montrent combien il avait à cœur d'être exaucé. Il s'agissait, entre autres ouvrages, de ceux de Quintilien qu'il n'avait pu réussir à compléter jusque-là; et, craignant peut-être que les hasards du trajet ne fissent balancer le moine saxon, il finit sa lettre en ces termes : « Quod « si omnes non potueritis, at aliquos ne gravemini destinare; recepturi a Deo præmium « impletæ caritatis; a nobis autem quamcumque possibilem, duntaxat cesseritis, vicem « tanti laboris. Valete, nosque mox ut se opportunitas obtulerit, exoptabili responso lætifi- « cate. »

Les recherches empressées des moines anglais tournèrent, il est vrai, au détriment des lettres, comme l'a fait remarquer Heeren [4]; parce que les manuscrits rassemblés de tout le continent semblèrent n'avoir été portés dans leur île que pour préparer à la barbarie danoise une satisfaction semblable au plaisir que souhaitait Caligula, quand il eût voulu trancher d'un seul coup le fil de toutes les vies [5]. Mais, outre qu'une pareille prévision

---

« Sanctus *Athanasius*; quod *Orosius* edit avitus (Avitus?),
« Quidquid *Gregorius* summus docet, et *Leo* papa;
« *Basilius* quidquid, *Fulgentius* atque coruscant.
« *Cassiodorus* item, *Chrysostomus* atque *Johannes*;
« Quidquid et *Althelmus* docuit, quid *Beda* magister,
« Quæ *Victorinus* scripsere, *Boethius*, atque
« Historici veteres, *Pompeius*, *Plinius*, ipse
« Acer *Aristoteles*, rhetor quoque *Tullius* ingens :
« Quid quoque *Sedulius*, vel quid canit ipse *Juvencus*,
« *Alcuinus* (ou *Alcimus*. Cf. Froben, *ad h. loc.*) et *Clemens*,
[*Prosper*, *Paulinus*, *Arator*,
« Quid *Fortunatus*, vel quid *Lactantius* edunt,
« Quæ *Maro Virgilius*, *Statius*, *Lucanus*, et auctor
« Artis grammaticæ, vel quid scripsere magistri :
« Quid *Probus*, atque *Phocas*, *Donatus*, *Priscianusve*,
« *Servius*, *Euticius*, *Pompeius*, *Comminianus*.
« Invenies *alios perplures*, lector, ibidem
« Egregios studiis, arte et sermone magistros
« Plurima qui claro scripsere volumina sensu :
« Nomina sed quorum præsenti in carmine scribi
« Longius est visum quam plectri postulet usus. »
De Pontif. et sanctis eborac. Eccles., v. 1535, sqq.

Cf. Lanigan (*Church history of Ireland*), ch. xvii, not. 105. On peut trouver une indication sur les lectures de Théodulfe (IX° siècle) dans les publications du P. Sirmond (*Opp.*), Venise; t. II, p. 811-814).

1. Alcuin. *ep.* 13 (edit. Froben).
2. Alcuin (ed. Froben), *ep.* 38.
3. Lupus Ferrar., *Ep.* 62, 14.
4. *Op. c.*

5. Les soudards employés par la guerre de trente ans, et qui n'y allaient point de main morte, n'ont pourtant pas laissé que de sauver plusieurs livres précieux devenus trophées aux mains du vainqueur. Mais qu'importait une bibliothèque aux enragés Norrains du VIII° siècle, du IX° et du X°! Or, voici d'après M. Leicester Ambrose Buckingham (*The bible in the middle age*, 1853; p. 279), une notice des principaux monastères détruits dans la Grande-Bretagne par les Danois; et il y en aurait d'autres pour l'Irlande.

BERKSHIRE . . . . . Abingdon, Cholsey.
CAMBRIDGESHIRE . . Ely, Horningsey, Soham.
CUMBERLAND . . . . St-Bees, Carliol.
DERBYSHIRE . . . . Repingdon.
DEVONSHIRE . . . . Exeter.
DORSETSHIRE. . . . Cern, Warham, Winburn.
DURHAM . . . . . . Ebbchester, Wearmouth.
ESSEX . . . . . . Chich (Chick?).
GLOUCESTERSHIRE . Boxwell, Derehurste, Gloucester.
HAMPSHIRE. . . . . Winchester.
HEREFORDSHIRE . . Leominster.
HUNTINGDONSHIRE . St-Neots.
KENT . . . . Folkestone, Shepey, Thanet.
LINCOLNSHIRE . . . Bardney, Ikanhoe, Croyland.
MIDDLESEX. . . . . Westminster.
NORFOLK. . . . . . East Dereham.
NORTHAMPTONSHIRE. Bucclesworth, Bredon, Wermundsey, Repingas (?), Dormundccastre, Poykirk.
NORTHUMBERLAND . Hexham, Tinmouth.

n'avait guère part aux pensées de ces hommes si occupés d'avenir surnaturel, ils ne s'abîmèrent qu'après nous avoir arrachés nous-mêmes au naufrage ; et l'Angleterre de saint Augustin, puis de Bède, mit à couvert les germes de civilisation recueillis par elle, en nous donnant Alcuin et saint Boniface. Car je ne parle point de Columbkill et des moines irlandais, autre jet de la séve chrétienne, qui partout eût réalisé les mêmes prodiges, si partout elle eût trouvé le champ libre. Mais je n'ai sur cette partie de mon sujet que des notions trop imparfaites, quoique M. le comte de Montalembert s'en soit occupé depuis avec amour ; et il peut suffire, ce semble, pour en juger avantageusement, de voir ce que furent à Bobbio, à Luxeuil, à Mehrerau et à Saint-Gall (entre autres) les disciples formés par Columban, cet enfant de l'île des saints[1]. Lorsque Poggio Bracciolini découvrit à Saint-Gall le Quintilien sur lequel s'escrimèrent les humanistes d'Italie, cela fut pris par les contemporains laïques pour une énorme trouvaille. On a pu s'apercevoir, depuis lors, que Fleury-sur-Loire, Le Bec et autres abbayes ou chapitres, en avaient aussi des exemplaires qui dataient au moins du dixième siècle.

XI.

uantité de détails, qui pourraient être rapportés ici, trouveront place plus naturellement dans la suite de ces recherches : quelques traits suffisent actuellement, d'autant que (et il importe de le remarquer) ce zèle dont nous trouvons tant d'exemples ne saurait être regardé comme le goût particulier de quelques prélats ou abbés qui se distinguassent ainsi de la foule. Il appartenait aux principes mêmes qui devaient les mouvoir, et loin que la conduite de ceux-ci puisse être prise pour une exception, c'était l'indifférence et l'incurie qui dérogeaient : en sorte que cette insouciance ne pouvait avoir lieu sans qu'on eût oublié les modèles, les leçons et l'esprit qui devaient servir de guide. Un siége épiscopal ne se fondait point sans qu'auprès de cette chaire évangélique ne fût jetée en même temps la semence d'une institution scientifique et littéraire.

Saint Anschaire (IX⁰ siècle) déposait à Hambourg un noyau de bibliothèque[2] fourni par les moines de Corvey[3], en même temps qu'il y élevait sa cathédrale ; ces deux établissements furent l'un et l'autre détruits par les Norrains. Quand l'empereur Henri II fonde la cathédrale de Bamberg (XI⁰ siècle) il prend soin d'y commencer une bibliothèque également[4]. Une des plus anciennes et des plus riches de l'Allemagne rhénane était celle

OXFORDSHIRE. . . . Oxford.
SHROPSHIRE . . . . Wenlock.
SOMERSETSHIRE. . . Bath, Froome.
STAFFORDSHIRE. . . Hehanburghe, Stone.
SURREY . . . . . . Chertsey.
WARWICKSHIRE . . Coventry, Warwick. .
WILTSHIRE. . . . . Ambrosebury.
YORKSHIRE. . . . . Beverley, Gilling, Lastingham, Whitby.

L'auteur ajoute (p. 280) diverses abbayes ruinées par la conquête normande, ou antérieurement à la descente de Guillaume I⁰ʳ. Mais ce n'étaient déjà plus tout-à-fait des fureurs de pirates païens tuant et brûlant par récréation sauvage.

1. On sait que l'Irlande, aînée de l'Angleterre dans la foi, était dès le VI⁰ siècle (moins de cent ans après sa conversion) renommée pour ses écoles monastiques et épiscopales. — Cf. Ware, *De scriptoribus Hiberniæ*, l. 1, c. 14, et l. II, c. 2. — Thom. Moore, *Histoire de l'Irlande*, t. 1⁰ʳ. — Rehm, *Handbuch d. Gesch. d. Mittelalters*, t. I, p. 346. — Conring, *Antiquitat. academ. supplem.*, 31.
2. Mabillon, *Annal. Bened.*, t. VI.— *Vita Anscharii*, c. 6., ap. Klemm, *Zur Geschichte der Sammlungen für Wissenchaft und Kunst, in Deutschland*. 2⁰ édit. (Zerbst, 1838).
3. Corwey, Corbei (*Corbeia ad Visurgim*, ou *Saxonica*), la nouvelle Corbie.
4. Klemm, *op. c.*

de Cologne, fondée surtout par les soins de l'archevêque Hildebald[1] au VIIIe siècle. Lorsque l'église métropolitaine de Milan fut la proie des flammes en 1075, on eut à y déplorer entre autres désastres la perte de la bibliothèque[2] ; et nous avons encore le catalogue des livres que possédait, en 1135, la cathédrale de Trévise[3]. L'incendie des bibliothèques épiscopales de Paderborn en 1006, et d'Hildesheim en 1013, fut d'autant plus fâcheux que ces églises avaient eu des écoles et des évêques célèbres par leur zèle pour les lettres[4].

Quant aux monastères, celui qui n'aurait pas possédé une bibliothèque, eût été une espèce de monstruosité dont ces *temps d'ignorance* avaient à peine l'idée. Baldric de Bourgueil (XIe siècle), invitant Godefroi de Loudun à prendre l'habit monastique, lui représente[5] qu'il y pourrait satisfaire amplement son goût pour l'étude par la quantité de livres qu'il aurait à sa disposition. Un abbé de Beaugency, au XIIe siècle, s'exprimant d'une manière générale à ce sujet[6], pense qu'un arsenal n'est pas plus nécessaire à des gens de guerre, que ne l'est à des religieux une bibliothèque. Expression qui paraît avoir été comme proverbiale parmi les moines d'alors, car les écrivains semblent y faire allusion plus d'une fois à de grandes distances de temps et de lieu. Ainsi, dans la vie de saint Bernward, évêque d'Hildesheim[7], l'historien déplore en ces termes les ravages d'un incendie qui avait dévoré les livres rassemblés par les soins du saint prélat : « Perpetuo est lugendum quod « inexplicabilis librorum copia ibi periit, nosque *spiritualium armorum* inermes reliquit. » C'était l'esprit des Pères de l'Église et des maîtres de la vie monastique ; Évagre (ou Rufin), dès le IVe siècle, rapportait d'eux cette maxime[8] : « Conversationem monachi custodit « scientia ; qui autem ab ea discedit, incidit in latrones. » Saint Jérôme[9] faisait la même recommandation aux solitaires : « Ama scientias scripturarum et vitia carnis facile supe- « rabis. » Les mêmes maximes se retrouvent d'âge en âge dans les écrivains qui ont traité des obligations de la profession religieuse ; depuis les Pères du désert jusqu'à ce prieur de la chartreuse de Pruel (près de Ratisbone), qui, rédigeant (à la fin du XVIe ou au commencement du XVIIe siècle) pour ses frères un manuel de leurs devoirs, formule ainsi la même prescription[10] : « Honesta litterarum studia nunquam deponas. Obmutescit enim animus, « indeque studium pietatis languescit. Intellectu enim male feriato, voluntas sane quid « appetet ? » Et il ajoute en développant cet axiome : « Docemur mentem erudire, ne

---

1. Cf. Hartzheim, *Catalogus historicus criticus codicum mscr. bibliothecæ metropolitanæ Coloniensis* (Cologne, 1752, in-4°). — Gercken, *Reisen durch Schwaben*, etc., t. III, ap. Klemm, op. c.
2. Tiraboschi, *Storia della letteratura italiana*, l. IV, c. 1. J'avouerai toutefois que je n'ai pas trouvé un mot dans *Arnulphus*, qu'il donne comme l'un de ses garants. Quant aux autres citations qu'il indique, je n'ai pas pu les vérifier. Sur l'ancienne bibliothèque Ambrosienne, voir Sassi, *Prodromus ad histor. typographico-litterariam mediolanensem*; De studiis et novis..., cap. 2.
3. Cf. Tiraboschi, *l. c.* — Blume, *It. italic.*, t. I, p. 198.
4. *Chronic. Staindelii.* — Heeren, op. c., II, 9, 25.
5. *Ann. Bened.*, t. IV, p. 117; op. Lebeuf, *Dissertations sur l'histoire de Paris*, t. II.
6. Dans la correspondance du chanoine Gaufrid ou Geoffroi. *Ep.* 18, *ap.* Martène, *Thesaurus anecdot.*, t. I, col. 511. « Claustrum sine armario (*bibliothèque*) quasi cas- « trum sine armamentario, etc. »
7. *Tancmarus*, ap. Heeren, op. c., II, 9. — Cf. *Script.*

rerum Brunswic., t. I.
8. Evagrii *Codex regularum*, ap. Mabillon, *Études monastiques*, c. VIII. Cf. Holsten. *Cod. regul. monast.* — Nigroni, *In regul. S. J.* (Index, v° *libri*).
9. Hieronym. *Ep. ad Rusticum*.
10. Matthias Mittner, *Enchiridion cartusianorum; Aphor.* 49; *ap.* D. Pez, *Bibliothec. ascetic.*, t. V. Cette collection, trop peu connue, renferme des opuscules extrêmement curieux, à mon avis, quoique peu propres à intéresser maint lecteur actuel à cause de leur tendance ascétique. Mais, tandis qu'on exhume à grand bruit de tristes rapsodies du moyen âge, j'admire qu'un homme sérieux n'ait point signalé ce recueil comme *Mémoires de la vie intime chez nos pères* ; sujet qui mérite bien quelque intérêt aussi. Je me contenterai d'y faire remarquer un petit traité de Nicolas de Strasbourg (XVe siècle), qui a plus de rapport à mon sujet. Il y indique la manière de sanctifier les études de mathématiques, d'astronomie, de littérature, etc. ; t. III, particulièrement c. XI. Combien d'autres indications ne pourrais-je pas joindre à tout ceci !

« otio aut sensualitatibus oppressa obtundatur. Ignorantia ubique multorum malorum est
« mater. »

De fait, le sort des livres fut communément le même que celui de la règle ; l'assiduité à la lecture et l'ardeur pour le travail, même de l'esprit, y marchèrent toujours de pair avec la ferveur de la discipline religieuse : faiblissant, s'éteignant et se rallumant avec elle, comme par une société naturelle et inséparable. Dante, ce grand peintre d'histoire, l'avait bien saisi ; et dans ses magnifiques chants du Paradis, si peu appréciés du vulgaire des amateurs, il trace en quelques mots avec sa large manière la décadence des études jointe à celle de la régularité [1].

« ..... E la regola mia
Rimasa è giù per danno de le carte. »

Ne soyez donc point surpris si les règles monastiques descendent parfois jusqu'à une sorte de minutie sur le soin qu'il faut prendre de la bibliothèque. Le coutumier de Cîteaux, réglant l'ordre à suivre pour le temps de la lecture, s'exprime ainsi [2] : « Quod si quis necesse ha-
« buerit divertere alicubi, librum suum in armario reponat; aut si
« in sede sua eum dimittere voluerit, faciat signum fratri juxta se-
« denti, ut illum custodiat. » La règle de saint Isidore [3] voulait que les livres fussent rendus tous les soirs : « Omnes codices custos sacrarii [4]
« habeat deputatos, a quo singulos singuli fratres accipient; quos pru-
« denter lectos vel habitos, semper post vesperam reddent. Prima autem hora codices sin-
« gulis diebus petantur, etc. » Celle des Chartreux (*Statuta Guigonis*) au sujet de l'ameublement de chaque cellule : « Adhuc etiam libros ad legendum de armario accipit duos, quibus
« omnem diligentiam curamque adhibere jubetur, ne fumo, ne pulvere, vel alia qualibet
« sorde maculentur ; *libros quippe tamquam animarum nostrarum cibum cautissime custodiri, et
« studiosissime volumus fieri* [5], etc. » Paroles qui rappellent la manière dont Hariulph termine son catalogue des livres de saint Riquier [6] au XIe siècle. « ...... Omnes igitur codices in
« commune faciunt numerum CCL et VI. Ita videlicet ut non numerentur libri sigillatim, sed
« codices, quia in uno codice diversi libri multoties..... habentur ; quos si numerare-
« mus, quingentorum copiam superarent. *Hæ ergo divitiæ claustrales, hæ sunt opulentiæ
« cælestis vitæ, dulcedine animam saginantes ; per quas in Centulensibus* [7] *impleta est salubris illa
« sententia : Ama scientiam scripturarum, et vitia non amabis* [8]. »

---

1. Dante, *Paradiso*; XXII, 74.
Si M. Blume eût fait attention au sens profond de ces vers qu'il cite, sans en remarquer la portée, il se serait épargné peut-être la peine de chercher une correction au texte suivant d'Ambroise le Camaldule (*Hodœporic.* ap. Blume, *It. ital.*, t. II, p. 191) : « Vidimus (*in monasterio
« Cryptæ ferratæ*) ruinas ingentes parietum et morum
« (M. Blume propose bien inutilement *murorum*), libros-
« que ferme putres atque conscissos. Etc. »

2. Ap. Martène, *Antiqui monachorum ritus*, l. I, c. VII, n° 10.

3. Ap. Martène, *l. c.*

4. On verra plus tard (§ XIV) pourquoi le bibliothécaire est désigné par les expressions : *armarius, custos sacrarii*;
c'est-à-dire, chargé du trésor de l'Église, ou de la sacristie. Il devait surtout veiller aux livres liturgiques.

5. Ap. Martène, *l. c.* Règlement du monastère de Muri, p. 32. « Libros oportet semper describere, et augere, et me-
« liorare, et ornare ; quia vita omnium spiritualium homi-
« num sine istis nihil est. » Cf. Du Cange, v° *Scribere*.

6. *Spicilegium* de d'Achery (éd. in-4°), t. IV.

7. Il est bon de se rappeler que Centula était le nom de l'abbaye avant que le souvenir du saint patron eût pris le dessus dans l'usage vulgaire.

8. On voit par ces derniers mots que les moines du moyen âge avaient pris pour eux l'avis donné par saint Jérôme aux solitaires de son temps ; et que la tradition s'en conservait toute vivante.

es vicissitudes des bibliothèques monastiques, liées à celles de l'esprit religieux, nous sont attestées par l'histoire, bien que les chroniqueurs n'en aient point fait ordinairement la remarque expresse. Mais Trithème, bon juge en cette matière, ne manque pas de le faire observer[1] : « Mortuo Willichone... non fuit qui monasticæ ins-
« titutionis integritatem curaret, cœperuntque monachi post divi-
« sionem generalem, *quilibet etiam pro se habere peculium*..... Biblio-
« thecam a principio fundationis monasterii satis locupletem va-
« riisque voluminibus refertam, turpiter destruxerunt : vendentes
« pretiosa volumina pro vili pretio, ut suis comessationibus et voluptatibus satisfacere
« possent. » Ici c'est avec l'esprit de pauvreté[2] que se dissipe la collection des livres du monastère ; ailleurs c'est bien autre dégât, quand la règle est tout-à-fait bannie. C'est encore Trithème[3], parlant de l'abbaye d'Hirsauge (Hirschau) envahie par les séculiers (XIe siècle) : « Monasterium..., monachis vacuum, prostibulum meretricum factum est. In-
« terea si quid remansit quod Comes[4] et ceteri fures non rapuerunt, clerici... ita paula-
« tim consumentes in nihilum redegerunt, *ut nec libris, quorum ingens copia ibi collecta fue-
« rat per diligentiam veterum monachorum....., parcere potuissent*. Nam quum illo tempore,
« quando imprimendi libros scientia necdum fuit in usu, volumina cariore venderentur
« pretio, indocti nebulones pretiosissimum illum thesaurum bibliothecæ in paucis annis
« tam turpiter vendendo et consumendo distraxerunt, ut nec unum quidem codicem ali-
« cujus ponderis et pretii reliquissent. »

Donc, selon le pieux et savant Trithème, on pouvait en quelque sorte juger dans un monastère la vie religieuse de ceux qui l'habitaient par l'état de la bibliothèque, ou du moins par l'estime qu'on y faisait des livres. Pour lui, quand, après avoir quitté sa première abbaye, il énumère à ses anciens religieux les titres qu'il croit avoir à leur reconnaissance, il insiste principalement[5] sur l'augmentation de leur bibliothèque procurée par ses soins (fin du XVe siècle) : « Nemo vestrum invenit me otiosum, nemo vidit vel audivit... vagis
« discursibus vel spatiationibus... inutiliter occupatum... In testimonium studiorum nos-
« trorum *voco citoque bibliothecam illam solemnem* quam meis laboribus, studio et impensis
« comportavi, non sine vigilantia et fatigatione continua ; voluminum in omni varietate
« studiorum non modicam multitudinem congregans..., quorum numerus omnium duo
« millia excedit. »

---

1. Trithem., *Chron. spanhemense*, ad A. 1337.
2. Ce doit être chose singulière pour ceux qui, privés de foi, ne se font point l'idée de l'état religieux, de voir que les communautés les plus réglées aient communément allié la pratique d'une pauvreté étroite relativement aux aises de la vie, avec une sorte de profusion pour les livres. L'abbé Guibert, contemporain des premiers disciples de saint Bruno (XIe siècle), exprimait ainsi son admiration à ce sujet : « Quum in omnimoda paupertate se deprimant,
« ditissimam tamen bibliothecam coaggerant : quo enim
« minus panis hujus copia materialis exuberant, tanto
« magis illi qui non perit, sed in æternum permanet cibo
« operose insudant. » Guibertus, *De vita sua*, l. 1, c. x.
Le comte de Nevers, leur grand ami, se voit refusé quand il leur fait porter des vases d'argent ; et comprend bientôt qu'il leur sera beaucoup plus agréable en envoyant du parchemin ou des peaux de bœufs, soit pour la reliure des livres, soit pour les chaussures des religieux.
3. Trithem., *Chron. Hirsaug.*, ad A. 1002.
4. Un seigneur s'était d'abord emparé du monastère, comme il arriva si souvent à cette époque ; puis des ecclésiastiques séculiers y remplacèrent les moines expulsés par la violence et les mauvais traitements ; en sorte que l'abbaye devint le théâtre de désordres malheureusement trop fréquents durant ce siècle parmi le clergé.
5. Trithemii *Epist.*, l. II, *Ep.* 2. Sa lettre est datée de Würzbourg en 1506.
Le *Serapeum* (1842, p. 312-328) renferme un article de M. E. G. Vogel sur la bibliothèque de Sponheim. Il suffit, je crois, d'y renvoyer les curieux.

ans une autre lettre[1], il considère le sacrifice auquel il lui a fallu se résoudre en quittant, avec Sponheim, sa chère bibliothèque, comme la plus amère privation qu'il ait eu à subir pendant toute sa vie. Et ce n'était point une singularité : saint Nil le Jeune (x° siècle), en apprenant la dévastation de son monastère de Rossano, par les Sarrasins, fut si profondément affligé de la destruction de ses livres[2], qu'il se retira à Rome; fuyant les lieux où ce douloureux souvenir semblait devoir le poursuivre sans cesse. On voit en effet la première pensée des religieux se porter sur cet objet, lorsqu'un danger sérieux menaçait leurs monastères. En 883, dans un incendie qui fit perdre aux moines de Fleury tout ce qu'ils avaient de mobilier[3], ce fût à sauver les livres qu'ils s'attachèrent de préférence. Au x° siècle, l'abbé de Saint-Gall, fuyant devant les Magyars, voulut qu'avant tout on dérobât les livres aux dévastations de ces farouches conquérants[4], et les fit transporter dans les montagnes. Les Bénédictins du Mont Cassin, obligés, dès le premier siècle de leur existence (vers 580 ou 586), d'abandonner leur monastère à la fureur des Lombards, sauvent leurs livres[5], avec les monuments de leur règle. C'était là le trésor des abbayes; et saint Fulrad, abbé de Saint-Denis, n'en juge pas autrement, lorsque, dans la liste de ce qu'il laissait à sa mort (viii° siècle), il place les livres immédiatement après l'or et l'argent[6]. Nous verrons dans la suite de ce travail ce qu'il en coûtait de peines assidues pour former des collections comme celles des grandes bibliothèques monastiques, et chacun pourra mieux comprendre ce que leur perte pouvait entraîner de regrets.

---

1. Trithemii *Ep.*, l. II, 3. « Scio quidem non paucos « mirari quod abbatiam dimisi spanhemensem quam libris « et structuris effeci pulcherrimam, usque adeo ut in tota « Germania nunquam reperiatur bibliotheca in qua tot « habeantur in omni scientia Scripturarum nova simul « et antiqua volumina pretiosa atque rarissima; non solum « latina, sed hebraica quoque et græca, charactere scripta « vetustissimo. Nam, ut vidisti, *plus quam duo voluminum* « *millia ex diversis mundi regnis rara et antiquissima com-* « *portavi*, quæ omnia, cum ædificiis et rebus variis, amore « pacis dimisi. Si quis ex eorum amissione dolor animum « pulsare cœpisset, mortis mihi similitudinem formavi, « qua non solum oblivionem librorum, *sine quibus ali-* « *quando vivere non potui*, sed etiam contemptum, ut « dixerim ita, mihimetipsi persuasi. *Magno, fateor, biblio-* « *thecæ quondam tenebar amore, et cunctis mundi opibus* « *libros meos anteferebam* : sed postea quam rerum mu- « tationem perpendi adesse mearum, omnia quæ prius « amaveram stercoris æstimatione contempsi, animoque « imperavi meo nihil præter seipsum deinceps suum cre- « dere; et quæ in morte necessario esset relicturus, multo « magis vivens in carne discreet non amare, etc. » Je me suis étendu à dessein sur Trithème, parce qu'il appartient à un temps (fin du xv° siècle et commencement du xvi°) que l'on considère volontiers comme ayant été, sans contredit, l'âge de l'ignorance la plus épaisse pour les monastères.

Cf. Blume, *Iter Italicum*, t. I (Berlin 1824), Einleitung p. 14. Mais M. Blume, comme on peut le voir dans l'Encyclopédie d'Ersch et Gruber (V° *Handschrift*), est un ennemi déclaré de la bigoterie monastique; affirmant sans gêne que les dévastations des barbares sont loin d'avoir été aussi funestes aux manuscrits que la stupidité des moines. Et voilà comme on écrit l'histoire, même après avoir visité maintes bibliothèques! Il y a des gens que rien n'éclaire, tant leur parti est pris d'avance. Qui aurait cru que l'on puisse étudier les manuscrits avec une certaine application, sans y rencontrer le moyen âge. Étudier, voyager et compiler, sont bonne chose; mais réfléchir n'y gâterait rien.
2. Cf. Rodotà, *Del rito greco in Italia*, l. II, c. 6; n° 7.
3. *Acta SS. Benedictin. Sæc.* IV, Part. 2, p. 409; ap. Petit-Radel, *op. c.*, p. 80. La date pourrait bien n'être pas exacte; voyez l'opuscule intitulé : *Souvenirs historiques sur l'ancienne abbaye de Saint-Benoît-sur-Loire*, par L.-A. Marchand, Orléans, 1838, in-8°.
4. Bruschius, *Hist. Bohemic.*; ap. Petit-Radel, *op. c.*, p. 86. Cf. Ziegelbauer, t. I, p. 581.
5. Paul. Diacon., *De gestis Langobardorum*, lib. IV, c. 18; ap. Muratori, *Rer. Italic. script.*, t. I.
6. Aurum, argentum, *codices*, æramen..... delegavi. *Acta SS. Ben. Sæc.* III, P. 2, pag. 342. Voir le testament d'Authpert, abbé du Mont-Cassin, indiqué par Ziegelbauer, t. I, p. 456.

lus indépendants que les abbés, et pouvant disposer librement de leurs livres, de saints évêques voulaient en conserver auprès d'eux, même dans leurs voyages. Je n'en choisirai d'exemples que parmi ceux qui, ayant été religieux, ou du moins formés dans les cloîtres, y avaient puisé cet amour de l'étude ; l'historien de saint Burkhard, évêque de Würzbourg, racontant son abdication (vers 751), ajoute[1] : « Assumptis sex tantum ex omni « multitudine discipulorum suorum monachis, navim conscen- « dit[2], codices etiam quos vel ipse conscripserat, vel undecumque « conquisierat, secum deportari fecit. » Saint Boniface ne portait avec lui que des livres et des reliques[3] ; aussi le représente-t-on souvent avec un livre traversé d'un glaive, parce qu'il opposa aux coups de ses meurtriers un Évangile qu'il tenait à la main, lorsque les païens se jetèrent sur lui[4]. Saint Brunon, archevêque de Cologne (mort en 965), fils de Henri Ier l'Oiseleur, et qui avait reçu les leçons du savant Ratherius de Vérone, ancien moine de Lobes[5], faisait transporter des livres à sa suite, durant ses nombreux voyages, afin de n'en être jamais séparé ; et, comme on pourrait croire que c'étaient seulement des ouvrages de piété, il n'est pas inutile de faire remarquer, avec les historiens de sa vie, qu'il faisait volontiers sa lecture de Plaute et de Térence[6].

XII.

Je voudrais pouvoir indiquer ici, au moins sommairement, les bibliothèques les plus remarquables du moyen âge. Dans l'impossibilité de le faire d'une manière complète, je renverrai aux indications qui se trouveront disséminées çà et là parmi les articles suivants, et me contenterai d'en nommer pour le moment un certain nombre.

Celle de Fulde[7], dont les précieuses collections ont disparu comme par enchantement, remontait au temps des Carlovingiens, et possédait encore au XVIe siècle des manuscrits de 794[8].

Leland, bibliothécaire de Henri VIII, qui avait mis à profit pour son maître la dépouille des maisons religieuses, et autres témoins oculaires, rapportent[9] que l'on comptait dix-sept cents manuscrits à *Peterborough* ; que la *bibliothèque des moines gris*[10] (Cisterciens, je pense) *à Londres* avait 129 pieds de long sur 31 de large, et était très-bien fournie (*Well filled with*

---

1. Lecointe, *Annal. ecclesiastici Francorum*, t. v; ad A. 751, n° 58.
2. Il s'embarquait sur le Mein, pour se retirer à Hohenbourg.
3. Willebald, *In ej. vita.* — Cf. Schannat, *Vindemiæ litterariæ*, t. I.
4. Othlon, ib. — *Acta sanctorum* jun., t. I.
5. Les études florissaient à Lobes (ou Laube) au commencement du xe siècle.
6. D. Coillier, t. XI, c. XLV, n° 1 et 4; quoique M. Graesse (*Lehrbuch einer litteraergeschichte*...... 2e vol., Dresde, 1838) attribue aux docteurs du moyen âge la proscription de Térence. Mais nous aurons occasion d'en parler. Citons seulement cette fois le précieux Térence de la bibliothèque Riccardi (à Florence) provenant du couvent de Saint-Marc, ainsi que le constate l'inscription. Cf. Valery, *Voyages en Italie* (1838), l. X, c. 6.
7. Ebert, art. *Bibliothèques*; dans l'*Encycl.* d'Ersch et Gruber (en allemand).
8. Cf. Schannat, *Hist. Fuld.*
9. Alban Butler, *Vie des anciens Pères*, etc. Note à la vie de saint Augustin (26 mai), où il cite ses autorités. L'édition que j'ai sous les yeux est celle d'Édimbourg, 1798.
Voir aussi une lettre de Mercier Saint-Léger, dans le *Journal historique* de Feller, année 1790, t. III, p. 27-31. Cela se retrouve à peu près dans Cobbet, *Lettres sur la Réforme* (Paris, 1827); t. I, p. 137, sv.; lettre IV.
10. On disait, même en latin, *grisii abbates*. Cf. Martène, *Ampliss. Collect.*, t. V, p. 35. — Annal. Camaldulens., t. III, p. xviij.

books); qu'à *Wells*, la salle occupée par les livres avait vingt-cinq fenêtres de chaque côté. Selon Ingulf[1], dans un siècle appelé communément le siècle de fer ou de plomb (en 1091), on perdit sept cents volumes quand la bibliothèque de *Croyland* fut brûlée. Et cependant il semble qu'au XII° siècle, on en avait rassemblé de nouveau neuf cents autres[2]. En Piémont, l'abbaye de *la Novalèse*, s'il fallait s'en rapporter au témoignage d'un de ses moines[3], aurait possédé au X° siècle 6,666 volumes. Il est vrai que ces quatre 6 alignés ont quelque chose de bien symétrique qui pourra paraître tant soit peu suspect, surtout chez un chroniqueur connu par son emphase. Libre donc au lecteur de réduire ce chiffre, je ne m'y oppose point; déduction faite, il demeurera, je pense, un nombre encore passable. Mais, pour ne plus paraître adopter des exagérations de chroniques, contentons-nous de rappeler les abbayes de *Saint-Riquier* (plus de cinq cents volumes au XI° siècle), et de *Sponheim* (plus de deux mille volumes au XV° siècle), etc.; et passons en revue, sans autre détail, les bibliothèques dont la réputation est attestée par les documents[4]. Les voici en gros, et comme à première vue.

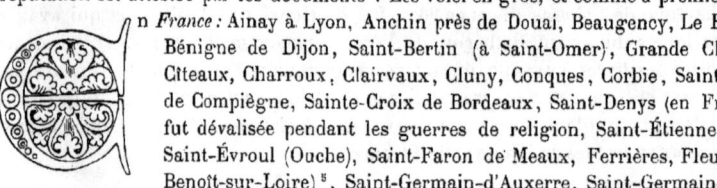

n *France :* Ainay à Lyon, Anchin près de Douai, Beaugency, Le Bec, Saint-Bénigne de Dijon, Saint-Bertin (à Saint-Omer), Grande Chartreuse, Cîteaux, Charroux, Clairvaux, Cluny, Conques, Corbie, Saint-Corneille de Compiègne, Sainte-Croix de Bordeaux, Saint-Denys (en France) qui fut dévalisée pendant les guerres de religion, Saint-Étienne de Caen, Saint-Évroul (Ouche), Saint-Faron de Meaux, Ferrières, Fleury (Saint-Benoît-sur-Loire)[5], Saint-Germain-d'Auxerre, Saint-Germain-des-Prés, à Paris, Saint-Germer-de-Flaix, Glanfeuil (Saint-Maur-sur-Loire), Saint-Guilhem-du-désert, Saint-Hilaire-le-Grand à Poitiers, Jumiéges, Lérins, Longpont, Lucelle (entre Suisse et Alsace), Saint-Lucien-lez-Beauvais, Luxeuil, Marmoutier (près de Tours), Saint-Martin-des-Champs (près Paris), Saint-Médard de Soissons, Metz, Montmajour d'Arles, Murbach en Alsace, Saint-Ouen de Rouen, Pontigny, Saint-Remi de Reims, Saint-Riquier, Saint-Savin, Savigny (en Lyonnais), Sénones, Sorèze, Saint-Vaast d'Arras, Saint-Vandrille (Fontenelle), Saint-Vanne de Verdun, Vauluisant, Vendôme, Vézelai, Saint-Victor de Marseille et de Paris, Saint-Vincent de Besançon, Saint-Vincent de Laon, Wormhout (Bergues-Saint-Vinox), etc.

Pays-Bas : Afflighem, Egmond (près d'Alkmaar), Epternach, Gemblours ou Gembloux (car les bénédictins français nous ont souvent fait des synonymies géographiques un peu singulières, comme Tuice pour Deutz), Saint-Hubert des Ardennes, Liége, Liessies (en Hainaut), Pruym, Saint-Tron, Stavelo, Tournay, Saint-Pierre-de-Gand (Blandenberg), etc.

Espagne : Alcala de Henares, Alvelda (près de Logroño), Saint-Benoît de Sahagun, San Cugat del Valles, Saint-Paul de Barcelone, Valladolid, Saint-Vincent d'Oviédo, Poblet (Cisterciens), Salamanque, cathédrale de Tolède, etc.

Portugal : Alcobaça, Batalha, Coïmbre (chanoines réguliers), Oporto, etc.

Italie : Bobbio, Brugnato, Mont-Cassin, La Cava, Chiaravalle en Milanais, Farfa, Grotta ferrata, Milan, Sainte-Marie de Florence, Saint-Martin de Scalis (Palerme), Monreale, la

---

1. Alban Butler, *ibid.*
2. Heeren, *op. c.*, l. II, 39.
3. Cf. Eugenii de Levis, *Anecdota sacra.* Turin, 1789, in-4°, p. xxviij.
4. On trouvera une liste beaucoup plus considérable chez Ziegelbauer, *Hist. litterar. ord. S. Bened.*, t. I; quoiqu'il se borne aux monastères de bénédictins. Cf. Struve, *Introductio...*; Index, v° *Bibliotheca.*

5. Sur le sort de cette autre bibliothèque au temps des calvinistes, Cf. *Mémoires de la société des antiquaires de l'Ouest*, t. III (1837) p. 301, sv. — *Revue critique d'histoire...*, janvier 1874, p. 6, sv.

Il faut se rappeler que le cardinal de Châtillon était un Coligny, et que l'abbaye de Saint-Benoît-sur-Loire, tenue par lui en commende, lui importait uniquement parce qu'il en pouvait tirer des revenus (en terres ou en livres).

Novalèse, Saint-Paul-hors-des-Murs de Rome, Pavie (Chartreuse), Polirone (dans le Mantouan), Pomposa (près de Ravenne), Rossano, Salerne, San Severino de Naples, Vallombrosa, Venise, Verceil (cathédrale), cathédrale de Vérone.

Angleterre : Abingdon, Saint-Alban, Bergavenny, Bury-Saint-Edmonds, Cantorbéry, Chester, Croyland (Crowland), Ely, Exeter, Glastonbury, Hereford, Jarrow, Lincoln, Lindisfarne, Malmesbury, Norwich, Peterborough, Ramsey, Sherbourne, Shrewsbury, Torney, Wells, Weremouth, Westminster, Winchester, Yorck, etc.

Irlande : On peut bien tout d'abord lui attribuer Hy (dans les Hébrides), d'où la foi s'est répandue sur l'Écosse ; mais ne citons que les monastères irlandais : Armagh, Bangor, Clemenagh, Clonard, Clonfert, Clonmacnois, Clonmore, Connor, Corck, Disert-Dermod, Durrow (King's County), Emly, Fathen-Mura, Fore (en Westmeath), Glendaloch, Inis-Patrick (Holmpatrick), Innisboffin, Inniscathy, Innisdamle, Kells, Kildare, Killaloe, Liathmore, Louth, Maghbile, Mayo, Monaghan, Monaster-Evan (Rosalas), Roscrea, Ros-mic-Treoin, Slane, Tara, Tassagard, Saint-Thomas près Dublin, Tirdaglas, Trevet (Meath), Tulachmin, etc.

Pour l'Écosse et l'Islande, comme pour le Danemark, la Pologne, la Hongrie et les pays slaves, excepté la Bohême, les documents nombreux ne se sont point rencontrés sous ma main.

Suède : cathédrale d'Upsal, dominicains de Sigtun (en Upland), Cisterciens d'Alvastern, religieux de Sainte-Brigitte à Wadstena, bénédictins de Wisby ou Esrom (dans l'île de Gottland), etc.

Bohême : Brzeunow, Emmaüs, Postelpfort (ou Postelberg), Prague (les Prémontrés et la cathédrale), Rokyczany, etc.

Norwége : Drontheim, Stavanger, Munkalife, etc.

Suisse : Bellelay, dans l'évêché de Bâle, Einsiedeln (Notre-Dame des ermites), Saint-Gall, Saint-Maurice du Valais, Muri (ou Moury), Pfeffers, etc.

Allemagne : 1° *Bibliothèques de chapitres.* Bamberg, Breslau, Cologne, Eichstædt, Francfort-sur-le-Mein, Gandersheim, Hambourg, Hildesheim, Mayence, Munster, Paderborn, Ratisbonne, Saltzbourg, Würzbourg, etc. 2° *Bibliothèques monastiques* (ou de communautés religieuses) : Saint-Alban de Mayence, Deutz (près Cologne), Nieder-Altaich, Ober-Altaich, Benedict-Beuern, Bergen (près de Magdebourg), Saint-Blaise (dans la Forêt-Noire), Chartreuse de Buxheim (en Souabe), Constance, Eberbach (pillée par les Suédois), Elchingen, Saint-Emmeran de Ratisbonne, Epternach, Fulde, Gottweih, Saint-Jacques de Mayence, Kremsmünster, Lorch (Lauresheim), Michelsberg (près de Bamberg), Moelk, Ottobeuern, Tegernsee, Saint-Ulrich et Sainte-Afre d'Augsbourg, Schwartzach, Weingarten, etc.[1].

e ne parlerai guère que de l'Occident, soit parce que les religieux de l'empire grec, ayant, après quelques luttes, passé à l'ennemi, n'ont point encouru, comme les moines latins, l'animadversion de la *raison* (ainsi que parlait Voltaire) : les religieux catholiques étant, comme il convenait, ceux qui ont eu à porter le principal poids de la colère des novateurs ; soit surtout à cause du silence des monuments historiques[2]. Disons au moins que les bibliothèques monastiques les plus célè-

---

1. Cf. Klemm (op. c.) pour l'Allemagne.
2. Heeren (op. c., passim) se plaint à plusieurs reprises des généralités dont se contentent le plus souvent les écrivains nationaux de l'histoire littéraire byzantine ; et, sur un pareil objet, il serait téméraire de vouloir raffiner là où un homme aussi habile confesse son ignorance.

C'est surtout au sujet des bibliothèques, que ces auteurs suppriment opiniâtrement les détails ; mais le même savant fait remarquer, en outre, que les monastères d'Orient, et surtout ceux de Constantinople, paraissent avoir été fort inférieurs pour l'étude à ceux d'Occident. Op. c., II, 29.

Villoison (Cf. *Notices et extr. des mss.*, t, VIII, P. II, p. 30) vit les restes de la bibliothèque de Patmos, qui lui paru-

bres du bas empire, paraissent avoir été celles de l'Archipel, durant le neuvième siècle : à *Andros*, à *Patmos*, à *Lesbos*[1], dans l'île de *Chio*, soustraites peut-être par leur isolement aux fureurs des préfets iconoclastes du VIII° siècle[2] ; et sur le continent, dans les monastères de Thessalie appelés *Meteora*, dans celui du *Mega Spilæon* en Morée, et dans ceux du *Mont-Athos* où les religieux de diverses langues commencèrent à s'établir en grand nombre durant les IX° et X° siècles. Depuis que je rédigeais ces pages, la presqu'île monastique de Macédoine a été visitée par plus d'un voyageur ; et quelques textes utiles nous sont venus de là, quoique les hôtes y soient généralement assez peu communicatifs des parchemins que le moyen âge leur a laissés.

La continuation de cet article exposera les moyens auxquels on eut recours pour rassembler des collections de livres dans ces temps difficiles. Après quoi, nous verrons de quels ouvrages se composaient ces collections ; et, s'il est vrai que l'érudition et la science profanes en fussent bannies, ou n'y fussent admises que par une sorte de rare exception.

Difficultés qu'il fallait vaincre pour former des bibliothèques au moyen âge, et indication générale des moyens employés pour y réussir (transcription et recension). — Emplois dont l'office spécial dans les communautés était de veiller sur la bibliothèque et d'en prendre soin. — Détails sur les ressources imaginées pour former des collections de livres : donations et achats, communications avec l'étranger (prêts, échanges et envois lointains ; recours à Rome en particulier, et généralement à l'Italie). — Transcription.

XIII.

i le seul fait de l'existence des bibliothèques au moyen âge semble pouvoir justifier les moines du reproche d'ignorance, ne nous paraîtra-t-il pas qu'ils devaient porter l'amour de la science jusqu'à une sorte de passion, quand nous réfléchirons aux ressources qu'il leur fallait employer pour se procurer le moindre de ces volumes[3] ? Dans un temps où l'imprimerie n'existait pas, l'unique

rent bien tenus et en fort bon ordre. Mais, en 1785, deux ou trois mille manuscrits anciens y avaient été livrés au feu par respect ; attendu que, gâtés comme ils l'étaient par l'humidité, on avait prétendu leur sauver le triste sort de traîner dans les rues. Les Juifs modernes ont souvent le même respect pour leurs vieux livres, et les enterrent afin de leur épargner toute profanation.

D. Montfaucon avait formé le projet d'aller lui-même avec plusieurs confrères examiner les bibliothèques du Mont-Athos. Privé de cet espoir, il voulut au moins tracer le plan qu'auraient à suivre ceux qui seraient plus heureux. Cf.

Mercure de France, janvier 1743 ; et *Nouveau Choix de pièces....* (par De la Place), t. LXVII, p. 151, svv.

D. Thuillier, le traducteur de Polybe, sollicita l'autorisation de faire un voyage au Levant pour des recherches du même genre. Depuis lors plusieurs missions scientifiques ont été données pour cela par nos ministres modernes : mais le temps et les hommes avaient déjà fait bien des ravages.

1. Heeren, *op. c.*, I, 83.
2. Sur le vandalisme de Constantin Copronyme, et de ses préfets, cf. Theophan., p. 371, 373, 375, etc.— Cedren., p. 454, 466. En citant les auteurs byzantins, c'est ordinairement à l'édition de Paris que j'ai recours.
3. Écoutons Muratori, qui avait assez étudié le moyen âge pour être reçu à l'apprécier : « Nos felicitate sæcu- « lorum nostrorum inflati, socordiam ac ignorantiam ve- « terum fortasse miramur ; etiam iis insultamus, quod « illorum foret in litteraria re tam curta supellex. Verum « meminisse quoque decet.., etc. » Cf. *antiquitates italic.* medii ævi, t. III, col. 834.

moyen d'arracher à la destruction les ouvrages anciens, et de se procurer des exemplaires nouveaux, c'était de les transcrire. Cette nécessité avait fait, de l'emploi des copistes, une profession fort importante déjà et très-lucrative dès le temps des Romains[1]; elle reparut au moyen âge, mais bien tard[2], et seulement après que les ecclésiastiques, mais les moines en particulier, eurent porté tout le poids de la transition entre les *librarii* de l'antiquité et ceux du monde moderne. Qu'à Athènes ou à Rome, des esclaves ou des hommes d'une condition obscure s'employassent à multiplier des ouvrages écrits dans leur langue maternelle, c'est ce qui n'est pas merveille, et ce qui met une différence extrême entre le moyen âge et l'antiquité. M. Ellendorf[3] nous dit bien à son aise que la condition de ces temps n'était point inférieure à celle des Grecs et des Romains, lesquels sans imprimerie

1. Il n'entre pas dans notre dessein de donner à ce sujet aucun détail pour le moment. On en trouverait de curieux dans les articles rédigés par Ebert, pour l'encyclopédie d'Ersch et Gruber (*Livres*. — *Commerce de livres*, etc) ; et il est bien à regretter que ce savant bibliographe n'ait pas eu le temps de publier un travail qu'il préparait sur le sort des livres durant le moyen âge. Cf. Schœttgen, *Historia librariorum*. — Battaglini, *Dissertazione sul commercio dei moderni e antichi libraj* (Rome 1787). — J. B. de Rossi, *Bullettino di archeologia cristiana*, 1874, p. 51, sgg. ; et 1863, p. 62-68 ; etc.
2. Le mot *bibliopola*, avec sa véritable signification ancienne, ne paraît guère qu'à la fin du xv° siècle en Italie (Ferrare, 1474) ; cependant la profession existait avant cette époque ; quoiqu'on ne voie guère paraître de libraires qu'au xii° siècle, où Pierre de Blois parle (*ep.* 71) d'un certain B*** *publicus mango librorum*. La naissance de ce commerce était une suite de l'érection des écoles où se rassemblaient une foule d'étudiants. Mais, née des universités, la librairie resta longtemps, et même jusqu'à l'imprimerie, comme en tutelle sous la juridiction universitaire qui ne contribua pas à lui donner beaucoup d'essor. Les premiers statuts relatifs à cette profession ne paraissent pas être antérieurs à 1239. Puis, vinrent d'autres règlements encore en 1275, 1323, etc.; et dès lors (honni soit qui mal y pense), on établit la censure sous plusieurs formes : approbation exigée pour être copiste, inspection des ouvrages (soit achetés, soit vendus) par les membres de l'université, serment imposé, garantie morale exigée pour exercer l'état de libraire, etc., etc. Cf. Villanueva, *Viage literario*, t. XVI, p. 225, sg.
En 1275, plusieurs établissements de ce genre existaient à Paris, placés sous la surveillance universitaire selon toutes les rigueurs de la pragmatique. L'université se réservait de tenir la main à la modération des prix de louage et de vente, comme à l'exactitude des copies. Les marchands de livres étaient appelés, ou comme aujourd'hui : *libraires* (*librarii*), et ce nom désignait des bouquinistes et des revendeurs; ou *stationarii*, et ces derniers étaient proprement les libraires, ou entrepreneurs d'éditions (de copies). En 1323, à l'époque du statut le plus détaillé, Paris en avait vingt-trois, tant *librarii* que *stationarii*, dont deux femmes. Cf. A.-F. Didot, *Essai sur la typographie* (Encyclop. moderne, t. XXVI, p. 713, svv).
L'école de Bologne réglementa également à outrance sur les libraires, au xiii° siècle (1259, 1289); et, comme l'université de Paris, elle exigeait d'eux, entre autres serments, celui de ne point vendre de livres aux étrangers. Mais là, le commerce s'était subdivisé davantage : on y distinguait, outre un *stationarius* en titre de l'université, des libraires qui faisaient le commerce d'ouvrages complets, et d'autres qui ne se chargeaient que de parties d'ouvrages.
Pour l'université de Caen, cf. De la Rue (Bulletin monumental, t. III, p. 190, sv.).
Les restrictions officielles réduisirent la librairie, ainsi organisée, à ne produire que des ouvrages usuels. Aussi la liste de tous les livres existant alors à Bologne dans le commerce, ne donne guère plus de cent ouvrages, et la plupart sur des matières de jurisprudence. Ebert, auquel j'emprunte la plupart de ces particularités (op. c., art. *Buchhandel*), déclare n'avoir jamais rencontré de manuscrit remarquable qui dût son origine aux spéculations des *stationarii*. Dans le fait, le commerce des manuscrits prit un élan tout autrement vigoureux là où la police universitaire n'avait que faire avec cette industrie ; comme à Florence, à Milan, et à Venise, au xv° siècle. De même encore, le berceau de l'imprimerie (que ce soit Harlem, Strasbourg ou Mayence, il n'importe) ne fut point une ville d'étude, mais une cité industrielle.
Quant aux Grecs, dont je m'occuperai du reste assez peu, il semble que chez eux la transcription ait tourné de bonne heure en spéculation, Je crois avoir pu observer à diverses reprises que l'on y dictait pour plusieurs copistes qui entendaient l'orthographe chacun à sa tête. Cela expliquerait plusieurs variantes dans des textes qui n'ont pourtant qu'une même source. N'y serait-il pas arrivé aussi parfois que l'entrepreneur suggérât certaines différences à chacun de ses écrivains, afin de pouvoir vendre ses livres en manière d'éditions diverses ?
Mais, pour les abbayes, la copie des livres y est aussi ancienne que la vie monastique en Occident. Car nous voyons les moines de Lucullano occupés à cet office sous l'abbé Eugypius, ami de S. Fulgence. Cf. Fulgentii *epist.* V (Biblioth. PP., t. IX, p. 98).
Cette digression m'a paru nécessaire pour faire voir tout d'abord, qu'il y aurait erreur à chercher hors des communautés ecclésiastiques, le soin bien entendu de conserver et de multiplier les livres durant l'époque dont nous avons à parler. Cf. Savigny, *Hist. du droit romain*. — Meiners, sur l'*Histoire de la librairie et des bibliothèques dans les écoles supérieures avant l'imprimerie* (N. Hanov. magazine, 1805). — Schœttgen, *Historia librariorum et bibliopolarum*, ap. Poleni; et *Supplementa in Græv. Gronov....*, t. III.—Tiraboschi, t. IV, libr. 1, cap. 4, n° 2.
3. Ellendorf, *Die Karolinger*, t. I, c. 4. L'auteur ne dissimule pas son antipathie contre les catholiques.

savaient se procurer des livres; mais Grecs et Romains riches pouvaient imposer cette fastidieuse tâche à des écrivains asservis, ou la confier à des mains vénales, tandis que, du VIe au XIVe siècle, elle ne pouvait guère être exercée que par les savants eux-mêmes, ou du moins par les hommes instruits, seuls en possession de la langue qui conservait exclusivement et transmettait la science. Le même écrivain ajoute, il est vrai, fort peu obligeamment, que les chanoines et les moines *n'avaient rien de mieux à faire que de copier des livres;* mais je lui en demande bien pardon, ils avaient à en composer, outre les devoirs ordinaires de leur profession qu'il leur fallait remplir [1]. Et si les Varron ou les Cicéron eussent été réduits à transcrire les ouvrages de Démosthène, Homère, etc., qu'ils étudiaient, il est probable que leurs études, comme le nombre de leurs ouvrages, en auraient souffert. Aussi voit-on maintes fois les auteurs ou compilateurs redouter la maladresse et l'étourderie paresseuse de copistes inintelligents qui pouvaient dénaturer un texte laborieusement établi [2], et la tâche du collationnement ou même de la transcription fut souvent assumée par des personnages du premier mérite [3]. Saint Irénée, déjà, conjurait ceux qui auraient à transcrire ses œuvres de ne pas abandonner leur manuscrit sans un collationnement scrupuleux. Quant au vénérable Bède, lorsqu'il prétendait que l'on se gardât bien de supprimer l'indication des sources où il avait puisé, ce n'était pas seulement modestie et probité; il voulait que l'on sût toujours à quoi s'en tenir sur la valeur des commentaires rassemblés par lui avec tant de conscience.

Voilà pourtant quelle fut la tâche quotidienne de ces hommes si distingués, du XIIe siècle par exemple [4]; assez semblables à des artistes qui seraient réduits à se fabriquer les plus grossiers instruments de leurs travaux, ces hommes vénérables avaient à former les peuples au christianisme après s'être formés eux-mêmes à une science qui n'était plus du monde [5], et à prendre sur eux un travail matériel que les savants d'autrefois donnaient à leurs esclaves, comme affaire propre aux gens de rien, pourvu qu'ils eussent quelque teinture des lettres.

---

1. Plusieurs hommes célèbres du moyen âge nous ont laissé des témoignages où l'on voit qu'eux-mêmes sentaient fort bien le frein que les pratiques journalières de la vie commune imposaient à leur goût pour l'étude. Bède s'en ouvre à un ami, sans amertume sans doute, quoique en gémissant : « .... innumera monasticæ servitutis retinacula. » (*Epist. ad Accam*, ap. Lingard, *op. cit.*, c. X.)

Mais si l'application au travail était coupée par des intermittences obligatoires dans le cloître, elle était presque impossible ailleurs.

2. Cf. Aponii *Prolog. ad cantic.* (Biblioth. PP., t. XIV, p. 99). — Bed., ap. Gheele, *De Bedæ... vita*, p. 65.

3. Cf. Canciani, *Leges barbarorum*, t. III, p. 165.

4. Le savant Meiners (*Mémoires de Gœtting.*, t. XII, 1794) convient de cette gloire du XIIe siècle, dans une dissertation que j'aurai peut-être occasion de citer encore : « Inter clarissimos viros, quorum duodecimum post Christum natum sæculum imprimis ferax fuit, etc. »

5. Ce ne serait pas entrer suffisamment dans cette question, que de montrer seulement combien la profession de copiste avait besoin, pour se conserver, d'un bon nombre de littérateurs riches qui l'encourageassent. Sans doute, les princes et les seigneurs, en estimant par-dessus tout l'épée et la lance, devaient peu favoriser une semblable occupation. Mais le fait est qu'ils auraient eu beau chercher des écrivains, il était difficile qu'ils en trouvassent, avec toute la bonne volonté du monde. Je ne fais qu'en indiquer ici le motif, parce qu'il me paraît irrécusable. La langue des livres ayant cessé d'être celle du peuple, il fallut dès lors les avoir étudiés pour les comprendre. L'Église seule pouvait la soutenir; et l'Église n'était point au service des amateurs de littérature, supposé qu'il en existât. Ajoutez la rareté de la matière subjective de l'écriture, et convenez que tout conjurait à anéantir la science. Le papier de coton ne paraît presque pas chez nous avant le XIIe siècle, et alors même il ne semble pas avoir été commun, surtout en Occident. Quant au parchemin, il demeura toujours assez cher, surtout pour les qualités de choix.

insi ne nous étonnons pas lorsque çà et là se rencontrent les lamentations des pauvres copistes, qui n'estiment point que leur profession soit très-enviable. Un d'eux, moine de Saint-Aignan d'Orléans sous les Carlovingiens (ap. L. Delisle, *le Cabinet des mss.*, t. II, p. 400, sv.) dit : « Oh! la rude tâche que d'écrire! On se voûte l'échine, les yeux s'y voilent, le ventre et les côtes s'y défoncent, etc. » L'autre, à Saint-Maur-des-Fossés (*ibid.*, p. 74, sv.), se plaint du froid et de l'onglée, peut-être, que sa besogne lui a fait souffrir durant les mois de novembre, décembre et janvier. Warembert de Corbie (p. 121) déclare que, qui n'a pas fait le métier de copiste, n'en soupçonne pas les tribulations. « Le port n'est pas salué plus joyeusement par un navigateur, que la dernière ligne d'un manuscrit par l'écrivain. On s'imagine que trois doigts sont tout ce qu'il faut pour guider la plume, mais tout le corps y peine. » Donnons les propres paroles d'un quatrième (*ibid.*, p. 112), quoiqu'elles ressemblent un peu à ce que nous venons de traduire ; mais peut-être conservent-elles un ancien dicton de *scriptorium*, reçu chez les malheureux tâcherons qui s'étiraient les membres au terme de leur labeur assommant :

« Nauta rudis pelagi ut sævis ereptus ab undis
In portum veniens, pectora læta tenet ;
Sic scriptor fessus, calamum sub fine laboris
Deponens, habeat pectora læta quidem.
Ille Deo dicat grates pro sospite vita,
Proque laboris agat iste sui requie ; etc. »

Un autre (ap. Girardot, *Catalogue des mss. de la bibliothèque de Bourges*, n° 188, p. 110) estime qu'un si dur métier peut bien prétendre au ciel :

« Dentur scriptori, pro pœna, gaudia cæli. »

On n'avait même pas la mince consolation d'agir à sa fantaisie pour le choix de cette corvée. Certain moine de Cologne (à Saint-Pantaléon) avait cru faire merveille en écrivant très-bien un missel pour la communauté. Mais, son beau travail étant exécuté sans permission, l'abbé fit brûler ce volume comme objet volé à l'obéissance religieuse[1].

Hors de l'antiquité, avant l'imprimerie, les collections particulières ne devaient être que d'assez faible importance, ou, si elles pouvaient être quelque chose de mieux, ce n'était que bien rarement. Des collections publiques pourraient paraître seules avoir été en état de faire face alors, par la durée de leur existence et par les dépenses de leur approvisionnement, aux difficultés énormes qui entravaient en ce temps la formation de bibliothèques considérables. Or, que les princes du moyen âge s'occupassent d'un pareil projet, il n'y fallait presque pas songer[2]. Et d'ailleurs, l'eussent-ils voulu, il leur était, pour le moins, malaisé d'y réussir. Le

---

[1]. Lanigan, *Ecclesiastical history...* (1822), t. III, p. 442.

[2]. Et quand un d'eux l'aurait prétendu, quelle continuation eût trouvée son œuvre de la part de ses successeurs? La bibliothèque de Charlemagne ne fut-elle pas dispersée à sa mort? Celle de Charles le Chauve, je crois, et celle de saint Louis furent données à des religieux (cf. Gauffrid de Belloloco, ap. du Boulay, *Hist. univers. Parisiens.*, t. III, p. 658 , tant le pouvoir lui-même sentait sa propre incapacité à fonder en ce genre rien de durable! M. Léopold Delisle, dans son récent ouvrage sur le *Cabinet des mss. de la Bibliothèque impériale* (t. 1, p. 3, svv. ; 6, 8, 10, sv. ; 17, svv. ; 72), montre la dispersion des livres de nos princes comme chose habituelle jusqu'au règne de Charles V. Or le zèle de ce dernier roi n'assura même pas le maintien de la bibliothèque placée par lui au Louvre ; car on le voit se dessaisir de nombreux mss. dès son vivant. Puis le tout fut vendu à vil prix en 1424.

prêtre, unique dépositaire de la science quelconque d'alors, seul initié à la connaissance des livres, n'était et ne pouvait guère être un salarié dont on fît un copiste à gages. L'unique moyen d'attacher l'élite de nos sociétés à l'œuvre pénible de la transcription, était l'amour de Dieu, l'obéissance à une règle. Le zèle le plus opiniâtre y eût échoué sans cette noble contrainte morale, qu'imposaient à l'homme de communauté des institutions revêtues d'un caractère sacré [1]. Aussi le clergé non régulier était-il inhabile à ce grand œuvre; et c'est ce qui nous explique pourquoi un évêque du vIII^e siècle [2] se plaint de la difficulté de trouver des copistes.

La transcription n'était pas le seul embarras; c'eût été un maigre service que de nous donner les anciens livres, si l'on n'eût pris soin de nous les transmettre dans un état de correction qui permît d'y reconnaître l'ouvrage des premiers auteurs. Il fallait corriger les textes sur les meilleurs exemplaires, et c'était là particulièrement ce que des mains vulgaires n'eussent pu réaliser [3]. Même parmi les ecclésiastiques, ce soin n'était pas abandonné au premier venu, ni fait avec autant de légèreté que voudraient nous le donner à croire certains auteurs. Le prêtre espagnol Vincent [4], qui transcrivit (ou du moins termina) en caractères coufiques la collection de canons citée par Casiri [5], déclare avoir collationné cette compilation sur plusieurs manuscrits. Nous retrouverons, chemin faisant, plus d'un exemple de cette attention à discuter la pureté des textes. Je n'en rapporte cette fois qu'un petit nombre, et uniquement pour ne point affirmer ce fait aussi gratuitement que d'autres l'ont nié à diverses reprises.

La bibliothèque de Mici (depuis, Saint-Mesmin), près d'Orléans, possédait au vI^e siècle des livres historiques qu'un des plus anciens religieux avait pris soin de corriger et de mettre en ordre [6]. Ce fut Alcuin que Charlemagne chargea de collationner le texte de la Bible; ici, toutefois, on comprend qu'il s'agissait d'un travail tout autrement important que celui

---

1. L'existence de cette règle dans les communautés sera prouvée ailleurs; il ne s'agit ici que de montrer l'impossibilité d'imaginer ce genre d'occupation constamment suivie et efficace, hors d'un tel ordre de choses. Trois éléments étaient nécessaires : la capacité, la volonté, mais surtout la persévérance constante de l'une et de l'autre; or, ces trois choses ne pouvaient absolument pas exister hors des communautés religieuses, c'est ce qui doit sauter aux yeux. Heeren en avait été frappé, et le fait remarquer presque à son insu (*Gesch. der Litteratur*... I, 49, 65; II, 7, etc.), tout en y mêlant le tribut obligé d'amertume luthérienne contre l'état monastique.

2. *Int. epist. S. Bonifacii*, 99.

3. Dès les temps de l'empire romain, des personnages distingués s'étaient appliqués à ce travail. On connaît le Virgile de Florence et le Dioscoride, revus par le consulaire Rufinus Apronianus (en 494). Cf. Fabric., *Biblioth. latin.*, ed. *Ernesti*, t. I, p. 368. — Heyne, *Recens. codic. Virgilii*. —Heeren., *op. cit.*, c. I, 56. Le rhéteur Securus Melior Felix (vI^e siècle) prit sur lui la recension de Marcianus Capella. Cf. Heeren, *l. c.*—Fabric., *op. c.*, t. III, p. 216.— Arevalo, in *Prudent.*, p. 844 (t. II); in *Sedul.*, p. 87, sq., et 107, sq. — L. Delisle (Biblioth. de l'École des chartres, vI^e série, t. III), sur Vettius Agorius Basilius Mavortius. — Zaccaria, *Storia polemica delle proibizioni dei libri*, p. 50, sg. — Zorn, *Histor. bibl. pictorum*, p. 42 (not. 8, 9). — Venant. Fortunat., *Ad Patern.* (Opp., P. I, libr. III, c. XXXII), ed. Luchi, p. 114. — G. B. de Rossi, *Bullettino di archeologia cristiana*, 1863, p. 62; et 65, sgg. — Flor. *Ad Hildrad.* (ap. *Mai*, *Collect. Vatican.*, t. III, P. II, p. 252). — Steph. Borgia, *De cruce Veliterna*, p. clxxxij, sq.

Les auteurs du *Nouveau Traité de diplomatique* font remarquer (t. III, p. 51, sv.) qu'au vII^e siècle on commence à négliger la révision des livres; par suite de quoi, solécismes et fautes d'orthographe abondent dans les mss. de cette époque. Saint Ouen (*Prolog. ad vitam S. Eligii*; ap. D'Achery, *Spicileg.*, t. V), prévoyant tristement qu'on malmènera son texte, avertit le lecteur de se tenir en garde contre les copistes infidèles. Cependant, et cela mérite quelque considération, il laisse entendre que les livres classiques ou profanes n'étaient pas les plus négligés. La pire condition était celle des ouvrages ascétiques. Cela scandalisera-t-il M. Libri et consorts?

4. Ap. Laserna, *Præfat. in... collectionem canonum ecclesiæ hispanæ*; *Bruxellis*, an. vIII.

5. Casiri, *Biblioth. arabico-hispana...* t. I, p. 541; ap. Laserna, *op. c.*

6. Petit-Radel, *Bibliothèques*, p. 46.

d'une révision ordinaire [1]. Mais ce qui est plus concluant pour la pratique commune, c'est que les manuscrits de ce temps se distinguent généralement par leur correction [2]. Charlemagne, lui-même, quoiqu'on ait dit (ce que certaines gens répètent encore) qu'il ne savait pas écrire [3], corrigea un exemplaire de l'Évangile, qui doit se trouver peut-être parmi les livres de Saint-Emmeran de Ratisbonne [4]. Loup de Ferrières (IX° siècle) s'occupait de la recension des textes qu'il possédait, aussi bien que de la transcription de ceux qui manquaient à son monastère. Voici ce qu'il dit à Regimbert [5] : « Catilinarium et Jugurthinum « Sallustii, librosque Verrinarum, et si quos alios vel *corruptos nos habere*, vel penitus non « habere cognoscitis; nobis afferre dignemini, ut vestro beneficio et *vitiosi corrigantur*, et « non habiti, nunquamque nisi per vos habendi, hoc gratius quo insperatius acquirantur. » Une autre fois il remercie Ansbald, abbé de Prum, pour les épîtres de Cicéron qui lui servaient à corriger son exemplaire [6]; et Adalgard [7], pour la révision d'un Macrobe. Écrivant à Éginhard pour obtenir des livres, il lui allègue spécialement la nécessité de collationner un exemplaire suspect [8] : « Sunt autem hi (*libri*) : Tullii de rhetorica liber, quem quidem « hic habeo, sed in plerisque mendosum. Quare cum codice istic reperto illum contuli ; « et quem certiorem putabam, mendosum inveni. »

Un Orose à Saint-Gall [9] portait l'indication suivante : « Plura in hoc libro fatuitate cujusdam, ut sibi videbatur scioli, male scripta dominus Notkerus jussit in locis ascribi. Assumptis ergo duobus exemplaribus, quæ Deo dante valuimus, tanti viri judicio fecimus. » Ailleurs l'accomplissement de ces recensions est attesté par les formules finales : « Contuli, recognovi, relegi, emendavi [10]. »

Les copistes pouvaient généralement s'attendre à cette révision, et peut-être y comptaient-ils parfois plus que de besoin ; car un manuscrit du XII° siècle à Bourges (Girardot, *Catalogue*, n° 111, p. 76, sv.) se termine ainsi :

« Corrigat id ferrum (*le grattoir*) quod pinxit pennula falsum
Quæ volat effrenis, credula sæpe sibi. »

Notre scribe, tout en sachant faire un distique, se reposait donc pour le tout sur plus habile que lui, même en la matière spéciale de son texte.

Saint Adélard, abbé de Corbie, envoyait jusqu'au Mont-Cassin son exemplaire des lettres de saint Grégoire le Grand, pour que la révision en fût faite par Paul Diacre, moine de cette abbaye [11].

1. On en retrouve des exemples à Hirschau. Sous l'abbé Guillaume, ce soin échut à Théoger qui devint évêque de Metz, et au moine Haymon.—Trithem., *Chronic. hirsaugiense*, A. 1087 : « Quidquid in omnibus divinæ historiæ libris ac in « toto Novi Veterisque Testamenti corpore, quidquid vitio « scriptorum invenietur vel corruptum vel depravatum, « correxerunt et ad veritatis regulam per distinctiones et « subdivisiones emendaverunt. »
Il est bon de savoir que Robert Estienne, pour son édition de la Bible en 1528, se servit d'un exemplaire de l'abbaye de Saint-Denys; et qu'un autre ms. de Bâle fut d'un grand secours à Érasme pour corriger la version du Nouveau Testament. Cf. Nouveau Traité de diplomatique, t. II, d. 103, sv.
2. Cf. Alcuini vita, *ed. Froben*, n° 67—75. On y trouvera des particularités semblables sur Charlemagne. Voir aussi *Moyen âge et renaissance*, mss. fol. iv.
3. Eginhard nous apprend (*Vit. Carol. M.*, cap. 25) que le grand empereur s'exprimait en latin comme dans sa langue maternelle, et que, pour le grec, il le comprenait sans pouvoir cependant le parler. Cf. *Vit. Alcuini*, l. c. — Nouv. Traité de diplomatique, t. III, p. 125 ; et t, II, p. 420, sv.
4. C'est ce que dit Heeren (*op. c.*, I, 76) ; mais, quant à cet exemplaire, il pourrait bien avoir pris pour tel ces tablettes d'ivoire qui avaient servi à Charlemagne et dont on fit depuis une couverture d'évangiles. Cf. Greith, *Spicilegium vaticanum* (Frauenfeld, 1838), P. I, p. 200.
5. *Lup. ferrariensis*, ep. 104.
6. Ep. 69.
7. Ep. 8.
8. Ep. 1.
9. Mabillon, *Iter germanicum*.
10. N. Tr. de diplomatique, t. III, *passim*. — Ziegelbauer *op. cit.*, t. II, p. 522. — G. B. de Rossi, *Bullettino di archeologia cristiana*, 1863, p. 62, 65-68, 91.
11. AA. SS. O.S.B., t. I, p. 397.

Gerbert (x° siècle) recommande, sous peine de perdre ses bonnes grâces[1], que l'on s'applique à la correction du texte de Pline. Pline, en effet, exige de ses correcteurs une critique et une variété de connaissances qu'aujourd'hui encore il n'est pas aisé de rencontrer. On en cite une autre recension normande faite au xii° siècle par Robert, abbé de Thorigny[2]. Saint Anselme (xi° siècle), écrivant à Cantorbéry, où plusieurs de ses religieux avaient été appelés par Lanfranc, alors archevêque de cette ville, demande[3] pour son abbaye du Bec plusieurs livres d'Angleterre; et recommande qu'on fasse choix des exemplaires les plus corrects, afin qu'ils puissent être employés avec assurance à collationner ceux qui se trouvaient en Normandie. La révision du texte de l'Écriture sainte par Lanfranc est assez connue des hommes instruits, pour qu'il suffise de la rappeler ici[4]. Mais n'ayons pas l'air de donner à croire que ç'ait été son unique travail en ce genre. A Saint-Martin de Séez on conservait un exemplaire des *Conférences de Cassien* où Lanfranc avait écrit à la fin de la dixième : « Huc usque ego Lanfrancus correxi. »

Un manuscrit de Saint-Mesmin, exécuté vers le ix° siècle, portait à la première page ce certificat de légitimité pour son texte : « Liber... relectus a Petro abbate[5]. »

hez les chartreux, la rectification des passages défectueux n'était point déférée à celui qui croyait les avoir suffisamment constatés; le chapitre de la maison devait intervenir pour décider s'il y avait lieu à procéder aux changements proposés[6]. Sur la collation presque minutieuse que prescrivait la règle des chartreux, et sur d'autres travaux de même espèce dans l'ordre de Cîteaux, on peut consulter l'*Histoire littéraire de la France* (t. IX, p. 119-124). La réputation du monastère de Saint-Martin à Tournai, en ce genre, est attestée par une pièce insérée dans le Spicilége de d'Achery[7].

M. L. Delisle (*le Cabinet des mss. de la Bibliothèque nationale*) cite plusieurs recensions de manuscrits où il a relevé les noms des réviseurs. Qu'il suffise de citer le moine Dodon du ix° siècle, à Saint-Maur-des-Fossés. Cf. *Ibid.*, t. II, p. 74.

XIV.

Les directeurs et conservateurs des bibliothèques sont désignés souvent par des expressions diverses qu'il est bon d'exposer, pour rendre plus intelligibles les passages qui

---

1. Gerbert, *ep.* 7. « Plinius emendetur... fac quod oramus, ut faciamus quod oras. »
2. D'après un manuscrit qu'avait vu d'Achery. Cf. *Guiberti opera*, p. 716.
3. Anselm., *ep.* lib. I, 43; ap. Ceillier, t. XXI, c. xvi, art. 2.
4. Cf. D'Achery, *Not. ad vitam B. Lanfranci*, p. 41. — Roger de Wendover, *Chronica*, t. II, p. 36. — Ziegelbauer, *Hist. litt. O. S. B.*, t. II, p, 522.
5. N. Tr. de diplomatique, t. III, p. 103.
6. Tabaraud, *Biogr. univ.*, art. *S. Bruno.* Cf. Heeren, *op. c.*, l. II, 23. — *Histoire littéraire de la France*, t. VII, p. 11, 12. Voilà, ajoute Tabaraud (*l. c.*), comment le travail des chartreux en ce genre a contribué à conserver la pureté du texte de la Bible et des Pères, et comment les bibliothèques de cet ordre ont fourni un grand nombre de manuscrits précieux aux nouveaux éditeurs de ces sortes d'ouvrages. Leur maison de Cologne, surtout, donna au xvi° siècle des travaux importants qui n'eussent pu être exécutés sans une bibliothèque fort remarquable; et pareille collection ne se forme pas en quelques années.
7. *Spicil.*, éd. in-4°, t. XII, p. 443. Cf. Lebeuf, *Dissertations sur l'hist. de Paris*, t. II, p. 139.

se présenteront à nous dans la suite. Le nom d'*antiquarius*, encore conservé par les marchands de livres anciens en Allemagne (*Antiquar*), date de plus haut que le moyen âge, puisque les bibliothécaires et les copistes sont indiqués par ce titre dans les lois des empereurs[1] et dans Juvénal. Il n'est pas besoin de s'étendre sur les mots *bibliothecarius*, *chartigraphus*, *chartularius*, *notarius*, *chartophylax*, *scriniarius*, et *scrinarius*, ou *sacriscrinius*[2], etc. Mais ceux-ci : *sceuophylax* et *scevophylax*, ou *vasorum custos*, *custos sacrarii* (ou encore *custos* tout simplement), *sacrista*, *armarius*, *secretarius*, *cimeliarcha* et *cimiliarcha*, etc., qui semblent indiquer plutôt un sacristain ou trésorier de l'église, ne s'expliquent que par les faits indiqués précédemment dans les lois de Justinien[3], et par l'importance naturellement donnée à la partie ecclésiastique[4] de la bibliothèque, chez les clercs réunis en communautés. Ainsi la même personne était le plus souvent chargée des trésors de l'église, et des livres; et une particularité semblable, c'est que le chantre réunissait communément aux fonctions naturelles de son office celles de bibliothécaire : en sorte que le *préfet d'église*, pour ainsi dire, et le *préfet de bibliothèque* étaient, la plupart du temps, désignés par un seul et même titre, celui d'*armarius*[5].

Ce cumul de charges sous une même dénomination paraîtra bien plus embarrassant peut-être, quand on trouvera l'office de cellérier adjoint à celui de bibliothécaire, ou en contact avec lui. La règle de Tarnade (ou Tarnante), c'est-à-dire de l'abbaye de Saint-Maurice d'Agaune, fournit un exemple de cette singularité (VIe siècle). « Qui *cellario vel codicibus* « præponuntur, sine murmuratione serviant fratribus. Codices qui extra horam petierint, « non accipiant; et qui apud se habuerint, amplius quam constitutum est retinere non au- « deant[6]. » Cette association, bizarre en apparence, d'attributions assez diverses, venait de ce que l'approvisionnement de la bibliothèque pour le matériel (parchemin, plumes, reliures, etc.) appartenait naturellement à celui qui avait au dehors le soin des autres achats communs[7]; d'où naissait parfois une sorte de conflit entre les prétentions des officiers divers de la communauté ainsi mis en contact. Nous en retrouvons une trace six siècles plus tard, dans un règlement de Robert, abbé de Vendôme[8] : « In hoc Vindocinensi cœnobio hactenus

---

1. Cod. Theodosian., lib. XIV, tit. 9; et Gothofred., *Commentar.* ad h. l. Le marquis Scipion Maffei (*Præf. ad opp. S. Hilarii*, Veronæ, 1730) restreint beaucoup le sens du mot *antiquarius*. Si l'on veut connaître avec quelque détail le mobilier d'un copiste à ces époques, on peut consulter d'Agincourt, *Peinture*, planches, XLVII, 7; XLIX, 1; LXXXI, 1; CVI, 5. Cf. Petzholdt, *Anzeiger der Bibliothekwissenschaft*, 1845, p. XV-XXVIIj. — *Serapeum*, 1843; p. 17. svv.
Je trouve indiquée, dans un sacramentaire de Corbie, une bénédiction pour le *Scriptorium* et ses laborieux habitants.

2. Sur plusieurs de ces titres du bibliothécaire, voyez : Nardi, *Dei parrochi* (Pesaro, 1830, 2 vol. in-4°), t. II, cap. 28; ouvrage digne d'être plus connu, et qui renferme d'importants détails sur les matières d'érudition ecclésiastique. — Thomassin, *Ecclesiæ disciplina*, t. I, l. II, c. 103-106. — Blume, *Iter Italicum* (Einleitung). *Scriniarius*, lorsqu'il y avait lieu de distinguer, désignait spécialement le conservateur des livres ecclésiastiques. Cf. Isidor., *Origin.*, XX, 9. Voyez encore Schœttgen, *Historia librariorum et bibliopolarum*, cap. 4; il fait remarquer que le nom de *bibliopola* a été donné parfois à des bibliothécaires et à des copistes non gagés.

3. Voir supra, p. 52.

4. Voir p. 49 et 59, *supra*; et Würdtwein, *Nova subsidia diplomat.*, t. I p. 212, sq. Du reste nous aurons à revenir sur ce point dans notre seconde partie.

5. Si j'avais le temps de mettre en ordre un mémoire déjà grossoyé sur le chant et les chantres au moyen âge, je pourrais m'étendre davantage à ce sujet. Ici, c'est déjà beaucoup de détails pour un fait purement accessoire, dans un travail où notre idée primaire réclame notre attention.

6. *Regul. Tarnatens.*, cap. 22; ap. Lecointe, *Annales ecclesiastici Francorum*. A. 536, n° 221. J'ai rapporté le passage en son entier pour qu'on n'y soupçonnât point de malentendu, et que l'on y reconnaît bien la charge du bibliothécaire.

7. Regula reform. monast. mellic. (ap. Du Cange, V. *scripturale*) : « Item ipse (*vestiarius*) chartas, scripturalia, « pennas,... et cetera hujus modi habeat. » A Fulde, au XIIe siècle, sous l'abbé Marquard, Eberhard rédige le cartulaire « Dudone cellerario membranas subministrante »; et ce même cellérier est désigné comme ayant transcrit un missel, un lectionaire et un évangéliaire : livres qui n'étaient confiés ordinairement qu'à des *antiquaires* d'élite. Cf. Ziegelbauer, t. I, p. 486.

8. *Roberti abbatis vindocinensis decretum pro bibliotheca* (A. 1156), ap. Martène, *Thesaurus anecdoct.*, t. I, col. 445.

Le cellérier, étant mis chaque jour en communication avec le dehors par ses fonctions habituelles, avait seul toutes les facilités nécessaires pour procurer l'agrandissement de la bibliothèque. Aussi, dans les monastères de

« fuit consuetudo quod quando aliquem librorum ligari oportebat, cellerarius et camera-
« rius¹ expensas tribuebant ; sed quia inter eos contentio oriebatur quantum quisque præ-
« bere deberet, librorum ordo negligebatur; nec novi fiebant, nec ut decebat veteres corri-
« gebantur. »

Le bibliothécaire ou *armarius,* car c'était son titre le plus ordinaire, avait sous lui les copistes ou écrivains, appelés assez communément *antiquarii,* mais que l'on trouve désignés aussi par le nom de *cancellarii, scribæ, chartularii, librarii, notarii, archæographi, bibliatores,* etc.; titres ordinairement affectés à ces écrivains en sous-ordre. Hors des communautés, ces dénominations changeaient. Les écrivains, secrétaires, copistes des princes, sont souvent nommés *graphiarii, scribones, scribantes, scrituarii,* etc.; mais surtout *capellani,* soit à cause de l'idée de *clergie* généralement attachée alors à celle d'homme lettré, soit parce qu'ils étaient chargés principalement des livres liturgiques², comme tâche de premier ordre.

uant au chef des *antiquarii,* le bibliothécaire proprement dit, on conçoit aisément que ce devait être un homme de choix ; il était à la fois secrétaire principal ou archiviste, et historiographe. A la cour des rois, surtout chez les Carlovingiens, le chancelier (*archicancellarius* ou *archicapellanus*) et le bibliothécaire étaient souvent un même personnage³. Le bibliothécaire de Charlemagne, Gerward avait en même temps l'intendance des bâtiments de l'empereur⁴ et la charge des constructions de la cour. La richesse et la beauté d'une foule de manuscrits doit nous faire comprendre que l'on en remit le soin principal à des artistes. Nous en reverrons des exemples encore, mais, bien que ce fait mérite, ce semble, d'être signalé à ceux qui s'occupent de recherches sur l'histoire de l'art, je n'ajouterai à mon indication qu'un seul trait. La chronique de Saint-Hubert des Ardennes⁵ cite, parmi les moines

---

Saint Pacôme, c'était l'économe qui avait aussi le soin des livres; mais il est probable que sa comptabilité n'était pas très-absorbante. Cf. Mabillon, *Études monastiques,* IIᵉ Partie, c. XXI; et Iʳᵉ Partie c. II. — Item, *A A. SS. O. S. B,* sæcul. v, p. 393, sq.

1. *Camera,* selon Onofrio Panvini (*Interpretatio vocum ecclesiasticarum*), paraît avoir désigné le trésor de l'Église ou la sacristie : *camerarius* correspond donc ici à *armarius.* Par extension, ce titre devint synonyme de *arcarius, thesaurarius, syndicus, dispensator, œconomus* (parfois *yconomus*); cf. Nardi, *l. c.* C'est peut-être cette dernière acception qui aura donné lieu à l'expression *camérálistique,* employée par les Allemands pour désigner l'ensemble des connaissances nécessaires dans l'administration des finances.

A Rome, il semble que le *primicerius* fut jadis à peu près ce qu'est actuellement le *Bibliotecario di S. Chiesa.* Cf. Cenni; apud Zaccar., *Raccolta,* t. XIV; Diss. III. (p. 67-94).

2. Voyez les statuts de Jayme II, dans les *Acta sanctorum,* jun. III, p. XLVIII, A.

3. Cf. Klemm, *op. c.* — Goldast, *Rerum atamannicarum scriptores,* t. I. Gloss. *ad Ekkehardi, cap.*—XI. Thomassin, *l. c.*

4. Cf. Duchesne, *Histor. francorum scriptor.,* t. II, p. 651. — Chancelier et Bibliothécaire n'auraient pas toujours été la même chose, si la liste donnée dans les *Éléments de paléographie* est bien exacte, ce que je n'ai pas le loisir de discuter ; cette liste du moins montre suffisamment que les chanceliers étaient ordinairement des hommes d'église, très-souvent même évêques ou abbés. De même pour les notaires publics. Voir Masdeu, *Historia critica de España,* XIII, p. 827. — Goldast, *Alamann. R. Scriptt.,* t. II, P. II, in principio. — *N. Traité de diplomatique,* t. II, p. 423, 429, 435, etc.

5. *Chronicon andagin.* in *Amplissim. Coll.,* t. IV, col. 925. D'autres exemples pareils se retrouveront çà et là.

distingués de cette abbaye durant le xi° siècle, le préchantre[1] Foulk, également habile en architecture et pour l'enluminure des lettres capitales : « Fulconem præcentorem..., « in illuminationibus capitalium litterarum et incisionibus lignorum et lapidum peri« tum[2]. »

Quoi qu'il en soit, la charge de bibliothécaire était une commission extrêmement honorable. Le célèbre historien Luitprand, évêque de Crémone, obligé de s'expatrier, avait été bibliothécaire à Fulde[3] durant son exil ; et l'on pourrait citer plus d'un autre homme illustre qui fut revêtu de ces mêmes fonctions[4] : tels que, à Constantinople, Georges Pisidès (vi° siècle), Nicéphore Grégoras (xiv° siècle), et bien d'autres dont les noms se représenteront plus tard. Je me serais étendu sur la considération attachée à cette charge, si je n'avais l'intention de traiter ce sujet dans une autre circonstance ; je n'en dirai donc qu'un mot en ce moment. Le *chartophylax* ou *basilicanus* de l'Église de Constantinople[5] avait, outre le dépôt des archives, etc., une juridiction ecclésiastique si étendue, qu'elle le faisait qualifier de *bras droit du patriarche* ; et à ces attributions répondaient certaines marques d'honneur tout à fait spéciales : à lui appartenait, avec la nomination aux bénéfices séculiers et réguliers, l'examen de ceux qui se présentaient pour les ordres, etc. A Rome, le bibliothécaire du pape était d'ordinaire un cardinal-évêque[6].

Dans les communautés ecclésiastiques, l'intendance des livres était souvent confiée au *préfet des classes*, si je puis m'exprimer ainsi[7]. La suite nous fera rencontrer plusieurs allusions à ces usages qu'il doit suffire d'avoir signalés une fois pour toutes.

1. Il n'est plus besoin de rappeler désormais la réunion à peu près constante de l'office de chantre avec celui de bibliothécaire. Dans les Chapitres, c'était le chantre aussi qui était écolâtre.

2. Je crois pouvoir traduire ce dernier éloge par : *maître en constructions soit pour la charpente, soit pour la coupe des pierres*, c'est-à-dire architecte ; comme les Allemands disaient tailleurs de pierres (*steinmetz*), pour désigner les Erwin de Steinbach et les *loges* de Strasbourg, de Cologne de Vienne, de Zurich. Cf. Stieglitz, *Gesch. d. Baukunst*, 3° partie. — Guglielmo della Valle, *Storia del duomo di Orvieto* : *Magister lapidum, magister ad lapides sculpendos, sculptor lapidum, archimagister logiæ et muritii*, etc. C'est ainsi que l'histoire des sciences et celle des arts se trouvent liées dans ce sujet. Les miniatures si élégantes et si délicates des manuscrits n'étaient qu'une forme du talent de ces hommes si multiples, qu'on me passe cette expression : à la fois miniaturistes, et peintres à fresque, comme le dominicain Jean de Fiésole ; orfèvres, joailliers et facteurs d'orgues, comme S. Dunstan ; modeleurs, fondeurs, architectes, etc., tout cela sans cesser d'être littérateurs, théologiens, écrivains, prédicateurs, administrateurs : comme Fulbert et saint Bernward d'Hildesheim, ou même hommes d'État, comme Suger. Cf. Fuessli, *Dictionnaire des artistes. — Biographie universelle*, art. Gui de Sienne, saint Godehard, Hugues de Monticrender, Roger moine de Reims, etc. On ne lira pas les aperçus que renferment ces courtes notices, sans regretter que M. Émeric David ait abandonné en quelque sorte, après de tels essais, une carrière où il en avait précédé tant d'autres qui sont loin de l'avoir égalé depuis.

A vrai dire, comme le montre Théophile (*Diversarum artium schedula*), un artiste du vieux temps ne se cantonnait pas dans ce qui s'appelle aujourd'hui *spécialité* ; il était orfèvre, bijoutier, joaillier, musicien, peintre de fresques et de miniatures, architecte, etc. : le tout sans une certaine perfection de détails, mais avec une large compréhension de l'ensemble. On ne voit pas d'ailleurs que la culture de diverses aptitudes ait gâté le talent de Léonard de Vinci, de Raphael même (dit-on) ou de Michel-Ange, etc.

A Bourges, en 1519, 1522, etc., Guillaume Dallida *verrinier et pinctre* est chargé à la fois de rhabiller les *verrines* et de faire les *hystoires*, vignettes et lettres d'or au livre de l'*épistollier* et de l'*évangeltier* du grand autel (comptes de l'œuvre, extraits du baron de Girardot).

3. Klemm, *op. c.* — Ziegelbauer, H. L. O. S. B. t. I, p. 486, etc.

4. Cf. Nardi et Thomassin, *l. c.* passim.

5. Cf. Poleno, *Supplement. ad Gronov. et Græv.*, t. I. *De archivis*, cap. xv. — Codinus, *De officiis...* passim. — Nardi, *l. c.* — Cancellieri, *op. c.*, syntagm., p. 4, c. 10.

6. Ciampini en a publié une liste dont la continuation jusqu'à nos jours enregistrerait des noms que nos descendants se rappelleront à jamais, en raison de ce que la science doit à plusieurs d'entre eux.

7. Il a été dit un mot précédemment sur les classes établies dans les chapitres et les monastères. Le *scholasticus*, ou écolâtre (*scholaster, magister scholarum, caput scholæ, capiscolus*, etc.), dont le titre, changé plus tard en celui de *théologal*, s'est maintenu encore sous ces deux formes dans plusieurs églises, était celui qui en avait la direction ; et sa charge était si fort en honneur, qu'on la trouve quelquefois désignée par l'expression de *major capituli*. Me serait-il permis de faire observer que cette question, trop peu étudiée, des écoles ecclésiastiques au moyen âge, pourrait bien avoir échappé aux continuateurs de l'*Histoire littéraire de la France*, lorsqu'ils se croient fondés à dire, d'après Lebeuf, que la ville d'Auxerre avait une école pu-

XV.

A ces bibliothécaires il fallait des livres, et à ces copistes, des textes qu'ils pussent reproduire ; or comment se les procurer, lorsque la rareté des ouvrages, la difficulté des communications, l'incertitude ou même la nullité des données sur l'état des bibliothèques étrangères, semblaient faites pour décourager le zèle le plus ardent ? On faisait face à ces obstacles avec une opiniâtreté de recherches, un empressement et une continuité d'efforts, dont je recommande l'appréciation à ceux qui parlent de l'indifférence du moyen âge, ou même de son mépris pour les sciences. Sans doute des donations venaient quelquefois au-devant de leurs désirs, ou récompensaient leurs sollicitations et leurs recherches [1]; ainsi le fondateur du monastère de Saint-Jacques *in insula*, à Liége, pourvut à la bibliothèque en même temps qu'aux constructions et possessions de l'abbaye [2]. Mais qu'était-ce pour le besoin

---

blique (une sorte d'académie comme celle de Bologne), pour le droit romain (Cf. *Hist. litt. de la Fr.*, t. XIV, p. 118-149) ? Malgré le poids de pareil témoignage, ne serait-il pas absolument possible que cette école de droit fût tout simplement l'un des cours de l'école capitulaire ? Cf. Nardi, op. c., *passim*. — Andr. Müller, *Lexik. d. Kirchenrechts, passim*; etc. — Masdeu, *Hist. crit. de España*, t. XI, XIII, XV, etc. — Je vois bien d'ici plusieurs réponses que l'on pourrait imaginer à mon observation, mais je n'en reconnaîtrais qu'une bonne ; ce serait de montrer tout simplement qu'il y avait bien à Auxerre un cours de droit en dehors de l'école ecclésiastique. Jusqu'à cette démonstration, ma difficulté subsiste, comme on dit ; parce que jusque-là je suis en possession de *faits*, contre une simple hypothèse.

Sur les écoles capitulaires, ou même collégiales, je regrette de n'avoir pu consulter les trois volumes in-f° d'un prémontré catalan (Joseph Marti) mort en 1806, qui traitent de la vie canoniale dans les Églises de Catalogne ; mais principalement des chanoines réguliers de Saint-Augustin et de leur sécularisation. On peut du moins consulter Masdeu, *Histor. critica de España*, t. XI, p. 193, 312 ; t. XIII, p. 313 sgg. ; t. XV, p. 245. sgg. — *Antichità Longobardico-Milunesi*, t. III, p. 377-388. — Ziegelbauer, *op. cit.*, t. I, p. 313, 319, 212. — Rohrbacher, *Hist. univ. de l'Église cath.*, t. XIV (1844). p. 479, svv. — *Instruct. publique à Rouen durant le moyen âge* (dans le *Précis analyt. des travaux de l'académie des sciences de Rouen*, 1848). — Le *Correspondant*, janvier 1874, p. 15, svv. ; 33, sv. ; etc.

1. Saint Odon, depuis abbé de Cluny (x° siècle), et instituteur de la congrégation de ce nom, avait apporté au monastère (la Baume en Bourgogne) où il prit l'habit, ses livres qui étaient au nombre de cent volumes (Ceillier, t. XIX, c. XL, n° 3). Mais des hommes tels que saint Odon n'étaient pas communs ; il fallait, pour former une bibliothèque semblable, posséder à la fois des richesses et des connaissances, qui n'étaient pas souvent réunies. C'était donc un rare bonheur, et dont les communautés recherchaient l'occasion de tout leur pouvoir. Mabillon (*Études monastiques*, c. x) rapporte une lettre écrite au nom de saint Bernard (par Nicolas, son secrétaire, *ep.* 29), à Philippe, chancelier de l'empereur et prévôt de Cologne ; le saint abbé, apprenant que cet ecclésiastique songeait à partir pour la Terre-Sainte, l'invite à laisser sa bibliothè-

que aux moines de Cîteaux. Et toutefois les premiers Cisterciens se piquaient peu d'études.

Guillaume de Cambray, archevêque de Bourges, mort en 1505, laissa ses livres au monastère de Chezal-Benoît, chef d'une réforme bénédictine qui eut beaucoup d'influence dans nos provinces.

Dans les obituaires et les calendriers (pour commémoraison aux anniversaires), on trouve fréquemment les donateurs de livres. Cf. Cancellieri, *De secretariis*.... t. II, p. 859, 861, 864-871. — *Biblioth. de l'École des Chartes*, v° série, t. III, p. 38, svv. ; et 50, svv.

A défaut de donateurs, on achetait les livres à grands frais. Grimold, abbé de Saint-Gall (ix° siècle), est loué par Metzler (ap. Lebrun, *Explication de la messe*, t. III, 2° dissert., art. II), pour avoir employé des sommes considérables à se procurer les meilleurs ouvrages. Une charte d'Ensdorff (ap. OEfele, *Rerum boicarum scriptores*, t. I) atteste la cession viagère d'un bien de la bibliothèque par une certaine Élisabeth Zrenner, en payement d'une partie de la bibliothèque laissée par son frère le doyen (1102). Jean, abbé de Beaugancy (xii° siècle), informé qu'une bibliothèque importante était à vendre, conjure son ami de ne pas la laisser acheter par d'autres. « Rogamus vos quatinus « bibliothecam illam, si tam bona est ut scribitis, retinea- « tis ne alteri vendatur ; quia in reditu Capituli, per vos « veniemus, et eam cum consilio vestro, si Deo placet, com- « parabimus. » Correspondance de Gaufred ou Geoffroi, ap. Martène, *Thesaurus anecdotor.*, t. I, col. 514.

Lorsque Édouard I (Langshranks) chassa d'Angleterre les juifs qui s'y étaient extraordinairement multipliés depuis Guillaume le Conquérant, deux moines de Ramsey jugèrent utile d'exploiter une si belle occasion. Mettant donc à profit la confiscation prononcée contre les Israélites, ils achetèrent aux gens du roi, pour leur abbaye, quantité de livres des synagogues supprimées ; en sorte que la bibliothèque de Ramsey était la mieux fournie de toute l'Angleterre en fait de mss. hébreux. Cf. Ziegelbauer, *op. cit.*, t. I. Le *British Museum* en aura bénéficié.

Nous rencontrerons ailleurs plusieurs faits semblables, que je n'ai pas voulu entasser ici.

2. Ziegelbauer, *H. lit. O. S. B.*, t. I, p. 456. Aux yeux de saint Ignace de Loyola, une fondation n'est pas censée achevée, si la bibliothèque n'y a pas été comprise.

d'une communauté entière, que des collections de livres rassemblés par des particuliers? et ces donations pouvaient-elles être communes, ou au moins importantes, lorsque les livres étaient si rares? Une des ressources les plus ordinaires était donc de se communiquer réciproquement, d'une bibliothèque à l'autre, les livres qui manquaient à l'une des deux communautés, soit pour les échanger, soit pour les faire copier durant le temps de leur séjour chez le demandeur.

Il semble même que, pour faciliter ces bons offices réciproques, on se transmettait parfois (ou du moins on laissait copier) les catalogues des bibliothèques. Car Servatus Lupus parle de celui de Seligenstadt, comme l'ayant sous les yeux à Fulde : « Quos (*libros*) vos habere arbitror; propterea quod in brevi voluminum vestro- « rum post commemorationem *libri ad Herennium*, interpositis quibusdam aliis « reperi : *Ciceronis de rhetorica*; item *explanatio in libros Ciceronis*. Præterea *Auli* « *Gellii noctium atticarum*. Sed et alii plures in prædicto brevi [1]. » Des informations presque semblables se reconnaissent plus tard dans la correspondance de Pierre le Vénérable (*Epist.*, lib. I, 24) avec Guigues, prieur de la Grande Chartreuse. Or les chartreux, presque entièrement isolés du monde, semblaient surtout pouvoir se passer de livres pris dans l'antiquité classique. Ils n'en firent rien, ce dont je les loue; et se trouvèrent prêts ainsi avant la Renaissance, pour rendre de grands services à l'Église du fond de leurs solitudes silencieuses.

Le même Servatus Lupus, depuis abbé de Ferrières (en 842), avait lié amitié avec Éginhard (Einhard), l'ancien favori de Charlemagne, et alors abbé de Mulinheim (ou Seligenstadt), tandis qu'il étudiait à Fulde sous Raban Maur; et celui-ci lui communiquait les livres qui ne se trouvaient pas à Fulde [2]. La correspondance de ce même Loup de Ferrières offre plusieurs autres traits de cette amitié confiante entre les hommes des pays les plus éloignés par la similitude des vues scientifiques et religieuses. Dans sa lettre à l'abbé Altsig d'York, il ne balance nullement à lui faire tout à la fois l'offre de son amitié et la demande d'un semblable service [3], le priant de lui envoyer entre autres choses les Institutions de Quintilien. Ce noble commerce littéraire était si bien établi, que Servatus Lupus encore ne fait point difficulté de s'adresser au pape même [4], pour obtenir enfin plusieurs ouvrages qu'il

---

1. Ce mot *breve* paraît avoir été en usage pour désigner un catalogue (sommaire peut-être). Un ms. du IXe siècle à Saint-Gall (ap. Hænel) est intitulé « Breviarium librorum « de cœnobio St Galli. » Cf. Ziegelbauer, *Hist. litt. O. S. B.*, t. I, *passim*.
2. Ceillier, t. XIX, c. III, n° 1. Servat. Lup. *ep.* 1, 101, 102.
3. Cette lettre dont on a déjà vu un fragment, est trop remarquable par l'assurance et la franchise empressée avec laquelle il entre en matière, pour qu'on n'aime pas à en trouver ici l'expression : « Quia vos amore sapientiæ, « cujus et ego sum avidus, flagrare comperi, vel secun- « dum illud Tullii, *pares cum paribus facile congregantur*, « vel juxta receptæ scripturæ assertionem *omne animal* « *diligit sibi simile, sic omnis homo*; hac epistola meam « offero et vestram expeto amicitiam, ut nobis vicissim « quum in sacris orationibus, tum etiam in quibuslibet aliis « utilitatibus prodesse curemus. Atque ut quod polliceor « vos exequamini priores, obnixe flagito ut quæstiones « beati Hieronymi, quas teste Cassiodoro in vetus et novum « testamentum elaboravit, Bedæ quoque vestri similiter « quæstiones in utrumque Testamentum itemque memorati

« Hieronymi libros explanationum in Hieremiam, præter « sex primos qui apud nos reperiuntur, ceteros qui se- « quuntur; præterea Quintiliani institutionum oratoriarum « libros XII, per certissimos nuntios mihi ad cellam S. Ju- « doci... dirigatis, tradendos Lantramno qui bene vobis « notus est, ibique exscribendos, vobisque quam poterit « fieri celerius remittendos, etc. » Ep. 62.
4. Lup. Ferrar. ep. 103, *ad Benedict.* III. Le motif qu'il y fait valoir : « *quia parentes thesaurisare debent filiis*, » avait été compris avant lui par bien d'autres, et par les souverains pontifes, tous les premiers. Pères des chrétiens, ils avaient senti en effet que, selon la remarque de Loup de Ferrières (*ibid.*), la science devait descendre sur la chrétienté de la même source qui lui avait donné la foi. De tous côtés les évêques et les abbés recouraient à cette mère et maîtresse de toutes les Églises, pour y puiser les connaissances même profanes, avec une assurance qu'on regarderait comme peu respectueuse, si l'on ne sait apprécier et le Saint-Siège, et ces âges d'une simplicité que nous avons en grande partie perdue.

Des Gaules et d'Alexandrie, on écrivait dans ce même but

avait recherchés inutilement ailleurs. Et, au grand scandale des âmes pieuses comme MM. Blume, Græsse, Bouterwek et autres, ou pour le redressement de certaines éruditions bien affirmatives, mais mal appuyées par les faits [1], nous sommes forcés de convenir qu'en recourant au successeur de saint Pierre, ce ne sont pas seulement des Saints Pères, ce n'est même aucunement des antiphoniers ou des légendaires que lui demande ce moine du IX° siècle, c'est Cicéron *De oratore*, Quintilien, et le commentaire de Donat *sur Térence* ; le tout avec des prières qui approchent de la supplication, et avec promesse de renvoyer ces livres ponctuellement, lorsqu'il en aura fait prendre copie. Dans d'autres lettres encore, il prie ses amis de lui envoyer Suétone, Tite-Live, divers ouvrages de Cicéron [2], etc.

Lorsque Servatus Lupus (*Epist.*, 5) s'excuse auprès d'Éginhard pour n'avoir pas encore rendu le manuscrit d'Aulu-Gelle qu'on lui avait confié, il rejette ses délais sur l'abbé de Fulde qui ne voulait pas laisser partir ce livre sans en faire prendre copie pour son monastère. « A. Gellium misissem nisi rursus illum abbas (*Hrabanus*) retinuisset, questus necdum sibi eum esse descriptum. Scripturum se tamen vobis dixit, quod præfatum librum vi mihi extorserit. Verum et illum et omnes ceteros quibus vestra liberalitate fruor, per me, si Deus vult, vobis ipse restituet. » Il paraît donc que l'on s'arrachait des ouvrages classiques, entre moines, et que c'était à qui ne s'en dessaisirait pas sans s'être assuré la possession d'un exemplaire à demeure.

De même au IX° siècle le martyr saint Euloge, revenant de la Navarre à Cordoue, rapportait avec la Cité de Dieu de saint Augustin, l'Énéide de Virgile et les satires d'Horace et de Juvénal [3], sans compter les fables d'Avienus.

à S. Grégoire le Grand, en alléguant l'*ancienne coutume*, pour excuse de cette importunité (Cf. Gregor. M., *Epist.* XI, 56; VIII, 29, ed. cit. — *Histoire de l'Église Gallicane* (in-4°), t. III, p. 342, 359). Saint Martin Ier répond à des demandes semblables de Belgique et d'Espagne (Cf. Baron. *Annal.* ad A. 649, XXXVIII, XLV, LXXXI et LXXXIII). Paul Ier, prié par Pépin de procurer à l'Église de Saint-Denis des livres grecs, envoie (en 757) un ouvrage d'Aristote, les écrits attribués à saint Denis l'Aréopagite, un traité de géométrie, etc. (« omnes græco eloquio scriptores. » Cenni, *Codex carolinus*, vol. I, p. 148, ap. Blume, *Iter italicum* : Einleitung). Il n'y avait pas plus de merveille à s'adresser au Pape pour les livres, qu'à lui demander des reliques et des dispenses ; c'était chose reçue (Cf. Petit-Radel, *op. c.*, p. 40-41 — Rohrbacher, *op. cit.*, t. XXII, p. 422).

Toutefois je ne compte point parmi les communications de ce genre l'envoi des encycliques aux métropolitains, que Blume (*l. c.*, p. 41) traite de commerce bibliographique, sans doute dans la crainte qu'on n'y soupçonne un monument de l'autorité des souverains pontifes.

Mais faisons observer que, quand Loup de Ferrières s'adresse au pape en demandant des livres, il se gêne beaucoup moins qu'en écrivant à Éginhard pour le même sujet. L'ancienne situation de ce dernier auprès de Charlemagne intimidait sûrement beaucoup plus que ne faisait la dignité du souverain pontife. On aurait à citer plus d'une page de précautions oratoires dont il couvre ses approches lorsqu'il aborde l'abbé de Seligenstadt pour obtenir quelque prêt, et dont il se dispense avec Rome.

Heeren fait remarquer (*op., c. II*, 7), que l'Italie du moyen âge, malgré ses désastres, semble avoir été inépuisable en manuscrits de tout genre qu'on y venait recueillir de toutes les parties de l'Église. On en trouvera plusieurs exemples dans les pages suivantes, outre ce qui a été dit déjà. Une observation curieuse de Blume à ce sujet, c'est que, depuis l'empire jusqu'au XV° siècle, l'Italie semble avoir immensément donné en fait de manuscrits, sans guère recevoir du dehors; les choses changèrent du XV° au XVIII° (dit-il); époque où le zèle de ses humanistes accumula dans son sein des trésors en ce genre; mais, depuis la fin du siècle dernier, les étrangers semblent avoir pris à tâche de conspirer à l'appauvrir, et les habitants n'y ont que trop donné les mains en troquant bien des fois contre l'or britannique ou russe ce que les violences de la guerre leur avaient laissé de richesses littéraires.

D'autres indications de prêts se trouveront dans les ouvrages suivants : D. Pez, *Thesaurus*, t. VI, P. II, p. 53, 55; *Monumenta boica*, t. I, p. 114; Léop. Delisle, *Biblioth. de l'École des Chartes*, III° série, t. I, p. 225, svv.

1. Blume (*Encyclop. d'Ersch, et Gruber*, art. *Handschriften*) nous apprend qu'au moyen âge, « la haine contre les « livres profanes, et païens surtout, rendit odieux et fit « maltraiter les savants qui s'en servaient. Les ouvrages « de théologie et d'histoire ecclésiastique y furent, dit-il, « objets presque uniques de l'occupation des moines. » Sur quoi, il renvoie à son *Iter italicum*, où l'on doit en trouver les preuves. Comme ses *preuves* ne sont guère que les prétendus faits allégués par M. Libri, nous remettrons à en examiner plus tard la valeur; tout en faisant d'avance remarquer çà et là combien elles sont reniées par l'histoire prise dans son ensemble. Cf. Bouterwek, *Gesch. d. Poesie und Beredsamkeit..., Einleitung*.

2. Servat. Lup., *ep.* 10, 137, 104, 4, 8, 74, etc., etc.

3. AA. SS. *Mart.*, t. II, p. 93.

out cela, vu les difficultés des voyages alors, montre un zèle et une confiance singulière dans les bibliophiles de ces temps; puisque, de nos jours même, de semblables prêts deviennent souvent funestes. Ainsi, à la fin du siècle dernier, Saint-Gall perdit dans l'incendie du monastère de Saint-Blaise plusieurs ouvrages confiés à D. Martin Gerbert. Et dès le moyen âge, ou plutôt alors surtout, les mécomptes occasionnés par ces transports lointains n'étaient pas sans exemple [1]. D'ailleurs il fallait recourir à des exprès [2], moyen tardif et hasardeux; si bien que Loup de Ferrières, tout empressé qu'il était à se faire communiquer des manuscrits, refusa (sans doute à cause des périls) d'en remettre à l'un de ces messagers, qui ne voyageait point à cheval [3]. Saint Vandrille (VIIe siècle) envoyait à Rome son neveu, pour y recevoir du pape saint Vitalien [4] des livres qu'il destinait à la bibliothèque de l'abbaye connue alors sous le nom de Fontenelle.

Sainte Gertrude de Nivelle, au VIIe siècle, faisait venir de Rome des livres et des reliques [5]. Vers la même époque Taïo (Tajon), évêque de Saragosse, entreprenait le voyage d'Italie pour y étudier les œuvres de saint Grégoire le Grand [6]. On voit par une lettre du pape saint Martin à saint Amand (en 650) après le concile de Latran, que l'évêque de Maestricht lui avait demandé des livres aussi bien que des reliques [7].

Dans treize des lettres de Gerbert [8] qui devint pape sous le nom de Silvestre II (Xe siècle), nous voyons les mouvements qu'il se donne pour rassembler une bibliothèque, et les sommes qu'il employait à se procurer des livres de l'Italie, des Pays-Bas, de l'Allemagne, etc. Écrivant à Lupitus de Barcelone, il demande un ouvrage que celui-ci venait de traduire (de l'arabe, peut-être), et lui offre de son côté tout ce qu'il voudra en échange.

---

1. Cf. Heeren, *op. cit.*, t. II, p. 11. Sur les difficultés des voyages on a le récit d'Achery au sujet de l'embarras qu'éprouvaient les religieux de Ferrières (diocèse de Sens) pour arriver ou même s'orienter jusqu'à Tournai, et des deux années d'informations qu'il fallut à ces abbayes (de Saint-Martin-de-Tournai et de Ferrières) pour réussir à se mettre en rapport. Les communications devinrent sans doute un peu plus faciles lorsqu'on eut formé ces terribles piétons qui arpentaient la France et l'Angleterre de clocher en clocher, au compte d'une seule abbaye. Cf. Léop. Delisle, *Biblioth. de l'École des Chartes*, IIe série, t. III, p. 382, sv.; ou *Rouleaux des morts* (1866). Dans cette publication, reprise pour la société de l'Histoire de France, je ne me serais pas plaint pour voir le sujet s'étendre à deux volumes au lieu d'un seul.

J'imagine que l'outillage itinéraire des porteurs devait être à peu près, avec un balandras, ce que nous voyons pour les valets de chiens, au mois de novembre dans le calendrier du prétendu bréviaire de Grimani. Ils sont munis de grands bâtons pour sauter plus facilement les ruisseaux, sans chercher un gué ou un pont, et sans se mettre à la nage, pour abréger la course au risque de rhumes, etc.

2. Cf. Epistol. S. Bonifacii, et Servat. Lupi, *passim*.

Cet envoi des exprès (geruli) se régularisa plus tard par la notification des obits entre les monastères qui s'étaient unis en confraternité de prières pour leurs morts. M. Léop. Delisle avait traité cela fort au long, dès son début, dans la *Biblioth. de l'École des Chartes*, IIe série, t. III, p. 361-412; et ce travail, sous le titre *Rouleaux des morts* (Paris 1866), a été reproduit avec presque tous les développements que l'on pouvait désirer. Mais quelques feuilles de plus à l'ouvrage n'eussent rien gâté. Malheureusement les éditeurs ont cru devoir arrêter ces recherches, comme embrassant déjà un volume assez présentable, et suffisamment conforme aux exigences du programme réglementaire.

3. Serv. Lup. ep. 3, 20. — Cf. ep. 10., — et S. Anselmi, ep. 1. I, 35, 46; ap. Ceillier, t. XXI.

4. Act. SS. Benedict. sæc. II, p. 541. — AA. SS. *Jul.*, t. I. Cf. Petit-Radel, *op. c.*

5. AA. SS. *Mart.* t. II, p. 595.

6. Cf. Masdeu, *Historia critica de España*, t. XI, p. 313, sg.

7. Cf. Labbe, *concil.*, t. VI, p. 383.

8. Voir surtout ep. 7, 44, 87, 148. Cf. Ceillier, t. XIX, c. XLIV, n° 17. — Heeren, *op. c.*, II. 11. Je n'ai pas vérifié cela sur la récente édition donnée par M. Olleris, m'étant servi de publications fort antérieures à la sienne.

Une de ces demandes annonce qu'il y mettait parfois un certain mystère[1], dont je ne comprends pas bien les motifs, quoique l'abbé Petit-Radel essaye de les deviner[2].

La correspondance de saint Anselme[3] et de Lanfranc (XIe et XIIe siècle) atteste des communications semblables entre l'abbaye du Bec et l'Angleterre. Un malentendu ayant fait croire que le bibliothécaire du Bec réclamait des livres prêtés à une autre communauté, avant qu'on y eût pu trouver le temps de s'en servir, saint Anselme s'afflige de cette méprise; et, dans une réponse pleine d'obligeance[4], il offre, au nom de la communauté entière, tout ce que renferme la bibliothèque de son abbaye. Ailleurs[5] il fait savoir à l'archevêque de Cantorbéry que les copistes du monastère sont occupés à transcrire plusieurs des ouvrages qu'il demande, et que l'on est à la recherche des autres.

Pierre le Vénérable (XIIe siècle), abbé de Cluny, entretenait des relations du même genre avec les Chartreux (comme nous l'avons indiqué déjà) et avec les Cisterciens même[6], chez lesquels son ordre n'était pas toujours traité bien favorablement, à n'en juger que par saint Bernard. Ces faits doivent suffire pour montrer que la coutume en était comme journalière; on ne peut lire les lettres des évêques et des abbés sans en rencontrer bien d'autres[7].

Plusieurs manuscrits conservent encore l'indication des prêts qu'ils ont eu à subir. Un Macrobe appartenant à la bibliothèque impériale de Vienne (ap. Endlicher) porte cette phrase : « Iste liber... est conventus Cremensis (*cremsensis*)... et est accommodatus fratri Johanni Snabel conventus Nurembergensis ad usum incertum, per Priorem reverendum fratrem Conradum Wurm ejusdem conventus in Cremsa. »

Là semble bien être introduite, sous forme rapide, une protestation d'office contre la faiblesse du prieur envers des communautés dont il n'avait pas à gérer les intérêts, et auxquelles il sacrifie celle qu'il doit protéger. L'officier, lui, s'en lave les mains, non sans réclamer pour acquit de conscience.

A Reichenau, dans le catalogue du IXe siècle (ap. Ziegelbauer, t. I, p. 570), le bibliothécaire inscrivait ceci près de l'indication d'un livre contenant Donat et autres

---

1. Ep. 130. « Age ergo, et *te solo conscio*, fac ut mihi « scribantur M. Manilius de astronomia, et Victorinus de « rhetorica. » Ailleurs (ep. 16), il prie un évêque d'emprunter pour lui un manuscrit, mais ne veut pas être nommé.
2. Petit-Radel, *op. c.*, p. 66 et 81.
Je tiens à dire *l'abbé* Petit-Radel, d'abord pour qu'on ne le confonde pas avec ses frères, le médecin et l'architecte; puis afin de ne pas le laisser prendre pour un ex-prêtre. Rentré en France après la terreur, il ne prit point de fonctions habituelles dans le ministère ecclésiastique; mais remplaçait volontiers un de ses vieux amis, aumônier à l'hospice des ménages. Mgr Borderies, qui ne se trompait guère en hommes, désira l'avoir pour grand-vicaire à Versailles; et Petit-Radel (bibliothécaire de la Mazarine) refusa, voulant maintenir à l'Institut la place d'un ecclésiastique demeuré fidèle aux lois de sa profession. Il jugeait que les précédents de nos anciennes académies royales ne devaient pas être abandonnés en ce point, sciences et clergé ne pouvant se séparer sans péril public selon lui. Le défaut de loisir est désormais un grand obstacle aux études de notre clergé; l'abbé Petit-Radel voulait du moins tenir bon jusqu'à nouvel ordre, pour que l'on ne s'accoutumât pas à reléguer les prêtres dans *la sacristie* (comme disait le *Constitutionnel* sous la restauration, et plus tard encore).

M. le chanoine J.-J. De Smet qui parlait en 1848 (*Bulletin de l'académie royale de Belgique*, t. XV) dit tant de soins pris par Gerbert pour chercher au loin des textes corrects, en déduit bien gratuitement que pareils ouvrages ne se pouvaient trouver en France. C'est à peu près comme si, de la correspondance d'un savant qui écrit à des libraires étrangers, on prétendait conclure que son pays ne lui offre aucune ressource en fait de livres. On s'adresse au loin pour se procurer des renseignements qui ne courent pas les rues dans le voisinage, voilà tout. Un bibliophile de nos jours n'en fait pas d'autres, il lui faut particulièrement ce que peu de gens partageront avec lui.

3. Ceillier, t. XXI, c. XVI, § 6; et c. I, *passim*.
4. Anselm. cantuariens., *ep.* lib. I, 10 et 43, ap. Ceillier, *l. c.*
5. Anselm. *ep.* ap. Ceillier, t. XXI, p. 339. Cf. lib. I, *ep.* 51.
6. Voir Mabillon, *Études monastiques*, c. X. — *Annales de philosophie chrétienne*, t. I, p. 99, etc.
7. Voir v. g. *Chronicon benedictoburanum*. — *Biblioth. max. patrum*, etc. La suite de ces articles en offrira plusieurs encore, que je n'ai pas cru très utile de relever tous ensemble.

traités grammaticaux : « Ego illum præstavi nepoti meo Ratherio, voto ut veniat ad alios libros nostros. » Népotisme à part, il est permis d'entendre sous ce langage que le manuscrit n'avait pas encore pris domicile définitif dans l'abbaye, mais était seulement donné pour l'avenir après l'usufruit que s'en serait attribué le donateur. Car le même bibliothécaire, homme de consigne, et qui « poussait la vertu jusques à la rudesse », formule ainsi l'unique moyen d'être admis à emprunter quelque volume (*ibid.*, p. 569) :

« . . . . . Nullus cuiquam concesserit extra
Ni prius ille fidem dederit, vel denique pignus
Donec ad has ædes quæ accepit salva remittat [1]. »

ien eût pris aux moines de Reichenau, que la jurisprudence de ce vieux routier fût maintenue par ses successeurs! Mais

« De grands seigneurs leur empruntèrent; »

et plusieurs chariots de livres quittèrent l'abbaye au XV° siècle pour aller au concile de Constance qui, mauvais créancier et plus brouillon que conservateur, ne rendit aucune nouvelle de ce prêt malencontreux. Aussi Pregizer (ap. Ziegelbauer, *ibid.*, p. 572) prend la liberté de comparer ce fameux concile à l'antre fatal de Cacus, ou à la caverne du lion :

« Vestigia nulla retrorsum. »

On verrait encore dans le *Thesaurus* de Martène (t. IV, p. 1622) d'autres livres perdus pour avoir été communiqués au dehors; et saint Anselme (*Epistol.*, libr. II, 50) éprouva la même déconvenue à l'abbaye du Bec. N'est-ce pas engageant? Et puis plaignez-vous des bibliothécaires qui se retranchent dans la consigne de leur fonction, pour le bien de l'office confié à leur garde; au lieu de faire les aimables à leur compte personnel (lâcheté réelle bien plus que politesse gracieuse) dont quelques-uns font mine de se piquer pour déserter tout simplement leur poste en courtisant la gratitude plus ou moins méprisante d'étrangers qui les exploitent aux dépens de la communauté!

Pour des temps plus modernes on trouvera des accidents semblables arrivés à des bibliothèques de Valladolid et de Sahagun. Moralès (*Viage*, in-fol°, 1765. p. 14 et 38) raconte que des évêques s'y étaient fait prêter par le supérieur divers manuscrits. L'un des prélats avait au moins laissé un billet comme quoi il ne retiendrait pas ce livre au-delà de quatre ou cinq mois; mais par le fait, un an s'était passé sans que l'on vît rien revenir. Le savant espagnol dépose cela comme témoin oculaire, et ne paraît en féliciter ni prêteurs ni emprunteurs.

Ce n'eût pas été grand mal que des avis semblables fussent parfois confiés à la presse pour l'éducation de ceux qui ne songent pas suffisamment qu'un dépositaire ne doit point se constituer en propriétaire insoucieux, avec le *jus utendi et abutendi*. Au bibliothécaire, de savoir défendre et protéger son dépôt chaque jour, sous peine de forfaiture.

---

[1]. Sigoald, patriarche d'Aquilée en 772, donnait cet ordre à un monastère de Brescia : « Nulli licentia concedatur codices, aut vasa sacra... quoquo modo donare, aut alienare. » Cf. Fed. Odorici, *Antichità cristiane di Brescia*, P. I, p. 9.

l y avait toutefois des accommodements, mais les précautions prises ne paraient pas toujours aux abus de confiance dont les résultats n'étaient que trop palpables pour les bibliothécaires expérimentés (et ceux-là seuls s'y connaissent). Comme on vient de le voir, une parole d'honneur n'y suffisait ordinairement pas. On exigeait un dépôt qui ne devait être rendu qu'après le retour du livre emprunté [1]; ce qui n'empêchait pas toujours que l'on ne se trouvât perdre son prêt, mais au moins avait-on de quoi s'en compenser par une indemnité quelconque [2] agréée d'avance bilatéralement pour couvrir le manque de parole.

Suite des ressources imaginées pour former des bibliothèques, ou qui se produisirent comme d'elles-mêmes, une fois l'impulsion donnée : collection de livres commune à plusieurs maisons; — transcription, et organisation de cette mesure érigée en règlement; — sortes de réquisitions; — singuliers auxiliaires (les religieuses). — Détails sur l'érudition des religieuses et même des séculiers au moyen âge.

XVI.

'aurais pu parler des voyages entrepris ou utilisés pour les bibliothèques au moyen âge, par la transcription des livres [3]; mais, outre les faits que j'ignore, j'en omets à dessein un bon nombre pour me borner à ce qui mène plus directement au but. Parlons de la transcription, non plus comme d'une œuvre de zèle seulement, mais comme observance générale établie par les règles.

Lorsque l'ignorance, d'une part, rendit les copistes plus rares ou même presque introuvables hors du clergé, et que d'ailleurs les dévastations des barbares ou l'insouciance de leurs successeurs diminuèrent chaque jour la possibilité d'obtenir d'anciens manuscrits, les moines, chez lesquels s'était réfugié ce qui restait de science en Europe, établirent parmi eux l'exercice de la transcription, et y consacrèrent une partie du temps que leurs prédécesseurs avaient donné au travail des mains. Cette manière de perpétuer et de multiplier les écrits anciens avait commencé avec les institutions monastiques elles-mêmes pour ainsi dire, sous quelque forme qu'elles se produisissent, puisqu'au IV° siècle saint Jérôme [4] et saint Ephrem [5] recomman-

---

1. L. Delisle, *le Cabinet des mss. de la Bibliothèque nationale*, t. II, p. 124, sv.; 78, 43.

Puis, à la rentrée d'un volume, on en donnait souvent quittance pour éviter les revendications postérieures.

2. Ce sentiment du péril encouru par un prêteur de livres persistait encore chez les écoliers il y a soixante ans, du moins vers la Normandie; témoin l'enfantillage macaronique que j'ai vu jadis écrit sur plusieurs livres scolaires auprès d'une potence soutenant son homme par le cou :

« Aspice *Pierrot pendu*
« Quia librum *n'a pas rendu*;
« Si librum reddidisset,
« *Pierrot pendu* non fuisset. »

3. Par exemple Aimon (ou Émon) prémontré des Pays-Bas,

au XIII° siècle, qui, étudiant à Paris et à Orléans, y copia les poëtes satiriques, Virgile, et Priscien avec l'abrégé qu'on en avait fait pour les commençants (Hugo, *Monum. ord. præmonstr.* ap. Lebeuf, *Dissertations*, etc., t, II). Ce religieux, devenu abbé, se transporta au chef-lieu de son ordre pour y transcrire lui-même tous les livres de chant (Lebeuf, *Traité du chant ecclésiastique*). Saint Thomas de Cantorbéry mit de même à profit son exil (Lebeuf, *Dissertations*, t. II, p. 315) pour la bibliothèque de sa cathédrale.

J'ai parlé précédemment des voyages utilisés de même par Loup de Ferrières, lorsque l'évêque de Sens l'envoyait à Fulde.

4. Hieronym. *ad Rusticum*, etc.

5. Ephræm, *Homil.* 47. C'est l'indication donnée par Ma-

daient cette occupation aux cénobites de leur temps. Dans l'Occident, à la même époque, les communautés formées par saint Martin de Tours n'avaient pas d'autre travail manuel [1]. Saint Fulgence (v° siècle), lorsqu'il voulut partager les exercices ordinaires de la vie commune, nous est montré par son biographe [2] comme accomplissant ainsi sa part de la tâche journalière. Au vi° siècle, saint Ferréol écrivait ces mots dans sa règle [3], pour les communautés du midi de la France : « Paginam pingat digito, qui terram non pro- « scindit aratro. » C'était le temps où Cassiodore, retiré du palais du roi des Goths pour s'ensevelir au cloître de Vivarium, consacrait sa majestueuse vieillesse à tracer un code de transcription dans son livre *De orthographia*. Si vous lisez le début de cet ouvrage d'un consulaire qui avait administré l'empire, vous reconnaîtrez sans peine [4] qu'il y avait dès lors un abîme entre l'*antiquarius* de Rome profane, et l'office consacré pour ainsi dire par de semblables formules [5]. Un autre monde apparaît ici; et, placée à ce degré d'élévation, la copie des livres ne peut plus être laissée désormais à des mercenaires. Aussi, voici venir l'ordre de saint Benoît; il appartient, par sa naissance, à la même époque, et nous y trouvons ce travail établi comme tout naturellement sans qu'on en sache presque assigner l'origine, pas même dans la règle; c'était un produit spontané du sol. Du plus loin que nous apercevons le Bénédictin, nous le trouvons préludant, par les grandes vues qui ennoblissent ses premiers

---

billon (*Études monast.*), d'après lequel je crois pouvoir citer de confiance; quoique j'aie en vain cherché à vérifier ce passage dans l'édition romaine d'Assemani et du P. Benedetti.

1. Sulpit. Sever., *Vit. s. Martini*, vii.
2. *Vit. Fulgentii*, c. xiv. « Manibus suis delectabiliter « operabatur. Nam et scriptoris arte laudabiliter utebatur, « et ex palmarum foliis flabellos contexebat. »
3. Ferreol. uretiens. *Regul.* c. xxviii (ap. Mabillon. *op. c.* xiv); et il ajoute (*ibid.*) que ce doit être un des principaux objets de l'application des religieux : *præcipuam opus*. C'était comme travail manuel, surtout pour ceux dont les forces physiques n'auraient pas suffi aux durs labeurs de la campagne, une profession d'humilité et de pauvreté. Cf. Philorom., ap. Combefis, *Bibl. vett. PP.*, t. I, p. 1027, sqq. — Ziegelbauer, t. IV, p. 683.

Aussi voyons-nous les moines grecs gagner leur vie à copier des livres; comme les anciens solitaires qui faisaient des corbeilles, ou des nattes, pour subvenir aux dépenses communes. Cf. Vit. S. Stephan. junior.; ap. Metaphrast. (Surius, 28 novembre).

Dans le Bas-empire au viii° siècle, l'empereur Théodose III, déposé par Léon l'Isaurien, reçut les ordres ecclésiastiques; et passa le reste de ses jours à Éphèse où il s'occupait à transcrire en lettres d'or l'Écriture sainte et les livres de liturgie. Cf. Cedren., *Histor. compend.* (ed. Goar, p. 450).

4. « Quum inter nos talia gererentur,... monachi mei « subito clamare ceperunt : Quid prodest cognoscere nos « vel quæ antiqui fecerunt, vel ca quæ sagacitas vestra « addenda curavit nosse diligenter, si quemadmodum ea « scribere debeamus omnimodis ignoremus; nec in voce « nostra possumus reddere quod in scriptura comprehendere « non valemus? Quibus respondi hæc quæ dicerunt, desi- « gnata esse quemadmodum et intelligi debeant et pro- « ferri...... — Post commenta psalterii....; post institutiones « quemadmodum divinæ et humanæ debeant intelligi lec- « tiones...; post expositionem Epistolæ quæ scribitur ad « Romanos..., etc., etc.; ad amantissimos orthographos discu- « tiendos, anno ætatis meæ nonagesimo tertio, Domino « adjuvante perveni, etc. » Vous voyez comme ce soin s'associe, dans la pensée du grand homme, aux études les plus saintes, et comme la religion lui paraît requérir ce dernier travail aussi bien que les autres. Aussi semble-t-il désirer que toute occupation manuelle fasse place au *saint exercice* de la copie des livres, lorsqu'il dit à ses religieux (*de Institutione divinarum scripturarum*, xxx) : « Ego tamen fateor « votum meum inter vos, quæcumque possunt corporeo « labore compleri, *antiquariorum* mihi studia, si tamen ve- « raciter scribant, non immerito forsitan plus placere : « quod et mentem suam relegendo scripturas divinas salu- « tariter instruunt, et Domini præcepta scribendo longe « lateque disseminant. Felix intentio, laudanda sedulitas, « manu hominibus prædicare, digitis linguas aperire, salu- « tem mortalibus tacitum dare, et contra diaboli surrep- « tiones illicitas calamo atramentoque pugnare! Tot enim « vulnera Satanas accipit, quot *antiquarius* Domini verba « describit. Uno itaque loco situs, operis sui disseminatione « per diversas provincias vadit; in locis sanctis legitur labor « ipsius; audiunt populi unde se a prava voluntate conver- « tant, et Domino pura mente deserviant. Operatur absens... « Verba cælestia multiplicat homo... O spectaculum bene « considerantibus gloriosum! arundine currente verba cæ- « lestia describuntur, ut unde diabolus caput Domini in « passione fecit percuti, inde ejus calliditas possit extin- « gui; etc., etc. » Je ne me suis point senti le courage d'altérer par une traduction le langage du grand sénateur qui avait dicté à quatre ou cinq rois leurs lettres et leurs ordonnances, avant de tracer ces lignes si paternelles et si pieuses. Mais quelle homélie pour les copistes!

5. Cet ennoblissement de la transcription se rencontre dans quantité d'écrivains ascétiques. Voyez, par exemple, *Statuta Guigonis II prioris Cartusiæ*, c. xxviii. — Petr. Cluniac. in *Præf. ad. Acta ss. Bened. sæc.* I, n° 114, etc. Que la transcription des saintes Écritures fût considérée comme la plus noble fonction de cet emploi, on ne le trouvera pas surprenant. Mais nous avons vu et nous verrons encore qu'on ne se bornait pas du tout à ces livres.

essais, aux vastes travaux qui ont couronné son dernier siècle chez nos pères. Saint Grégoire le Grand, contemporain et historiographe des premiers enfants de cet ordre, nous les montre déjà occupés silencieusement de chartes et d'études ecclésiastiques [1], aussi bien que des travaux d'agriculture.

ette nouvelle tribu d'hommes voués à la science en même temps qu'à la piété n'avait pas précisément frayé le chemin ; on peut attribuer, sans présomption, une antiquité au moins égale à ces moines scots (d'Irlande) [2] qui, dès, le VIII° siècle, possédaient des extraits si remarquables des géographes anciens [3]; et qui, déjà au VII°, avaient fondé (en Italie même) des colonies comme celles de Bobbio. Mais pourtant, quand l'ordre de saint Benoît paraît, c'est alors que le jour commence à se faire dans l'histoire, et il devient du moins possible d'y saisir çà et là le fil des faits littéraires. Laissons donc l'Irlande [4], et même l'Espagne, où le concile de Saragosse (381) parle [5] de la profession monastique comme d'une institution bien connue, et où cinq règles furent contemporaines, pour le moins, de celle de saint Benoît [6].

Pour ne pas omettre une disposition curieuse qui ne se retrouve guère, que je sache, ci-

---

1. Greg. M. *Dialog.* I, 4. « Festine ad ejus (S. *Equitii*) « monasterium cucurrit (*Julianus*), ibique absente illo *anti-* « *quarios scribentes reperit*; ubi abbas esset inquisivit. Qui « dixerunt : In valle hac quæ monasterio subjacet, fœnum « secat. » Dans cette miniature de deux phrases, quelle perspective, quelle échappée de vue, sur l'avenir de cette institution alors au berceau ! Voilà les premiers gages des immenses défrichements qu'elle devait opérer plus tard dans le champ de la science, après avoir rendu à la culture tant de déserts qu'avaient faits les Barbares. Si l'on appartenait à une certaine école, on serait tenté vraiment de voir un *mythe* dans ces quelques lignes de S. Grégoire. Les supérieurs s'y vouent déjà à l'obscurité de leur ministère quotidien, et les hommes instruits travaillent sans nom, dans l'ombre, à des œuvres qui doivent enseigner la postérité la plus reculée.

Mais avouons qu'il n'est pas bien clair que saint Grégoire ait parlé ici de bénédictins. Peut-être peignait-il un monastère grec, soumis à la règle de saint Basile. Mabillon et Pagi ne s'accordent pas sur ce point avec Baronius (t. X, p. 367, sq.). Le fait est qu'autant vaut pour l'état monastique, grec ou latin ; et l'on dirait que c'est d'avance un tableau de ce qui se passa plus tard au Bec entre le B. Herluin et son disciple Lanfranc. Le saint abbé s'occupait aux travaux de la campagne, et confiait l'enseignement à son disciple. De même saint Vinoc, devenu abbé, se réservait la manutention des farines, comme office auquel il était expérimenté. Cf. Caractéristiques des ss., p. 557; et *Supplément*, p. 4.

2. Cf. Cambden, ap. Conring, *Antiquitt. academic.*, supplem. XXXI, 7.

3. Voyez les curieuses recherches de MM. Letronne et Walckenaer sur Dicuil, et son livre *De mensura orbis terræ*. — Usher, *Britann. eccles. primordia*, 1050.

4. Toutefois, pour ceux qui l'ignoreraient encore, il y a bien quelques renseignements à indiquer sur l'école Irlandaise. Cambden (*Descriptio Hiberniæ*, ap. Conring, *l. cit.* supplem. XXXI, 2) dit, sans marchander l'éloge à une île que le protestantisme n'aimait guère : « Anglosaxones nostri illa « ætate (sæc. VIII) in Hiberniam tamquam ad bonarum litte-

« rarum mercaturam, undique confluxerunt. Unde de viris « sanctis in nostris scriptoribus legitur : Amandatus est ad « disciplinam in Hiberniam; et Sulgeri vita qui ante sexcen- « tos annos floruit :

« . . . .
« Perlustrat scholas studio florente britannas;
« At crescente simul ardore et tempore multo,
« Exemplo patrum commotus amore legendi
« Ivit ad Hibernos sophia mirabile claros. »

« Indeque nostrates Saxones rationem formandi litteras « accepisse videntur, quum plane charactere usi fuerint qui « hodie hibernicis est in usu. »

Cf. Conring, *loc. cit.*, 3-5.

M. le comte Ch. de Montalembert en parle aussi dans ses *Moines d'Occident*, avec plus de détails que ne le comporte mon sujet actuel.

Or, outre le monastère de Bangor qui existait dans le pays de Galles dès l'année 520, et avait, selon Bède (*Hist. Eccl.*, II, 2), deux mille religieux, celui de Benchor en Irlande comptait huit cent moines au commencement du IX° siècle. S. Bernard, dans sa Vie de saint Malachie (cap. VI), appelle ce lieu béni une pépinière de saints; « copiosissime fructificans Deo : ita ut unus ex filiis sanctæ illius congregationis, nomine Luanus, centum solus monasteriorum fundator extitisse feratur. »

C'est de là aussi que partait saint Columban avec plusieurs disciples, vers la fin du VI° siècle, pour fonder sur le continent diverses abbayes longtemps célèbres par la science et la sainteté.

5. Conc. Cæsaraugust., c. VI. Mais mieux vaut encore le concile de Tarragone (516), can. 11.

6. Règles de S. Donat, de S. Fructueux, de S. Valère, de J. de Biclar (ou Valclara), et de S. Isidore de Séville; Cf. Masdeu : *op. c.*, t. XI. — Benvenuto da Crema, *Tractat... de vita et communitate clericorum*; etc. — Zunggo, *Hist. canonicorum*. — Nardi, *op. cit.*, cap. XXVI, etc. — Della Vita, *Thesaur. antiquitt. beneventanarum*, t. II, p. 409-414. — Digby, *Mores cathol.*, t. III, c. v; et t. X, c. IX. — Etc., etc.

tons une sorte de *circulating library* au x° siècle. Saint Gennade, évêque d'Astorga, dispose dans son testament de plusieurs objets en faveur de pauvres monastères, et distingue nettement entre ce qui sera propriété de l'un d'eux ou appartiendra en commun aux diverses maisons (ap. Yepes, *Coronica... de la orden de S. Benito*, t. IV, fol. 448). Il veut que les livres soient prêtés tour à tour d'un monastère à l'autre, mais entend bien qu'on ne les donne ni ne les vende, ni ne les communique à aucune autre maison que celles désignées dans son legs.

L'évêque anglican Tanner[1] rapporte que chaque abbaye considérable avait une grande salle, dans laquelle plusieurs écrivains étaient exclusivement occupés à transcrire des livres pour la bibliothèque. Nous en verrons la description d'après des témoins oculaires. Disons tout de suite qu'elle était communément désignée sous le nom de *scriptorium*, parfois changé en ceux de *scripturium*, *scriptoria*, *scriptio*, *scribanaria*, etc.; de là l'expression employée par Nicolas de Clairvaux, secrétaire de saint Bernard, quand il appelle sa cellule *scriptoriolum*[2]. Alcuin recommande aux copistes employés dans le *scriptorium*[3] un silence rigoureux, le soin d'écarter même toute pensée qui détournerait leur application, le choix d'originaux corrects, et le souvenir du mérite attaché à cette œuvre pénible. Le coutumier de saint Victor de Paris[4] entre à ce sujet dans de plus grands détails, qui sont d'ailleurs un monument plus historique que les vers attribués à Alcuin. Il insiste principalement sur l'activité, l'application, l'obéissance au bibliothécaire, et un silence absolu, injonctions que répètent plusieurs autres règles; si bien que, dans l'ordre de Cîteaux, pour assurer le recueillement des copistes, on avait imaginé d'isoler chacun d'eux par de petites cellules (ou loges) pratiquées à cet effet dans le *scriptorium* commun[5]. A Hirschau, l'abbé Guillaume (xi° siècle) avait formé douze de ses religieux au travail du *scriptorium*[6], afin de répandre le goût et les moyens de l'étude

---

1. Cf. Cobbet, *lettre 4e sur la Réforme*. — Alban Butler, *l. c.* Voyez aussi Du Cange (édit. des Bénédictins), aux mots *Scriptores*, *Scriptorium*.
Je ne veux pas présenter Cobbet à titre d'érudit, mais on sait que les catholiques lui avaient livré des matériaux pour mettre son talent de pamphlétaire au service de l'Église.

2. Nicol. *ep.* 25, ap. Mabillon., *op. c.*, x.

3. Alcuin, *Inscriptiones*, t. II, p. 211 :
« Hic sedeant sacræ scribentes famina legis,
» Necnon sanctorum dicta sacrata Patrum;
» Hic interserere caveant sua frivola verbis,
» Frivola nec (*ne*?) propter erret et ipsa manus.
» Correctosque sibi quærant studiose libellos,
» Tramite quo recto penna volantis eat.
» Est decus egregium sacrorum (*sanctorum*?) scribere libros,
» Nec mercede sua scriptor et ipse caret. »

4. *Liber ordinis S. Victoris* : « Quicumque de fratribus
« intra claustrum scriptores sunt, quibus officium scribendi
« ab abbate injunctum est, omnibus iis armarius providere
« debet quid scribant, et quæ ad scribendum necessaria
« sunt præbere; nec quisquam eorum aliud scribere, quam
« ille præceperit.... Loca etiam determinata ad ejusmodi
« opus seorsum a conventu, tamen intra claustrum præpa-
« randa sunt, ubi sine perturbatione et strepitu scriptores
« operi suo quietius intendere possint. Ibi autem sedentes
« et operantes, silentium diligenter servare debent, nec
« extra quoquam otiose vagari. Nemo ad eos intrare debet,
« excepto abbate et priore et subpriore, et armario. » *Ap.* Du Cange, *l. c.*
Bien d'autres textes ont été réunis, depuis mon premier travail, par E.-G. Vogel dans une série d'articles sur l'emploi de l'*armarius* des communautés latines (Serapeum, 1843; p. 17-29, 33-43, 49-55); et M. Duffus Hardy est revenu sur cette question dans son *Descriptive catalogue of Materials*... t. III, introduction. Mais je n'avais pas affiché la prétention de ne rien laisser à dire, car il ne manquait déjà pas de critiques qui trouvassent mon mémoire trop escorté de pièces justificatives.

5. Martène, *Thesaurus anecdotor.*, t. III, 1291-92; et Mabillon, *op. c.*, X. De là vient que le mot *scriptorium* finit par signaler un lieu retiré et solitaire. Témoin ce passage de la chronique d'un monastère du Brabant (ap. Martène, *l. c.*). « Quum autem desiit (*Arnulphus*) abbatizare, adeptus
« est scriptorium quod est in auditorio prioris... In scrip-
« torio continue laborabat, aut legendo, aut orando, aut
« meditando, aut confessiones audiendo. »
De même on désigna souvent par ce nom de *scriptorium* une pièce que se réservaient certains abbés, usage proscrit par les statuts des cisterciens. Cf. Martène, *Thesaurus*, t. IV, p. 1335.

6. Trithem., *Chronic. Hirsaug.* ad A. 1070. — Cancellieri, *Dissert.... sopra Cristoforo Colombo... e Giov. Gersen*, p. 305 — 311.

Veut-on savoir, à peu-près, de quoi se composait le mobilier indispensable d'un *antiquarius*? Cf. *supra*, p. 72. On a pu en trouver quelque *specimen* à propos des Évangélistes, dans nos *Nouveaux Mélanges* : supra, h. t., p. 51; et t. II, pl. II, pl. III; et p. 88, 99, etc. Voici ce qu'exigeaient les coutumes de la Chartreuse, où l'on ne tenait pas à s'éloigner d'une simplicité presque sévère (Cf. Tromby, *Storia... del patriarca san Brunone*, etc., t. VIII, p. 269) : « Ad scribendum...
scriptorium, pennas, cretam, pumices duos, cornua duo,

dans les monastères du pays, fournissant toujours de livres ceux qu'il envoyait au loin pour former les monastères. Un des douze, plus instruit, présidait au travail des autres, choisissait les ouvrages qu'il fallait copier, et corrigeait les fautes des copistes. L'historien de l'abbaye ajoute qu'outre ces douze copistes régulièrement occupés à la transcription, plusieurs autres s'y employaient au besoin; mais il semble que, pour l'ordre commun, ce nombre fut consacré par l'usage. Ainsi, à Saint-Martin de Tournay (xi° siècle) : « Si claustrum ingre- « deris, videres plerumque xii monachos juvenes in cathedris sedentes, et super tabulas « diligenter et artificiose compositas cum silentio scribentes, etc. [1]. » A Fulde, douze moines encore occupés au même office [2]. Ce nombre assez généralement adopté, ce semble, nous montre que les grandes abbayes avaient plus de ressources que la bibliothèque même de Constantinople, sous les empereurs du iv° siècle, puisque Valens [3] n'y entretenait que sept copistes : quatre grecs et trois latins.

Certains faits donneraient à penser d'abord que cet office était le partage des jeunes gens [4]; mais on ne voit pas que cette mesure ait été générale, et plusieurs ordonnances prescrivent [5] au contraire que les livres les plus importants soient donnés à des copistes d'un âge mûr. Nous voyons d'ailleurs des hommes graves, des vieillards, des abbés s'employer à ce travail. Alcuin y avait été appliqué, comme il le dit lui-même à Charlemagne [6], en se plaignant de n'avoir plus à sa disposition les livres dont il s'était servi en Angleterre. Saint Eustase (vii° siècle), abbé de Luxeu, ne croyait point déroger à sa dignité en consacrant à la transcription [7] une grande partie de son temps. Le bienheureux Notker le Bègue (ix° siècle), moine de Saint-Gall, homme dont la vertu et les connaissances font honneur à son siècle, consacrait ses *moments libres* à copier des livres, et continua de le faire jusqu'à la mort, qui ne l'atteignit que dans un âge avancé [8]. Saint Dunstan (x° siècle) corrigeait de sa main les livres, et en peignait les enluminures [9]. Sigon (xi° siècle), abbé de Saint-Florent-de-Saumur [10], et Lanfranc, soit avant, soit même pendant son épiscopat [11], consacraient à ce travail leurs heures de loisir. Saint Pierre Damien dit aux religieux de Fonte Avellana, qu'il a pris soin pour eux de revoir un bon nombre des manuscrits rassem-

---

scalpellum unum; ad radenda pergamena novaculas sive rasoria duo, punctorium unum, subulam unam, plumbum, regulam; postem (sic) ad regulandum, tabulas, graphium. »
Ce *plumbum* pouvait ne pas être du tout ce qui s'appelle aujourd'hui mine de plomb (sans garantie des minéralogistes); car, dans ses trouvailles sorties du sable de la Seine, M. A. Forgeais a constaté que le moyen âge employait des crayons en plomb fondu.
1. Narratio restaurationis abbatiæ S. Martini Tornac. ap. D'Achery, *Spicil.*, t. XII.
2. Klemm, *op. c.*
3. Cod. Theodos., XIV, ix, 2.
4. Cf. Sulpit. Sever., *l. c.* — Spicilegium, xii, *l. c* — Orderic Vital, iii, etc. S. Basile le Grand (*Ep.* 334. *Op.*, t. III) donne à un jeune homme des préceptes singulièrement minutieux sur la manière d'écrire. On ne saurait, ce me semble, tirer aucune preuve, à ce sujet, du capitulaire 72 d'Aix-la-Chapelle (en 789) : « Pueros vestros non sinite eos « (*libros*) vel legendo, vel scribendo corrumpere. » Il y est bien moins question de copie, que de la surveillance à exercer sur les enfants des écoles, pour qu'ils ne gâtent pas les livres dont on leur accorde l'usage. La plus mince connaissance de la vie des classes suffit pour faire comprendre l'utilité de cette recommandation; la négligence, et le goût

quelconque des arts ou l'activité incessante (bonne ou mauvaise) conspirant à la fois chez les écoliers, pour la détérioration des livres. Dans ce capitulaire, comme dans tout ce qui tient aux conciles, je suis l'édition de Coleti.
5. Capitular. Aquisgran. (789), 72.
6. Alcuin., t, I, *ep.* 38. « Desunt mihi eruditionis scholas- « ticæ libelli quos habui in patria per bonam magistri mei « industriam, ut *etiam mei ipsius qualemcumque sudorem.* »
Si aujourd'hui même une bibliothèque ne se remplace pas aisément par une autre, on peut se figurer combien les savants devaient être dépaysés au viii° siècle par une transplantation. Alors presque aucun livre nouveau n'aidait la mémoire en reproduisant l'aspect et la disposition matérielle du texte étudié ailleurs.
7. Jonas, ap. *Mabillon.*, op. c., vi.
8. Ceillier, t. XIX, c. xxxiv, N° 2.
9. Alban Butler, *S. Dunstan* (19 mai). — Ceillier, t. XX, c. v. N° 5. Je donnerai plus bas (§ XXVI, x° siècle) une page que l'on s'accorde à lui attribuer; et qui a été copiée en Angleterre par le P. Arthur Martin. Le *Bibliophile français* l'a aussi donnée en gravure coloriée.
10. Ceillier, t. XX, c. xxx. N° 6.
11. Ceillier, t. XXI, c. i. N° 8.

blés à leur usage[1]. Arnaud, abbé de Saint-Colombe-de-Sens (XII° siècle), parvenu à un âge avancé, se déchargea de tout autre soin pour ne s'occuper que des constructions de l'Église et du travail de la bibliothèque[2]; nouvel indice de la réunion des études d'architecture, d'orfèvrerie, etc., avec l'habileté du copiste.

ces exemples la règle ne manquait pas d'ajouter la sanction de certaines rigueurs au besoin. Saint Isidore de Séville, d'après le P. Florez (*España sagrada*, t. IX, p. 379, sg.), aurait composé ces inscriptions, entre autres, pour le *Scriptorium* de ses monastères :

« Qui calamo certare cupit cum mortua pelle (*pelle ferina?*)
Si placet, hic (*huc?*) veniat : hic sua bella gerat.
Qui vagus hic fuerit media librarius hora,
Suspensus binis feriatur terga flagellis.
  Si plus, dis, terque, quaterque fieri quod vult
Scriba magis nosset; eo (*abeas?*), oportet amice.
Si sapis et sentis, hoc tibi dico : tace.
  Non patitur quemquam coram se scriba loquentem,
Non est hic quod agas, garrule, perge foras. »

Le chapitre général des Dominicains, en 1240, s'exprime fort nettement à ce sujet[3]; et Orderic Vital[4] nous dit d'Osbern, abbé d'Ouche (ou Saint-Evroul), à la fin du XI° siècle, qu'il « savait contenir à merveille les jeunes gens; et *les « forçait très-bien* à lire, à psalmodier, ainsi qu'à écrire ; « employant, quand il le fallait, les réprimandes et les corrections. Il fabriquait lui-même « des écritoires pour les enfants et les ignorants, préparait des tablettes cirées ; *et ne négli- « geait pas de se faire remettre tous les jours, par chaque individu, la tâche de travail qu'il lui avait « imposée.* »

Ces tablettes cirées, pour les écrivains, sont indiquées souvent par les monuments relatifs aux bibliothèques du moyen âge[5]; peut-être servaient-elles surtout à exercer les commençants pour éviter de gâter, dans des travaux sans conséquence, le parchemin dont on avait lieu d'être avare. Quant aux écritoires, comme on l'entendait alors et qu'on nommait *scriptionale, scripturale,* etc., ce n'était point un meuble commun[6] du tout; car certaines

---

1. Cf. *Annales Camaldulens.*, t. II, p. 87.
2. *Spicileg.*, t. II; Chronic. Clarii, ad A. 1123: Hæc summa fuit..... intentio suæ mentis, subtrahi sibi fere omnia sæcularia negotia,..... quatenus maxime expeditiusque in diversorum ornamentorum genere suæ ecclesiæ laboraret; et maxime scriptoribus instaret quatenus libros conscriberent, etc.
3. Martène, *Thesaurus anecdot.*, IV, 1682. § 38. « Illis qui « non scripserunt ut debuerunt, tres dies (*in pane et aqua*), « et tres disciplinas. »
Les *Archives des missions scientifiques* (t. V, p. 390, sv.) ont cité un ancien règlement de bibliothécaire, auquel il serait aisé d'en adjoindre bien d'autres qui ne manquent pas d'intérêt, chacun par quelque endroit.
4. Ord. Vit., *lib.* III.
5. Voir le *Nouveau Traité de diplomatique*, t. I, etc. Elles étaient communément destinées, ce semble, à écrire des choses qui n'avaient pas besoin d'être conservées longtemps, comme par exemple celles qui devaient plus tard être mises au net. Cette question déjà traitée par plusieurs hommes capables (J. E. E. Walch, Trombelli, etc.) a été l'objet de mémoires importants depuis une trentaine d'années. Cf. Biblioth. de l'École des Chartes, III° série, t. I, p. 393, svv.
Le parchemin coûtait cher, et l'on évitait de s'en servir pour tout ce qui n'était pas écriture définitive destinée à un long usage. De là, entre autres motifs, cette censure d'Étienne, abbé de Cîteaux (S. Bernardi *opp.*, t. I) : « Inter- « dicimus auctoritate Dei ne quis hunc librum, magno labore « præparatum, inhoneste tractare præsumat. »
6. On peut voir quelques détails sur ce *nécessaire* des copistes anciens, dans les *Éléments de Paléographie*, dans Fumagalli (*passim*), dans D. Bessel (t. I), et dans les Recher-

communautés (comme Saint-Guilhem-du-désert, en Aquitaine) exigeaient, pour s'en épargner la dépense, que chaque novice apportât avec lui deux écritoires garnies, dans le trousseau qu'il devait fournir dès son entrée en religion[1].

On voit une préoccupation de copiste positif dans cette réponse du monastère de Nieul-sur-Autize à une notification d'obit (*Rouleaux des morts*, p. 390):

> « Vilior est humana caro quam pellis ovina :
> Extrahitur pellis et scribitur intus et extra ;
> Si moriatur homo, moritur caro, pellis et ossa. »

XVII.

Le *scriptorium* n'était pas l'unique moyen imaginé pour fournir aux bibliothèques. Le zèle des abbés avait suggéré des expédients, dont la variété nous montre que la coutume n'était pas l'unique soutien du mouvement bibliographique. Tantôt c'est un appel à la bonne volonté commune, tantôt le recours à la puissance des princes ou à l'autorité capitulaire pour avancer les affaires de la bibliothèque et accroître son revenu : soit par des engagements réciproques des officiers de la communauté, soit par des chartes seigneuriales, soit par des règlements de l'abbaye. Nous avons vu un chapitre général (à Saint-Guilhem-du-désert) frapper les postulants d'une sorte de contribution au profit du mobilier des copistes ; l'abbaye de Corvey, en 1097, visait à un résultat plus direct en statuant que chaque novice, le jour de sa profession, donnerait à la bibliothèque un livre qui ne fût pas commun[2]. C'était fonder une sorte de série historique pour l'abbaye, en même temps qu'un revenu net pour l'*armarium*. Aussi le même abbé statua-t-il que chacune des maisons soumises à sa juridiction eût à rédiger régulièrement ses annales pour les remettre au bibliothécaire de Corvey. L'ancienne Corbie (picarde)[3] détermina une taxe que devaient acquitter régulièrement au profit de la bibliothèque toutes les fondations de sa dépendance ; et, pour rendre ce règlement plus obligatoire, on le fit confirmer par le pape Alexandre III (xiie siècle). A Bèse, en Bourgogne (xiie siècle), une imposition en denrées et à terme fixe fut établie, dans ce même but, sur tous les tenanciers et gens de l'abbaye ; et, au dire du chroniqueur[4], le bon abbé eût bien voulu porter plus haut la redevance exigée, mais il n'osa trop em-

---

ches diplomatiques des Bénédictins de saint Maur. Je m'interdis presque tout détail sur le matériel du *scriptorium*, afin de ne pas m'écarter du but de ce mémoire, où je me propose pour objet les *bibliothèques* du moyen âge. Tout en me restreignant à ce point de vue, je laisserai encore assez de lacunes, sans aborder d'une manière superficielle ce qui n'y a pas un rapport nécessaire.

Transcrivons toutefois, et à valoir autant que de raison (sans préjudice pour les renseignements donnés par Théophile *De encaustico*), une recette pour l'encre qu'Endlicher (p. 56) a trouvée intercalée au xiie siècle dans un Virgile du xe :

« Vitreoli quarta, mediaque sit uncia gummæ ;
« Integra sit gallæ, superaddas octo falerni. »

Le dosage n'est pas d'une précision officinale très-satisfaisante, mais des tâtonnements bien dirigés sur cette voie conduiraient peut-être à quelque résultat utile.

1. *Annal. Benedict.*, t. VI, p. 1156 ; *ap.* Lebeuf, *Dissertations*, l. c. — Cf. Du Cange, v. c. « Debet habere... « ille qui fuerit monachandus, pro suis vestibus et arnesio « duas cucullas et floccum unum, *duo scriptionalia cum* « *pennis*, duas tunicas, etc. » Statutum Capituli generalis monast. Gellon. anno 1150.

2. *Hist. de la Biblioth. de Corvey*, ap. Scriptor. Rer. Brunsvic. Legem fecit Marchwartus ut quivis novitius in die professionis suæ, etiam librum donaret bibliothecæ *utilem et alicujus pretii*. Voluit etiam ut quilibet præpositus vel alius historiarum peritus monasterii sui nostro subjecti, chronicon colligat eique mittat ad futuram rei et posteritatis memoriam.

3. Lebeuf, *Dissertations*, t. II. Cf. Ziegelbauer, t. I, p. 471.

4. Spicileg., t. I, *Chronicon Besuense* : Domnus abbas Gerardus audiens quod ex quo venerabilis Joannes *cantor* ex hac vita migravit, monimento librorum nemo condidisset ; constituit ut omni anno *cantori* de unaquaque obedientia hemina frumenti daretur. Nolens, quamvis majora vellet, aliquem gravare ; quo libentius ditiores et pauperiores præberent assensum, et futuris non esset onerosum. Omnes vero obedientiarum præpositi huic decreto quod eis in remissionem peccatorum injungebatur assenserunt, et libenter se

brasser dans la crainte de mal étreindre. Sa modération lui réussit du reste, et les obédienciers, s'exécutant de bonne grâce, acceptèrent la réquisition qu'on exigeait d'eux *pour leurs péchés*. La bibliothèque de Fleury (Saint-Benoît-sur-Loire) paraît avoir disposé d'un moyen de recrutement bien autrement efficace. Tout élève de son école avait à présenter chaque année deux volumes en manière d'honoraires ; ce qui devait faire un véritable *tribut monstre*, puisque les écoliers de Saint-Benoît-sur-Loire passèrent, dit-on, le nombre de cinq mille au xe et xie siècle[1]. On comprend dès lors comment cette illustre abbaye possédait une des plus belles bibliothèques de la chrétienté, lorsqu'au xvie siècle Odet de Coligny, son abbé commendataire, la livra aux fureurs des calvinistes que ses frères (l'amiral et d'Andelot) dirigeaient[2]. Aussi ses livres se dispersèrent-ils au loin.

Saint-Martin-des-Champs (près Paris), Philippe était bibliothécaire en novembre 1261, et peut bien avoir conseillé au prieur Milon la mesure que voici : outre une dotation d'un revenu annuel de vingt sous pour les livres du prieuré, il augmenta le chiffre des redevances que les baillis et prieurs payaient chaque année à la bibliothèque pour la reliure et la réparation des principaux livres de la maison[3].

M. L. Delisle (*Ibid.*, t. II, p. 405) indique une contribution imposée aux différents prieurés de Saint-Bénigne-de-Dijon pour l'achat du parchemin nécessaire à la bibliothèque de son abbaye principale. Quant à Cluny l'*Histoire littéraire de la France* (t. XII, p. 354) signale une manufacture de parchemin appartenant à ce grand monastère.

La reliure des livres entraînant des frais considérables, avait été l'objet de semblables mesures. Dès la fin du viiie siècle l'abbaye de Saint-Bertin obtenait de Charlemagne un diplôme[4] par lequel cet homme extraordinaire sentant le sérieux de tout ce qui avait quelque rapport à la conservation et à l'ornement des livres, autorisait les chasses destinées à fournir des peaux pour la reliure. A son exemple plusieurs seigneurs s'intéressèrent à cet objet, et firent des fondations pour subvenir à cette dépense[5]. Les abbés de Saint-Père-en-Vallée à Chartres, et de Vendôme[6] (au xiie siècle), fixèrent une taxe annuelle à lever sur toutes leurs dépendances pour mettre le bibliothécaire à même de pourvoir aux frais de reliure.

A Corbie (sur-Somme), pour subvenir aux dépenses que réclamaient la conservation et

---

hoc acturos promiserunt. Sancitum est hoc a prædicto abbate omnibus laudantibus.... atque statutum ut a Kal. octobr. usque in Kalend. novembr. idem donum unusquisque solutum habeat.

1. Joann. Bosc., *Biblioth. Floriacensis*; etc., etc. Cf. Ziegelbauer, t. I. C'est ce qui explique comment Saint-Benoît-sur-Loire avait encore, au xvie siècle, plusieurs marchés, et bien des établissements qui supposaient une tout autre population que celle qui lui reste aujourd'hui. Cf. Marchand, *op. c.* Mais l'*Histoire littéraire de la France* (t. VII, p. 35) n'ose pas garantir les chiffres donnés par mes auteurs. Cf. L. Delisle, *le Cabinet des mss....*, t. II, p. 365, sv.

2. Sur le sort singulier de cette bibliothèque, cf. N. Tr. de Dipl. III, 49. — P. d'Ebulo carmen, *præf.* — Jubinal, *Rapport*, etc. 1838. — P. Paris, *Mss. françois... de la biblioth.*

du roi, t. IV, p. 51 — 57, et 59. — Sinner, *Catalog. biblioth. Bernens.* — etc.

3. L. Delisle, *le Cabinet des mss....*, t. II, p. 239, sv.

4. Martène, *Thes.*, III, 498. — Mabillon, *De re diplomatica*, VI. N° 199.

5. Par exemple, Geoffroi, comte d'Anjou, en faveur de Notre-Dame-de-Saintes (1047). *Ann. Benedict.* ap. Lebeuf, *Dissertations*, l. c. — *Bulletin du bibliophile belge*, t. IV, p. 85. — Dehaisnes, *op. cit.*, p. 34. — *Biblioth. de l'École des chartes*, IIIe série, t. I, p. 447, note 3 ; et v[e] série, t. III, p. 40, sv.; 447.

6. *Annal. Bened.* ad A. 1145, 1156, etc. ap. Lebeuf, l. c. Cf. *Hist. littéraire de la France*, t. IX, p. 140. — Même chose pour Fleury-sur-Loire, au xiie siècle. Cf. Scrapeum, 1844, p. 23 — 25.

l'augmentation de la bibliothèque, le gardien des livres disposait de certaines rentes assignées par le couvent et confirmées par le pape (Cf. *supra*, p. 87). Il recevait annuellement dix sous de chacun des grands officiers du monastère, et cinq sous des officiers d'un ordre inférieur; il touchait en outre une rente de trois muids de grains, due par les religieux de Clairfai, et les revenus de la terre de Branlères[1].

XVIII.

ais voici bien un autre expédient, et qui n'était pas nouveau pourtant au moyen âge. Lebeuf[2] raconte qu'un abbé Prémontré des Pays-Bas (XIIIe siècle), après avoir copié, avec l'aide de son frère, tout ce qu'il avait trouvé dans ses voyages de livres sur les humanités, la théologie et le droit, imagina d'avancer sa tâche en recourant à des religieuses qu'il chargea de lui transcrire différents livres de l'Écriture sainte et des Saints Pères. Cette idée, d'appliquer à la transcription la dextérité patiente des femmes, n'était point de son invention précisément; car, bien longtemps avant cette époque, Eusèbe[3] parlait de jeunes vierges employées comme copistes par les docteurs ecclésiastiques; et la littérature des femmes chrétiennes avait déjà au temps de Tatien[4] (IIe siècle) allumé la bile des satiriques païens, qui ne savaient par où aborder le christianisme. Au Ve siècle, sainte Mélanie la jeune est louée par son biographe[5] pour la célérité, l'exactitude et la beauté de son travail calligraphique. Il est probable qu'ayant fondé plusieurs monastères, elle transmit à ses imitatrices l'estime et la pratique de cet exercice, si toutefois elle ne l'avait pas elle-même emprunté aux communautés qui l'avaient précédée. Du moins voyons-nous depuis lors, presque constamment, des *scriptoria* en réputation dans les couvents. Sainte Césaire, Césarie ou Césarine (VIe siècle) et ses religieuses avaient acquis en ce genre une renommée[6] toute spéciale à leur communauté (le grand monastier d'Arles). Sainte Harnilde (ou Harlinde) et sainte Renilde, abbesse de Maes-Eyck, en Limbourg (IXe siècle), s'occupaient également de transcrire les livres saints[7]; et saint Boniface[8], apôtre de la Germanie, écrivant à une abbesse, la prie de lui faire copier en lettres d'or les épîtres de saint Pierre. Parmi les plus anciens manuscrits de Fulde, une *antiquaria*, que Schannat soupçonne être la fille (*Rathrude*) de Rachis, roi des Lombards (VIIIe siècle), termine ainsi son ouvrage : « In honore Domini nostri Jesu Christi, ego Ra-« gyntrudis ordinavi librum istum; quicumque legirit (*sic*) conjuro per Deum vivum ut pro « me orare dignimini (*sic*)[9]. »

---

1. L. Delisle, *le Cabinet des mss.*, t. II, p. 124.
2. *Sacræ antiq.* Hug. Præmonstr. Ap. Lebeuf, *l. c.*
3. Euseb. *H. E.* VI, 17. Cf. Woid, *Notitia codicis Alexandrini*, § 44; à propos du manuscrit grec attribué à Thècle (§ 42) par Cyrille Lucar. Ce n'est pas que je me porte garant de la tradition alléguée pour ce fait particulier, où une martyre contemporaine d'Eusèbe est citée comme ayant copié l'Écriture sainte.
4. Tatian., *Or. ad Græcos*, n°s 52, 53 (Oxford, 1700). Je ne sais si, d'après ces données, on ne pourrait pas interpréter dans le même sens l'office des femmes désignées par l'Église de Milan (Cf. *Antichità Longobardico-Milanesi*, III), sous le nom de *Scriptanes*, et que Fumagalli croit avoir été tout simplement une congrégation de femmes chargées d'accompagner les funérailles. Mais je ne voudrais critiquer un homme si docte que sur preuves définitives.
5. Cf. Mabillon, *Études monast.*, VI.
6. « Cæsaria cujus opus cum sodalibus tam præcipuum « viget ut inter psalmos atque jejunia, vigiliis quoque et « lectiones, *libros divinos pulchre scriptitent* virgines Christi « ipsam magistram habentes. » *Vita S. Cæsarii.* Ap. Mabillon, *Acta SS. Bened.*, t. I, p. 668.
7. *Acta SS. Bened.* sæc. III, præf., § 4. Cf. Dehaisnes, *De l'art en Flandre*, peinture, p. 30, sv.
8. Bonif., ep. 28.
9. Schannat, *Vindemiæ*, I.

Les religieuses n'apportaient pas seulement à cette tâche la délicatesse soigneuse et l'élégance du travail des mains, naturelle à leur sexe. Initiées à la langue[1] des livres ecclésias-

---

[1]. Avant d'entrer dans quelque développement sur l'instruction des religieuses, et même des femmes séculières au moyen âge, il est bon d'écarter par quelques faits les préjugés communs sur la civilisation farouche et brute de ce temps. On nous a répété tant de fois que la qualité de gentilhomme était incompatible avec la connaissance même de l'écriture, et il est si commode d'adopter un jugement tout fait, sans aller s'enquérir des preuves!

La croix, au lieu de signature, était une espèce de serment; et le témoignage de l'écrivain public la légalisait, sans qu'il fût besoin d'un seing véritable comme nous l'entendons aujourd'hui. Cf. Bibliothèque de l'École des Chartes, 1re série, tome I, p. 541, sv.; IIIe série, tome I, p. 529 (pour Bertrand du Guesclin). — D'Achery, Spicileg., t. XIII, p. 63.

Le fait est, pourtant, que tous les laïcs d'alors n'étaient point des Turcs, comme eût dit Charlet. Si l'on veut se faire une idée de ce qui les occupait parfois, on peut voir dans le testament d'Éberhard, comte de Frioul, et gendre de Louis le Débonnaire, ce qui regarde la bibliothèque de ce prince. On y trouvera saint Isidore, saint Éphrem, saint Basile, etc. (Ceillier, XIX, c. XIV, 6).

Sur Charlemagne, parfois cité comme n'ayant pas su écrire (!), voyez les éloges (ampoulés sans doute, mais trop singuliers pour un prince qui n'aurait pas même eu le talent de tracer l'alphabet) que lui donne Hilpéric. Ap. Fabric., *Biblioth. latin. med. ævi* (ed. Mansi, t. II, p. 162).

Ce n'est pas que plusieurs de ces vieilles pauvretés n'aient été remises à neuf dans la *Revue des Deux-Mondes* (octobre 1874, p. 898, etc.); mais, comme disait l'ancienne philosophie: « Propter nostrum affirmare, vel negare, rerum veritas « non mutatur. » En outre, cela se trouve dans le même article qui veut bien enseigner aux *deux mondes* que Jézabel écrivit *aux habitants de Naboth* (ibidem, p. 802)! Jugez, sur tel échantillon, de la science archéologique (ou même simplement biblique) qui présidait à ce travail.

Les cinq mille écoliers de Saint-Benoît sur Loire, pour ne parler que d'une seule école, ne prenaient sûrement point la tonsure, tous jusqu'au dernier. Jean Érigène (*Scotus*, IXe siècle) était laïc, quoiqu'il citât Aristote, Platon, Cicéron, Virgile, etc. Charlemagne avait menacé de son courroux ceux des jeunes seigneurs qui ne prenaient pas soin de relever leur noblesse par l'étude des lettres. Quantité d'hommes qui embrassèrent l'état ecclésiastique ou la profession monastique dans un âge avancé y entrèrent néanmoins avec des études suffisantes; et ainsi saint Thomas de Cantorbéry (XIIe siècle) n'eut qu'à suivre des cours de droit canon pour compléter les connaissances nécessaires à un ecclésiastique. Orderic Vital (lib. III) parle de seigneurs (Radulf Male-Couronne et Robert de Grandmesnil) qui avaient fait de bonnes études avant d'entrer en religion (XIe siècle); saint Odon (fin du IXe siècle) raconte de son père qu'il était fort au fait de l'histoire ancienne, et savait par cœur des passages de Justinien (Ceillier, XIX, c. XL, 18). En outre, nous savons que plusieurs seigneurs, qui n'avaient pas étudié, ne laissaient pas de lire, et se faisaient faire des extraits (XIe et XIIe siècle): cf. Ann. Benedict., t. IV, p. 541, ap. Lebeuf, *Dissert.*, l. c. J'en citerais bien d'autres si ce n'était donner trop d'étendue à une digression. D'ailleurs nous aurons à y revenir sous le §. XIX.

Quant aux princes, Jean de Salisbury (*Policr.*, IV, 6) et Pierre de Blois (ep. 48) leur recommandaient de faire étudier leurs fils, afin qu'ils apprissent dans les historiens à suivre de bons exemples. Aussi notre roi Robert est bien connu pour latiniste, et avait suivi les cours publics de Reims; Louis VI fut élevé dans l'abbaye de Saint-Denis; Louis VII avait fait quelques études au cloître Notre-Dame à Paris; et Vincent de Beauvais a écrit un traité de *l'Éducation des enfants nobles*, où il ne leur épargne point les études classiques. Plus tard, nous voyons que Louis XI savait sa prosodie, et avait assez présents à sa mémoire les vieux vers techniques de son enfance, puisqu'il en fit une application parodique si bizarre aux procédés diplomatiques du cardinal Bessarion. Cf. Colonia, *Hist. litt. de Lyon*, II, 393; et Fénelon, *Dialogues des morts*.

Voici comment Brantôme (éd. Monmerqué, t. II, p. 41 sv.) raconte cette singulière saillie d'un roi de France, dans une audience donnée à l'envoyé du Pape. Le docte archevêque de Nicée, alors âgé de 76 ans, avait été député vers le roi et le duc de Bourgogne : mais, comme il avait jugé à propos de commencer sa mission par le duc, cette marche oblique choqua le monarque, lequel, dit Pierre de Bourdeilles, trouva fort estrange la façon de ce pauvre philosophe d'avoir abordé premier le vassal que le seigneur, cuidant que ce fust par mépris. Non obstant, il ouyt sa harangue philosophale, tellement quellement; en après, d'un visage moitié courroucé, moitié ridicule et de mespris, et lui ayant mis doucement la main sur la barbe révérenciale, il lui dist : Monsieur le révérend,

Barbara, Græca, genus retinent quod habere solebant:

et, sans lui faire autre responce, le planta là tout esbahy. Et quant, quant et aussitost, lui fist dire par quelque autre, qu'il eust à se retirer, et qu'il n'auroit autre response ni despesche. De laquelle le pauvre révérendissime eut tel desplaisir et despit que, retourné à Rome (c'est-à-dire *en retournant à Rome*), il en mourut. Où diable ce roi avait-il appris ces vers, pour les dire et les appliquer si bien à propos?

Sur la question de l'auteur, *où diable*, etc.? la réponse est bien facile, dit Legrand d'Aussy, à qui j'emprunte cette citation. De tout temps, en France, l'éducation des rois et des princes ayant été presque exclusivement confiée à des membres du clergé, ses instituteurs y firent entrer, comme élément primitif, la connaissance du latin, langue qui était celle de leurs auteurs, de leurs écoles, de leur liturgie. Louis XI l'avait apprise comme la plupart de ses prédécesseurs, et par conséquent le vers dont il s'agit avait pu, ainsi que beaucoup d'autres du *Doctrinale puerorum* (d'Alexandre de Ville-Dieu), rester dans sa mémoire; parce que, pour l'étude du latin, on avait affligé son enfance de ce livre, comme on a tourmenté la nôtre du Despautère (*Notices et extraits des manuscrits*, t. V, p. 514).

Les rois de France antérieurs à Louis XI ne faisaient point exception parmi les têtes couronnées, comme je le montrerai incessamment (outre les preuves données déjà); et la bibliothèque Riccardi, à Florence, possède encore les

tiques, elles ne les transcrivaient point à l'aveugle, et savaient profiter de ce qu'elles copiaient. Ziegelbauer et le savant Mabillon lui-même [1] se sont trop laissés aller au désir de louer leur ordre, quand ils ont fait de la connaissance du latin, etc., parmi les religieuses, un attribut quasi exclusif des annales bénédictines. Les dominicaines n'étaient point illettrées : on trouvera dans la *Bibliothèque ascétique* de D. Pez (tome VIII) les vies des religieuses les plus exemplaires d'Underlinden en Alsace, rédigées en latin par Catherine de Gebwiler, dominicaine de Colmar. Quoi qu'il en soit, la connaissance du latin était ordinaire, et même de règle, dans nombre de couvents au moyen âge [2]; et il existe quantité d'opuscules latins écrits alors par maintes religieuses [3] comme on le verra incessamment.

Venance Fortunat, évêque de Poitiers, énumère ainsi les livres dont sainte

— Ziegelbauer, *l. c.* Sur l'érudition des femmes anciennes et modernes, cf. Tiraqueau, *In leg. connubial.* — Guevara, *Horloge des princes*, l. II. — Morhof, *Polyhistor*, passim. — Struve, *De usu bibliothecarum* (introd. ad notit. rei litterariæ, cap. 5). — Kornmann, *Tractatus de statu et jure virginum*. — Thomasius et Sauerbrei, *Dissertations académiques* ad hoc; etc., etc. Lebeuf, qui avait promis des détails à ce sujet (*Dissertat.*, t. II), paraît avoir reculé ensuite devant sa tâche; les matériaux cependant ne lui manquaient pas, comme on le voit. Sur les Espagnoles en particulier, on rencontre plus d'une notice dans Nicolas Antonio, *Biblioth. Hispana nova* (2ᵉ édit.), t. II, p. 343 ; et dans Masdeu, *op. c.*, passim. Sur les Italiennes, on trouvera probablement quelques données dans un ouvrage de madame Canonici Facchini, intitulé : *Prospetto biografico delle donne italiane rinomate in letteratura*. Voir aussi Vesp. Bisticci, dans l'*Archivio storico italiano*, t. IV, p. 439, sgg.

Dans la *Bibliotheca ascetica* de D. Pez (t. IX, p. 224, etc.), un cistercien répond à diverses questions sur la règle des religieuses; et le chapitre IV est celui-ci : « Quæritur « utrum teneantur jejunare quarta feria a festo Pentecostes « usque ad festum Exaltationis S. Crucis, simul juvenes et « senes, scilicet *illæ quæ debent adhuc studere*, legere et « cantare. » Et au chapitre XII : Quæritur utrum valeat quod... una det alteri aliquid quod « sibi scribat vel « laboret. » Et il répond : « Non licet quod monialis alteri « scribat quidquam, vel laboret pro aliquo pretio vel... « favore. » En sorte que plusieurs religieuses faisaient de leur talent à écrire, etc., l'objet d'une petite spéculation domestique, pour se gagner les bonnes grâces de leurs compagnes, ou obtenir d'elles quelque chose en retour.

Au chapitre XVII des mêmes consultations, le religieux distingue les *converses* comme *non-lettrées*, et communément hors d'état de comprendre les lectures latines; à cette occasion, il rappelle un règlement qui veut qu'à *cause d'elles*

Commentaires de César pris par les Génois au roi d'Aragon, lorsqu'ils battirent sa flotte, le 12 août 1435.

Sur la prétendue ignorance du connétable Anne de Montmorency, en plein XVIᵉ siècle, voyez une pauvreté que relève M. L. Delisle dans le *Cabinet des ms. de la Bibliothèque nationale*, t. II, p. 385.

1. Acta SS. Bened. *Præf. ad sæc.* III, *l. c.*—Ziegelb., *Hist. litt.*, t. III, c. IV.
2. Cf. *Hist. littér. de la France*, t. IX, p. 127, 129-131; etc.
3. On peut voir encore, par exemple, les Bollandistes : *Juillet*, II. p. 500 et 588, etc.—Rader, *Aula sanct.*, passim.

Radegonde (vi° siècle) faisait usage dans son monastère[1] de Sainte-Croix dont la succession persiste encore aujourd'hui :

> « Cujus sunt epulæ quidquid pia regula pangit,
> Quidquid Gregorius Basiliusque docent
> Aut Athanasius, quod lenis (!) Hilarius edunt,
> Quos causæ socios lux tenet una duos.
> Quod tonat Ambrosius, Hieronymus atque coruscat,
> Sive Augustinus fonte fluente rigat;
> Sedulius dulcis, quod Orosius edit acutus.
> . . . .
> His alitur jejuna cibis, etc. »

Que sainte Radegonde connût la langue latine, l'époque où elle vivait suffirait à le faire croire aisément; mais le docte abbé Petit-Radel voudrait[2] en outre conclure, de ces vers, que la langue d'Homère lui était bien connue, parce que, dit-il, les Pères grecs n'avaient pas encore été traduits alors. Je n'oserais pas affirmer une telle conclusion sans autres données ; attendu qu'un corps de traduction officielle, pour ainsi dire, ne paraît pas nécessaire pour expliquer comment les noms des Pères grecs trouvent place dans un compliment semblable. Il suffisait que les religieuses de Poitiers possédassent la version de quelques extraits, dans leurs lectionnaires par exemple. Du reste, l'autorité de ce savant est bien de quelque poids dans une question d'histoire littéraire de la France[3]; et la langue grecque, d'ailleurs, n'était point inconnue du tout parmi nos pères à cette époque[4].

Bède[5] raconte que les jeunes filles des grandes familles anglaises étaient souvent envoyées dans les monastères de France : surtout à Chelles, à Faremoutier ou à Jouarre, et aux Andelys, pour y recevoir une éducation digne de leur naissance; et il ne dit point du tout que ces jeunes élèves fussent vouées exclusivement à la virginité.

Sainte Gertrude, abbesse de Nivelle (au vii° siècle), faisait entreprendre par des gens habiles les voyages de Rome et d'Irlande pour acquérir des livres et attirer en Brabant les savants d'outre-mer[6]. Sainte Liobe (Lièbe ou Léobgyte, viii° siècle), parente de saint Boniface, lui écrivait en un style fort tolérable[7] pour le temps; et envoyait même à ce grand évêque une

---

on explique toujours la règle en langue vulgaire, *après qu'elle aura été lue en latin*.

Bien plus, le Chapitre général des cisterciens (en 1531) défend aux religieuses de leur ordre l'usage d'aucun autre livre que ceux écrits en latin, pour les lectures publiques.... Monialibus injungendo et districte inhibendo « quatenus « nullos, præsertim in refectoriis et collationibus suis, « vernacula lingua libros conscriptos recipiant; sed latinos « tantum et ab ordine institutos legant... etc. » Ap. Martène, *Thesaurus*, t. IV, col. 1653, n° 1.

1. Ven. Fortunat., *Opp.*, Romæ, 1786. Part. I, lib. viii, cap. I.

Pour un pays de langue latine aussi, j'ai cité ailleurs le vieux biographe de sainte Segnorine. Cf. Caractéristiques des SS. dans l'art *populaire*, p. 527, sv.

2. Petit-Radel, *op. c.*, p. 47.

3. Je prendrai pourtant la liberté de ne pas m'y abandonner aveuglement. Sans vouloir des hommes distingués, on peut ne s'en rapporter à leurs assertions que quand elles sont bien appuyées de preuves; la vérification de ce qu'ils avancent est irrécusablement dévolue à tout homme de bon sens, qui, capable d'application, s'occupe des mêmes matières.

4. Cf. Petit-Radel, p. 51. — De la Rue, *sur les Bardes*, préface. Ajoutez que le monastère de Sainte-Radegonde, étant soumis à la règle de S. Césaire, se trouvait par là naturellement en relation avec Arles où la liturgie grecque n'avait pas cessé. Cf. Hist. de l'Égl. gallic. (in-4°), t. II, 267.

5. Hist. gentis Anglorum, libr. iii, cap. 8 (Opp., ed. Giles, t. II, p. 288). Cf. AA. SS. O. S. B. sæc. iii, P. I, p. 25.

6. Acta SS. Benedict. sæc. ii, p. 465; ap. *Petit-Radel, l. c.*

7. Biblioth. vet. Patr., t. XIII. Bonifac., *Epist.*, 36, 46, etc. Cf. *Ep.* 2, 5, 7, 13, 14, 20, 25, 28, 31, 34, 35, 38 ; etc., etc.
— Leidrad, archevêque de Lyon, écrivait aussi en latin à sa sœur (op. c., t. XIV), ce qui est moins extraordinaire cependant pour la France du viii° siècle que pour l'Angleterre peuplée par des nations germaniques. Mais, au xii° siècle, Pierre de Blois écrivait de même à une religieuse (op. c., t. XXIV, ep. 36 et 55), lui citant même un vers d'Ovide (de Ponto). Cependant la littérature des couvents de femmes paraît avoir été communément réduite

de ses compositions en vers latins, pour en avoir son avis. Elle nomme sa maîtresse, qui s'appelait Eadburge [1]. Les religieuses anglo-saxonnes, et sainte Liobe entre autres, portèrent leur éducation classique en Allemagne ; partageant l'apostolat des missionnaires anglais par l'établissement d'écoles qu'elles dirigeaient [2] dans les pays nouvellement conquis à l'Évangile. Il semble que leurs préceptes et leurs exemples aient jeté de profondes racines dans ces contrées, puisque c'est dans les provinces germaniques, si je ne me trompe, que vécurent les religieuses les plus lettrées du moyen âge. Au xe siècle Hroswitha, religieuse de Gandersheim (près d'Hildesheim), apprit *dans ses moments de loisir,* non-seulement la langue latine, mais quelque peu de grec, dit-on, et les principes de la philosophie [3]. Elle a laissé, outre un poëme sur la fondation de son couvent [4], et une histoire de l'empereur Othon Ier, six drames chrétiens composés par elle à l'*imitation de Térence,* sur des sujets pris de l'histoire ecclésiastique. Or, quoique la lecture des œuvres de Hroswitha la montre assez éloignée du modèle qu'elle s'était proposé, on ne peut y méconnaître une érudition fort étendue, une entente remarquable du drame, et souvent une perfection de style vraiment surprenante.

Sainte Gertrude de Saxe, abbesse d'Helfede (fin du xiiie siècle et commencement du xive), et formée dès l'enfance à la vie monastique [5], poussa l'application aux études littéraires jusqu'à en éprouver plus tard un véritable scrupule [6]. Mais ces regrets ne la détournè-

aux auteurs ecclésiastiques, excepté peut-être pour les lectures élémentaires. Tout ce qui s'écartait beaucoup du cercle ascétique y était une exception, la plupart du temps.

1. Voici l'envoi de cette pièce de vers à l'apôtre de la Germanie : « Hoc parvum munusculum mittere curavi, « non ut dignum esset tuæ almitatis aspectui, sed ut « memoriam parvitatis meæ retineas, nec longa locorum « intercapedine oblivioni tradas; quin imo veræ dilec-« tionis ligatura reliquum nodetur in ævum.... Istos autem « subterscriptos versiculos componere nitebar secundum « poeticæ traditionis disciplinam; tuo audacia confidens, « sed gracilis ingenioli rudimenta excitare cupiens, et tuo « auxilio indigens. Istam artem ab *Eadburgæ* magisterio « didici, quæ indesinenter legem divinam rimari non « cessat, etc. »

2. Mabillon, *Præf.* ad Acta SS. Benedict. sæc. iii, § 4. Plusieurs de ces religieuses sont qualifiées de « valde eru-« ditæ in liberali scientia » (Cf. Lingard, Antiquités, c. xiii); et ce n'était pas toujours un éloge de complaisance. Nombre de lycéens quittent aujourd'hui les bancs de l'école sans être en mesure de concourir avec ces nonnes du moyen âge. Voyez, par exemple, l'éducation littéraire qu'avait reçue sainte Hathumode, d'après sa biographie latine rédigée par les religieuses de Gandersheim (ap. D. Pez, *Thesaur.*, t. I, P. iii; p. 294-295, 307, sq. ; et 321, etc.).

Quelques *rouleaux des morts,* publiés par M. L. Delisle, montrent que les religieuses écrivaient et répondaient en petites pièces de vers latins assez présentables; au point que les écoliers de Sarisbery (p. 192) s'en dépitent avec un style qui n'efface guère celui des nonnes, dont ils prétendaient sans doute se moquer un peu.

3. Trithem., *De Scriptor. ecclesiastic.*—Ziegelbauer, *l. c.* — Saxii *Onomasticon,* t. II.

4. Scriptores rerum Brunsvic., t. II. Il y a une édition de ses œuvres, publiée en 1707, in-4°, à Wittenberg; outre celle de Nuremberg, 1501.

Depuis que ceci s'imprimait en 1839, M. Magnin a publié le théâtre de Hroswithe en y joignant une traduction française qui n'annonce pas toujours l'habitude suffisante du latin ecclésiastique. Mais ce qui mérite particulièrement d'être vérifié dans la *Revue critique d'histoire et de littérature* (1868, 1re partie, p. 169), c'est l'énorme bévue d'un savant germanique de nos jours au sujet de cette religieuse qu'il croit inventée par les humanistes allemands de la *Renaissance.* Le malheureux persiste dans son assertion, qui pis est, ne voulant pas en avoir le démenti. Si un Français eût écrit et soutenu pareille thèse, les peuples de la droite du Rhin feraient *chorus* d'éclats de rire à perpétuité pour bafouer l'étourderie celtique ou la légèreté irrémédiable des races latines.

D'ailleurs voulût-on mettre en doute ce latinisme dans l'éducation des femmes allemandes, nous en trouverions l'équivalent dans notre France, vers la même époque; par exemple à Meung-sur-Loire (Cf. Romania, 1872, p. 42-45); et je ne réponds point que des comtesses ou duchesses françaises n'en sussent pas à peu près autant. Mais, au cas où nous viendrions à prouver cela, la Germanie serait capable de nous assurer que les paysannes allemandes apprenaient le grec dans les écoles rurales du xie siècle. Donc, ne laissons pas les Teutons se piquer au jeu contre nous autres Welches, ou bien Dieu sait ce qui en arriverait!

5. *Insinuationum divinæ pietatis* (l. I, c. ii), ed. L. Clement, Salzbourg, 1662, in-16.

6. *Insinuat., l. c.* « Nam gratia illustrante divina accidit ut ipsa virgo, *dum inter humana litterarum studia continue versaretur,* agnosceret se nimium in regione dissimilitudinis distare a Deo. Quippe quæ *immodice litteris inhæserat humanis....* Intellexit præterea, nec absque gemitu cordis expendit, quot interim, tum consolationibus, tum divinæ sapientiæ illuminationibus sese privaverit dum pius justo studiis oblectata sit humanis... Atque ideo sciens se monasterio inclusam ut non minus virtute cresceret ac sapientia,

rent des premiers objets de son attention, que pour lui inspirer le désir de s'adonner à des sujets plus graves avec un sérieux plus grand encore ; rédigeant elle-même des compilations édifiantes ou transcrivant de pieux écrits, pour les monastères qu'elle savait en être dépourvus[1]. D'ailleurs, le fruit de ses premières études n'en persista pas moins, comme on le voit par le style de ses ouvrages, et par l'estime qu'en firent dès lors ce qu'il y avait d'hommes les plus distingués dans son siècle et plus tard encore[2]. Car sa réputation n'a pas cessé parmi les ascétiques sérieux.

Pour abréger, oublions en ce moment l'abbesse Herrade (en Alsace, XII° siècle) qui rédigea une sorte d'encyclopédie (*Hortus deliciarum*) dédiée à ses religieuses, mais son livre est perdu depuis le dernier siége de Strasbourg. Peut-être consacrerai-je plus tard un article commémoratif à cet objet. Mais c'est assez de détails[3], je pense, sur un sujet qui n'est après tout qu'accessoire dans ces recherches, bien qu'il ait un rapport réel avec l'histoire des bibliothèques au moyen âge. Ajoutons seulement que même les dames séculières avaient souvent pris goût à l'étude des langues anciennes. L'éducation qu'elles recevaient par-

quam ætate; grammatica (cujus notitia satis fuerat jam locupletata) relicta, theologiæ, hoc est studio sacræ scripturæ, sese applicuit ; nec destitit quoscumque sanctos habere potuit libros, operam navare omnem donec intelligeret, etc. » On doit savoir que dans le latin d'alors, le mot *grammaire* indique les études d'humanités.

1. *Insinuat.*, l. c. « Collegit præterea ex sententiis doctorum, velut columba, grana varia ac potiora, quæ ad multorum ædificationem scribens, complures perfecit libros, etc. » *It.*, lib. c., c. 5. « Quidquid sacra potuit lectione haurire quod in salutem proximorum, aut Dei honorem aliquando effundi posset, sollicita sedulaque collegit; idipsum pro nulla nisi pro Dei solius gloria faciens nihil exspectans propterea a quovis homine laudis, nihil opinionis, nihil gratiarum actionis : sed hoc tantum curabat ut ubi fructum sperabat uberiorem, illuc quæ ante ex scripturis collegerat largius profunderet. Nam ad loca ubi sacræ scripturæ sciebat inopiam, quatenus potuit libros et ea quæ erant saluti magis necessaria, quo omnes Christo lucraretur, destinabat. Ob eamdem denique causam visa est sibi requiem somnumque differre, reliquaque corporis commoda aut aspernari aut intermittere; etc. »

2. *Insinuat.*, lib. I, cap. II. « Orationes quoque multas... et nonnulla alia stilo certe non femineo, id est contemptibili, composuit; quæ a nullo adhuc virorum gravium visa sunt non dico contemni, sed non laudari, etc. » Cf. Landsperg, Ludovic. Blos., etc., *in Parænetic. et synopsi vitæ S. Gertrudis*, ed. c.

3. Nous nous abstiendrons donc de toute autre indication, citant seulement pour mémoire : sainte Mechtilde, sœur de sainte Gertrude, Catherine Schaertler, abbesse de Sæflingen en Souabe (XVI° siècle) ; et renvoyant au traité *ad hoc*, de Ziegelbauer, t. III, c. 5. On parle en France, outre les religieuses du Paraclet (XII° siècle), de Marguerite, prieure du monastère de Poletin (XIII° siècle); cf. Colonia, *Hist. litt. de Lyon*, II, 334. Mais il ne paraît pas que nous ayons jamais rien eu en ce genre à comparer aux pays du Nord ; si bien qu'un saint évêque de Rennes (Marbod, XII° siècle) s'en plaint positivement: « Quod prava consuetudo in anti- « quis Galliæ monasteriis obtinuerit, ut pecunia scientiæ « præferatur. » C'est bien des couvents de femmes qu'il parle, puisqu'il s'agissait d'une postulante qui, n'ayant à présenter que son éducation, et point de dot, avait été refusée. Cf. Ziegelbauer, *l. c.* Il y a cependant des réserves à faire sur ce jugement, comme on le verra plus bas.

Terminons par la citation d'une sorte d'épigramme qui eût causé des accès de jalousie à bien des grammairiens des XVI° et XVII° siècles. Ce petit tour de force littéraire est d'une abbesse allemande du XI° siècle (Rilinde, Regilinde ou Regille), qui fait parler ainsi Jésus-Christ (ou à laquelle on prête ce langage) aux religieuses de son couvent qu'elle avait réformées :

« Vos quas includit, frangit, gravat, atterit, urit
Hic carcer mæstus, labor, exilium, dolor, æstus ;
Me lucem, requiem, patriam, medicamen et umbram
Quærite, sperate, scitote, tenete, vocate. »

Cf. Ziegelb., l. c. § 8. — Bibliothèque de l'École des Chartes, t. XXXIII (1872), p. 305.

Il est des gens qui voudraient que ce parallélisme de noms et de verbes superposés fût un artifice littéraire (ou figure de rhétorique, si l'on veut) propre aux Arabes! Si donc je m'avisais de m'en prévaloir pour supposer la connaissance de la littérature arabe dans les monastères de femmes? Heureusement je ne suis pas si facile à persuader, et n'avance que ce qui me paraît assez garanti.

Mais, quant aux religieuses du moyen âge, il ne s'agit pas d'affirmer absolument que toutes, sans exception, eussent la pratique du latin. Sainte Lutgarde semble n'avoir pas entendu cette langue (Cf. Sur., 6 jun. — Sarnelli, *Lettere*

fois dans les couvents y contribua sans doute ; quoi qu'il en soit, on en trouve plus d'un exemple, surtout parmi les princesses. Je ne parle pas seulement des lettres latines qu'écrivait Charlemagne à sa femme Fastrade [1], ou de la célèbre comtesse Mathilde, que son chapelain Donizon nous représente [2] comme égalant un évêque par son application quotidienne aux affaires et à l'étude. Le calembour de saint Louis, d'où nous vient, dit-on, la forme actuelle du nom des *Tartares*, indiquerait peut-être qu'il parlait quelquefois en latin à sa mère [3]. Isabelle, sa sœur, « entendoit moult bien le latin [4] ; et l'entendoit si bien que, quand « les chapelains l'y (*sic*) avoient écrites ses lettres qu'elle faisoit faire en latin, elle les amen- « doit quand il y avoit aucun faux mot. » Adèle, fille de Guillaume le Conquérant, et qui épousa Étienne de Blois, recevait des lettres latines et des distiques que lui adressaient les évêques Hildebert et Ive de Chartres. Le moine Hugue de Fleury rédigeait pour elle une histoire ecclésiastique en latin [5] ; et elle-même écrivait à des abbés, à des évêques et à des comtes [6] également en latin. Quand Marie de France dans ses poésies anglo-normandes cite des auteurs latins et prétend avoir voulu en traduire, elle peut bien se vanter à tort ; mais cette seule prétention mise en avant montrerait qu'une femme du XIIIe siècle pouvait se donner les airs de connaître la langue latine sans passer pour un *bas bleu* ridicule.

Les dames moins distinguées par leur rang ne se dispensaient point de cette connaissance. Saint Bernard et plusieurs autres ecclésiastiques écrivaient des lettres latines à des femmes de barons et de

ecclésiast., t. III, lett. 4). De même pour sainte Brigitte de Suède au XIVe siècle, car ses biographes (ap. AA. SS. *Octobr.*, t. IV, p. 390) rapportent qu'elle s'était fait traduire la Bible en suédois, et rédigea la règle de son ordre dans le même idiome (ibid., p. 406) pour la faire mettre en langue latine plus tard par un cistercien.

1. On pourrait aussi faire remarquer que l'impératrice Angelberge, femme de l'empereur Louis II, avait copié de sa main son psautier (vers 850), encore conservé aujourd'hui à Plaisance. Cf. Valery, *Voyages en Italie* (1838), t. IX, c. xxv.

2. Doniz. *Vita Mathild.*, libr. II, cap. xx :
« Nullus ea præsul studiosior invenietur,
Copia librorum non deficit huicve bonorum;
Libros ex cunctis habet artibus atque figuris. Etc. »

M. Kenelm Digby (*Mores catholici*, t. VI, c. III) cite plusieurs autres dames également instruites.

3. Que le calembour fût ou non de saint Louis, primitivement, il avait fait fortune. On le retrouve dans une lettre de Frédéric II. Cf. Math. Paris, *Histor.*, ad A. 1241. — AA. SS. *Aug.* t. V, p. 371, sq.

Mais nous avons d'autres preuves sur les connaissances que possédait S. Louis. Lebeuf (*Dissert.* II) rapporte, d'après un historien de ce prince, qu'il prenait la peine de lire en français sur un texte latin, pour être entendu de ceux qui n'eussent point compris sans cette précaution. Cf. Tillemont, *Vie de saint Louis*, t. V, p. 329, 364-368.

On sait que le bon roi se donnait de temps à autre la jouissance d'aller écouter les leçons publiques des Jacobins ou des Cordeliers ; ce que faisait plus tard aussi, à Naples, le roi Alphonse Ier. Ajoutez-y le Quinte-Curce de Charles le Téméraire, gardé en Suisse.

Mais les neveux et petits-neveux de saint Louis n'avaient pas dégénéré sur la terre étrangère. Au XIVe siècle, sous les princes de la maison d'Anjou à Naples, le goût des livres est attesté par les comptes d'achat, de reliure, etc., qui se voient encore à la bibliothèque royale de cette grande ville. Le roi Robert surtout dépassa ses prédécesseurs, aussi son amour pour les lettres est-il attesté par divers écrivains de son temps. Cf. Andres, *Anecdota græca et latina...* (Naples, 1816, in 4°), Prodrom., p. 2 ; etc.

4. Cf. Thomassin, *Discipline de l'Église*, part. I, l. II, c. LXXXVII, n° 3. On peut voir, sur la grande Isabelle, reine de Castille et d'Aragon, le même Thomassin, l. c., c. LXXXVIII n° 5. M. Daniélo (dans le *Chroniqueur de la jeunesse*, I, p. 267) rapporte, outre ces exemples, celui d'une comtesse de Toulouse, qui composa un livre latin pour l'instruction de son fils. Je ne fais nulle difficulté de joindre cette citation d'un recueil destiné presque à l'enfance, avec celles des auteurs graves dont je me suis servi ; parce que, là où se trouve la probité scientifique et le sérieux des recherches, sous quelque forme que ce soit, il y a tout ce qu'il faut pour faire autorité.

Comment ce bizarre mais honnête écrivain n'a-t-il pas trouvé à sa verve galopante quelque emploi qui lui permît de consacrer son temps à des labeurs suivis sans préoccupation d'intérêt ou de politique ? Trompé dans son espoir, il a fini par imaginer que les jésuites lui coupaient toute voie ; et Dieu sait si ces religieux disposaient des grâces sous Louis-Philippe ou les gouvernements qui l'ont remplacé !

5. Ziegelbauer, *l. c.*, § 4.

6. Ziegelbauer, *ib.*; et Martène, *Thesaurus anecdotor.*, t. I, col. 373.

chevaliers. Les couvents de femmes, comme les monastères d'hommes, avaient souvent une école pour les enfants du dehors, et aussi bien que pour ceux qui étaient destinés à vivre dans la maison[1]. Le couvent du Roncerai, à Angers, avait au XII° siècle une renommée toute spéciale en ce genre, et on lui confiait les jeunes filles dont on voulait cultiver l'esprit tout de bon[2]. C'était dans une de ces écoles, au monastère d'Argenteuil, qu'Héloïse avait appris la langue latine et même les humanités, avant qu'Abailard l'eût connue[3]. L'érudition de plusieurs Italiennes est un fait qui n'a besoin que d'être rappelé, puisque les chaires de Bologne ont été plus d'une fois occupées par des femmes. Mais, pour en citer au moins un trait qui appartienne au moyen âge, disons que le canoniste Jean d'Andréa (XIV° siècle) se faisait suppléer au besoin dans ses leçons publiques par une de ses filles, et consultait souvent sa femme sur le droit canon ; lui *solempnel légiste*, comme l'appelle Christine de Pisan, ou, comme dit un autre : « *famosissimus doctor qui in mundo non habebat similem*[4]. »

Mais on trouva probablement à la longue qu'une femme ne pouvait guère être instruite sans devenir pédante. Du moins l'oraison funèbre d'Anne de Gonzague donne lieu de penser que l'usage d'enseigner la langue latine aux jeunes filles s'était à peu près perdu vers le règne de Louis XIV, sauf peut-être à Fontevrault, car Bossuet semble en parler comme d'une exception, et Molière ne ménage pas les *femmes savantes*.

Saint François de Sales estimait déjà que les femmes, Françaises surtout, ne savaient même plus prononcer le latin sans y massacrer l'accent; et il désirait que les livres liturgiques des Visitandines sauvassent cet accident quotidien beaucoup trop facile à prévoir.

Il semblerait donc que l'éducation destinée aux dames du XV° siècle et du XVI° n'eût pas encouragé les pères de famille à reprendre la voie suivie trop malencontreusement (pour la foi et les mœurs) par plus d'une princesse lettrée à l'époque où florit Calvin.

---

1. *Hist. littéraire de la France*, t. IX, p. 128. Un concile de Cologne en 1536 (*Concilia Germaniæ*, t. VI), P. x, cap. 16, dit sans ambages : « Monachus et monacha amare debent scientiam scripturarum.... Libros sacros describere ipsis maxime conveniret, etc. »

2. « Maturioris doctrinæ causa. » Hildebert, *ep.*, lib. II, 26 (Op. c.).

3. *Hist. litt. de la France*, l. c. Pour qu'on ne regarde pas ces faits comme des singularités sans conséquence, il est bon de faire remarquer que les écoles des couvents de femmes étaient recommandées par les conciles. Le VII° canon de Cloveshove (VIII° siècle) s'exprime ainsi : « Episcopi « et abbates *atque abbatissæ*... studeant et diligenti cura « provideant ut per familias suas lectionis studium indesi- « nenter in plurimorum pectoribus versetur.... Proinde « coerceantur et exerceantur in scholis pueri ad dilec- « tionem sacræ scientiæ, ut per hoc bene eruditi invenire « possint ad omnimodam Ecclesiæ Dei utilitatem, etc. » Ap. Spelman, *Concilia... orbis britannici*, t. I.

4. Tiraboschi, lib. II, cap. v, n°ˢ 6, 8. — M. Valery (l. IX, c. I°ʳ), cite un manuscrit des lettres de saint Jérôme,

exécuté en 1157, aux frais de plusieurs dames de Modène, dont les noms se lisent à la fin de l'ouvrage. Au XVI° siècle, une abbesse de Parme, assez peu édifiante du reste, décorait d'inscriptions classiques, grecques et latines, le plafond de ses appartements (*ib.* c. IX. Voyez encore x, 6 ; xv, 18).

La vénérable Laurence Strozzi, dominicaine en Toscane, et morte le 15 septembre 1591, a laissé des hymnes et odes latines sur les fêtes de l'année chrétienne. Cela fut imprimé de son vivant, et reproduit par les presses parisiennes après sa mort. Cf. Moréri, v° Strozzi. — Etc., etc.

Je ne connais que par son titre l'ouvrage de Mᵐᵉ Canonici Facchini, *Prospetto biografico delle donne italiane rinomate in letteratura dal secolo* XIV *fino ai giorni nostri*; Venise, 1824, in-8°. Elle pouvait remonter plus haut.

M. Ch. Jourdain parle aussi de l'éducation des femmes au moyen âge, dans les *Mémoires de l'Académie des inscriptions*; t. XXVIII, 1ʳᵉ partie (1874), p. 79-133. Là, maints faits curieux se trouvent réunis. Mais je crois savoir que M. Francisque Michel prépare pour l'Angleterre un livre bien plus étendu sur le même sujet.

Supplément aux faits indiqués dans l'article précédent sur l'érudition des séculiers au moyen âge. — Écoles, et celles des Irlandais en particulier.

XIX.

Je ne m'étais point proposé de m'étendre davantage, pour le moment, sur le sujet traité dans les derniers paragraphes; mais durant le loisir que m'a laissé la division de mon article réparti entre deux livraisons (dans les *Annales*), il m'a semblé qu'un peu plus de détails, dès maintenant, ne nuirait pas à l'ensemble de la question. J'ajouterai donc ici quelques développements, dont je n'avais d'abord marqué la place que dans une sorte d'appendice tout au plus, à la fin de cet essai. Mieux vaut pourtant, ce semble, s'abandonner à quelques digressions, que de laisser des doutes au lecteur sur les faits avancés dans le courant de la discussion. Il me paraît que, jusqu'à présent, pas un des témoignages invoqués ne saurait être taxé d'assertion hâtive. Des preuves telles quelles eussent été faciles à amonceler; j'ai préféré m'en interdire une foule dont il eût été absolument possible de contester la valeur, voulant que la bonne foi ne pût se refuser aux faits allégués, malgré l'esprit le plus pointilleux, s'il était du moins raisonnable. Loin de prétendre tirer à moi des indications peu concluantes, je me ferais un devoir de revenir sur mes propres assertions, dès que je les reconnaîtrais pour telles.

Ce qui a été dit de plusieurs rois de France (§ XVIII) pourrait s'étendre presque à tous les autres, et n'était point propre à notre patrie. En Angleterre et en Allemagne, la coutume de confier l'éducation des princes aux ecclésiastiques est attestée par quantité de faits que je ne puis songer à rappeler ici. Il sera bon néanmoins d'en citer quelques-uns, pour ne pas défendre le moyen âge contre ses détracteurs avec autant de légèreté qu'on en a mis à le dénigrer. Le fait se prouverait presque suffisamment par la seule réponse de Foulque d'Anjou, lorsqu'il disait à Louis d'Outre-mer *qu'un roi sans lettres est un âne couronné*[1]. Quand un comte envoyait faire cette semonce à son suzerain, il fallait qu'une telle manière de juger les choses ne lui fût pas tout à fait personnelle. Du reste, la langue de Rome ayant été comprise jusqu'à la fin du xi° siècle pour le moins, parmi les peuples de l'Europe latine[2], les gens qui recevaient alors quelque éducation devaient dépasser aisément ce que nous sommes portés à leur accorder de connaissances. Pour les nations d'origine germanique et de l'Europe orientale, la difficulté était plus grande; l'idiome maternel ne leur donnant nulle ouverture sur la langue savante. Mais cette inaptitude même du langage national à les introduire

---

1. Martène, *Ampliss. Coll.*, V, 987. « Quum Ludovicus « rex in quodam festo S. Martini Turonis veniret, et Fulco- « nem Bonum, comitem andegavensem, cum aliis canonicis « cantantem videret, irrisit, et eum aliis digito demons- « travit. Quo viso, Fulco comes regi mandavit quod rex « illitteratus erat asinus coronatus. Idem vero comes lit- « teratus erat, pulcher, facetus, humilis, largus, et armis « strenuus, etc. » Ce qui montre que cette manière de penser n'était point une singularité dans le comte d'Anjou, c'est qu'Henri, fils de Guillaume le Conquérant, disait la même chose à son père.

C'était devenu apparemment une sorte de proverbe; car, outre qu'on le trouve répété au sujet d'autres princes, c'est une des sentences mises en vers par Abeilard pour l'éducation de son fils Astrolabe. Cf. Biblioth. de l'École des Chartes, n° série, t. II, p. 409 (v. 65).

2. *Histoire littéraire de la France*, IX, 150, 148, 127. C'est ce qui expliquerait peut-être pourquoi la littérature romane fut si précoce chez les Normands. Initiés à la langue nouvelle sans avoir à la former eux-mêmes, comme ceux dont les ancêtres avaient parlé latin, ils la mirent en œuvre avec plus de liberté; débarrassés qu'ils étaient du travail lent et confus par lequel notre idiome se dégageait dans l'ombre chez leurs voisins.

dans la connaissance des choses réputées les plus importantes, dut leur rendre plus sensible la nécessité des premières études, et exciter leur zèle pour s'initier du moins au latin [1].

n *Angleterre*, il suffirait de nommer le grand Alfred (IX° siècle), cet infatigable guerrier qui traduisait les Saints Pères et l'Écriture sainte dans la langue de son peuple [2] en même temps qu'il lui dictait des lois après l'avoir arraché aux pirates du Nord; qui ordonnait des *périples* à la manière des princes grecs et des gouvernements modernes, et rédigeait lui-même en saxon des histoires que le savant Hickes n'a pas craint de comparer aux écrits de César pour le style. Citer (comme le fait Harris [3]), pour preuve de l'érudition mythologique de Guillaume le Conquérant, sa réponse aux plaisanteries du roi de France, c'est prêter au prince normand une forme classique qui n'appartient qu'à l'humaniste italien auquel on l'emprunte. Mais, sans recourir à des témoignages aussi faibles, nous savons que Guillaume, encore enfant, avait été confié par son père, Robert le Diable, à un gouverneur instruit (Thérould), et qu'il aimait trop à réglementer pour n'avoir pas été quelque chose de plus qu'un soldat [4]; car peu de princes ont eu la manie législative à un plus haut degré que lui. Du reste, si sa vie toujours agitée et la mort prématurée de son gouverneur l'empêchèrent de s'instruire largement, le langage de son fils [5] en sa présence montre que ce redoutable guerrier ne faisait point profession de mépriser l'étude. Aussi bien, les princes normands avaient témoigné avant lui de l'estime pour les sciences; Rollon confia son fils (Guillaume Longue-Épée) aux moines, et le règne de cette dynastie en Angleterre fut la plus belle époque littéraire de ce pays au moyen âge [6]. Au XII° siècle il fallait que ni le roi Étienne, ni le duc Robert de Glocester ne fussent des princes ignares, pour que Geoffroy (Galfrid) de Monmouth eur dédiât sa *Vie de Merlin* dans les termes qu'il emploie [7].

---

1. Un singulier exemple de ce zèle, c'est le projet (et surtout la réussite de ce projet) que forma S. Étienne de faire apprendre la langue latine à tout son peuple. Le Hongrois, jusqu'à nos jours, la parlait presque comme une seconde langue maternelle; et ce fait, à lui tout seul, n'est pas sans quelque valeur pour montrer si l'instruction populaire a occupé les nations catholiques quand l'impulsion partait de l'Église.

Les Magyars, vers le milieu de notre siècle, ont méconnu beaucoup leur véritable intérêt en supprimant cette vieille coutume introduite dans les diètes par leur couronne apostolique. La Croatie ne se serait pas détachée de la Hongrie si facilement au cri de *Nolumus magyarisari*, si l'on n'avait prétendu la réduire à parler l'idiome de ceux qui l'avaient conquise sans exiger une marque permanente de sujétion dans les provinces annexées.

2. Stolberg, *Vie d'Alfred*, ch. 17-21. Voyez la *Notice des œuvres d'Alfred* dans Oudin; et dans Ziegelbauer, *op. cit.*, t. 1, p. 327.

3. *Hist. littéraire du moyen âge*, ch. 6, d'après Pancirole.

« Quand j'accoucherai, ce sera, comme Sémélé, au milieu « des flammes et du tonnerre. » Autant vaudrait conclure d'un pareil document l'existence de l'artillerie en Europe, au XI° siècle. Il ne manquait plus que de citer l'autorité de Gesner (*Hist. litt. de la France*, t. VIII, p. 191) qui attribue à Guillaume un traité sur le jour du jugement; traduisant probablement le nom du terrible terrier ou cadastre de Guillaume, que le désespoir des Anglais qualifia de *Livre du jugement dernier* (Dooms-day-book).

4. Voyez *Hist. litt. de la France*, t. VIII.

5. Paroles de Henri Ier rapportées précédemment, d'après Guillaume de Malmesbury.

6. Je ne veux pas prétendre que la vieille *Chanson de Roland* soit due au Thérould qui devait former la jeunesse du vainqueur d'Hastings. C'est besogne pour ceux qui auront à éclairer l'histoire des trouvères, et assez d'autres s'en sont mêlés ou s'en mêleront encore.

7. Dédicace citée par M. Jubinal dans son *Rapport au ministre de l'instruction publique* sur... la bibliothèque de Berne, 1838. « Opusculo meo Stephane rex Angliæ faveas, « ut... te doctore, te monitore corrigatur; quod non ex « Gaufridi fonticulo censeatur extortum (*exortum?*), sed sale

En *Allemagne*, selon Witekind, si j'ai bonne mémoire, l'empereur Othon Ier (xe siècle), dont l'éducation avait été négligée, voulut au moins y remédier plus tard de son mieux, et se mit à apprendre à lire après la mort de sa première femme. Frédéric Barberousse (xiie siècle), qui ne marchait qu'entouré de légistes et de décrétalistes, fit étudier le droit à son fils Henri[1]. Ce sont là comme deux extrêmes de l'estime pour l'étude ; mais des exemples aussi réels, quoique moins singuliers, ne manquaient point parmi les empereurs allemands. Othon II et Othon III avaient été instruits dans leur enfance par Notker et par Gerbert[2], qui fut aussi le maître du roi de France, Robert le Pieux. Saint Henri II, ainsi que son frère Brunon (qui devint évêque d'Augsbourg) et ses deux sœurs, furent formés par saint Wolfgang[3]. Conrad le Salique, successeur de saint Henri, eut pour maître Burkhard, évêque de Worms; et Henri le Noir fut mis par Conrad sous la conduite de Wibald, abbé de Stavelo[4]. Charles IV avait été envoyé durant son enfance, à Paris, par son père Jean l'Aveugle, roi de Bohême (xive siècle), pour que le roi de France le confiât à des maîtres habiles ; et Pierre Roger, abbé de Fécamp (pape dans la suite, sous le nom de Clément VI), fut le maître de ce prince dont on a conservé plusieurs ouvrages[5].

Tout le monde aura entendu parler des connaissances singulières du roi de Castille, Alphonse X (ou IX), qui a donné son nom aux Tables Alphonsines (xiiie siècle) et qui eût mieux été qualifié par le titre de savant que par celui de sage. Jayme Ier d'Aragon, élève de saint Pierre Nolasque, trouva le temps à travers sa vie entièrement passée aux armées, de rédiger lui-même ses mémoires. Alphonse Ier d'Aragon a été vanté par presque tous les littérateurs italiens du xve siècle, comme l'ami des savants. Il considérait l'acquisition d'un livre comme une bonne fortune[6], et admettait dans son intimité les plus doctes hommes de l'Italie, leur faisant traiter en sa présence diverses questions scientifiques au milieu de ses livres. Son fils Ferdinand, lorsqu'éclata la révolte des barons, n'oublia pas de faire passer leurs manuscrits dans sa bibliothèque, après la répression qui confisqua les biens des insurgés[7]. Cette bibliothèque augmentée encore par Alphonse II, fils de Ferdinand, fut dévastée par les Français de Charles VIII lorsqu'il leur fallut évacuer Naples[8]. Plusieurs livres cependant furent sauvés de ce dégât et transportés les uns à Paris, au retour de notre armée, les autres à Valence d'Espagne (dans le monastère de San Miguel de los reyes) par les princes aragonais[9].

« minervæ tuæ conditum.... Tuque Roberte, consul Clau-
« dicestriæ, alta regni nostri columna, etc. »

1. Alberic. *Chronic.* A. 1185, ed. Leibnitz.
2. Ziegelbauer, *op. c.*, t. I.
3. Ziegelb., *l. c.*
4. *Id.*; et Meibom, qui, comme protestant, ne devait pas être porté à flatter le moyen âge, étend néanmoins à presque tous les princes d'alors cette forme d'éducation. « Sub ævo Carolorum, Ottonum et Henricorum, regum « ducumque liberi, teneili adhuc, in canonicorum aut « monachorum collegia amandabantur; ut apud religiosos « homines, procul a strepitu offendiculisque aulicis, a « tenero ungui ad exercitia pietatis, honestarumque ac « liberalium artium et linguarum cognitionem assuefie-« rent. » (Dedicat. *Vindiciarum Billing.* ad Rudolph. Anhalt). Ap. Ziegelb., *ib.* On en peut voir plusieurs autres preuves rapportées par le même auteur (H. L. O. S. B., Part. I, c. III). Cf. Revue des Deux-Mondes, *juillet* 1873, p. 493, sv. Cette fois, le moyen âge n'y est pas trop maltraité,

parce qu'enfin : « Halte là ! l'École des Chartes est là. » Sinon, comme on s'en fût donné à cœur joie sur les *siècles d'ignorance!* car c'est généralement la thèse affichée par ce recueil pour des lecteurs complices.

5. Ziegelb., *l. c.*—Balbinus, *in ejus vita.* Bolesias, duc de Pologne, avait été envoyé de même à Paris. Voyez à ce sujet l'ouvrage anglais extrêmement remarquable, qui a pour titre : *Mores catholici*, or ages of faith, t. III, c. vi. Je ne sais pourquoi je cacherais encore le nom de son auteur, M. K. Digby, qui n'est plus un mystère.
6. Naldi, *Vita Ian. Manetti* (apud Muratori, *Rerum italic. Scriptt.*, t. XX, p. 594). — Curulus, *Epist. ad Ferdin. reg. neap. sup. Ælii Donati Comment. in Terent.* (ap. Andres, *Anecdota.... ex mss. Codic. biblioth. R. Neapolit.*, t. I, prodrom., p. iv, sq.).
7. Andres, *ibid.*, p. v, sq. Les barons avaient donc des mss.
8. Ant. Caracciol. *De Sac. Eccl. Neap. monum.*, c. ii; ap. Andres, *loc. cit.*, p. vij.
9. Andres, *ibid.*, p. vij.

L'empereur Henri IV, dépossédé après l'excommunication que lança contre lui saint Grégoire VII, et privé de tout moyen de subsistance, sollicitait une place de chantre dans l'église de Liége : s'autorisant de sa connaissance du latin, comme titre d'admission à cet emploi. Mais un excommunié, pour chantre de cathédrale! pas moyen.

On sera peut-être plus surpris de voir le goût de l'instruction jusque sur le trône de Norwége. Dès le xi° siècle nous y trouvons Olaf Kirre (Ol. III le Pacifique) mêlant la lecture et l'étude aux soins du gouvernement[1].

n Bohême, l'éducation littéraire des princes commence de même avec le christianisme, par celle de saint Wenceslas[2]. Wenceslas III, dont la mort prématurée (1306) éteignit la dynastie des Przémisl, avait eu des cisterciens pour maîtres, et s'exprimait en latin sans le moindre embarras dans les assemblées des seigneurs[3]; outre qu'il parlait aisément les langues de tous ses peuples[4]. J'ai déjà cité Charles de Luxembourg. Son détestable fils, Wenceslas IV (xiv° siècle), était un prince distingué par ses connaissances, parlant toutes les langues de l'Europe, selon un auteur contemporain[5]; et sa jeunesse (comme la fin de sa vie) fut celle de Néron, jusqu'à ce que les leçons des maîtres eussent été effacées par les flatteurs et les histrions conjurés pour le perdre sans remède.

Comme tout ceci n'est au fond qu'un épisode, il est inutile d'accorder plus de développement à ce sujet. Montrons seulement que le rang suprême n'était point le seul où les connaissances fussent estimées. On pourrait en juger par l'éducation donnée aux jeunes seigneurs dans les cours des princes. Ingulf[6] nous apprend qu'élevé à la cour d'Édouard le Confesseur (xi° siècle), il rencontrait souvent en revenant de l'école la reine Égithe (ou Édithe), qui aimait à lui faire rendre compte des leçons de ses maîtres. Cette princesse, dont l'esprit était cultivé, lui proposait des difficultés sur la logique aussi bien que sur la grammaire; et lorsque le petit étudiant avait satisfait à des questions embarrassantes, elle lui faisait donner deux ou trois pièces d'argent, chargeant ensuite son maître-d'hôtel de le régaler selon son mérite. Il n'y aurait donc point de merveille que, sous les yeux des Carlovingiens (et même antérieurement), la jeunesse noble eût été formée aux études dans le palais même de l'empereur[7]; bien que cette *école du palais* ait été souvent décrite sur des

---

1. Thormodi Torfæi *Historia rerum norwegicarum*, t. III, lib. vi, cap. 12. Il y cite Simon de Durham : « qui (*Olafus*) « quoniam valde religiosus erat, sacros codices inter manus « tractare, et litteras inter regni curas sæpe consuevit « addiscere; etc. »
2. Balbinus, *Miscellaneorum historicorum regni Bohemiæ*, decad. i, l. VII, sect. i, cap. xiv.
3. Ce qui suppose que les seigneurs savaient le latin; mais peut-être ne s'agit-il que des assemblées hongroises.
4. Balbin., *l. c.*, c. xiv. Or il avait sous ses lois la Bohème et la Moravie, la Hongrie, la Pologne, la Silésie, la Lusace, l'Autriche, une partie de la Bavière, la Carinthie, la Styrie et les provinces Slaves de la couronne Hongroise (Dalmatie, Croatie, etc.).
5. Cf. Balbin., *l. c.*, sect. ii, cap. iii.
6. Ap. Harris, *op. c.*, cap. ix.
7. Thomassin, aussi modeste d'ailleurs que savant, appuie l'existence de cette *école des pages*, sur un texte d'Hincmar dont la valeur est à peu près nulle, si on l'examine dans la lettre dont il fait partie. Cf. Hincmar, *Ep. Caroli calvi*, etc.

Op. t. II, p. 701. Charles le Chauve pouvait avoir été instruit avec soin durant son enfance, sans que d'autres partageassent les mêmes leçons. Je sais bien qu'on a écrit là-dessus des pages en apparence très-décisives, à propos d'une histoire de saint Léger; mais le grave et chrétien M. Ed. Dumont estimait dès lors, comme moi, que tout cela n'était pas très-convaincant. Cette remarque a pour unique but, d'excuser les nombreuses citations dont j'accompagne mes dires. Depuis que l'histoire est devenue *une conspiration contre la vérité*, le lecteur a droit, ce me semble, de ne rien croire, si on ne lui remet les pièces entre les mains, pour qu'il en fasse lui-même le dépouillement, avant de se donner une opinion. Il est vrai qu'on abuse même de cet air de bonne foi et que l'*Histoire de la conquête de l'Angleterre*, pour en citer un exemple célèbre, a eu besoin l'an dernier (1838), d'une édition où il devint possible de reconnaître les citations; sans préjudice de leur appréciation critique qui reste encore à faire, mais qui entraînerait l'annihilation de l'ouvrage, dans un bon nombre de ses parties. Quoi qu'il en soit, voilà mes raisons pour le passé et pour l'avenir.

données un peu équivoques¹. Il serait surprenant, du reste, que cette dynastie si amie des lettres, eût négligé aux jours de sa splendeur une institution que nous y voyons établie lors de sa décadence ; car Louis d'Outre-mer, afin de se faire remettre le jeune duc Richard de Normandie, alléguait précisément les facilités que trouverait ce prince pour se faire instruire à sa cour². Il fallait bien que ce prétexte eût quelque fondement.

u'il y ait eu ou non, dans les cours, une forme constante d'instruction réglée pour les jeunes gens du palais, il n'est pas moins inexact de supposer que l'ignorance ait été généralement considérée comme l'attribut naturel de la noblesse. Dans les temps les plus mal partagés en ce genre, d'illustres exceptions prescrivaient contre l'établissement paisible de cette opinion absurde ; et au XIVᵉ siècle, Eustache Deschamps, châtelain lui-même, exprimait hautement son regret pour les âges où l'étude des arts libéraux était jugée nécessaire aux nobles. Autrefois, dit-il, la noblesse se maintenait en honneur........., par le pouvoir que la science ne peut manquer d'obtenir quand elle est jointe aux armes. Alors les jeunes gens de noble race passaient les vingt premières années de leur vie à s'instruire, puis recevaient la chevalerie : aujourd'hui on commence leur éducation par les mettre à cheval, on exerce leurs membres encore faibles sans leur donner le temps de s'affermir, etc. Livrés à toutes les passions et à l'amour du jeu, ils ont abandonné la science aux serfs, lesquels par ce moyen ont acquis sur eux l'empire, et les ont asservis à leur tour. Chaque couplet qui contient ces plaintes est terminé par ce refrain :

Car chevaliers ont honte d'être clercs³.

On se rappellera que ce tableau ou plutôt cette aigre satire de la noblesse, quelque portée qu'il faille lui attribuer, appartenait à l'époque la plus malheureuse de notre monarchie. Et quant à la preuve d'ignorance générale que l'on veut fonder sur ce que souvent les gentilshommes ont souscrit les actes publics par une simple croix sans autre signature, cette allégation avait depuis longtemps été réduite à sa juste valeur par le *Nouveau Traité de diplomatique*⁴. Ne sait-on pas, du reste, que bien des troubadours limousins, catalans,

---

1. Par exemple chez Launoy (*de scholis celebrioribus*, c. IV), dont la réputation n'eût pas autant grandi, si ses titres comme savant n'avaient été soutenus par la recommandation d'hétérodoxie. Si bien que Fabricius, dans l'édition qu'il a donnée de ce livre, consacre les trois quarts de son éloge à faire ressortir la hardiesse de ses opinions théologiques. — Voyez Claude Joly, *Traité des écoles épiscopales*, IIᵉ partie, c. XXII, etc. — Mosheim ; *De Schola palatina regum francor.* (*Commentat. et orat. varii argum.* Hambourg, 1751 ; p. 585). — D. Pitra, *Hist. de S. Léger*, c. IV, p. 24, svv.

2. Dudon, l. III. « Notitiis regalibus, palatinisque facundiis instruetur, etc. » Ap. Depping, *Hist. des expéditions maritimes des Normands*, c. XII.

3. Cf. Lacurne de Sainte-Palaye, *Mémoires sur l'ancienne chevalerie* (édit. de Ch. Nodier), note 24 à la 5ᵉ partie. Et quand Eustache Deschamps écrivait, sur l'état de la chevalerie, ses plaintes, envenimées sans doute par des mésaventures personnelles, ce qu'il voyait en France, sous Charles VI, ne peignait, après tout, que l'état de ce royaume en proie à tous les désastres imaginables depuis plusieurs règnes. En sorte qu'on ne serait point en droit de l'étendre aux autres contrées. D'ailleurs, pour la France elle-même, l'auteur, malgré toute sa bile, n'y voit qu'une dégénération et des mœurs inconnues aux siècles précédents.

4. Les bénédictins, auteurs de ce savant ouvrage, ont fait voir (t. II, p. 430, 433, etc.) que bien des fois on n'en pourrait rien conclure sur l'incapacité de ceux qui ne signaient point, et que jamais la connaissance de l'écriture ne fut étrangère aux laïques. Saint Louis, qui, par effet de l'étiquette, ne souscrivait point ses diplômes, signait cependant ses lettres familières, du nom de Louis de Poissy, comme nous l'apprend Guillaume de Nangis (ib.. p. 435). L'usage de s'abstenir de signer, au moins dans certains cas, était si bien établi, qu'un écrivain blâme Charles V, pour

valenciens, languedociens, provençaux et génois ou piémontais, étaient gentilshommes [1], et souvent même princes ou chevaliers de la plus haute naissance [2]? Or, les œuvres des troubadours supposent souvent une certaine connaissance des poëtes et des écrivains anciens, dont les noms du moins se trouvent plus d'une fois dans leurs compositions. Quelques-uns d'entre eux avaient fait d'assez bonnes études [3], et les traits de mythologie ou d'histoire ancienne plus ou moins estropiés qui se rencontrent dans leurs œuvres, montrent que les humanités ne leur étaient point totalement étrangères.

Saint Aufroi ou Anfroi (*Ansfridus*), avant de devenir évêque d'Utrecht (au commencement du XIe siècle), avait été comte; et dès lors donnait chaque jour un temps considérable à l'étude [4]. Saint Osmond, qui fut élevé sur le siége de Salisbury (XIe siècle aussi), était comte de Séez et de Dorset; ce qui ne l'empêcha point de se distinguer entre les prélats par son amour pour la science [5]. Au XIIIe siècle, Gervais de Tilbury, chancelier du royaume d'Arles, nous a laissé des livres latins qui supposent beaucoup de lecture; et Michel de Harnes, connétable de France, passe pour avoir été un amateur de vieux livres [6]. Frère Guérin (Garin) le Templier, l'un des premiers hommes de guerre du XIIIe siècle, occupa sur la fin de sa vie la chaire épiscopale de Senlis et la chancellerie de France.

---

avoir pris la peine de souscrire presque toutes les pièces émanées de son autorité (ib., 437). Bien plus, certains exemples d'ignorance, avoués par ces auteurs, mériteraient d'être discutés plus mûrement. Cf. Nardi, *op. c.*, cap. 22. — Gatterer, *Elementa artis diplomat...*, p. 193, sqq.—Sarnelli, *op. cit.*, t. II, lett. 14. — Caresmar (*Semanario erudito*, t. XXVIII, p. 63-67).

1. Cf. Crescimbeni, *Storia della volgar poesia* (vol. II), vite dei più celebri poeti provenzali. — Quadrio, *Storia e ragione d'ogni poesia*, vol. II. — Ferrario, *Storia dei romanzi*. — Bouterwek, *Histoire de la littérature espagnole* (traduction espagnole de Madrid, 1829, t. I). Je n'ai pas pu consulter l'ouvrage de M. Raynouard, ni ceux de l'abbé de la Rue, sur les trouvères; mais on sait qu'il y a beaucoup à dire sur leurs travaux qui passèrent pour des oracles pendant plusieurs années.

Parmi les chevaliers poëtes du Midi, il suffira de nommer: *en France*, Geoffroi Rudel, Pierre de Vernigue, Elie de Barjols, Guillaume d'Agoult, Guillaume et Gausserand de Saint-Didier, Guillaume Adhémar, Raimond Jordan vicomte de Saint-Antonin, Raimond de Miraval, Hugues de Saint-Cyre, Rainbaud de Vachières, Pons de Brueil, Hugues de Lobières, Gui d'Usez, Savary de Mauléon, Richard de Noves, Percival et Simon Doria, Boniface de Castellane, Guillaume de Balloon, Guilhem de Bargemont, Bertrand d'Alamanon, les Blacas, Pierre della Rovere, Taraudet de Flassan, Gui de Cavaillon, Pons de Cabdolh, Raimond de Durfort, le vicomte de Turenne, etc., etc.; — *en Espagne*, Jordi, Guillaume de Berguedan, Jacques Roig, Hugues de Mataplana, le marquis de Villena, Alonzo-Gonzalez de Castro, Pierre-Lopez de Ayala, Fernand Gonzalez, etc., etc.

Mais les recherches qui se poursuivent à ce sujet depuis quelques années, éclairciront la biographie de maint personnage trop peu étudié jusqu'à nos jours.

2. L'empereur Frédéric I, et plusieurs princes de sa maison, les rois ou princes Richard Cœur-de-Lion, Charles d'Anjou, Thibault de Champagne, Raimond Béranger, Alfonse Ier d'Aragon, Pierre Ier et Pierre III d'Aragon, Don Juan Manuel petit-fils de saint Ferdinand, Guillaume duc d'Aquitaine (XIe siècle), le comte de Poitiers Philippe (XIIIe siècle), et toute sa cour, le comte de Flandres, le dauphin d'Auvergne, les seigneurs Raimbaud d'Orange, Béral de Baulx, Henri comte de Rhodez, etc., etc.

3. Je ne parle pas seulement de ceux qui étaient ecclésiastiques, comme par exemple Pierre de Bosignac et le chanoine Pierre Roger; ou qui avaient étudié pour entrer dans l'Église, comme le moine de Montmajour; L. de Lascaris ou de Lascars, Albert de Pongibaut ou Puygibot. Nous savons positivement pour l'histoire que plusieurs troubadours avaient étudié: comme Arnauld Daniel (XIIe siècle), Pierre Cardinal, Guillaume Figuière, Richard de Barbesieu, Geoffroi du Luc, qui écrivait même en grec (commencement du XIVe siècle). Aussi quelques-uns d'entre eux, ayant abandonné le monde, furent pourvus de dignités dans le cloître et dans le clergé séculier, ou se firent un certain nom par leurs écrits scientifiques. Tels furent Rollet de Gassin, Foulquet de Marseille, Hugues de Saint-Césaire, le célèbre Raimond Lulle, le Moine de Montaudon, etc. D'autres, sans quitter leur *gai savoir*, associèrent à l'étude de la poésie, et souvent même à la profession des armes, celle de la jurisprudence; comme Lanfranc Cicala, Bernard Rascas, Barthélemi Marc de Toulouse, Cavayer de Lunel, Jean de Seyra, Guillaume Molinier, etc.; ou même celle des mathématiques et de la philosophie (y compris l'alchimie et l'astrologie), comme le roi Alfonse X, Béral des Baulx, Raimond Féraud, Anselme de Mostier, Guillaume Boyer, etc.

Dans ce que je viens de grouper sur documents peu définitifs, M. P. Meyer écartera sans doute (ou rectifiera) plus d'un nom, grâce à ses études beaucoup mieux renseignées sur la Provence et le Languedoc; cependant j'aime à croire que bien des personnages méridionaux surnageront encore après une révision sévère, dont je ne prétends pas dispenser mes clients de 1839.

4. Mabillon, *Annal.*; sæc. VI, p. 85. — AA. SS. *mai.*, t. 1, p. 431.

5. Alb. Butler, *op. cit.*, 4 décembre.

6. Les Grandes Chroniques de France, éd. P. Paris, t. IV, p. 179. — Dinaux, *Trouvères artésiens*, p. 353, etc.

iverses abbayes paraissent avoir été des espèces de colléges pour les nobles. Le chroniqueur de Saint-Riquier[1] nous apprend que, sous les Carlovingiens, son monastère était en possession d'élever les enfants des premières maisons; en sorte qu'il y avait à peine dans le royaume un seigneur puissant qui ne se fût trouvé en famille dans cette abbaye, soit parmi les étudiants, soit parmi les moines. L'école de Richenou (Reichenau) avait été fondée pour le même but par Charles Martel[2]. J'ai parlé de l'indignation que témoignait Charlemagne aux jeunes nobles qui négligeaient l'étude[3], et vouloir que toute instruction ait cessé absolument chez les seigneurs avec la dynastie carlovingienne, c'est avancer, comme établi, un fait contredit suffisamment par l'exemple des rois et par les attributions même de la noblesse, quand il n'y aurait pas d'autres preuves positives. Les pairs du royaume en France et les gens de loi comprenaient sans doute les ordonnances, qui furent si communément rédigées en latin jusqu'au XVI° siècle; puisque les grands prononcés du Parlement n'avaient lieu que *la chambre suffisamment garnie de pairs*. Or la part que prit d'abord le clergé, puis la roture, aux affaires juridiques, ne fut pas tellement exclusive que bien des gentilshommes ne s'en occupassent aussi[4]. J'aurai occasion d'en dire quelque chose, soit en parlant des communications bibliographiques entre les monastères et les seigneurs, soit lorsque (dans la II° *section* de ces recherches) nous essayerons de suivre le sort des livres profanes à travers les divers siècles du moyen âge[5]. Contentons-nous de faire remarquer,

---

1. Spicileg. IV, 469, 500, 501 « Centum pueros scholis « erudiendos.... statuimus : » « In ipso loco sancto « magnæ generositatis viri habitabant, et qui tam pro bono- « rum immensitate quam pro parentum militum numero- « sitate, magna et fortia aggredi possent.... In hoc enim « cœnobio duces, comites, filii ducum, filii comitum, filii « etiam regum educabantur : omnis sublimior dignitas « quaquaversum per regnum Francorum posita, in S. Ri- « charii monasterio se parentum habere gaudebat. »
2. Bruschius, ap. Conring, *op. c.*, suppl. 32. Il y est dit expressément qu'après leurs études terminées, les écoliers pouvaient prendre n'importe quel parti dans le monde. On parle également d'une école pour les nobles (*collegium nobilium*) à Fleury; établissement qui date pour le moins de Charles le Chauve, mais dont la nature et la forme n'ont pas été bien éclaircies, que je sache. Cf. D. Thomas Leroi. — Marchand, *op. c.*
3. Aventinus, *Annal.*, lib. 4. ap. Conring, suppl. 40, n° 6.
4. Voyez Sainte-Palaye, *op. c.*, note 32° à la 5° partie. Dans Muratori (*Antiquitat. Ital.*, III. 911) nous trouvons un homme d'armes appelé par la ville de Padoue pour enseigner le droit dans son université.
Voici le début de cette invitation municipale, rédigée en 1310 par le podestà, les anciens. etc. : « Eximiæ sapientiæ « ac eloquentiæ viro domino Jacopino de Ruffinis de Parma « utriusque militiæ tam legalis quam *cinguli militaris* nobi- « litate præclaro..... Ex famæ vestræ præconiis quæ scien- « tiæ ingentis in vobis thesauros perlucidos latere non

« sinit.... nos permoti et desideranter impulsi.... personam « vestram condignam, et nostræ universitati acceptam « nuper elegimus,..... ad regendum et legendum extra- « ordinarie in civitate Paduæ in jure civili, etc. »
Evidemment *miles* n'a point ici le sens de bachelier ou de licencié universitaire, quoiqu'on lui rencontre souvent cette signification au XIII° siècle. Sur la chevalerie ès lois, cf. J. Villanueva, *Viage literario a las iglesias de España*, t. II, p. 141, sg. — Biblioth. de l'École des Chartes, II° série, IV, p. 94, sv. ; et I° série, t. I, p. 263, sv.
Parmi les manuscrits de la bibliothèque impériale de Vienne, une version latine du *Timée* de Platon, annonce dans une note du XII° siècle (1172), qu'elle avait été offerte en cadeau, par un docteur en droit (Laurent Moller), à un comte Wilhelm Wernher de Zimbern, seigneur de Wittenstain. Voyez le catalogue rédigé par M. Endlicher, p. 304. Des chevaliers français du XII° siècle et du XIII° ne nous font pas toujours l'effet d'être platoniciens, mais ils n'étaient pas pour cela gens ignares et sans lettres, comme le prouvent par exemple Villehardouin et Joinville. Cf. Paulin Paris, *les Mss. françois...* t. I, p. 177-180.
5. Cette section n'est pas arrivée à terme, à cause de déplacements et d'emplois imprévus qui ont interrompu l'auteur. Aujourd'hui, sur des notes un peu trop confuses, il n'a plus le loisir nécessaire pour mener la chose à bien.
Encore moins a-t-il eu le temps d'aborder le front principal de l'*Histoire des sciences mathématiques en Italie*.
« Exoriare aliquis, nostris ex ossibus....! »

en terminant ceci, que les poëtes du moyen âge, transportant, comme les artistes, le *costume* de leur temps aux événements de l'antiquité, mettent souvent l'éducation littéraire parmi les occupations de leur héros[1]. Les tapisseries du moyen âge, publiées par M. Jubinal, nous montrent que les souvenirs classiques occupaient une certaine place dans la civilisation des classes élevées. Autrement quel intérêt eût présenté aux chevaliers la représentation des campagnes de César, par exemple[2]?

XX.

ais s'il faut accorder aux rois et à la noblesse du moyen âge plus d'instruction que ne le voudrait un préjugé très-vulgaire, ne doit-on pas du moins reconnaître que le peuple, proprement dit, était alors livré à la barbarie et à l'ignorance la plus épaisse? Je n'en suis pas bien convaincu, et voici peut-être quelques raisons d'en douter. Ne parlons point de saint Éloi, qui d'orfèvre devint évêque, sans avoir d'études à faire[3]. Il ne sera pas inutile pourtant de l'avoir au moins cité, pour faire naître quelque scrupule dans la conscience des écrivains qui condamnent bravement les VIe et VIIe siècles à n'avoir produit que des espèces d'automates. Mais tous les notaires laïques, échevins et greffiers quelconques du moyen âge[4], qui se chargeait de leur éducation? Qu'étaient-ce, par exemple, que ces vingt-cinq écoliers d'Amiens emprisonnés en 1214 par un prévôt royal, et dont la protection vengeresse fut poursuivie avec fermeté par le chapitre[5]? Ils avaient apparemment d'autres condisciples, et en quel nombre dans la seule cité amiénoise? car, malgré l'esprit de corps, toute l'école pouvait bien n'être pas délinquante jusqu'au dernier petit garçon susceptible du *privilége de clergie*.

---

1. Le vieux poëme espagnol d'*Alexandre le Grand* (qui vient, du reste, de chez nous) raconte que son héros apprenait à lire à l'âge de sept ans, et qu'ensuite il étudia les sept arts libéraux; ne passant point un seul jour sans apprendre sa leçon, et s'exercer par une dispute scolastique:

> El padre, de siete años metiolo á leer;
> Diolo á maestros ornados de seso e de saber,
> Los meyores que pudo en Grecia escoger
> Que lo sopiesen en las siete artes emponer.
> Aprendia de las siete artes cada dia la licion
> De todas cada dia facié disputation.

Cf. Bouterwek (éd. cit.). Prim. parte. C'est à peu près exactement la méthode des écoles publiques du XIIe siècle, telle que la décrit Heeren, op. c., l. II, § 39.

On voit chez D. Martène (*Thesaurus*, t. III, p. 1350) un enfant mis aux écoles par son père qui voulait le rendre capable de diriger sa maison. L'histoire du B. Pierre Acotanto (XIe siècle), publiée à Vienne il y a trente et quelques années d'après un ancien ms., nous dit que sa mère lui enseigna la lecture et l'écriture, puis l'envoya au monastère de S. Georges (à Venise) pour y faire ses études. Or à seize ans elle le maria, ne s'étant pas proposé d'en faire un homme d'église. Cf. AA. SS. Belgii, t. V (S. Landry), p. 206. sq.

2. L'*Histoire littéraire de la France* (t. VI, p. 21) parle des études de saint Gérauld, comte d'Aurillac, et de Guillaume V, comte de Poitiers. Ce dernier avait rassemblé une bibliothèque remarquable, et prolongeait ses lectures fort avant dans la nuit. Mais si le Xe siècle vit de tels exemples parmi les barons, que ne peut-on pas attendre du XIIe siècle et du XIIIe?

3. Vita S. Eligii, *Spicileg.*, t. V. « Erat enim ipse affluen-
« tissimus quidem eloquentia, in studio autem scriptura-
« rum subtilissimus. » Éloi, même avant son ordination, était le conseil des évêques, et le protecteur, le prédicateur même de la foi parmi les peuples. On trouvera de touchants détails sur la vie de cet homme admirable, dans l'excellent ouvrage *Mores catholici*, or ages of faith, l. II, c. VII.

Peut-être le mot orfèvre remplace-t-il mal celui d'*argentier*, qui indiquerait à la fois l'orfèvrerie, la fabrication des monnaies, la banque et l'administration des finances. Mais tout cela néanmoins ne semblait pas nécessiter une instruction comme celle que nous trouvons dans cet argentier d'un roi mérovingien.

4. Or, selon Buonvicino da Riva, la seule ville de Milan comptait, au XIIe siècle, 200 juges ou gens de loi, 400 notaires ou écrivains, et 600 notaires impériaux. Tiraboschi, *Storia della letteratura*, t. IV, lib. I, cap. III, n° 29.

5. Cf. H. Duscvel, *Beffroi d'Amiens*, p. 4, sv.

Guillaume Guiart, homme de la commune d'Orléans, et qui avait fait la campagne de Flandre sous Philippe le Bel, prête à des réflexions curieuses sur la civilisation vers la fin du XIII° siècle et au commencement du XIV°. Les Flamands avaient publié un écrit virulent contre la France et contre Philippe. Une époque où l'on publie des philippiques populaires (manuscrites, bien entendu) permet de croire qu'il y avait une opinion populaire, à laquelle des écrivains pussent s'adresser; et partant, que les lecteurs formaient une portion passable de la population. Mais quoi qu'il en soit, Guiart le vilain, voulant (en bon français) mettre les rieurs du côté de son pays, prit le parti d'écrire lui aussi, et de faire *maints vers et mainte note*[1], durant le loisir que ses blessures lui laissaient. Et sur ce qu'un habile clerc lui représenta (dit-il) la nécessité de compulser les chartes historiques de Saint-Denis, notre Guiart raconte qu'il vérifia en effet son livre sur les documents et mémoires latins de l'abbaye.

Accordons à Legrand d'Aussy, auteur de la notice sur Guiart, que ce préliminaire sur des manuscrits latins allégués pourrait être charlatanerie toute pure, renouvelée des chroniqueurs. Mais si les rimeurs du moyen âge prenaient volontiers l'air d'avoir puisé à des sources historiques et à des chroniques latines, on peut penser qu'ils n'avaient point en vue de se donner par là une mine de vantardise. Ils n'eussent été que ridicules assurément, supposé que leur prétention n'eût pas un fondement sinon probable, du moins possible : savoir, la connaissance du latin hors du clergé. Mais laissons Guiart, si l'on veut[2], et montrons sans plus comment il pourrait absolument se faire que le peuple du moyen âge, les bourgeois du moins, eussent été souvent plus instruits que nous ne le pensons communément. Une considération générale semblerait l'indiquer : c'est que dans les contrées où l'Église a longtemps joui de la paix, l'instruction populaire est beaucoup plus avancée que nulle part ailleurs[3]. Et l'on ne s'en étonnera point si l'on veut bien observer que toujours l'Église a

---

1. Notices des manuscrits, t. V. *La branche aux royaux lignages.* — Biblioth. de l'École des Chartes, n° série, t. III, p. 1, svv.
Du Cange, au mot *Ministelli,* cite Nicolas de Braia (XIII° siècle) qui semble indiquer un certain fonds de souvenirs classiques dans la Ménestrandie. Cf. Francisque Michel, *Chronique des ducs de Normandie,* t. I, préface, p. xvij, svv.
2. J'aurais pu citer encore Burkhard Zengg (OEfele, *Rerum boicarum scriptores,* t. I, p. 247), fils d'un forgeron de Memmingen (fin du XIV° siècle). Le récit plein de bonhomie dans lequel il expose ses voyages, ses études, et la manière dont il avait fait tête à la mauvaise fortune, est un véritable intérieur de ménage (p. 249) qui rappelle les peintures flamandes, et auquel le vieux dialecte bavarois prête un charme de coloris tout particulier.
3. Il ne faut pas nous citer certaines provinces de France qui, profondément catholiques, semblent pourtant arriérées aujourd'hui en ce point. La révolution de 89 les a privées des anciens moyens de civilisation; et les nouveaux, plus ou moins empreints d'irréligion, ont dû les trouver rétives. Si donc elles ont paru repousser l'instruction donnée par le XIX° siècle, c'était en haine du prosélytisme irréligieux qui s'y alliait le plus souvent, et non à cause de l'instruction elle-même. Du reste, il est telle province française marquée d'une épaisse couche de noir par la statistique superficielle des économistes, et dont les établissements religieux d'instruction populaire surprendraient beaucoup s'ils étaient bien connus, quoiqu'ils n'y aient pas toujours reçu un développement complet ou officiel. Je citerai pour exemple le Velai (Haute-Loire).
Hervas, le savant le plus extraordinaire peut-être du siècle dernier, faisait remarquer (*Historia... del hombre,* libr. II, cap. IX) que, dans les États Romains, les écoles pour l'enfance étaient extrêmement multipliées et toutes propres à servir de modèles. Il n'est pas un village de cent feux, dit-il, qui n'y ait son école de lecture, d'écriture et de latin même ; en sorte qu'il s'y trouve fort peu de paysans qui ne sachent au moins lire. Mais, pour ne parler que d'aujourd'hui, j'ai vu tel village de la Suisse catholique (en Valais) où deux chefs de famille, les seuls qui ne sussent point lire, étaient pour ainsi dire montrés au doigt, et comme notés d'infamie par leurs voisins.

pris soin, dans ses lois, d'assurer l'instruction du peuple[1]. Citons quelques preuves, en écartant ce qui regarderait exclusivement l'éducation des jeunes clercs.

Il serait fastidieux d'énumérer les décrets de conciles qui insistent sur l'importance des écoles, même pour la campagne. Cependant on ne saurait les omettre tout à fait sans tronquer abusivement cette matière.

Le 5ᵉ des neuf canons attribués au sixième concile général (3ᵉ de Constantinople en 680) enjoint aux prêtres de la campagne de diriger les écoles, et d'y admettre tous ceux qui s'y présentent, sans exiger aucun salaire[2]. Théo-

Quand Boccace, dans cette anecdote dont je parlerai plus tard, et dont on a si fort abusé (Benvenuto da Imola, *Commentaire sur Dante*, ap. Muratori, *Antiquit. Ital.*, diss. 18), accuse les moines du mont Cassin d'avoir mutilé leurs livres pour en faire des psautiers qu'ils vendaient aux femmes et aux enfants, cette narration montre au moins une chose remarquable (la seule que n'y aient pas remarquée ceux qui l'exploitent), qui est que les femmes (je ne dis pas *les paysannes*, sans nulle exception) savaient lire. Aussi était-ce un usage fréquent au moyen âge, que de représenter les dames avec un psautier entre les mains. Sur cette coutume, voyez les curieuses notes de M. Zappert, *Vita B. Petri Acotanti* (Vienne, 1839), n° 6 — Hist. littéraire de la France, t. XXIV, p. 724.

Les ouvrages populaires publiés par l'imprimerie dès son origine, et particulièrement les pamphlets répandus par Luther et ses disciples, constatent encore l'existence d'une certaine instruction parmi le peuple. Car enfin, tout cela comptait sur des lecteurs formés avant le luthéranisme; et formés par qui? si ce n'est par les écoles ecclésiastiques, seules qui existassent alors.

1. Il faudrait que notre siècle fût descendu bien bas en fait d'études historiques, pour avoir besoin d'apprendre que l'Église est l'ennemie née de l'ignorance, et la seule vraie conservatrice de la science. Mais, puisque les préjugés antireligieux sont devenus à la longue des axiomes, il n'est pas inutile de faire remarquer, çà et là, par quelles manœuvres tantôt perfides, tantôt malavisées, on a conduit la masse des parleurs et des écrivains aux assertions absurdes qui courent aujourd'hui le monde. Le Bullaire de Lyon, par exemple (*Magnum bullarium romanum.... opus absolutissimum* Laertii Cherubini, Lugduni, 1673), a retranché du nombre des constitutions papales, non-seulement ce qui concerne les doctrines formulées depuis dans nos *quatre articles* de 1682, mais à peu près tout ce qui a rapport à l'enseignement, aux universités, etc. Cf. Nardi, *op. c.*, cap. X.— Voir le Bullaire (un peu plus ample sans être complet) de Mainardi (Cocquelines, etc.; Rome, 1733, etc.), avis en tête des t. I et VII. — Guerra, *Constitut. (apost.) epitome*, Venet., 1722.

Que ne retranchait-on aussi du droit canon les expressions suivantes? « Ignorantia mater cunctorum errorum, etc. — Si in laicis vix tolerabilis videtur inscitia, etc. (Distinct. 38.) » L'Église a toujours prétendu surveiller l'enseignement quelconque, afin d'empêcher que l'étude ne se tournât en poison pour la société; mais à cette surveillance elle n'a jamais manqué de joindre tout l'empressement possible pour activer les intelligences. Qui ne sait que les anciennes universités furent fondées par les papes, et que les biens ecclésiastiques furent affectés à leur soutien, là même où l'enseignement théologique n'en faisait point partie? — Cf. Nardi, *l. c.* (Godefroi Hermant) *Observations importantes sur la requête présentée au conseil du Roy par les jésuites le 11 de mars 1643* ; ch. IV, p. 88, etc.

Le P. Theiner avait voulu traiter ce sujet dans son *Histoire des séminaires*; mais il l'a fait d'une façon bien incomplète, et comme un néophyte assez mal converti, ou voulant faire valoir sa conversion sous trop de frais. D'ailleurs avait-il un cerveau propre à autre chose que des compilations matérielles? Érudit qui juge avec bon sens informé comme il faut, et copiste qui amasse, sont deux hommes très-différents qu'on ne saurait confondre sans fâcheuse erreur.

2. Nardi, *op. c.*, cap. 22. — Cette ordonnance ayant été répétée cent fois dans les capitulaires et dans les conciles, il ne faut pas s'attendre que tous ces décrets soient enregistrés ici; ajoutons-en seulement quelques autres exemples qu'il eût été facile de multiplier. Concile de Mayence (813, can. 45). « Filios suos donent ad scholam, sive ad « monasteria, sive foras presbyteris, etc. » — Capitulaire de Thionville (805), 5. « De compoto ut veraciter discant om-« nes. De medicinali arte ut infantes hanc discere mittan « tur. » — Concile de Rome (826), sous Eugène II. « De qui-« busdam locis ad nos refertur non magistros neque curam « inveniri pro studio litterarum. Idcirco in universis epis-« copis, subjectisque plebibus, et aliis in locis in quibus « necessitas occurrerit, omnino cura et diligentia habeatur « ut magistri et doctores constituantur : qui studia littera-« rum, liberaliumque artium ac sancta habentes dogmata, « assidue doceant, etc. » L'addition de Léon IV (« et si liberalium præceptores in plebibus, ut assolet, parvo inveniuntur, tamen divinæ scripturæ magistri, etc. ») montre qu'on s'était proposé de véritables écoles populaires; et qu'on ne se réduisait pas au catéchisme pour le peuple, ou à l'éducation littéraire des clercs exclusivement, sans l'impossibilité d'obtenir mieux. — Concile de Paris (829) can. 30; mais celui-ci pourrait absolument ne regarder que les jeunes gens destinés à la prêtrise. Il renferme du reste des dispositions remarquables, comme les exercices publics à faire subir aux élèves devant le concile quand il se réunira. — Concile de Langres, etc. (859), can. 10. « Ut scholæ sanc-

dulf, évêque d'Orléans, rappelle ce devoir aux prêtres de son diocèse, vers 797[1], et le capitulaire d'Aix-la-Chapelle (789) avait déjà réglé que les églises et les monastères auraient des classes semblables pour l'enfance[2]. Aussi le biographe de saint Wolfgang (x° siècle) nous le montre[3] conduit par son père aux écoles des moines, lorsqu'il n'eut plus rien à apprendre dans les classes populaires. On doit remarquer que l'enseignement spécial des clercs ne devait pas laisser de verser dans la circulation des connaissances littéraires plus que populaires, puisque, sur la quantité des étudiants formés pour la carrière ecclésiastique, il ne pouvait manquer de s'en trouver un certain nombre qui embrassassent une autre profession. J'ai vu même, dès mon enfance, dans le Vexin français une espèce d'*École des chartes* au petit pied, subsistant depuis je ne sais quelle époque dans l'enseignement des *magisters*. J'entendais les jeunes paysans se dire en façon de rhétoriciens ou de philosophes qui se vantent d'avoir complété leurs études : « Je lis dans les contrats. » Quoique ce ne fût pas précisément la Normandie, c'était, comme toute la droite de la Basse-Seine (non pas *Seine-Inférieure*), du vieux diocèse de Rouen qui allait jusqu'à Pontoise[4]. M. Ch. Ro-

« tarum scripturarum, et humanæ litteraturæ... constitu-
« antur *undique scholæ publicæ*; ut utriusque eruditionis,
« et divinæ scilicet et humanæ.... Ingenti cura et studio
« remedium procurandum est. » — Conc. de Valence (855)
can. 18. « Ut de scholis tam divinæ quam humanæ littera-
« rum, nec non et ecclesiasticæ cantilenæ, juxta exemplum
« prædecessorum nostrorum aliquid inter nos tractetur, et
« si potest fieri statuatur atque ordinetur, etc. » — Règlements ecclésiastiques d'Angleterre (*Capitula incertæ editionis* ap. Spelman; *Concilia*, t. I, p. 585, etc.), cap. 20. « Presby-
« teri per villas et vicos scholas habeant, et si quislibet
« fidelium suos parvulos ad discendas litteras eis commen-
« dare vult, eos suscipere et docere non renuant; sed cum
« summa charitate eos doceant.. Quum ergo eos docent,
« nihil ab eis pretii pro hac re exigant, nec aliquid ab eis
« accipiant, excepto quod eis parentes ex charitatis studio
« sua voluntate largientur. »— Concile 3° de Latran (1179),
« can. 18. « Quoniam Ecclesia Dei et in iis quæ spectant
« ad subsidium corporis, et in iis quæ. ad profectum
« veniunt animarum indigentibus *providere tenetur*, ne
« pauperibus, qui parentum opibus juvari non possunt,
« legendi et proficiendi opportunitas subtrahatur, per
« unamquamque ecclesiam cathedralem, magistro qui clericos ejusdem ecclesiæ, *et scholares pauperes* gratis doceat,
« competens aliquod beneficium assignetur, quo docentis
« necessitas sublevetur, et discentibus via pateat ad doctri-
« nam. In aliis quoque restituatur ecclesiis sive monaste-
« riis, si retroactis temporibus aliquid in eis ad hoc fuerit
« deputatum, etc. » Nous arrivons ici au temps des universités qui, réunissant dès lors des milliers d'étudiants, multiplièrent les écoles préparatoires ou élémentaires; si bien que dans la seule ville de Milan leur nombre montait alors jusqu'à 80. Tiraboschi, *l. c.* On trouvera d'autres documents sur les écoles, dans Thomassin, Nardi, etc., etc. Je ne connais Keuffel, *Historia originis ac progressus scholarum inter christianos*, que par son titre.

1. *Capitulare Theodulfi.* Le 19° canon semble n'avoir en vue que les écoles cléricales; mais le 20° a évidemment pour objet les petites écoles rurales. Il semble ne faire autre chose que reproduire une prescription consacrée :
« Presbyteri per villas et vicos scholas habeant. Et si qui-
« libet fidelium suos parvulos *ad discendas litteras* eis

« commendare vult, eos suscipere et docere non renuant,
« sed cum summa charitate eos doceant; attendentes illud
« quod scriptum est : Qui... ad justitiam erudiunt multos,
« fulgebunt quasi stellæ in perpetuas æternitates. Quum
« ergo eos docent, nihil ab eis pretii pro hac re exigant,
« nec aliquid ab eis accipiant; excepto quod eis parentes
« charitatis studio sua voluntate obtulerint. » Encore aujourd'hui, dans plusieurs pays hors de France, la charge des écoles rurales est un bénéfice ecclésiastique; et les *magisters* généralement en possession de faire la classe dans nos campagnes étaient un reste de cet office attaché comme devoir à la charge du chantre. Cf. Joly, *op. c.* Je développerai peut-être ce point d'histoire ecclésiastique, plus tard, dans un mémoire sur le chant de l'Église. On en trouve déjà une indication dans Canciani, *Leges barbarorum*, t. IV, p. 327, n° 20. Cf. Krammer, *Institution. histor. litterar. theologiæ* (Presbourg, 1785), p. 146-202; § XIII-XLII.

2. *Capitul. aquisgran.*, cap. 72. « Scholæ legentium pue-
« rorum fiant : psalmos, notas, cantus, compotum, gram-
« maticam per singula monasteria vel episcopia dis-
« cant, etc. » Il est facile de s'apercevoir que toutes ces formules se répètent presque mot pour mot, et témoignent par conséquent d'une règle reconnue, qu'il suffisait de rappeler pour la remettre en vigueur. Aussi nous abstiendrons-nous d'en citer davantage. On en trouvera facilement d'autres réunies par Conring, *op. c.*, par Muratori (Antiq. ital.) diss. 43. Launoy, *op. c.* Cf. Mores catholic., passim. — *Histoire littéraire de la France*, t. VI, p. 29, 40, 84, 284, etc. — Lecointe, *Annales*.

Le pape Alexandre III (ap. Martène, *Amplissima collectio*, t. II, p. 853, sq.) s'indigne d'apprendre qu'en France il faille payer pour obtenir le droit d'enseignement. Il appelle cela une coutume mauvaise, exorbitante, et qui déshonore l'Église.

Cf. *Correspondant*, janvier 1874, p. 242.

3. Vita S. Wolfg., *ap. Surium* (31 octobr.) : « Non contentus scholis trivialibus aut privatis erudiri, deducente eo sibi properandum statuit ubi tum intra Germaniæ fines maxime florerent studia litterarum. Itaque ad Augiense monasterium se contulit. » Cf. *Capitula Herardi Turonensis* (858), cap. 17.

4. L'esprit litigieux et défiant des populations normandes

billard de Beaurepaire avait tout droit de n'en rien dire dans son ouvrage sur l'instruction populaire au moyen âge, attendu que les archivistes actuels sont, par leur titre même et leur dépôt légal, administrativement enserrés dans le cercle départemental moderne; mais je puis garantir le fait comme observé par moi-même en 1815 à Gargenville près de Mantes. Un peu plus tard, ce complément des études élémentaires persistait encore dans les bourgades de Biscaye, ce qui permet de lui supposer jadis une grande extension. Je n'affirmerai pas qu'archivistes et greffiers doivent trouver fort louable cette dispersion de vieux parchemins dans des classes d'enfants; mais le but avait du bon, et l'on a détruit en masse bien des actes anciens sans prétextes aussi graciables. Ainsi les écoles ecclésiastiques ne peuvent être totalement écartées de ce sujet, mais elles mériteraient un travail à part. Ajoutons aux dispositions générales, mentionnées déjà, l'indication de quelques écoles locales ou nationales.

ANGLETERRE. — Les chroniques saxonnes racontent qu'en 816 l'école de la nation anglaise à Rome fut détruite par un incendie [1]. Quel qu'il fût, cet établissement avait été fondé par le roi saxon Ina, et Alfred en fut le bienfaiteur. Oxford, dont l'histoire a ses temps fabuleux, prétend avoir compté quatre mille élèves sous le règne de Jean; Cantorbéry avait de la réputation dès le commencement du XIIe siècle. Cambridge, l'émule d'Oxford pour l'antiquité, York, où se rendaient les étrangers dès le VIIIe siècle, Saint-Alban, Lincoln, Londres et Westminster [2] ne sont que les principaux noms d'une liste que je n'entreprends pas de compléter. Tanner convient que, lors de la destruction des monastères dans la Grande-Bretagne, ils étaient autant de centres pour l'éducation des peuples environnants [3]. Les écoles durent y être multipliées, comme moyen politique, par les princes normands qui en firent un instrument de conquête, en exigeant que la langue française y fût enseignée.

DANEMARK et SUÈDE [4]. — Lund, Wiborg, Odensee, Soroe surtout. Vers le XIVe siècle, on y comptait plus de cinquante et un monastères, dont plusieurs équivalaient pour la considération et l'influence, même politique, à bien des siéges épiscopaux : par exemple, Nestved, Esrom (Wisby), Ringstaedt, Soroe. En outre, la nation danoise avait à Paris un collége spécial [5]; dont l'institution, du reste, était postérieure à la fondation semblable faite par les Allemands. Aussi l'évêque Eskil, ami de saint Bernard, Absalon, André et Pierre Suneson, Gunner, évêque de Wiborg, et le roi Erich Plogpenning, avaient étudié à Paris [6].

ALLEMAGNE. — Magdebourg, où l'on envoyait les jeunes Pruczes [7] pour se former aux

---

pouvait bien y être pour quelque chose. Il ne fallait pas que le villageois fût livré pieds et poings liés aux gens d'affaires dans un procès, on avait voulu qu'il vît un peu clair lui-même aux *pièces* de son dossier. Depuis lors, les typographes ont cru y suppléer par le caractère *civilité*, pour les livres élémentaires; mais je doute que ces caractères fondus sur types invariables, vaillent à l'œil autant que les vieux parchemins de divers tabellions. Nous autres citadins n'avons pas même eu dans notre enfance cette ouverture paléographique sur le passé.

1. Cf. *Mores catholic.*, t. III, c. VI. Peut-être cependant cet établissement ne fut-il d'abord qu'un hôpital pour les pèlerins anglais. Le mot *schola* est souvent pris pour désigner une réunion; de même que l'expression *collegium*, au lieu d'indiquer un corps d'élite, a pris dans les langues modernes une acception plus étendue et moins honorable. Mais, qu'il y eût à Rome de nombreux étudiants venus du Nord, c'est ce qui n'est point douteux; et les déclamations d'Ornhjalm (*Historia Sveonum Gothorumque ecclesiastica*) suffiraient à le prouver. Cf. Petri Venerabilis epist. ad Lucium PP. (lib. IV, ep. 24).

2. Cf. *Mores catholici*, Lingard, Henry, Wood, etc.

3. Tanner, *Notitia monastica.* — Cobbet, *Protest. reformation.* P. 2 (London 1827).

4. L'académie de Copenhague avait proposé pour 1846 un prix sur l'histoire des livres en Danemark. J'ignore quel a été le résultat de ce concours, où l'histoire des abbayes et des cathédrales ne pouvait manquer d'occuper une grande place si la question était prise de haut.

5. *Collegium Dacicum.* On sait qu'au moyen âge (chez Orderic Vital, par exemple) *Dacia* désigne communément le Danemark.

6. Cf. Langebek, Münter, Wachsmuth.

7. L'archevêché de Magdebourg était comme la métropole des Slaves soumis par les Allemands du nord; ce qui ne l'a pas empêché de se faire champion du luthéranisme.

sciences; Metlac dans le diocèse de Trèves, dont l'éclat était dû surtout à des disciples formés par le fameux Gerbert dans l'école de Reims; Paderborn, Hildesheim, Brême, Hambourg, Mayence, Osnabruck, Trèves, et la plupart des monastères déjà cités pour leurs bibliothèques[1].

PAYS-BAS. — Prum (ou Pruym), Utrecht, Liége, Gemblours (ou Gembloux), Stavelo, Malmédy, Epternach, Gand, Lobes, Gueldres, Deventer, Zwoll, etc. Nous aurons occasion d'en parler plus tard avec quelques détails.

FRANCE (par ordre alphabétique). — Du VIIIe au XIe siècle : Aix de Provence[2], Saint-Amand, Aniane, Argenteuil, Saint-Arnoul de Metz, Arras, Aurillac, Auxerre, la Baume, Saint-Bénigne de Dijon, Saint-Bertin (Sithieu), Cambrai, Chartres, Cluny, Corbie, Cormery, Saint-Denis, Douai (soit à Saint-Amé, soit à Anchin), Évreux, Ferrières, Fleury, Fontenelle, Sainte-Geneviève de Paris, Saint-Germain d'Auxerre, Saint-Germain-des-Prés à Paris, Gorze en Lorraine, Saint-Julien de Tours, Jumiéges, Langres, Laon, Luxeuil, Lyon, Mâcon, le Mans, Saint-Martial de Limoges, Saint-Martin de Tours, Saint-Maur des Fossés, Mici, Nevers, Orléans, Saint-Père-en-vallée à Chartres, Saint-Pierre-le-Vif à Sens, Poitiers, Redon, Reims, Réomé (Moutier-Saint-Jean), Saint-Riquier, Strasbourg, Toul, Tours, Tournus, Saint-Wast d'Arras, Verdun, Saint-Vincent de Metz, etc., etc.[3] — Aux XIIe et XIIIe siècles[4] : Amiens, Aix[5], Angers, Angoulême, Argenteuil, Arras, Saint-Augustin de Limoges, Autun, Auxerre, Beauvais, le Bec, Saint-Bertin, Besançon, Bordeaux, Bourges, Caen, Cambrai, la Chaise-Dieu, Châlons-sur-Marne, Chartres, Château-Gonthier, Châtillon-sur-Seine[6], Chinon-sur-Vienne, Cisoin, Clermont en Beauvoisis, Cluny, Saint-Crépin-le-Grand de Soissons, Crépy, Saint-Denis, Saint-Évroul, Flaix (Saint-Germer), Saint-Florent de Saumur, Saint-Gatien de Tours, Saint-Géry de Cambray, Sainte-Geneviève de Paris, Saint-Germain-des-Prés (Ib.), Saint-Gilles en Languedoc, Gournai en Normandie, Laon, Saint-Laumer de Blois, Lille, Lisieux, Lyon, Saint-Maixent, le Mans, Marmoutier, Saint-Martin de Tournai, Saint-Médard de Soissons, Montpellier, le Mont-Saint-Michel, Moutier-la-Celle dans le diocèse de Troyes, Saint-Nicaise de Reims, Saint-Nicolas-aux-Bois dans le diocèse de Laon, Noyon, Orléans, Poitiers, Saint-Remi de Reims, Rethel, Riom, Saint-Ruf dans le diocèse de Valence, Saintes, Séez, Senlis, Soissons, Strasbourg, Tarascon, Saint-Thierri près de Reims, Toul, Tournai, Saint-Wast d'Arras, Vendôme, Verdun, Vézelai, Saint-Victor de Paris, etc., etc.

Toutes ces institutions n'empêchèrent pas les évêques de rappeler aux curés de campagne l'obligation d'enseigner à lire aux enfants[7], et d'aviser sans cesse aux moyens de

---

1. Cf. Voigt, Heeren, Meiners, Ziegelbauer, Ruhkopf, etc., etc. Pour l'Espagne et l'Italie, dont l'histoire est beaucoup plus connue, on peut consulter : Masdeu, Muratori, Fumagalli, Tiraboschi, etc.
2. Rouard, Notice sur la bibl. d'Aix, p. 18.
3. Hist. litt. de la France. Je n'ignore pas que cette histoire admet à figurer parmi les écoles bien des lieux dont les titres sont problématiques; aussi n'en ai-je point transcrit entièrement la liste. Et si, d'une part, cette liste peut être réduite encore, il serait d'ailleurs aisé d'en compenser la réduction d'un autre côté, sans recourir à des probabilités aussi légères que celles qui motivent parfois la nomination de quelques abbayes, dans le relevé donné par les Bénédictins.

4. Ici les écoles deviennent généralement publiques sans contredit, et beaucoup plus littéraires à cause des universités; aussi ne nommerai-je que les principales. Quant aux universités proprement dites, il en devait être dit un mot dans la deuxième section de ces recherches, mais cette partie ne sera probablement pas traitée par moi: « Veniat qui proderit. » A soixante et dix ans, il faut quitter les longues pensées, sauf pour l'autre vie.
5. Rouard, op. cit., p. 20, 38, etc.
6. Saint Bernard y fit ses études in ecclesia Castilionis. Cf. Alan., Vita (II) S. Bernardi.
7. Voyez Gallia Christ., t. VI, p. 392. Concile de Cambrai (1565), tit. 3, etc. Il nous faut aujourd'hui des citations,

répandre l'instruction parmi les pauvres[1], même par des moyens coactifs. Aussi ne faut-il pas songer que nous ayons énuméré ici les écoles rurales. M. R. de Beaurepaire, pour le seul diocèse de Rouen, a montré que les petites écoles de village y étaient nombreuses, avant le XVIᵉ siècle. De même, M. Siméon Luce vient de rappeler encore, dans son *Histoire de du Guesclin* (t. I), que nos villages du XIVᵉ siècle avaient des maîtres pour enseigner à tous leurs enfants la lecture, l'écriture et les éléments du calcul.

XXI.

Pour rendre moins incomplets ces aperçus vagues et presque sans lien, il est utile de traiter avec quelques détails une nation en particulier; et ce serait être malavisé que de ne pas choisir l'Irlande pour thème de ce développement. Dérobée d'abord presque entièrement, par sa situation, aux bouleversements qui confondirent tout en Europe lorsque croulait l'empire romain, elle nous montre bien que si le Christianisme n'a pas sur-le-champ mis les nations modernes hors de pair, ç'a été uniquement à cause des obstacles qu'a rencontrés son action[2].

L'érudition de l'Hibernie païenne, sorte de dogme pour bien des Irlandais, ne serait pas sans rapport avec l'appréciation des effets produits par le Christianisme dans cette île. Mais, outre l'absence de pièces positives qui puissent confirmer les assertions louangeuses, il est certaines preuves négatives qui ne laissent pas de jeter du doute sur les panégyriques de la vieille Erin. Cette île, dépositaire de la science druidique, emprunta au Christianisme le mot par lequel elle désigne les livres; et ses plus anciennes annales

---

pour apprendre ce qui était un fait de droit public jusqu'à notre siècle, savoir, que l'enseignement est une *chose ecclésiastique*. Le traité de Westphalie cependant, qui avait fait bon marché de tant de principes, recula devant celui-ci; novices qu'étaient ces congrès, qui ne faisaient que s'essayer à l'œuvre de destruction sociale! Cf. André Müller, *Dictionn. de droit canon* (en allemand). — Cramer, *Gesch. d. Erziehung... in d. Niederlanden.*

M. Léon Maître a publié en 1866 une étude sur *les écoles épiscopales et monastiques de l'Occident*, qui n'est pas sans valeur; mais sur laquelle il reviendra sans doute plus tard avec bien d'autres informations quand il aura du loisir et de l'expérience.

1. Conciles de Mayence (1549), cap. 65, *Concil. Germaniæ*, t. VI; de Salzbourg (1569), c. XXXI, *Concil. Germaniæ*, t. VII; de Malines (1570) : *De scholis, de schola dominicali*; de Rouen (1581), *de scholarum et seminariorum fundatione*, 1; de Bordeaux (1583) : tit. 27. « Providendum est,[omnique « ratione efficiendum.... ut in singulis parochiis, vel sal- « tem in celebrioribus pagis constituatur ludimagister, qui « *cum grammatica*.... etc. » C'étaient des ruines qu'il fallait relever après les ravages du luthéranisme et du calvinisme.

2. Le développement de cette idée ne peut être entrepris ici : remarquons cependant que les peuples protégés contre l'action étrangère, ont subitement grandi sous une sorte de charme, par l'intervention du christianisme. L'*Arménie*, convertie au commencement du IVᵉ siècle, eut l'âge d'or de sa littérature au siècle suivant; et l'histoire y produisit dès lors les ouvrages qui servent encore de modèle à ses écrivains. La *Géorgie* avait au XIIᵉ siècle (pendant que l'Arménie jetait instantanément un nouvel éclat) une époque littéraire qu'elle n'a pu atteindre depuis. Elle était catholique alors; si bien que l'invasion tartare l'empêcha seule de se joindre aux croisés latins. La *Russie*, au moment de sa conversion, sembla promettre une croissance gigantesque. Mais cette civilisation s'arrêta atrophiée subitement; parce que, trop séparées de Rome par leurs liturgies nationales, et trop liées à Constantinople, leur fatale nourrice, ces nations subirent l'influence du schisme, qui est l'amputation d'un peuple. La *Hongrie*, qui datait comme famille européenne, du Xᵉ siècle seulement, acquit en développement politique ce que lui refusait en littérature la multiplicité de ses éléments nationaux. Trois siècles après sa conversion, elle embrassait une étendue égale à celle de l'empire autrichien actuel; et, sans l'hérésie, elle paraissait appelée à former un boulevard de fer pour la chrétienté. La *Bohême* toucha quelque temps à l'Adriatique, d'une main, et à la Baltique, de l'autre. Mais elle fut la première nation vraiment européenne à nourrir l'hérésie dans son sein, et la plus châtiée aussi, pour l'exemple; car ses guerres hussites furent atroces, ensevelissant dans les flammes maint vestige important de l'art et de la littérature tchèques dont nous aurions grand besoin aujourd'hui pour voir clair dans un moyen âge si mêlé de byzantinisme, de slavisme et de latinisme. Cette lacune violente est désormais impossible à combler.

portent le nom de *psautiers*[1] (*Psalter*). Mais, quoi qu'il en soit de ce préjugé légitime contre les antiquaires patriotes de l'Irlande[2], il est sûr que cette île apparaît tout d'un coup comme une création magique à la lumière de l'Évangile. Chrétienne au v° siècle, déjà au vi° et vii° elle est l'île des saints et des savants. On nous cite au monastère de Bengor dans l'Ulster (Beangor, Banchor), 3,000 moines[3]; à Armagh, 7,000 étudiants; à Clonard, sous saint Finnian, 3,000; à Lismore, un rendez-vous général des pèlerins de la science, et le reste à l'avenant[4]. Si ces indications semblent gonflées par le patriotisme, les témoignages des étrangers et l'histoire du continent les rendent croyables. Aldhelm[5] se plaint à un ami de ce que *des escadres d'étudiants* font voile vers l'Irlande, pour y chercher des maîtres de grec, de latin et d'Écriture sainte. Alcuin et Bède[6] nous donnent la même idée de ce concours qu'attirait la réputation des écoles hibernoises[7]. Bientôt l'île ne suffit plus à tout ce monde d'étudiants, qui déborda non-seulement sur les Hébrides et l'Écosse, mais sur l'Islande et notre continent.

1. On sait que, dès les premiers temps de l'Église, le *psautier* fut le manuel des écoles. Saint Jérôme, parlant de la diffusion du christianisme chez les barbares, disait déjà : « Hunni psalterium discunt; » et c'est précisément pourquoi il voulut que sa propre version des psaumes ne fît point partie de la Vulgate. Le vieux texte latin lui semblait beaucoup trop répandu pour qu'on espérât le supplanter sans graves inconvénients, parmi les peuples occidentaux dont la pratique habituelle pouvait être ainsi troublée non sans péril de schisme.

2. Loin de moi l'idée de trancher par un mot une discussion où il a été fait tant de dépenses d'archéologie. Libre à qui voudra, de consulter Keating, O'Flaherty, O'Connor, etc., et les antiquaires analysés ou indiqués dans l'ouvrage de Thomas Moore, t. I. Je prends acte seulement du fait chrétien, seul bien constaté dans l'histoire littéraire de cette île. Le reste peut avoir existé; mais, pour celui-là, il est incontestablement hors d'atteinte. Cf. P. Cullen, *Annali delle scienze religiose*, n° serie, t. III, p. 70, sgg.; et 81, sgg.

3. Ce nombre paraîtra sans doute extraordinaire. Peut-être faut-il, pour adopter le chiffre 3,000, compter toutes les fondations dépendantes de cette abbaye comme d'un chef-lieu. Cf. *Vit. S. Malachiæ*, cap. v.—Ware, *De scriptoribus Hiberniæ*, lib. I. cap. II. Ce monastère ne doit pas être confondu avec celui de Bangor dans le pays de Galles.

4. Cf. Usher, Wachsmuth, O'Connor, Lanigan, Thomas Moore (c. XII et XIII). Il est fâcheux que ce dernier auteur ait été traduit avec une précipitation ou une incurie toute propre à empêcher son succès parmi nous. Les fautes d'impression, les contre-sens, le défaut d'éclaircissements, tout, dans cette version, conspire contre l'original. Je dois avouer que je n'ai pas eu le texte anglais à ma disposition. Mais heureusement les inexactitudes du traducteur sautent aux yeux la plupart du temps. Ainsi l'amende imposée au Leinster par Tuathal, est désignée à divers endroits par les noms de *tribut*, *boarien*, *baorien*, *baroméen*, *borroméen*. Ailleurs on traduit l'expression théologique : *making the body of Christ* (corpus Christi conficere), par cette phrase *manger le corps du Christ*; tandis que M. Moore voulait y montrer précisément l'antiquité du dogme de la transsubstantiation (p. 300). On fait de Saint Augustin (p. 380) une espèce d'hérétique; une phrase louche (p. 383) semble prêter à l'Église, sur l'Eucharistie, quelque chose de la doctrine calviniste. On nous parle des *psautiers* de Cashel et de Tara, comme si le vulgaire des lecteurs français pouvait savoir qu'il y a sous ce titre autre chose que des psaumes; etc., etc. Lingard, dans son bel ouvrage sur les *Antiquités de l'Église Anglo-Saxonne*, n'a guère été mieux traité, du reste; et bien d'autres traductions ressemblent à celles-là malheureusement. Aussi voudrais-je que la traduction des MORES CATHOLICI (*or ages of faith*) fût entre des mains plus habiles et plus consciencieuses; dût la rédaction y être modifiée çà et là, mais dans l'esprit général du livre, et avec le même amour des œuvres catholiques.

5. *Ep. hibern. sylloge*, ap. Moore, c. XIII. Cf. Maï, *Classic. auct.*, t. V, p. 405.

6. Alcuin. *Vita S. Willibr*. « Beatus adolescens Willi-« brordus in Hiberniam veloci cursu conscendit, ibique « duodecim annos inter eximios piæ religionis et sacræ « lectionis magistros.... erudiebatur. » It. *carm. de S. Willibr. et de S. Willigiso.*, etc. Ap. Conring, *op. c.*, supplem. 31.

Bed., *Hist. Anglor.*, lib. III, cap. 27 (ap. Conring., *ibid.*). « Erant eo tempore (A. Chr. 664) multi nobilium simul et « mediocrium de gente Anglorum ; qui tempore Finani et « Colmani episcoporum, relicta insula patria, vel divinæ « lectionis, vel continentioris vitæ gratia illo (*in Hiberniam*) « successerant. Quos omnes, Scoti liberalissime suscipien-« tes, victum eis quotidianum sine pretio, libros quoque « ad legendum, et magisterium gratuitum præberi cura-« bant, etc. » It., cap. VII, *ibid.* — Ware, *op. c.*, l. I, c. XIV.

7. Les plus remarquables de ces écoles (*Monaster. Hibernica*, 410, cité par l'auteur des MORES CATHOLICI, III, 6), furent les abbayes de Louth, Saint-Ibar dans l'île de Beg-Eri (côte du Wexford), Clonard (dans l'East-Meath), Rathène, Lismore fondée vers 663, Ross, Bengor (monastère fondé vers 558), Sainte-Marie de Clonferth, Saint-Ninnidius dans l'île de Dam-Inis (sur le lac d'Erne), l'île d'Immay, sur la côte de Gallway. Cf. Ware, t. I, c. II, III. — *Supra*, p. 64.

Quant aux monastères irlandais (ou Scots) du continent, il est bon de rappeler au moins (Bobbio, Luxeuil, Cologne, Saint-Gall, Seckingen (dans le canton de Glaris), Salzbourg, Ratisbonne, Vienne (d'Autriche), Wurzbourg, etc. Plus d'un vulgarisateur français a mal compris en cela l'expression allemande *Schotten Muenster* (Scotorum monasterium).

'humeur voyageuse du peuple irlandais lui fit entreprendre une espèce de croisade scientifique au profit de l'Église latine tout entière. Des moines, des évêques même, espèces de *periodeutes* à la manière de l'Orient, transportèrent au loin la science scotique ; et leurs fondations sur le continent apparaissent çà et là dans l'histoire, comme ces astres dont la course ne se peut tracer que par induction et à force de calcul. En Brabant, à Verdun, à Wurzbourg, à Ratisbonne, à Erfurth, à Cologne, à Vienne, etc., les colonies de ces cosmopolites sont attestées par le nom de *monasteria Scotorum*, qui dans plusieurs de ces villes a subsisté jusqu'à nos jours ; et qu'on traduit parfois assez drôlement.

En *Angleterre*, le monastère irlandais de Lindisfarne [1], fondé par saint Aïdan, à la sollicitation du roi saxon Oswald [2], ainsi que celui de Malmesbury établi par Maidulf [3], augmentèrent l'influence irlandaise sur la civilisation britannique; et Aldhelm, tout mécontent qu'il était de voir la Grande-Bretagne désertée par les étudiants, devait ses propres connaissances à un maître hibernois [4]. D'ailleurs les établissements albaniens (dans le comté d'Argyle, etc.), qui transportèrent à la Bretagne septentrionale [5] le nom même de l'Irlande (*Scotia*), livrèrent cette contrée à l'activité scotique. Là elle avait comme son point d'appui dans l'île de Hy (Icolmkill, Iona), peuplée de moines irlandais [6] par saint Columba (Columbkill).

En *France*, la fondation de Luxeuil et de Fontaines n'a besoin que d'être rappelée. Mais il faut ajouter que le zèle de saint Columban (fin du VI° siècle) ne se renferma point dans les murailles de ces abbayes, et qu'il parut à la cour de Thierry et de Brunehaut, avec tout l'ascendant et toute la sainte rudesse d'un Élie [7]. Il visita de même, en se retirant, les cours de Clotaire et de Théodebert, et ne passa en Lombardie que quand les succès des Austrasiens menacèrent de lui enlever tout refuge sur le sol de la France [8]. Dagobert II, élevé en Irlande, puis Pépin d'Héristal, accordèrent leur confiance à des compatriotes de ce grand homme [9], et deux évêques de sa nation occupèrent successivement le siége épiscopal de Strasbourg [10]. L'impulsion était donnée [11]; aussi, durant la période carlovingienne, c'est un débordement d'Hibernois sur tout l'empire franc [12], au dire d'un écrivain d'alors. Charlemagne et Lothaire, en confiant à quelques-uns d'entre eux la direction des grandes écoles (à Paris et à Pavie) nouvellement améliorées [13], associèrent à la renommée de leur œuvre celle de Clément, d'Albinus et de Dungal. Jean Scot Érigène (ou Eringena) semble avoir pris à tâche de garantir chez la postérité, par ce double nom, sa qualité d'enfant d'Érin. Or l'em-

---

1. Moore, c. XIII.
2. Oswald, exilé durant son enfance, avait été instruit par les Irlandais ses hôtes. La même chose arriva au roi des Northumbres, Alfred ; et à Dagobert II, roi d'Austrasie. Moore, c. XIII.
3. Ware, l. I, c. III.
4. Moore. c. XIII, XIV.
5. *Id.*, c. VII, XI, XII.
6. *Id.*, c. XI-XIII.
7. *Id.*, c. XII.
8. *Id., ibid.*, cf. Ware, l. I, c. III.
9. Moore, c. XIII.
10. Ware, *lib.* I, cap. III. Moore, *l. c.* Sur les Irlandais en Austrasie, cf. Mélanges d'archéologie (1re série), t. II, p. 55,

note 3. Mais nous venons d'en dire suffisamment pour qui voudra chercher davantage.
11. J'aurais pu parler de saint Fiacre et de saint Fursy (VII° siècle) : mais leur vie, au moins celle du premier, fut consacrée à l'édification presque exclusivement. Ware, l. I, c. III.
12. On en verra la preuve pour l'Allemagne surtout : mais voici comment s'en exprime Henri d'Auxerre, s'adressant à Charles le Chauve (*Præfat. vitæ S. Germani*, ap. Conring, *suppl.* 31) : « Quid Hiberniam memorem, contempto « pelagi discrimine *pene totam cum grege philosophorum* ad « nos migrantem? »
13. Moore, c. XIII. — Aventinus, *Annal.*, lib. IV, etc.; ap. Conring, *suppl.* 40, n° 6, 7. — Ware, *lib.* I, cap. V.

pereur Charles le Chauve fit de ce docte étranger le compagnon de ses heures les plus retirées, le considérant comme l'ornement de sa cour [1].

En *Allemagne*, saint Fridolin le Voyageur (vi° siècle), qui parcourut la Lorraine, l'Alsace, la Suisse [2], etc.; saint Kilian, dans la Franconie; Virgile (Feargal ou Feargil) [3], en Carinthie surtout, où il prêcha la foi; voilà des traces ineffaçables du zèle et de la science des Irlandais. Le célèbre monastère de Saint-Gall maintint constamment des vestiges de son origine hibernoise, dans son goût pour la musique et pour tout ce qui tient à cet art [4]. On trouve encore un évêque irlandais entretenant l'amour des lettres et des sciences à la cour de l'empereur Othon Ier [5], et d'autres faits se pourraient rassembler si ce n'était assez de ceux-ci.

En *Italie*, la fondation de Bobbio par saint Columban est à elle seule un fait de la plus grande conséquence; d'autant que cette abbaye se maintint longtemps dans une réputation de science incontestable. L'école de Pavie et l'intendance des écoles lombardes, confiées à Albinus et à Dungal par les empereurs carlovingiens [6], est un autre fait indubitable que Tiraboschi n'entreprend point de nier, malgré la susceptibilité de son patriotisme. Donatus, Irlandais encore, paraît avoir enseigné dans la basse Italie [7], et devint évêque de Fiesole; saint Catald occupa le siége de Tarente [8].

---

1. Moore, *loc. cit.* — Ware, *lib.* I, cap. v.
2. Ware, *lib.* I, *cap.* I. — Moore, *op. cit.*
3. Moore, c. xiii. — On y trouvera des détails intéressants sur la prétendue dégradation de Virgile, accusé d'avoir enseigné *qu'il y avait sous la terre un autre monde et d'autres hommes*, ou même *un autre soleil et une autre lune*; accusation qui n'empêcha pas le prévenu d'être promu à l'épiscopat, être canonisé par la suite. Aussi bien, quelles que fussent les expressions qu'on lui prêtait, s'il ne s'agissait dans le fait que des *antipodes*, on ne voit pas pourquoi ce lui eût été un crime d'avoir parlé comme saint Clément de Rome (ep. I, ad Corinthios, cap. xx; ap. Galland, *Bibl. veter. Patr.*, t. I), ou saint Hilaire (in psalm. II, vers. 8). Il ne faut donc point s'émerveiller si la doctrine des antipodes a eu d'autres partisans que saint Virgile au moyen âge; ce qui a de quoi surprendre, c'est Montfaucon lorsqu'il affirme que généralement, avant le xv° siècle, les docteurs chrétiens considéraient la terre comme une surface plane (*Præf. ad Cosmæ topographiam*, cap. II). Montfaucon ignorait-il donc que Martianus Capella, le grand livre des écoles au moyen âge, donne tout une autre idée sur la cosmographie, et enseigne formellement l'existence des antipodes? Aussi, pour ne rien dire de Bède et d'Albert le Grand, contentons-nous de citer l'*Image du monde*, poëme du xiii° siècle (*Notices des manuscrits*, t. V, p. 260). Il y est dit en propres termes que *si deux hommes, partis d'un point donné, marchaient l'un et l'autre dans une direction opposée, avec une vitesse égale, ils se rencontreraient précisément sous le point de départ*.

Sur Virgile de Carinthie, voy. Riccioli, *Almagest.*, lib. I, cap. xx, schol. 1.— Hansiz, *Germania sacra*, t. II, p. 82, 83.— Baronius et Pagi, *ad ann.* 748, n° 2.— *Mémoires de Trévoux*, janvier 1708, p. 138, etc. — Ch. Decker, etc. — Ware, *lib.* I, cap iv. — Velser, *Rer. Boicar.* lib. V, ad A. 746 — 748.

Pour d'autres Irlandais en Allemagne et en Flandre, voyez Ware, lib. I, cap. III, IV.

Sur les Irlandais dans les Pays-Bas, cf. Heussen, *Batavia sacra*, passim.— A A. SS. *Jul.*, t. I, p. 184-186; et 241.—

C. Dehaisnes, *l'Art chrétien en Flandre*; *peinture*, p. 18, sv.; 43, 70

4. M. Jubinal (*rapport déjà cité*) a fait remarquer que les miniatures de Saint-Gall offriraient de curieux renseignements pour l'histoire de la musique instrumentale au moyen âge. La passion des Irlandais pour la musique est un fait connu. On peut en voir des preuves dans Th. Moore, c. xiv, *passim*; et c. xii. Sur Saint-Gall, voyez Ware, *lib.* I, *cap.* III.

Mais il y avait aussi à faire observer ce qui n'a été bien mis en lumière qu'assez récemment, savoir, l'originalité bizarre transmise par la verte Erin à presque tous les *scriptoria* issus de la souche hibernoise. On pourra me quereller avec un certain droit sur cette tradition d'originalité, car être original, et s'affilier à une école, semblent deux notions incompatibles. Disons donc, si l'on veut, que le caractère de cette calligraphie et de ces miniatures est un caprice de parti pris; et que l'on y vise par-dessus tout à être baroque par principes. Couleurs, enchevêtrements de lignes et de figures, semblent avoir pour motif fondamental l'intention fixe de faire bande à part. Ce n'est pas le beau qu'on y cherche, mais le drôle ou du moins l'étrange. Les manuscrits anglo-saxons se ressentent bien un peu de cette manie, à l'origine; mais le xi° siècle y montre déjà quelque effort pour être correct et vrai, malgré un désir visible de ne pas s'en tenir à la simplicité trop calme qui eût évidemment passé pour impuissance et bonhomie moutonnière. Ce mélange d'agitation et de soin donné à la forme est bien appréciable dans un psautier dont quelques fragments ont été publiés avec notre 1re série (t. 1, pl. 45).

5. Thomassin, *Discipline de l'Église*, Part. II, l. 1, c. xcix.
6. Moore, c. xiii. — Tiraboschi, Denina, Muratori, etc.
7. Voyez son épitaphe dans *l'Hist. de Moore*, c. xiii. Cf. Ware, *lib.* I, c. v. Un autre Irlandais, saint André, fut archidiacre de Fiesole (ix° siècle) sous son compatriote S. Donat; et sa vie a été publiée par Puccinelli. Cf. Foggini, *De primis Florentinorum apostotis*, p. 44, 57.
8. Ware, *lib.* I, *cap.* I. — Moore, *l. c.*

e ne parlerai point de l'étude accordée au grec dans les écoles irlandaises, parce que j'espère traiter ce sujet plus à propos en parlant de la connaissance du grec pendant notre moyen âge[1]. Mais il peut être bon d'indiquer ici l'origine de la scolastique, comme beaucoup plus reculée qu'on ne le pense communément. Il est notoire pour ceux qui connaissent la scolastique autrement que de nom, que les subtilités de l'école étaient souvent désignées comme un fruit du terroir scotique ; et Leibnitz les appelait *philosophie hibernoise*. Or il est curieux de voir un docteur de la Grande-Bretagne mettre son honneur dans les écoles saxonnes à tenir bon contre les jouteurs d'Irlande. Un écrivain du VIIe siècle, pour grandir la gloire de l'évêque Théodore, nous le représente *décousant de son boutoir grammatical la meute des limiers hibernois*[2] *qui le harcèlent ;* et les plus vieilles batteries de la scolastique dont l'école ait gardé mémoire, sont inventoriées par les historiens comme pièces de fabrique irlandaise[3]. Aussi, fidèles au nom même de l'édifice qui réunissait autrefois le *concile permanent des Gaules*, ce sont, je crois, des Irlandais qui, les premiers, nous ont donné le spectacle d'une *sorbonique* (si sorbonique il y a, car jadis c'était bien autre chose) dans l'*aula* de notre *Faculté moderne des lettres* à Paris sous Louis-Philippe.

On a eu d'autres thèses depuis lors, au même lieu, pour licence ou doctorat en choses ecclésiastiques ; mais qui n'ont pas précisément affaire à mon sujet actuel.

---

1. Autre projet d'il y a trente ou quarante ans, et qui s'est trouvé jeté par-dessus le bord durant une si longue traversée. L'Institut de France avait, je crois, proposé un prix pour des travaux sur la connaissance du grec en Occident durant le moyen âge ; mais j'ignore même si ce concours fut jugé satisfaisant par l'Académie des inscriptions qui l'indiquait à tout hasard, comme bon objet de recherches utiles.

2. Aldhelm. *ap. Moore*, c. XIII : « Etiamsi... Theodorus... « hibernensium globo discipulorum, ceu aper truculentus « molossorum catasta rigente vallatus, stipetur ; limato « perniciter grammatico dente... » *Loc. cit.*

Le latin irlandais, et son influence, tenait un peu de l'épidémie littéraire suscitée en plusieurs écoles de nos provinces par le style de Chateaubriand et de Lamartine vers 1826 et années suivantes.

3. *Benedict. Anianens.*, ap. Mosheim, cent. 8. Cf. Moore l. c.

DE LA CALLIGRAPHIE AU MOYEN AGE.

L'*Hortus deliciarum* de l'abbesse Herrade. — Recherches BIBLIOGRAPHIQUES, calligraphie : LUXE de transcription, soit pour la matière, soit pour la forme. — Noms de plusieurs copistes du moyen âge.

XXII.

Il semble bon, puisque je me suis laissé aller dans le dernier paragraphe à développer en manière de hors-d'œuvre, quelques idées énoncées précédemment, que je consacre encore quelques lignes à la transcription et à l'instruction littéraire dans les couvents de femmes, avant de passer outre.

La règle tracée par saint Césaire d'Arles pour les religieuses que présidait sa sœur, mettait la transcription des livres parmi les occupations journalières de cette communauté. Quant aux Bénédictines, nous avons suffisamment vu (et nous verrons encore) qu'elles n'avaient pas été affranchies de cette corvée. Mais certaines prescriptions que l'on pourrait alléguer contre la généralité de cette pratique parmi les religieuses, la confirment au contraire si l'on y fait attention de plus près. Ainsi, quand le chapitre général des Dominicains, à Trèves (en 1249), défend aux Frères-Prêcheurs de se faire copier des livres par les religieuses[1], il en résulte tout au plus que l'ordre de saint Dominique n'aurait point voulu de cette ressource pour ses membres; et encore pourrait-il n'y être question que de commandes faites d'autorité privée, afin que nul frère-prêcheur ne s'imaginât avoir des vassales dans les philothées qui lui semblaient données comme taillables à merci par un droit abusif dérivé de la direction spirituelle. On n'y voit pas moins la transcription pratiquée dans les monastères de femmes. De même, lorsque le cinquième concile de Milan (1579) décide que les religieuses n'auront ni encre ni écritoire dans leurs cellules, on s'y propose uniquement de leur interdire toute occupation de ce genre qui échapperait à la surveillance des supérieures; puisque, d'après la même ordonnance, les objets nécessaires pour écrire doivent être fournis à chaque religieuse quand il y aura lieu[2], à charge par elle d'en justifier l'emploi. Apparemment que la tâche devait être exécutée dans le *scriptorium* commun, pour que chacune fût dans l'impossibilité de travailler à sa fantaisie. On y voulait ordre et subordination.

Si quelqu'un songeait à regarder comme exceptionnelle la connaissance de la langue latine dans les couvents de femmes au moyen âge, il suffira sans doute de lui rappeler que

---

1. Martène, *Thesaurus*, t. IV, col. 1695 (cap. 29) : « Fratres non faciant sibi scribi psalteria vel alia scripta per moniales vel alias mulieres. »
2. Cap. XIX. « Monialis ne atramentarium, calamum, aliudve cujusvis generis instrumentum quod ad scribendum usui sit, in cella aliove loco *privatim* habeat.... Hæc vero (*præfecta*) facultatem de atramentario ceterisque ad scriptionem necessariis accommodet : quæ ubi monialis adhibuerit, quam primum præfectæ restituat, simulque recte ostendat quæcumque scripserit. » On voit que cette mesure est dictée par les mêmes motifs qui font régler plus bas que les religieuses n'auront point de livres sans autorisation.

Du reste, je m'en réfère aux p. 91, svv. ci-dessus.

le chapitre de Cîteaux, en 1531, ne permet aux religieuses de cet ordre nulle lecture publique sinon celle des livres latins [1]. Le manuscrit latin du xv° siècle que M. Zappert a publié à Vienne, sur la vie du B. Pierre Acotanti paraît avoir été rédigé pour une communauté de femmes, à en juger par la préface qui se termine ainsi : « Vos *quæ* estis flos castitatis, legite, etc. » Ces remarques peuvent s'appliquer à plusieurs objections, ou à divers doutes du même genre; contentons-nous d'ajouter dès maintenant quelques mots sur l'ouvrage de l'abbesse Herrade, afin de n'avoir plus à revenir trop sur nos pas désormais.

Herrade de Landsperg avait été formée à Hohenbourg (ou Odilienberg) sous l'abbesse Relinde (ou Rilinde) à laquelle j'ai attribué, peut-être à tort [2], une inscription latine en quatrain, qui pourrait bien n'avoir pour auteur qu'Herrade elle-même. Celle-ci, succédant à sa maîtresse dans la direction du monastère alsacien, rédigea pour ses religieuses une sorte d'encyclopédie; monument curieux de la science des couvents au xii° siècle, en fait de peinture, de sphère, de géographie, de mythologie, de philosophie, d'histoire ancienne et d'histoire ecclésiastique [3]. Les sources auxquelles sont puisées ses indications, et qu'elle désigne presque toujours avec soin, offraient de quoi compléter encore aujourd'hui l'histoire littéraire, ou le texte même des écrivains ecclésiastiques; plusieurs fragments qu'elle cite étant restés inconnus jusqu'à notre siècle, aux éditeurs les plus soigneux. Ainsi elle transcrivait le poëme attribué à saint Anselme, *De sacramentis novis sacrificii*, et qui depuis a été publié par plusieurs sous divers noms ; elle fait divers emprunts à un ouvrage intitulé *Aurea gemma* [4], etc.

J'aurais voulu entrer dans quelques détails sur le fonds d'un si important ouvrage ; mais le Comité historique ayant signalé ce manuscrit comme un curieux

---

1. Martène, *Thesaurus*, t. IV, col. 1643, n° 1 : «.... Monia-« libus injungendo et districte inhibendo, quatenus nullos, « præsertim in refectoriis et collationibus suis, vernacula « lingua libros conscriptos recipiant; sed latinos tan-« tum, etc. » Cf. *supra*, p. 92.

2. Page 94. Ziegelbauer, après Bruschius et Albrecht, cite cette épigramme comme ouvrage de Relinde, tandis qu'elle paraît lui avoir été prêtée par son élève Herrade. Du reste, Relinde était distinguée pour ses connaissances ; et donna à ses religieuses une éducation choisie, pour maintenir, par l'occupation de l'esprit, la réforme qu'elle avait introduite dans les mœurs.

M. L. Delisle (*Biblioth. de l'École des Chartes*, ii° série, t. III, p. 387, svv.) ne paraît point très-édifié du latin des religieuses; et je ne prétends pas non plus que toutes fussent des Heloïse, Dieu merci! On pourrait même citer moines et dignitaires ecclésiastiques du moyen âge qui n'étaient assurément ni des Bembo ni des Sadolet. Cela n'empêche pas les conclusions générales.

Il y a par exemple l'anecdote d'un ecclésiastique allemand qui n'était point des *solenni latinanti* comme disent les Italiens. L'impératrice, connaissant le faible du bon homme, lui fit l'espièglerie de gratter dans le missel la première syllabe de deux mots ; et obtint de la sorte cette réjouissance de l'entendre prier publiquement *pro mulis et mulabus*, au lieu de *famulis*, etc. En résulte-t-il que tous les prêtres allemands d'alors fussent des ânes?

3. Ce manuscrit remarquable fut dès lors considéré comme un monument précieux, et le respect qu'il inspira put seul le dérober aux désastres qui affligèrent le couvent d'Hohenbourg, brûlé en 1190, 1243, 1301 et 1546, etc. D'ailleurs, ce respect n'était pas une tradition irréfléchie et de pure routine. Les connaissances conservées parmi les religieuses du monastère y contribuèrent sans doute beaucoup; car nous y trouvons vers 1273, une abbesse (Gerlinde) remarquable par son instruction, et qui laissa des poésies latines dont le manuscrit existait encore au xvi° siècle.

4. Puisque nous parlons de la cosmologie de l'abbesse Herrade, faisons remarquer qu'elle regarde le soleil comme beaucoup plus grand que la terre, et qu'elle explique les *étoiles tombantes* par l'embrasement subit de particules subtiles, entraînées de l'éther dans la région de l'air. Cela

objet d'étude, il y avait lieu d'espérer qu'il en serait fait un dépouillement sérieux, peut-être même une édition complète [1]. Bien d'autres monuments, qui n'avaient pas les mêmes titres à la publicité, l'ont obtenue avant celui-ci ; et il est singulier que, jusqu'à présent, il n'existe qu'en Allemagne un compte rendu de ce beau reste du xii° siècle [2]. Le refus, très-excusable assurément, qu'opposait la ville de Strasbourg aux demandes des antiquaires parisiens, ne devait pas empêcher, ce semble, l'étude de l'*Hortus deliciarum*. A défaut d'amateurs qui consentissent à se transporter en Alsace pour cet objet, la patrie de Schœpflin aurait trouvé sans doute dans son sein des hommes laborieux et capables, qui avec un peu d'aide eussent traité tout de bon ce sujet ébauché seulement par M. Engelhardt [3]. En attendant, ne donnons point l'exemple de traiter légèrement ces sortes de matières. Disons seulement qu'on y trouvait unie à la connaissance de la Bible et de la mythologie, celle du droit canon, de la théologie dogmatique et morale, de la musique, de la peinture, de la dialectique, etc. Le tout exposé en un latin qui n'est point à dédaigner, malgré les formes bizarres que le xii° siècle y donne parfois à la poésie. Ces formes mêmes, après tout, si tourmentées en apparence, ne sont pas sans intérêt pour l'histoire de la versification moderne, comme nous le montrerons peut-être ailleurs [4]. Et après tout, elles n'empêchent pas ici leur auteur d'exprimer souvent avec un abandon plein de suavité les sentiments qui l'animent, ou de mêler des enseignements moraux aux formules techniques les plus laborieuses. Le genre de notation employé pour exprimer le chant de ses proses intéresse l'histoire de la musique ; et le soin qu'elle prend, pour faciliter l'intelligence de son texte, en joignant aux mots latins peu usuels leur équivalent teutonique, pouvait fournir aux glossaires germaniques du moyen âge plus d'une expression longtemps inconnue. En outre les noms des 46 religieuses nobles d'Hohenbourg eussent donné peut-être des matériaux généalogiques à l'histoire des provinces rhénanes. Mais, comptant sur l'appel fait par le *Comité historique*, je me bornerai à considérer ce manuscrit sous le rapport des miniatures, quand nous en serons venus à ce point.

Faut-il toutefois prononcer, comme à coup sûr, que l'abbesse Herrade fût la véritable compilatrice, l'unique calligraphe et miniaturiste qui nous ait transmis ce beau volume, sans que ses chapelains et ses religieuses y aient pris aucune part? Je n'en connais pas une bonne preuve ; et je ne vois même pas bien pourquoi son rôle serait autre que celui d'avoir ordonné, dirigé ou pressé l'exécution de cette petite encyclopédie monastique pour des femmes. Sachons-lui-en gré ; disons en outre que cela fait grand honneur à l'intelligence de la mère abbesse, aussi bien qu'à la culture littéraire de celles qui devaient en profiter longtemps comme d'un manuel quotidien légué au monastère ; mais n'exagérons rien.

Voici, par exemple (pl. I, p. 118), une abbesse Uota (Uta, Utta) du Niedermünster de Ratis-

---

n'est pas pour effaroucher outre mesure les observateurs du xii° siècle, et M. Letronne pouvait bien ne pas s'en horripiler contre les monastères du moyen âge.

1. Cela ne semble pas avoir eu de conséquences jusqu'à cette heure ; et maintenant les bombes prusso-badoises l'ont rendu à peu-près impossible.

2. Il y a bien eu en France quelque chose comme cela, par M. Lenoble ; lequel a été couronné à l'Institut pour son travail. Mais pourtant il n'avança pas beaucoup, ce me semble, la connaissance du livre d'Odillenberg et des ressources qu'on en pouvait tirer.

3. Herrad von Landsperg... und ihr Werk... Stuttgard, 1818.

Ayant enfin réussi à voir durant plusieurs jours le manuscrit alsacien chez M. le comte Auguste de Bastard qui l'avait en dépôt vers 1841, il m'est devenu possible d'ajouter quelques observations à celles de M. Engelhardt ; et j'en ferai usage dans la suite de ce travail, comme j'avais utilisé pour les *Vitraux de Bourges* cette bienveillante communication.

4. Plusieurs *rouleaux des morts* (éd. L. Delisle) font voir que ces artifices de versification étaient de mode au moyen âge en diverses contrées latines.

bonne, vers le xi° siècle[1]. Parce qu'elle offre son beau manuscrit à la Mère de Dieu, devons-nous conclure qu'au moins les plus riches pages sont dues à son travail propre? Cela se peut, mais ne serait tout au plus qu'une probabilité même assez faible tant que nous n'aurons pas des preuves convaincantes. Jusque-là, ce ne peut être que présomption à peine légitime. Il ne faut donc se fier que sous toutes réserves aux vagues aperçus que semblerait autoriser pareille dédicace, pour qui aime à voir clair d'emblée.

XXIII.

La part que prirent les femmes à la transcription, nous conduit naturellement à parler de la *calligraphie* et du luxe bibliographique : soit pour la reproduction des textes, soit pour les ornements intérieurs et extérieurs des livres. Aujourd'hui d'ailleurs, que les *bibliophiles* donnent souvent une part si démesurée dans leur estime, si exclusive même, au matériel de la bibliographie, les détails sur cette partie auront au moins l'intérêt du moment (j'écrivais cela en 1839). En tous cas, ils serviront à faire connaître si les livres étaient traités avec amour dans les siècles appelés barbares.

Celui qui aura seulement jeté les yeux sur quelque manuscrit du moyen âge, sait fort bien que l'empressement ou l'ignorance des copistes n'est pas ce qui embarrasse davantage le lecteur. La recherche d'une élégance plus ou moins heureuse y produit souvent, pour l'œil inexpérimenté, de vrais labyrinthes, où une sorte de divination semble nécessaire pour débrouiller les *sigles* et les accumulations d'ornements.

La diplomatique, ébauchée d'abord par les Bollandistes[2], et puis conduite à peu près à la perfection (du moins intentionnellement, quoi qu'il en soit du résultat réel) par les bénédictins de Saint-Maur, après les travaux préparatoires de Papebroch, de Maffei[3], de plusieurs savants allemands, etc., a décidément levé le voile qui couvrait ces mystérieux écrits. Non contente d'expliquer les formes bizarres des vieilles chartes, elle y a même montré des caractères chronologiques qui permettent d'assigner assez exactement l'âge et le pays même du manuscrit; et de découvrir ainsi, dans les pièces historiques, plus de documents que l'écrivain ne songeait à nous en livrer. Il n'entre point dans l'objet que je me propose de donner, autrement qu'à la hâte, aucun détail sur la paléographie critique : la calligraphie seule appartient à mon sujet ; et, faute de pouvoir y joindre une série de planches, je dois me borner à des indications générales qui seront nécessairement très-vagues. Ceux qui voudraient des données plus précises et des *fac simile* nombreux, les trouveront dans les ouvrages spéciaux d'Astle, de d'Agincourt (*Peinture*, pl. 38, 49, 55, 68, etc.), de D. Bessel, d'Eckhart, du P. Souza, de Bianchini, de Gerken, de Gatterer, de Jansen, de Trombelli, de M. Silvestre, etc. ; ou dans les catalogues de la bibliothèque de Florence, de Vienne, de Nu-

---

[1]. J'en ai dit quelques mots déjà dans le premier volume de ces *Nouveaux Mélanges*, p. 22-27. Huit petits médaillons, semés sur le cadre, paraissent indiquer les vertus qui doivent fleurir dans le monastère sous la protection de Notre-Dame.

[2]. Papebroch, *Propylée d'Avril*. Gatterer dans ses *Elementa artis diplomaticæ* (Gœtting., 1765), s'appuyant sur ce que les Bollandistes sont Flamands (non pas tous pourtant), réclame pour les nations germaniques la priorité en fait d'études sur les diplômes et la paléographie.

[3]. Du reste, avant la publication du *Nouveau Traité de diplomatique*, l'ordre de saint Benoît avait déjà jeté les bases d'une doctrine régulière dans les ouvrages de D. Perez, de Mabillon, de D. Bessel, de Ruinart, etc. Et il était bien convenable en effet que ces auteurs et héritiers des vieux mss. ou des vieilles chartes, en fussent les interprètes en même temps que les gardiens ; avant que la tourmente du xix° siècle les dépossédât violemment en masse, achevant l'expropriation criante commencée par la *Réforme*. « Sic vos non vobis! »

MANUSCRIT DE RATISBONNE,
AUJOURD'HUI À MUNICH.

remberg (par De Murr), etc.; et dans le *Manuel de paléographie*, publié par M. N. de Wailly sous Louis-Philippe [1].

Ce luxe de copie, si naturel à un écrivain qui allége ainsi son fastidieux travail en se plaisant à l'embellir, avait fait irruption dès l'origine dans les monastères; puisqu'un abbé des premiers siècles de la vie cénobitique craignait déjà de voir attacher ainsi plus d'importance aux accessoires qu'au fond, et qu'il ne se glissât dans cette complaisance des *antiquaires* pour leur ouvrage, quelque sentiment de vaine gloire [2]. Saint Jérôme, dont le génie ardent condamne si souvent l'abus dans des termes où l'on croirait lire la censure de l'usage même légitime, se plaignait aussi du luxe des manuscrits au iv° siècle [3]; y voyant plus d'affection pour le matériel, que d'amour pour le sens pratique des Saintes Écritures. Plus tard encore, la rivalité des Cisterciens et des Clunistes inspirant aux premiers le même excès de zèle [4], les disciples de saint Bernard blâmèrent aussi amèrement la recherche des manuscrits de Cluny. Mais des hommes, du reste, non moins austères, ne partagèrent point la sévérité de ces rudes censeurs. Saint Ephrem, cité par Mabillon [5], loue au contraire les solitaires du iv° siècle qui écrivaient en or ou en argent, sur des peaux teintes de pourpre; et ce luxe fut considéré plus tard comme de rigueur pour les copies de l'Écriture sainte, ou pour les livres destinés au service de l'Église. En sorte que nous voyons saint Meinwerk, évêque de Paderborn (xi° siècle), un des plus grands artistes du moyen âge, prendre en ce point précisément le contre-pied de saint Bernard et de saint Jérôme; si bien qu'il fit jeter au feu le missel de son hôte, saint Heimrad, ne trouvant pas que ce livre fût digne de figurer dans l'office divin [6]. Lingard [7], et le *Nouveau Traité de diplomatique*, parlent d'une copie des quatre évangiles commandée par saint Wilfrid (vii° siècle), et exécutée en lettres d'or sur fond de pourpre. Le saint, qui destinait ce livre à l'église de Ripon, le fit enfermer dans une cassette d'or garnie de pierres précieuses; et, comme nous le verrons plus tard (s'il plaît à Dieu), ce n'est qu'un exemple, entre mille, de la magnificence généralement employée au moyen âge pour les livres liturgiques.

Cluny, la Chartreuse et les Camaldules ne croyaient pas faire acte de coquetterie blâmable en embellissant les livres saints dans une solitude si profonde. On peut en juger sur des

---

1. Jansen (*Essai sur l'origine de la gravure*) parle de la calligraphie dans son second volume; et M. H. Langlois a consacré à ce sujet un petit mémoire curieux. L'ouvrage intitulé *Moyen âge et Renaissance* renferme aussi bien des renseignements utiles en ce genre. Mais M. le comte Auguste de Bastard avait commencé à réunir une collection splendide qui n'a pu aboutir par suite de nos révolutions.
Plusieurs publications récentes de M. L. Curmer renferment des reproductions de livres fort peu connus jusqu'à lui, mais dignes d'être étudiés.
Le *Catalogue des mss. Slavo-Russes de la bibliothèque du comte Tolstoï* (publié en russe par Kalaidovitsch et P. Stroieff à Moscou et à Pétersbourg, en 1825) renferme des planches paléographiques du xi° siècle au xviii°. C'est du reste une région que je ne me propose point d'explorer.

2. Regula Isaiæ abbatis, cap. xxiii : « Si feceris librum, ne exornes illum, hoc quippe affectum tuum ostendit; » ap. Mabillon, *Études monast.*, c. vi.

3. Hieronym. *Ep.* 22 *ad Eustochium*. « Inficiuntur mem- « branæ colore purpureo, aurum liquescit in litteras : « gemmis codices vestiuntur, et nudus ante fores Chris- « tus emoritur. » Item, *Præfat. in Job*.

S. Chrysostome, vers la même époque, se plaignait (In Joann. homil. xxxii; ed. Montfaucon, t. VIII, p. 188) de voir les livres devenus objet de coquetterie bien plus que de lecture. Le saint homme en savait plus que nous sur les véritables intentions de ses contemporains; mais avait-il prévu que ce luxe même ne nuirait pas à la conservation de maints textes vénérables qui ne sont arrivés peut-être jusqu'à nos jours que grâce aux peintures dont ils étaient embellis?

4. Martène, *Thesaurus*, t. V, col. 1585.

5. *Études monast.*, c. xv.

6. S. Heimrad n'en fut point quitte pour si peu, grâce au zèle de l'impératrice sainte Cunégonde qui voulût enchérir sur celui de l'évêque. « Sibi libros in quibus cantaverat « (*Heimradus*) deferri mandavit (*Meinvercus*). Quos incomp- « tos et neglectos, et nullius ponderis aut pretii aspiciens, « eodem momento in ignem projici fecit : cumque jussu « reginæ, episcopi justo zelo ut videbatur compatientis, « verberibus cædi præcepit. » Vita S. Meinverci (ap. Leibnitz, *Script. R. Brunsvic*, t. I,) §. 18.

7. Ling. *Antiq. of the Anglo-saxon church*, c. iv. — N. Traité de Dipl., t. II.

pages copiées pour M. Curmer à la bibliothèque de Grenoble, de Lyon, de Bréra (à Milan), etc. Cf. *J. Fouquet*, et *Évangiles de l'année*.

Les bénédictins de Saint-Maur ont traité fort au long ce qui regarde les couleurs plus ou moins éclatantes, données aux parchemins des vieux manuscrits, ou employées pour tracer les lettres. Ils font observer que l'art de teindre le vélin en pourpre semble baisser beaucoup au IX° siècle; que les manuscrits tracés entièrement en lettres d'or appartiennent à la période renfermée entre le VIII° siècle et le X°; que durant cette époque on distingue parfois des parties saillantes caractérisées exclusivement par cette couleur, comme dans un évangéliaire du IX° siècle à la Bibliothèque du Roi, où toutes les paroles de Notre-Seigneur tranchent par ce moyen sur le reste du texte. Les lettres d'or deviennent rares du XI° au XIII° siècle, et reprennent faveur du XIV° au XVI°; mais l'époque de leur grande vogue et de leur véritable splendeur semble être le IX° surtout[1].

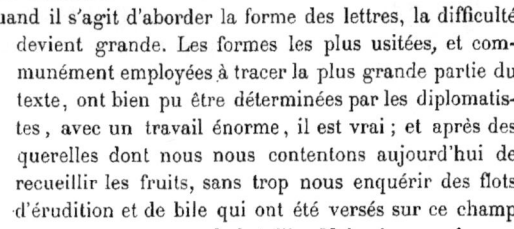

uand il s'agit d'aborder la forme des lettres, la difficulté devient grande. Les formes les plus usitées, et communément employées à tracer la plus grande partie du texte, ont bien pu être déterminées par les diplomatistes, avec un travail énorme, il est vrai; et après des querelles dont nous nous contentons aujourd'hui de recueillir les fruits, sans trop nous enquérir des flots d'érudition et de bile qui ont été versés sur ce champ de bataille. Mais, lorsque les savants ont voulu appliquer la classification aux lettres ornées qu'enfanta l'imagination des calligraphes, le langage n'a point suffi à leurs téméraires essais. Je ne parle point des lettres historiées, où le caractère alphabétique n'est qu'une occasion ou simplement un cadre pour tracer un petit *tableau;* ceci regarde les miniatures. Mais comment caractériser, autrement que d'une façon extrêmement vague, les lettres *barbues*, chargées d'une chevelure ou plutôt d'une crinière touffue d'appendices démesurés, et d'accompagnements sans nombre? les lettres *tondues* ou *rasées*, c'est-à-dire réduites, quant au corps de l'écriture, à leur plus simple expression; les lettres *perlées*, ou à enchâssures de petites baies; lettres *bordées de points; brodées* ou tressées, en *treillis* ou à *mailles* de chaînettes; nouées et entortillées, ou *labyrinthoïdes*; le règne de ces dernières est le IX° siècle. Lettres *à jour;* des pages entières de cette sorte paraissent tracées avec une plume à deux becs distants l'un de l'autre. Lettres *marquetées*, ou à compartiments de traits et de couleurs diverses, qui semblent autant de pièces rapportées; *complexes*, ou à enclaves; *conjointes* ou associées: des mots entiers, surtout pour les monogrammes, sont réduits à une sorte de groupe d'hiéroglyphes enveloppés comme dans un seul trait. Lettres *sagittées, fleuronnées, hachées*, ou tailladées; *filigraniformes, en pilastres, anguleuses et fracturées, arrondies, carrées*, etc., etc.

La nomenclature des accidents botaniques n'est que jeu au prix de ce qu'il faudrait imaginer pour fixer la dénomination de ces caprices. Les productions diverses de la nature y sont mises à contribution, avec un mélange de fantaisie fait pour désespérer toute prétention à la méthode. On y trouve des ornements végétaux et animaux; mais les lettres

---

1. Cf. sacramentaire de Drogon, évêque de Metz; *supra*, t. II, p. 114-138.

anthropoïdes, ichthyoïdes, ophioïdes, dracontoïdes, ornithoïdes, anthoïdes, phylloïdes, etc., ne formeraient que des genres qu'il faudrait subdiviser de nouveau, dans un système où l'on prétendrait classer ces fantaisies d'une manière précise ; et le Linné d'une telle méthode est encore à trouver d'ici à longtemps [1].

eureusement que cette lacune est de peu d'importance, tant qu'on n'aura point déterminé le contrôle diplomatique de manière à pouvoir désigner sûrement une forme calligraphique sans l'aide de représentations. Bornons-nous à faire remarquer que les lettres à caprices paraissent dater seulement du VII° siècle, et qu'à partir de là, il n'est rien dans la nature normale ou tourmentée, dont ces lettres n'aient épuisé la forme, pour ainsi dire. L'imagination, après avoir emprunté toutes les figures naturelles, recourut au fantastique, faute de modèles existants. Cependant, l'ignoble et le laid, proprement dit, n'y paraissent guère que du XIII° au XV° siècle; comme par lassitude, après avoir tari toutes les sources. Un effort de retour se manifeste dès le XIV° siècle, mais les calligraphes, en abusant de leurs plumes, avaient joué leur dernier jeu. Leur règne était passé dès lors, et la peinture envahit les manuscrits; ne laissant plus guère aux copistes que le rôle de retracer le texte avec toute la sagesse et toute l'exactitude possibles [2] lorsqu'ils voulaient se distinguer de la foule.

La multiplicité réfractaire des ornements calligraphiques n'empêche pas qu'on ne puisse communément trouver çà et là dans les fantaisies mêmes des copistes certains caractères qui dirigeraient au besoin le diplomatiste. Je ne saurais pourtant souscrire aux indications que prétendent y trouver certains auteurs, non-seulement sur la nationalité, mais sur l'individualité même de l'*antiquarius*. Passe encore que les auteurs du *Nouveau Traité de diplomatique* voient dans les lettres saxonnes la trace d'imaginations atroces et mélancoliques ; mais comment ne pas sourire lorsque Schannat[3], citant un alphabet tout entier en forme de poissons, y découvre une preuve de la sobriété qui caractérisait *sûrement* l'écrivain? Heureuses gens qui voient si loin et si à fond dans la calligraphie! Toutefois, qu'on me permette de ne pas les suivre en ces divinations.

---

1. Bien que Gatterer (*Elementa artis diplomaticæ*, cap. v; p. 81, sqq.) ait fait des efforts méritoires pour fixer la méthode.

Encore ne prétendait-il guère aborder que les écritures adoptées communément. Car il s'est rencontré plus d'un copiste virtuose qui se souciat assez peu d'emboîter le pas suivant une file prescrite par l'ordonnance.

2. La bibliomanie tournée au pittoresque était à cette époque une des folies dans lesquelles la jeunesse des universités (surtout à Paris) dépensait son argent ou faisait des dettes. Les auteurs des XIII° et XIV° siècles invectivent à l'envi contre ce fléau : « Dixit pater filio :... Vade Parisius vel Bo- « noniam, et mittam tibi annuatim centum libras. Iste quid « fecit? Ivit Parisius et fecit libros suos babuinare de litteris « aureis.; ibat ad cerdonem, et faciebat se calceari omni die « sabbati. » ODOFREDUS, *Lectur. ad tit. de SCto maced.* ap. Blume, *Iter ital.*, t. I, p. 38.—Id. : « Hodie scriptores non « sunt scriptores, imo pictores. » Blume, ibid.

Pétrarque, *De remediis utriusque fortunæ*, lib. I, dial. 43, s'en plaint également comme d'une endémie. Puisque ces manies n'avaient envahi la transcription qu'à son sortir des cloîtres, je n'ai rien à démêler avec elles. Cf. Tiraboschi, d'Agincourt, Aug. de Bastard (surtout), etc.

3. *Vindemiæ litter.*, t. 1. « Initiales litteræ... in pisces « varie contortos efformatæ indicio esse possent scriptorem, « Addolf, non vixisse bacchanalia, sed potius abstinentiæ « fuisse cultorem. » Sur pareilles pistes, on aurait lieu de juger avec tout autant de raison que tel ms. d'Anchin (maintenant à Douai) a passé par les mains d'un miniateur invalide; attendu que de nombreux personnages à béquilles et à jambe de bois figurent dans ses vignettes. Je pencherais à croire qu'il court, sous ces baroqueries apparentes, un commencement de mots de passe dont le répertoire semi-logogryphique se constitua progressivement parmi les gens du métier. On y aura cherché le plaisir d'une initiation burlesquement mystérieuse qui devait exclure les profanes. L'art se sera fermé ainsi entre vrais adeptes, contre ceux qui n'avaient pas subi un apprentissage légalisé par la corporation des *librarii*. Mélange facétieux et solennel en même temps, destiné à mystifier l'intrus et à sauvegarder les traditions communes de l'école conservatrice (arriérée, si l'on veut).

i les fantaisies même du *scriptorium* n'échappent pas communément à un certain air d'école qui permet souvent d'en deviner l'origine, on comprend que l'écriture régulière doit être bien plus accessible aux présomptions de l'antiquaire. Aussi la distinction des écritures par nations et par époques a fini par acquérir l'autorité de la chose jugée en diplomatique. Les dimensions diverses des caractères ordinaires, accompagnées d'une modification de formes assez constante, ne servent qu'à établir des subdivisions d'un ordre inférieur. On s'entend donc aisément sur ce que désigne dans chaque genre le nom de *capitales*. Les manuscrits totalement écrits en capitales sont antérieurs au viie siècle. L'écriture *onciale* n'est guère qu'une sorte de petite capitale arrondie, comme pour devenir plus expéditive ; c'est-à-dire ayant la plupart de ses lettres à angles oblitérés, et composées de lignes courbes. La *minuscule*, seconde forme de transition, est un acheminement au caractère *cursif*, où l'écriture devient définitivement liée pour être plus rapide.

Il y a aussi le *semi-cursif* du ive siècle, jusque dans le style lapidaire ; comme la géologie a ses terrains post-pliocènes, nom atroce philologiquement, mais exigé par le progrès scientifique auquel on n'avait point paré suffisamment pour la première (ou secondaire) nomenclature de l'école. Au viie siècle on commence à se contenter d'écrire le texte entièrement en onciale et en minuscule. Les initiales seules prirent vers le viiie siècle, ou déjà peut-être dès le viie, la forme capitale en manière d'enjolivement ; et les capitales de l'époque mérovingienne sont remarquables en effet par leur beauté. Il s'en rencontre qui ont jusqu'à un pied et demi de hauteur, occupant toute la première page du manuscrit [1]. Ce luxe d'initiales domina plus tard, et les lettres capitales conservent une assez grande beauté jusqu'à la fin du xiie siècle, époque du dépérissement des écritures latines [2].

Ce n'est pas à dire que telle ou telle forme d'alphabet se soit précisément perdue en certaines époques ; car nous voyons çà et là des feuillets, surtout des pages initiales d'un livre où divers échantillons alternent à la suite l'un de l'autre, comme pour témoigner que le *scriptorium* n'était pas dépourvu de modèles divers, utilisables au besoin. Cependant la mode et une certaine pratique habituelle ne laissaient pas que de prescrire en faveur de caractères mis en vogue à une époque donnée. Gardons-nous seulement d'établir sur pareilles bases des limites si bien tranchées, qu'elles puissent être prises pour lignes de démarcation inviolables.

---

1. Il est clair que, malgré ces détails, l'unique moyen d'être parfaitement compris serait de joindre à ces articles des planches d'un développement considérable. Quant aux citations, il est inutile d'en faire. Pour tout ce qui appartient à la paléographie, je crois ne rien avancer qui ne se trouve dans le 2e ou le 3e volume du *Nouveau Traité de diplomatique*. Mais on y chercherait en vain de belles copies de lettres ornées. Tout entiers à la science, ses auteurs ont à peu près oublié l'art ; et leurs alphabets figurés réduisent souvent à une dimension de six ou sept lignes, des lettres qui avaient jusqu'à dix-huit pouces de développement dans l'original. Il ne faut donc guère chercher de vrai *specimen* ou *fac simile*, que dans les ouvrages indiqués plus haut, et dans Shaw, Rigollot, Humphrey, Régamey, F. Denis (*Hist. de l'ornementation des mss.*, à la suite de l'*Imitation* publiée par Curmer), Ed. Fleury (*Manuscrits... de Laon*), Wattenbach, Arndt, et les reproductions photographiques qui se sont mises à servir la science.

2. Les sceaux ecclésiastiques et ceux des seigneurs, surtout dans le midi, ont leur légende en capitales romaines : écriture qui persiste jusque vers la moitié du xiiie siècle. En 1239, l'onciale y fait son apparition, puis compose exclusivement les légendes en bien des cas, jusqu'au xvie siècle. Alors domine la capitale de la Renaissance. Cependant la *gothique* (comme on dit) ne laisse pas d'avoir eu sa place considérable dans les sceaux monastiques et autres, à partir du xiiie siècle déjà un peu avancé. Ceci est uniquement pour tracer des indications générales.

ais le groupement principal et caractéristique des écritures est celui qui repose sur le *facies* que revêtent les lettres à certains âges. C'est ce qui a mis en faveur certains noms, parfois contestables du reste, sans préjudice de la notion qu'on y attache. On est donc convenu de se comprendre quand on parle de *romaine*, de *lombarde* ou italienne du VIIe au XIIIe siècle; de *visigothique* ou écriture de l'Espagne et de la France méridionale. Ce caractère céda la victoire à celui des *antiquarii* de France, lorsqu'en 1091, le concile de Léon ordonna qu'on abandonnerait en Espagne le *visigothique* pour y substituer l'écriture *française*. L'*anglo-saxonne*, qui pourrait bien être irlandaise[1] en grande partie, montre qu'il ne faut pas donner à ces noms nationaux une signification trop rigoureuse; car, outre son origine, celle-ci eut une grande influence sur les *scriptoria* d'Allemagne par les fondations de saint Boniface (à Fulde, etc.) et de saint Gall. D'autant plus que le monastère de Saint-Gall eut une école célèbre de calligraphie depuis le VIIIe siècle jusqu'au XIIIe presque constamment, et de nouveau au XVIe. Le nom de *gallicane* indique l'écriture en usage dans les Gaules avant et quelque temps après l'arrivée des Francs; la *mérovingienne* ou franco-gallique, et la *caroline* (carlovingienne) ou nouvelle gallicane, portent assez clairement leur désignation dans ce nom. La *teutonique* (période germanique de l'empire) se mêle en plusieurs choses aux caractères précédemment indiqués. Car, à part l'influence britannique, la *capitale* des manuscrits germaniques, aux IXe et Xe siècles, diffère assez peu de la *caroline*. La *capétienne*, ou française proprement dite, s'étendit au loin, et gagna presque toute l'Europe. C'est que, dans le fait, la *minuscule capétienne* du XIe siècle, époque de son triomphe en Espagne, est belle et de meilleur goût qu'on ne serait tenté de le croire d'après l'idée que nous avons de ce temps. Enfin arrive la *gothique* moderne ou *monacale* (?), qui paraît vers la fin du XIIe siècle. On y avait préludé, si l'on veut, par des brisures de lettres employées pour enjoliver les capitales. Puis ces embellissements auront amené un système d'alphabet ordinaire en zigzag, surtout pour les inscriptions, où on la trouve parfois serrée et allongée en même temps, d'une manière qui désoriente absolument l'œil peu exercé[2]; mais les manuscrits ne l'offrent pas encore habituellement du XIIIe au XVe siècle. Quoique aujourd'hui l'Allemagne l'ait prise sous son

---

1. Cf. Camden, *Descript. Hiberniæ*, ap. Conring, *op. c.*, suppl. 34, n° 2. — Ware, *De scriptoribus Hiberniæ*, l. I, cap. v.

2. On a fait observer que les églises des Dominicains présentent communément l'architecture gothique dans sa pureté la plus sévère. Il n'est peut-être pas inutile de faire remarquer aussi que l'écriture également appelée *gothique* est d'une grande beauté dans les inscriptions de plusieurs monuments élevés par cet Ordre. Plus tard, peut-être, je me servirai de ce rapprochement pour établir quelques inductions intéressantes, si je ne me trompe. Car l'écriture brisée (*gothique, fracture*) coïncide, pour le temps et pour le type, avec l'architecture du même nom. Les formes composées (polygonales, elliptiques, pyramidales, etc.) remplacent les formes simples et élémentaires (cercle, ligne horizontale, etc.) dans l'une comme dans l'autre. Mais pourquoi n'a-t-on jamais dit : *architecture monacale*, tandis que les deux systèmes architectonique et calligraphique se mêlaient dans l'autre nom?

Quant aux Dominicains, ce que je viens d'en rappeler porte-t-il à conclure qu'ils aient été doués d'une tendance artistique tout à fait spéciale? Je ne le pense pas. Cela signifie tout simplement qu'ils étaient nés à un beau moment de l'art. De même les Jésuites, sans avoir pire goût que les autres, ont généralement construit dans un genre bâtard et chargé; c'est que tel était le type adopté par l'âge où ils parurent. Toutefois je me permets de faire remarquer, puisque l'occasion s'en présente, que les églises des Jésuites sont d'ordinaire, dans un lieu donné, ce qu'il y a de mieux parmi celles du même temps.

patronage, et semble y tenir comme à un titre de famille [1], son origine allemande n'est rien moins que prouvée. Bien plus, elle ne s'introduisit que fort tard chez les Allemands; et ne reçut le nom d'écriture allemande que par son adoption dans l'imprimerie, art inventé et répandu en Europe par des artistes des bords du Rhin. Mais, dans l'ancienne écriture italienne, elle portait le nom de *lettera francese*.

Ces noms et les classements auxquels ils se rattachent ont été employés souvent ou même se redisent encore, sans devenir pour cela paroles d'évangile. Car ils ne nous donnent pas toujours à comprendre maintes locutions du passé. En outre ils ne mettent pas tout le monde d'accord. Il y aurait sûrement aujourd'hui à revenir quelque peu sur des nomenclatures tantôt vagues, tantôt précisées plus que de raison, en s'efforçant de comprendre, d'une façon bien nette, tous les caractères latins, depuis les *graffiti* populaires des murailles italiennes sous l'empire[2], et les papyrus de la même époque, jusqu'au siècle de la typographie. De fait, combien de paléographes n'acceptent qu'à un siècle près les dates données par leurs confrères! Il se trouve d'ailleurs çà et là des curiosités qui durent franchir plus d'une génération; puisque, vers le XIIe siècle, on peut constater l'emploi de moules en relief pour certaines grandes lettres[3]. Le savant P. Requeño soupçonnait déjà cet essai d'imprimerie (dans sa *Chirotipografia*), et d'autres amateurs avaient observé que le *poncif* devait être un procédé connu dans les *scriptoria* du moyen âge; aussi M. Ed. Fleury, en étudiant les miniatures de la bibliothèque de Laon, a reconnu l'emploi de types gravés en relief pour exécuter les grandes lettres au XIIIe siècle. Cette observation d'un typographe archéologue confirme très à propos les aperçus de l'ancien jésuite espagnol déporté en Italie par Charles III.

Le soin donné à la copie dans le *scriptorium* avait dû faire déterminer de bonne heure des espèces de canons calligraphiques qui formaient les traditions locales. Il est à croire qu'en s'abandonnant au goût et à l'exercice, on n'eût jamais atteint cet air de famille, cette espèce d'identité même, qui se remarque entre les productions des écoles parties d'un centre commun. Sans recourir aux procédés mécaniques dont il vient d'être dit un mot, nous avons une preuve de ces règles établies et acceptées comme base, dans une épître de Loup de Ferrières, écrivant à Eginhard [4]. Il nous donne lieu de penser que ces règles ne transpiraient pas facilement hors du *scriptorium* qui en possédait la formule; mais que cette formule existait cependant, quoique le mystère n'en fût pas toujours dévoilé tout entier à un seul *antiquarius*.

---

1. De même qu'à l'architecture gothique, nouveau point de ressemblance. Les Allemands de ces dernières années tenaient beaucoup à nommer *allemande* l'architecture du XIIIe siècle. Que ce soit là du patriotisme, à la bonne heure; resterait à montrer si c'est de l'histoire. Peut-être pourtant serons-nous assez bons pour dire un jour *architecture allemande*, comme nous disons *écriture allemande* aujourd'hui. Mais les faits demeureront les mêmes, quoi qu'il arrive. Cf. *Nouv. Tr. de Diplomat.*, II, 553.

Au fond, l'Allemagne elle-même depuis quelque temps s'est aperçue que les constructions ogivales lui étaient arrivées de France; et ses antiquaires sérieux ont bien voulu comprendre enfin qu'il faut tâcher d'être d'accord avec les faits, si belles théories qu'on ait forgées sur son pupitre en vertu d'idéal branlant!

2. Le cursif romain antique, plus ou moins pur, a ses époques aussi, comme on peut le voir dans les inscriptions des catacombes, entre autres; et le marquis Maffei jugeait que cette seule branche suffisait à rendre raison de beaucoup d'autres. Cf. Stef. A. Morcelli, ap. *Memorie di religione* (Modena), serie II, t. V, p. 467, sgg.

C'est surtout l'Irlande qui peut passer pour avoir gardé une physionomie à part; le vieux cursif romain n'y est même pas trop méconnaissable. Cf. John Stuart, *The Book of Deer*, p. xvij, svv.; etc.

3. Cf. Bibliothèque de l'École des Chartres, VIe série, t. I, p. 78. — Ambr. F.-Didot, art. *Typographie*, dans l'*Encyclopédie moderne*, t. XXVI, 558, svv.

4. Lup. Ferrar., ep. 5. « Scriptor regius Bertcaudus dicitur antiquarum litterarum, *duntaxat earum quæ maximæ sunt* et unciales a quibusdam vocari existimantur, habere mensuram descriptam. Itaque, si penes vos est, mittite mihi eam per hunc, quæso, pictorem quum redierit; *scedula tamen diligentissime sigillo munita.* »

ci on voit le talent des *capitales*, indiqué comme *spécialité*[1] d'un écrivain royal. C'est qu'en effet, les lettres ornées ne sont pas communément de la même main que le texte. De là, tant de titres et d'initiales laissées en blanc dans les manuscrits, parce que le travail du copiste ordinaire se bornait à la transcription pure et simple. La partie artistique était laissée au calligraphe (*chrysographe*, etc.) auquel on abandonnait la tête des livres et des chapitres ainsi que la marge, pour être remplies plus tard. Là, il déployait à son aise les fantaisies de l'imagination, et le jeu de la plume ou du pinceau[2], mais souvent il n'a pas eu le temps d'accomplir cette tâche. Vous rencontrerez sans peine, dans quelque bibliothèque publique, des manuscrits où l'indication de ce qui devait être exécuté par le calligraphe demeure tracé à l'extrême marge; jalon dressé par un simple copiste sans doute pour guider son successeur, et qui persiste chez les premiers typographes. L'extrémité où l'on relègue ces lettres semble annoncer qu'on les destinait à être enlevées après la reliure, avec le surplus de la tranche. Il arrivait aussi quelquefois que le calligraphe ou le miniateur prenait les devants; et quand le rôle du copiste n'a été rempli que cent ans (ou davantage) après l'exécution des lettres ornées, ce mélange d'indications contradictoires présente à l'antiquaire un coup d'œil assez embarrassant pour le premier regard. Tel est le cas chez plusieurs livres de Droit qui se trouvent aujourd'hui dans la bibliothèque d'Amiens. Mais la surprise cesse quand on se rappelle que l'ordre d'exécution n'était pas invariable; aussi, comme on voit des textes que les capitales ne sont pas venues achever, on rencontre également des miniatures et des capitales qui attendent encore l'œuvre du copiste. M. Ambroise Didot, par exemple, possédait un petit livre d'heures transcrit dans nos provinces pour un Breton, mais enluminé par des peintres avignonais (probablement Italiens). M. Ch. Magnin cite quelque chose de semblable dans son travail sur Hroswita (p. lxj, note 2).

Les bordures qui couraient en encadrement autour des pages, ainsi que les grandes lettres elles-mêmes, livrées plus tard presque exclusivement à la peinture, furent d'abord du domaine de la calligraphie. Les arabesques et vignettes coloriées, ou simplement dessinées, ont leur belle époque entre le VIIIe siècle et le XIIIe. Quoique le goût y baisse sensiblement à partir du IXe, on y remarquera presque toujours une fermeté de traits, et sûreté de plume, qui annonce des mains exercées, auxquelles il ne manquait que de bons modèles.

XXIV.

Le luxe calligraphique atteignit d'abord un haut degré dans les provinces de l'empire grec (Grèce et Asie-Mineure, Égypte, Calabre et surtout Otrante), qui, plus à couvert des

---

1. On a pu remarquer déjà plus haut (§ XIV, p. 73, svv.) un écrivain de Saint-Hubert-des-Ardennes vanté pour son talent à *enluminer les capitales*.

2. Ce fut la beauté des lettres ornées qui excita l'amour de la science et le désir de l'étude dans le cœur du grand Alfred, demeuré sans lettres jusqu'à l'âge de douze ans. Un jour qu'il entrait avec son frère chez Judith, fille de Charles le Chauve, l'élégance d'un manuscrit que cette princesse lisait en ce moment frappa les deux petits princes; et, sur l'assurance qu'elle leur donna d'en faire présent à celui qui le premier aurait appris à le lire, Alfred commença, pour l'amour du beau livre, cette vie studieuse et appliquée dont il contracta l'habitude. Asser. ap. Stolberg, *Vie d'Alfred le Grand*, c. v.

barbares, purent se développer sans obstacles, et conserver, avec les anciens modèles, les traditions de l'art. Mais, cette partie de la chrétienté n'appartenant point proprement à mon sujet, je n'en parlerai qu'en passant, et comme par occasion [1]. C'est la chrétienté d'Occident, l'Église latine, qui m'occupe. Or la richesse des manuscrits du viiie ou du ixe siècle parmi nous, montre que les *scriptoria* d'Occident avaient peu de chose à envier à l'empire grec, et ne leur empruntèrent même peut-être que le matériel tout au plus. Convenons cependant qu'ils ont bien l'air d'en avoir reçu la partie technique, sans s'être toujours mis au courant de l'habileté des Orientaux; mais il n'est pas dit qu'on leur eût envoyé la fleur des calligraphes et des miniaturistes Byzantins. La trace de l'enseignement qu'ils avaient reçu, s'aperçoit dans l'affectation à copier jusqu'aux lettres grecques du modèle, ou du moins la prononciation des maîtres orientaux. On trouve, par exemple, une crucifixion accompagnée de cet éclaircissement STAPHROSIS (pour σταύρωσις). Au fond, les hommes versés en ces matières reconnaissent que, vers le viiie siècle, la calligraphie occidentale était fort en avance sur la miniature.

Nous pouvons avoir eu quelque chose de mieux en France, mais pour bien peu de temps; lorsque Charlemagne, destinant sa fille Rotrude au trône de Constantinople, se fit envoyer un eunuque byzantin (Élisée) pour la préparer à son rôle d'impératrice grecque (Cf. Theophan., *Chronograph.*, I). Ce *notaire* passa sept années à la cour de France, jusqu'à la mort de la princesse, et l'on peut croire que son séjour parmi les Francs aura été utilisé par quelques élèves de l'école du palais. Je ne sais si l'on n'en trouverait pas des traces dans certaines miniatures de cette époque. Ce sera la tâche des voyageurs habiles.

Vouloir indiquer ici les plus brillants monuments calligraphiques du moyen âge, ce serait empiéter sur la description des miniatures, parce que la peinture entre presque toujours dans les beaux manuscrits. D'ailleurs, toutes les descriptions du monde n'équivaudraient pas à un coup d'œil jeté sur les manuscrits eux-mêmes ou sur les *fac simile*. On peut indiquer au moins : l'évangéliaire de saint Kilian, autrefois

[1]. Comme il peut être intéressant de connaître les monastères et les copistes grecs dont il nous est resté des manuscrits ou des notices, on en trouvera plusieurs indications dans Montfaucon (*Palæographia græca*, p. 37-39, etc.; 510, etc.), dans les *Notices des manuscrits*, t. VIII, 2e partie; dans le catalogue des manuscrits grecs de Moscou publié par Fr. de Matthæi, p. 345, 349, etc. Celui qui ferait de ces diverses listes un relevé total, serait surpris peut-être du petit nombre de bibliothèques qu'il y trouverait, pour un pays qu'on est convenu de mettre bien au-dessus de la chrétienté latine. Quant à moi, ce n'est point ma tâche; et, quoiqu'elle fût assez facile, je n'ai pas cru devoir me la donner en m'écartant de mon but. Voyez aussi Ebert (*Handschriftenkunde*, I, 101, svv.) qui cite plusieurs copistes grecs, séculiers et religieux; peut-être empruntés à Montfaucon. — Matthæi (*Codd. Græcor. Mosquens. notitia*), Bandini (*Biblioth. Laurent... codd. Græci*, t. III, p. viij, sqq.; et 598, sqq.), fourniraient plusieurs noms de calligraphes grecs et de bibliothèques byzantines; mais je n'avais pas à traiter

à Wurzbourg, antérieur au IX⁰ siècle [1]; la superbe Bible latine dite *de Saint-Paul*, à Saint-Calixte de Rome; l'*Exultet* du samedi saint, à la bibliothèque Barberini; le codex *Argenteus* (d'Ulphilas), aujourd'hui à Upsal; les *Leges Bajuwariorum*, un des plus beaux manuscrits du x⁰ ou du xi⁰ siècle, et qui était autrefois à la bibliothèque d'Ingolstadt; l'évangéliaire de saint Emmeran (IX⁰ siècle), musée calligraphique de l'époque [2]; le manuscrit grec et latin des quatre évangélistes, qui, de saint Irénée de Lyon, avait passé entre les mains de Bèze, et se trouve aujourd'hui à Cambridge; le Décret de Burckhardt, copié à Tégernsée par le B. Ellinger, abbé de ce monastère; les manuscrits de Saint-Pierre de Salzbourg indiqués par D. Bessel [3], etc., etc.

Ajoutons à cette indication une liste de quelques copistes que nous essayerons peut-être de compléter plus tard [4]. Il faut remarquer pourtant que, les enjolivements des manuscrits n'étant pas toujours de la même main que le reste, on n'est pas en mesure de savoir si les noms conservés par les monuments sont ceux des copistes, ou seulement ceux des miniateurs et des calligraphes. En outre, on est loin de pouvoir indiquer les auteurs d'une foule de manuscrits remarquables. Plusieurs copistes signent, il est vrai; mais un grand nombre semble n'avoir attendu leur récompense que de Dieu. C'est surtout en France et en Italie que les *antiquarii* se sont peu mis en peine de nous apprendre leurs noms. Pour moi, je n'ai pas même la prétention de rassembler tout ce qui gît épars dans les documents anciens sur les calligraphes monastiques. Je ne voulais que stimuler quelque homme laborieux sur cette voie; et plus d'un travailleur français ou étranger m'a donné lieu d'entendre (depuis 1839) que je n'avais pas exhumé des anciennes compilations tous les morts dignes de mémoire en ce genre [5]. Ce sera bien autre chose si l'on veut dépouiller attentivement les mss. eux mêmes, comme le peuvent faire des archivistes voués à l'étude de collections parcourues avec un regard attentif et bien préparé. On serait mis par là sur les traces du point du départ où remonte plus d'un livre égaré à la longue.

VI⁰ *siècle*. Saint Columbkill [6], à une extrémité de l'Europe, en même temps que Cassiodore à l'autre, donnait à ses religieux l'exemple comme le précepte des travaux du *scriptorium*.

VII⁰ *siècle*. Saint Babolein [7] et saint Eustase (*supra*, p. 63, etc.) maintenaient par leur exemple la bonne tradition des cloîtres irlandais. Hildgrim, qui devint sur le continent évêque

---

cette portion de l'Église, il est bon de le redire pour éviter tout péril de mésintelligence mal fondée.

1. Chronic. Gottwicense, I, 34.
2. C'était un présent de l'empereur (roi d'Allemagne) Arnulf. Gercken l'a décrit dans son Voyage de Souabe, etc. Cf. Klemm, *op. c.* Il appartenait au temps de Charles le Chauve, l'une des plus belles époques de l'art bibliographique; et le P. Arth. Martin l'a mis à contribution pour quelques lettres ornées que je publie en ce moment.
3. Chronicon Gottwicense, t. I.
4. En parlant soit des miniatures, soit des souscriptions, soit des *scriptoria* célèbres, soit des légendes relatives aux bibliothèques (si nous en avons le temps), nous en nommerons d'autres encore. Il nous a paru qu'il valait mieux diviser cette liste que d'en répéter plusieurs parties à diverses reprises. Quelques écrivains de chartes sont cités par Goldast, *Alamannic. r. script.*, t. II, part. 1.
On voudra bien m'accorder quelque marge pour la chronologie; et si je m'exorbite que de cinquante années, il n'y a pas matière à chicanes en pareille classification, où les dates précises manquent presque toujours.

5. Cf. v. gr. Serapeum, *passim*. — Bulletin de l'Académie royale... de Belgique (J.-J. De Smet), t. XV, p. 76-88. — Bulletin du bibliophile belge, t. V, p. 394. svv. — Dom Guéranger, *Institutions liturgiques*, t. III, p. 288, svv. — Ch. Gérard, *les Artistes de l'Alsace pendant le moyen âge*. Sans compter toutes sortes de publications curieuses, anciennes et modernes, qu'une vie retirée ne m'a point permis d'apprécier ou même de connaître.
Je n'avais évidemment pas à parler du célèbre calligraphe papal Furius Dionysius qui vécut sous Libère et saint Damase, mais qui n'était ni moine ni du moyen âge. Son bel alphabet a servi pour fixer l'époque d'inscriptions importantes, sous la main sagace de M. J.-B. de Rossi, lequel en parle à plusieurs reprises dans ses travaux merveilleux sur les catacombes.
6. Moore, *Hist. d'Irlande*, p. 316, 318, 319.
7. Ziegelbauer, t. IV, cap. VI.

d'Halberstadt, transcrivit dans sa jeunesse les homélies de saint Grégoire sur Ezéchiel[1]. Saint Déga (*Daygæus, Dagæus, Daganus*), fils de Cayrill (Maccayrill), évêque irlandais à cette époque, ne nous est guère connu que par les légendes hibernoises[2]. J'ignore si l'on prétend avoir conservé jusqu'aujourd'hui quelqu'une de ses œuvres, mais il nous rappelle ces artistes à tout faire dont le moyen âge parle souvent. Colgan le donne pour chef d'atelier de saint Kieran, et comme également habile à manier le fer, le cuivre et la plume avec les couleurs du *scriptorium*. Son éloge comme artiste se complète par les chiffres cabalistiques que voici : « Il fabriqua 300 cloches, 300 crosses, et transcrivit 300 évangéliaires. »

Entre 698 et 721, nous avons l'évangéliaire de Lindisfarne auquel travaillèrent le prêtre Ældred (pour la partie anglo-saxonne), et Eadfrith ou Egbert, soit pour la calligraphie, soit pour les miniatures. C'est ce que dit un petit mémoire de M. F. W. Unger sur les origines de la miniature irlandaise (Revue Celtique, t. I, p. 12). Vers la même époque un copiste irlandais, du nom de Laurent, se fait connaître par l'acrostiche joint à son évangéliaire que possédaient les moines de saint Arnou de Metz avant la révolution (Cf. W. Wattenbach, *ibid.*, p. 30).

VIII° siècle. Alcuin a bien le droit de tenir ici le premier rang[3]. Engelhardt et Chadold, prêtres, avaient transcrit le livre d'Homélies conservé à Benedict-Beuern[4]. Les religieuses de Maes-Eyk en Limbourg, mais nommément les abbesses Harlinde et Renilde[5], se sont fait un nom par leurs transcriptions de l'Écriture sainte en lettres d'or. Dagulf exécuta le psautier en caractères d'or, offert au pape Adrien Ier, par Charlemagne[6]. Widrug ou Wintrug[7] (ou peut-être Weintrunk), qui paraît avoir été un des compagnons du martyre de saint Boniface. Les abbesses Anglo-Saxonnes, Eadburge et Bucca, auxquelles s'adressait saint Boniface[8] pour ses commandes de livres. Dans une de ses lettres à Eadburge, quand il lui demande les épîtres de saint Pierre, il semble désigner pour cette tâche le prêtre Eoba[9]. Ovo, à Fontenelle[10], était un Frison converti par saint Wulfran qui l'avait ressuscité ou du moins arraché miraculeusement à la mort ; et qui, devenu bénédictin, se distingua par son savoir-faire dans les travaux du *scriptorium*. A Saint-Wast d'Arras, Radulf se piquait d'écrire sous les yeux du patron de l'abbaye[11], et de compter sur une diminution toujours croissante de son purgatoire pour l'ingrate besogne qu'il accomplissait journellement. Adam, fils d'Haynard, avait copié à Worms, en 780, une grammaire de Diomède pour Charlemagne[12]. Le vénérable Bède lui-même semble devoir être compté parmi les copistes ou miniateurs, dont il subsisterait encore des œuvres authentiques. L'Angleterre du moins prétend conserver, à Durham et à la Bodleyenne, des manuscrits de sa main.

Godescalc (Gottschalk) est l'auteur ou l'embellisseur du fameux évangéliaire de Saint-Sernin[13] dont s'est dessaisie la ville de Toulouse en faveur de Napoléon Ier. La vraie gloire de

---

1. D. Bessel, t. I, p. 36.
2. Cf. *AA. SS. August.*, t. III, p. 659, sqq.
3. L. Delisle, *le Cabinet des mss.*, t. I, p. 2.
4. Gercken, *Reise*, t. I, p. 377. Cf Monumenta boica, t. VII, p. 22, sqq.
5. Mabillon, *Præf.* in sæc. III, § 4. Cf. Dehaisne, *l'Art chrétien en Flandre*; Peinture, p. 29, sv. ; et 31, sv.
6. Jansen, *Origine de la gravure.* Cf. Lambcc., *Commentar. de biblioth. Cæsar. Vindobonens.*, lib. II, cap. xxv.
7. Schannat, *op. c.*, t. I, p. 227. Cf. Jansen, *op. cit.*, t. II, p. 201. On y verra que ce nom, suivant plusieurs hommes habiles, peut avoir désigné saint Boniface lui-même (Winfrid).
8. Bonif., *ep.* 9, 15, 18, 22, 35 ; ap. Schannat, *ibid.*
9. Bonif., *ep.* 28, ed. Serrar. — Cf. N. Tr. *de Diplomat.*
10. Ziegelb., *l. cit.* — Histoire littéraire de la France, t. IV, p. 85.
11. Dehaisne, *l. cit.*, p. 29, 49.
12. L. Delisle, *le Cabinet des mss.*, t. I, p. 3.
13. Aug. de Bastard, *Bulletin du comité de la langue... et des arts de la France*, t. IV (1860), p. 721. Mais il faudrait savoir si Godescalc y intervenait autrement que pour donner la dernière main aux ornements les plus riches du ms., aux peintures surtout. Cf. Waagen, *England und Paris*, t. III, p. 235, svv.

ce beau livre ne consiste point du tout dans le plat rôle qu'on lui a fait jouer au baptême du roi de Rome en 1811 (apparemment pour rappeler *Charlemagne notre auguste prédécesseur*, style impérial post-républicain que Louis XIV ne s'était pas accordé dans sa plus grande infatuation); mais en ce qu'il semblerait être l'unique véritable pièce authentique où se puisse bien constater une calligraphie carlovingienne antérieure au IXe siècle, si l'on établissait tout de bon qu'il ne fût pas postérieur à 850 [1]. Martin, moine de Saint-Amand, nous a laissé de ses œuvres calligraphiques qui subsistent encore [2].

ndfrith, Ethelwald, Bilfrith et Aldred semblent avoir travaillé à Lindisfarne ou à Durham [3], puisque leur œuvre commune est vouée à saint Cuthbert. Harduin de saint Vandrille a sa mention honorable dans la chronique de Fontenelle, comme un bon membre de la corporation dont on garde les états de service pour édifier et stimuler ceux qui lui succéderont dans le même emploi [4]. Vers le même temps un *Waldus monachus* figure dans un ms. du pays de Saluces [5]; et je ne saurais dire s'il faut l'identifier avec l'un de ses homonymes de Reichenau, de Saint-Gall, etc. [6]. En tout cas ce dernier est qualifié de *scriptor egregius*, et passa quelque temps en Italie [7]. Ebrard, copiste d'un homéliaire, semble avoir travaillé pour Charlemagne [8].

IXe siècle. Bertcaudus (peut-être Berchtold), qualifié de *scriptor regius* [9]; et Faustin, employé par Louis le Débonnaire [10]. Luthard (*Liuthardus*), peintre et calligraphe [11]. Bérengar, associé du précédent pour l'exécution de l'évangéliaire de saint Emmeran [12]. Ingbert (*Ingobertus*), dont nous parlerons encore à propos de la *Bible de saint Paul*. Regimbert, à Reichenau, bibliothécaire sous les abbés Wald, Heit, Erlbald et Rudhelm (ou Rathhelm). Il avait donné à son *scriptorium* une telle impulsion, que l'énumération des livres copiés de son temps est à peine croyable [13]. Les manuscrits exécutés sous les ordres de cet administrateur zélé portent souvent une recommandation comme celle-ci :

« Magno in honore Dei, Domini genetricis et almæ,
Sanctorum quoque multorum quibus Auva fovetur,
Condidit hoc corpus permissu adjuta priorum
Cura Regimberti scriptoris; in usibus optans
Hoc fratrum durare diu, salvumque manere.
Adjurat cunctos, Domini per amabile nomen,
Hoc ut nullus opus cuiquam concesserit extra ;
Ni prius ille fidem dederit, vel denique pignus [14]

1. Cf. Bulletin du comité..., *ibid.*, p. 721, svv.
2. Cf. L. Delisle, *Journal des savants*, 1860, p. 382.
3. Waagen, *England und Paris*, t. I, p. 134, svv.
4. D'Achery, *Spicileg.*, t. III, p. 230, sq.
5. Cf. Maximi Taurin. opp. (Rome, 1784), *præfat.*, p. xxi.
6. Cf. Metzler, ap. D. Pez, *Thesaur.*, t. III, P. III, p. 597.
7. *Ibid.*
8. L. Delisle, *Cabinet des mss.*, t. I, p. 3.
9. Lup. Ferrar., *ep.* 5.
10. L. Delisle, *Cabinet*, t. I, p. 4, sv.
11. N. Tr. *de Diplomat.*, III, p. 131. J'aurai occasion peut-être d'en parler encore à propos des miniatures. C'est lui qui écrivit le beau *psautier* de Charles le Chauve.
12. Jansen, *op. c.* Cet évangéliaire est aujourd'hui à Munich. Cf. L. Delisle, *Cabinet*, t. I, p. 6.
13. Ziegelb., I, 569, 572.
14. On voit que notre homme n'était pas un simple copiste, ce qui eût pourtant suffi pour lui faire comprendre la valeur des livres. Un peu de pratique administrative n'avait pas nui à lui enseigner combien les plus belles promesses comptent peu devant tout fonctionnaire qui ne veut être responsable que sérieusement. Ingebert enten-

Donec ad has ædes quæ accepit salva remittat [1].
Dulcis amice, gravem scribendi attende laborem :
Tolle, aperi, recita, ne lædas, claude, repone. » Cf. *supra*, p. 80.

Le moine Placide écrivit en lettres d'or un livre des évangiles, qui se conserva longtemps à l'abbaye de Hautvilliers [2]. Gerhoh de Fulde [3] et Folchard de Saint-Gall [4] appartiennent encore à cette même époque [5]. Le code Théodosien copié alors par Ragenard à l'abbaye des Deux Jumeaux (du diocèse de Bayeux) fait maintenant partie de notre Bibliothèque nationale. Un *Juvenianus subdiaconus* pourrait bien avoir été donateur plutôt que copiste ; et souvent la distinction n'est pas facile à établir entre ces deux rôles, dans l'état où nous sont parvenus les renseignements dont nous pouvons disposer aujourd'hui.

os provinces du Nord semblent avoir voulu obvier d'avance aux ravages des Normands, ou les réparer ensuite à l'aide d'un travail opiniâtre. A Gembloux, l'abbé Olbert et plusieurs de ses moines s'employaient à la copie [6]. A Saint-Hubert des Ardennes, le préchantre Foulques était célèbre pour son talent à orner (de peintures peut-être) les lettres capitales [7]. Saint-Martin de Tournai avait Godefroi et Gislebert [8]. A Saint-Amand, Hucbald, Agamberd, Ebarcius, un jeune Jérôme (qui semble avoir été du sang carlovingien), Milon, Baudemont, Martin, etc., nous ont laissé des traces de leur savoir-faire [9]. A Saint-Bertin, Léothard et Guntbert [10] s'étaient fait une réputation en miniature comme en calligraphie.

Diverses correspondances de ce temps pourraient augmenter notre énumération des calligraphes, n'était que l'on ne voit pas sans peine si ceux que l'on réclame doivent commander ou exécuter eux-mêmes les livres [11].

---

dait donc que nul livre ne sortît sans une garantie antérieure au prêt, pour rendre la restitution bel et bien exigible. Cette sagesse put être autant l'effet que la cause de sa longue gestion maintenue sous quatre abbés successifs.

1. Les fâcheux effets de plusieurs prêts de livres inspirèrent dans la suite encore plus de rigueur que n'en recommandait ce rude bibliothécaire. Car il paraît que dans bon nombre de monastères prescrivit l'idée d'éconduire les emprunteurs par une fin générale *de non recevoir*. Aussi voyons-nous que le concile de Paris (en 1212), présidé par Robert de Courçon, se plaint des difficultés opposées par plusieurs abbayes aux demandes de ce genre ; et il fut défendu aux religieux de s'engager à ne point prêter de livres. Le *considerant* mérite d'être remarqué : « Quum commodare inter præcipua misericordiæ opera computetur. » Part. II, can. 23. Mais les bibliothécaires, gens du métier, trouvèrent-ils que cela fût persuasif? Le fait est qu'en 1689 le chapitre de Paris ne permit pas à Bossuet lui-même de faire emporter un cartulaire. On autorisa seulement le célèbre évêque à charger un copiste de venir prendre les extraits désirés. Cette décision est relatée dans les registres capitulaires qui se conservent aux archives nationales de France, et que l'on ne consulte peut-être pas assez pour maint document signalé avec soin dans une partie des volumes presque toujours rédigés en conscience.

2. Mabillon, *De re diplom. suppl.* Cf. *Nouv. Tr. de Diplomat.*, t. II. Cet évangéliaire se trouve aujourd'hui dans un état parfait de conservation à la bibliothèque de la ville d'Épernay.

3. Ziegelb., 1, p. 485, 610.

4. A. de Bastard, *Mémoire sur les crosses*, p. 544.

5. Ap. Bianchini, *Evangeliar. quadruplex*, fol. 599 v° (cod. vallicellan.). Cf. Vettori, *Dissertat. philolog...*, p. 88, sq.

6. D'Achery, *Spicileg.*, t. VI, p. 529.

7. Martène, *Ampliss. collect.*, t. IV, p. 925.

8. Corp. Chronic. Flandr., t. II, p. 585.

9. Léop. Delisle, *Journal des savants*, 1860, p. 380-382. — Dehaisne, *op. cit.*, p. 38, sv.

10. Dehaisnes, *ibid.*, p. 34.

11. Cf. AA. SS. Octobr., t. VII, p. 1075-1078.

Mais les maîtres du *scriptorium* (abbés, même) y avaient le plus souvent appris la tâche quotidienne du monastère. Car nous n'en sommes pas encore à l'époque des commendes, où abbés et moines tirèrent chacun de leur côté au détriment de tout.

Outre (et sauf) ce que l'on pourra conclure des listes chronologiques dont j'entreprends l'esquisse, il semble fort probable que les écoles calligraphiques des monastères, à partir de Charlemagne surtout, aient dû s'opposer aux variations rapides pour l'écriture. La caractéristique précise d'un siècle, exclusivement à tout autre, en devient d'autant plus douteuse[1] (ou du moins un peu flottante); par suite de l'opposition qu'un *scriptorium* quelque peu qualifié devait faire à l'ingérence des esprits novateurs en quête d'introduire ou de suivre une mode nouvelle. Cela se doit comprendre, sans qu'il y faille insister. Je donne donc ma petite observation pour ce qu'elle vaut, et à l'usage des paléographes qui ne sont pas trop pointilleux ou trop jeunes (quasi tout un); or ce sont précisément ces derniers qui se prononcent le plus vite et le plus haut, lorsque des gens très-expérimentés hésitent ou réfléchissent à loisir avant de se faire, et de formuler surtout, un avis qui vaille.

Mais continuons cette série quelconque des copistes religieux. M. L. Delisle (*Cabinet des mss.*, t. II) nous permet encore d'ajouter à cette époque Adalard de Corbie (p. 112, sv.), Hubert Dursens, Robert, Rodrad, Hildebrand et Warembert, de la même abbaye (p. 115-121); Radulf de Saint-Aignan d'Orléans (p. 401), Teudrad à Saint-Bénigne de Dijon (p. 403), Heimon du chapitre de Verdun (423) et Pacifique, diacre de la cathédrale à Vérone (424).

Xe siècle. Witikind, moine de Corvey[2]. Sintramn, à Saint-Gall : le désespoir des calligraphes pour la beauté du trait, l'exactitude et la régularité de la copie[3]; son nom se représentera encore dans la suite de ces recherches. Le beau manuscrit (*codex vigilanus*) de la compilation canonique d'Alvelda (près Logroño) renferme, avec les portraits des rois Goths, ceux des moines Sarracinus, Vigila et Garsia, qui avaient travaillé à cette précieuse collection[4]. Même chose pour le portrait du copiste Velasco, associé à ceux des princes sous lesquels avait été exécutée la collection analogue, au monastère de San Millan de la Cogolla, vers 992[5].

En Navarre aussi, dans l'une des maisons religieuses soumises à l'abbé d'Alvelda, le prêtre Gomesanus copiait le livre de saint Ildefonse sur la virginité de N.-D., pour Godescalc, évêque du Puy[6]. Du reste l'Espagne septentrionale (Catalogne, Navarre et Galice) avait alors une certaine avance sur bien des pays disloqués par la guerre entre seigneurs ou par déprédations normandes et sarrasines.

Les provinces septentrionales de la France continuent à donner des signes d'activité. A Stavelo, c'était Goderan ; à Lobes, Folcuin qui devint abbé[7]. Hérivée (ou Hervé)

---

1. Cf. C. Troya, *Codice diplomatico*, t. II, p. 20.
2. Ziegelb., IV, 688.
3. Ce fut Sintramn qui copia les évangiles auxquels servirent de couverture les tablettes d'ivoire jadis employées par Charlemagne pour ses brouillons, et que le moine Tutilon (Tuotilo) avait enrichies de ciselures ou de gravures (Greith, *Spicil. vaticanum*, P. I, p. 200). Cf. Ziegelb., I, 453. — Ekkehard le jeune (*De casibus monasterii S. Galli*, c. I; ap. Goldast., *Alamann. R. script.*, t. I) dit de lui, en parlant de cet ouvrage, qui était son chef-d'œuvre, que son œil et sa main y montrent une sûreté tout-à-fait rare : « Hoc hodie « est evangelium et scriptura *cui nulla*, ut opinamur, *par* « *erit ultra*. Quia, quum omnis orbis cisalpinos Sintramni « *digitos* (*expression consacrée* dans les monastères pour « indiquer les chefs-d'œuvre calligraphiques) miretur, in « hoc uno... triumphat. Mirari autem est hominem unum « tanta scripsisse... Sed et hoc in homine mirabile erat et « singulare, quia quum delicata ejus scriptura jocunde sit « directa, raro in pagina vel unius verbi mendacium in- « venias rasum. »
4. Laserna, *Præfatio in collectionem veterum canonum*... — Luis Blanco, *Noticia de las antiguas colecciones canónicas*, p. 41, sgg. —AA. SS. O. S. B., sæc. v, p. 298, sq.
5. Laserna, *ibid*.
6. AA. SS. O. S. B. sæc. v, p. 297, sq.
7. Cf. Bulletin du bibliophile belge, t. IV, p. 167, sv. — Dehaisnes, *loc. cit.*, p. 31. On voit à plusieurs reprises le chef du *scriptorium* devenir abbé.

de Saint-Bertin copiait, entre 980 et 1008, le psautier que l'on conserve aujourd'hui à la bibliothèque publique de Boulogne-sur-Mer ; et l'abbé Odebert, avec le moine Dodolin, prenait part à ce travail [1]. Fromund de Tégernsée, ainsi qu'Ellinger de la même abbaye, sont à peu près de cette époque ; mais paraissent avoir voyagé pour enrichir leur bibliothèque [2].

Saint-Benoît-sur-Loire on trouve le nom d'Herbert [3]. Folchard de Saint-Gall et Chunibert maintiennent la réputation que les Notker avaient valu à cette abbaye [4]. Liutgard semble l'auteur d'un manuscrit d'Aix-la-Chapelle dont je ne rencontre plus l'indication dans des notes prises au jour le jour. Hengilhart (ou Engelhardt), Chadold, Rudpert, Racholf et Dracholff (ou Tracholf, qui devint évêque de Frisingue), avaient été chapelains de la princesse Kysila ; et exécutèrent pour elle plusieurs livres qu'elle donna au monastère de Kocheln [5]. Plusieurs de ces mss. passèrent dans la suite à l'abbaye de Benedict-Beuern [6].

Notker, à Saint-Gall, forma de nombreux disciples [7]. L'Angleterre avait saint Dunstan, l'un de ces singuliers artistes pour lesquels orfévrerie, peinture et musique servaient de distraction à des travaux scientifiques et administratifs. Godemann copia le bénédictional exécuté par ordre d'Ethelwold, évêque de Winchester. Nous aurons occasion de rappeler ce beau travail au sujet des miniatures.

Il est trop juste que cette liste rappelle particulièrement le grand archevêque de Cantorbéry, saint Dunstan : un de ces artistes *à tout faire,* comme il s'en rencontrait à cette époque (de quoi la Renaissance même ne se trouva pas mal plus tard, avec Léonard de Vinci, Michel-Ange et autres). Le P. A. Martin a précisément copié de lui une espèce de miniature ou dessin à la plume, représentant le grand pape saint Grégoire, véritable

---

Goderan paraît avoir vécu jusqu'au xie siècle, et copia un Flavius Josèphe in-folio dont parle la *Bibliothèque de l'École des Chartes,* iie série, t. III, p. 461.

1. Dehaisnes, *ibid.*, p. 34-36.
2. D. Pez, *Thesaur.*, t. I, p. xv, sq.
3. *Moyen âge et renaissance, mss.* f° 9.
4. Metzler, apud D. Pez, *loc. cit.*, p. 568. — Aug. de Bastard, *Bulletin du comité...*, t. IV (1860), p. 544.
5. D. Pez, *ibid.*, p. 610.
6. Cette époque ne présageait donc pas un avenir trop piteux, et pourrait être moins rudoyée par ceux qui en parlent encore comme si nous en étions restés aux appréciations historiques du xviiie siècle. On lit néanmoins dans le *Journal des savants* (1868, p. 265) à propos de Gerbert : Les hommes y vivaient dans la société comme les poissons dans l'eau, les plus forts dévoraient les plus faibles.

Il paraît que cela ne s'est plus rencontré depuis lors, quoique pourtant le P. Vieira fit encore usage de cette comparaison au xviie siècle devant la cour de Portugal. Aujourd'hui, qui oserait penser à nous prêcher contre un abus évidemment tombé en désuétude?

Item, on tenait pour impossible (selon le même *Journal des savants*) qu'un seul homme réunît les connaissances désignées sous les noms de *trivium* et de *quadrivium.*

Mais possédons-nous aujourd'hui même, dans l'université, beaucoup de gens qui soient rompus à toutes les difficultés réunies de la grammaire, de la rhétorique, de la dialectique, de l'arithmétique, de la géométrie, de l'astronomie et de la musique? D'où vient donc que l'Institut de France, par exemple, est divisé en classes qui se subdivisent en sections? Apparemment faute d'intelligences encyclopédiques. Je veux bien que nous ayons fait des progrès, mais nous avons élagué aussi mainte branche gourmande qui était cultivée jadis, ce qui ne laissait pas que de prendre du temps aux hommes d'étude. Peut-être même nos élagages ont-ils été poussés au-delà de ce que requérait une culture intelligente.

7. Le B. Notker, mort en 976, était peintre ; et probablement calligraphe aussi. Il ne faut pas le confondre avec Notker le Bègue. Notker Labeo est indiqué comme *teutonicæ scriptionis inventor* (ap. D. Pez, t. I, P. iii, p. 604, 580). Cela veut-il dire qu'il s'occupa de littérature (orthographe, peut-être) allemande, ou qu'il ait introduit dans les *Scriptoria* d'Allemagne un type d'écriture nouveau dont sa patrie aurait adopté l'usage?

apôtre des Anglo-Saxons; et je la donne ici réduite presque d'un tiers, quoique ce ne soit pas de la calligraphie toute pure, nous romprons de la sorte mes séries un peu monotones.

N'en persistons pas moins, avec l'aide du *Cabinet des mss.*[1], à grossir passablement le nombre des vieux *antiquarii* exhumés par les chercheurs récents et bien informés. Nous aurons encore pour cette époque Isaac de Corbie (p. 116), Volker, Rutpert, Erebon, Raven-

gerat, Théoderic d'Epternach (p. 362). Puis Annon de je ne sais quel monastère (p. 374), et Francon de Stavelo (p. 417).

XIe *siècle*. Othlon[2], moine de Saint-Emmeran, avait commencé par exercer la profession

1. Delisle, t. II.   2. Ziegelb., II, 523, I, *passim*.

de copiste avant d'être religieux ; ce qui donne lieu de supposer que, dans ce siècle d'*ignorance*, un laïque pouvait absolument vivre en écrivant pour des séculiers. Nous en parlerons ailleurs avec un peu plus de détail, si Dieu nous prête vie. Mais, puisque nous voilà conduits à Ratisbonne, faisons-y connaître un *scriptorium* contemporain (si par hasard notre calligraphe de Saint-Emmeran n'avait pas été mis au service du Niedermünster[1] pour plusieurs mois). La gravure ci-jointe, planche II (p. 134), appartient à ce même manuscrit que nous avons déjà vu présenté à la Mère de Dieu par une religieuse bavaroise (p. 118). Nous en reverrons encore une autre page (pl. VI); et pour qu'on n'y soit pas trop dépaysé (non plus que dans la pl. III), rappelons ce que nous avons dit ailleurs[2] sur les attributs ou emblèmes des évangélistes. Saint Jean paraît ici dominé par l'aigle qui le caractérise presque toujours dans l'art chrétien, et avec des médaillons en disque (aux quatre angles du tableau) qui rappellent les principaux traits de son évangile : génération éternelle du Verbe et sa grande part dans la création de toute chose, mission de Jean-Baptiste pour annoncer la venue du Messie, naissance du Fils de Dieu à Bethléem et sa transfiguration sur le Thabor (Joann. I, 2-10; 6-8, 14). Sous les pieds du disciple bien-aimé, on reconnaîtra sans peine un des quatre fleuves du paradis terrestre (Genèse, II, 10-14) qui passent[3] pour figurer la diffusion de l'enseignement chrétien par le monde.

Revenons aux copistes du XIe siècle. Wiking, moine de Prum, sous les abbés Hilderich et Étienne. La Bibliothèque du roi possède, je pense, un manuscrit exécuté par cet antiquarius[4]. Le prêtre Jean, chanoine de la collégiale de Quedlimbourg, copia le *plenarium* donné au chapitre de cette église[5] par l'empereur Henri Ier. Adémar, à Saint-Éparèse, près d'Angoulême[6]. Le B. Marianus (Murdach), moine de Saint-Jacques-des-Irlandais à Ratisbonne[7], et qui ne doit pas être confondu avec Marianus de Fulde. A Saint-Évroul, l'abbé Théodoric, Rodulf son neveu, Hug, Rager, Berengar qui devint évêque dans la suite; Goscelin, Bernard, Turchetill (ou Turketil), Richard, etc.[8]. A Saint-Martin de Tournai, Godefrid, Gislebert, etc.

Un prêtre Eposius, de Rome, à ce qu'il semble[9], était-il moine ou chanoine régulier? Séroux d'Agincourt le cite comme copiste et miniateur d'un *Exultet* destiné aux offices du samedi saint.

A Saint-Amand, Gillebert qui avait été chanoine, et semble ne devoir pas être confondu avec un homonyme du XIIe siècle peut-être[10]. Sigon et Lanfranc ont été cités précédemment (p. 71, etc.). Gotahelm (ou Gotthelm) qui devint abbé de Benedict-Beuern, Adolpert, Gottschalk et Burchardt, moines de la même abbaye[11], avaient peut-être pour confrère Ludwig, copiste d'une histoire des Lombards[12]. Riddag (ou Radahc), abbé de Saint-Michel à Lunébourg, paraît avoir transcrit un évangéliaire cité par Gebhard[13]. Dans le même monastère,

---

1. Cf. *supra*, h. t., pl. I, p. 117, sv.; et t. I (*Curiosités mystérieuses*), p. 15-16. — *Item*, t. III, p. x, sv.
2. Cf. Caractéristiques des ss., p. 324, sv.; et *supra*, t. II *Icoires*, etc., p. 29, svv.
3. Je n'appuie ni ne contredis ceux qui veulent y voir la région caucasienne d'où partent en diverses directions le Tigre, l'Euphrate, l'Araxe arménien (Djihon), et l'Halys (Kizil Irmak).
4. Suppl. lat., n° 641.
5. Wallmann, ap. Jansen, *op. cit.*, t. II, p. 25.
6. Mabillon, *Annal.*, iv.
7. Rader, *Bavaria sancta*.—Revue celtique, t. I, p. 263; etc.
8. Orderic Vital, *Hist. eccl.*, lib. III (ed. Le Prévost, t. II,

p. 47, sqq.).
9. Ap. Grimoüard de saint Laurent, *Guide de l'art chrétien*, t. II, p. 34.
10. Léop. Delisle, *Journal des savants*, 1860, p. 374.
11. D. Pez, *Thesaurus*, t. III, P. III, p. 611, sq.; 615, sq.; 623-626.
12. Id., *ibid.*, p. 627, sq. Cf. *ibid.*, t. I, Isagog., p. xix, sq. Mais il semble qu'il ait travaillé à Weissbrunn, et qu'il y fût en manière d'exil par suite de quelque disgrâce méritée ou non; comme cela peut arriver en tous temps, soit dans les monastères, soit chez les séculiers.
13. *Dissertat.... de re litteraria cœnobii S. Michael. in urbe Luneburga*, § 7-9, 19, 20 (p. 10-13, et 20, sq.).

MANUSCRIT DE RATISBONNE,
AUJOURD'HUI A MUNICH

Eaduvius surnommé Basan (*géant?*) pourrait être mis à la tête des calligraphes de son époque[1]. Constance, écolâtre de Luxeuil, semble indiqué comme un copiste habile dans la complainte sur sa mort[2]. A Lobbes (en Hainaut) on retrouve le nom de Goderan, qui vient d'être nommé au siècle précédent comme religieux de Stavelo; peut-être n'y faut-il voir qu'un déplacement du même personnage[3]. Quoi qu'il en soit, on conserve encore de lui à Tournai une bible in-folio terminée en 1084. Diemoth (Dimuot ou Diemude), religieuse de Weissbrunn, a laissé traces aussi dans ce siècle par une activité plus que virile[4]. L'abbaye de Saint-Hubert des Ardennes comptait vers le même temps, sous l'*armarius* Robert, un Gislebert copiste habile et zélé, Étienne, Remi et Rodulf, chefs du *scriptorium* ce semble; Foulque enlumineur et ciseleur ou même statuaire, et le peintre Herbert[5] qui peut avoir mis la main à des miniatures sans que j'aie le droit de l'affirmer.

Le *Cabinet des mss. de la Bibliothèque nationale* nous fournit encore plus d'un nom qu'il ne faut point oublier. Tels sont (t. II) Gui, Ernaud, Robert le Gallois, Lambert et Girard de Saint-Maur-des-Fossés (p. 74, svv.), Arbedoc, Irlandais (p. 123) de je ne sais quelle abbaye; Constant de Luxeuil (p. 380), André de Micy (p. 409), Betton et Rainer de Saint-Symphorien à Metz (p. 412); puis, de Saint-Germain-des-Prés : Ingélard, Létard et Gislemar (p. 41).

n Italie, un *Joseph monasticus librarius* est indiqué par le manuscrit de Saint-Dalmace (en Piémont) dont parle l'éditeur romain de saint Maxime[6]. Bibianus, moine ou abbé d'un des monastères voisins de Saint-Jean-de-Latran, paraît avoir écrit le missel publié au XVIII siècle par le cardinal N. Antonelli[7]. A ce propos, il peut être utile de faire observer que si l'histoire monastique nous montre parfois des copistes habiles élevés à la dignité abbatiale, il y a cependant lieu de soupçonner que le nom du supérieur figure çà et là dans les mss. plutôt comme date que comme signature véritable (je l'ai déjà dit). Grégoire, archiviste de Farfa vers 1085, rassembla des souvenirs de son abbaye dans trois grands volumes[8].

Sur les travaux des copistes au Mont-Cassin, je

---

1. Gebhard, *ibid.*, § 17.
2. Cf. Éd. du Méril, *Poésies pop. lat. ant. au* XIII* siècle*, p. 282.
3. Bibliothèque de l'École des Chartes, II* série, t. III, p. 461. — Peeterswilbaux. *Tétramorphe*, p. 22, svv. Mais il est arrivé plus d'une fois qu'un copiste travaillât pour plusieurs monastères : soit qu'il se transportât dans le voisinage, soit qu'il mît seulement sa plume à la disposition de plusieurs abbés. Voici comment se termine le ms. de Tournai; dans une prière au prince des apôtres : « Super hoc humiliter invoco inæstimabilem Sanctitatis tuæ potentiam ut si quis malevolentia aut perversa illectus cupiditate hunc ipsum codicem ab ecclesia et a domo tua Lobiensi quolibet modo præsumpserit subripere aut perdere, seu qui folium scedulam (*sic*) ve per industriam amputaverit, aut per invidiam male tractaverit; tuam, sancte Petre, in hoc sæculo iram incurrat, Domini Dei nostri qui omnia novit judicialem sententiam non evadat, etc. » On voit que donateurs et copistes n'entendaient pas plaisanterie sur l'avenir de leurs œuvres. Feller l'a fait observer avant moi.
4. Cf. Ziegelbauer, *1*, 549 ; III, 495. — Jos. de Hefner, ap. *Oberbayerisches Archiv fur vaterl. Geschichte*, t. I (Munich, 1839). — D. Pez, *Thesaur.*, t. II, Isagog., p. XX, sqq.
L'orthographe *uo*, pour l'*ue*(ü) actuel d'Allemagne, rappelle Uota du Niedermünster de Ratisbonne (pl. I, p. 117, sv.); et ce peut être occasion de remettre en lumière un *scriptorium* bavarois du même âge, ou peu s'en faut (Cf. *supra*, t. I, p. 43). La gravure du P. Arth. Martin n'est pas d'exactitude paléographique absolument irréprochable, mais vaut pourtant bien certaines reproductions données par le *Nouveau Traité de Diplomatique. Item*, pour la pl. II, (p. 134).
5. Cantatorium andagin., ap. C. de Gerlache, Histoire de Liége (1843), p. 69.
6. Præfatio, p. XX.
7. Vetus missale romanum (1756), *præfat.*, p. XI, sqq.
8. Cf. Annal. Benedictin., t. V, p. 265, sq.

pourrais emprunter quelque chose à D. Tosti[1] ; mais, outre qu'il offre assez peu de détails pour l'époque qui nous occupe, ce pourra devenir l'objet d'un paragraphe spécial sur les promoteurs des bibliothèques[2].

XII° siècle. Gerken signale[3] un homéliaire qu'il avait vu à Francfort-sur-le-Mein, et où l'*antiquaria* avait inséré son portrait dans une lettre capitale, avec cette inscription : « Guda, « peccatrix mulier, scripsit et pinxit hunc librum. » Agnès, de la maison de Misnie, abbesse de Quedlimbourg ; on avait conservé d'elle un *plenarium* orné de lettres d'or[4]. Louis de Weissbrunn[5]. Dudon, *cellerier* et copiste de Fulde[6]. A Monsee, le calligraphe Luitold que l'on a voulu substituer au savant Honorius d'Autun, parce que ce moine allemand avait transcrit plusieurs ouvrages de notre écolâtre bourguignon son contemporain[7].

A Mallerstorf (ou Eutting) une copiste irlandaise, dit-on, s'appelait Leuckarde[8] ; ce siècle, du reste, fut un des plus féconds en copies de tout genre, comme nous le verrons plus bas. Il importe donc d'en signaler encore plusieurs noms, outre ceux que l'Allemagne vient de nous donner.

Eustase de Bénévent est nommé par d'Agincourt[9] ; au Mont-Cassin une bénédiction du cierge pascal était transcrite en 1113 par le diacre Boniface[10], et à Florence on cite un Bartole Fontinus, auteur du ms. des Saturnales de Macrobe[11]. Quant au Portugal, je ne puis indiquer que Pelage Garcia, chanoine de Sainte-Croix à Coïmbre en 1165 ; mais la célébrité de cette abbaye sous le B. Theotonio, donne lieu de croire que le *scriptorium* y produisit plusieurs ouvrages remarquables[12] ; labeur et régularité marchant presque toujours du même pas dans les monastères, lorsque l'impulsion part de haut.

Pour la France, il nous est plus facile de réunir un contingent mieux aggloméré. Anchin avait Jordan, Baldric, Lambert, Renauld (*Raynaldus*), Sugerus (ou Sugeris)[13]. A Marchiennes, c'étaient André, Gui, Amand[14]. Gérard (ou *Girardulus*) appartenait à l'une ou l'autre de ces abbayes[15]. Wibald, abbé de Stavelo, transcrivit (ou fit copier peut-être) un saint Jérôme *in prophetas*[16]. A Saint-Amand, travaillaient Amaury, Folcuin,

1. Storia della Badia di Monte Cassino, t. II, p. 316 ; et t. I, p. 287.
2. Encore un projet du temps passé, dont je ne garantis plus l'accomplissement ; au contraire.
3. Gercken, *op. c.*, IV, p. 180. — Jansen., *op. c.*
Bien que le nom de Guda ne fût pas rare chez les peuples d'origine germanique, la coïncidence assez exacte de l'époque, et du titre de *peccatrix* que prend cette copiste, conduirait à soupçonner une signature de la fondatrice du premier monastère de femmes établi en Suède (Gudholm, dans la seconde moitié du XI° siècle). Sœur du roi de Suède Stenkill II, Guda s'était mariée avec son cousin Svénon, roi de Danemark. Mais, séparée de son époux royal par l'évêque de Brême, elle se retira en Westrogothie où elle fonda l'abbaye dont nous venons de parler. Cf. Gebhard, *op. cit.*, § 21 (p. 24). Ornhjelm avait promis l'histoire de ce monastère, et je ne saurais dire s'il a tenu sa parole.
4. Kettner, ap. Jansen, t. II, 28.
5. Ziegelb., I. 549. — D. Pez, *Thesaur.*, t. II, p. XIX, sq.
6. Klemm, *op. c.*
7. Cf. Wilmans, ap. Pertz, *Script.*, t. X, p. 125. Archiv der Gesellschaft für... deutsche Geschitskunde, t. V, 528.
8. Monumenta boica, t. XV, p. 249, sq. ; et 260, sqq.

9. Peinture, p. 76.
10. J.-A. Ramboux, *Beiträge sur Kunstgeschichte des Mittelaters*, Taf. 33.
11. Gercken, *Reise*, t. II, p. 21.
12. Il s'agit des *Conférences recueillies par Cassien*, aujourd'hui à la bibliothèque d'Oporto. Cf. L. Cibrario, *Ricordi d'una missione... al re Carlo Alberto* (1830, p. 29). A la fin du ms. éclate ce gémissement d'un travailleur qui voit bien que sa récompense n'est pas de ce monde, et ne se résigne que tout juste en sachant ce qu'il lui en coûte :
« Scribere qui nescit, nullum putat esse laborem. »
Cf. ibid., p. 30 ; 132, sgg. Ce n'est pas à dire que cet opuscule du docte Piémontais puisse prétendre à une grande autorité dans ces matières ; je le cite faute de mieux. Comme dit le proverbe : « Quand on ne trouve pas de grives, on prend des merles. »
13. Escallier, *l'Abbaye d'Anchin*, p. 101, svv. ; 107, svv. ; 111, 143. Plusieurs travaux de ces religieux existent encore à la bibliothèque de Douai. Cf. Dehaisnes, *op. cit.*, p. 42, sv.
14. Escallier, *ibid.*, p. 115, sv.
15. Un *Gerardus* de la même époque (Douai, n° 277) pourrait bien être le même que ce *Girardulus*.
16. Cf. Biblioth. de l'École des Chartes, II° série, t. III,

Gautier, Segardus, etc.[1]. Arnaud de Sainte-Colombe, à Sens, a été nomme déjà (p. 86). Adam, moine de Saint-Père-en-Vallée à Chartres, nous a laissé un ms. de saint Augustin qui existe encore à la bibliothèque de cette ville[2]. A Cluny, on cite Alber, Opilio (Berger?) et Duranne[3].

M. L. Delisle, avec tout le poids qu'une expérience consciencieuse apporte à ses assertions, reconnaît que de véritables écrivains (historiens, théologiens, érudits, etc.) peuvent être comptés parmi les copistes infatigables. Il a retrouvé dans maints volumes du XIIe siècle la plume d'Orderic Vital, célèbre moine de Saint-Evroul; et de Bernard Ithier, religieux de Saint-Martial de Limoges[4], ou de Guillaume de Jumiéges. On pouvait déjà le soupçonner d'après nombre d'indices généraux, mais il est bon d'en avoir des preuves spéciales bien constatées. De même pour Étienne de Rouen, moine à l'abbaye du Bec[5]. Le *Cabinet des mss.* (t. II) nous permet d'y joindre encore Eudes, Oacer et Ernaud de Saint-Maur-des-Fossés (p. 75 et 77), Félix, Jean le Borgne, Hugo de Castris, Yve, Névelon, Rathert et Robert de Corbie (p. 114-120), et Wittelo de Morimond (p. 386).

Prague se conserve encore le livre célèbre chez les Slaves sous le nom de *Mater Verborum*, et dont un A initial surtout est regardé comme chef-d'œuvre de calligraphie ornementée; si bien que les amateurs patriotes ne tiennent pas pour dignes du modèle les reproductions qui en ont été faites plus d'une fois en diverses contrées. Dans la partie où ces artistes affichaient beaucoup moins leur talent, deux moines agenouillés apparaissent : l'un (Wicerad) comme copiste, l'autre (Miroslav) comme enlumineur. Mais l'histoire a si peu tenu compte de leur mérite, qu'on ne s'est pas mis d'accord sur le vrai sens de la date (1102) inscrite près de leurs noms (après coup, peut-être). Le style indiquerait plutôt cent années en deçà, disent les critiques[6]. N'est-ce pas aussi parce que l'art bohème, formé à plusieurs écoles, ne peut plus être bien étudié depuis la dévastation opérée par les Hussites?

L'importance donnée aux calligraphes semblerait attestée par le titre *scriba, secretarius*, etc., qu'on leur voit prendre dans les actes du temps[7]. Du reste nous arrivons à des années où connaissances et aptitudes deviennent quasi obligatoires dans l'état religieux, et se répandent plus que jamais hors du cloître; si bien qu'il nous sera plus d'une fois malaisé désormais de distinguer entre les écrivains monastiques, séculiers ou même laïques[8]. Puis, comme ce genre de talent n'est plus si rare, il en est beaucoup moins fait mention dans les documents. Probablement aussi que nombre d'abbayes, devenues beaucoup plus riches, se débarrassèrent d'une corvée de chaque jour qui pouvait être remplie par des écrivains à gages.

---

p. 462. — Bulletin du bibliophile belge, tome IV, p. 168.

1. Léop. Delisle, *Journal des savants*, 1860, p. 375, svv. et 373.
2. Catalogue des mss. de la bibl. de Chartres (1840), n° 137.
3. Hist. litt. de la France, t. IX, p. 113.
4. Biblioth. de l'École des Chartes, 1873, p. 271, 273.
5. Cf. *Journal des savants*, 1874, p. 358. svv.
6. Revue celtique, t. I, p. 25, sv.
7. Cf. Léop. Delisle, *Biblioth. de l'École des Chartes*, IIe série, t. III, p. 386, svv. Il s'agissait de ne pas laisser confondre cette espèce de dignitaire avec les simples moines, ou même écoliers, qui avaient droit de signer leurs vers dans les rouleaux des morts.
8. C'est vers ces temps-là que fut rédigé le drôle de livre intitulé *Gesta Romanorum*, et en français *Violier des histoires romaines*. On y voit (chap. 149, éd. Jannet 1858), comme chose qui va sans dire, qu'un moine, même entré tard en religion, possédait quelque habileté en calligraphie. « Sa femme mourut, et il se fit moine; lequel aprint trois lettres, l'une noire, l'autre rouge, l'autre blanche. » Qu'est-ce que cela veut bien dire? Je n'en réponds pas.

XIII° siècle.

onrad, à Scheyren (ou Scheyern) en Bavière[1], qui copia plus de cinq cents manuscrits, et dont nous parlerons plus tard encore. A Wiblingen en Souabe, les noms des copistes sont communément remplacés par de pieuses formules, dont je rapporterai des exemples (s'il plaît à Dieu); Dominique Vischer, religieux de cette maison, avait rédigé, au commencement du XVII° siècle, une liste des manuscrits de son monastère, avec l'indication des copistes. J'ignore si ce travail a été publié, n'ayant même point sous les yeux les annales de cette abbaye[2]. Le chanoine Odérigo écrivit, en 1213 ou 1235, l'*Ordo officiorum senensis ecclesiæ*[3].

Césaire de Milendonk, religieux de Pruym, est cité par M. J.-A. Ramboux (Tafeln 19-22). Gui de Marchiennes vivait encore probablement, ou avait un successeur du même nom[4]. Guillaume et Sego continuaient à maintenir la réputation du *scriptorium* d'Anchin[5]. Le chanoine Lambert avait-il exécuté lui-même son *Liber floridus*, ou n'en était-il que le compilateur[6]? Bernard Ithier, bibliothécaire à Saint-Martial de Limoges (1204-1225), ne fut pas seulement un chroniqueur et directeur de *scriptorium*. Ainsi que bien d'autres *armarii* et réviseurs de textes, il avait d'abord mis la main à cette besogne comme simple calligraphe ou copiste ; et nous possédons encore des livres dus à sa plume[7]. A l'aide du *Cabinet des mss.* (t. II), quelques noms viendront grossir tellement quellement ce mince relevé de copistes conventuels. Mais le savant paléographe avait bien remarqué, comme moi, que c'est alors l'avénement définitif des écrivains mercenaires (p. 126 et 132). Les universités, grandissant et se multipliant chaque jour, amenaient une plus grande diffusion de connaissances parmi les séculiers ; en sorte que l'idée vint à des *librarii* laïques de spéculer sur des entreprises de copie, et cela ne fit que croître jusqu'à l'invention des presses typographiques. Quoi qu'il en soit, notons encore pour cette première décadence des vieux *scriptoria*, Téulfe de Morigny (p. 385), lequel paraît avoir été encore simple co-

---

1. Pez, *Thesaurus anecdotorum*, I. Diss. isagog. xxviij. — Aventinus, *Hist. Boior.*, lib. VII, init. — Ziegelb, I, 550.

2. Je saisis cette occasion pour répéter que je ne prétends nullement faire un travail complet. Puissé-je trouver un successeur plus instruit et plus pourvu de livres, qui traite à fond l'importante question que je ne fais qu'aborder !

3. Blume, *Iter ital.*, II, 125.

4. Biblioth. de Douai, n° 285.

5. Des mss. de leur main sont encore à la bibliothèque de Douai. Le numéro 93 est souscrit par Sego, en ces termes :

« Scripsi solus ego, qui dicor nomine Sego
Hunc librum totum ; [vos] debetis mihi potum. »

Peut-être le coutumier local avait-il statué quelque gratification en victuailles, par manière de *pourboire*, à qui avait exécuté un œuvre hors ligne ; ce serait fort admissible, surtout en pays wallon. Mais si l'on jugeait que cette signature est un peu séculière, en voici une autre de la même abbaye (Douai, n° 291) qui peut lui servir de correctif. Au psaume XLIV qu'accompagne une miniature représentant les embrassements de J.-C. et de l'Église, le calligraphe et le peintre présentent leur livre avec cette pétition :

« Poscunt scriptores copulæ cælestis amores. »

Cf. Dehaisnes, *loc. cit.*, p. 41.

Quant à Sego d'Anchin, son calembour du premier hémistiche me rappelle certaines gentillesses picardes citées par mon ancien condisciple A. Gozo (*Cathédrale d'Amiens*, intérieur, p. 28, svv.) d'après inscriptions et devises où il s'agissait de remémorer un donateur sans armoiries. En voici quelques-unes. A un bas-relief de l'Annonciation, commandé par Antoine Pièce :

« PIÈCE sans prix, Vierge et mère sans tache. »

A une Notre-Dame-de-Paix, don d'Antoine Mouret :

« Son service est si doux qu'il n'est qu'AMOUR ET JOIE. »

Sur un tableau qu'avait ordonné François Quignon :

« Croix aimable à Jésus, quoiqu'IGNOMINIEUSE. »

Monument érigé à la très-sainte Vierge sur commande de Claude Pierre.

« PIERRE sacrée où le serpent se brise. »

6. Dehaisnes, *ibid.*, p. 37, sv.

7. M. L. Delisle, *Note sur le catalogue général des mss. des départements*, etc. (1873), p. 24 du tiré à part (Latin, 3719, sv.).

piste, puis correcteur, sur la fin du XII° siècle; et Guillaume, prévôt à Saint-Maur-des-Fossés (p. 77).

Ajoutons-y le franciscain italien Barthélemy Guiscolo, qui pourrait bien avoir appris son art de calligraphe et de miniateur en France[1]; où il semble avoir été d'abord maître de grammaire.

XIV° *siècle*. A Saint-Ulric d'Augsbourg, Jean de Wissbach, qui devint abbé sans cesser d'écrire[2]. Guillaume de Turnow, dans le Mecklenbourg[3], copia les poëmes allemands de Hug de Trimberg, surnommé *Renner* (le jouteur), auteur du siècle précédent. Dom Jacopo de Florence, camaldule du monastère des anges[4]. Il existait une foule de livres historiés de sa main, dit Vasari ; mais particulièrement à Saint-Michel et chez les camaldules de Saint-Mathias-de-Murano. N'aura-t-il pas été miniateur surtout?

B. Jean Dominique de Florence, qui reçut saint Antonin dans l'ordre des Frères prêcheurs, s'occupait volontiers au couvent de Fiesole à écrire des livres de chœur par manière de délassement[5].

A Saint-Denys en France, où la bibliothèque était considérable, un moine nommé Gilles de Mauléon copiait et enluminait des Heures pour la reine Jeanne de Bourgogne[6].

Willhelm (ou Wilhalm), cistercien d'Heilbrunn, ce semble, appartient aussi à cette époque[7] où le clergé paraît avoir eu bon nombre de ses membres appliqués à la profession de calligraphe[8]. Mais la typographie vint bientôt déranger la spéculation des pauvres copistes, sauf pour les livres de luxe. Jean de Stavelo (1388-1449) était probablement calligraphe plus que miniateur, puisqu'on cite ses dessins au trait légèrement teinté[9]. Du reste, on trouve ce même genre employé d'une façon charmante, à cette époque, dans quelque manuscrit de couvents où la plume se montre à la fois légère et fine sans nulle trace de *repentir;* et j'en ai vu dans le beau cabinet de M. Ambroise Firmin-Didot un ravissant exemple qui me paraît exécuté par des religieuses franciscaines.

Dans le *Cabinet des mss.* (t. II), je trouve aussi André de Véli, chanoine de Saint-Victor à Paris (p. 211), et Jean de Frohens, moine d'Anchin (p. 371). *Item* (Bibliothèque de l'École des Chartes, t. XXXVII, p. 90, 96) Frère Adighieri, copiste d'un beau manuscrit de Gratien, et qui peut en avoir été le miniateur, par quoi il mériterait une place dans l'histoire de l'art.

XV° *siècle.* Jérôme de Donawerth, à Monsée; six chevaux, dit un manuscrit de Kremsmünster[10], dans un style quasi homérique, six chevaux n'eussent pu transporter les livres

---

1. Cf. Fed. Odorici, *Il battistero di Parma* (1865), dispensa 2ª p. 18.
2. Ziegelbauer, II, 516.
3. Gottsched, *De rarioribus nonnullis bibliothecæ Paul. codicibus;* ap. Jansen.
4. Vasari dit de lui : « Fù il miglior scrittore di lettere grosse che fosse prima, o sia stato poi, non solo in Toscana, mà in tutta Europa. » Cf. Annales Camaldulenses, t. VI, p. 189, sq.
5. AA. SS. *Jun.*, t. II, p. 404.
6. L. Delisle, *Cabinet des mss.*, t. I, p. 206.
7. D. Pez, *Thesaur.*, t. III, P. III, p. 627. sq.
8. Ainsi Jean Miélot, d'après un ms. de Turin, a l'air d'avoir été calligraphe, et probablement il n'était que cela (si ce n'est qu'il fût miniateur aussi), bien qu'on l'ait donné pour traducteur. Cf. Mémoires de l'acad. de Turin, *Littérature et beaux-arts*, pour 1809-1810 (1811), p. 594, sv. — Bulletin du biblioph. belge, t. II, n° 5 (Reiffenberg). — Le Glay, *Catalogue des manuscrits de la biblioth. de Lille.*

Il y avait à Paris une *rue des enlumineurs* (qui devint rue Boutebrie) avoisinée très-convenablement à la rue de la parcheminerie. Cf. Sauval, *Antiquit. de Paris*, t. III, p. 625. — Jaillot, t. V (quartier Saint-André), p. 44.
9. Cf. Revue critique d'histoire..., juillet 1874, p. 61. Cette manière est ancienne et se maintient longtemps.
10. Ziegelb. II et IV.

qu'il avait laissés, soit transcrits, soit composés, soit compilés. A Saint-Martin de Cologne[1], sous l'abbé Adam Villicus (Meier?), les copistes Henri Zonebeck, Arnold Rees, Léonard de Ruremonde, Benoît (ou *Chrysantus de monasterio Eifliæ*), Théodoric de Cologne, Conrad Bascerier (ou de Rodemberg), Adam de Hertzenrode, etc. A Mœlk, il fut réglé que trois heures par jour seraient consacrées à la transcription. On cite de ce monastère à cette époque : Jean de Spire, Jean de Weglheim, Jean de Carniole, Antoine de Catalogne, Martin de Senging, Wolfgang Frischmann d'Emerstorff, Christophe Lieb d'Ysni. A la bibliothèque de Nuremberg[2], de Murr signale un Nouveau Testament en allemand, de la main d'une religieuse du couvent de Sainte-Catherine, appelée Cunigonde (1443). La même collection renfermait un missel (ou un antiphonier) avec plain-chant en huit volumes, qui occupa de 1458 à 1470 une religieuse nommée, par Jansen, Marguerite Carthæuserin[3]. A Nuremberg encore, un manuscrit se terminait ainsi : « Explicit hoc opus ; Fr. Joannes Rosenbach, ord. « Prædicator. conv. Norimb. ipsum ingrossando, rubris signando, laboravit (1441). » Un copiste de Scheyren, Henri Molitor (Müller?) d'Augsbourg, termina en 1458 une prosodie atlantique (peut-être en manière de cartes murales) du poids de 36 livres[4]. C'était comme une agonie gigantesque des *scriptoria* qu'allait étouffer la typographie.

ès lors, en effet, la transcription ne fut plus guère qu'un objet de luxe, où l'on se vengeait de l'impopularité en se jetant dans le monumental. Car, à part les bijoux bibliographiques qui continuèrent à être en faveur[5], les livres d'église furent le seul refuge du talent calligraphique dans les cloîtres. Cependant, comme le respect des vieilles traditions prescrivait encore çà et là, on cite plusieurs calligraphes dans les monastères du XVIe siècle et du XVIIe.

Mais, avant de quitter le XVe, indiquons, outre Dom Blaise de Nonantola[6] et Philibert Crespin de Chézalbenoit[7], plusieurs religieuses flamandes ou brabançonnes qui ont signé des mss. conservés actuellement à la bibliothèque royale de Bruxelles (fonds Van Hulten). Ce sont Élisabeth Wytens, Marguerite Raes, Catherine Van Molenbeke, Catherine Van Ghyseghem, Élisabeth Vliege.

---

1. Trithem., *Chron. Hirsaug.*, A. 1499. — Ziegelb., II.
2. *Memorabilia biblioth. publ. Norimberg.*, I; apud Jansen.
3. Ibid. Jansen la qualifie *de religieuse de Saint Dominique*. N'y aurait-il pas peut-être un *quiproquo* dans ce nom propre, qui pourrait bien n'indiquer qu'une religieuse de l'ordre de Saint-Bruno?
4. Ziegelb., I, 553. Du reste, à la page précédente, le même auteur parle d'un manuscrit de Conrad de Scheyren, qui pesait 62 livres. Il paraît que cette abbaye avait un *scriptorium monstre*. Ceci pourtant n'est rien auprès des livres de chœur d'une abbaye voisine de Cracovie, et dont un volume suffisait à la charge de l'homme le plus robuste. Ziegelb., II, 517.
De fait il semble que les chartreux aient constamment accordé un grand soin à leur *scriptorium*, quoiqu'une certaine précision de détails sur ce sujet ne nous ait guère été transmise. D. Pez, toutefois, à propos d'Honorius d'Autun (*Thesaur.*, t. II, cite des copies faites par Bartholomæus, chartreux de Gennik, qui devint prieur à Eysbach en 1459.

Aussi bien, la persistance de ce zèle devait marcher du même pas que la fidélité aux règles claustrales. Ainsi s'explique comment les chartreux, d'Allemagne surtout, se trouvèrent en mesure de donner à l'Église des livres pieux et doctes avant et après Luther, tandis que libertins et humanistes déblatéraient contre la fainéantise et l'inutilité des moines.

5. Jarry et Rousselet furent les dernières lueurs de la calligraphie employée dans les livres. Les monastères lui conservèrent çà et là quelque sympathie ; mais c'était désormais de l'anachronisme, et du véritable passe-temps. Le soin de publier les manuscrits y fut d'ailleurs largement substitué par les corps religieux et les ecclésiastiques, à la tâche de les reproduire un à un.

6. A. de Girardot, *Catalogue des mss. de la biblioth. de Bourges* (1859, p. 20), n° 18.

7. *Ibid.*, n° 186 (p. 108).

Amand Scheffer, religieux de Salmansweiler, fut reçu, en considération de son talent calligraphique, à Baumgarten en Alsace après la dispersion de sa communauté (en 1494), et devint abbé dans la suite[1]. Nicolas de Trutenhausen, chanoine régulier à Odilienberg, copiait en 1467 un missel strasbourgeois pour l'évêque Rupert de Bavière[2].

Le *Cabinet des mss.* (t. II) nous offre encore quelques glanures de plus en plus maigres, pour les motifs que j'indiquais précédemment à propos du xiiie siècle. Constatons cependant certains héritiers du zèle primitif : Gilles Catherine, moine de Corbie (p. 132), Étienne de la Haule, sous-prieur à Saint-Victor de Paris (p. 223); Aubert, Chartreux de Vauvert (p. 252), Eudes Tibert du Couvent des Célestins de Paris (p. 249), et Jean de Clenco du monastère de Saint-Vaast d'Arras (p. 413).

Un ms. de Bourges (ap. Girardot, *Catalogue*, p. 110) indique Petrus Gimondi, moine de Cluny.

On cite Fr. Jehan Raincheval, dit de Vaulchelles, moine au Val-Benoît en 1475[3]. Mais j'ai lieu de croire que l'ordre de saint François, surtout parmi les religieuses, remit en honneur la rude tâche des copistes[4]. Pour la miniature ce ne semble pas douteux, et la calligraphie devait être comme la base ou l'essai de cet art.

À partir de là, nos calligraphes de couvent ne pourront plus guère mériter des mentions fort utiles. L'invention de l'imprimerie fit juger bien lourd le travail de la transcription par ceux qui continuaient à l'exercer encore. On peut voir les doléances répétées de Satriano à Sixte IV[5], auquel il énumère les cahiers qu'il lui a fallu remplir; aussi se promet-il de la libéralité du pape, qu'on ne lui laissera point terminer ses jours dans une si pénible tâche que celle de copier des livres. La calligraphie et l'enluminure avaient passé à l'état d'industrie qui faisait vivre bien des familles; et l'on voit ces professions classées parmi les *métiers* de plusieurs villes, comme à Venise, à Bruges et à Gand[6], sans parler de Paris et de Bologne.

Pour les monastères nous pourrions indiquer un sous-prieur des Augustins de Rouen[7], si son nom n'était perdu; mais qu'il suffise de citer un psautier[8] de la fin du xvie siècle, transcrit par Mathias Hartunge, bénédictin de Saint-Étienne de Würzbourg; et un missel[9] avec plain-chant, exécuté par Catherine d'Eschenfeld, religieuse du couvent de Langendorf, près Naumbourg. Puis, comme pour fermer la tombe des *an-*

---

1. Idea chronotopographica congreg. cisterciensis per superiorem Germaniam, p. 136.
2. Catalogue Yemeniz, 1867, p. xxxvij, sv.
3. Biblioth. de l'École des Chartes, IIe série, t. III, p. 463.
4. Cf. Cancellieri, *Sopra Crist. Colombo*, etc., p. 310.
5. Cf. Cancellieri, *Lettera.... sopra una copia a l'encausto della scuola di Atene* (Pesaro, 1826), p. 32-34.
6. Bullet. du bibliophile belge, t. V, p. 395, svv. Les Flamands, qui insistent volontiers sur cette époque où les Hemling et les Van-Eyck prirent part au travail de l'enluminure, me permettront bien de leur faire observer dans le langage même de ce temps une trace de l'influence française semblable à celle qu'on retrouve dans les vers de Dante (*Purgat.*, XI). La langue flamande n'avait pas seulement traduit notre mot *imaigiers* (beeldemakers), elle employait aussi celui de *Vignettemakers* dont l'origine est certainement étrangère au pays de Van-Eyck. Il est pourtant trop juste de mentionner en Néerlande les Frères de la vie commune (*jéronymites*), qui ranimèrent le zèle des *scriptoria* un peu essoufflés; et Thomas a Kempis pourrait bien devoir à ce soin laborieux la renommée (fort gratuite, selon moi) qu'on lui a faite d'être auteur de l'Imitation. Cf. Messager des sciences historiques... (Gand), 1840, p. 307, svv.—Van Iseghem, *Sur Martens*; etc.
7. L. Delisle, *Cabinet des mss.*, t. I, p. 249.
8. A Nuremberg, ap. Jansen.—9. A Gotha, ibid.

tiquarii, et préluder à la diplomatique, un antiquaire de saint Ulric d'Ausbourg[1] rédigea, au commencement du XVIe siècle, un traité de calligraphie avec modèles et détails pour cent écritures latines diverses. Selon Ziegelbauer, cette collection, offerte à l'empereur Maximilien, lui parut trop précieuse pour qu'il ne se fît pas un scrupule d'en priver l'abbaye. Elle renferme, dit-il, siècle par siècle, à partir du XIe, les modèles des plus curieux caractères, imités avec une élégance et une fidélité admirables. Mais les auteurs du Nouveau Traité de diplomatique font assez bon marché de cette réputation (quoique eux-mêmes n'aient pas toujours été fort heureux dans leurs soi-disant *fac-simile*), et soupçonnent assez peu obligeamment le pauvre paléographe du XVIe siècle d'avoir inventé aussi bien les formes d'écritures que les noms. Il est bon de dire, toutefois, pour l'honneur du bénédictin allemand, que ses confrères de Paris n'avaient point vu son ouvrage[2].

Citons enfin, comme acquit de conscience, un dernier copiste cistercien donné par le *Cabinet des mss*. (t. II, p. 355); c'est Laurent-le-Becgue (*sic*), moine de Clairvaux et natif de Troyes.

Une fois les typographes bien établis dans le monde, il va sans dire que le *scriptorium* conventuel ou monastique n'avait quasi plus raison d'être. La tâche du copiste devenait simple corvée à peine justifiable, sauf pour certains travaux de luxe qu'on ne pouvait demander à l'imprimerie qui n'y aurait pas couvert ses frais; les livres de lutrin avec offices propres, par exemple. De là, cependant, une certaine persistance calligraphique poussée jusqu'à la fin du XVIIIe siècle. Mais le plus souvent c'était fantaisie de princes ou de grandes dames qui voulaient posséder un exemplaire unique. Là les communautés fournissaient quelque peu encore la vieille tâche, mais c'était bien des fois avec des caractères découpés sur carton ou sur métal, et dont les vides se remplissaient avec le tampon ou la brosse. Néanmoins certains travailleurs maintenaient encore le vieux genre pour ces livres presque uniques. Mgr X. Barbier de Montault (dans le journal *Rome*, janvier 1876) cite pour Saint-Jean de Latran un antiphonaire signé en 1586 par Louis de Bologne, de l'ordre des Servites; puis des écrivains du chapitre de Saint-Pierre au Vatican, dont la tâche atteint 1790. Au XVIIe siècle, un livre choral de Santa Maria sopra Minerva porte la signature d'un dominicain : Fr. Vincent Melgar de Valence, avec la date 1634. — Vers 1642, Fr. d'Ischia, mineur réformé; en 1641, Fr. Fulgence Bruno de la Colonnella, qui se dit *écrivain de la Chapelle Sixtine*. Ce dernier était miniaturiste aussi, puisqu'il signe une lettre ornée. — *Item*, Fra Francesco de Brandelio, plus copiste que miniateur (*Rome*, 3 février 1876). De même encore, à Saint-Pierre in Montorio, Fra Francesco da Fiano, en 1756; et François de Roffino, avec Joseph de Trieste (1788).

Jarry, du siècle de Louis XIV, n'était pas même ecclésiastique que je sache[3], mais Gal-

---

1. Léonard Wirstlin ou Wagner (*Hamaxurgus*), mort en 1522. Cf. Ziegelb., I, 564; II, 516; IV, 370. On peut y voir la liste assez singulière des noms donnés par lui aux diverses formes d'écritures. Mes lecteurs auraient aimé probablement à la trouver ici; mais les auteurs du *Nouv. Tr. de diplomatique* n'y attachant pas grande valeur, je me contenterai de renvoyer les curieux à l'édition bénédictine du glossaire de Du Cange, où cette liste a été à peu près transcrite dans le supplément sous la rubrique *Scriptura*.

2. La *désinvolture* avec laquelle D. Toustain et son collègue (*N. Tr. de dipl.*, II) se débarrassent de cet ouvrage, m'a toujours causé un certain regret. L'autorité de D. Pez qui en fait l'éloge, et la nature même de cette ancienne tentative paléographique, paraissaient faites pour inspirer l'envie d'en prendre connaissance, à des hommes qui voulaient traiter en grand le même sujet. Un voyage, ou des calques communiqués par leurs confrères d'Allemagne, eussent pu leur en procurer une plus ample information; et ne fût-ce que pour éclaircir un point d'histoire littéraire de leur ordre, le sujet semblait en valoir la peine. Car il se pourrait faire qu'aujourd'hui même, la publication de ce manuscrit, s'il existe encore, ne fût pas sans intérêt.

3. Jarry écrivait surtout en italique (cursive), et copia des manuels de prières pour cadeaux de noces.

londe, génovéfain, employa près de trois ans (mai 1739 à décembre 1741) pour transcrire en lettre moulée une Imitation française (traduite par le Père Brignon), destinée à Louise-Élisabeth d'Orléans, fille du Régent et reine d'Espagne. Il n'y a pas vingt ans que Paris possédait encore un vieillard (le P. Charles) que l'on disait ex-chartreux (de quoi je ne sais rien), et qui était la grande ressource des libraires pour compléter des livres défectueux. Pourvu qu'on lui procurât un exemplaire de la feuille manquante, il la reproduisait avec ses caractères, vignettes et culs-de-lampe (ton même de l'encre) au point de tromper l'œil.

MINIATURES DU MOYEN AGE.

PREMIÈRE PARTIE.

Miniatures des manuscrits : Ancienneté de cet art comme embellissement bibliographique, et notice de plusieurs monuments remarquables, qui nous en restent. — Importance historique des miniatures, considérées comme témoins des coutumes contemporaines de l'artiste ; comme produits des légendes, et des formes qui ont prescrit à diverses époques.

XXV.

Les ornements calligraphiques passent souvent à la peinture par une transition presque insensible. Parmi les majuscules que les Bénédictins nomment *anthropomorphiques*, il en est qui ne sont point de pures fantaisies, mais que l'imagination du dessinateur a mises en rapport avec le texte. C'est ainsi que, dans les beaux manuscrits de Saint-Pierre de Salzbourg[1], on trouve l'I capital du mot *Johannes* formé par une figure en pied de l'apôtre saint Jean, à laquelle sa tête symbolique d'aigle, environnée de l'auréole, semble servir de *point*. D'Agincourt[2] en a transcrit d'autres, empruntées à un manuscrit grec du XIe siècle, où les petites scènes qui figurent les contours des initiales sont généralement relatives au sens du discours. D'autres fois, et même le plus souvent, le tracé de la lettre n'est qu'un cadre pour un petit tableau d'histoire. Mais, sans rechercher cette espèce de prétexte, le peintre réserve souvent des pages entières, ou les encadrements du texte, à des sujets où son imagination se donne carrière.

Cet usage, connu de l'antiquité[3], fut appliqué de bonne heure par le Christianisme, et par les moines surtout, à la décoration des livres saints. La bibliothèque Laurentienne de Florence possède un évangéliaire syriaque, exécuté en 586 dans le monastère de Saint-Jean, en Mésopotamie, par le calligraphe Rabula. On y voit vingt-six de ces curieuses peintures[4], conservées merveilleusement après douze siècles[5].

---

1. Voyez D. Bessel, t, p. 52 (Xe siècle).
2. Peinture (*saint Ephrem et saint Grégoire*), pl. 49.
3. Orloff, *Hist. de la peinture en Italie*, t. I, p. 108. — D'Agincourt, t. II, p. 41. — Jansen, *Origine de la gravure*, t. II, p. 189, etc. — Waagen, *Kunstdenkmæler in Wien*, t. II, 1-10. — Schnaase, *Gesch. d. bildenden Kunste*, t. VI, p. 396, svv.
4. Ce n'est pas qu'elles soient ce que nous appellerions charmantes. Elles ont du moins tout l'intérêt qui s'attache à des monuments si reculés de l'art chrétien et de son symbolisme, dans une contrée où les mahométans nous ont dérobé tant de précieux souvenirs. M. Ch. Rohault de Fleury vient d'en publier quelque fragment dans les planches archéologiques de son *Évangile* (Tours, 1874), ouvrage bien conçu et sérieusement exécuté.
5. D'Agincourt, t. II, p. 52, *Peinture*, pl. 27. — Valery, *Voyages en Italie*, l. X, c. v. En citant l'itinéraire italique de M. Valery, recueil préférable à une foule d'autres assurément, je me permettrai de faire remarquer que les éloges dont il a été l'objet ne sauraient être admis sans quelque restriction. Entre autres légèretés, pour n'en citer que du ressort de l'érudition, j'admire la manière si leste avec laquelle (l. X, c. vi) il traite les voyages *du frère Oderic Frigoli* (ce qui veut dire le bienheureux Oderico de Frioul, missionnaire Franciscain du XIVe siècle en Tartarie, dans l'Indostan et jusqu'en Chine). Il semble qu'un homme instruit, comme ne saurait manquer de l'être un bibliothécaire du roi, pouvait trouver, dans les récits de ce grand missionnaire, autre chose à citer que les six lignes extraites par M. Valery, pour l'amusement de son lecteur. Mais, à ne parler même que de l'histoire des artistes, où M. Valery a-t-il trouvé, par exemple, que Torrigiani ait été brûlé en Espagne? Vasari dit tout simplement (t. II) qu'il se laissa mourir de faim, pour éviter le supplice auquel on *croit* qu'il avait été condamné : « Essendo stato, *come si credette*, condannato a morte. »

u Vatican[1], un rouleau (mutilé) de trente-deux pieds, en beau parchemin, renferme une suite de miniatures du viie ou du viiie siècle, représentant une partie de l'histoire de Josué. Un autre manuscrit grec de la Genèse, beaucoup plus ancien (ive ou ve siècle), et qui est conservé dans la bibliothèque impériale de Vienne[2], renferme huit peintures représentant la vie des patriarches. L'Église d'Orient cultiva constamment cette branche de l'art, et la porta même à un degré de perfection très-remarquable. Aussi l'évêque grec Alexis Celabene offrit au pape Jules II un bel évangéliaire[3] sauvé du pillage de la cathédrale de Trébizonde. Il est écrit en lettres d'or; et l'évêque exilé en fit hommage au souverain pontife, pour qu'au milieu des pompes de Saint-Pierre, il se rappelât le deuil et les malheurs de l'Église grecque. Mais, comme, encore une fois, c'est la chrétienté latine qui m'occupe, je ne parlerai des miniatures grecques que par occasion, sans entrer à ce sujet dans aucun détail spécial; et uniquement pour ne pas avoir l'air de les mettre tout à fait en oubli, ou de les mépriser.

Ce que nous avons dit pour la calligraphie s'applique à plus forte raison aux miniatures. L'unique moyen de s'en former une idée passable est de recourir, sinon aux collections de riches manuscrits, du moins aux copies que renferment plusieurs ouvrages comme ceux que j'ai cités déjà, et ceux de Strutt, de Lenoir, de Willemin, de Shaw, de Dibdin, de l'abbé Rive, de M. du Sommerard père, de M. Rosini[4], etc., etc. Il faudra donc nous contenter de quelques indications un peu sèches et fort indéterminées la plupart du temps. Cette fois je donnerai plus de place aux manuscrits des bibliothèques étrangères, ceux de Paris devant faire l'objet principal de plusieurs observations dans un article suivant. Soixante-dix miniatures, débris d'un beau manuscrit de l'Iliade copié vers le vi[e] siècle, et commenté par un scoliaste vers le xiiie, ont été publiées à Milan (1819), par le cardinal Maï. Les nombreuses peintures du Virgile qui est au Vatican[5], et dont l'époque n'est pas bien déterminée, ont été gravées par P. S. Bartoli; mais pas assez fidèlement, ainsi qu'il arrive souvent en pareil cas[6], surtout avant les cinquante dernières années. Un Dioscoride, peint par une princesse byzantine du vi[e] siècle[7]; et quelques autres manuscrits moins célèbres sont, avec ceux que je viens de nommer, à peu près tout ce qui nous reste de plus ancien[8] en fait de peintures exécutées dans les livres. Et nous ne les rappelons que pour montrer par quel lien l'art du moyen âge se rattache à quelques traditions antiques. On cite encore une bible latine de l'abbaye toscane du Mont-Amiate (vi[e] siècle), aujourd'hui

---

1. D'Agincourt, t. II, p. 53. *Peinture*, pl. 28.
2. Orloff, *l. c.* — D'Agincourt.
3. Aujourd'hui à la bibliothèque Laurentienne; Valery, *l. c.*
4. Voir surtout la grande publication de M. le comte Auguste de Bastard (*Peintures des mss.*), les *Beiträge zur Kunstgeschichte* du laborieux J.-A. Rambboux mort à la peine; les recueils intitulés *Moyen Age et Renaissance*, *Livre d'or des métiers*; et de M. L. Curmer : *Heures d'Anne de Bretagne*, *Évangiles de l'année*, *Jean Foucquet*, *Imitation* (1856). — Humphrey, *The illuminated books of the middle ages*. — J.

Quicherat, *Histoire du costume en France*. — Fr. H. Müller, *Beiträge...*, etc.
5. D'Agincourt, t. II, p. 50. *Peintures*, pl. 20, etc.
6. Voyez d'Agincourt, t. II, p. 75; *Peinture*, pl. 65. — Rumohr, *Italienische Forschungen*, t. I, p. 353.
7. D'Agincourt, t. II, p. 42. *Peintures*, pl. 26. Cette princesse était Julienne, arrière-petite-fille de l'empereur Théodose le Jeune, qui lui-même avait été surnommé le *Calligraphe* (distinct pourtant de Théodose III le Chrysographe).
8. On en trouvera une notice et des planches dans d'Agincourt, *l. c.*, p. 49, etc.; et planches 19, 20.

déposée à la bibliothèque Laurentienne de Florence[1], et une autre bible de la cathédrale de Pérouse (vii° ou viii° siècle)[2].

La bibliothèque d'Abbeville conserve un évangéliaire provenant du célèbre monastère de saint Riquier[3], qui passe pour avoir été donné par Charlemagne à saint Angilbert vers 793. Le style des peintures, malgré l'incorrection des détails, ne laisse pas d'atteindre un effet général de grandeur.

On a vu dans notre ii° volume (*Lettres historiées*, p. 114, svv.) certaines miniatures contemporaines de Charlemagne, qui parfois pourraient être prises pour œuvre du xv° siècle italien, si leur haute époque n'était incontestée.

Un Térence du viii° siècle ou du ix°, à la bibliothèque du Vatican[4], est extraordinaire pour la vérité de l'expression qui s'y montre à travers un dessin grossier. La bible latine des Bénédictins de Saint-Calixte à Rome (dite *Bible de Saint-Paul*), fort cavalièrement traitée par Orloff, ne paraît pas si méprisable à M. de Rumohr[5]. Cet habile connaisseur ne regarde pas comme pouvant être l'objet d'une discussion l'idée de ceux qui prétendent y voir un ouvrage italien du xi° siècle. Selon lui, à cette époque, l'Italie n'aurait rien pu produire de semblable; et d'ailleurs le prince représenté au frontispice lui paraît bien être Charlemagne. Quoi qu'il en soit, l'opinion d'un pareil juge suffirait pour montrer d'avance combien d'Agincourt a dû être incomplet sur la miniature, en supposant comme principe que l'Italie ne pouvait manquer d'être constamment au niveau, pour le moins, des autres nations latines; et en prenant les manuscrits de Rome comme base presque exclusive de ses recherches[6]. L'évangéliaire de Charles le Chauve, qui de Saint-Emmeran de Ratisbonne a passé à la bibliothèque royale de Munich, annonce par l'éclat des couleurs un progrès marqué dans la partie matérielle de l'art, depuis Charlemagne. Les Heures de la reine Hemma, femme de Lothaire (fin du x° siècle), sont un chef-d'œuvre pour le temps où elles ont été exécutées[7]. M. Waagen[8] et l'auteur des *Mores Catholici* vantent, comme ouvrage modèle, un bénédictional du x° siècle (in-4°), exécuté par Godemann pour l'évêque de Winchester.

Du reste nous avons donné déjà, dans les *Nouveaux Mélanges*, et nous pourrions donner encore plusieurs peintures des mss. de ces hautes époques. En voici une cependant (p. 146, pl. III. Cf. *supra*, t. II, p. 94); mais, si l'on veut quelques aperçus généraux sur cette matière, on peut consulter un homme qui s'y connaît, M. le comte Aug. de Bastard[9] (*Bulletin du comité des arts de la France*, t. IV, 1860, p. 900-903).

L'*Exultet* du samedi saint[10] a exercé l'imagination et le pinceau d'un grand nombre de

---

1. Bandini. *Catalog. bibl. Leopold. laur.*; et dissertation *ad hoc* (Venise, 1786 in-4°). — Rumohr, *Italienische Forschungen*, t. I.

2. Bandini et Rumohr, *op. cit.*

3. M. de Belleval a donné une description de ce ms. dans les *Mémoires de la Société d'émulation d'Abbeville* (1836-37).

4. Valery, *op. c.* xv, 4. — D'Agincourt, t. II, p. 57; *Peinture*, pl. 35, 36.

5. Rumohr, *op. c*, t. II, p. 223. Cf. Alemanni, *de Lateranensibus parietinis*. — Montfaucon, *Antiquités de la monarchie française*, t. I., p. 175. — D'Agincourt, t. II, p. 59; *Peinture*, pl. 40. — N. Tr. *de diplomatique*, iii, 123. — Valery, *op. c.*, xv, 27. Les miniatures et lettres ornées et atteignent des proportions énormes.

6. Aussi, quand il rencontre la signature d'un calligraphe Nurembergeois du xiv° siècle (ii, p. 79; *Peinture*, pl. 74), il s'arrête à peine à cette donnée; préoccupé qu'il est par son préjugé contre les nations cisalpines, en quoi son long séjour à Rome l'a fort dévoyé contre nous autres.

7. Éméric David, *Discours sur la peinture*. Montfaucon (*Monuments de la monarchie française*, t. I, p. 346) en a publié plusieurs miniatures, mais où il ne faut point chercher une copie exacte.

8. Kunstwerke, t. II, lettre 27 : chez le duc de Devonshire à Chatsworth. — *Mor. cathol.*, t. III, c. ii. On y signale surtout un charmant tableau de l'entrée de N.-S. à Jérusalem, le jour des Rameaux.

9. Cf. Viel-Castel, texte joint aux *Statuts de l'Ordre du Saint Esprit*..... (Paris, 1854). — Biblioth. de l'École des Chartes, vi° série, t. I, p. 79.

10. Chant de la bénédiction du cierge pascal. D'Agincourt, t. II, p. 66-70; *Peintures*, pl. 53-56.

MINIATURE D'UN MS. DE MUNICH.

miniateurs. Pour rendre plus accessible au simple peuple la solennité de la liturgie à ce moment, on partageait le texte en plusieurs sections divisées par autant de tableaux relatifs aux expressions; et, comme les peintures étaient tracées dans un sens inverse à celui de l'écriture, le rouleau, en se dépliant sur l'ambon à mesure que le chant du diacre avançait, faisait passer devant les yeux des fidèles la représentation de ce qu'exprimaient les paroles. L'*Exultet* de la bibliothèque Barberini à Rome (xie siècle environ) offre, selon M. Valery[1], une variété et une bizarrerie déconcertantes, soit pour les peintures, soit pour les caractères.

A en juger d'après les calques de d'Agincourt, il semblerait que cette bizarrerie se réduit à ceci : savoir, que la vieille notation du plain-chant et la représentation d'une cérémonie ecclésiastique sont choses un peu étrangères à bien des curieux de notre époque.

Le *Cabinet des mss.* (t. II) nous donne pour cet âge deux miniateurs de Saint-Germain des Prés : Heldric et Edmond (p. 40, sv.).

Les *scriptoria* saxons d'Angleterre paraissent avoir pris au viiie siècle et au ixe l'initiative d'une interprétation graphique des psaumes (et peut-être des autres prophéties) qui semble n'avoir pas déplu aux Anglo-Normands. C'est un système étrange dont je n'avais pas voulu d'abord admettre la possibilité (cf. *Revue archéologique*, avril 1849). Je m'y suis rendu néanmoins après quelque hésitation, affirmation contraire même, en voyant les dessins rapportés du *British museum* par mon collaborateur (cf. Mélanges d'archéologie, t. I, p. 249, svv.; et pl. 45). Outre l'exagération nationale de la stature et des mouvements, surtout pour la draperie, cette école se pique d'une traduction esthétique où elle frôle assez souvent le ridicule quand elle n'y saute pas à pieds joints sans sourciller. On s'y propose, de parti pris, la tâche quasi incroyable de rendre par le crayon ou le pinceau ce que la poésie lyrique exprime dans les hardiesses de son style emphatique et imagé; mais, chose assez digne d'observation, c'est que l'on ne verse guère dans le comique sur cette voie singulière, tout en le côtoyant presque sans cesse[2]. Des artistes si sérieux ne s'aperçoivent même pas qu'un rien va les faire trébucher jusqu'au rôle du caricaturiste moqueur. La théorie est bien voisine de l'absurde, et ses adeptes la suivent consciencieusement sans guère broncher sur une piste si glissante. Il y a là un *sport* original qui mériterait vraiment d'être suivi en détail par un amateur anglais. On y signalerait, je crois, l'alliance de rudesse et de souplesse que montre habituellement Shakespeare.

Ce que je disais de cette école étrange vers 1849 se bornait à quelques pages accompagnées d'une seule gravure en divers fragments; aujourd'hui on en peut juger plus à l'aise par le *Psautier d'Utrecht* (Latin Psalter... of Utrecht), qui vient d'être publié photographiquement par les Anglais et dont l'idéal est absolument le même. Il ne s'agit pas, entre ces différentes *illustrations*, de supposer un modèle commun reproduit matériellement par des ateliers de même provenance : l'idée générale persiste seule, et ses formes varient sous la plume puissante du dessinateur; sauf en certains cas où l'on peut absolument reconnaître un *poncif* commun pour point de départ. Un si merveilleux volume mérite bien l'épithète *prodigious!* souvent répétée par le *Dominie* Sampson de Walter Scott, quand il déballe les livres de son patron; et je n'ignore pas tout à fait les querelles ou discussions ardentes qu'il a suscitées en Angleterre parmi les théologiens, paléographes, etc. Après les quelques heures qu'il m'a été possible de consacrer à l'examen d'un livre si exceptionnel, je serais mal venu à me

---

1. Valery, *Voyages... en Italie*, xv, 33.
2. Ce n'est pas qu'on n'y puisse rencontrer çà et là du genre clown qui tourne au grotesque. Mais l'auteur n'a pas l'air d'y mettre d'espièglerie intentionnelle. Il s'est tiré de son programme comme il a pu; et il y a vraiment lieu de lui en faire compliment, vu la difficulté de son dessein.

mêler dans les controverses anglaises que soutiennent (*pro et contra*) des savants de premier
ordre. Il ne me déplaît pas du tout de voir les paléographes se prendre aux cheveux avec
les experts en miniatures ou dessins à la plume; car la confédération de ces deux États
pourrait bien n'avoir pas encore des frontières suffisamment régularisées, quoi qu'on en ait
dit. Un peu de modestie chez tous nos savants, européens ou autres, ne gâtera rien pour
l'avenir. A mon petit avis, si peu qu'il vaille, l'original pourrait être du viie siècle au plus
tard ; et, bien que j'aie cru précédemment avoir un certain droit de classer ce genre extraordinaire dans les travaux saxons, il ne me répugnerait pas aujourd'hui de l'attribuer à l'école
irlandaise (où j'avoue n'être pourtant qu'un mince connaisseur). J'avais néanmoins imaginé,
me dira-t-on, que l'ivoire de Charles le Chauve (*Mélanges*, t. I, pl. XI; et p. 43, svv.) pouvait bien venir de Bénévent; parce que l'ordonnance de la composition avait un aspect
relativement très-classique, où semblait se montrer l'Italie grecque. Mais alors je suivais
un tout autre point de vue, désavoué depuis (*ibid.*, p. 249-257); et, si l'on voulait me hon-
toyer pour cette assertion de ma jeunesse, je pourrais dire avec Turenne : « Qui n'a pas fait de
fautes à la guerre, n'a pas fait la guerre. » Cependant l'école irlandaise, si peu étudiée qu'elle
soit, est tellement originale à la fois et cosmopolite en même temps, qu'on ne saurait trop
lui prêter. Les Saxons peuvent lui avoir emprunté beaucoup plus qu'on ne pense.

'ayant eu communication du Psautier d'Utrecht que
pour un temps fort limité, où je n'étais même pas
maître de lui donner attention suffisante, je ne pus
l'examiner en détail comme le mériterait ce volume
important. Ceux qui voudront s'en occuper avec le
soin que demande une si curieuse publication y trouveraient sans peine le sujet d'un gros mémoire auquel je ne dois pas songer ici. Ajoutons que les *cantiques* de l'Ancien et du Nouveau Testament y sont
traités comme le Psautier, avec le *Gloria in excelsis*, le
Pater et le *Credo*, le symbole de saint Athanase, etc.
La singularité de gageure acceptée par les dessina-
teurs s'y complique de scènes du Nouveau Testament
lorsque la prophétie est bien visible dans un psaume; costumes, architecture et technique
d'atelier (pour représenter ruisseaux, rochers, vallons, etc.) mériteraient aussi des observations qui appellent l'étude d'un homme compétent, et dont je ne puis me donner le plaisir
dans ma course à travers les manuscrits du moyen âge. Peut-être cette tâche aura-t-elle
été comprise et acceptée dans quelque recueil qui n'est pas venu jusqu'à moi. Mais, quand
c'aurait été fait déjà, que nul n'en désespère pour l'avenir. Le sujet est trop étendu pour
qu'il n'y ait pas lieu de glaner encore après qui aurait voulu le traiter trop rapidement. Nul
de mes lecteurs ne peut donc dire que je lui aie coupé l'herbe sous le pied en cela, et que
je paraisse blâmer les recherches ultérieures. Passons donc à d'autres considérations tout
aussi transitoires.

Malgré la quasi-exclusion que j'ai donnée à l'Église grecque dans ces études, pour les circonscrire plus nettement, on ne me reprochera sûrement pas d'avoir introduit à cet endroit
deux miniatures du xie siècle (1056-1067) empruntées au célèbre évangéliaire slavon d'Os-
tromir. Ce semble être le plus ancien vestige des miniateurs russes avant la consommation
du schisme de Photius par Michel Cérulaire. Le manuscrit paraît avoir été fait pour un prince

ou gouverneur de Novgorod ; et les deux évangélistes (A, s. Marc, p. 149 ; et B, s. Luc, p. 151) dont je réduis quelque peu les peintures, n'ont rien de très-surprenant (sauf le style décoratif)

pour qui connaît le moyen âge grec et latin[1]. En retranchant de ces réductions le paléo-slave dont mes lecteurs n'avaient que faire, il est juste néanmoins de ne pas leur dissimuler que

---

1. Je pense avoir très-suffisamment répondu aux désirs des curieux sur cet article, dans ces *Nouveaux Mélanges* (t. II, p. 79-113 ; et *Caractéristiques des saints*, p. 392, svv. ; etc.), pour ne pas recourir à d'autres occasions où je pourrais cependant encore me citer moi-même. Mais je n'y tiens pas plus que de raison.

l'honnête Vostokof ne trouva pas beaucoup de sympathie dans le *saint Synode* russe lorsqu'il présentait la copie de son vieux livre pour l'impression. Des censeurs sourcilleux auraient volontiers remis à neuf le texte médiéval pour ne pas scandaliser l'orthodoxie méticuleuse de nos contemporains. Un point surtout sembla tout à fait exorbitant à la docte (ou timide) assemblée ; sur la page consacrée à saint Luc (p. 151), entre l'édicule qui encadre à peu près l'évangéliste, et son animal mystique, sept petites lignes disent dans l'original : « Sous cette forme de veau, le Saint-Esprit apparut à Luc[1]. » A cette lecture, stupeur chez les membres du pieux bureau de révision officielle, qui ne voulait ni mettre en suspicion l'antique orthodoxie nationale, ni s'attirer les foudres du pouvoir séculier pour méfait antipatriotique.

Heureusement que l'idée vint de soumettre le cas de conscience au métropolitain Philarète, lequel ne s'effaroucha pas si fort. Il répondit, en homme de bon sens calme, que les lecteurs ne pouvaient avoir aucun motif tolérable pour confondre les fantaisies d'un copiste du XIe siècle avec l'enseignement de l'Église ; et que, d'ailleurs, une simple note de l'éditeur pouvait obvier aux scandales pris à tort par des esprits faux. Quant au reste, disait-il, ce n'est vraiment pas la peine d'en parler.

Pour moi, sans nier aucunement le bien jugé sur l'opportunité de cette note désirable, je me réfère d'emblée à ce que disait le texte des *Vitraux de Bourges* (§ 106, p. 191, note 2) sur la caractéristique de saint Luc entre les évangélistes. S'il est vrai, et je le crois, qu'il ait reçu la mission toute particulière de montrer Jésus-Christ comme victime, notre miniateur slave aurait pu, avec une mince variante dans son épigraphe, dire que l'inspiration céleste lui avait présenté la vie et la doctrine de Notre-Seigneur sous cet aspect bien prononcé[2].

Ayant déjà donné accès à quelque spécimen de miniatures étrangères dans cette étude, je ne dois pas négliger outre mesure les miniateurs français du XIe siècle ; quoique ni leur trait ni leur coloris ne soient habituellement bien merveilleux, si ce n'est de façon relative. Je présenterai donc au lecteur (p. 153) cette page de ms. poitevin qui raconte et retrace la vie de sainte Radegonde. On en verra bientôt deux autres avec le coloris du XIIe siècle (pl. IV et V), d'après le même livre ; mais celle-ci est presque certainement fort antérieure aux suivantes. On y voit la jeune princesse thuringienne amenée au roi Clotaire qui la fit baptiser, et l'épousa plus tard. Dans la partie inférieure, c'est notre sainte prosternée devant un autel, et nourrissant de bonne heure son âme par la foi et la prière qui acheminaient ce grand cœur vers la perfection. Il me sera permis sans doute d'y faire observer une forme nouvelle de ces lampes suspendues dans le sanctuaire, dont j'avais réuni précédemment plusieurs échantillons curieux (*Mélanges*, Ire série. t. III, p. 12-22 ; et 52, svv.), mais nous verrons tout à l'heure le parti qui se peut tirer des peintures médiévales pour mieux se rensei-

---

1. Extrêmement peu slaviste, de mon métier, je ne parle que sur témoignage de gens qui s'y entendent (le P. J. Martinov auquel je dois les calques).

2. Les Russes (Moscovites surtout), depuis quelques années, se sont mis enfin non pas seulement à étudier, mais à publier leurs vieilles peintures ; et nous pourrions en tirer grand parti, même pour l'histoire de notre art occidental. Si l'idiome nous y est souvent un obstacle infranchissable pour profiter de l'histoire et de la doctrine exposées par le texte, bien des renseignements utiles se puiseraient dans la simple inspection de diverses planches. Le *faire* du dessin, le groupement des figures, les personnifications allégoriques (la mer, la terre, les fleuves, les astres, la mort, etc.), y rappellent maintenant quelques-unes de nos époques et de nos écoles. Sous ce rapport, l'art tchèque et slave du sud-ouest aurait fort à nous dire sans doute, parce qu'il se trouva de bonne heure en fréquentes relations avec Constantinople d'une part et les Latins de l'autre.

Quant à la Russie, MM. Th. Bouslaïef et G. Filimonof (entre autres) nous ont rendu un vrai service par leur publication française du *Moniteur... de l'art* ancien russe, où bien des difficultés seront atténuées pour la chrétienté latine. Ils ont ainsi percé un mur de séparation infranchissable pour la plupart des latins.

gner sur les usages civils ou ecclésiastiques de nos ancêtres, si l'on a soin d'admettre le bon sens à cette inspection.

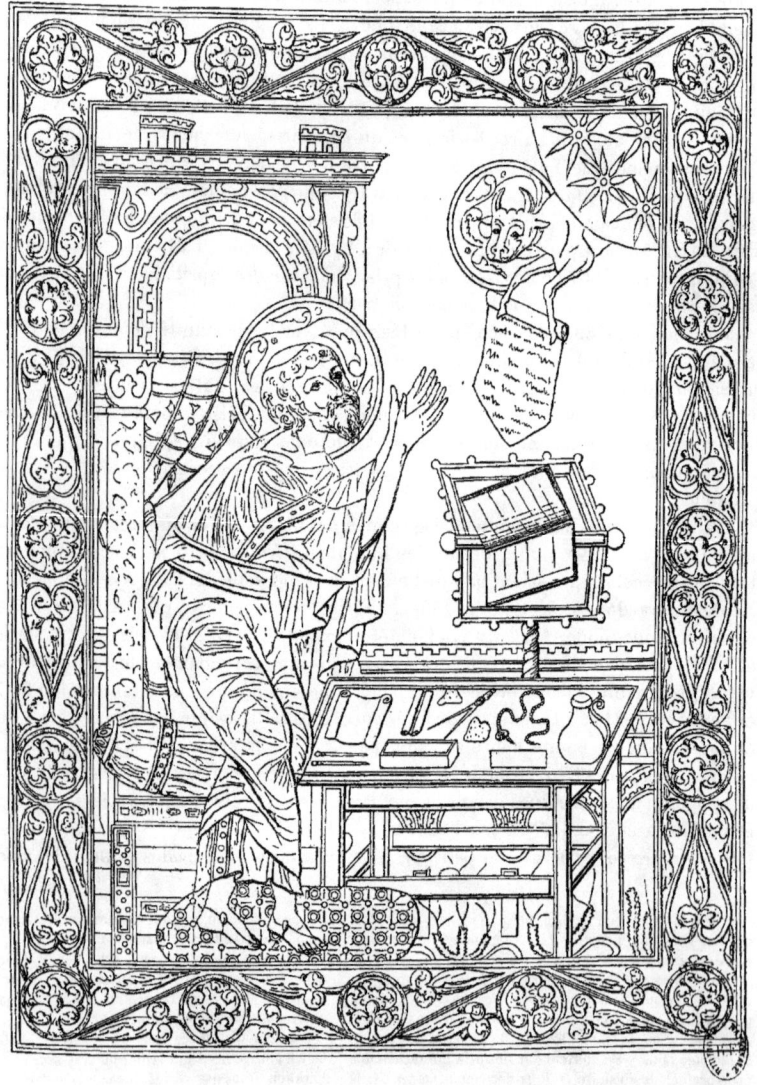

Je dois la connaissance de ce manuscrit à M. de Longuemar, plein de zèle pour les antiquités poitevines, et qui m'a communiqué les fragments que je reproduis ici et ailleurs.

M. Jubinal cite, dans son rapport au ministre[1] après un voyage fait en Suisse, des miniatures (du XIIe siècle, à Saint-Gall) de la plus grande dimension, et où la vérité de l'expression fait oublier l'imperfection du dessin. Le célèbre évangéliaire (XIe siècle) donné à Saint-Benoît de Mantoue par la comtesse Mathilde, et transporté depuis au Vatican, offre de petites scènes prises dans la vie de la sainte Vierge, qui surpassent, pour le goût, tout ce que Lanzi connaissait de cette époque[2]. Un psautier du XIIe siècle, à la bibliothèque Barberini (de Rome), a été analysé d'une manière intéressante pour l'histoire de l'art, par M. de Rumhor[3]. On conserve à Sienne l'*Ordo officiorum senensis ecclesiæ*, exécuté en 1213 par le chanoine Oderico (qu'il ne faut pas confondre avec Oderic de Gubbio), qui l'a encadré dans des bordures représentant divers animaux, et orné de figurines[4]. Dans un saint Augustin de la bibliothèque de Pérouse[5] plusieurs miniatures sont importantes pour prouver l'existence d'un art passablement développé déjà dans l'Ombrie. C'est encore à ce siècle qu'appartient le beau traité de fauconnerie composé en latin par l'empereur Frédéric II, et orné de peintures remarquables pour le naturel et la vérité des poses d'animaux aussi bien que d'hommes[6].

Selon le *Cabinet des mss.* (t. II), Edmond, moine à Saint-Germain des Prés, au XIIe siècle, a laissé un frontispice remarquable en tête des homélies d'Origène traduites (p. 41, mss. latins 11,615).

La bibliothèque Laurentienne possède le superbe missel admiré par Laurent le Magnifique, et par Léon X, qui l'enviait à Florence. Dix-neuf autres livres de chœur (dont dix-huit ont été indignement détruits), une des merveilles du XIVe siècle, venaient de l'ancien monastère *des Anges* et étaient l'ouvrage des moines camaldules. Ces artistes presque ignorés ont donné à leurs délicieux petits tableaux une expression, une vérité, une grâce, une variété, une entente même de la perspective et des draperies (par exemple dans la *Procession par les rues de Florence*), qu'on ne peut assez admirer[7]. Le manuscrit in-folio de Dante (XIVe siècle), à la bibliothèque Barberini de Rome, semble être un des plus beaux ouvrages qui se puissent citer pour les figures et pour les arabesques[8].

Les livres de piété n'étaient donc point seuls enrichis de ces précieuses peintures : on cite plusieurs exemplaires de Sénèque, de Virgile, de Térence, de Quinte-Curce, d'Ovide ; et surtout le brillant manuscrit des *Vies et poésies des troubadours provençaux* (au Vatican), par un moine des îles d'Hyères[9]. Mais nous aurons occasion d'entrer dans quelques nouveaux détails à ce sujet, lorsque nous parlerons des principaux miniateurs dont les noms ont été conservés.

Pourquoi cependant ne dirais-je pas que le technique me semble avoir souvent pris le pas sur l'idéal dans beaucoup d'œuvres fort admirées à cette époque? Dessin, perspective et coloris peuvent y être irréprochables; admettons encore que la composition y soit habile, bien qu'un

---

1. Sur la bibliothèque de Berne, 1838.
2. Lanzi, *Storia pittorica :* scuola mantovana. Le *Chronicon vulturnense* (Muratori, *Rer. Ital. script.*, II) appartient au XIIe siècle, ainsi que le poëme de Pierre d'Ebulo, *de Motibus siculis*, qui doit être à la bibliothèque de Berne; et le poëme de Donizzone, sur la comtesse (*ducatrix*) Mathilde. Cf. D'Agincourt, pl. 66. — Valery, XV. 4.
3. *Italienische Forsch.*, I, 299.
4. Valery, XVII, 14. — Lanzi, *op. c.* Scuola senese.
5. Valery, XVIII, 6. — Lanzi, *op. c.* Scuola romana : Cette province, dit-il, comptait alors une quantité de peintres qui, pour la plupart, devaient être des miniaturistes. On cite encore de cette époque un évangéliaire d'Oudine, dans la collection formée par l'abbé Canonici à Venise.
6. D'Agincourt, t. II, p. 78, 79 ; *peint.*, pl. 73.
7. Valery, x, 5. Des capitales de ces livres, aujourd'hui coupées, sont éparses dans les portefeuilles anglais. Une seule, de quatorze pouces, représentant la mort de la sainte Vierge, a été payée 100 livres sterling par M. Ottley. Cf. Waagen, *op. c.*, t. I, lettre 13e. Voilà ce que les curieux, sans compter les enfants, ont fait de si belles œuvres !
8. Valery, XV, 33. — D'Agincourt, *l. c.*, pl. 87.
9. Valery, XV, 4 ; XX. 5 ; etc. — D'Agincourt, Endlicher, etc.; *passim*. Il se trouve même des diplômes et jusqu'à des registres illustrés, comme on dit ; par exemple à Sienne.

certain air de copie s'y trahisse même quand nous ne pouvons désigner les originaux. La séve

franche et spontanée ne s'y fait jour ni par l'expression des personnages (attitude ou geste), ni par l'ornementation même qui est plus riche que vigoureuse. Vous diriez souvent que l'artiste possédait un vaste portefeuille bien garni de motifs compilés pour toute occurrence, mais qu'il en fait usage en industriel jaloux de vider ses cartons pour en tirer bon parti avant sa mort. Nature morte ou vivante, joaillerie et bijouterie s'y coudoient on ne sait trop pourquoi : et la pensée seule est à peu près hors de cause, sauf ce qui s'en peut apercevoir dans de jolies images qui caressent le regard sans guère fixer l'âme. En ce que les ateliers qualifient de *tire-l'œil*, j'accorde volontiers une éclatante supériorité à l'Italie du xve siècle et de Léon X, pour la miniature; comme simplicité saisissante, généralement non. Notre J. Fouquet et les bons imagiers de nos livres d'heures ont une bien autre puissance; et qu'ils représentent des personnes, des insectes ou des végétaux, cela semble toujours pris sur le vif sans préoccupation industrielle. L'artiste paraît beaucoup plus songer à satisfaire son propre idéal qu'à toucher son salaire ou à terminer sa tâche.

XXVI.

L'idée de faire servir l'étude des miniatures à l'histoire des arts du dessin n'est point nouvelle, bien qu'elle n'ait pas encore été réalisée complétement; cependant il existe déjà des tentatives remarquables à ce sujet, et nous en donnerons plus tard quelque notion. Ce qui a été plus négligé jusqu'à nos jours, et ce qui n'est guère encore qu'à l'état d'ébauche, c'est la recherche de l'histoire civile et des antiquités du moyen âge, dans ces monuments curieux des mœurs et des coutumes de nos pères (je disais cela en 1839, et dois-je me rétracter beaucoup aujourd'hui?). Les planches de Willemin[1], enfin complétées par un texte sérieux et plein d'érudition ; la publication du musée de M. du Sommerard père[2], et autres ouvrages à figures, avanceront singulièrement ce genre d'étude. Mais en attendant l'achèvement de ces travaux, on peut, sans crainte de venir trop tard, se permettre quelques détails sur ce sujet.

L'antiphonaire de Saltzbourg, publié en partie par M. K. Lind, renferme plusieurs détails curieux dont les analogues se retrouveraient encore aujourd'hui en pays allemand. Ainsi, dans le repas des noces de Cana (pl. 30), on voit sur la table une espèce de pain ou de gâteau en forme de lemniscate (approximativement). C'est encore de nos jours une friandise germanique assez semblable, sauf la forme, à ce qui s'appelait gimbelettes chez nous il y a soixante années. L'Allemagne a nommé cela *Bretzeln* ou *Bræzeln*, et à raison de trois courbes plus ou moins nettes qu'affecte cette pâtisserie, il est de bonnes âmes qui en ont fait un symbole de la Très-sainte-Trinité. Cela prouverait au moins que c'était pain en usage dans les repas des jours de fêtes depuis une époque très-reculée.

Un manuscrit du xiiie siècle, à Scheyren, peut nous donner l'idée du parti qu'on tirerait aisément des miniatures pour l'histoire littéraire. Le calligraphe, voulant y représenter (dans l'*Historia scholastica*) les diverses sciences par des figures allégoriques, peint l'Astronomie accompagnée de Ptolémée, qui examine les astres au moyen d'un tube ou d'une lunette à quatre coulants[3]. L'*Hortus deliciarum* de l'abbesse Herrade retraçait tout simplement l'As-

---

1. *Monumens français inédits.*
2. *Les Arts au moyen âge.*
Depuis lors, diverses publications ne laissent pas d'avoir avancé ce que je désirais en rédigeant ce travail dans son premier état. Mais le pittoresque et la toilette ou autres curiosités de luxe ont souvent guidé les auteurs, beaucoup plus que le détail vrai de la vie privée chez nos aïeux dans ses menues coutumes qui prêtent moins à l'imitation élégante.

3. Mabillon, *Iter germanicum* (éd. de Fabricius), frontispice et p. 54. — Ziegelbauer, op. c., t. I, p. 550, etc. L'auteur de l'article *Lunettes*, dans le *Dictionnaire de Trécoux* (1771),

tronomie avec un boisseau à la main, comme présidant aux travaux agricoles[1]; mais, dans la représentation de la musique, une *vielle,* sous le nom d'*organistrum,* y est vengée, ce sem-

se plaint naïvement de ce que Mabillon ne nous a point dit si cette lunette avait des verres. Mais le moyen de savoir s'il y a ou non des verres à la lunette d'une miniature! Du reste cette peinture rappelle ce que Dithmar raconte de Gerbert (Sylvestre II) : « In Magdaburg orologium fecit, illud recte constituens considerata *per fistulam* quadam stella nautarum duce. » Cf. Gerb., *ep.* 134, 148. La direction de ce tube pouvait servir à déterminer pour l'observateur un point fixe vers le ciel, sans que verres ou réflecteurs y entrassent en rien.

1. C'est ce qu'explique la légende qui se voit au-dessus de sa tête et que nous citerons tout à l'heure.

Les autres figures se voient dans le tableau donné par Herrade, et que M. Engelhardt a reproduit en une grande planche. Je l'avais copié d'après lui, pourquoi le recopierais-je encore? Depuis 1839 ces motifs ont été rendus accessibles par maint ouvrage ou mémoire sur peintures ou sculptures du Moyen âge et de la Renaissance. Cf. *Nouveaux Mélanges d'archéologie,* etc., t. I, p. 285, svv. — Vitraux de Bourges, *Études,* xvii (abside d'Auxerre). Etc.

Exposition de la planche et de ses inscriptions.

Au centre siége la *Philosophie,* couronnée par un diadème que forment trois têtes désignées par les noms : *Ethica, Logica, Physica.* De son sein coulent les sept fleuves des arts libéraux, dont elle est considérée comme la dispensatrice ; mais qui ont leur source en Dieu. On y lit ces légendes : — *Omnis sapientia a Domino Deo est.* — *Soli quod desiderant, facere possunt sapientes.* — *Septem fontes sapientiæ fluunt de philosophia, quæ dicuntur liberales artes.* — *Spiritus sanctus inventor est septem liberalium artium, quæ sunt grammatica,* etc.

Dans la partie inférieure du cercle central sont assis *Socrate* et *Platon,* chacun à son pupitre. On peut y remarquer, outre la forme de ce meuble, celle de l'encrier et du canif.

Une bible du xiie siècle, exécutée en Angleterre, et qui était cotée à notre Biblioth. royale *mss. lat.* 58, montre constamment aussi le canif à la main gauche (comme dans le saint Fortunat de notre miniature poitevine, pl. IV). Cette main, placée plus haut que ne la droite qui tient la plume, semble fixer la feuille avec la pointe du canif, tandis que l'écrivain trace le texte. La même attitude se voit dans le vitrail de Bourges qui est consacré à Saint Jean l'évangéliste. Ce pouvait être un artifice pour conserver la blancheur du parchemin primitif, sans user de garde-main par où la fleur de peau risquait d'être altérée dans le frottement.

Les inscriptions, chez Herrade, sont : *Natura universæ rei quam docuit philosophia; Philosophi primum Ethicam, postea Physicam, deinde Rhetoricam docuerunt.* — *Philosophi sapientes mundi et gentium clerici fuerunt.*

Dans la galerie pratiquée autour du grand cercle, une loge particulière renferme la figure symbolique de chacun des arts. La *Grammaire* tient les verges (*scopæ*) et un livre. La *Rhétorique,* un stylet d'écrivain et des tablettes. La *Dialectique,* comme mettant aux prises les argumentateurs, est caractérisée par une *tête de chien :* symbole, soit des cris de l'école, soit de la dent acérée du syllogisme, ou même de

l'humeur taquine des ergoteurs. La *Musique* a pour emblème une vielle, une harpe et une lyre. L'*Arithmétique* tient, comme machine à calculer, une sorte de chapelet formé de grains noirs et blancs, mobiles avec frottement. La *Géométrie* est armée d'un compas et d'une règle à mesurer. Enfin, comme nous l'avons dit, l'*Astronomie* porte un *boisseau* sur sa main ; sans doute parce qu'on lui associait la météréologie (encore bien jeune même de nos jours), comme directrice des travaux agricoles.

Voici les inscriptions :

Grammatica.

Per me quis discit vox, littera, syllaba quid sit.

Rhetorica.

Causarum vires per me rhetor alme requires.

Dialectica.

Argumenta *sino* concurrere more canino.

Le mot *sinere* paraît ici faire la fonction de l'allemand *lassen,* avec la signification de *je fais,* etc.

Musica.

Musica sum late doctrix artis variatæ.

Il semble que ceci fasse allusion au *contre-point.*

Arithmetica.

Ex numeris consto, quorum discrimina monstro.

Geometria.

Terræ mensuras per multas dirigo curas.

Astronomia.

Ex astris nomen traho per quæ discitur (*ducitur*?) omen.

Légende du grand cercle circonscrit.

Septem per studia docet artes philosophia.
Hæc elementorum scrutatur et abdita rerum.
Hæc exercitia quæ mundi philosophia
Investigavit, investigata notavit,
Scripto firmavit, et alumnis insinuavit.

Légende du petit cercle inscrit.

Arte regens dia quæ sunt, ego philosophia,
Subjectas artes in septem divido partes.

Dans les *Vitraux de Bourges* (planche d'*Étude* xvii) une rose de l'abside d'Auxerre point aussi les arts et les sciences ; mais des représentations plus modernes nous ont ramené à ce même sujet dans le premier volume des *Nouveaux Mélanges,* p. 285, svv. Un vitrail de Laon, quelque peu ébréché, avait paru aussi dans notre 1re série des *Mélanges,* t. IV, pl. viii.

Les changements du goût ont introduit des variantes dans ces figures ; témoin ce que j'en montrais assez récemment pour le xvie siècle, d'après plusieurs sources contemporaines. Au commencement du xviiie siècle, une thèse de philosophie gravée pour les jésuites de Bamberg change les sept Arts libéraux en autant de petits génies un peu classiques (comme l'exigeait cette époque). La Grammaire porte un livre qui rappelle les déclinaisons ; les Humanités portent une corbeille de fleurs avec le titre *Tropi et figuræ.* La Philosophie (toujours sous forme de *putto*) lance un foudre trifide, com-

ble, de la qualification roturière qui la flétrit dans les recherches de M. Bottée de Toulmon[1].

L'histoire de la liturgie et des rites y trouverait également des lumières. Les Bollandistes ont cité quelque part une lettre ornée, pour constater l'ancienne forme des chappes[2]; les auteurs du *Nouveau Traité de diplomatique*[3] montrent dans un A capital, tracé au mont Cassin en 816, la représentation du chapelet, en dépit de ceux qui prétendent en faire une invention récente. Les exemples de ce genre ne manqueraient pas, et ces emprunts faits aux manuscrits devraient bien remplacer les illustrations de fantaisie dont on accompagne maints ouvrages historiques; ce seraient là de vrais monuments et non des caprices d'artistes. Combien il eût été à désirer que Muratori, D. Bouquet, les Bollandistes, les éditeurs de l'Histoire byzantine, D. Tosti, etc., eussent toujours choisi ce genre d'embellissement, au lieu des vignettes ou culs-de-lampe pour le moins insignifiants, qui enjolivent, soi-disant, ces grandes collections par des anachronismes fades ou prêtant à rire!

Quant à l'histoire civile, il est clair qu'une foule de matériaux pour l'écrire attendent, dans les miniatures, une main laborieuse qui s'occupe de les glaner. Les règlements de Jayme II, insérés par les Bollandistes dans le troisième tome de juin, sont à eux seuls une collection de pièces extrêmement curieuses pour la description des cours au moyen âge; et un ouvrage comme le *Tristan* de Marchangy, ou la compilation presque aussi romanesque de Monteil, accompagné de pareils monuments, en dirait cent fois plus que le texte tout seul. Du reste, les représentations mêmes de scènes étrangères à l'histoire du moyen âge fourniraient d'inépuisables renseignements en ce genre; la candeur des artistes d'alors ayant fait prendre communément à tout ce qui sortait de leur main une teinte contemporaine, laquelle, pour être comique[4], n'en est pas moins utile historiquement. Témoin cette *Cyropédie* de la bibliothèque d'Iéna, où Cyrus, armé comme un chevalier allemand du xiiie siècle, fait son entrée triomphale dans une ville conquise, précédé d'un canon que l'on porte devant lui[5]. Si les miniatures offrent des renseignements inattendus à ce point, on

posé de *Major, Minor,* et *Conclusio*. L'Arithmétique présente une table de multiplication, la Musique tient un petit orgue portatif; et la Géométrie porte une sorte d'équerre, avec fil-à-plomb. L'Astronomie montre un globe céleste ou terrestre (pour cosmographie et géodésie). Le tout se résume dans ce distique :

A) Erudit indoctos. B) sermones expolit. C) infert.
D) calculat, E) oblectat, F) ponderat, G) astra colit.

1. *Annuaire historique* (pour 1839) *de la société d'histoire de France*. Il l'appelle *l'instrument truand*, d'après une chronique du xive au xve siècle. Mais cet avilissement de la vielle (*symphonie* ou *chiffonie*) pouvait n'avoir commencé qu'alors. Autrement une abbesse du xiie siècle eût-elle donné pour attribut caractéristique à la musique personnifiée, un instrument réservé aux aveugles et aux misérables?

2. AA. SS. *Maii,* t. VII, P. II (*Paralipomena*), p. 96.

3. T. III, p. 45. De même pour la forme des ciseaux; *Nouv. Traité de dipl.*, II, et officiers de la maison de Jayme, II, *l. c.* — Instruments de musique, à Saint-Gall ; Jubinal, *op. c.* — Calendrier, dans l'*Hortus deliciarum*, etc. Cf. Engelhardt, et Ziegelbauer, I, 553. — Marionnettes, dans l'*Hortus deliciarum* (copié par Dibdin, mais pas complétement). — Un pupitre à vis, d'élégance remarquable, publié dans les *Notices des manuscrits,* t. VI, p. 124; et cent autres détails dans Willemin, si bien expliqués par M. Pottier.

4. C'est ainsi qu'une traduction française des *Héroïdes* d'Ovide, à la Bibliothèque du Roi (Mss. fr., n° 7231, 2), nous montre Phèdre allant à la chasse dans le carosse du roi de France, traîné par quatre chevaux. Dans une *Histoire de Troie,* écrite pour le duc de Bourgogne (Philippe le Bon), en 1464, un évêque bénit le mariage de Saturne et de Cybèle et, à plus forte raison, les noces de Junon et de Jupiter. Cf. Peignot, *de l'Ancienne Bibliothèque des ducs de Bourgogne.* — Waagen, *Kunstwerke und Künstler in England und Paris,* t. III. — Valery, *op. c.,* xxi, 3.

5. *Notices des manuscrits,* t. VIII, 2e part. p. 23. Le manuscrit (grec) est regardé comme venant du xiiie siècle,

comprend aisément ce qu'elles renferment de ressources quand elles traitent directement des coutumes et des usages du temps[1], tels que liturgie, guerres, tournois, cérémonial, etc.; mais, sans les multiplier, occupons-nous, par manière d'application, de ce que le seul *Hortus deliciarum* de l'abbesse Herrade peut nous apprendre sur les mœurs du XIIe siècle.

Je maintiens au présent mes indications prises vers 1841 sur l'original, brûlé depuis dans le bombardement de Strasbourg. Cela pourrait absolument jalonner la route à qui rêvera un *rifacimento* quelconque du célèbre manuscrit d'Odilienberg. La *Revue d'Alsace* doit avoir récemment donné plusieurs indications pour le même but, mais je n'ai pas rencontré le numéro qui renferme ces détails; je me borne donc à mes souvenirs et notes d'il y a vingt-cinq ans.

Costume civil[2]. — On n'aperçoit nulle trace de chemise dans le costume, si ce n'est en un seul cas dont il sera parlé plus tard. Les hommes portent quelquefois une sorte de large pantalon blanc, arrêté sur les hanches par un gros nœud qui en ramasse les plis sur le devant, ou par une courroie qui le fixe autour des reins, et dont l'extrémité retombe librement, comme pour l'enfant prodigue malheureux, dans le vitrail de Chartres. Les jambes du pantalon entrent communément dans la chaussure qui monte au-dessus de la cheville, où elle se termine le plus souvent en un petit bourrelet circulaire, et s'arrête par une petite courroie passée dans une fente et nouée au dehors[3]. Une tunique à manches étroites couvre tout le bras jusqu'au poignet et laisse le cou à découvert. Une ceinture, souvent couverte par les plis de la tunique retroussée, la serre au-dessus des hanches. La longueur de ce vêtement semble mesurée par le rang des personnages : pour les princes, il descend à peu près jusqu'à la cheville du pied; chez les hommes de la classe moyenne, il ne va guère que jusqu'au jarret, et atteint à peine le genou dans le costume des gens du peuple. Les voyageurs et gens occupés à un travail qui exige du mouvement le retroussent de chaque côté jusque vers le haut de la cuisse; ou bien tout autour, d'une manière uniforme, au-dessus du genou. Cette tunique est tantôt colorée, tantôt rayée, mouchetée, à pois ou à fleurs; et les mêmes différences existent à peu près dans le Ménologe grec de l'empereur

---

circonstance qui rendrait assez remarquable l'apparition de l'artillerie dans cette peinture.

Pour moi, qui n'ai pas vu l'original, je soupçonne le susdit canon d'être tout bonnement une sorte de bélier porté sur des roues, et armé à son extrémité de quelque composition incendiaire (pétard, etc.) pour détruire les palissades ou les tours de bois. M. Peigné-Delacourt (1868), à propos des *Normands dans le Noyonnais*, a représenté cet engin de guerre d'après un ms. du fonds latin S. Germain, n° 303.

Ce serait autre chose pour un manuscrit de la moitié du XIVe siècle à Barcelone, où J. Villanueva (*Viage literario*, t. XVIII, p. 268, sg.) signale des bombes lancées dans Jérusalem par l'artillerie de Titus. Les mortiers y ont une gueule évasée en tromblon, qui ne répond pas aux modèles d'aujourd'hui. Quant aux projectiles, plusieurs éclatent en flammes sur les assiégés. Il ne s'agissait donc pas de simples pierriers dans l'intention du miniateur, mais peut-être de feu grégeois.

1. Par exemple les opérations de chirurgie, et les exercices ou travaux militaires représentés dans les manuscrits grecs du XIe siècle, dont il est cité quelque chose chez d'Agincourt, t. II, p. 63, 64; *Peinture*, pl. 48, 49.

2. Je ne connais que de nom l'ouvrage de M. Herbé sur les costumes français depuis Clovis jusqu'à nos jours. Cf. Beaunier et Rathier, Spallart, Bonnard, Strutt, Hennin, etc., etc.

3. Les rois mages et quelques autres figures ont les jambes enveloppées jusqu'au jarret par une sorte de guêtres de voyage, qui se résolvent en pièces d'étoffes se croisant pour envelopper la jambe au-dessus de la chaussure; comme dans le bas-relief d'un tympan roman, de Saint-Ursin à Bourges, où est représentée une chasse à courre. Un seul personnage (un voleur, dans la parabole du Samaritain) porte, sur ses bas-de-chausses rouges, des bas blancs ou guêtres, fixées à la jarretière. La chaussure commune, qui dépasse constamment la cheville, laisse à découvert le coude-pied et le devant de la jambe chez les riches. Cette dernière forme pourtant est presque générale dans les miniatures du XIIe siècle, publiées par d'Agincourt (*Peint.* pl. 66, etc.). On ne voit presque point de bottes proprement dites. Quand il s'en trouve, elles sont rouges ou violettes, et la tunique empêche d'apercevoir comment elles se terminent par en haut. M. Guénebault m'a cité une miniature du XIIIe siècle ou du XIVe, dans laquelle deux soldats qui gardent le tombeau de N. S. portent des bottes complètement visibles. On reconnaîtra donc que cela prête encore à quelques études.

Basile. Chez les hommes d'un rang élevé, elle est brodée autour du cou et du poignet, au milieu de l'arrière-bras, et à l'extrémité inférieure qui forme souvent une large bande ornée d'arabesques[1]. Chez les gens du peuple, une petite bande, ou des points (pois groupés, si l'on veut) semés çà et là remplacent ces ornements, lorsque le vêtement n'est pas tout à fait uni.

Le fils du prince de Capharnaüm, représenté malade dans son lit, porte une tunique à manches courtes qui n'atteignent pas même le coude. Mais d'autres, également au lit, sont revêtus de la tunique ordinaire à manches longues.

Le vêtement de l'écuyer de Pharaon est partagé en deux couleurs (violet et vert) : une de chaque côté occupant toute la hauteur, comme on le voit encore aujourd'hui dans le costume de plusieurs appariteurs ou serviteurs publics.

Les pauvres n'ont pour tout habillement que la seule tunique et quelquefois des souliers. Les personnages de distinction portent par-dessus la tunique un manteau ou espèce de chlamyde, qui descend jusqu'au jarret et même plus bas, lorsqu'il s'agit d'un prince. Ses deux extrémités supérieures sont réunies d'ordinaire sur l'épaule droite par un bouton de métal, pour laisser libre le jeu du bras droit[2]. Quelquefois cependant, mais rarement, ce bouton se voit sur l'épaule gauche ou sur la poitrine. Pour les rois et les princes, ce manteau est le plus souvent rouge ou vert, avec une doublure bariolée de bleu et de blanc. Ce bleu est quelquefois remplacé par du gris ou du brun, et ces couleurs figurent souvent par leur distribution, la fourrure que nous appelons *vair* en terme héraldique. Une fois seulement cette fourrure se montre en dehors du manteau, et elle est employée lorsque l'on a voulu exprimer le luxe et le faste, comme dans la personnification de l'orgueil.

insi tout annonce que le costume du xiie siècle se composait encore de la tunique des Romains et de leur manteau de guerre, joints aux *chausses* des peuples du Nord. Cette forme de vêtements rappelle assez exactement ceux du grand bas-relief de Saint-Fuscien, dans l'église de Sains près d'Amiens (sur l'ancienne route de Paris); monument trop peu connu, ce me semble, quoiqu'il ait été signalé par Mabillon, dans un temps où il fallait qu'un ouvrage du moyen âge fût bien distingué pour attirer l'attention[3]. Du reste, cette forme de vêtement se con-

1. Dans un Nouveau Testament de notre Bibliothèque royale (mss. lat. 252), on voit souvent cette bande vers le milieu de la jambe, et quelquefois sur le milieu de la cuisse. De même pour la bible (*ibid.*, mss. lat. 58) copiée en Angleterre, et dont j'ai parlé déjà.

Je dis à dessein *Bibliothèque royale* (ou *Bibl. du Roi*) pour n'avoir pas à rechercher quels n[os] ont reçus depuis vingt ans les livres dont je parlais jadis. Les nouveaux catalogues établiront sans doute une concordance entre les chiffres de diverses époques ; et je ne blâme aucunement cette réforme très-utile, dirigée par un homme fort compétent. J'imprimais déjà *Bibliothèque royale* sous la république de 1848, et je n'ai pas rajeuni depuis lors.

2. Dans une miniature italienne du même temps (ap. d'Agincourt!), tous les manteaux sont relevés sur l'épaule gauche, et noués au lieu d'être fixés par un bouton (comme dans notre page 153). Un Nouveau Testament (Bibl. R. mss. latins, 252) et une bible (*ibid.* mss. lat. 58) ne laissent jamais rien voir qui ressemble à un bouton comme moyen de réunir les deux extrémités supérieures du manteau.

3. Les habitants de la paroisse, moins amateurs que dé-

serva sans altération bien sensible jusqu'au xvᵉ siècle ; époque où le *costume espagnol* commença à prescrire pour faire place plus tard au nôtre, après lequel il se pourrait bien que la vieille mode retrouvât une partie de son empire.

Presque tous les hommes ont la tête découverte; quelques vieillards portent un bonnet rouge ou vert, terminé en pointe. Mais les Juifs sont constamment coiffés d'un chapeau pointu de couleur blanche, posé sur le sommet de la tête ; et à bords rabattus qui semblent n'être que la coiffe elle même, puisqu'ils ne recouvrent pas le front en entier et n'atteignent point les oreilles[1].

Le *vêtement des clercs*, tout semblable du reste à celui des laïques, est constamment de couleur bleu-de-ciel, peut-être par manière d'emblème dans la pensée du peintre, pour désigner des hommes consacrés au service de Dieu[2]. La tunique de l'un d'eux, s'entr'ouvrant sur la poitrine, laisse apercevoir une sorte de camisole qui est peut-être la chemise, dont nulle autre peinture n'offre de trace évidente. Du reste, sauf la tonsure, rien ne les distingue du reste des hommes[3]; si ce n'est peut-être que jamais ils ne portent le manteau dont j'ai parlé, mais seulement la *chape* de voyage avec un chaperon (*pluvial*) : telle est la figure du prêtre qui est représenté à cheval, dans la parabole du Samaritain.

Le froc des religieux offre une singularité qui se retrouve dans les miniatures de la même époque publiées par d'Agincourt[4] ; au lieu de manches, il est percé des deux côtés de trois ou quatre ouvertures pratiquées l'une sous l'autre, pour y passer les bras à diverses hauteurs. Mais le costume des abbés n'offre point cette bizarre invention.

Dans l'*habillement des femmes*, ce qu'il y a de plus singulier, c'est que les manches de la robe[5], assez étroites jusqu'au coude, s'y élargissent tout d'un coup d'une manière monstrueuse, de façon à toucher presque la terre. Lorsqu'elles portent un voile, il forme autour de la tête une espèce de turban, qui enveloppe la chevelure sans cacher le visage; et les

---

vots, ne se font point faute de placer des cierges allumés dans la main du saint, qui, par suite de ce cérémonial, s'enfume et distille la cire à l'environ, depuis longtemps ; mais ce qui serait beaucoup moins pieux et tout aussi malencontreux, ce serait s'il était vrai, comme je l'ai entendu dire, que ce beau morceau de sculpture ancienne fît souvent l'office de banc durant le service divin. L'église du village est à la vérité fort étroite; mais aussi elle n'a pas (y compris les tableaux donnés par Louis XVIII ou Charles X) une autre pièce à comparer au monument qu'elle tient de notre ancien art national. Le Dʳ Rigollot, que la dévotion ne préoccupait guère, a voulu publier pourtant ce bas-relief dans son *Essai historique sur les arts du dessin en Picardie*. Il y trouvait, avec la légende picarde, un *faire* d'artiste fort présentable.

1. Dans les scènes de la bible, ce bonnet ne se voit que sur la tête de Mardochée, peut-être pour le faire distinguer parmi les convives ou courtisans d'Assuérus.
Sur divers sarcophages des premiers siècles chrétiens, les Israélites ont la tête couverte par une simple calotte aplatie (espèce de chéchia) ; mais le moyen âge, sous diverses formes, leur maintient constamment un bonnet pointu, dont l'idée guidait quelques sculpteurs dans plusieurs bas-reliefs romans du xıᵉ siècle, ou même du xııᵉ.

2. Cette couleur se trouve fréquemment dans le vêtement des religieuses. On voulait probablement, comme dans les verrières, éviter le fâcheux effet du noir. Les peintres de vitraux nous montrent parfois les religieux de saint Benoît en couleur lie de vin.

3. Je n'examine pas si cet usage était général ou non, s'il appartenait exclusivement aux provinces allemandes qu'habitait Herrade, ou à son siècle ; je constate uniquement le témoignage du manuscrit.
L'interdiction du manteau pour l'usage des prêtres se rencontre déjà au vıııᵉ siècle dans le concile tenu par saint Boniface sous Carloman, frère de Pépin, en 742 (probablement à Ratisbonne. Cf. Concil. t. V, p. 1534, sqq.). Un concile d'Italie, rassemblé par le pape Eugène II en 826, défend aux prêtres de se montrer hors de leurs maisons autrement qu'en habits ecclésiastiques (Cf. Martène, *Thesaurus*, t. IV, p. 806, etc. etc.) ; mais cela est-il bien clair pour nous? Cf. *Mélanges d'archéologie*, A, t. I, p. 33, sv. ; et pl. x.

4. Peint. pl. 69, n° 13. Cf. Annal. O. S. B., t. II, p. 378, tombeau du moine Otger. Mais là cette ouverture est plutôt une fente longitudinale, interrompue horizontalement par de petites bandes transversales. Cf. Tosti, *Storia della Badia di Monte Cassino*, t. I, p. 100, etc. — AA. SS. Maii, t. I, p. lxij ; et *Jun.*, t. I, 438 ; etc.—J. Quicherat, *Hist. du costume en France*, p. 119, svv ; et 169.

5. Les manches de la tunique sont étroites, comme pour les hommes, et se terminent au poignet. L'élargissement monstrueux de l'avant-bras dans les manches de la robe se trouve sur plusieurs autres monuments de cette époque ; p. ex. chez Montfaucon, *Monuments de la monarchie française*, t. II, p. 12. Voyez Guibert, *De vita sua*, lib 1, c. xı. Il invective contre cette singularité de la mode.

extrémités du voile retombent sur les épaules et en arrière. On ne voit presque point de boucles d'oreilles. Le vêtement des religieuses diffère à peine des habits laïques; mais elles n'ont point les manches aussi ridicules que celles dont je viens de parler.

ÉQUIPEMENT MILITAIRE. — Les guerriers sont couverts, jusqu'au bout des pieds et des mains, par une chemise ou plutôt un vêtement complet de mailles, qui, enveloppant la tête, ne laisse à découvert que la partie du visage comprise entre les deux pommettes, et des sourcils à la lèvre inférieure. Cette espèce de surtout se fermait, ce semble, par derrière, en se croisant ou s'agrafant sur une bande de cuir le long du dos. Le capuchon de mailles se recouvrait d'un casque de fer, tantôt pointu, tantôt cylindrique, tantôt en forme de mortier arrondi au sommet; mais toujours sans cimier, et muni d'un appendice (le *nasal*) jaune (en cuivre probablement), qui descend par-dessus le nez jusqu'aux lèvres. Quelquefois seulement ce *nasal* est remplacé par une plaque qui couvre tout le haut du visage, excepté les yeux; et piquée de trous comme pour favoriser la respiration. Cf. *Hortus*, fol. 204 v°. On ne voit point de salades (*celada*), point de cuirasses, ni de corselets, point de brassards, etc.[1]; point de harnais défensif pour les chevaux. Les boucliers, en forme d'écusson bombé, sont suspendus autour du cou par une large bandoulière, même pendant la bataille, et peuvent couvrir le guerrier depuis le visage jusqu'au-dessous du genou[2]. Une large épée sans pointe pend à la ceinture qui se ferme presque toujours, ainsi que les harnais des chevaux, sans boucle; mais seulement au moyen d'un nœud formé par les deux branches (ou petites lanières) d'une extrémité de la courroie qui passent dans deux fentes de l'autre[3]. Cette énorme épée se manie d'une seule main dans le combat. Les autres armes sont la pique et la lance. Les arcs, javelots et carquois se rencontrent rarement; la forme du carquois ressemble quelque peu à celle d'une botte-à-chaudron sans pied.

Bref, la comparaison de ce manuscrit avec la tapisserie de la reine Mathilde[4], et avec le recueil des *Minnesænger* recueillis par Manesse, etc., donnerait lieu à des observations curieuses sur une foule de faits semblables.

A propos du triage des élus parmi les vivants de la fin du monde, Notre-Seigneur dit (Matth. XXIV, 41) : « Deux femmes seront occupées à la même meule; l'une sera prise, et l'autre laissée. » Les gens d'Odilienberg, ne connaissant plus la petite meule domestique de l'antiquité, représentèrent un moulin hydraulique servi par deux religieuses (fol. 112 r°). Je n'ai pas pu étudier le mécanisme dont le dessin occupe une grande page, mais il y au-

---

1. Ces inventions ne datent guère que du xiv° siècle.
2. Goliath seul est représenté avec un petit bouclier rond.
3. J'y trouve quelques boucles cependant, mais presque uniquement dans l'équipement des Vices lorsqu'ils sont représentés guerroyant les Vertus (f° 200 v°).

Je n'y vois l'épée manœuvrée des deux mains que par des personnes non équipées militairement, et chez qui cette manière de frapper pourrait indiquer l'inexpérience des armes (f° 40 v°, et 129 r°).

4. Cf. Montfaucon, *op. cit.*, t. II. — Denon, Willemin, Augustin Thierry, etc., etc.

rait peut-être des remarques utiles à faire sur cet objet. Les moulins, soit pour la distribution du mouvement, soit pour l'amélioration progressive de la mouture et du blutage, auront certainement dû beaucoup aux communautés religieuses. Mais il me manque le temps et les connaissances nécessaires pour traiter convenablement cet objet qui ne serait ici qu'un hors-d'œuvre.

Quant aux meubles, équipages et diverses coutumes domestiques, ce curieux ouvrage prêterait à bien d'autres remarques intéressantes; cependant on ne saurait s'y passer de gravures nombreuses, et elles exigeraient de longs détails[1]. Plusieurs observations de ce genre viennent d'être publiées, du reste, dans le texte qui complète les *Monuments inédits* de Willemin. Indiquons du moins une autre source d'intérêt que présentent les miniatures des manuscrits.

XXVII.

Pour comprendre quantité de monuments que nous a laissés le moyen âge, et surtout s'il s'agissait de les compléter en les restaurant, il serait nécessaire d'être initié à certains ordres d'idées communes alors, mais que l'interruption de la tradition nous a rendues tout-à-fait étrangères. D'ailleurs, les modifications que ces idées elles-mêmes ont subies à diverses époques demandent à être connues; si l'on ne veut s'exposer, dans une restauration par exemple, ou même dans une interprétation, à des anachronismes fâcheux. Donnons-en quelques idées, qui fassent voir que la représentation de certains sujets ne peut être étudiée d'une manière complète, si l'on y fait abstraction de leurs caractères chronologiques et locaux.

REPRÉSENTATION DES AMES. — Dans le *Ménologe grec*[2] de Basile II, on voit une âme figurée en manière de petite momie[3], pour exprimer sans doute

---

[1]. Groupons toutefois certaines curiosités qui pourront être utiles pour mettre à profit ce grand recueil en fait d'usages civils ou autres. Les éperons des cavaliers (f°* 111 et 209 r°.) sont une sorte de petit dard; répondant ainsi au mot allemand *Sporn*, et à l'éperon d'un coq ou d'une galère. Les bêches sont des pelles de bois pointues, revêtues de fer à l'extrémité de la spatule. Leurs manches se terminent constamment par une petite traverse (potence) horizontale. On voit des couteaux pour les nettoyer, et les dégager de la terre qui s'y attacherait (f° 108 v°, 199 v°, 27 r°; etc.). On trouvait une charrue au f° 112 v°.

L'attirail des maçons est représenté au f° 27 v°, à propos de la tour de Babel; des barques et bateaux se trouveront aux f°* 116 r° et v°, 162 v°, 221 r° et v°. Pour un puits (f° 126), au lieu de poulie, la corde s'enroule sur un cylindre horizontal que portent deux montants, à la manière d'un rouleau d'essuie-main.

Pour le service de table, on aurait eu quantité de renseignements à prendre aux f°* 34 r°, 36 r°, 60 v°, 119 r° et v°, 123 r°, 129 v°, 167 r°, 204 v°, 215 v°. Les torches y sont toujours une espèce de longue corne où la flamme sort par l'extrémité la plus large (f° 138 r°, 140, sqq.); comme dans bien des bas-reliefs sur ivoire, des peintures sur verre et autres.

Le baptême est toujours donné par immersion, et dans une espèce de cuve (f° 167 v°, 186 v°, 189 v°, 190 r°); et le chrêmeau y paraît plusieurs fois. Cf. D'Achery, *Spicileg.*, t. III, (in-4°) p. 143.

[2]. Ce recueil (de la fin du x° siècle), une des plus curieuses galeries de miniatures que nous ait laissées l'art byzantin (Cf. d'Agincourt, t. II, p. 55; *Peint.* pl. 31), contient, tout incomplet qu'il est, quatre cent trente scènes de martyrs, vues de basiliques et de palais, de monastères, etc. Il en a été donné une édition à Rome vers le milieu du siècle dernier; mais des copies prises, depuis lors sur le vrai modèle, en donnent une idée bien plus haute encore.

[3]. Quand je dis une petite momie, je pourrais dire indistinctement un enfant enveloppé de bandelettes, ou un corps enseveli; car la sépulture de saint Ephrem (d'Agincourt, *Peint.*, pl. 82), dans un tableau grec du x° siècle, et la résurrection de Lazare peinte par Giovanni Angelico, montrent le cadavre enveloppé de linges qui se croisent à la manière des bandelettes sur les momies égyptiennes. Dans le même tableau un ange porte au ciel l'âme du saint, figurée de la même façon. Sur le sceau d'un évêque de Carthage (vii° siècle) publié par Münter, l'enfant Jésus paraît emmailloté de même manière; et l'art ecclésiastique de la Grèce n'y manque presque jamais. Cf. Caractérist. des SS., p. 153, 463, 740.

sa séparation d'avec le corps causée par le trépas. Cette représentation, qui se retrouvait sur les portes de Saint-Paul-à-Rome (hors des murs), et qui reparaît encore au xv° siècle dans le mausolée du cardinal d'Alençon[1], semble être le plus ancien, et d'origine byzantine. Dans l'Occident, elle reçut plusieurs modifications sous la main des artistes latins, chez lesquels l'âme apparaît fréquemment avec la forme d'une demi-figure où la partie supérieure seule est développée. Et s'il est permis ici de chercher les raisons de cette singularité, voici quelques-unes des causes qui ont pu concourir à y donner lieu. Soit dans l'Orient, soit dans l'Occident, Dieu et les Anges se voient souvent peints à mi-corps; à quoi les nuages qui enveloppaient ces figures ont pu d'abord donner occasion. En outre, toute idée de la vie purement matérielle était ainsi à peu près supprimée[2]; conformément à une pensée dont les Paterniens avaient abusé en l'outrant[3], mais qui, prise sobrement, se retrouve soit dans nos têtes ailées des Anges, soit même jusqu'à un certain point dans les bustes et dans les statues en gaîne de l'antiquité. Par suite de cette idée, on a voulu dans la représentation des purs esprits, et même des corps glorifiés ou des âmes séparées de leur corps, sinon retrancher, du moins masquer tout ce qui tient de plus près à la terre et à la vie terrestre[4]. Ce mysticisme ne s'était pas encore développé chez les artistes de la primitive Église; car les anges introduits dans les compositions dès le IV° siècle, étaient représentés sous la forme d'un jeune homme; quelquefois les pieds nus, quelquefois chaussés du cothurne, les ailes déployées, entièrement vêtus de blanc, ou portant un manteau blanc et une tunique bleue[5]. L'idéalisme du moyen âge ne trouve point ces formes assez immatérielles. Ainsi, au xIV° siècle, Pierre Cavallini termine en une frange de nuages la robe de ses anges, à partir du genou[6]; et les miniatures de la même époque reproduisent ce type avec affection. Également dans le tableau de la cour céleste au dernier jour, par Jean de Fiésole, pas un pied ne s'aperçoit sous tant de robes d'anges, de moines, etc.; de même Ghiberti fait voltiger en une longue queue le bas de ses vêtements d'Anges[7]. Système sans doute, et qui, adopté comme type absolu, ramènerait l'art au *schématique* de Byzance[8]; mais bien préférable, s'il fallait opter, à cet autre système qui fait des esprits célestes autant de φαινομηρίδες classiques, en fendant exactement leurs robes, quelquefois de part et d'autre, jusqu'à la naissance de la cuisse, pour l'amour du *nu*.

appert, vers la même époque, nous montre des âmes représentées

1. D'Agincourt, *Sculpture*, pl. 39.
2. Cf. Durand, *Rational.* lib. I, c. 3, n° 2: « Græci... utuntur imaginibus pingentes illas, ut dicitur, solum ab umbilico; ut omnis stultæ cogitationis occasio tollatur. » Cf. Zappert, *Vita B. Petri Acotanti*.
3. Saint Augustin, *de Hæresib.*, c. LXXXV (t. VIII, p. 24).
4. L'intelligence et la volonté une fois exprimées par la représentation de la tête et de la poitrine, il sembla à ces idéalistes que tout ce qui s'appelle les fonctions de la vie matérielle serait de trop. Mais pour faire entendre sans doute qu'un tel état ne pouvait être considéré comme complet et permanent, quelques-uns imaginèrent de terminer cette représentation par une extrémité inférieure qui a quelque chose d'indéfini; et que l'on pourrait comparer à la forme de transition du têtard, attendant son développement ultérieur pour devenir batracien complet.
5. Gregor. Nazianz., *orat.* xxIII *sub princip.* Cf. Éméric David, *Discours historique sur la peinture*.
6. D'Agincourt, *Peint.*, pl. 125. Cf. pl. 102 (Giunta?), pl. 134.
7. Cela se retrouve souvent dans la partie la plus moderne du psautier historié de la Bibliothèque royale (suppl. latin. 1194).
8. Je ne prétends point blâmer l'ensemble de l'art byzantin d'une manière aussi rigoureuse que l'ont fait plusieurs critiques, habiles du reste. Mais il est certain que l'abus de la forme consacrée y est poussé souvent jusqu'à la pétrification; moins pourtant que ne l'affirment certains enquêteurs. On y reconnaît cent fois que ce malheureux peuple était en quelque façon poussé à la forme servile, dépouillée de fonds; à la lettre, privée de l'esprit. Comme si ses erreurs sur l'Esprit-Saint l'eussent condamné à manquer d'âme dans les arts en même temps que dans la vie.

(peut-être comme signe d'innocence) en forme de petit enfant, dont le corps, depuis la poitrine, se termine en cône allongé comme une queue de lézard, afin sans doute d'annoncer leur séparation d'avec la partie inférieure de l'être humain; mais ce symbole n'est pas commun[1], et pourrait avoir été le produit local d'une école isolée qui aurait trouvé peu de retentissement. Aussi ne l'ai-je guère rencontré, si mes souvenirs ne me trompent pas; quoique j'eusse reproduit cette miniature dans les *Annales de philosophie chrétienne*.

Beaucoup plus fréquente, à partir du XIIe siècle, est la forme d'une figurine nue, assez souvent représentée de profil, pour ne point offenser l'imagination du spectateur trop susceptible[2].

La forme de colombe, ou même d'aigle s'élançant vers le ciel, n'a rien qui puisse embarrasser[3]; mais un globe translucide, quelquefois lumineux, pourvu d'yeux, c'est ce qui n'a d'explication que dans les idées platoniques décernant à la forme sphérique une prééminence décidée sur toute autre[4]. Idée consacrée par les légendes[5]; car la liaison étroite et l'influence réciproque des légendes et des peintures, est un point extrêmement important de l'histoire du symbolisme, ainsi que l'a fort bien compris M. Zappert, qui paraissait en mesure de jeter un grand jour sur cette matière. Mais, depuis que j'écrivais ces lignes, le sujet a été repris sous œuvre avec maints détails par M. le comte de Saint-Laurent (*Guide de l'art chrétien*, t. III, p. 327, svv.).

L'Église et la Synagogue. Dans la *notice de Notre-Dame de Trèves*, publiée vers 1839 en Allemagne, M. le chanoine J.-G. Müller (élevé ensuite à l'épiscopat) décrivait les sculptures aujourd'hui mutilées qui décoraient le portail de cette église, et s'efforçait d'en compléter la restauration idéale par la comparaison de ces statues avec celles qui existent à Fribourg en Brisgau, et à Strasbourg. Il eût pu citer encore un vitrail de Bourges[6], et de Chartres entre autres; mais surtout plusieurs miniatures, et particulièrement l'*Hortus deliciarum*. Là, comme à Bourges, c'est au pied de la croix que se fait cette séparation entre l'ancien peuple de Dieu et le nouveau. La figure symbolique de l'Église y est représentée non pas debout comme dans le vitrail dont je parle, mais portée triomphalement sur un animal à quatre têtes qui rappellent les symboles évangéliques. D'une main, elle tient un étendard flottant en signe de victoire, et de l'autre elle reçoit dans un calice le sang qui coule du cœur entr'ouvert de Jésus-Christ[7]. En face, l'aveugle Synagogue est montée sur un âne (probablement en signe d'ignominie), les yeux couverts d'un voile. Son étendard lui échappe, et tombe

---

1. M. Zappert (*op. cit.*) en a donné un exemple représentant la mort de la sainte Vierge.
2. De quelque manière qu'on la trouve représentée du reste, on peut y appliquer la remarque faite par d'Agincourt, t. II, p. 71, *Peint.*, pl. 59.
3. Cf. Grimoüard de Saint-Laurent, *Guide de l'art chrétien*, t. III, p. 330-339.
4. Les Origénistes voulaient que les corps même prissent la forme sphérique dans leur état glorieux; toujours, probablement pour l'honneur du *Timée* de Platon !
5. Zappert, notes au n° xi.
6. Le symbolisme du moyen âge commençait à peine à être bien étudié lorsque ces lignes s'imprimaient dans les *Annales de philosophie chrétienne*. Les *Vitraux de Bourges* et la première série de nos *Mélanges* (t. II, p. 50, svv.) nous ont donné l'occasion de traiter plus abondamment les diverses personnifications de l'Église et de la Synagogue. Il reste néanmoins encore plusieurs aperçus à développer avant que le dernier mot soit dit sur cette question qui embrasse une dizaine de siècles dans l'histoire de l'art. Vienne donc celui qui couronnera l'édifice.
7. J'en ai répété l'indication partielle dans le IIe volume des Nouveaux Mélanges (*Ivoires, miniatures, émaux*), p. 125-127, et p. 29, 31.

renversé sur la monture. D'une main elle tient une victime, et de l'autre le couteau du sacrifice.

L'examen des espèces de variations exécutées sur un même thème par les artistes du moyen âge, pourrait conduire à reconnaître ce qu'il y avait de primitif et de fondamental dans les symboles; et, combiné avec l'étude des monuments écrits[1], il servirait souvent à reconnaître la source et même le sol où il a été puisé d'abord. Ainsi parviendrait-on peut-être à constater, avec la localité ou l'influence des diverses écoles, le mode de propagation suivi par leurs enseignements. Le type, par exemple, dont nous nous occupons, paraît avoir été affectionné chez les populations riveraines du Rhin. Tantôt la Synagogue est couronnée d'un diadème tombant, sans manteau, avec un sceptre ou une bannière brisée, ainsi qu'à Bourges; portant les tables de la loi renversées, etc.; pour montrer qu'elle a perdu, avec l'intelligence de la révélation divine, ses titres à la souveraineté. Tantôt elle conserve la couronne et les autres insignes de la royauté, comme souvenir de la vocation qui l'a faite précurseur du Messie, et confidente des secrets du Ciel dans l'ancien monde. Alors elle apparaît plutôt comme introductrice à la loi nouvelle; et son infidélité s'efface presque entièrement dans la pensée de l'artiste, pour ne laisser place qu'à ses titres d'autrefois. Mais il doit me suffire d'avoir touché ce sujet en passant. Tout récemment M. Rohault de Fleury a publié (Tours, 1874, chez Mame) sur les représentations des scènes évangéliques une espèce de musée rétrospectif qui ne permettra plus d'excuse aux tâtonnements chez nos successeurs. Il est vrai que, dans sa belle collection, l'histoire prime le symbolisme de beaucoup, mais je ne lui en adresse nul reproche; les vues symboliques étant difficilement appréciables à l'homme du monde, qui n'a guère le loisir de comparer l'enseignement des SS. Pères pour s'y former un choix bien mûri.

ANNONCIATION. Les plus anciennes représentations de l'annonciation peignent la sainte Vierge assise, et s'occupant d'un travail manuel[2]; ou debout près d'une fontaine, au moment où l'archange se présente devant elle. Cette dernière composition de la scène, empruntée aux évangiles apocryphes[3], a guidé le peintre de l'évangéliaire syriaque du VIe siècle qui est à la bibliothèque Laurentienne; de même qu'elle avait présidé à l'exécution d'un ancien tableau dans l'église de Nazareth[4]. M. Zappert tient pour type byzantin la représentation de la Vierge occupée à filer en ce moment; du moins ne connaît-il aucune représentation originale de l'Europe latine, où la quenouille se voie entre les mains de Marie.

---

1. Ces vues sur l'étude des monuments n'ont pas échappé à la sagacité de M. Zappert, et je me plais à les lui rapporter presque toutes, comme à mon guide. Une telle comparaison aurait pour résultat de faire voir que la prédication et les écrits des docteurs ont eu beaucoup plus de part que l'imagination des artistes dans ces diverses modifications données aux sujets sacrés.
2. Voyez d'anciennes mosaïques, par exemple celle du Ve siècle à *Sainte-Marie-Majeure*. — Anastase, *Vit. pontific.*, ed. Bianchini, t. III, p. 125. — Ciampini, *Vet. monim.*, I, 200. — D'Agincourt, *Peint.*, pl. 16. — Grimoüard de Saint-Laurent, *Guide de l'art chrétien*, t. IV, p. 101, svv.
3. Cf. Protevangel. Jacobi minoris, cap. XI-XII (ed. Thilo, p. 212-219). — Evangel. de Nativit. Mariæ, cap. IX (Thilo, p. 336, sq.) — Trombelli, *de Vita... B. Mariæ V.*, t. II, p. 197, sq. — D'Agincourt, *Peinture*, Ie P., pl. 50. — Kugler, *Kl. Schriften zur Kunst Geschichte*, t. I, p. 7, 33.
Le fil que manie la Sainte Vierge est souvent écarlate (*coccinum*). Cf. C. Cavedoni, *Memorie di religione*... (Modena, Serie IIa, t. XIV, p. 331; 334, sg.; 346). — Grimoüard de Saint-Laurent, *Guide de l'art chrétien*, t. VI, p. 346, sv.
4. Phocas, *de Locis sanctis*, cap. x. Cf. *Acta SS. Maii*, t. II, p. IV. Le texte grec a été publié dans la Byzantine de Venise, à la suite de J. Malalas. Voyez le catalogue de la bibliothèque Laurentienne (Biscioni, *Catalogus codic. oriental.*, t. I, p. 44, etc.; et tab. v). Les portes de bronze de la cathédrale de Bénévent (Ciampini, t. II, p. 26) rappellent cette même légende (XIIe siècle). Ciampini s'élève à ce propos contre la présomption des artistes (orientaux) qui se sont permis d'arranger ainsi le récit de l'Écriture d'après des données purement humaines; mais connaissait-il les apocryphes, ou ne les méprisait-il pas trop? Car si Horace vante le « *Nil admirari* », ce n'est pas à dire qu'il n'y ait beaucoup de bon dans le « *Nil contemnere* ».

On trouve chez Bottari (*Roma sotterranea*, pl. clxxvi, t. III) une Annonciation fort ancienne, où la mise en scène semble avoir voulu dérouter le spectateur qui n'aurait pas été chrétien.

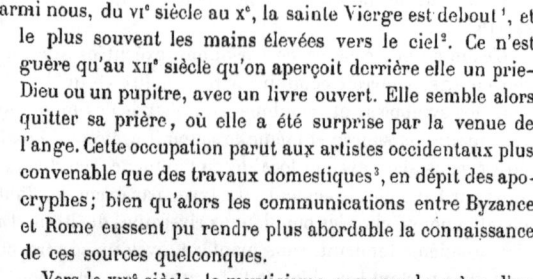armi nous, du vɪᵉ siècle au xᵉ, la sainte Vierge est debout[1], et le plus souvent les mains élevées vers le ciel[2]. Ce n'est guère qu'au xɪɪᵉ siècle qu'on aperçoit derrière elle un prie-Dieu ou un pupitre, avec un livre ouvert. Elle semble alors quitter sa prière, où elle a été surprise par la venue de l'ange. Cette occupation parut aux artistes occidentaux plus convenable que des travaux domestiques[3], en dépit des apocryphes; bien qu'alors les communications entre Byzance et Rome eussent pu rendre plus abordable la connaissance de ces sources quelconques.

Vers le xɪvᵉ siècle, le mysticisme compose la scène d'un mélange de symbolisme et d'historique. Au lieu de poser le livre (psautier) sur le prie-Dieu, on le place entre les mains de la Vierge qui l'appuie sur son sein en signe de méditation. C'est tout au plus à la fin du xɪɪɪᵉ siècle que le *lis* entre comme partie obligée dans ce tableau[4]; quoique le lis, comme symbole de la chasteté, pour les deux sexes, fût généralement adopté par les artistes dès le xɪɪᵉ siècle. Ainsi un vitrail de cette époque, à Saint-Denis (publié par M. de Lasteyrie), où le lis paraît dans l'adoration des mages, pourrait bien n'avoir reçu cet accessoire que par une réparation postérieure. Pour ce qui est du lis placé entre les mains de l'ange (au lieu de la baguette de héraut, usitée jusque-là, et qu'on retrouve encore au xvᵉ siècle) il semble que cette représentation ne soit pas antérieure à la seconde partie du xvᵉ. Les *trois lis*, dont le nombre a été assez exactement conservé dans les monuments, pourraient bien y être un symbole de la Trinité qui intervient pour ce grand mystère. Mais il se peut que S. Bernard n'y soit pas étranger, puisqu'il semble en suggérer ou en consacrer l'usage, en donnant les trois lis comme expression d'une vertu parfaite ou même de l'Incarnation[5].

Mais le triomphe de la Mère de Dieu dans la peinture, c'est l'époque qui s'écoule entre Giotto et Raphaël. Avec Giotto, Marie revêt la majesté d'une reine et toute la beauté accessible au pinceau. Non pas que le culte de la sainte Vierge ait innové à cette époque. Saint Cyrille d'Alexandrie avait dit, bien avant saint Bernard, tout ce qu'il est possible de dire à son honneur sans la confondre avec Dieu[6]; et les tendres effusions de saint Hildephonse étaient bien antérieures à l'âge de la galanterie chevaleresque. D'ailleurs la coutume de représenter la Mère de Dieu en reine, remonte pour le moins au ɪxᵉ siècle[7]; mais ici c'est comme un concert unanime d'enthousiasme et d'amour. Ce n'est

---

1. Par exemple sur les portes de bronze d'Hildesheim (1015) et la Verrière d'Heimersheim (fin du xɪɪᵉ siècle). Cf. Müller, *Beitræge*; et dans l'*Hortus deliciarum*.
2. *Evangel. de nativitate Mariæ*, c. 9.
3. Cette idée n'a pas commencé à saint Bernard, elle se trouve déjà exprimée dans saint Hildephonse. Cf. Anguissola, *Ephemerid*. A. 1849, p. 38.
4. Sur une médaille sicilienne (Paruta, ed. Haverkamp, *Sicil. numism.*, t. II, pl. 197, ap. Zappert) de Charles III (1289 — 1309), Marie et l'ange sont représentés debout : et entre les deux personnages se trouve, dans un vase, une tige de lis à trois fleurs. En quoi le prince français pourrait bien n'avoir eu en vue que de consacrer à la Mère de Dieu les insignes de sa maison; puisque les lis d'or dans les armes de France paraissent dès le commencement du xɪɪᵉ siècle (Chifflet, *Lilium franc*., p. 56, ap. Zappert), mais les trois lis n'ont caractérisé l'écu français que plus tard.
5. Cf. Bernard. *in Cantica*, serm. ʟxx, etc.; etc.
6. Sur les anciens témoignages de dévotion à la Mère de Dieu dans l'Église grecque, il suffirait de parcourir sa liturgie; mais l'on peut se contenter de jeter les yeux sur un article des *Effemeridi letterarie di Roma* (1822), p. 20. et sur l'ouvrage dont il y est rendu compte (Naples, 1822). Puis vous avez, par exemple, Hippolyte Marracci avec sa *Bibliotheca mariana*.
7. Mosaïque (de 820) à Sainte-Cécile de Rome (Ciampini,

plus assez, ni pour les poëtes, ni pour les artistes, de mettre la terre à ses pieds, ils font prosterner devant elle les habitants des cieux. Aux dernières années du XIII° siècle, l'archange n'est plus debout en sa présence, il fléchit déjà un genou[1]; et, au milieu du siècle suivant, on voit pour la première fois l'archange entièrement agenouillé devant elle. Cet usage de poser les deux genoux en terre n'apparaissait point dans les monuments antiques. Ceux qui ont prétendu que les deux genoux fléchis marquaient le culte de *latrie* paraissent n'avoir point remarqué que cet hommage se rendait aux rois; distingués en cela des reines, pour lesquelles on ne mettait qu'un genou en terre[2].

Aux XII°, XIII° et XIV° siècles, on aperçoit parfois une petite figure d'enfant, dans le rayon qui va du Saint-Esprit ou du Père éternel, à la sainte Vierge[3], pour marquer l'incarnation du Verbe, par un symbole désormais sans danger. On ne courrait plus risque alors d'accréditer l'erreur de ces anciens hérétiques grecs qui voulaient que le fils de Dieu se fût composé un corps d'une matière céleste. D'ailleurs il s'agissait de l'*âme* de Notre-Seigneur.

M. Zappert a fait encore observer combien l'étude des monuments artistiques, considérée comme histoire de la représentation des mystères, se lie avec les origines du théâtre moderne; nos premiers drames n'ayant guère été que des *mystères*.

Depuis que je groupais ces indications sommaires en 1839, il est devenu bien plus facile de se renseigner au sujet de la tradition artistique sur les sujets puisés dans l'Écriture sainte et la vie des saints. M. le comte de Grimoüard de Saint-Laurent vient de mettre quasi aux mains de tous les curieux une espèce de petit musée chrétien (*Guide de l'art chrétien*, 6 volumes in-8°); et pour le Nouveau Testament tout seul, M. Ch. Rohault de Fleury a rassemblé maintes vieilles représentations empruntées aux bas-reliefs, mosaïques et miniatures des hautes époques (l'*Évangile*, 2 volumes in-4°). Joignez-y en fait de moyen âge plus moderne, et pour ne citer que des collections françaises un peu drues, les dernières publications de M. L. Curmer, et de MM. Didot sur des sujets chrétiens. Nous n'avions pas tous ces secours il y a une quarantaine d'années; raison de plus à nos jeunes contemporains pour marcher en avant d'un pas vigoureux, et ne pas s'endormir en supposant que tout est fini

---

II, 156); autre de 848, à Santa Maria nuova (ib., 163); autre du X° siècle, dans l'église métropolitaine de Capoue (ib., 166); autre à Sainte-Marie *au-delà du Tibre* (Acta SS. maii, t. II, 499); et de même dans un évangéliaire (manuscrit de *Saint-Pierre*) du XII° siècle à Carlsruhe (ap. Zappert). Mes dates ne sont pas définitives, mais les peintures et les mosaïques n'ont pas moins leur valeur.

1. Il ne faut point attribuer cette représentation à l'usage de prier à genoux, puisque cette coutume était déjà devenue générale dès le IV° siècle. C'était plutôt un cérémonial usité pour les reines, comme on va le voir incessamment.

2. Cf. Martène, *Comment. in regul. S. Benedicti*, p. 677, ap. Zappert.

Néanmoins les vieux usages ne laissent pas de persister çà et là, lorsque la nouvelle pragmatique tend à s'établir. Dans une lettre ornée prise d'un ms. de Mayence qui est daté 1430 (ap. Fr. H. Muller, *Beiträge zur deutschen Kunst- und Geschichts Kunde...*, P. I, n° 16), l'archange fléchit le genou devant la sainte Vierge assise. Marie a son livre posé dans son giron, et ses mains jointes s'appuient sur la poitrine.

3. Ainsi sur un chapiteau de Saint-André de Pistoie; dans une peinture du XV° siècle publiée par d'Agincourt (*Peint.*,

pl. 125). It. au portail occidental de Sainte-Catherine d'Oppenheim (XV° siècle). Cf. Moller, *Denkmæler der deutsch. Baukunst*, pl. 35 ; etc., etc. — Le rayon part ordinairement de la bouche du Père Éternel et aboutit à l'oreille de Marie. C'est le Verbe qui s'incarne : *O sapientia quæ ex ore Altissimi prodiisti*. — *Angelus... nuntiavit...*; et *concepit*. Dans le rayon, le Saint-Esprit précède l'âme de N.-S.; et peut-être l'irradiation marque-t-elle la nature divine de la personne du Fils de Dieu.

L'ancienne liturgie disait : « *Quæ per aurem concepisti*, » etc. (Cf. Daniel, *Thesaur. hymnolog.*, t. I, p. 172, sq.); et « *Intacta nesciens virum verbo concepit filium.* » Je suppose que cette même idée dirigeait l'artiste dans la miniature de Mayence (1430) dont il vient d'être parlé; car, malgré l'usage constant de masquer alors les oreilles par la chevelure, il détourne les longs cheveux de la sainte Vierge pour mettre à découvert son oreille droite, tandis que de l'autre côté la chevelure s'avance jusque sur la joue gauche. Cf. Hug. a S. Victore, *Institut. monast.*, lib. IV, Annunt. Domini (opp. t. II, p. 280). — Trombelli, *De Vita B. M. V.*, t. II, p. 159, sq. — Ennod. *Carmen X* (Sirmondi opp. celct. Venet., t. I, 1112). — Zenon. Veron., lib. I, tract. XIII, n° 10. — Etc. etc. Le Père Arthur Martin avait appuyé sur ce symbolisme dans un article relatif à Cunault-sur-

parce qu'on a commencé à leur frayer la route. S'ils ont le courage de pousser plus avant sur cette trace maintenant mieux ouverte, l'art y gagnera des inspirations qui ne deviennent que trop rares.

Importance historique des miniatures considérées comme monuments artistiques. — Leur caractère à diverses époques jusqu'au XIV° siècle.

XXVIII.

On a répété longtemps, et bien des phrases héritées du passé en portent encore l'empreinte, que la chute de Constantinople avait été pour l'Occident le moment du réveil dans les sciences et dans les arts[1]. Le vandalisme destructeur de la *réforme* et le vandalisme restaurateur des gens de goût ont singulièrement servi cette assertion en fait de peinture; car, en France, à combien peu de chose se réduisent les monuments de nos vieux peintres! Chez nous surtout, la peinture du moyen âge n'est plus guère que dans les livres ou dans les vitraux; et son histoire, du IV° au XV° siècle, s'est réfugiée là presque tout entière. Là seulement, et surtout dans la peinture bibliographique, se voient les études et les efforts progressifs; on y reconnaît la source extra-byzantine de l'élan qui se manifesta dans les arts au XV° siècle, dans les Pays-Bas et en Allemagne, aussi bien qu'en Italie; car c'est de là que surgirent Jean de Fiesole (*fra Giovanni Angelico, il beato*), et les deux Van Eyck (Hubert et Jean),

Loire, et qui a paru dans les *Mémoires des Antiquaires de France*.

1. M. Émeric David avait publié dès le commencement de ce siècle une réhabilitation de l'art chrétien au moyen âge. Et certes, son *Discours sur la peinture moderne depuis Constantin jusqu'au XIII° siècle*, était un des plus beaux mémoires que l'on pût trouver alors sur cet objet. Plus tard il paraît avoir traité de même l'*histoire de la sculpture*, à propos de l'ouvrage un peu trop vanté de Cicognara. Malheureusement cet *essai historique* fut adressé à la *Revue encyclopédique* (1819), recueil extrêmement peu favorable aux idées, et partant à l'histoire du moyen âge. Les directeurs de cette revue ne comprirent donc pas qu'un mémoire de cette force serait un véritable ornement pour leur collection; et M. Ém. David fut forcé de couper son travail au vif. De pareils désappointements ont sans doute influé beaucoup sur le parti qu'il prit de tourner ses études vers la mythologie hellénique. Mais si la portion supprimée dans la *Revue encyclopédique* s'est conservée dans les manuscrits de l'auteur, nous conjurons ses héritiers d'en faire présent au public. Ce sera un véritable service rendu à bien des curieux, au nombre desquels je me compte.

chefs de l'école flamande durant la moitié du XIV° siècle. Malheureusement la spoliation des monastères a dispersé ces beaux monuments de la peinture chrétienne, et surtout en a jeté au-delà des mers une quantité énorme. Aujourd'hui, à peu près enlevés aux arts, ces débris ont passé dans les collections anglaises des Astle, Dent, Marc Sykes, Devonshire, Coke, Sussex, Tobin, Ottley, Douce, etc.; et en grande partie à la bibliothèque Bodléienne d'Oxford, ou au Musée Britannique. Or ces peintures, longtemps considérées comme pures curiosités, ont une valeur extrêmement importante comme pièces historiques. Car, là où nous ne sommes pas réduits aux seuls manuscrits, la comparaison des miniatures avec les fresques, par exemple, nous montre un *faire* très-semblable dans les unes et dans les autres.

Pour Lanzi[1], toujours si consciencieux dans ses études quelconques, il regardait la miniature comme ayant fait l'éducation de la peinture en Occident, sans qu'il faille recourir exclusivement ni aux Byzantins, ni à certains maîtres qui auraient tout fait à eux seuls. Cette opinion se confirme d'ailleurs par la marche de l'art chez plusieurs miniaturistes, qui passèrent de l'*enluminure* aux branches voisines, s'élevant progressivement jusqu'aux plus grands sujets[2]; et par le soin exquis des petits détails chez quantité d'anciens maîtres. Leur manière dans les grands tableaux laisse ainsi apercevoir, dit Lanzi, la main du miniateur qui tient la palette du peintre[3]. Le *scriptorium* est donc l'atelier des peintres du moyen âge; et, à ce titre, les bibliothèques d'alors ne sauraient être bien étudiées, si l'on ne s'arrête quelque temps à cette partie de la *bibliognostique* monacale. J'avoue que mon principal objet dans ce mémoire si haché, est de montrer combien les bibliothèques monastiques ont été mal à propos accusées d'avoir fait peu pour les études profanes[4]. Aussi sera-ce là l'objet tout spécial de ma seconde section[5]; mais, au risque de la reculer beaucoup, je n'ai pas cru devoir manquer l'occasion d'étudier d'abord le matériel de ces bibliothèques si peu appréciées. D'ailleurs, avoir été le berceau des *Fiesole*, n'est pas une gloire sur laquelle on puisse passer légèrement.

1. *Storia pittorica d'Italia*, passim; premières époques des diverses écoles. Je n'ai pu me procurer le nouveau travail de M. Rosini, sur cette matière.
2. Par exemple, l'*Angelico* (Jean de Fiesole), D. Barthélemy della Gatta, Gherardo, Buontalenti, etc.
3. *Il miniatore che pinge, o il pittore che minia*.
4. On ne s'arrête pas à cette assertion, tout inconsistante qu'elle est, puisqu'on va même jusqu'à les accuser d'avoir été fatales aux sciences. Quand le jour se sera levé sur le chaos que nous ont fait en histoire les trois ou quatre derniers siècles, on admirera sans doute que de pareilles propositions aient pu être avancées, et recevoir même, jusqu'à un certain point, la sanction de l'opinion publique. Mais si le philosophe y apprend alors à juger cette *opinion* qui est la *reine du monde*, le chrétien aura prévenu cette leçon, en tenant pour assuré que la haine de la religion est l'œuvre de l'*esprit des ténèbres* et du *père du mensonge*. Il y a longtemps que les *enfants de lumière* nous avaient été montrés comme bien distincts des *enfants du siècle*. Cette persuasion, cette certitude même que nous en avons, ne nous empêche pas d'admettre qu'un individu puisse être subjugué avec une certaine bonne foi par ces assertions mensongères qui courent le *monde*. Voir la vérité aujourd'hui dans certaines questions d'histoire, c'est une sorte de bonheur exceptionnel que l'étude toute seule ne procure que rarement et incomplètement. « Prudentem me fecisti *mandato tuo*... Super omnes docentes me intellexi, *quia testimonia tua meditatio mea est*; super senes intellexi *quia mandata tua exquisivi*. — Narraverunt mihi... fabulationes, *sed non ut lex tua*. » (Ps. CXVIII.) Le sens chrétien nous indique où doit être le vrai; l'étude le met en lumière pour l'esprit, mais la foi l'avait montré d'avance au cœur, et avait épargné à l'étude les fausses routes. Ce guide manquera toujours à quiconque n'a pas la foi.
5. Il ne m'a pas réussi d'exécuter ce plan dont j'avais néanmoins assemblé divers matériaux préparatoires. Mais « l'homme propose, et Dieu dispose. » Ce que j'ai pu mener à terme d'une façon quelconque ne me semble pas moins pouvoir être assez utile comme indicateur de la voie; et je ne m'oppose pas à ce que l'on me complète.

N'accordons pas quelques développements à cet objet avant d'avoir déclaré en quoi la peinture des manuscrits nous paraît singulièrement digne d'attention. Quand ce ne serait pas l'histoire de l'art qu'on y rencontrerait, il nous semble qu'un autre point de vue mérite bien quelque considération aussi. C'est que là, plus que jamais, on voit l'art appliqué à sa véritable vocation; quelle qu'ait été du reste, à divers âges, son inhabileté absolue ou relative. C'était un beau temps pour l'art, que celui où il agissait sur l'homme pour l'élever au-dessus de la terre; mais ce temps a passé, et l'homme s'est emparé de l'art pour l'asservir à ses jouissances d'un jour. L'art y a été pris comme au piége et par surprise, lorsqu'il eut atteint son plus haut période; parce que, empruntant à l'étude de l'homme matériel un perfectionnement réel au fond, quoique d'ordre inférieur; il s'est laissé enivrer à cette coupe, et a changé le moyen en fin. Cependant l'âme est plus que l'art, et l'art n'est qu'une partie de l'action de l'âme; aussi ne devient-il grand qu'en formant un degré à l'âme pour monter plus haut.

L'union de l'idéal et du matériel, point culminant de l'art, n'a été le propre que de quelques hommes privilégiés. Mais si leur fusion à degré égal est si difficile à rencontrer, auquel des deux éléments, isolé ou prédominant, faut-il donner la préférence? Posé ainsi, le problème semble n'avoir pas besoin de réponse, tant la solution saute aux yeux. Nul doute que la connaissance et l'expression des formes extérieures ne soient essentielles aux arts de représentation; mais s'il est possible de prétendre à exprimer ce qu'il y a de plus vivant et de plus noble dans l'homme, les affections de l'âme (et j'entends les affections élevées), ne faut-il pas convenir que la reproduction des formes est un premier pas nécessaire, mais un premier pas seulement? Que si, donc, il fallait opter entre la fidélité dans les formes extérieures et la vérité des belles affections, le matérialisme du premier genre me semblera d'autant plus brut, qu'avec cet obstacle aplani, il n'aurait point su passer au delà. L'idéalisme du second, au contraire, sera d'autant plus admirable, qu'avec ce peu d'action sur la matière, il aurait mieux réussi toutefois à l'imprégner d'âme et de vie.

Là est toute la question, là est la règle pour les enthousiastes des deux partis. Ne vouloir point franchir Pérugin, parce que Raphaël penche déjà trop au matériel, c'est par crainte de l'excès (si ce n'est par manie et par mode) vouloir que l'art n'arrive jamais à se compléter. S'attacher à J.-L. David parce que le corps est pour lui l'objet suprême d'étude, c'est prétendre adosser le musée aux gymnases, à la scène tragique et à l'amphithéâtre des anatomistes, ou ne reconnaître guère de vie en l'homme que celle de la matière animée, avec les vils penchants qui trop de fois y prennent leur source. Mais placés entre ces deux époques, d'avant et d'après Raphaël, laissez-nous admirer celle dont le but a été le plus grand avec les moyens les plus faibles. On me permettra, sans doute, de rappeler ici ce que j'exprimais déjà (*Mélanges d'archéologie*, 1re série, t. I, p. 32-35) à propos d'un ivoire servant de couverture au psautier de Charles le Chauve.

Au moyen âge, chez nos aïeux, le défaut de dessin et de tout ce qui est technique, est compensé par le sentiment. Il y avait manque d'expérience et d'études; mais quelque chose y vivait, de l'héritage légué par l'art chrétien primitif. Dans la réaction contre le paganisme, peu importait le matériel; l'idéal était tout, d'autant que l'autre partie avait été puissamment étreinte par l'antiquité idolâtre qui se l'était comme appropriée. Et puisque l'art païen avait tout donné à l'extérieur, à la forme; l'art du christianisme voulut tout donner à l'âme, au mysticisme. L'un et l'autre était incomplets sans doute; mais encore une fois, là où ces deux vies ne s'embrasseront pas sans que l'une des deux soit étouffée par l'autre, l'art le plus honorable à l'homme et celui qui l'élève le plus, est celui qui dans l'enfance des moyens a trouvé la plus grande hauteur des sentiments. C'est là ce qu'on trouve dans les *peintres mystiques* (nom étrange pour les langues de l'antiquité) qui, tout en cherchant à perfectionner l'exécution matérielle, n'osaient pas moins, en attendant, viser à l'expression de tout ce qui paraît le moins accessible au pinceau. Et ce qu'ils avaient osé prétendre, ils le réalisèrent. Ce qui, dans le monde extérieur, échappait à leur inexpérience, ils s'en dédommagèrent en peignant l'âme par une sorte de pouvoir magique. L'abnégation et l'amour, ces deux ailes de l'âme chrétienne s'y touchent au doigt, pour ainsi dire, sous leur main. L'une est rendue sensible par la maigreur des corps, par l'impassibilité ou la douceur du visage; car l'humilité est une abnégation, et l'humilité est douce. L'autre (l'amour) se manifeste par le recueillement et la modestie des madones et des saintes, dont le visage respire une douceur enchanteresse, et une grâce pleine de pureté; par ce regard demi-voilé, dont l'intérieur, la piété, la profondeur, l'oraison intime, échappent au langage sans avoir pu se dérober à la puissance de ces artistes.

La miniature surtout, longtemps réservée au cloître, conserva plus tard qu'aucune autre peinture, la notion de son vrai but, et la pureté de ses inspirations primitives. Le goût de la niaiserie, et l'enthousiasme classique pour les représentations effrontées de l'antiquité païenne, n'y firent irruption qu'à la fin, et lorsque la défection avait gagné tous les rangs. Or, voici comment s'effectua cette triste révolution.

Avant tout, il n'est pas un art (même littéraire) qui ait franchi plusieurs siècles sur son propre sol sans éprouver des modifications où tout n'est pas constamment pour le mieux. Je l'ai déjà fait observer à propos des sculptures du moyen âge, et comme une sorte de besoin dont l'humanité ne s'affranchit guère[1]. L'architecture ancienne de la Grèce, que l'on nous donne souvent comme affaire de goût dans ses différentes manifestations, lesquelles me semblent ne représenter que des races (Doriens, Ioniens, Corinthiens et Sicyoniens), a pu exister jusqu'aux derniers temps; mais c'était affaire de mode chez des artistes divers, et nous avons eu quelque chose de pareil dans le développement de notre art ogival. Car nous avons su être doriens au début de l'art gothique. La grâce un peu affectée ne s'est accentuée ensuite chez nous qu'avec une facilité de mœurs qui a de fréquents exemples depuis la fin du XIII° siècle, et qui a conservé sur nous un grand empire. Des âmes plus sévères n'auraient-elles pas maintenu dans l'art français une touche mâle et grande? L'*ionisme* nous est né avec l'ascendant des femmes; mais la molle galanterie du Languedoc et de la Provence accéléra un abaissement que le caractère public de Blanche de Castille semblait pourtant ne devoir pas précipiter. Toutefois c'était une femme mise trop en lumière, peut-être, par son rôle politique de régente à deux reprises. Après elle, ce fut bien autre chose; et le *sicyonisme* nous envahit définitivement sous les Valois. La Renaissance française fut ravissante, mais avec combien de mollesse et de luxe affecté!

---

[1]. *Nouveaux Mélanges*, t. III, p. 176, svv. De plus habiles maîtres que moi l'auront dit sans doute; et je n'y réclame pas la priorité, mais la vérité de mon dire. Il y a là, en somme, de quoi occuper l'esthétique et le parti du progrès;

l est bon de faire quelque emprunt à l'un des disciples de l'école de Düsseldorf. L'art du moyen âge a été comparé par M. Püttmann[1] à la simplicité touchante des mœurs bourgeoises (à prendre la bourgeoisie dans sa vieille notion, avec l'abandon de sa vie de famille). Le jeune homme qui la quitte pour le tourbillon des grandes cités, en perd bientôt le goût, en perdant la simplicité de l'âme; et ne la revoit plus désormais qu'avec d'autres yeux. Blasé sur tout ce qui avait eu ses premières affections, les plaisirs simples lui paraissent dès lors insipides, et le fatiguent; la passion avilissante, l'excitation honteuse des sens, lui semblent seules désormais propres à émouvoir le cœur.

Sur une voie toute semblable, les artistes de la fin du xve siècle, enhardis par d'importantes améliorations dans la partie technique, ne virent plus guère dans l'art que ce côté seul en quelque sorte. Tout ce qui tenait au matériel attirant leurs yeux et fixant leur étude, ils n'eurent plus d'admiration que pour les monuments antiques, qu'une coïncidence malencontreuse fit alors surgir du sol. Dans les mo-

---

1. *Die düsseldorfer Malerschule* : « Die mittelalterliche « Kunst ist keusch und züchtig, unschuldig und bescheiden « wie ein einfach schönes Burgermädchen, welches den « Blick fromm erhebt zu ihrem Bewunderer, und ihm trau- « lich die Hand reicht. So lange der Jüngling noch nicht sein « Vaterstädtchen verliesz, schwärmte er für das niedliche « Mädchen, fand ihre dichte Busenverhüllung natürlich, und « hing trunkenselig an ihren reinen Heiligenblicken. Aber « einste verliesz er die Heimath, und betratt die Säle der « Residenz, hier umdrängen ihn imposante Schönheiten, « glühend, rauschend, coquet, entblösst und buhlerisch « schmeichelnd. Sein Herz wird irre, er weiss nicht mehr « was liebenswürdig, was hassenswerth ist : das Einfache « erscheint ihm albern, das Freche naiv, und die Erinne- « rung seiner Jugend erglänzt selten in dem Chaos seiner « Phantasie.

« So musste es auch der anspruchlosen, altchristlichen « Kunst ergehen. Zu Ende des fünfzehnten Jahrhunderts « war der katholisch-mystische Glaube im allgemeinen « seinem Erlöschen nahe. Etc. »

La lettre ornée qui commence cet alinéa se trouve citée, je ne sais plus où, comme provenant de Bruxelles (*Biblioth. de Bourgogne*). Mais il me semble bien que je l'avais vue parmi les mss. des Bollandistes vers 1844. Ce qui est certain, c'est qu'il n'y faut pas observation très-attentive pour apercevoir le début d'un évangile de saint Jean; et les trois médaillons oblitérés devaient compléter celui de saint Luc, par l'aigle, l'homme et le lion.

nastères, comme chez les peuples auxquels ce moyen de fascination manquait, et où les bacchanales classiques des cours n'avaient point enthousiasmé la multitude pour des idées d'un autre monde, l'art chrétien conserva quelque temps son empire. Mais l'Italie se jeta, tête baissée, dans l'application du genre grec aux scènes chrétiennes ; et de grands génies activèrent ce revirement de l'art, en mettant leur talent au service de la défection. Le nu fut émancipé de la manière la plus ridicule et la plus déplorable à la fois[1] ; les chairs au coloris et aux contours voluptueux, les attitudes passionnées, et puis les tours de force du dessin, remplacent le modeste, le chaste, le grave, le *pénétré* et le *pathétique* de l'art chrétien. Ces grands talents une fois disparus, rien ne pouvait maintenir la dignité de l'art ainsi fourvoyé. Faute d'inspiration, il s'adressa aux souvenirs classiques, et copia les idées, comme le *faire* de l'antiquité[2].

Les artistes semblent alors perdre l'intelligence des scènes chrétiennes qu'ils représentent, et faire des plus graves sujets une sorte de passe-temps oisif, où ils mettent leur gloire bien avant celle de Dieu. Chacun étale tout d'abord sa spécialité (coloris, décors, anatomie, jeu de lumière et d'ombres, perspective, etc.), puis Notre-Seigneur et les saints s'accommodent de cette exhibition comme ils peuvent. Ainsi Jules Romain, dans l'apparition de la croix à Constantin, peint un nain qui essaye sur sa petite cervelle le casque d'un guerrier. Paul Véronèse fait assister aux noces de Cana le Grand-Turc avec la reine d'Angleterre et François Ier ; etc., etc.

Si l'on pardonne à ces maîtres de pareilles fantaisies à cause de leur habileté, il semble que l'inexpérience des vieux miniateurs mérite bien autant d'être excusée en vue du sentiment profond et vrai qui conduisait leur main souvent malhabile. Du reste, ils n'ont pas toujours besoin de condescendance ; et plusieurs d'entre eux ont atteint un degré qu'il n'est pas possible de mépriser, pour difficile que l'on soit. Nous allons indiquer quelques traits dans l'histoire de cette curieuse branche de l'art, en y mêlant parfois la *peinture* proprement dite, à cause de leurs destinées souvent communes dès lors[3].

---

1. Dans des livres liturgiques, vous trouverez satyres et faunes, etc., pour encadrer les prières de l'Église. Je ne sais si d'Agincourt n'a pas eu en vue de flétrir ces tristes anachronismes, lorsque, parmi des ornements extraits d'un *Bénédictional*, il place ces idoles immondes près d'une prière *pro benedictione virginum*. Au fond, il était difficile d'en faire une censure plus amère. C'était sans doute une indication *a contrario*, tirée de quelque conglomérat artificiel qui servait comme de *chrie* (ou promptuaire) au décorateur pour ne pas rester à court de ressources inventives ; il n'y voyait peut-être que cela dans l'indifférence quasi naïve que sa profession lui avait faite, l'art classique aidant. On possédait en répertoire quantité de motifs, ne demandant qu'à être utilisés de façon quelconque.

2. Aussi les traditions symboliques et légendaires du Christianisme disparurent alors si promptement que, pour interpréter des tableaux de Raphaël (la *Vierge au poisson*, sainte *Cécile*, *Héliodore*, etc.), il ne nous faut rien moins que des espèces de dissertations archéologiques, à peu près comme pour l'inscription de Rosette et le zodiaque de Denderah. A plus forte raison quand il s'agit des bas-reliefs et des peintures du moyen âge, où nous sommes bien moins renseignés.

3. Nous prendrons pour guide principal l'ouvrage déjà cité de M. Waagen, *sur les œuvres d'art et les artistes d'Angleterre et de Paris* (Berlin, 1837 — 39 ; 3 vol. in-12.), en allemand. Mais nous ne pourrons faire que de bien faibles emprunts à son analyse des miniatures de la Bibliothèque royale ; et nous laisserons presque entièrement de côté, comme de coutume, ce qui regarde exclusivement les manuscrits byzantins. Si M. le comte Auguste de Bastard avait pu mener à fin son histoire de la peinture d'après les manuscrits, il serait devenu possible d'établir, sur l'étude chronologique des pièces, une espèce de paléographie diplomatique, qui est livrée jusqu'à présent au tact individuel, et dont les jugements sont plus ou moins sujets à contestations.

C'est ordinairement d'après les données de M. Waagen que j'indique les manuscrits de la Bibliothèque du Roi, et l'on devra se rappeler que le remaniement des séries anciennement fort enchevêtrées a modifié bien des numérotations depuis cinq ou six ans. Les anciens catalogues permettent néanmoins de s'y retrouver sans trop d'embarras.

XXIX.

Les miniatures, depuis le commencement du viii° siècle jusqu'au milieu du xvii°, nous fournissent de précieux documents pour l'histoire de la peinture pendant plus de 900 ans. Rome, Florence et Vienne possèdent des miniatures antérieures au viii° siècle, mais l'art ancien s'y montre assez, pour qu'on puisse considérer le viii° siècle comme donnant aux recherches un point de repère important. Non pas que l'époque mérovingienne nous laisse tout-à-fait dépourvus de renseignements utiles. Au vi° siècle, par exemple, saint Grégoire de Tours (*Hist. Franc.*, viii, 36) montre Gundobald, fils adultérin de Clotaire, gagnant sa vie à peindre les parois et voûtes des églises ou chapelles [1] quant il fut chassé de la cour par ses frères. Cela donne lieu de supposer qu'une certaine éducation en fait d'arts appartenait au programme des écoles du palais dès ce temps-là. Mais n'exagérons pas le résultat de ces minces données.

Durant le vii° siècle et au commencement du viii°, les manuscrits latins furent rarement ornés de miniatures; ou, lorsqu'on a voulu s'y essayer, on n'a guère produit qu'un travail maigre; et plutôt un dessin bariolé, qu'une véritable peinture. On dirait que l'âge de Charlemagne ait fait surgir tout d'un coup cette branche de l'art. Outre la mention spéciale qui est faite de ses ordres dans le préambule de plusieurs manuscrits carlovingiens, nous savons que la Grande-Bretagne, toute précoce qu'elle fût, n'offre également presque rien en ce genre avant le viii° siècle; et que la peinture n'y est guère qu'une sorte d'enluminure pour les traits calligraphiques marqués préalablement à la plume [2]. En Italie, les traditions brusquement interrompues par les guerres dévastatrices des Lombards et des Grecs, n'étaient pas beaucoup plus avancées qu'en France, au temps des derniers Carlovingiens [3]. Mais si plusieurs analogies avec la peinture de l'empire d'Orient donnent lieu de supposer une influence byzantine dans le réveil des arts en France et en Allemagne sous les carlovingiens, on ne peut disconvenir que nos peintures de cette époque ont cependant un caractère propre. Inférieures sensiblement pour le dessin, elles atteignent déjà souvent, par la hardiesse et l'originalité des pensées, une supériorité réelle sous le rapport de l'invention [4], et une véritable indépendance de talent [5]. Le dessin est négligé, il est vrai, et l'étude de l'anatomie à peu près abandonnée.

---

1. Dans le mot *charaxare* qu'emploie l'historien des Francs, quelqu'un a voulu voir une désignation de barbouillage. Ce n'est pas clair du tout; j'y reconnaîtrais bien plutôt le souvenir d'un trait à la pointe marqué sur la muraille pour maintenir le galbe des figures arrêtées par le compositeur (*ne varietur*). Le barbouilleur ou tâcheron pouvait intervenir ensuite dans une peinture murale sans prétentions, mais à charge par lui de respecter les contours du maître dirigeant.

2. Évangéliaire in-folio, *Suppl. latin*, 693. — D'Agincourt, *Peint.*, pl. 40, etc.

3. Rosini, dans sa *Storia della pittura italiana esposta coi documenti*, ne prend son point de départ qu'à Giunta. Ce peut être le résultat d'un système préconçu, mais l'auteur apercevait sans doute que les temps antérieurs ne mettaient pas ses compatriotes dans un jour fort éclatant. Pour moi, je dois déclarer aussi que les vieux mss. irlandais et anglo-saxons me sont presque entièrement inconnus. On en parlait du reste fort peu à l'époque ou e rédigeais ce travail. Depuis lors M. J. O. Westwood a publié des fac-simile qui feront faire un grand pas à cette partie de l'histoire des arts; et la Suisse paraît enfin comprendre que l'on a besoin d'elle pour s'orienter sur un terrain si peu exploré. Cf. Ferd. Keller, *Bilder und Schriftzüge in den irischen Manuscripten der schweizerischen Bibliotheken* (*Mémoires des antiquaires de Zurich*).

4. Voyez le *Discours* de M. Ém. David, publié d'abord en tête du quatrième volume du *Musée français*, puis avec des additions et quelques corrections dans le *Magasin encyclopédique* (mai, etc., 1812). — Bibliothèque royale, *Suppl. lat.*, 686. A la bibliothèque du Louvre, puis au *Musée des souverains* (et enfin à la Bibliothèque nationale), un *Evangelistarium* donné à Napoléon Ier par la ville de Toulouse.

5. Les peintures byzantines des ix° et x° siècles conservent des vestiges sensibles de l'antique, surtout dans la composition de la scène, dans le coloris, le jet des draperies, les accessoires architectoniques, etc.; et malgré une sécheresse générale, le caractère, le mouvement et l'ex-

Les contours des membres appauvris s'alourdissent. Mais les têtes ont de la vérité, de l'expression même; et les draperies offrent des restes remarquables du beau style. En somme ces peintures ne méritent point les jugements durs et méprisants qu'en porte le comte Orloff dans son *Histoire de la peinture en Italie*. Et lorsque plus tard, en Allemagne (sous les empereurs saxons), le mariage de la princesse grecque Théophanie (Théophano ou Théophanou) avec le fils d'Othon I (972) y rendit quelque action aux peintres byzantins, cette contrée avait déjà produit des fruits spontanés d'une séve latine (franco-germaine). M. Waagen[1] compare des manuscrits allemands de cette époque (à Trèves, à Gotha et à Paris), qui lui paraissent le démontrer incontestablement.

ien des enlumineurs franco-germains et britanniques du ixe siècle empruntent presque toujours leurs ornements architectoniques au style roman, qu'ils chargent d'enjolivements barbares. Ils affectionnent singulièrement les animaux fantastiques composés de parties hétérogènes et s'enlaçant comme par manière de jeu ou de combat, surtout dans les bases et les chapiteaux des colonnes. Ils marquent souvent les contours par d'épaisses lignes noires bien plates[2]. Une espèce de vignette courante sert d'encadrement assez ordinaire au texte. La surface est souvent glacée par une sorte de vernis[3].

En Italie, des réminiscences de l'art antique s'aperçoivent encore dans les draperies et le ton chaud des chairs surtout; malgré la pauvreté du dessin qui pèche principalement par la partie anatomique, et dans le détail des extrémités[4].

Le xe siècle montre une décadence sensible; la notion du clair-obscur semble s'y perdre, et les formes mêmes se dégradent de plus en plus[5], surtout pour les mains. L'enlumineur s'y sert souvent du fonds (parchemin) pour les clairs. L'Allemagne cependant se maintient, et produit les meilleures peintures de cette époque, même avant la venue de Théophanie. On y retrouve une certaine entente du clair-obscur, des draperies bien jetées, des visages passablement dessinés et qui ne manquent point d'expression. Le bleu et le vert y sont en faveur et jouent un grand rôle dans les vêtements, mais surtout dans les fonds, même pour les *capitales*. Sur la fin de ce siècle, l'influence byzantine s'y montre aux tons bruns des chairs, à l'emploi fréquent de l'or dans les fonds et dans les ornements des draperies, à la raideur des plis, aux vêtements de pourpre ou de vermillon[6].

---

pression s'y montrent. Mais une caractéristique constante de ces miniatures, c'est la prodigalité de l'or dans les vêtements et dans les fonds, la maigreur et la longueur exagérée des visages. Les chairs, au ixe siècle y sont communément orangées; au xe, elles prennent une teinte rouge de brique. *Mss. grecs*, 20, 70, 74, 139, 230, 310, 343, 550, 1128, 1208, 1528, 2144, 2243, 2736; *Coislin* : 21, 79. — Etc.

1. Waagen, *England und Paris*, t. III, p. 266.
2. Les plombs qui cernent constamment la figure dans les vitraux peuvent passer pour un reste de ce procédé. Il fallait sans doute relier solidement les parties d'une verrière, mais on continuait ainsi une tradition déjà introduite sur le vélin; et l'ancienne peinture monumentale des Grecs employait ce cerne aux meilleurs temps de l'art.
3. Bibl. roy., *Mss. latins*, 1, 257, 265, 7899. — *Suppl. lat.*, 645, 664, 689. — *Saint-Germain, lat.* 664.
4. Voyez un évangéliaire du viiie siècle à la bibliothèque de Sainte-Geneviève. Waagen, 1, p. 137.
5. *Mss. lat.*, 269, 943. — Sorbonne, 1300. Outre la réserve faite pour l'Allemagne, l'Italie (*Mss. de Notre-Dame*, 2844) et l'Angleterre (*Bénédictional de Godemann* cité précédemment) réclament quelques exceptions.
6. *Suppl. latins*, 667. L'empire d'Orient, après les fureurs des iconoclastes, faisait effort vers ce temps-là pour animer les arts. C'est alors que Basile II le jeune (989 — 1025) fit peindre son fameux *Ménologe*, où l'art byzantin, tout déchu qu'il était, montre une énorme supériorité sur l'Europe

Une bible en deux volumes (Biblioth. royale : *Biblia sacra*, n° 6²) in-f°, estimée, du x° siècle, renferme des figures vraiment remarquables pour le sentiment d'art qui s'y aperçoit. Les styles sont mêlés, comme si plusieurs écoles y avaient apporté leur tribut ; et le costume même tient plus du xi° siècle que du ix°. Un évangéliaire d'Epternach (Echternach dans le Luxembourg), aujourd'hui à la bibliothèque de Gotha, appartient aux années 972-983. Il caractériserait bien la manière du x° siècle ; et les miniatures y sentent l'art statuaire plutôt que la peinture comme notre école de David (sans comparaison).

e xi° siècle (ou plutôt la période comprise entre 1000 et 1150) est généralement le plus malencontreux, mais principalement peut-être en Italie et en Angleterre[1]. Clair-obscur et modelé y disparaissent complètement. On n'aperçoit plus rien de sûr dans les contours. Les figures sont généralement courtes, les têtes grosses ; les longueurs comparatives des membres, dénuées de toute proportion ; les extrémités, petites et amincies. Les articulations ne sont pas même indiquées ; les profils, presque toujours droits et secs, annoncent un oubli total des formes de la nature. Du reste, ces défauts, énormément développés dans la sculpture d'alors, ne sont pas toujours extrêmes dans la miniature[2]. Mais si l'on apprécie avec largeur ce qui gît au fond de cette dégradation, on y trouvera un sujet d'étude bien plus sérieux que ne semblaient le promettre de pareils dehors. Cet art ancien, dont les dernières traces disparaissent, cette prédilection pour le fantastique et l'inouï, ces types nouveaux de visages qui commencent à dominer alors, présagent un art qui va s'élancer prochainement dans des voies nouvelles, et rejeter tout mélange exotique, tout reste de civilisation étrangère. C'est la chrysalide qui se démène dans son étui de l'hiver, dès qu'elle a senti poindre le printemps. Le vêtement étriqué, bon pour une chenille en léthargie, ne va plus à l'être éveillé qui prétend devenir papillon et planer enfin dans l'air.

---

latine. Le manuscrit fut apporté en Italie, au xvi° siècle, pour Louis Sforce (le *More*) duc de Milan. Passé de là en la possession de la famille Sfondrati, il fut donné à Paul V par le cardinal Paul Sfondrati (ou par ses héritiers), et placé dans la bibliothèque du Vatican. Clément XI en fit, pour ainsi dire, la découverte lorsqu'il n'était encore âgé que de dix-sept ans ; bel emploi, certes, de la jeunesse d'un futur pape. Il avait bien raison de s'en savoir bon gré ; aussi fit-il préparer la publication aussi complète que possible, mais qui ne se réalisa définitivement que sous Benoît XIII, par les soins du célèbre cardinal Albani. Les artistes grecs qui avaient pris part à l'exécution de ce bel ouvrage, étaient : Pantaléon, Siméon, Michel Blachernita (du monastère de Blaquernes?), Georges, Ménas, Siméon Blachernita, Michel-le-Petit (*Micros*), et Nestor. D'Agincourt en a publié des gravures. La moitié du Ménologe manquait à l'exemplaire de Basile ; mais elle a été suppléée par un manuscrit de Grotta Ferrata, qui complétait le texte, quoique sans miniatures. Cf. Morcelli, *Kalendar. CP.*, t. I, p. 105.

L'époque de ces peintures a été placée par Baronius à la fin du ix° siècle ; mais Costadoni (ap. Gori, *Symb. litt.*, dec. flor. ; t. III, p. 49) et Léon Allazzi (*De libr. eccl. Græcor.* dissert., I, § 12) ne partagent pas cette appréciation, et l'on s'accorde assez généralement à faire de ce livre une œuvre de la fin du x° siècle (prolongée même peut-être au delà).

Ce qui ne peut occasionner nul débat, c'est qu'on y possède une mine de renseignements précieux pour étudier divers usages byzantins. Le P. Arth. Martin avait commencé à collectionner dans ce petit musée une panoplie de *specimens* pour l'architecture, le mobilier, etc., du Bas-empire. Mais l'original est bien autrement beau que les copies du xviii° siècle, quelque zèle qu'y aient mis des graveurs formés à toute autre école que le moyen âge.

1. Voyez dans d'Agincourt, *Peint*, pl. 55, 66, etc., le poëme de Donizone en l'honneur de la comtesse Mathilde, et l'*Exultet* de la Minerve à Rome. M. de Rumohr (*Ital. Forsch.*, 1, 242) appelle cette époque de l'art une période parfaitement négative. M. Émeric David, *Essai historique sur la sculpture française* (loc. cit.), n'y trouve plus, parmi les Occidentaux, aucun élément des théories de l'antiquité. On devient trivial, dit-il, en voulant être pathétique ; la caricature, prise pour l'expression, y descend quelquefois jusqu'à la bassesse la plus abjecte. La figure y est carrée et massive, ou rétrécie et décharnée ; c'est selon lui le dernier terme de la dégradation. Voyez aussi son *Discours historique sur la peinture* ; et à la Bibliothèque royale, Mss. lat., 1, 2, 3, 4, 6, 8. Tout cela, quoique un peu chargé, ne manque pas de vrai.

2. *Supl. lat.* 666, 602, 641 ; *Sorbonne*, 1300, 267 ; *Saint-Germain*, lat. 697, etc.

t voilà pourquoi l'Apocalypse, avec ses sujets vastes et indécis, plaît singulièrement à ces artistes mutins contre le passé. Tout liés qu'ils sont par leur impuissance d'exécution, ils se sentent, ou si l'on veut ils sentent venir leurs descendants, faits pour vivre autrement que d'emprunt, et pour produire quelque chose qui soit à eux. Les dragons qui se mordent eux-mêmes dans leurs lettres tourmentées et dans les vignettes, pourraient être pris comme un mythe de l'artiste se tordant sous l'impression de cette sourde conscience de la force qui n'est encore que le précurseur de la force à venir. En attendant, s'il jette à terre les restes de l'antiquité dans l'art, il y élève déjà les premières assises du genre moderne. Le costume contemporain commence à paraître dans les sujets où il ne s'agit pas de représenter soit la divinité, soit les apôtres[1]. Ainsi des chaussures noires et pointues enveloppent les petits pieds des personnages. Une singularité des nouveaux types de visages adoptés par l'art du xie siècle et du xiie, c'est que le bas peuple et les *méchants* sont souvent caractérisés par un nez fortement arqué, et une bouche large et béante[2]; expression peut-être de l'antipathie des nations du Nord contre les Italiens (Lombards, *Caorsins*, etc.), les grands usuriers du moyen âge; ou même contre le peuple romain en particulier, si souvent rebelle et funeste aux papes[3]; grief dont la France et l'Allemagne gardaient la mémoire depuis les Carlovingiens et les Othons.

Certaines œuvres du xie siècle, comme le livre de Guthlac[4] et un évangéliaire de Corbie (appartenant aujourd'hui à la bibliothèque d'Amiens), sont empreints d'une exagération tourmentée qui tâche de donner du mouvement aux draperies et du grandiose à l'ensemble; il y respire une recherche toute propre à conduire, par l'excès de la prétention, au genre noble et simple qui caractérisera la représentation des étoffes dans l'âge suivant. Du reste ce que nous avons appelé *rococo* pour l'art de la Renaissance, trouve sa place vers la fin de toute période artistique. L'antique dès la décadence de l'empire romain, le roman après ses plus belles œuvres du xiie siècle, l'ogival aussi (surtout en Allemagne), ont passé par cette crise où l'abus pronostique un avénement qui amènera nouvelle séve. On dit que les forêts ont de ces époques où le pas est donné à de nouvelles essences qui étoufferont les précédentes, mais dans les choses humaines cela semble bien établi par l'histoire. Le siècle qui nous occupe ici cherchait à se dégager d'un genre épuisé définitivement; et cela se manifeste surtout dans les arts plastiques. Ainsi l'architecture est alors en travail d'une œuvre étonnante. La statuaire y aborde déjà les essais d'un style puissant, malgré sa gaucherie; et de grandes entreprises s'y multiplient presque jusqu'au prodige. L'âge du roi Robert en France est impatient de bâtir[5]. Ce prince en particulier fonda plus de trente

---

1. Avant que le costume populaire prescrivît dans les monuments, les saints étaient généralement costumés à l'ancienne manière romaine, tandis que souvent peuples et rois prenaient tous la mise de l'époque où vivait l'artiste.
2. On peut remarquer au moins ces nez crochus dans les visages d'Hérode et de son écuyer (ou *maréchal*), qu'a fait graver D. Bessel, *Chronic. Gotvic.*, t. I. p. 52.

3. Du reste, cette caractéristique trop généralisée, et surtout transportée aux autres monuments (aux vitraux, par exemple), manquerait d'exactitude.
4. Exécuté en Angleterre, ce missel est actuellement conservé à la bibliothèque de Rouen.
5. Histoire littéraire de la France, t. VII, 138-141. Mais les mêmes auteurs auxquels on a sans doute emprunté le

SAINT VENANCE FORTUNAT, ÉVÊQUE DE POITIERS, ÉCRIVANT LA VIE DE SAINTE RADEGONDE
D'après un manuscrit poitevin du xi⁰ siècle, à la bibliothèque de Poitiers

églises ou monastères. De son temps, disent les bénédictins de saint Maur, la dévotion consistait à démolir les églises pour les remplacer par d'autres construites selon la nouvelle mode. Cette ardeur à rebâtir s'explique depuis une cinquantaine d'années par un ou deux textes qui ont fait croire à la frayeur universelle qu'avait causée l'attente de la fin du monde en l'an mille. Ne troublons pas la joie de ceux qui exploitent ce mince témoignage, mais prenons la liberté de ne pas nous mettre à leur suite. Cf. *supra*, t. I, p. 186, note 3.

Sur la miniature vers ce temps-là, on peut consulter, outre les grands ouvrages indiqués précédemment, M. Schnaase, *Geschichte d. bildenden Künste*, t. V (Mittelalter, t. III), p. 626, svv. — Waagen, *passim*. — Revue archéologique, II° année (1845), p. 92-96.

Pour ne pas laisser uniquement le lecteur sur des données si générales qu'elles risqueraient de répandre beaucoup de vague chez plusieurs esprits inexpérimentés, donnons en couleurs, et avec *fac-simile* très-présentable, deux pages (Planches IV et V) d'un manuscrit poitevin, qui indiquent la transition entre le xi° siècle et le xii° dans nos provinces. Ce n'est pas œuvre exécutée pour haut baron ou roi vivant, mais pour une sainte chère au Poitou depuis l'âge mérovingien. Il s'agit d'une compilation biographique (saint Fortunat, saint Grégoire de Tours, etc.) en l'honneur de sainte Radegonde, et qui a déjà été utilisée en partie dans les *Annales d'Aquitaine* de J. Bouchet. J'en dois l'indication et diverses copies à M. de Longuemar, soit pour lettres ornées, soit pour miniatures entières. L'un de ces feuillets historiés a déjà paru précédemment, réduit au seul trait, et de copie un peu lourde (ci-dessus, p. 153). Celui où saint Venance Fortunat rédige la vie de notre sainte reine (pl. IV) semble antérieur aussi à la miniature où paraît sainte Radegonde sur un trône sans dossier (pl. V). Il reste encore dans ce livre dix-neuf feuillets peints en page pleine, ou peu s'en faut. Poitiers ne pourra donc pas dire qu'on lui ait fauché sa moisson. Je lui laisse plutôt matière à se piquer d'honneur pour mener à bonne fin ce qui n'est ici qu'entamé ou indiqué modestement. Ne publiât-on que le trait (même réduit) des autres peintures, il y aurait fort à gagner pour nos études sur le moyen âge et l'hagiographie. Ce qui s'y trouve même d'outragé des ans peut éclairer la technique d'un ancien *scriptorium*: or appliqué parfois sur du vert, et tantôt pâle, tantôt foncé; usage fréquent du brun rouge, même pour esquisser les chairs; bandes parallèles de divers tons pour éviter un fond trop monotone, etc. Aussi n'avons-nous pas souffert que la chromolithographie dissimulât outre mesure l'injure des temps.

Les travailleurs ou travailleuses employés à ce livre n'y sont désignés en aucune manière, mais il semble bien que cela ait dû être exécuté dans le couvent même fondé par sainte Radegonde, et qui subsista jusqu'à la grande révolution si peu soucieuse de la vieille France. Aussi pourrait-on lui appliquer (en sens inverse, comme sanction positive ou négative) le précepte biblique: « Honora patrem tuum et matrem tuam, ut sis longævus « super terram. »

Ce qui montre que le sommeil apparent de l'art à cet instant du moyen âge n'était vraiment qu'une reprise d'haleine, c'est que, vers la moitié du xii° siècle (1150—1250), il se fait tout d'un coup une sorte de puissante révolution. L'imagination s'éveille avec un élan passionné. Les visages se développent, les traits se prononcent, le dessin acquiert de la

---

sempiternel texte de Glaber Radulphus qu'on nous ressasse abusivement, comme definitif ou péremptoire, en disent assez pour faire entendre que cette appréhension de la fin du monde n'était point du tout universelle. Aussi commence-t-on aujourd'hui à ne plus servir cette vieille ritournelle, même en des recueils qui ne se piquent nullement de glorifier ni d'excuser les âges de foi. Cf. Revue critique, *avril* 1873, p. 263.

précision et de la fermeté, le coloris tente des effets de lumière. On reconnaît que quelque chose prend pied ; ou plutôt que l'art se détend, parce qu'il s'appuie désormais sur une société assise. L'emploi du costume contemporain passe décidément dans les représentations artistiques. Plus habiles en peinture, les *imagiers* donnent moins de prix aux encadrements calligraphiques ; aussi les initiales commencent à n'être guère que des cadres pour de petits tableaux. Plus capables de *vérité*, ils abandonnent les fantaisies bizarres ; et au XIIIᵉ siècle, les ornements empruntés au règne végétal prennent de la prépondérance sur tous les autres. Les sujets de chevalerie, de chasse, d'histoire naturelle (Aristote par exemple) conduisent à l'étude de la nature, et à l'imitation des objets réels. Cependant on ne tombe point pour cela dans le matériel. L'imagination embrasse de plus en plus, comme un immense thème, les sujets dramatiques et merveilleux de l'Apocalypse[1], si bien d'accord avec la tendance mystique et emblématique du moyen âge.

on pas, certes, qu'il ne reste plus rien à faire. Les extrémités sont trop petites, les membres grêles ; les yeux, encore tout grands ouverts, poussent la prunelle fortement en dehors. Dans les visages vus de face, il est très-fréquent, durant tout le XIIᵉ siècle, de voir la pointe et les ailes du nez représentées par trois demi-cercles à peu près égaux. Les pommettes sont larges et saillantes, la bouche étroite, etc.[2]. Mais enfin, le costume ancien qui disparaît, la naïveté qui se manifeste dans l'expression, indiquent un tout autre monde que l'antique.

Et pourtant la ligne ondoyante se montre, le dessin se perfectionne, et la grâce s'empare déjà de la peinture, avant que l'architecture ait pu la réaliser. D'ailleurs, chose remarquable pour apprécier le progrès, si l'on aperçoit encore dans l'emploi des couleurs l'ancienne manière d'*enluminer,* la sûreté de la main est déjà telle que l'on ne distingue nulle trace d'esquisse. La gouache prend du corps ; les ombres encore étroites sont traitées avec soin. L'école byzantine s'y peut reconnaître à la hardiesse de l'empâtement, à l'imitation des motifs antiques de draperie, à la reproduction des sujets transmis par l'ancien art chrétien ; et à l'adoption de l'or pour les fonds, où il se maintient longtemps à partir de cette époque, parmi les Occidentaux.

Les Pays-Bas, vers le XIIIᵉ siècle, noble époque pour les princes et les seigneurs flamands, percent dans les arts comme une nation de première ligne. Quelques miniatures flamandes de ce moment annoncent, par le clair-obscur et le dessin de l'ornementation, un travail de maître. L'Angleterre, restée en arrière au commencement de cette période, ne participe au mouvement que durant le XIIIᵉ siècle. L'Italie atteint le premier rang (à Rome surtout) parmi les peuples occidentaux, dès le XIIᵉ siècle ; et ses sculpteurs se montrent habiles en plus d'une occasion[3]. Néanmoins on y retrouve encore les proportions courtes, les figures écrasées et lourdes qui caractérisent généralement les productions artistiques italiennes du moyen

---

1. M. Waagen eu cite (t. II, p. 534) un échantillon français remarquable (au collège de la Trinité de Cambridge), ouvrage des premières années du XIIIᵉ siècle.
Je veux bien que les esprits mystiques de ce temps aient volontiers lu ou représenté les sujets d'un livre dont S. Jérôme avait dit (*Epist. ad Paulinum*) : « Tot habet sacramenta quot verba... in verbis singulis multiplices latent intelligentiæ. » Cependant il faudrait prouver que ce fut là le grand champ d'exercice des peintres. Les livres destinés à la liturgie étaient réservés aux plus habiles, et l'Apocalypse n'y entrait que pour une assez faible part.

2. France : *Mss. lat.* 252, 238 ; *Saint-Martin,* 25 ; à l'Arsenal, le psautier de saint Louis. — Angleterre : *Mss. lat.* 58, 58 b. — Pays-Bas : *Suppl. lat.* 332 ; *Mss. lat.* 116, 5606. — Allemagne : *Mss. lat.* 946 ; *Oratoire,* 32. — Italie : d'Agincourt, *Peint.* pl. 67, 103, 104 ; Rumohr, *op. c.* I, 282.

3. Cf. G. B. De Rossi, *Bullettino di archeologia cristiana,* 1875, p. 110, sgg.

SAINTE RADEGONDE ÉTUDIANT L'ÉCRITURE SAINTE.
D'après un manuscrit poitevin du XIe siècle, à la bibliothèque de Poitiers.

âge[1]. Très-peu de clair-obscur; contours exprimés par une forte ligne de couleur sombre, mais au pinceau, et non plus à la plume comme précédemment. Caractères bien marqués, quoique avec rudesse.

Pendant ce temps-là, Constantinople, qui avait toujours conservé une certaine teinte des principes, et quelque souvenir des belles formes antiques[2], agissait peu à peu sur l'Occident au moyen des communications que multipliaient les croisades, et qu'activa la puissance momentanée des Latins dans l'empire grec. Mais la tradition byzantine ne se reprend à produire chez nous une action bien prononcée, qu'à partir des dix premières années du xiiie siècle, jusqu'au même point du xive; encore se borne-t-elle à peu près à la peinture. Car, pour la sculpture, elle prit communément ses modèles dans les restes du paganisme, ou dans l'art primitif chrétien jusqu'au moment où elle se fit gothique. Et il ne faut pas oublier que, durant la période même de l'influence byzantine en peinture, plusieurs ouvrages font preuve d'un développement indépendant, qui se proposait pour objet d'imitation, soit les monuments chrétiens des premiers âges, soit d'anciens modèles nationaux; comme en Italie, lorsque l'on copia des miniatures conservées dans les manuscrits du ve siècle ou du vi[e]. D'Agincourt et M. de Rumohr en font la remarque plus d'une fois.

1. Tandis que les Byzantins, exagérés en hauteur, donnent huit et dix *têtes* à leurs figures, ou quelquefois davantage.

2. Même au point de la plus grande décadence, l'art byzantin maintient, ne fût-ce que par habitude, une conformité quelconque avec les ouvrages des maîtres. L'ordonnance des sujets, la gravité froide mais décente de ses personnages, une vague tendance à la dignité et à la grandeur, enfin un reste de noblesse, le caractérisent toujours; et malgré la pauvreté des xie et xiie siècles, ses figures ont des airs de tête tout-à-fait remarquables pour l'expression, surtout en fait d'élévation. Les profils des Évangélistes et des Prophètes (Isaïe principalement, sujet de prédilection pour les Grecs) méritent d'être cités en ce genre. Si l'on y trouve de la raideur, on ne peut se refuser à y reconnaître quelque sentiment de l'inspiration.

Constantinople, jusqu'au règne de Baudouin, avait conservé de nombreux chefs-d'œuvre dus à l'art ancien; et une lettre de S. Théodore Studite nous annonce qu'au ixe siècle on savait encore les apprécier. Écrivant à des religieuses (*Epist.* XIX, éd. Migne, p. 1176), il les engage à ne pas imiter ce qu'elles pourraient voir de relâchement autour d'elles; mais à fixer leurs regards sur les grands exemples laissés par les saints, de même que l'artiste s'impose d'étudier le bel antique. Ce qui n'empêche pas que l'on ne trouve encore imprimé (1875), à la façon de vérités indiscutables, « qu'il était sévèrement défendu d'imiter ou même de regarder les idoles; etc. etc. » Heureux écrivains, qui traitent l'*Histoire des beaux-arts* sans plus de tracas! et bonnes gens aussi, que ceux qui admettent pareils exposés comme affaire entendue!

Pour ce qui est de l'influence byzantine dans la miniature des latins, elle n'est vraiment sensible en Italie qu'au commencement du xiiie siècle, et là elle se maintient à Bologne jusqu'au xive. Disons toutefois, en reconnaissant le fait, à quoi se peut réduire cette influence. Partout où les modèles anciens, c'est-à-dire les travaux de l'antiquité profane et de l'art chrétien primitif, peuvent aider l'artiste, la trace s'en trouve communément dans les productions grecques du moyen âge (draperies, sentiment du modelé, types traités par les premiers âges du Christianisme). Mais si les types antérieurs lui font défaut, soit pour les personnages, soit pour l'ornementation, sa pauvreté devient saillante, son goût n'est plus guère que de la barbarie; d'où il arrive que les saints et sujets qui appartiennent au moyen âge, y apparaissent souvent sans âme et pour le moins insignifiants. La draperie alors est remplacée par ces vêtements à étoffes historiées et lourdes, qui avaient passé d'Orient dans l'empire grec dès le vi[e] siècle pour le moins. Et comme certaines scènes prises de l'Écriture n'avaient pas été en usage (au moins d'une manière fréquente) durant les premiers siècles de l'Église (tels que le crucifix, la Sainte Vierge portant l'Enfant-Jésus), Byzance les a généralement peu compris et n'a guère su les rendre. Les crucifix byzantins n'ont point la noblesse et la souffrance paisibles de ceux de l'Occident. Chez eux, la torture y montre un homme plutôt que le Fils de Dieu; et c'est chose digne de considération que les Grecs, ordinairement supérieurs comme artistes (j'allais dire comme *praticiens*) aux Occidentaux, n'aient point su donner à un aussi beau sujet l'onction qu'y mettait l'art latin, tout brut et tout enfant qu'il était. Ainsi les disputes sur l'influence grecque, dans la conservation de l'art moderne, n'ont guère qu'un intérêt scientifique; ce qui est hors de doute, et ce qui est une vraie gloire pour la chrétienté latine, c'est que pour la *technique* nous avons bien dépassé Byzance (si ce n'est peut-être dans certaines manipulations de couleurs); et que, pour l'inspiration, elle nous appartient.

La vie du cloître seule, parmi les sujets récents, avait trouvé dans les Byzantins des artistes naïfs et vraiment inspirés; particularité qui vient sans doute de ce que les artistes grecs d'alors étaient moines pour la plupart.

M. Bouslaief, à Moscou, est revenu tout récemment sur l'histoire médiévale des peintures byzantine et russe, et se montre bien sévère pour nos artistes occidentaux postérieurs au xvie siècle (en fait de tableaux religieux). On ne saurait pourtant lui donner toujours tort dans ses appréciations; mais ce dont il faut lui savoir beaucoup de gré, c'est le jour (très-nouveau pour nous) que ses publications ouvrent sur l'art moscovite avant l'influence occidentale.

otre France (l'Ile-de-France), au XIIIe siècle, nomme l'art des miniaturistes[1]. Elle les fait appeler *enlumineurs*[2]; et donne si bien le ton dans la miniature, de 1250 à 1360, que plusieurs beaux manuscrits étrangers *ystoriés*, à dater de cette époque, sont écrits en langue française; ou avec traduction française, soit continue, soit intermittente[3]. La diffusion de la langue française, occasionnée par les croisades, par les guerres d'Italie, par les princes français d'Espagne, des Deux-Siciles, de Hongrie, d'Angleterre et de Flandre, par les poésies de nos romanciers et trouvères, etc., a dû sans doute y contribuer beaucoup. Du reste la France (y compris les Flandres, etc., sous les ducs de Bourgogne) se maintint en première ligne, dans cet art, jusqu'au XVIe siècle. L'Allemagne, au XIIIe siècle, ne tient pas en présence des autres nations. Les cathédrales de Strasbourg, de Cologne et de Fribourg, annoncent, il est vrai (sous l'impulsion française), un développement remarquable chez les artistes de cette nation; et plus tard l'école de Cologne prouve que les Allemands pouvaient devenir peintres, quoi qu'on ait dit. Mais quelles qu'en soient les causes, leurs miniatures, durant la période qui nous occupe, montrent peu d'expression, un dessin incorrect, et des visages sans individualité. Cependant plusieurs détails[4] donnent lieu de supposer aux enlumineurs allemands une éducation artistique commune avec la France et les Pays-Bas.

La peinture européenne, entre 1250 et 1360, acquiert une grâce qui va toujours croissant, et qui certainement n'était pas empruntée à Byzance. Cependant le dessin, qui se développe, excède parfois dans son désir de marquer les articulations, et tombe dans le *sec*. Le type des visages est d'abord un petit ovale effilé, qui acquiert plus d'ampleur vers la fin de cette période. Le nez, aminci et pointu, se raccourcit avec le temps; la bouche, d'abord assez grande, se rapetisse ensuite. Les yeux dilatés et effarés se maintiennent. Les mains, après avoir été trop petites, excèdent plutôt en grandeur; tandis que les pieds sont généralement fort au-dessous de leur dimension naturelle. Les nez larges et fortement arqués se retrouvent souvent encore comme symbole de méchanceté. Cependant, au lieu de ces types *à priori*, les traits commencent à s'empreindre d'individualité[5]. L'effort pour exprimer sur le visage

---

1. Cf. *supra*, p. 141, etc.
2. Dante, *Purgatorio*, XI :

   O, dissi lui, non se' tu Oderisi
   L'onor d'Agobbio, e l'onor di quell'arte
   Ch'alluminare è chiamata in Parisi?

   Lanzi reconnaît l'origine française de ce mot italien; et Denina a fait remarquer quelque part, dans son *Histoire de l'Italie occidentale*, que cette dénomination, partie de la France, annonçait une véritable supériorité des miniaturistes français : soit pour le talent, soit pour le nombre. Nous avons vu d'ailleurs (§ XXIII, p. 121) l'étudiant *parisien* dépenser l'argent de son père en enluminures, comme en toilette.
3. *Mss. fr.* 7331; *Suppl. franc.* n° 632, 4 bis; et plus tard : Cf. Valery, *Op. c.* xx, 5.
4. Voyez la collection des *Minnesænger* de Mauess; *Mss. franc.* 7266.
   Sur les miniatures du Nord, voir Waagen, *Deutschland, Wien.* — Platner et Bunsen, *Beschreibung der Stadt Rom*, t. II, p. 345, etc. Le commandant Stengel, l'un des plus

consciencieux collaborateurs de M. le comte Auguste de Bastard, jugeait que l'Allemagne déchoit tout à coup dans l'art à l'époque du *Reichspaltung* (vers 1270).

Pour la Bohême, qui devait avoir éprouvé, plus que tout autre contrée, l'influence constante des artistes grecs, nous avons peu de monuments à citer dans nos bibliothèques occidentales. Mais le catalogue de la bibliothèque impériale à Vienne (Lambecius, etc.) en donnerait une certaine idée. M. Waagen, du reste (Kunstdenkmæler in Wien), en parle avec quelque détail; sauf qu'il commence à peu près au XIVe siècle, ce qui est bien moderne pour les hommes désireux d'entrevoir l'origine et le développement progressif des écoles ou ateliers (*scriptoria*), avec l'influence de certains maîtres hors ligne.

5. Ce qu'on dit de certains types, et de la tendance à individualiser les visages à certaines époques de l'art, ne doit pas tellement s'entendre qu'on suppose l'étude du *portrait* comme tout-à-fait étrangère au moyen âge et aux deux siècles qui ont précédé Giotto. La religion et les sentiments qu'elle consacre contribuèrent à l'entretenir. Nous trouvons, dès le IVe siècle, le portrait de saint Mélèce énormément multi-

les mouvements de l'âme tombe fréquemment dans le conventionnel, comme quand le *mauvais cœur* est exprimé par un rire forcé ou contenu. La douleur est souvent rendue avec une certaine gaucherie; mais plusieurs actions, par exemple celle de chanter, sont retracées avec assez de bonheur. Les plis, plus saillants que durant l'époque précédente, mais souvent encore plats et unis, observent d'abord un parallélisme compassé qui rappelle les anciens travaux; bientôt ils se prononcent fortement, s'écartent, dessinent des courbes diverses, et forment des creux larges et profonds. Enfin le jet et l'agencement des draperies atteint parfois une perfection qui, dans la sculpture de cet âge, égale peut-être en bien des occasions ce que l'antiquité nous a laissé de plus noble, de plus simple et de plus riche en ce genre. Je paraîtrai sans doute exagérer; mais j'en appelle à ceux qui ont examiné de près les monuments du xiii° siècle. Ils diront si j'ai tort.

ous ne rencontrons presque plus les rudes contours marqués fortement à la plume, qui dominaient dans les peintures carlovingiennes; ni ces tâtonnements de modelé qu'exprimait le progrès du coloris entre le xii° et le xiii° siècle. Les deux manières antérieures se mêlent alors dans l'exécution. Les traits fondamentaux sont marqués préalablement à la plume, et puis remplis par une teinte plate (couleur locale); après quoi les contours encore, et certaines parties, comme les draperies, sont retouchés finement à la plume en noir. Quelquefois, surtout à la fin de cette période, on trouve des teintes plus foncées dans les creux de la draperie, et le blanc employé pour marquer les clairs. Les joues ne sont indiquées que par des taches rouges, mais point d'ombres; en sorte que ces miniatures, correspon-

plié à Antioche sous toutes les formes. Au siècle suivant, l'évêque Sévère plaçait dans le baptistère de Bourges un portrait de saint Paulin encore vivant. Saint Grégoire le Grand (vi° siècle) se fit peindre entre son père et sa mère, dans l'*atrium* d'un monastère (Voyez Rocca et les Bollandistes); et, selon son biographe, on reconnaissait dans cette représentation ce que ses traits avaient emprunté de l'un et de l'autre de ses parents. Les portraits d'évêques, d'abbés, de donateurs et de leurs familles, étaient souvent placés dans les églises, et l'on aurait tort d'imaginer que l'on s'y contentât toujours d'une représentation quelconque. Des moines grecs du vii° siècle apostent un habile peintre pour saisir à la dérobée les traits de saint Théodore de Sicéon qui les visitait (*Acta SS.* April. t. III, 59); saint Macaire d'Alexandrie avait été peint avec ses défauts naturels (Pallad. ap. Zappert). Enfin, quels que fussent les sentiments qui dirigeaient l'artiste, de pareils faits se reproduisent fréquemment. L'orfévre Wolvinius (ou Wolvinus) auteur des bas-reliefs qui décorent l'autel de la basilique ambrosienne, ne s'y oublia point; et fit sans doute de son mieux pour que la postérité fût informée des traits de l'artiste qui s'adressait à elle.

On sait combien Héloïse tenait au portrait d'Abailard, et sûrement elle ne s'y tint pas pour satisfaite par le tracé vague d'un visage absolument humain. Guillaume, comte de Poitiers (même époque, c'est-à-dire xi° et xii° siècle), avait fait peindre sur son écu le portrait de sa maîtresse.

L'abbesse Herrade consacre une grande page aux portraits de ses religieuses, et je n'ose pas dire qu'il y ait là des airs de ressemblance très-marqués. Au xiii° siècle, Édouard I°r, roi d'Angleterre, fit placer le portrait de la reine, avec une croix, partout où le cadavre de cette princesse avait été déposé durant le transport; l'évêque Bonincontro donne son propre portrait, peint sur verre, à la femme d'Albert della Scala. On en rencontre des exemples de chaque siècle à peu près, dans le curieux opuscule de M. Zappert, *Notes* au n° 9, p. 46-64. Les dédicaces des manuscrits *ystoriés* en offrent également plusieurs, dont quelques-uns ont été signalés déjà dans ces recherches ou le seront plus tard. Voyez ce que dit Ebert (*Handschriftenkunde*, t. I, n° 10) du *Chronicon episcoporum Verdensium*, à la bibliothèque de Dresde.

Je demande donc permission de ne point partager l'avis de certains antiquaires sur la nullité du genre *portrait* au moyen âge, surtout s'il s'agit de sculptures. Il est indubitable qu'on s'y ingéniait de son mieux; et si l'on n'y réussissait pas habituellement, il y avait tendance à réaliser une représentation vraie. Cela remonte très-haut, du moins pour l'intention. A l'âge carlovingien la *Bible de Saint-Paul* (ou de Saint-Calliste), celle de *Charles le Chauve*, les évangéliaires et les psautiers de l'empereur Lothaire, etc., en donnent des preuves sur lesquelles on a pu voir quelque chose dans notre premier volume des *Nouveaux Mélanges*.

Ekkehard (ap. Goldast, *Rer. Allamannic. Scriptt.*, t. I,

dant tout-à-fait à leur nom d'alors, font l'effet de dessins sûrs et assez habiles, mais tout simplement *enluminés*. Cependant ces dessins vont en se perfectionnant par une étude continue où la part des Français est grande. Plusieurs œuvres anglo-saxonnes (anglo-normandes) avaient montré une finesse de trait, et des intentions dramatiques qui s'émancipent visiblement de l'école grecque; mais on s'y affranchit de l'influence orientale par une exagération de gestes et de mouvements énergiques qui dépassent les bornes du vrai acceptable dans l'art. C'est souvent la caricature de la vie et de l'action. Chez nous, au XIII° siècle, geste et attitude acquièrent promptement une mesure et une vérité dignes d'attention; et quand la Toscane vante Giotto, à bon droit du reste, il n'y a pas de quoi faire oublier ou dédaigner les progrès accomplis chez nous dès ce temps-là.

Vers 1300, le coloris se développe; des demi-teintes, des essais d'ombre et de lumière se montrent fréquemment. Alors, quoique toujours un peu bariolées, ces peintures ressemblent davantage à des tableaux sans y prétendre plus que de raison. L'or est encore fréquemment employé pour les fonds, pour les auréoles (nimbes) et pour les armures. La perspective s'essaie, mais sans grand succès. Les arbres sont d'une forme conventionnelle. Les détails d'architecture sont tantôt empruntés au roman de la dernière époque (*antégothique*, comme parlent Rumohr et Waagen), tantôt de forme gothique bien décidée. Le caractère des animaux est saisi d'une manière remarquable; bien que les chevaux y soient généralement épais, et à tête lourde et courte[1].

La peinture italienne a un caractère spécial qui lui vient d'abord de la grande part qu'avait l'art byzantin dans son développement[2]. Mais, au XIV° siècle, le génie riche et hardi de

---

p. 43) rapporte qu'un eunuque grec fut envoyé de Constantinople en Souabe pour faire le portrait de la duchesse Hadwige qu'on voulait marier avec l'empereur byzantin. Si l'artiste venait d'Orient, l'idée ne pouvait manquer du moins d'être éveillée par cet exemple, supposé que cela fût nécessaire. Nous avons parlé précédemment (§ XXIV) de portraits faits au X° siècle dans le *Codex Vigilanus* en Espagne; et Florez (*Reynas cathólicas*, t. I, p. 69, 90) indique à la même époque un ms. d'Oviédo enrichi des figures de rois et de reines des Asturies qui avaient bien mérité de cette Église.

Si bonnes intentions ne devaient pas laisser de produire quelques fruits acceptables à la longue, quoique l'on n'eût certainement pas touché le but dès le premier essai.

1. *Mss. franc.* 6985, 7013, 7266, 7331, 7953-55, 9787. *Suppl. fr.* 254, 19; 1132 bis, *Suppl. lat.* 636. La miniature italienne sera traitée à part. Nous avons dit un mot déjà de la miniature allemande.

2. Cimabuë, souvent indiqué comme le créateur d'un nouvel art national, n'a point enseigné réellement à quitter la manière grecque. Il était lui-même un artiste grec, sauf la patrie; et sa manière, toute grecque qu'elle est, il pouvait la tenir de maîtres italiens, l'influence de Constantinople étant bien prononcée en Italie quand il parut. Mais sa réputation a pour fondement le talent, et non pas une manière nouvelle. C'est à Gui de Sienne et à Giunta de Pise qu'appartient le véritable honneur d'avoir innové.

Je ne veux point dire que ni Cimabuë ni l'art byzantin fussent sans mérite. Si l'on y trouve une sécheresse souvent extrême et une raideur qui va jusqu'au glacé, c'étaient des abus, il est vrai; mais des restes d'une manière noble et grandiose, qui rappelait l'art primitif du Christianisme. Ces visages pâles et allongés, dont l'effet sévère et imposant est encore grandi par la monotonie solennelle des fonds d'or (caractère distinctif des peintures byzantines), tiennent à quelque chose de noble et d'idéal qui n'avait besoin que d'être vivifié pour produire une sorte de charme. Quant à l'exagération des proportions en hauteur, rendue encore plus frappante par l'affectation de maigreur, elle a une origine complexe dont il importe de distinguer les divers éléments. Les anciens peuples avaient adopté la haute taille comme symbole de la grandeur morale : et les nations modernes (de la chrétienté latine surtout), mêlées toutes plus ou moins de sang germanique, devaient accepter volontiers ce type de noblesse, réalisé chez elles par les nations conquérantes du Nord (excepté les Normands peut-être). A cette première idée se joignit celle de peindre la victoire de l'esprit sur la chair (maigreur des solitaires, austérité de la vie et des écrits des docteurs de l'Église; vie mortifiée, âme de la contemplation). Cette partie, il est vrai, fut poussée parfois jusqu'au hideux chez les Byzantins; mais pourtant, au milieu de cette décadence, qui ne respectait ce reste de vie surnaturelle qui cherche à se peindre dans l'élan de l'âme vers le ciel? Si l'œil exorbité en haut, si le corps se raidit et se dessèche pour exprimer le recueillement et la vie austère, cet abus, tout abus qu'il est, n'est-il pas plus vivant et plus vrai (autant qu'un abus peut l'être) que ces bergères pincées qu'on nous donne pour des sainte Geneviève, par exemple; ou que ces athlètes qui posent dans l'académie des Carraches et consorts pour devenir des apôtres sur la toile; ou encore que ces belles dames à *ferronnières*, qu'on ose prendre pour idéal de la Mère de Dieu? Quoi qu'il en soit, l'art byzantin eut vers le XII° siècle un moment remarquable, et ce fut précisément celui où les Latins purent s'en emparer par les Croisades;

Giotto brise définitivement les vieux types pour fonder un art propre et tout nouveau. Si l'observation de la nature, si l'emploi du costume et de tous les accessoires contemporains, si l'effort pour devenir dramatique avaient dirigé avant lui bien des artistes, soit hors de l'Italie, soit en Italie même; à lui appartient l'individualité décidément prononcée des visages, sans que rien y sente la charge; à lui la grâce et la finesse des attitudes, le *sens* de la beauté, l'intelligence des groupes et des lignes dans l'ordonnance des compositions. J'oserai presque dire qu'il arriva trop tôt; croissance hâtive, menaçante pour l'âge mûr. Car tant de grâce et de fraîcheur brusquait la marche de l'art, doucement acheminée vers une perfection pleine d'idéal. Pour atteindre la hauteur de ce génie si spontané, et de ses grands successeurs (les Taddeo Gaddi, Arcagnolo, Fiesole. etc.), les autres écoles furent forcées de doubler le pas. Et peut-être faut-il chercher là en partie les causes de la malheureuse décadence qui se manifeste bientôt par l'*étudié* et la mignardise[1]. Révolution activée d'ailleurs en Toscane et en France, par les fêtes et les mœurs païennes de la *renaissance*, sous les princes et princesses de la maison de Médicis. L'ancienne peinture supposait des mœurs simples et naïves; elle devait déchoir de sa pureté avec les mœurs elles-mêmes.

N'oublions pas non plus, sous peine d'injustice, qu'un art peu compliqué aidait jadis la conscience et le désintéressement des grands maîtres. Pour peu qu'ils fussent pénétrés de leur sujet, et jaloux d'exprimer dans leurs ouvrages l'enseignement de l'Église ou de l'Écriture sainte, leur esprit n'était guère distrait par l'envie de plaire à certaine classe de connaisseurs spéciaux. Clair-obscur, comme on dit, finesses ou fougue de coloris, imitation scrupuleuse de la *nature morte* (joaillerie, métaux, fruits, etc.) ou des animaux vivants, minutieuses exigences de perfectionnement technique, autant de préoccupations épargnées alors à l'homme habile qui possédait les grandes qualités fondamentales. Un spectateur simple et franc ne subtilisait pas ce qui n'était point de première valeur; vérité, simplicité dans l'expression avec quelque progrès nouveau effectué dans l'exécution matérielle; c'était assez pour enlever les suffrages d'une multitude accommodante. Quand des vies entières eurent été consacrées à chercher les secrets du jeu des ombres sur diverses surfaces, les finesses qui peuvent rendre la pensée ou des aspects variés de la matière, il se forma des groupes d'amateurs pour troubler la droiture du jugement public. Ceux qui n'étaient pas au fait des secrets d'atelier apprirent vaguement qu'il ne fallait plus se mêler d'avoir un avis en fait d'art sans connaissances préliminaires qu'ils se souciaient assez peu d'acquérir. Des artistes plus ou moins expérimentés en tel ou tel procédé matériel trouvèrent des prôneurs qui déroutaient l'appréciation franche de l'honnête vulgaire; et l'homme du peuple finit par conclure que l'art ne le regardait plus : luxe de désœuvrés qui excitait enthousiasmes et réprobations où les petites gens n'avaient rien à voir. Dès lors, ferveur et simplicité ne furent plus que des qualités médiocres qui faisaient sourire les *dilettanti*. Comment avouer, près de ces aristarques, qu'on admirait des enfantillages si peu en vogue! On s'accoutuma donc à ne pas tenir les œuvres trop primitives comme faites pour notre monde.

---

mais ils ne manquaient pas d'y adopter l'exagération en longueur, surtout pour la sculpture où cette tendance était favorisée par l'élancement de l'architecture gothique.

1. D'ailleurs le *tableau* (peinture isolée qui prétend se suffire à elle-même) commence vraiment là. Jusqu'alors le peintre était comme vassal de l'architecture; et cette subordination l'accoutumait à un style décoratif qui imposait des moyens francs où les recherches de coquetterie eussent été ridicules. Presque pas de plans, sauf pour un peu de modelé dans les figures; mais un accent net de pose et de mouvement, où l'observation simple suffisait sans grande étude d'artifices secondaires. Cette partie inférieure de l'art prit bientôt le dessus, en se développant toujours davantage, et finit par faire croire à maintes gens (dont l'espèce n'est pas encore éteinte) que le principal n'importait pas beaucoup.

n examinant les visages des figures giottesques, du reste fort bien proportionnées, on aperçoit un nouveau type aux yeux allongés, au nez droit et long, au menton effilé. Le dessin des autres parties du corps est peu prononcé sous le vêtement, et se contente d'indiquer les formes générales. L'ensemble du coloris est vif et pas assez fondu, comme dans le reste de l'Occident; et là aussi, le bleu et le vermillon dominent. Le dessin à la plume est rare dans les miniatures de cette école, qui enrôle à peu près l'Italie entière, jusque vers la fin du xiv° siècle, quoique avec certaines variétés. Bologne seule, et aussi Venise en partie, conservent encore dans le xiv° siècle une manière mêlée du byzantin et de l'ancien *faire* de l'Italie[1]. Mais la Lombardie était un peu plus reliée aux Français, même par sa littérature.

Pendant ce temps, les Pays-Bas, malgré les troubles et les guerres, se développaient d'une façon remarquable. Leurs miniatures, qui tiennent de la manière française (pour beaucoup de raisons), s'en distinguent toutefois par l'acheminement vers le caractère d'individualité; par la vérité de l'expression, la gaieté de l'imagination qui s'émancipe en goguenardises et drôleries plus ou moins heureuses, la fraîcheur et la variété des couleurs fortement empâtées[2].

---

1. Manuscrit du roman de Tristan, signalé par M. Waagen, t. III, 315, sans autre indication. Bibliothèque royale : *Suppl. fr.* 632, 4 *bis*; 1132 *bis*; *La Vallière*, 36 *bis* (autrefois 5295); *Fonds Navarre*, 13; *Fonds Regius*, 7241; *Suppl. lat.* 132. — Arsenal : *Mss. theologica*, 384.

Ces combinaisons lentes, formées par divers éléments demeurés en contact sur un même sol, importent beaucoup à qui veut scruter l'histoire; et ne sauraient trop être mises en lumière par les chercheurs attentifs qui voudront faire avancer nos connaissances sur le moyen âge.

2. Il faudrait voir avec patience l'ancienne bibliothèque de Bourgogne à Bruxelles, trésor important en ce genre. — Bibliothèque royale : un psautier in-folio, n° 8070.

C'est, à vrai dire, une étude que je n'ai guère faite; tout en croyant qu'elle prêterait à quelques trouvailles et aperçus nouveaux, dont l'utilité rejaillirait assez loin.

DU LUXE BIBLIOGRAPHIQUE AU MOYEN AGE,

SUITE.

Miniatures, à partir de la moitié du xive siècle.— Principaux miniateurs depuis le viie siècle jusqu'au xve inclusivement. — Livres d'heures. — Orfévrerie, glyptique, etc., appliquées aux livres.

XXX.

De 1360 à 1410, la peinture subit une sorte de révolution, ou plutôt les germes lentement éclos s'y développent décidément avec une rapidité qui approche bientôt du dernier terme. Une fois les premières difficultés vaincues par l'étude de la nature, le beau suivit de près le vrai qu'on venait enfin de saisir. La plume n'avait plus besoin d'assurer l'enluminure, le pinceau seul désormais est employé dans l'exécution, et répand les couleurs avec une harmonie jusqu'alors inconnue. Aux fonds d'or ou de marqueterie, on substitue des accessoires dont la disposition acquiert déjà de la profondeur; et, dans les Pays-Bas surtout, commencent à se montrer des germes de la perspective linéaire et aérienne. Si la perfection n'est pas atteinte, du moins le miniateur se sent assez maître de son art pour aborder toute espèce de sujets, avec une sorte de profusion. Romans de chevalerie, traduction des classiques, poëtes, description de voyages, *bestiaires* (recueils de zoologie plus ou moins réelle) ouvrages allégoriques, peinture burlesque[1]; tout est abordé, traité même avec succès.

On conserve encore, des époques précédentes, l'éclat tranchant de quelques couleurs (vermillon et bleu foncé); les arbres continuent à être comme moulés sur une forme typique; le ciel a quelque chose de plat et de monotone; les attitudes et les mouvements montrent souvent une certaine gaucherie; le dessin des formes du corps n'a point perdu sa maigreur et son incertitude, et les pieds en particulier sont généralement trop petits; mais les mains sont traitées avec finesse; la draperie se dépouille de son caractère sec et plastique, pour substituer, à la maigreur et à la sécheresse des plis, un jet facile, large et moelleux. L'or ne paraît plus guère que dans les *nimbes* ou dans les ornements, et lorsqu'il s'agit de représenter Dieu. Les couleurs sont d'un ton clair et doux, la fusion des clairs et des ombres s'opère avec une dégradation pleine de délicatesse. L'architecture, le plus souvent empruntée au gothique avancé, est encore quelquefois romane. Le mobilier, les lits avec leurs ciels et les autres accessoires de ce genre, sont détaillés soigneusement.

Les visages sont remarquables par la variété et le naturel. Les détails en sont rendus avec une finesse singulière. Les Saints y ont un air doux et pur qui frappe dès le premier

---

1. Le grotesque des siècles précédents avait son développement principal dans les peintures de l'enfer; l'abbesse Herrade, par exemple, et plusieurs scènes de vitraux, réalisent en ce genre des imaginations que n'aurait point désavouées Callot avec sa verve incomparable. Mais c'est un grotesque effrayant, qui ne fait naître que le rire d'insulte; chose qu'il importe de remarquer. Le sérieux que la foi donnait à de tels spectacles imprimait à ce comique un sceau qu'il ne conserverait point aujourd'hui, où tout son résultat serait d'être bizarre et curieux.

coup d'œil. Le nez, généralement droit chez les femmes, est légèrement courbé chez les hommes.

L'encadrement est d'ordinaire rempli par des sujets comiques et souvent par des oiseaux qui s'y jouent avec grâce. Les fraises, en fait de fruits, y ont un rôle important et sont reproduites avec une heureuse fidélité. Les initiales, communément peu développées, renferment rarement des figures; tracées en or, sur un fond coloré, elles sont relevées par des arabesques qui en rompent la pesanteur.

n France la miniature fut encouragée à cette époque par Charles V, par le duc Jean de Berry, et par Philippe le Hardi. Les Flamands (ou du moins les Pays-Bas, même Wallons) ont le pas sur la France par la fécondité de leur imagination, l'aisance et la grâce des mouvements, la vérité de leur dessin, et l'espièglerie un peu gaillarde des scènes domestiques [1]. Nos miniateurs souvent plus habiles qu'eux dans l'exécution, et supérieurs pour le fini, n'ont pas leur variété, leur empâtement ferme, et la couleur fraîche de leurs chairs [2]. En somme la nation française, s'y l'on y comprend tous les États des ducs de Bourgogne, donnait le ton partout en deçà des Alpes pour l'*enluminure*, comme au siècle précédent [3]. Je n'oserais guère y comprendre la Franche-Comté.

Mais l'Italie après Giotto ne s'était point arrêtée; c'est tout dire [4]. Or, à ce moment de l'art, il convient de remarquer l'élément nouveau qui s'y fait jour. L'ancienne peinture, jusque vers le XV° siècle, semblait représenter un monde typique. L'art chrétien primitif avait commencé par opposer, à la voluptueuse inaction de l'antique, la fixité recueillie de l'attitude liturgique. Le moyen âge, héritier de sa foi, sans avoir pu recueillir toutes ses traditions artistiques, maintint ces graves enseignements de l'art pour les nouveaux chrétiens aussi, que le Nord lui avait donnés à former. La foi d'abord et le respect des choses du ciel, l'amour et l'abandon du cœur ne pouvaient s'élever que sur ce fondement, et après que l'enseignement des nations aurait été accompli. Le *schématique* donc, ou la forme consacrée, dominait nécessairement dans les représentations de cette période; ce devait être l'âge des peintures de saints anciens, de prophètes et de solitaires. Puis, quand la *chrétienté* fut formée, et la foi bien assise, une ère nouvelle devait s'ouvrir pour l'art. L'amour demandait sa place dans la vie de la société; et le christianisme, sûr des siens, devait leur donner cet avant-goût de bonheur qui ne manque pas de précéder la bienheureuse éternité des élus. Aussi, à ce moment, les peintres se rapprochent du monde contemporain et de la vie humaine. On choisit par préférence des saints modernes (saint François d'Assise, sainte Claire, etc.), et des faits plus voisins de l'homme. Les représentations de l'Évangile même revêtent une teinte domestique dans les scènes de la sainte famille. Le naïf et le doux prennent la place du grand et du sévère; c'est au cœur ou à l'esprit, plus qu'à l'intelligence, que s'adresse l'artiste.

Pour expliquer l'influence des peintres italiens sur la miniature française vers cette époque, soit comme modèle, soit comme élégance plus distinguée dans la représentation du visage et du corps humain, il ne s'agit nullement de supposer que nos artistes aient beaucoup franchi les Alpes en cherchant de nouveaux secrets. La cour pontificale d'Avignon amena

---

1. Mss. *français*, 8392.
2. *Mss. fr.* 6829 bis, 7031. *Suppl. fr.* 632, 12; 2015. *La Vallière*, 127. *Mss. lat.* 919. *Suppl. lat.* 165, 26, 700.
3. Gardons-nous d'y oublier la Flandre française et le Hainaut.
4. *Mss. fr.* 6829. Voyez *Notices des manuscrits*, t. VI, p. 106.

sur les bords du Rhône maint élève des écoles toscane ou lombarde qui apportaient chez nous leur coloris avec leur manière ; et, si Français que pussent être les cardinaux limousins, périgourdins, languedociens ou provençaux, etc., la nouveauté seule pouvait suffire à leur recommander les compatriotes de Pétrarque. M. Ambroise Didot possédait un petit livre d'Heures manuscrit, où le texte, exécuté pour un Breton, et dû à des copistes de ce côté-ci de la Loire, a été orné de miniatures italiennes. Il est quasi évident pour moi que les peintures viennent d'Avignon, et qu'elles appartiennent presque assurément à l'année 1387 ou 1388. Ces curiosités exotiques se rapportaient sans doute en France avec une certaine ostentation, et devenaient objet de mode pour nos miniateurs. Dieu merci !. pourtant, les nôtres ne se précipitèrent pas plus que de raison dans la nouvelle voie ; et nous conservâmes longtemps encore une élégance simple et vraie dont l'expression se retrouve surtout chez Jean Fouquet, contemporain de Louis XI. Celui-ci, appelé à Rome où il passa quelque temps, ne laissa pas d'y être estimé par les Romains, qui ne sont pas prodigues d'admiration pour les étrangers ; et cette fois ils n'étaient que trop justes.

nsensiblement une marche analogue se montre dans l'histoire de l'architecture ; et ce qui fait bien voir que cette succession tenait à quelque autre chose qu'au progrès matériel, c'est qu'une série semblable s'aperçoit dans l'esprit des grands corps religieux. L'Ordre de Saint-Benoît avait élevé ses *monastères* loin du tumulte des villes, comme une protestation contre les pensées terrestres. Saint Dominique et saint François trouvent une société plus chrétienne ; aussi, se mêlant à la vie des cités, ils forment des *couvents* et non plus des monastères, enrôlent des *frères* et non plus des moines[1]. L'empire de la foi, plus puissant sur le monde, rendait la vie active moins dangereuse à l'esprit religieux, et les peuples plus capables d'une instruction développée.

Mais ceci n'appartient plus à notre sujet, revenons à l'art du xv° siècle[2]. L'épanouissement confiant du nouvel art avait un écueil, comme toute chose humaine : c'était, en portant l'homme au dehors, de lui faire prendre goût à cet extérieur au détriment du principe interne. Il eût fallu, pour parer à cet inconvénient, que la foi conservât tout son empire, qu'elle l'accrût même, pour sanctifier ces accessoires humains. Malheureusement c'est ce qui n'arriva pas. Le monde extérieur grandissait d'action et d'influence d'une manière brusque et soudaine à cette époque, tandis que des causes négligées, mais puissantes, minaient les cœurs et les esprits. Nos relations des croisades avec l'Archipel grec n'y avaient pas nui ; et sainte Brigitte de Suède, au nom du Ciel, semonçait la reine de Chypre sur le costume immodeste des dames de sa cour, sous peine de s'attirer la colère de Dieu[3].

---

1. Je ne sais plus qui a formulé cette marche, dans les vers suivants : « Bernardus valles, colles Benedictus amabat ; — Oppida Franciscus, magnas Ignatius urbes. »
2. Cependant, l'art étant un effet, et tout effet supposnat une cause antérieure, on comprend aisément que l'art des xiv° et xv° siècles tient aux pensées des xiii° et xiv°. Comme c'est l'âge mûr qui agit, et comme il n'agit en masse que d'après une direction reçue dans la jeunesse, la source la plus rapprochée des faits sociaux doit se trouver au moins d'une demi-génération en arrière. Toute cause contemporaine n'est qu'une occasion, et rien de plus. L'art doit donc se trouver un peu plus bas que l'état moral de la société, lorsque celle-ci est en mouvement ascendant ; et un peu plus haut, lorsqu'elle descend. Dans tous les cas, il est quelques degrés en arrière de la marche sociale.
3. Revelat. sanctæ Brigittæ, libr. VII, cap. XVI (Antverp., 1611, p. 355). Si M. de Mas-Latrie eût connu ce texte, il aurait exprimé moins de surprise en parlant de la toilette que portent les belles dames Chypriotes, même sur leurs pierres sépulcrales à l'époque des Lusignan. C'était un renouveau de l'ancienne Paphos, mal déguisée sous le nom moderne (Baffo), et conservant la mollesse antique du terroir avec les furieuses luxures du vieil Orient. Cette île devint donc, moralement, une perte peu regrettable pour nous.

Le mémoire de M. Rigollot sur les arts en Picardie rapporte divers faits qui montrent combien l'immodestie était en usage dans les vêtements d'alors. La désertion de plusieurs peuples chrétiens se préparait par la turbulence et l'immoralité; et lorsque l'art eut atteint sa floraison (vers la fin du xve siècle), il se trouva que la séve tarissait. Un homme surtout représente en lui seul cette situation complexe; Raphaël commença par achever le Pérugin, et termina à peu près sa carrière par prêter à deux reprises son pinceau aux récits d'Apulée. L'art qui prenait une telle route méritait ses disgrâces. Il se faisait courtisan des princes et des heureux du monde, mais il perdait les sympathies du peuple. Voyez Rubens divinisant la reine de France dans une suite d'incroyables apothéoses; lisez dans Vasari la description des bacchanales florentines sous les Médicis, etc., etc.; et plaignez, si vous le pouvez, l'impopularité où l'artiste se précipite pour obtenir la faveur des grands. Sur cette voie, le *genre* devait prendre le dessus : paysages, intérieurs, épisodes de la vie de tavernes, scènes populaires; allégories, qui pis est, et le précieux qui en est si voisin, voilà ce que nous ont valu ces grands hommes. En cela notre France du xviiie siècle peut se vanter d'avoir fait merveille avec ses Vanloo, ses Boucher, ses Watteau, etc. Et quand, pour se réhabiliter, l'art s'est mis avec Mengs à copier l'antique, avec J.-L. David à transporter le théâtre sur la toile, faut-il s'émerveiller s'il est demeuré tout aussi inintelligible pour les peuples? Le patriotisme, l'esprit de nationalité a bien pu le relever quelque peu dans les tableaux d'histoire et les arcs de triomphe; mais alors même, que peuvent comprendre les sociétés modernes à ces arcs triomphaux décorés de nudités colossales? Ne comptez pour rien la morale si vous le voulez, ne calculez que sur un intérêt d'égoïsme, et dites s'il n'importe pas à l'auteur d'un objet d'art d'être compris par son public? Or, l'éveil donné à la conscience par le Christianisme, chez ceux-là même qui n'y conforment point leur conduite, rend absurdes ces évocations de l'impudeur païenne; et quand vous en agrandissez l'échelle, c'est l'absurdité qui grandit avec vos proportions[1].

Artistes, si la popularité vous flatte, soyez religieux; une tâche plus grande que jamais s'offrira alors devant vous. Il ne s'agit plus de seconder la pensée publique et de ne triompher qu'en vous y élevant; vous avez à élever après vous les pensers avilis et les âmes déchues. Les anciens maîtres étaient les échos de la société; il faut que les nouveaux en soient les restaurateurs. Aussi l'œuvre de l'art à venir n'a-t-il point de modèle complet dans le passé. Pour moi, s'il m'était permis d'en indiquer la route, j'engagerais l'artiste que n'effraierait point ce ministère, à marier aux puissantes idées des vieux temps, l'habileté des écoles actuelles que nos ancêtres n'ont jamais eue en aide. Ni la douce peinture des Masaccio ou des maîtres de Cologne, ni l'architecture de saint Louis, ne sont bonnes pour nos yeux actuels, ce me semble. Énervés et sans foi, ils n'y rencontreraient peut-être qu'un noble passe-temps :

Sincerum est nisi vas, quodcumque infundis acescit.

Aux cloîtres, aux naïves campagnes, aux âmes croyantes et pleines d'amour, les tableaux des Gentile et des Gioanni Angelico, avec les verrières, les sculptures et les formes architecturales de la Sainte-Chapelle; aux cœurs égoïstes des grandes villes, à l'œil terne et brutal des campagnes indifférentes, le sévère roman et les grandes peintures où se dresse l'autre

---

1. Sidoine Apollinaire (*Epist.* lib. II, 2) parlant de ce genre de beauté dans les objets d'art, disait : « Per nudam pictorum corporum pulchritudinem, turpis prostat historia; quæ, sicut ornat artem, devenustat artificem. »

vie ; où elle perce du moins sur les vitraux et aux absides, comme la vision de Balthasar ; mais tout au plus le gothique primitif. Ces réflexions ne sont point totalement étrangères à notre objet ; la marche progressive de l'ancien art ecclésiastique ne peut être sans conséquence pour guider l'artiste chrétien de nos jours. Quant à l'histoire de sa décadence, elle est toute propre à faire ressortir la fidélité avec laquelle son véritable but fut longtemps maintenu dans les cloîtres ; et c'est là précisément ce qui nous occupe.

De 1440 à 1500, la vérité et l'expression sont à peu près à leur comble dans la peinture. La vie s'y répand sur tous les objets, et la nature inanimée en éprouve l'influence. Aussi le paysage et la perspective y prennent un rang qui dépasse de bien loin la manière *plastique* de l'antiquité. L'égoïsme absorbant et le matérialisme de l'art païen n'avaient guère songé qu'à représenter l'homme, et l'homme physique quasi exclusivement. Ici tout s'anime et s'élève : on sent que le monde matériel est réhabilité pour l'homme, depuis qu'il y voit autre chose qu'une pâture à ses désirs. Mais l'homme surtout vit dans cet art nouveau ; et quand la perfection de la forme est atteinte, elle n'a point encore subjugué l'attention du peintre pour la circonscrire dans l'étude de l'extérieur. L'âme, le cœur, l'occupent plus que tout le reste ; aussi ceux que n'a point fascinés l'art des derniers temps, savent ce qu'il y a de distance sous ce rapport, entre les *peintres mystiques* des xv⁰ et xvi⁰ siècles, et ce que l'on est convenu communément d'appeler les *grands maîtres*.

Durant le xv⁰ siècle, la perfection des têtes n'est point égalée par la représentation du reste du corps. Les membres conservent une maigreur qui tient de l'époque précédente, les mouvements ont souvent encore quelque chose d'emprunté ; mais la draperie a généralement un caractère de noblesse et de vérité remarquable. Le coloris est vrai et vif, et pourtant le camaïeu [1] est traité avec affection. Souvent ce genre de peinture est relevé de petites parties coloriées différemment. L'emploi de l'or mis au pinceau est assez fréquent dans les miniatures de cet âge ; mais les fonds d'or disparaissent de plus en plus pour faire place à une ordonnance profonde, ménagée avec entente de la perspective. Ils sont pourtant très-ordinaires dans les marges ornementées, tout en disparaissant des sujets historiques.

La gouache est d'une exécution qui ne laisse rien à désirer, surtout dans les ouvrages des Flamands et des Italiens [2]. Les bordures, surtout depuis 1450, sont délicieusement historiées

---

[1]. Ce genre de *peinture monochrome* se retrouve non-seulement dans les enjolivements accessoires des bordures, mais aussi dans de grandes miniatures tout entières. Les plus ordinaires sont gris sur gris (*grisaille*) ; on en rencontre cependant rouge sur rouge. Ebert (*Handschriftenkunde*, t. I, n⁰ 10) devait avoir été bien malencontreux dans ses études de miniatures, pour ne connaître de camaïeux que chez les maîtres flamands (il veut peut-être dire les Wallons). On en trouve de fort beaux dans les manuscrits français et italiens, si j'ai bonne mémoire. J'ai vu de riches bordures bleu sur vert, ou vert sur bleu, d'un effet étrange ; et que l'on pourrait jusqu'à un certain point classer dans ce genre, à cause de l'étroite parenté entre ces deux couleurs si bizarrement rapprochées par l'artiste.

Nos peintres commençaient peut-être à se persuader qu'ils ne pouvaient lutter par le coloris avec l'Italie et les Flandres. Se rabattant alors sur le dessin, ils adoptaient volontiers la peinture monochrome ; se contentant parfois de peindre les chairs au naturel, pour ne pas faire mine de lutter uniquement avec la sculpture. Mais bien des fois on croirait qu'ils se sont piqués d'imiter le bas-relief, pour toute ambition.

[2]. FLANDRE : *Ms. lat.* 82 ; *Mss. franç.* 6976 et 77 ; 8024, 8351. *Suppl. franç.* 548, 2. A la bibliothèque de l'Arsenal, *Histoire*, 102. Du reste il est bon d'observer que l'origine flamande de tous ces manuscrits n'est point certaine. — ITALIE : *Suppl. lat.* 627, *Mss. franç.* 9941. — FRANCE : *Suppl. lat.* 577 (voir le *Bulletin des sciences historiques*, 1831, p. 215), 651. *Mss. franç.* 6891, 6984 ; 7231, 2. Livre d'*Heures* d'Anne de Bretagne, etc. J'ignore de quelle école est le beau Froissart, in-folio, qui ne m'est connu que par sa

de fleurs, de fruits, d'insectes, d'oiseaux ; ou même d'architecture, d'arabesques, et de figurines. Les initiales, souvent semblables à celles de l'époque précédente, redeviennent fréquemment des cadres pour de petites scènes bien détaillées. En marge on reproduit avec prédilection le barbeau (bluet), la violette et la pensée, le myosotis, l'ancolie (gants de la sainte Vierge), la chausse-trappe à feuilles crispées, la fleur et le fruit du fraisier; avec des libellules (demoiselles), des papillons et des chenilles[1]. Le tout très-conforme aux goûts de nos sculpteurs du XIIIe siècle et du XIVe, qui puisaient dans la flore française avec tant de bonheur. Comme pour épargner la peine, les lignes d'ornementation servent parfois en sens inverse pour les deux côtés d'un même feuillet; manière économique d'éviter non-seulement une composition nouvelle, mais jusqu'à un nouveau tracé. On décalquait le recto sur le verso, comme à la vitre, moyennant la transparence passable du vélin.

L'école flamande d'alors (les Van-Eyck, etc.) est caractérisée par une finesse de coloris que les Français contemporains n'égalent guère, les carnations de ceux-ci tirant un peu sur le grisâtre. Ajoutez à ce premier caractère des Flamands une exécution facile et pleine de légèreté, des détails soignés jusqu'à l'extrême, des figures à traits fins et délicats (dans l'exécution). Toutefois, si les physionomies y ont de la vérité, de la douceur et une certaine onction, on y voit rarement de l'élévation et de la grandeur. Aussi l'expression y est-elle exagérée fréquemment et rendue sans cette mesure que le goût devrait dicter.

ous les travaux secondaires (et comme de fabrique) exécutés alors dans les Pays-Bas, sous la maison de Bourgogne, sentent souvent le *patron* de manufacture et accusent la monotonie d'une infatigable médiocrité qui se cramponne à l'art industriel pour gagner sa vie. La peinture des *Livres d'Heures* devint probablement l'industrie de maint travailleur en fabrique, comme le velours à fleurons ou le cuir doré; si bien qu'en entendant parler pour quelque vente d'un manuscrit à miniatures né sous cette constellation, mais dont vous ne pouvez prendre connaissance *de visu*, vous ne saurez s'il faut y mettre le prix de quinze francs, ou de mille et plus.

On a d'ailleurs beaucoup trop confondu en une espèce de bloc, fort commode pour la paresse, tout ce qui s'appelait alors les Pays-Bas; et le patriotisme des Flamands en a bénéficié plus que de raison. Parce qu'un artiste était sujet ou protégé de

réputation. Ce pourrait bien être celui que désignaient les nos 6320-23. En ce cas il doit être flamand, puisqu'il provient de la collection formée par Louis de Bruges, seigneur de la Gruithuyse (mort en novembre 1492), et acquise par le roi Louis XII. Pour moi, quoique j'aie constamment rencontré une obligeance gracieuse au département des mss. (contrairement à ce que j'éprouvais aux imprimés), je ne me suis pas senti d'humeur à trop demander depuis qu'on a établi des *réserves* et remanié les catalogues. Je craignais la contagion des maussaderies voisines, et l'âge est venu ajouter ses fatigues à mes motifs antérieurs pour ne pas être assidu au point de fatiguer messieurs les con-

servateurs. Il n'est que juste, pourtant, de leur rendre ce témoignage que je ne les ai jamais vus bouder leur tâche ou rudoyer le public (aux mss. dis-je, n'équivoquons pas). Car le département des imprimés me faisait grise mine.

1. M. L. Curmer, dans ses dernières publications chromolithographiques, a voulu se faire renseigner par un naturaliste sur les noms officinaux de ces jolies créatures qu'étudiaient nos miniateurs. Mais ce sont les vieux noms populaires qui en expliqueraient mieux l'emploi sur la marge d'un livre d'église. Car le plus souvent cela correspond à une dévotion qui a dû en déterminer le choix pour des livres pieux.

Philippe le Bon, de ce qu'il avait été employé à Bruges (ou était allé chercher fortune sur ce grand marché du riche commerce et de la faveur), on a trop gratuitement conclu à ses titres de nationalité néerlandaise. L'énorme éclat de Rubens et de Van Dyck étant venu couronner celui des Van Eyk et d'Hemmelink (ou Memmling), tout artiste belge s'est cru obligé à ne reconnaître qu'Anvers et Bruges comme ayant droit de conférer des brevets acceptables. Au risque de semer la discorde en Belgique, je demanderai si Mabuse, par exemple, était Flamand; et si la race wallone, y compris Liége avec Namur, est bien de même souche que le peuple des Flandres. Or les Wallons pèsent de quelque poids dans l'art, quand même ils l'auraient oublié : Liége et Tournai peuvent en ce genre revendiquer un passé glorieux où la cour des Bourguignons n'a que faire. Architecture, sculpture et orfévrerie liégeoises, tournaisiennes, montoises, ou même brabançonnes, étaient-elles œuvres de Flamands? En attendant preuves, je n'en crois pas un mot; disons même mieux : je n'en sais rien, mais je suis sûr que non.

ue si le Hainaut tournaisien ou montois, avec Liége et le Brabant wallon, veulent absolument par esprit de corps marcher toujours sous la bannière de Courtrai, ou la croix de Bourgogne; Artois sans doute, Hainaut français et Flandre française sauront secouer cette superstition due à des classificateurs partiaux ou somnolents. Douai, Valenciennes, Arras et Tournai, ne peuvent manquer de comprendre que Bruges n'a nul droit à les remorquer; pas plus qu'à les faire considérer comme n'ayant rien produit dans les arts, qui témoigne une séve locale. Déjà M. l'abbé C. Dehaisnes, qui avait commencé par suivre la piste pseudo-flamande avec une ardeur dont je lui signalais le péril, m'avoue maintenant qu'il trouve d'autres traces plus sûres. J'ai appris de lui avec grand plaisir que Roger van der Weiden, par exemple, n'était qu'un Wallon déguisé en Flamand. Son véritable nom de famille était R. Dèle Pâture (comme qui dirait Dupré ou Du Pasquier), et par faiblesse pour les Brugeois il se laissa costumer à leur mode, faisant mine d'être des leurs.

La prétendue phalange des maîtres flamands, une fois entamée par quelques trouées semblables, sera conduite enfin à des capitulations que le bon droit exigeait impérieusement avant l'ouverture des hostilités. Possession ne vaut titre que jusqu'à preuves contraires; et l'on pouvait *à priori* soupçonner que l'union politique des anciens Pays-Bas sous un même sceptre durant quelques siècles, n'impliquait pas du tout l'unité entière d'aptitudes. Ainsi le coloris wallon, pas plus que celui de l'ancienne France, ne saurait lutter avec ce mystérieux secret qu'en ont reçu les Flamands comme les Lombards. Nous prenions notre revanche par la distinction du dessin et de la composition, qui est presque toujours à notre avantage de ce côté-ci, et qui s'annonçait pleinement dès le XII° siècle dans l'architecture, la statuaire, ou même l'orfévrerie. La France, comme les provinces wallones, sentait apparemment son fort et son faible ; car elle s'adonne au camaïeu avec une certaine complaisance, et réalise en ce genre de petits tableaux charmants où nos meilleurs maîtres sont incomparables. Je le dis sans craindre l'Italie tant vantée, ou le soi-disant bréviaire du cardinal Grimani[1] qu'on a trop surfait (assez peu italien d'ailleurs); Jean Fouquet et son école valent bien ce que l'on a célébré le plus dans les œuvres de ce temps[2].

En France, la fin du XVe siècle annonce déjà par plus d'un trait l'étude et la coquetterie. La miniature du reste y unit les deux manières de la Flandre et de l'Italie ; et si l'originalité s'y montre moins que dans chacune de ces contrées, cette fusion a pour résultat un genre vraiment distingué. On y reconnaît les qualités qui ont généralement caractérisé notre école : sagesse de l'ordonnance, correction du dessin, bon goût des draperies et des ornements, entente de la partie technique.

La perfection se produit de 1500 à 1540, et c'est l'Italie qui la réalise[3]. Déjà pourtant, la forme envahit cette peinture aussi bien que la grande ; et le sentiment disparaît, comme nous aurons occasion de le remarquer en donnant une notice des miniateurs. En Italie, du moins, la miniature, fidèle jusqu'au bout à son ancienne destination, se consacre encore aux livres d'Église, et y atteint son plus haut période. La France possédait à cette époque des miniaturistes habiles[4]; mais les sujets de piété ne les occupent plus guère, sauf dans certaines écoles fidèles aux vieilles traditions. Aussi la simplicité, qui baissait déjà dans les draperies et les poses apprêtées du siècle précédent, s'efface presque entièrement pour tourner à la mignardise. M. Waagen[5] trouve dans la manière de Godefroy une preuve de notre tendance au *précieux,* avant que l'école de Fontainebleau (Rosso, Primaticcio, Cellini) eût importé chez nous les grâces maniérées de la Florence moderne. Ces peintures à la touche fine et spirituelle, mais aux formes sveltes exagérées, aux mouvements étudiés et qui sentent la minauderie, lui paraissent prouver par leur date (1519) que l'afféterie était en France à peu près autochthone. Émeric David[6] a déjà repoussé cette accusation en répondant aux assertions de Cicognara, qui attribuait aux Français toutes les mésaventures de l'art italien. Quand même les expéditions françaises de Charles VIII et de Louis XII[7] ne suffiraient pas à expliquer l'importation italienne, il demeurerait toujours véritable que le dessin systématique du genre mignard, adopté par les Florentins, acquit décidément la prépondérance chez nous par la faveur que la Cour accorda aux artistes de Fontainebleau. Ceux-ci em-

---

1. Que Grimani l'eût acheté, ce semble bien clair, d'après les actes qui en témoignent. Pour le peu que j'en sais, le livre avait été destiné à un prélat franciscain, ou exécuté (au moins en partie) dans un couvent de Saint-François ; et si Hemmling y a mis du sien, on ne prouverait pas aisément qu'il soit l'auteur de toutes les peintures. En somme, l'idéal humain n'y atteint certainement pas une grande élévation.

2. M. L. Curmer (*Heures de maistre Estienne Chevalier*) a réuni de nombreux témoignages qui remettent Fouquet à sa vraie place dans l'histoire de l'art; et ce qui vaut mieux, il nous fait connaître par des reproductions nombreuses la manière de ce grand artiste que l'Italie même avait admiré, tout infatués que fussent Florentins et Romains par les *fiori, putti* et *orfèvrerie* de leur Renaisssance soi-disant grecque, mais surchargée d'ornementation.

3. *Suppl. lat.* 702. Je donne çà et là (en manière de filets) plusieurs détails qui passent pour être d'Attavante. Cf. p. 184, 143, 114, etc.

4. *Mss. franç.* 7584; *ancien fonds lat.* 1429, etc. Cf. *Bible moralisée* (n° 6829). — *Vie et miracles de saint Louis* (n° 472-8405).

5. Waagen, op. c. troisième partie, lettre 7e, et première partie, lettre 8e. Bibliothèque du Musée britannique (*Harleian bibl.* 6205), et bibliothèque de l'Arsenal (*Belles-lettres françaises,* 24 bis).

6. *Discours sur la sculpture,* dans la Revue encyclopédique.

7. D'Agincourt a fait observer qu'une quantité de manuscrits à miniatures avaient été apportés d'Italie en France par Louis XII.

preints déjà des erreurs qui commençaient de leur temps à entraîner l'Italie vers la décadence, intronisèrent en France l'influence italienne; accrue encore depuis, par la venue des princesses de Médicis, et par les relations multipliées de François Ier avec l'Italie. Ce style conventionnel, venu d'outre-monts, détrôna la manière simple et franche des vieux artistes, qui eussent si bien fait sur les traces de Pérugin; et que nos portraitistes maintiennent jusqu'au seuil du règne de Louis XIV. La puissance colossale des Espagnols conquérants de l'Italie par l'épée, mais ses vassaux pour les arts, répandit le mal comme une invincible contagion, et le rendit irrémédiable. Jusque-là les artistes flamands et français[1] avaient conservé communément la grâce naturelle et la naïveté, tout en acquérant la science. Mais les préjugés du système florentin (lui-même en décadence), imposés brusquement par les princes, ne permirent point à cet art national de développer un caractère propre, et ne précipitèrent sa marche qu'en la rendant factice.

Je ne saisirai pas ici aux cheveux l'occasion (qui serait pourtant utile) d'expliquer ce qu'étaient ces *livres d'heures* par où la calligraphie et la miniature ont pénétré dans les familles au grand avantage des artistes aussi bien que de la piété chrétienne. Mais, pour qu'on n'y soit pas trop neuf, si l'on n'a point étudié ce sujet, disons que c'était un reste de l'ancien usage qui voulait que les gens de loisir récitassent les heures canoniales chaque jour comme le clergé. Les chapitres et monastères y avaient ajouté peu à peu ce qu'on appelle le Petit office de la Sainte Vierge, à réciter en sus, au moins une fois par mois, sans compter l'office des morts. Aujourd'hui encore, quelques ordres religieux (de femmes n'ont pas d'autre office public que la récitation quotidienne ou le chant du petit office de la Sainte Vierge. Les dames chrétiennes se piquèrent d'entrer dans une si louable pratique, pour sanctifier leurs journées par l'imitation des personnes consacrées à Dieu.

En conséquence, on exécuta pour elles ces livres élégants qui se retrouvent en grand nombre dans les bibliothèques, et dont s'empara l'imprimerie, avec gravures sur bois pour remplacer les miniatures. Le dispositif habituel y est à peu près toujours ce que voici : 1° Un calendrier latin ou français qui importe beaucoup pour reconnaître la destination[2]; 2° le commencement des quatre évangélistes, souvent avec quelques prières analogues au sujet de ces textes; 3° le petit office de la Très-Sainte Vierge, où chaque partie est accompagnée de représentations sur les mystères du Nouveau Testament depuis la naissance de Notre-Seigneur jusqu'à la Pentecôte (on y joint même souvent la mort de Notre-Dame et son Assomption); 4° l'office des morts, puis la Passion selon un ou plusieurs des évangélistes; 5° des prières appropriées au patron de la famille qui avait commandé le livre. Ce dernier article pourrait souvent faire retrouver les véritables destinataires, parce qu'on y aperçoit les patrons du mari et de la femme. Il s'y ajoute aussi, fréquemment (et avec miniatures ou gravures sur bois), quelques saints et saintes des plus honorés dans la chrétienté latine; c'était probablement, en plusieurs cas, les patrons des enfants issus d'un même mariage[3].

---

[1]. Je ne mentionne point l'Allemagne, parce que, de l'aveu de M. Waagen, elle était fort en arrière au XVIe siècle. Pour l'Espagne, j'en sais très-peu de chose; et le Portugal, comme j'aurai l'occasion de le dire, suivait la France de son mieux. M. Waagen, t. I, p. 449, trouve dans un manuscrit espagnol la preuve du rang distingué que méritait la péninsule Hispanique au XVe siècle; mais je n'ai prétendu m'étendre particulièrement que sur les manuscrits existants à Paris.

[2]. Les saints locaux qui ne sont pas honorés (ou du moins fêtés) par l'Église entière, y indiquent soit l'atelier de production, soit le pays de la personne qui commandait le travail et voulait y retrouver les habitudes pieuses de sa province ecclésiastique (Cambrai, Besançon, Reims, etc.).

[3]. Lorsque l'imprimerie s'en mêle, il faut s'attendre à ne plus reconnaître aisément les destinataires, parce qu'il pouvait bien ne pas être fait de tirage à part pour la 5e partie. Mais c'est ce que je ne suis point en mesure d'établir sur pièces vraiment décisives.

Une indication si rapide ouvrira cependant la voie pour les esprits intelligents qui sauront voir ce que l'on en peut tirer dans la pratique, quoiqu'il y faille une certaine expérience pour ne pas prononcer trop vite un jugement sujet à révision.

Ne comptons plus guère dès ce moment sur l'art que nous prétendions étudier; il ne nous reste qu'à jeter un coup d'œil rétrospectif sur les principaux individus qui nous y ont laissé leurs noms. Répétons toutefois, avant de commencer cette revue, que les indications ne permettent pas toujours de bien distinguer entre le peintre et le calligraphe. En outre il se peut bien que çà et là on ait pris pour miniaturiste un abbé ou une abbesse qui aient tout simplement commandé le travail à leurs subordonnés (Cf. *supra*, p. 117, sv.). Alors le nom ne vaut tout au plus que comme indice de date *à enquérir*. Cette observation reparaîtra plus d'une fois encore, mais avait besoin d'être mise en saillie dès le commencement de ma liste chronologique. Je vais tâcher d'établir cette série, sans prétendre ne laisser en arrière aucun nom méritoire.

XXXI.

VII° ou VIII° *siècle*. Endfrith, Oethelwald, Bilfrith et Aldred, auteurs d'un évangéliaire in-folio, avec version interlinéaire anglo-saxonne, exécuté *pour Dieu et pour saint Cuthbert*[1]. Bien que l'influence byzantine puisse y être absolument soupçonnée d'après le mot *agius* (ἄγιος), employé pour désigner les saints[2], le *faire* n'y est point celui de Byzance, ni de l'Italie, ni même de la monarchie française du VIII° siècle. Si le coloris y est faible, le trait est d'une grâce, d'une précision et d'une finesse tout-à-fait extraordinaires. Les couleurs, quelque gauche que soit leur emploi, ont du moins conservé une fraîcheur qui ferait croire que l'exécution du manuscrit vient d'être achevée. L'or n'y est employé que sobrement, et pour de petits détails.

A Maeseyck (ou Aldeneyck?) les saintes Harlinde (ou Harnilde) et Renilde ont déjà été nommées[3]. Ajoutons Leothardus de Saint Bertin[4].

IX° *siècle*. Luthard (*Liuthardus*), copiste, est peut-être peintre d'un psautier[5] in-4°, exécuté par ordre de Charles le Chauve, entre 842 et 869. Berengar, frère et associé de ce même Luthard, dans l'exécution d'un autre manuscrit de saint Emmeran[6] vers 870. Gottschalk, qui employa sept années au manuscrit de Toulouse[7], commandé par Charlemagne et sa femme Hildegarde. Ce beau livre est actuellement à la Bibliothèque nationale[8], grâce au bizarre musée *des souverains* qui l'a sauvé du sort fait à la bibliothèque du Louvre par les pétroleurs de 1871. Modestus et Sintramn, moines de Saint-Gall, dont l'un a déjà été nommé; Éribert, à Vérone[9]. A Fulde, Modestus et Candidus ont mis leurs portraits dans leur œuvre[10], mais on ne nous dit pas s'il s'agit de miniature ou de peinture murale.

---

1. Au Musée britannique, bibliothèque Cottonienne; Waagen. t. I, p. 134.
2. Quand j'arriverai à la deuxième section de ce mémoire (si j'y arrive), j'aurai occasion de montrer bien des expressions tout aussi grecques dans le style des littérateurs anglo-saxons ou irlandais. Mais la source de ces bizarreries ne saurait être byzantine; c'était tout simplement l'effet d'un savoir un peu indigeste, et que l'on était bien aise de mettre en saillie. Sur la miniature anglaise, voyez Waagen, t. I,
lettre 8° surtout, p. 139 et en d'autres endroits.
3. Dehaisnes, *op. cit.*, p. 31-34. — 4. Idem, *ibid.*, p. 32.
5. A la Bibliothèque du Roi. Waagen, t. III, p. 254, etc.
6. Waagen, *ib.*, p. 255. Voyez Gercken, *Reisen*, t. II, p. 90.
7. Précédemment à la bibliothèque du Louvre. Waagen, p. 235, *ib.* Cf. Aug. de Bastard, *Bulletin du comité....*, t. IV (1860), p. 721.
8. Cf. Delisle, *Cabinet des mss.*, t. II, p. 317.
9. Cf. Maffei. — 10. AA. SS. *Jun.* t. I, p. 458.

Ingbert, qui signe la *bible de Saint-Paul*, et s'y pique de laisser l'art italien derrière lui [1]. Il semble s'y déclarer peintre et calligraphe à la fois. Dagulf, déjà cité comme calligraphe, et dont on a un psautier à la bibliothèque impériale de Vienne [2]. Milon de Saint-Amand était contemporain de l'abbé Folcuin qui vivait à Lobes [3].

X° siècle. Godemann [4], dont le bénédictional (pour Ethelwold, évêque de Winchester) est regardé, par les connaisseurs, comme une des plus gracieuses et des plus délicates productions des *scriptoria* saxons. J'ai parlé des auteurs du *Codex vigilanus,* et de la collection de canons compilée ou transcrite à San Millan de la Cogolla. A cette même époque appartiennent encore Marcellus, moine de Saint-Gall; Heldric, abbé de Saint-Germain d'Auxerre, mort en 1010; Adelard, abbé de Saint-Tron [5]; et saint Dunstan, dont il nous reste quelques ouvrages [6]. A Saint-Gall encore, Notker, le médecin, était peintre aussi [7]. S. Godehard (d'Hildesheim) laissa des œuvres de sa main à Niederaltaich [8]. A Saint-Bertin, le moine Odbert Veriggo historiait de traits à la plume un psautier avec glose conservé aujourd'hui à la bibliothèque de Boulogne. Un beau ms. vu par le P. Arthur Martin entre les mains de M. de Horsbach, à Aix-la-Chapelle, s'annonce comme présenté à quelque empereur de la Maison de Saxe (Otto) par le moine Luthar (*Liutharius*). Mais n'y faudrait-il pas voir l'abbé qui avait commandé l'œuvre, plutôt que l'artiste employé à l'exécution? Le monastère en aura bénéficié sans doute, mais le miniateur peut bien avoir été relégué dans l'ombre de son atelier pour qu'il ne s'en fît pas trop accroire; on n'a point inventé cela de nos jours, quoique l'usage ne s'en soit guère perdu en notre siècle.

XI° siècle. Wiking, moine de Prum dans les Ardennes, dont on a un manuscrit à la Bibliothèque du Roi [9]. Burckhard, abbé de Saint-Gall, dont l'habileté dans l'écriture et le dessin est vantée par l'historien de l'abbaye [10]. Cadmon (ou Ceadmon), moine saxon, déjà connu par le *Decameron* de Dibdin, entre autres [11]. Le prêtre Jean, auteur d'un *Exultet*, cité par d'Agincourt [12]. L'*Exultet*, à Rome, était généralement affaire de miniateurs choisis. aduvius, qui vivait à Saint-Michel de Lunebourg, a déjà paru comme calligraphe, mais ses miniatures offrent à Gebhard [13] l'occasion d'étudier le mobilier d'un copiste de ces temps-là. Lauvinus, d'Anchin ou de Marchiennes, a signé des mss. que la ville de Douai conserve encore [14]. Je n'ose presque pas citer ici l'abbesse Otta (Uota) de Ratisbonne [15]; non certes que je l'admette pour contemporaine des Carlovingiens [16],

---

1. « Quem tibi, quemque tuis
[rex Carolus ore serenus
« Offert Christe.....
« Ejus ad imperium devoti
[pectoris artus
« *Ingobertus* eram referens, et scriba fidelis
« Graphidos Ausonios æquans superansve tenore. »

Ce n'était pas d'alors seulement que les Francs prétendaient, non sans droit, pouvoir se passer de l'Italie. Cf. Ém. David, *Discours sur la peinture* :

« Quod nullus veniens romana gente fabrivit,
« Hoc vir *barbarica prole* peregit opus. »

2. Lambeck, t. I, p. 262, ap. Jansen.
3. Dehaisnes, *op. cit.*, p. 22, sv.
4. Waagen, t. II, p. 441 (collection du duc de Devonshire, à Chatsworth). — *Mores catholici*, l. III, c. II.
Godemann avait été chapelain de l'évêque de Winchester, et devint en 970 abbé de Thorney. Voyez l'ouvrage de M. Rio : *la Poésie chrétienne... sous la forme de l'art*, p. 33.
5. Rio, *op. c.*, p. 33.
6. Ém. David. *Discours... sur la peinture*. Cf. *supra*, p. 133.
7. « Notkerus physicus, qui et abbas postea factus; vir multæ scientiæ et prudentiæ magnæ, doctor et pictor valde ingeniosus. » Cf. H. Canis., *Monumenta* (ed. Basnage), t. III, P. II, p. 555. — Ekkehard., ap. Goldast., t. I, P. I, p. 55. — D. Pez, *Thesaur.*, t. I, P. III, p. 577.
8. Cf. J. B. Lachner, *Memoriale.... Altachæ inferioris*, p. 6, sq.
9. *Suppl. lat.* 641. Waagen, t. III, p. 276.
10. Ekkehardus, ap. Goldast., *op. c.*, t. I.
11. Waagen, t. II, p. 27; à Oxford.
12. Tome II, p. 67. *Peinture*, pl. 53.
13. De re litterar.... S. Michaelis, § 17 (p. 16, sqq.).
14. Dehaisnes, *op. cit.*, p. 48, sv.
15. Cf. Nouveaux Mélanges, t. I, p. 15-46; et h. t. pl. I (p. 117, sv.).
16. Ibid., t. III, p. x-xij.

mais parce qu'il n'est pas démontré (sans préjudice de l'avenir) si elle a vraiment mis la main ou seulement fait apposer son nom à des pages exécutées dans son monastère [1]. Nous rencontrons dans l'histoire certains abbés, même très-illustres, auxquels la prélature n'a pas fait oublier les travaux d'art exercés par eux avant leur élévation aux honneurs. Conclure de là que calligraphie et miniature fussent occupation quasi habituelle (et comme de plein droit) pour abbesses, c'est aller vite en besogne; et ce pas-là n'est pas le mien. Quoi qu'il en soit, le S. Matthieu (pl. VI) ci-joint [2] donnera encore un échantillon fort curieux de l'école (atelier si l'on veut) qu'employait ou présidait la nonne en question. Notre évangéliste, comme celui de la pl. II (§ XXIV, p. 134), est accompagné d'un fleuve du paradis terrestre; sur quoi l'on peut voir le n° 1328 du musée de Cluny, où une couverture d'évangéliaire porte l'agneau pascal entouré du Gyon (ou Geon), Phison, Tigris et Eufrates. Les trois vers de l'inscription gravée sur cuivre, disent :

« Carnales actus tulit Agnus hic hostia factus.
Fons paradisiacus per flumina quatuor exit.
Hæc quadriga levis te, Christe, per omnia vexit. »

Les autres détails de ma miniature ne demandent pas absolument place dans ce texte, où je vise un but différent; qui voudra les examiner, s'en rendra compte sans peine. Dans notre pl. III (p. 146) ce sont les quatre évangélistes et les quatre sources des fleuves, qui entourent Notre-Seigneur.

XII° siècle. Le moine Frédéric, représenté dans la dédicace du pontifical de l'archevêque de Cologne [3], Christian Ier. La miniaturiste Guda [4], déjà citée à l'article des calligraphes, et que nous soupçonnons d'être une ex-reine. L'abbé Alt est représenté au frontispice d'un manuscrit de Virgile et d'Horace, exécuté à Weihenstephan [5]. On l'y voit offrant ce livre au patron du monastère; mais avait-il exécuté, ou seulement commandé ce livre?

A Saint-Germer, à Saint-Amand, à Saint-Wandrille, etc., on nomme des peintres [6], mais étaient-ce des miniateurs? Cela est du moins fort probable pour ces temps où l'on ne se cantonnait pas dans une spécialité fort exclusive. Quant à Oisbert et Anscher de Saint-Waast, ils étaient certainement miniaturistes [7]. Je ne trouve point de détails biographiques en ce genre sur l'Ordre de Cluny; mais les cisterciens, qui se laissaient pourtant donner d'assez beaux livres, trouvaient fort mal que les Clunistes perdissent leur temps à moudre de l'or pour peindre des manuscrits [8].

Une collection in-folio d'environ deux mille miniatures sur des sujets bibliques se trouve aujourd'hui à la bibliothèque d'Amiens, et fut exécutée pour Sanche VII, roi de Navarre [9], par un peintre qui signe *Ferrandus Petri* (Perez) *de Frenes* (ou *Funes*). Il la terminait en 1197.

Un Raban Maur de la bibliothèque de Douai (n° 786) est dû à Olivier d'Anchin. Le même monastère avait aussi Baudouin, Jean, Ailrède, Sigerus (ou Suregis) [10]. A Saint-Amand,

---

1. Cf. *supra*, h. t., p. 117, sv.; et pl. I.
2. Cf. Nouveaux Mélanges, t. I, p. 38.
3. Bibliothèque royale, *Mss. lat.* 946. Waagen, t. III, p. 292.
4. Gercken, *Reisen*, t. IV, p. 180.
5. Ziegelbauer, t. I, p. 541.
6. Dehaisnes, *op. cit.*, p. 22, svv.; et 38.
7. Dehaisnes, *ibid.*, p. 29. — Histoire littéraire de la France, t. IX, p. 98.
8. Hist. litt. de la France, *ibid.*, p. 142. *Dialog. inter. Cluniac. et Cisterc.* ap. Martène, *Thesaurus*, t. V, p. 1623.
9. Rigollot, *Hist. de l'art en Picardie*. — Garnier, *Catalog. de la biblioth. d'Amiens*.
10. Dehaisnes, *op. cit.*, p. 43. — Escallier, *l'Abbaye d'Anchin*, p. 100, 111, svv. Ce dernier auteur avait mis un vrai zèle patriotique à glorifier l'abbaye douaisienne, et je ne suis pas de ceux qui le lui reprocheraient.

MANUSCRIT DE RATISBONNE,
AUJOURD'HUI À MUNICH

Savalon (ou Sawalo) exécuta divers ouvrages qui sont aujourd'hui épars[1]. Je n'ai pas à répéter les noms de ce siècle et du précédent qui ont déjà été introduits plus haut (peut-être à tort) dans l'époque qui nous occupe.

XIIIe *siècle*. Mainer (*Manerius* ou *Mainerus*) de Cantorbéry. Paris possède de lui pour le temps dont nous parlons ici une bible en trois volumes in-folio, conservée à la bibliothèque Sainte-Geneviève, et qui paraît avoir appartenu à la cathédrale de Cantorbéry[2]. Conrad *le Philosophe*, moine de Scheyren, l'auteur de la miniature au Télescope (ci-dessus, p. 154, sv.), s'y désigne lui-même par ces paroles du frontispice : « Chonradus peccator, auctor (*peintre?*) et scriptor (*copiste*) hujus operis[3]. » Diotisalvi, le peintre des *livres du Camerlingue*, et qui, vers 1256, était un des chefs de la ville de Sienne ; car vers cette époque la peinture commence à sortir des couvents. Nous verrons plus tard que cette émancipation ne lui fut pas toujours avantageuse. Oderigi d'Agobbio et Franco de Bologne, célébrés par Dante[4], comme les maîtres de leur art et l'orgueil de leur patrie. On croit que Gui de Sienne fut miniateur en même temps que peintre[5]. Le bénédictin Serrati à Ferrare peignait, en 1240, les livres de chœur de la cathédrale[6].

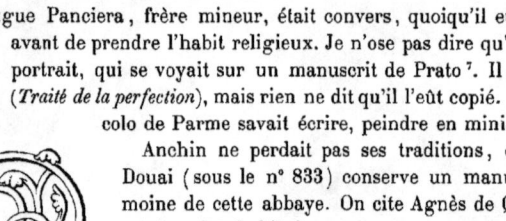

ugue Panciera, frère mineur, était convers, quoiqu'il eût étudié la théologie avant de prendre l'habit religieux. Je n'ose pas dire qu'il soit l'auteur de son portrait, qui se voyait sur un manuscrit de Prato[7]. Il avait rédigé le livre (*Traité de la perfection*), mais rien ne dit qu'il l'eût copié. Fra Bartolomeo Guiscolo de Parme savait écrire, peindre en miniature et prêcher[8].

Anchin ne perdait pas ses traditions, et la bibliothèque de Douai (sous le n° 833) conserve un manuscrit de Wilhelmus, moine de cette abbaye. On cite Agnès de Quedlimbourg comme miniaturiste habile[9].

L'influence énorme de Giotto sur la miniature italienne me sera bien une excuse pour présenter à cette occasion (p. 198) le portrait du grand et doux artiste peint par lui-même. Il a été copié à l'*Arena*, de Padoue par M. Grimaux. Giotto avait dirigé lui-même la construction de cette église pour réserver une large place à ses peintures.

Je sais bien qu'on a voulu faire de Giotto un miniateur, et que certains livres de chant lui sont attribués en Italie ; mais la preuve de cette assertion reste encore à faire.

XIVe *siècle*[10]. L'abbé Gilles (*Egidius*), représenté au frontispice d'une *Vie de saint Denis*[11], pourrait bien n'être que le donateur de cet ouvrage ; comme aussi, peut-être, l'abbé Alt et le moine Frédéric, dont il a été parlé plus haut (XIIe siècle). Nicolas Hahn, Allemand, dont on possède à Modène une cosmographie de Ptolémée, avec de belles cartes en miniature[12]. Nicolas de Bologne[13] ; Jean Oppeln, curé de Landskrone, en Bohême. La bibliothèque impé-

---

1. Dehaisnes, *ibid.*, p. 40. — Léop. Delisle, *Journal des savants* (1860), p. 576 ; et *Cabinet des mss.*, t. II, p. 40, sv. (ci-dessus, p. 137).
2. Waagen, *England und Paris*, t. III, p. 288.
3. Ziegelbauer, t. I, p. 550, sqq.
4. *Purgatorio*, c. XI.
5. Lanzi, *op. cit.*, t. I.
6. Rio, *op. cit.*, t. I, p. 182.
7. Wading, ap. Cancell., *Sopra Cristoforo Colombo...*, p. 310.
8. Salimbene, *ibid.*, p. 310.
9. *Revue britannique*, octobre 1858, p. 355.
10. M. L. Delisle (*Cabinet des mss.*, t. I, p. 12, sv.) fait observer que les signatures des miniateurs laïques semblent avoir été interdites alors par les copistes et les *librarii*. On ne voulait sûrement pas que l'enlumineur prétendît voler de ses propres ailes, en se faisant connaître directement au public sans passer par l'entrepreneur patenté. Pour moi, le redressement de ces torts échappe à mon appréciation, puisque l'objet principal de mes pages est l'art des couvents ou des monastères.
11. Biblioth. royale, mss. lat. 7953-55. — Waagen, *ibid.*, t. III, p. 303.
12. Valery, *op. cit.*, l. IX, c. I.
13. D'Agincourt, t. II. *Peinture*, pl. 75. On a de lui à la

riale de Vienne possède de ce dernier calligraphe-enlumineur un évangile latin. Gringonneur, le plus habile peintre de son temps, membre de l'académie de Saint-Luc instituée par Charles V. Ce fut lui, dit-on, qui inventa les curieuses peintures destinées à divertir Charles VI durant sa folie. Cette collection de petits tableaux sur vélin ne s'est pas conservée

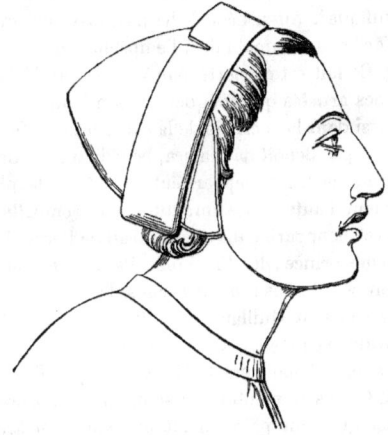

entière ; mais la Bibliothèque royale en possède encore dix-sept sujets d'un coloris ferme et d'un fini très-soigné[1]. Les frères Manuel employés par le duc de Bourgogne durant quatre ans, à 20 sous par jour (environ 9 francs de notre monnaie), pour une *Bible ystoriée* qui est à la Bibliothèque royale[2]. Nicolas di Sozzo, l'un des artistes qui ont orné de miniatures et de dessins le recueil des anciens registres de la république de Sienne. Une page remarquable dans ces volumes (des *Caleffi* et des *Leoni*), due au pinceau de Nicolas, est de 1334 ; on y trouve également d'excellents dessins à la plume, exécutés par Julien Periccioli[3]. Simon Martini (Simon *Memmi*, comme dit Vasari), que Jansen[4] appelait assez singulièrement un *certain Simon de Sienne*, est autrement traité par Vasari[5]. La bibliothèque Ambrosienne de Milan a de lui un Virgile avec les commentaires de Servius, qui paraît avoir été exécuté pour Pétrarque, l'ami et l'admirateur de Simon[6]. Taddeo Gaddi, le principal élève de Giotto ; M. Waagen croit reconnaître un *faire* très-semblable à celui de Gaddi dans le *Speculum*

bibliothèque d'Iéna un *Corpus juris canonici*, grand in-folio, orné de miniatures.

1. Voyez le discours de M. Alexandre Lenoir, sur l'*Histoire des progrès techniques de la peinture*; Congrès historique européen de 1835, t. I, p. 285, etc.
2. *Mss. franç.* 6829 bis ; vers l'année 1360. Waagen, t. III, p. 327, etc.
3. Valery, l. XVII, c. 11. Rio, *op. cit.*, p. 178. Vers cette époque où la miniature passe chez les séculiers (ou même laïques), je ne m'astreins plus à n'enregistrer que des artistes conventuels.
4. *Origine de la gravure*, t. II, p. 208.
5. Il juge ainsi ses œuvres : « Non da maestro di quell' età, ma da moderno eccellentissimo. »
6. Pétrarque a fait un sonnet sur cet artiste qui avait peint, je crois, le portrait du poëte. Le Virgile de la bibliothèque Ambrosienne porte sous le frontispice les vers suivants :

« Mantua Virgilium qui talia carmina finxit,
« Sena tulit *Simonem* digito qui talia pinxit. »

On peut voir la gravure du frontispice dans la publication faite par Maï (durant sa jeunesse), sous le titre *Virgilii Maronis interpretes veteres* (Milan, 1818).
L'originalité de la composition, la beauté du coloris et l'harmonie de l'ensemble ont été vantées par Bianconi. Voyez Lanzi, *op. c.*, I, *scuola senese* ; Waagen, t. III, 314, 317 ; Rumohr, t. II, p. 92. M. Waagen croit retrouver la manière de ce peintre dans la bible de notre Bibliothèque royale, cotée : *suppl. franç.* 632, 4 bis. Du reste, si le mot de Vasari semble dire que Simon Martini appartenait à une époque demi-barbare, il faut se rappeler que c'était l'époque des André

salvationis qui est conservé à notre bibliothèque parisienne de l'Arsenal[1]. Dom Silvestro, Camaldule du monastère des Anges à Florence, communauté qui comptait alors plusieurs miniateurs et des artistes de plus d'un genre[2]. Les livres de chœur de cette abbaye avaient été peints par D. Silvestro, vers 1350; et les historiens de l'art ne tarissent point d'éloges sur cette collection magnifique[3]. Aussi Léon X les enviait-il aux moines de Florence, et la liturgie spéciale (pour l'ordre des camaldules) l'empêcha seule de les faire transporter à Saint-Pierre, à tout prix. Ce fait est rapporté par Vasari, qui déclare le dessin de ce religieux supérieur à celui des artistes quelconques de son temps[4]; il forma des élèves pour la peinture. On admire aussi dans la sacristie de la cathédrale de Sienne d'énormes livres de chœur, ornés de miniatures par Benoît da Matera, bénédictin, et Gabriel Mattei de Sienne, tous deux religieux[5]; mais ce travail appartient au xve siècle plutôt qu'au xive. André Beauneveu est probablement l'auteur des miniatures qui embellissent un psautier de la Bibliothèque royale[6], autrefois appartenant au duc Jean de Berry; Jacquevrart, Hodin, etc., également *ouvriers* du même prince; les Flamands Paul de Limbourg, et ses frères, sont presque les seuls que mon peu de loisir m'ait permis d'ajouter à cette liste des miniateurs du xive siècle[7]. Ajoutons pourtant Guillaume Snellaert, moine d'Eeckhoutte[8], et Mathieu d'Anchin[9]. Cette dernière abbaye ne chôma presque jamais.

onrad II, abbé d'Irsee (vers 1334) est cité par D. C. Stengel comme ayant excellé dans la peinture, la sculpture et l'orfévrerie. Je ne saurais affirmer qu'il fût précisément miniateur; il semble pourtant qu'on ne puisse en douter, quoique ce ne fût plus guère le temps des artistes multiples. Mais son abbaye fut brûlée vers 1400, et tout monument de son habileté peut avoir disparu dans ce désastre[10]. Combien de documents semblables nous auront été soustraits par les accidents fortuits, ou par les guerres politiques et religieuses (soit anciennes, soit modernes)! Aussi nous faut-il glaner laborieusement pour retrouver quelque maigre trace d'hommes jadis honorés et recherchés par leurs contemporains. Mince déconvenue, d'ailleurs, pour ceux qui ont placé leur espoir au-dessus des louanges humaines. « Altissimum posuisti refugium tuum (Ps. XC, 9). »

Arcagnuolo (*Orcagna*) à Florence, des Taddeo di Bartolo à Sienne, des Jacopo d'Avanzo à Padoue. Cf. Waagen, t. III, p. 342, etc.

1. Arsenal, *Mss. theologica*, 384. Waagen, t. III, p. 316, etc.
2. Vasari (*Vita di D. Lorenzo*) parle de broderies d'un goût distingué, exécutées par les anciens religieux de ce même monastère. Cf. Annal. Camaldul., t. VI, p. 257, sq.
3. Lanzi (t. I. *Scuola florentina*) : « Sono (*questi libri*) de' più considerabili che abbia l'Italia. » — Vasari, *loc. cit.* : « Ed io che molte volte gli ho veduti, resto maravigliato « che fussero condotti con tanto disegno e con tanta dili- « genza. » Il ajoute qu'au monastère *des Anges* on conservait précieusement la main de D. Silvestro avec celle de Jacopo, habile calligraphe de cette même communauté, et dont nous avons parlé parmi les copistes du xive siècle. Cf. Waagen, t. I, p. 401; Annal. Camaldul., t. VI, p. 189, sq.
4. Cf. Waagen, t. I, 401; t. II, p. 390.
5. Valery, l. XVII, 7. Rio, *op. c.*, p. 180, 181.
6. Waagen, t. III, p. 335, 338. Suppl. franç. 2015; *la Vallière*, 127.
7. *Id.*, ib., p. 340.
8. Dehaisnes, *op. cit.*, p. 71.
9. Biblioth. de Douai, n° 471.
10. C. Stengel, *Monasteriologia*, V. Ursinium.

Une mention d'orfévre assez semblable (Évrard à Saint-Waast d'Arras) se voit dans un inventaire du trésor de Saint-Vaast vers le xiie siècle; et, alors surtout, un orfévre était presque nécessairement habile dessinateur. Cf. Bulletin du biblioph. belge, t. VI, p. 215.— A. Didot, *Alde Manuce*, etc., p. 42, 77.

De même Jean Hoess, abbé de Füssen vers 1480, est cité par Stengel (dans sa *Monasteriologia*) comme peintre en même temps que mathématicien. Mais s'occupait-il de la peinture des livres? Voilà ce que notre curiosité de chercheurs eût aimé à savoir.

Miniateurs principaux des XVᵉ et XVIᵉ siècles. — Couvertures des livres et application de l'art toreutique à leur embellissement.

XXXII.

XVᵉ siècle. Le *monge des îles d'Or* (moine des îles d'Hyères), François d'Oberto, bibliothécaire de Lérins, qui tira de sa bibliothèque et copia pour Louis II, père du roi René, le *recueil* des poëtes provençaux compilé jadis par Hermentaire pour Alphonse II. « Il écrivait « divinement bien, dit Nostre-Dame [1], de toute façon de lettres; quant à la peinture et « illuminure, il était souverain et exquis. » Entre autres ouvrages, il avait exécuté pour Yolande d'Aragon, mère du roi René, des *heures* de la Sainte Vierge, richement enluminées d'or et d'azur, *dont les peintures correspondaient au texte de la lettre*. La trace de ce curieux volume s'est perdue depuis 1804, époque où Millin le décrivit, en l'attribuant par erreur au roi René lui-même. Du reste, on a fait bien d'autres prêts à ce roi si vanté. Hugues de Saint-Césari, moine de Montmajour [2], remania plus tard cette compilation d'Hermentaire en y ajoutant les vies des troubadours, et l'écrivit en *beaux caractères rouges, illuminés d'or et d'azur,* pour l'offrir au roi René, fils de Louis II, la première année de son règne [3].

René (le bon roi) semble pouvoir aussi prendre rang parmi les peintres et les miniateurs. On croit conserver de lui, outre des tableaux d'Église, plusieurs manuscrits ornés [4]. Jean Fouquet, de Tours, le *bon paintre et enlumineur* du roi Louis XI, travailla au manuscrit de Josèphe qui se trouve à la Bibliothèque royale [5]. Mais ce n'est plus de la peinture monastique, bien que le sentiment chrétien éclate en pages tout à fait charmantes dans ses *Heures de maistre Estienne Chevalier* reproduites avec tant d'amour par M. L. Curmer en 1866 ; et cela ressort vraiment aux *scriptoria* d'abbayes, tout œuvre séculière que ce soit.

Aussi bien, les rangs des miniateurs de communautés s'éclaircissent-ils beaucoup vers ce temps-là, quoiqu'on y aperçoive divers noms illustres. Raison de plus pour ne pas omettre le peu de mentions exhumées pour ce temps par le *Cabinet des mss.* (t. II, p. 44, sv.). Sauvons donc de l'oubli Louis de Prioribus, bénédictin de Nice en Provence. Après quoi nous n'aurons plus guère de

---

1. Cf. Rouard, *Notice sur la bibliothèque d'Aix*, p. 44, 264.
2. Qu'il ne faut pas confondre avec un autre moine de Montmajour, surnommé le Fléau des troubadours.
3. Rouard, *op. c.*, p. 45.
4. Id., *ibid.*, p. 49.
Je n'ai pu consulter ses œuvres, publiées neuf ans et davantage après que ces lignes s'imprimaient. Le bonhomme (pas si bonhomme, pourtant, qu'on l'a bien voulu dire) était certainement assez désœuvré en politique (bien malgré lui, ce semble), et assez amateur de beaux passe-temps pour avoir aimé les arts. Ce qu'il faudrait prouver, c'est qu'il s'y soit adonné personnellement avec un succès acceptable. Or M. Sulpice Boisserée (très-germanique du reste, j'en conviens) pensait pouvoir réduire à peu de chose les titres du roi René comme peintre. Cf. Bulletin du comité historique des arts, 8ᵉ nº (Décembre 1840), p. 108. Des recherches toutes récentes doivent avoir éclairci une question où l'enthousiasme s'était donné trop d'aise. Pour moi, je suis peu compétent sur cet article.
5. *Mss. franç.* 6891. Cf. Waagen, t. III, 371, 372. Cet ouvrage est en 12 tomes; les 9 derniers, dit l'inscription, sont de Jehan Foucquet; et les trois premiers, de l'enlumineur du duc Jean de Berry.

célébrités bien établies qui appartiennent aux instituts religieux. C'est ce qui nous a fait choisir plus d'un personnage séculier, pour ne pas trop écourter cette liste au moment où la peinture s'émancipe.

Jean Miélot (*Milot* ou *Mélot*), prêtre, *le moindre des secrétaires* du duc de Bourgogne[1], semble avoir été simple copiste et tout au plus calligraphe; mais, qu'il fût miniaturiste, on n'en voit pas de preuves bien concluantes. Jean Gossard (Gossaert) de Maubeuge, le Zeuxis et l'Apelle de cette époque, au dire d'un historien d'alors[2].

Les frères Van Eyck, protégés par Philippe II, le Bon[3]. Leur sœur Marguerite[4] les aida souvent dans leurs délicieuses peintures, si pleines de fraîcheur et de délicatesse, mais où la matière commence déjà à étouffer l'âme. M. Waagen trouve la manière des frères Van Eyck (*Hubert*, 1360-1426; *Jean*, mort en 1445) dans le bréviaire du duc de Bedford[5]. En Flandre encore, Hans Hemmelinck (Hemling, Memmling), Liévin d'Anvers, et Gérard van der Meire, etc., qui peignirent, dit-on, vers 1479, le magnifique bréviaire connu sous le nom du cardinal Grimani. Ce chef-d'œuvre de peinture chrétienne (tant soit peu surfait) est aujourd'hui à la bibliothèque de Saint-Marc à Venise[6]. Avant de quitter le Nord, citons l'unique miniaturiste distingué dont je me souviens pour l'Allemagne de cette époque. Jean Freybeck, de Koenigsbrück, terminait en 1480 une bible in-folio, dont Gercken admirait les miniatures à Salzbourg[7]. Gabriel Mattéo, servite, et le bénédictin du Mont-Cassin, son collaborateur, ont été cités précédemment pour les livres de chœur qui sont à la cathédrale de Sienne. Gherardo, qui enlumina une *infinité*[8] de livres d'église, et qui, employé par Mathias Corvin, a laissé en outre des tableaux, des fresques, des gravures et des mosaïques. Son élève Stefano, abandonnant la miniature de bonne heure pour se livrer à l'architecture, laissa toutes ses études entre les mains du vieux Boccardino, qui en pro-

---

1. Voyez les mémoires de l'académie de Turin, *Littérature et beaux-arts*, 1809-1810 (1811), p. 594, 595. — Waagen, III, 361. Bibl. royale, *Suppl. franç.* 540, 2. Peut-être même Miélot aura-t-il tout simplement été traducteur ou compilateur de la belle Légende de sainte Catherine; sans avoir contribué en rien au ms. pour son exécution ultérieure, soit comme calligraphe, soit comme peintre. Cf. Biblioth. de l'École des chartes, III⁰ série, t. I, p, 250.

2. Mémoires... de Turin, *Ibid*. p. 596. C'est le *Mabuse* de la prétendue école flamande (avec un nom moins déguisé que celui du soi-disant Van der Weiden), et dont l'œuvre me paraît assez peu flamand *quoi qu'on die*. Faute d'étudier avec soin l'art walon, un historien des peintres se trouve conduit à recruter pour la Flandre des bataillons un peu bariolés. Le drapeau des Flandres aurait besoin d'être bien large pour couvrir tout cela de ses plis.

Il est vrai que les guides à leçon apprise et les chemins frayés sont assez commodes; reste à savoir s'ils mènent aux résultats que désire un curieux qui ne se paie pas de formules stéréotypées.

3. Philippe le Bon avait la plus belle bibliothèque (disons *jolie*) de l'Europe. A sa mort, il laissa dans la seule ville de Bruges 935 volumes, la plupart d'une beauté extraordinaire

d'exécution. Les grands de ses États, et surtout Louis de Bruges, seigneur de Grutheuse (*Van Gruythuyse*), mort en 1492, l'imitèrent dans son goût pour les miniatures, et encouragèrent les artistes flamands ou walons que cette faveur attirait près de la cour bourguignonne.

4. Waagen, III, 354. — Ebert, *Handschriftenkunde*, I, 62. Je ne sais si les peintres Jean Maluel et Henri Bellechose, employés par les ducs de Bourgogne, selon Ebert (*Ibid.*), s'occupèrent de miniatures.

5. *Mss. lat.* 82. Waagen; III : p. 339, 350, 352, 358; II : 32, 326, 386, 444, 516, 531; I : 142, 145, 310, 401. Jean Van Eyck passait pour le premier peintre de son temps, c'est ce qui lui a fait attribuer trop libéralement des miniatures distinguées par la délicatesse et la perfection du travail. Mais son dessin supérieur, le fini de ses peintures avérées, le naturel et la vivacité de ses têtes ne se reconnaissent pas constamment dans tout ce qu'il a plu aux amateurs de lui adjuger.

6. Ebert, *op. cit.*, I, p. 63. — Rio, *op. cit.*, p. 183, 460, Hemmelinck est le Fiesole de la Flandre; *de quo satius est nihil, quam pauca dicere*. Cf. Waagen, II, p. 32.

7. Gercken, II, p. 22. Cf. Dom Pez, *Thesaurus*, t. I, Isagog.

8. Vasari. — Lanzi, *Scuola florentina*. — Rio, 188.

fita sans doute pour peindre les livres de l'abbaye de Florence[1]. Dom Barthélemi della Gatta (1378-1461), camaldule de Florence, devenu abbé de Saint-Clément d'Arezzo; il s'essaya à la grande peinture, et y réussit au point de former des élèves distingués[2]. Il était en outre musicien et facteur d'orgues[3]. Solario (*il Zingaro*) peignit des miniatures pour les œuvres de Sénèque[4]. Decio et Agosto Ferranti, père et fils, dont on conservait à Vigevano plusieurs livres d'église, ornés de miniatures[5]. Sainte Catherine de Bologne (1413-63), élève de Lippo Dalmasio, peignait en miniature et à l'huile. Il est surprenant que les Bollandistes ne disent rien de son habileté en peinture; d'autant plus qu'elle a été prise pour patronne par l'académie *Clémentine*, et qu'un petit tableau de l'enfant Jésus, peint par elle, a la réputation d'avoir été l'instrument de plusieurs miracles[6]. Cet exemple aura-t-il laissé trace profonde chez les Clarisses? De fait, on rencontre plusieurs livres d'église évidemment franciscains où la touche d'artiste est ravissante; M. Ambroise Firmin-Didot avait dans son beau cabinet un petit psautier qui doit avoir cette origine. Exécuté pour Bonne de Luxembourg, première femme de notre roi Jean, il est historié de dessins où la finesse et la fermeté sont merveilleuses; et la sobriété de couleur y tient comme le milieu entre un simple trait (surprenant de distinction) et la grisaille. Cela est à coup sûr d'école française ou walone; bien que pour préciser il fût important de connaître le *faire* de quelque artiste limbourgeois dont l'influence s'apercevrait peut-être.

Il est certain, en somme, que plusieurs dames de haute naissance ou d'éducation distinguée (comme sainte Catherine de Bologne) embrassèrent la règle de saint François. Pour un Ordre qui faisait généralement profession d'étroite pauvreté, ce travail de femmes pouvait devenir une ressource importante; soit comme moyen de subsistance, soit pour reconnaître la protection des bienfaiteurs distingués. On a vu ces années dernières, à une exposition d'Amiens, le *bréviaire des princesses*, qui paraît avoir une origine de ce genre. Du reste, on cite aussi un franciscain, fra Antonio da Monza[7].

A Nuremberg, une Marguerite, religieuse dont je ne connais pas l'Ordre, doit avoir copié, enluminé même plusieurs volumes in-folio[8]. Mais Plautilla Nelli, élève de fra Bartolomeo, était dominicaine à Florence[9].

Sur les chartreux de cet âge et des autres, j'ai bien peu de renseignements; et l'humilité de cénobites si amoureux du silence le plus complet peut avoir caché avec affectation bien des noms qui importeraient à des recherches comme les nôtres[10]. Leur historien Tromby[11] se contente d'exprimer le sentiment d'un grand débarras au nom de ses confrères, quand il

---

1. Vasari, *Vita di Gherardo*. On a quelques petits détails sur lui et sur un frère Laurent de Florence, dans les *Annales Camaldulenses*, t. VI, p. 278, sq. Dom Barthélemi travailla pour d'autres monastères encore que le sien, et pour Sixte IV.
2. Vasari, Lanzi, etc. Rio, p. 186.
3. Cf. Annal. Camaldul., *ibid.* p. 279. Son épitaphe, un peu classique, est rapportée au même endroit. Le tome VII (p. 361) parle aussi d'un peintre de cet Ordre, Julien Amadei, mort à Lucques en 1496, et qui avait passé 51 ans en Religion.
4. D'Agincourt, II, 79.
5. Lanzi, II.
6. Malvasia, Füssli, etc. — *Revue Britannique*, octobre 1858, p. 359.
7. Rio, t. III, p. 58.
8. *Revue Britannique*, ibid., p. 358, sv.

9. Même *Revue*, ibid. p. 355.
10. Un Ordre moins enseveli dans l'obscurité, celui des Camaldules, ne nous a pourtant pas éclairés beaucoup sur ceux de ses enfants que l'on aimerait à connaître en ce genre. Ses annalistes, Mittarelli et Costadoni, sont à ce sujet d'une brièveté presque avare, quoiqu'ils eussent de grands noms à nous citer.
11. Storia... del patriarca S. Brunone e del suo ordine cartusiano, t. VIII, p. 268, sg. Tromby emprunte aux auteurs du *Traité de diplomatique* ces paroles assez singulières pour un Ordre qui avait produit S. Anselme, par exemple : « Les moines, accoutumés à copier et à faire leurs délices des livres saints et des ouvrages des Pères, n'eurent pas le même attrait pour les spéculations métaphysiques. » Ce ne devait pas être précisément saint Augustin dont la transcription aura éteint le goût de la métaphysique.

arrive à l'époque où l'imprimerie vient relever les pauvres copistes. Alors même il emprunte tout bonnement à l'histoire des autres moines quelques noms fort clair-semés. D'après plusieurs pages empruntées par M. L. Curmer à divers manuscrits provenant des chartreux, il semblerait que leur Ordre avait certaines traditions qui se mettaient peu en peine de la mode. A les comparer avec leurs contemporains, on se tromperait d'âge en plus d'un cas. Leurs manuscrits ne paraissent presque jamais avoir été destinés à sortir de l'enceinte du cloître, tant le copiste s'y enquérait peu de ce qui courait le monde. L'imitation du règne végétal y domine généralement beaucoup plus que dans les ornementations adoptées par d'autres *scriptoria;* et alors même on ne semble pas se piquer de miniatures proprement dites et l'on est sobre de couleurs.

Quant à la miniature véritable, D. Lorenzo, élève de Taddeo Gaddi, est le Raphaël de cette peinture si soignée, si finie, que les loisirs et la patience du cloître pouvaient seuls exécuter. Il traita pourtant aussi la grande peinture, et forma dans son monastère *des Anges* une école qui s'y conserva longtemps [1]. A ce même siècle appartient Fra Benedetto du couvent de Saint-Marc à Florence, le dernier héritier peut-être des traditions de Giovanni Angelico; et qui mourut âgé de soixante-dix-huit ans [2], en 1530.

On a cru reconnaître le talent du Pérugin dans la magnifique bible latine des ducs d'Urbin [3]. Les figures, les arabesques, les paysages et autres ornements qui la décorent, ne peuvent avoir pour auteur qu'un des plus habiles maîtres de cette époque. Mantoue posséda une quantité de miniaturistes durant les XIVᵉ, XVᵉ et XVIᵉ siècles. Jean (ou Franco) de' Russi et Taddeo Crivelli y exécutèrent vers 1455, pour le duc Borso d'Este, une belle bible couverte à chaque page de riches et élégantes miniatures [4]. Guillaume di Magri et Ziraldi travaillèrent vers le même temps pour les ducs de Modène [5]. Francesco *dai libri, le vieux* (vers 1470), distingué par cette dernière qualification d'avec son petit-fils, et qui dut ce surnom à sa profession de miniateur pour les livres d'église. Il sera parlé tout à l'heure de son fils Maestro Girolamo. Un autre Girolamo Padoano imita la manière de D. Barthélemi della Gatta. Il paraît avoir enluminé des livres pour Santa Maria Nuova de Florence [6]. Attavante (ou Vante), de Florence, fut employé par Mathias Corvin, et enlumina pour lui quantité de livres dont plusieurs ont passé dans les bibliothèques d'Italie. Son Marcianus Capella, de la bibliothèque de Saint-Marc, annonce une poésie de composition, un coloris et une finesse que les amateurs n'ont pas assez remarqués, dit Lanzi.[7]. Vasari cite de lui les figures d'un Silius Italicus, dont il fait une description où nulle expression ne paraît suffire à son enthousiasme [8]. Notre Bibliothèque royale possède de cet artiste un livre

---

1. Vasari, t. I, Füssli; *Künstlerlexicon.*
2. Rio, p. 344. C'était le frère de fra Angelico, ce semble. Cf. Marchese, *Memorie dei più insigni pittori.... domenicani.*
3. En deux grands volumes in-folio. Cf. Valery, XV, 4; et D'Agincourt. M. Rio (p. 186) fait remarquer que D. Barthélemi della Gatta concourut avec le Pérugin à la décoration de la chapelle Sixtine, où il est impossible de distinguer ce qui appartient à chacun d'eux dans le compartiment (*tibi dabo claves regni cælorum*) qu'ils peignirent en commun. Il y a donc lieu de croire que des miniatures du Camaldule auront été prises pour ouvrages du maître de Raphaël.
4. Lanzi, parlant de ces deux beaux volumes qui sont à la bibliothèque de Modène, dit (*scuola mantovana*) : « È uno de' « più rari pezzi di quella insigne raccolta (*Estense*). » Aussi ces artistes incomparables reçurent la somme de 3715 sequins (environ 15,000 francs de notre monnaie). Cf. Valery, IX, 1.
5. Jansen, *op. cit.*, t. II, p. 209.
6. Vasari, *Vita di D. Bartolomeo della Gatta.*
7. T. I, *Scuola fiorentina.* Cf. Valery, VI, 5.
8. Vasari, *Vita di Giovanni da Fiesole.* Après s'être étendu sur la description de ces miniatures, il termine ainsi un éloge qui occupe deux grandes pages : « Per cosc « di que' tempi non si può di minio veder meglio, nè lavoro « fatto con più invenzione, giudizio, e disegno. E sopratutto « i colori non possono essere più belli, nè più delicata-« mente ai luoghi loro posti con graziosissima grazia. » Mais il s'est trouvé que ce Silius Italicus n'était point d'Attavante. Voyez l'ouvrage de M. Rio, p. 189.

J'ai donné çà et là quelques ornements (ou *vignettes, culs-de-lampe,* etc.) copiés par le P. Arthur Martin sur un mis-

d'église[1], terminé en 1485. Vingt-neuf autres miniateurs travaillèrent également pour le roi de Hongrie, mais leurs noms ont presque tous été dérobés à la postérité.

 e laissons point passer ce qui vient d'être dit sur des expressions emphatiques de Vasari, sans couronner l'énumération des miniateurs du XVe siècle par l'admirable Fra Giovanni da Fiesole[2], surnommé le Bienheureux, à cause de la sainteté qui respire dans toutes ses œuvres, et connu sous le nom de Santi Tosini avant d'entrer dans l'ordre de saint Dominique. Il commença par la miniature, et conserva toujours dans ses plus grands ouvrages un fini et une délicatesse qui remémoraient son premier genre. Nicolas V l'appela à Rome, où il lui fit peindre à la fois des miniatures de livres, et les fresques de la chapelle de saint Laurent, au Vatican, que Bottari trouva si remarquables et si bien conservées[3]. Seulement, à en juger par ce que raconte cet amateur, et par des relations récentes, il semblerait que ce précieux ouvrage ne produisit pas un grand enthousiasme sur les Romains des derniers temps. Faute de pouvoir indiquer au public français des miniatures de ce grand artiste qui lui soient accessibles, nous signalerons du moins son tableau du *Couronnement de la sainte Vierge*, au musée du Louvre, accompagné de la *Vie de saint Dominique*[4], en cinq compartiments. Ce chef-d'œuvre a été publié en 1817 avec un texte de Schlegel[5]. Avant

---

sel exécuté pour je ne sais plus quel évêque de Dol par Attavante, dit-on ; et il en a bien l'air fin, riche, neuf, puissant. Que serait-ce si nous eussions reproduit plusieurs grandes miniatures, avec leur aspect vif, original, élégant, et cependant solennel à propos de *Florentia*. Plus d'une page y est signée *Actavantes de Actavantibus* ?

1. Waagen, III, 366. *Suppl. lat.* 627. (Bréviaire de l'évêque de Gran).

2. Vasari pousse l'accumulation des éloges au sujet de Jean Angelico, jusqu'à devenir divertissant pour son lecteur. J'en rapporterai seulement quelques échantillons : « Essendo non meno stato eccellente pittore e miniatore, che ottimo religioso, merita per l'una e per l'altra cagione che di lui sia fatta onoratissima memoria... Sono di mano di Fra Giovanni nel suo convento di S. Marco di Firenze, alcuni libri da coro miniati, *tanto belli che non si può dir di più*. Ed a questi simili sono alcuni altri che lasciò in S. Domenico di Fiesole, *con incredibile diligenza lavorati*. » Le couvent de Saint-Marc rappelle naturellement Fra Bartholomeo di S. Marco (*Baccio della Porta*), de qui Raphaël trouvait à emprunter ; et les noms de ces deux maîtres, rapprochés du grand caractère des constructions gothiques dues aux Dominicains, montrent s'il est vrai que la vie du cloître étouffe le génie, et soit incompatible avec les hautes pensées. Bottari, dans l'édition romaine de Vasari (*Vita di Fra Giocondo et altri*), ajoute à la vie de Jean de Fiesole une note sur les artistes dominicains du moyen âge, qui mérite d'être indiquée à cette occasion. Mais quant à l'art chrétien, c'est le *Bienheureux* lui-même qu'il faut entendre, lorsque Vasari rapporte de lui cette sentence dont il se servait pour s'animer à l'esprit de sa profession (de religieux et d'artiste) : « *Chi fa cose di Cristo, con Cristo deve star sempre.* » Aussi M. de Rumohr est-il d'avis que l'*Angelico* est redevable à la vie du cloître, du développement de ses belles qualités. Cf. Rumohr, *op. cit.*, t. II, p. 252 ; t. I, p. 65, 66. — Vasari, ed. cit., t. I, p. 83. — Rio, *op. cit.*, p. 88, 89. Fra Giovanni, né en 1387, mourut en 1455.

Vraiment Vasari eût bien fait de ne jamais donner carrière à son enthousiasme pour pire cause. Mais ne confondrait-on pas çà et là notre Angelico (pour les miniatures) avec son frère, dominicain aussi ?

3. « Le pitture son fresche come se fossero fatte un anno « addietro, e cosi belle in ogni parte, che poco ne manca « per giungere all' ultima eccellenza. » Dans le fait, si l'on peut parfois reprocher à ses draperies une simplicité un peu monotone, où trouvera-t-on l'*âme* peinte d'une façon plus immatérielle et plus touchante que dans ces têtes si bien faites pour réaliser la naïve expression italienne : *volto di paradiso* ! Quant aux procédés de la partie matérielle, il paraît les avoir possédés à un degré singulier, au point de fondre merveilleusement ses couleurs, malgré la sécheresse presque inévitable de la détrempe. Pour ce qui est de l'admirable expression de ses ouvrages, elle s'explique aisément par l'inspiration d'un artiste religieux, qui ne prenait jamais le pinceau sans avoir prié ; qui se mettait à genoux par respect pour son sujet, lorsqu'il peignait ses délicieuses miniatures, et qui ne représenta jamais les traits de Notre-Seigneur sans répandre de pieuses larmes. Vasari, parlant encore des miniatures de ce *Padre veramente angelico*, cite deux grands livres de Sainte-Marie-del-Fiore, *miniati divinamente*. Voyez encore l'ouvrage de M. Rio, sur la peinture chrétienne, p. 90-94.

4. Waagen, III, 304, 264. Ce tableau a été placé avec les dessins, dans la galerie *ad hoc*.

5. Le P. Arthur Martin avait commencé une sorte de seconde édition pour ce travail ; et plusieurs feuilles de dessins en lithographie ont paru avec un texte plus court, je crois, que ne se l'était proposé d'abord mon ancien collaborateur. Depuis lors une bonne chromolithographie réduite a été mise dans le commerce.

de terminer ce qui regarde Jean Angelico, ajoutons qu'il fut aidé dans ses miniatures par Bernard, son frère aîné.

Jérôme Fiorini, religieux du monastère de Saint-Barthélemi à Ferrare, au commencement du XVᵉ siècle[1], paraît avoir eu pour élève Côme Tura ou Turra (*Cosmè*), qui travailla aux livres de la cathédrale et de la Chartreuse de cette ville, terminés vers 1470; ouvrage préféré par beaucoup de connaisseurs aux célèbres livres d'église de Sienne[2]. Je ne sais s'il faut regarder comme miniateur Barthélemi Gambagnola de Crémone, indiqué plutôt comme copiste dans une vie de Louis le More en dialecte milanais[3], qui est datée de 1490.

XVIᵉ SIÈCLE.

aestro Girolamo *dai libri* (1472-1555) de Vérone, peintre et miniateur[4], dont le père a déjà été mentionné, et près duquel le célèbre Clovio trouva quelque chose à recueillir pour se compléter[5]. François *dai libri* le jeune, également peintre et miniateur, fut en outre architecte. Girolamo est cité par Vasari comme le plus habile miniaturiste de son temps, et sa grande réputation aussi bien que sa longue vie (83 ans) le mit à même de multiplier extraordinairement ses peintures, recherché qu'il était par les plus considérables communautés de toute l'Italie.

M. Waagen[6] croit pouvoir lui attribuer les enjolivements qui accompagnent l'acte de douaire signé par Louis Sforza (le More), pour sa femme Béatrice d'Este, en 1494. Dans la même collection, il signale une miniature de Benedetto Bordone[7], au commencement d'une instruction officielle du doge de Venise, Pietro Lando.

l ne faut point séparer du maestro Girolamo un élève dont il développa les talents pour la miniature, durant son séjour chez les chanoines réguliers de Saint-Sauveur à Candiana, où il travaillait pour la communauté. C'était dom Jules Clovio, Croate, le Michel-Ange de la miniature (comme on a dit), qui mourut octogénaire en 1578. Jules Romain, son premier maître, lui reconnaissant une aptitude extraordinaire pour le fini et les détails de patience, lui indiqua la direction qui le fit nommer plus tard *il padre pittorino*. Mais dans cette nouvelle carrière il n'oublia point la grande manière de l'école romaine; ses petits tableaux offrent même parfois, dans certains détails, une fierté qui rappelle Michel-Ange, et à laquelle il a dû son autre surnom. A cette vigueur de dessin, il unissait une grâce de coloris qui a fait comparer ses portraits microscopiques (*ritrattini*) aux

---

1. Rio, 182.
2. Ceux de la cathédrale de Ferrare sont au nombre de vingt-trois; et ceux de la Chartreuse, d'un format énorme, au nombre de 18. Rio, 182.
3. A la Bibl. royale : *Mss. franç.* 9941 : Waagen, III.
4. L'initiale que je viens de donner appartient au Sacramentaire de Drogon et représente le martyre de S. André.
5. Cf. I. V. Kukuljevics, *Leben D. G. Jul. Clovio*, p. 11.

6. Waagen, I, 402, sur la collection d'Ottley.
7. Parent probablement de Paris Bordone, élève du Titien. J'ai déjà fait remarquer que la miniature et la calligraphie ornée ont été plus d'une fois employées pour décorer les diplômes. Citons encore à cette occasion le titre de la fondation d'un Ordre du Saint-Esprit, par le roi de Sicile, Louis (1352); pièce in-folio qui se trouve à la Bibliothèque royale : *la Vallière*, 36 bis (ci-devant 5295).

tableaux du Titien, par Vasari. La perfection infinitésimale de ses nombreuses compositions donne à ses peintures l'air d'une petite représentation naturelle de chambre obscure, plutôt que celui d'un travail de l'art. D'abord chanoine régulier à Mantoue, il fut arraché à ce genre de vie par le cardinal Grimani[1], qui, voulant l'avoir auprès de lui, obtint du pape la sécularisation d'un artiste si bien fait pour le monde élégant. Vasari, parlant des figurines de Clovio, cite un livre d'offices destiné au cardinal Farnèse, et où des figures de personnages, qui n'atteignent pas la grandeur d'une fourmi, sont pourtant si parfaites de tout point, qu'elles semblent une féerie[2]. Aussi cet ouvrage coûta-t-il neuf années de travail au peintre. L'écriture y était de la main de Monterchi, dont je ne saurais dire s'il était ecclésiastique ou laïque, religieux ou séculier. M. Waagen regarde comme très-vraisemblable qu'un psautier in-folio de la Bibliothèque royale[3] est dû à la main de Jules Clovio.

Au dire des Espagnols, un hiéronymite de la même époque, frey Andres de Léon (mort à l'Escurial en 1580) rivalisait d'habileté avec le *Padre pittorino* d'Italie[4]. Je m'en rapporte à ce qu'il en est, convaincu par quelques expériences que plus d'une apothéose est sujette à révision.

Bernardo Buontalenti, élève de Clovio pour la miniature, étudia aussi la peinture sous Salviati, Vasari et le Bronzino; mais il fut en outre sculpteur, architecte et ingénieur[5]. Apollonio Buonfratelli (vers 1560) imita Clovio pour sa perfection à rendre l'effet des camées antiques, et pour la manière michelangélesque[6]. Liberale de Vérone (vers 1535), peintre et miniateur comme son compatriote Girolamo dai libri, a laissé des livres dans sa ville natale et à Sienne[7]. J.-B. Stefaneschi, religieux du mont Senario (1582-1639), élève de Commodi, excella dans un genre où il était si difficile désormais de se distinguer, et surpassa même Clovio pour le coloris, selon quelques connaisseurs[8].

Pour en finir dès maintenant avec l'Italie, où les cloîtres demeurent jusqu'au bout en possession du premier rang dans ce genre, citons encore Félix Ramelli, chanoine régulier de Latran, qui appartient au xvii° siècle, ainsi que son maître Denis Rho, de la même congrégation.

---

1. On voit que ce cardinal recourait aux grands moyens pour embellir sa bibliothèque. Si donc son célèbre bréviaire a vraiment été fait par ses ordres, ce ne serait pas merveille que diverses mains fort différentes eussent été mises en réquisition pour le compléter (peut-être après l'achat qui l'aura mis en possession d'un beau livre destiné d'abord à un autre). Car je persiste à penser que ce bréviaire n'a pas été encore analysé avec tout le soin qu'il y faudrait mettre pour s'en rendre bien compte; et j'en donnerais plus d'une preuve, si je n'avais ici d'autre but à viser.

2. Voici comment s'exprime Vasari, en parlant des fêtes du mont Testaccio (singulier sujet pour un livre d'office!), placées par Clovio dans les bas-reliefs d'une décoration architecturale qui orne la scène d'une de ses miniatures : « Vi ha fatto... Salomone adorato dalla regina Saba, con fregiature..., ricche e varie; e dentro a questa (*storia*), da piè condotto di figure manco che formiche (ailleurs il dit : *Non più grandi che una ben piccola formica*), tutta la festa di Testaccio, che è cosa stupenda a vedere che si minuta cosa si possa condur perfetta con una punta di pennello: ché è delle gran cose che possa fare una mano, e vedere un occhio mortale. » Et ailleurs : « Laqual diversità di cose spargono per tutta quell' opera tanta bellezza, che ella pare cosa divina e non umana.... Per non dire nulla di mille varie sorte d'alberi tanto ben fatti, che pajono fatti in paradiso..., che par impossibile che siano condotti per mano d'uomini... Onde possiam dire che Don Giulio abbia... superato in questo gli antichi e moderni, e che sia stato a' tempi nostri un piccolo e nuovo Michel Agnolo. » Ces louanges, avec une légère teinte d'extravagance, m'ont paru devoir être conservées dans la langue de leur auteur pour ne pas tourner tout-à-fait au ridicule. On voit du reste çà et là que, dans cet éloge, le nu a une forte part à l'admiration du peintre florentin. Quelle joie, en effet, de voir du sensualisme de Jules Romain intronisé dans les livres d'église! Et Vasari ne pouvait manquer d'y applaudir.

3. *Suppl. lat.* 702. Waagen, III, 394.

4. Cf. Miñano, *Diccionario geográfico... de España*, t. XI, p. 362.

5. Lanzi, I, *Scuola fiorentina*.

6. Waagen, I, 403.

7. Lanzi, *Scuola veniziana*.

8. Lanzi, *Scuola fiorentina*. — Füssli, *Künstlerlexicon*.

uant à la France, qu'il suffise de rappeler ce qui a été dit de Godefroy, dont la bibliothèque de l'Arsenal possède un ouvrage (*les Triomphes de Pétrarque*), et dont les *Entretiens de Jules César avec François I{}^{er}* n'existent en Angleterre que dépareillés, puisqu'on n'en a que le premier volume dans la collection Harléienne[1]. Nommons encore, en terminant cette notice quelconque, deux miniaturistes portugais, presque les seuls qui nous soient connus[2]. Au xvi{}^{e} siècle, Vasco (*le grand Vasco*), peintre et miniateur (vers 1480), élève du Pérugin, orna de vignettes, d'arabesques et d'initiales, la collection des anciens documents réunis par ordre du roi Emmanuel (aux archives royales de la Torre do Tombo). Au siècle suivant, Estevão Gonsalvez Neto peignit entre autres le beau missel du couvent de Jésus à Lisbonne[3].

Ailleurs, on trouve en Bavière Hans Mielich (1515-1572), qui orna de figures les mss. d'Orlando Lasso[4]; à Mayence, Erhard Rewich d'Utrecht paraît donné comme un miniateur et pourrait bien n'être que dessinateur de topographie ou même graveur sur bois[5]. Bien d'autres ne me sont connus que par des indications sommaires, et il est surtout malaisé de dire s'ils appartenaient à l'état religieux[6], ou même s'ils étaient ecclésiastiques.

Tout le reste n'apparaît plus guère qu'isolé de loin en loin, ou même est étranger à mon sujet[7]. Ainsi, le xvi{}^{e} siècle doit être à peu près le terme de ce recensement, comme le xv{}^{e} l'a été pour la calligraphie monastique. Déjà, dans la liste que nous avons dressée, plusieurs noms ont pu paraître une anomalie; mais, tant que les cloîtres fournissaient la majorité des miniateurs, ou du moins tant que la miniature conservait une forte empreinte de son origine monastique, l'histoire des *scriptoria* du moyen âge en réclamait la notice. C'est d'ailleurs une chose importante dans les annales de la peinture bibliographique, que de l'observer au moment où elle quitte son berceau. L'industrie alors l'envahit presque sur-le-champ[8], et tend à la perdre, soit comme art, soit comme chose religieuse.

1. Cf. Waagen, t. III, p. 396, et t. I, p. 148, sv. Ce que j'en disais il y a une quarantaine d'années, inspirait à M. Debure le désir de léguer à l'une de nos collections publiques des miniatures qu'il possédait de cet habile artiste. J'imagine que la transmission se sera effectuée vers 1840, quand mourut l'ancien possesseur.
2. Nous en devons l'indication à un article de M. le vicomte de Santarem dans les *Mémoires... des antiquaires de France* (tome xii). L'auteur était compétent en cette matière, ayant été conservateur des archives de la couronne en Portugal; et il croit pouvoir juger, d'après le caractère des miniatures portugaises, que bon nombre des artistes de cette nation se rapprochent singulièrement du *faire* des miniateurs français, à l'époque dont nous parlons.
3. Füssli, qui parle des talents distingués d'un peintre portugais du xviii{}^{e} siècle, nommé André Gonsalvez, ne dit rien absolument d'Estevão, et ne paraît pas avoir connu les miniatures de Vasco.
Il me semble avoir vu quelque chose là-dessus dans un opuscule de M. Cibrario sur le séjour du roi Charles-Albert en Portugal. Mais le chancelier piémontais de l'Annonciade s'entendait-il à ces matières? Simple question.
4. Fortoul, *de l'Art en Allemagne*, t. II, p. 207.
5. Bernard de Breidenbach dans la relation de son pèlerinage aux saints lieux, écrit : « Erhardus Rewich de Trajecto inferiori qui omnia loca in hoc opere depicta, docta manu effigiavit. » Mais une traduction hollandaise dit : « Heilige bevaerden tot dat heylige graft in Iherusalem, ghedruck doir meister Erhaert Rewich van Utrecht in die stadt Van Mentzs. » Cf. Hub. Müller, *Beiträge*... etc. P. II, p. 3.
6. Cf. Botfield, *Notes on the Cathedral libraries of England*. — Merry-Weather (F. Somner), *Bibliomania in the middle ages*. — E. G. Vogel, *Serapeum*, 1849, etc., passim.
7. Je ne sais ni à quelle époque ni à quel genre de peinture appartenait Martin Stock (cité par Ziegelbauer, t. IV, p. 729), moine de Saint-Martin de Cologne, dont un ouvrage sur la composition et la préparation des couleurs existait encore dans son monastère à la fin du siècle dernier. J'ai également omis plusieurs autres peintres dont les noms se rencontrent dans les écrivains du moyen âge, parce que rien n'indiquait que la miniature fût leur genre. Des spécialistes examineront cela mieux que je ne le saurais faire.
8. Ceux qui se sont occupés de l'étude des miniatures ont remarqué souvent que bien des manuscrits des xiv{}^{e} et xv{}^{e} siècles présentent, à côté de pages supérieures, de nombreuses parties qui sentent la main vénale et la *fabrique*, pour ainsi dire.

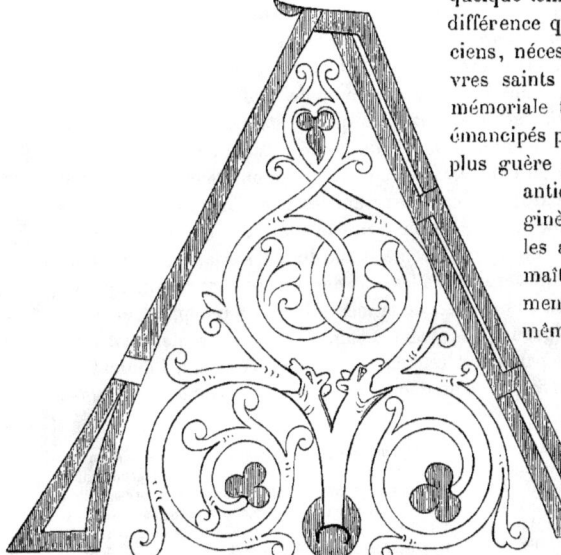

quelque temps de là, on peut s'apercevoir de la différence qu'il y avait entre ces peintres anciens, nécessairement familiarisés avec les livres saints qu'ils illustraient d'après une immémoriale tradition, et les nouveaux artistes émancipés par Michel-Ange, etc., et n'étudiant plus guère que les statues ou les bas-reliefs antiques. Ces nouveaux venus, qui s'imaginèrent pouvoir tout apprendre dans les ateliers de leurs maîtres (et quels maîtres souvent!), tombèrent rapidement, tout pleins qu'ils étaient d'eux-mêmes, dans une véritable niaiserie en fait d'art chrétien[1]. Raphael fut le dernier, à peu près, qui comprit quelque chose à la symbolique des vieux âges; mais ce qu'il devait sans doute à la manière pieuse du Pérugin ou de Baccio della Porta, il paraît s'être mis peu en peine de le léguer à ses propres disciples, qui n'ont pas l'air de s'en être doutés.

[1]. Le commandant Stengel, vieil officier de l'empire et de la garde royale, avait patiemment relevé certains enfantillages de convention qui paraissent avoir passé en répertoire pour les ornemanistes des livres d'*heures* comme argot d'atelier, ou mots de passe entre confrères. Son ami le comte Auguste de Bastard en donne quelque aperçu dans le *Mémoire sur les crosses* (p. 81½, sv.) que j'ai cité plus d'une fois. Mais, pour s'en bien faire une idée, il faudrait avoir parcouru la consciencieuse série de calques dont s'appuyait le dépouillement loyal fait à la longue par l'aimable et sérieux vétéran de nos grandes guerres contre toute l'Europe.

Malgré ce qu'il y a de coq-à-l'âne et de *propos interrompu* dans cette façon méthodiquement grotesque d'embellir un recueil de prières, il ne paraît pas douteux qu'elle ait été mise en pratique par le grand Albert Dürer lui-même. Dans ses croquis en marge des *heures* du duc Maximilien de Bavière, cette intention d'espièglerie est palpable à diverses reprises. Prenons quelques pages de l'extrait dû à Strixner (Munich, 1850); en écartant ce qui est tout simple pour un homme sérieux. Fol. 5 : « Propriæ fragilitatis... cognitio. » Un vieux médecin suspend la récitation de son chapelet pour se renseigner sur ses chances de vie, à l'aide de la fiole aux urines. Au dessus de lui, un oiseau pend au piège par le bec. — Fol. 8 : « Pro benefactoribus; » aumône donnée à un malheureux. — Fol. 21 : « Contra potentes; » un vieil empereur impudique et tombé en enfance. Item le diable précipité par saint Michel. — Fol. 22 : « Quando bellum agendum est; » *la guerre des paysans* (si je ne me trompe, Marignan, peut-être (*la paysandaille du cardinal de Sion*, comme parlait François Ier). Mais les hommes des cantons suisses ne pouvaient plaire à un prince autrichien, même quand ils étaient enfoncés par la gendarmerie française. — Fol. 26 : « Non cognoverunt vias meas; » un chevalier que le diable attend au passage, et que poursuit la mort. — Fol. 30 : « Cœli enarrant gloriam Dei; » Hercule poursuivant de ses flèches les harpies qui fuient par les airs. — Fol. 31 : « Domini est terra et plenitudo ejus; » un sauvage de l'Amérique méridionale, et des animaux tels qu'on pouvait en imaginer pour un nouveau monde à peine parcouru depuis le débarquement des Européens. — Fol. 32 : « Myrrha et gutta, et casia..., ou Filiæ Tyri in muneribus; » un Bédouin conduisant son chameau (caravane?), et singe se jouant sur les branches. — Fol. 33. « Deus noster refugium et virtus, adjutor in tribulationibus..., » un voyageur fatigué ou nonchalant, qui s'est assis pour dormir, la tête appuyée sur sa main droite. — Fol. 34 : « Fluminis impetus lætificat civitatem (?); » un grand bassin de bronze, plein d'eau; et des boucs, faunes ou satyres, prisonniers ou pendus. — Fol. 35 : « Alienigenæ... et populus Æthiopum, » et « Cantate Domino... et benedicite nomini ejus; » Hercule vainqueur du lion, et un ivrogne terrassé par le vin sans interrompre les libations de sa liesse. — Fol. 36 : « Nubes et caligo in circuitu ejus; » une bonne femme succombe au sommeil ou à l'ivresse sur sa chaise, pendant qu'un lansquenet s'avance à pas de loup pour dévaliser le ménage. Près de là un chien en quête, le museau à terre. — Fol. 39 : « In omnibus requiem quæsivi, et in hereditate... morabor... In Israel hereditare; » une ménagère qui vient de recueillir les œufs dans sa basse-cour, et s'en va supputant les profits du marché (espèce de Perrette au pot au lait). — Fol. 40 : « Radicavi in populo honorificato; » Silène, as-

Exemples, pour qu'on ne me soupçonne pas de mauvaise humeur gratuite : les anciens artistes, voulant exprimer dans leurs représentations de la Sainte Vierge le beau titre de *cause de notre joie*[1], trouvèrent dans l'Écriture le raisin comme symbole ordinaire de l'allégresse[2]. Ils mirent donc une grappe dans la main de Marie ou de l'enfant Jésus ; mais cette grappe se change en cerises chez Carrache, et n'est plus qu'une sorte d'enfantillage. Sans doute que, comprenant aussi peu la pomme, symbole du péché d'Adam[3], qui représentait Marie comme l'*avocate d'Ève*[4], il ne vit dans ces divers fruits qu'un amusement de l'enfant divin, et j'ai grand'peur que Mignard, tout en conservant les types, n'y ait pas eu plus d'intention ; car un peu de *mignardise* peut bien avoir dirigé le maître.

appelons encore une petite statue du XIIIe siècle, qui représente l'enfant Jésus entre les bras de sa mère et caressant une colombe[5] ; une autre, de la même époque à peu près, mais de plus grande dimension, à Saint-Denis, représente la colombe se débattant et retenue par l'enfant Jésus qui lui tient les ailes. Si quelqu'un doutait que ce fût là un emblème des âmes

sis sur un tonneau, s'adosse contre un énorme cep de vigne pour mieux vider son broc de vin. — Fol. 43 : « Deus in adjutorium meum intende ; » un fantassin se met en garde contre la charge impétueuse d'un chevalier qui lance son cheval à fond de train. — Fol. 45 : « Jubilate Deo omnis terra ; » une sarabande entraînée par les notes joyeuses du hautbois ou de la musette. — Etc.

Quand un maître de si haute valeur jugeait ces folâtreries sortables pour lui, pour un prince et pour un livre de piété, je laisse à penser ce que durent s'accorder de licences exhilarantes et narquoises les artistes du second ou du troisième ordre. Gens de moindre lignée, ceux-ci n'étaient pas tenus de s'appliquer le dicton : « Noblesse oblige. » En conséquence ils s'en donnèrent à cœur joie, et nous avons peine aujourd'hui à songer que ces facétieuses bêtises puissent receler un brin de sens commun. Nous appelons donc caprices joviaux ce qui vraiment était toute une technologie presque théoriquement organisée ; ou, si l'on veut, un vocabulaire d'hiéroglyphes reçus chez le monde de ce temps-là.

1. Tu lætitia Israel.—Vita, *dulcedo*, et spes nostra, salve ; etc.

2. Vinum lætificat cor hominis ; *Ps.* 103. — Vinum his qui amaro sunt animo ; *Prov.* 31. — Vinum in jucunditatem creatum est ; *Eccli.* 31. — Exultatio animæ et cordis, vinum moderate potatum ; *ib.* — Numerus musicorum in jucundo et moderato vino ; *ib.* 32 ; etc. D'ailleurs, le premier miracle de Notre-Seigneur eut lieu à la sollicitation de sa Mère, e précisément pour empêcher, par le changement de l'eau en vin, que la joie des convives de Cana ne fût troublée par l'embarras de leurs hôtes. « Ex aqua facto vino lætantur convivæ (dominic. infra octav. Epiphaniæ).

Les anciens hymnographes grecs, avec leur grâce un peu coquette, mais souvent pleine de piété au fond, et nourrie du souvenir des saints Pères, caressent volontiers cette idée : « Vitis quæ germinavit fructum vitæ ; quæ racemum maturum aluit ; vinum stillantem quo exhilarantur animæ. » Cf. German. C P., Chrysipp., Hesych., Theodotion., etc. ap. Buteon., p. 135.

3. Quando *pomi noxialis*, In necem morsu ruit (Hymne du vendredi saint).—La pomme et le serpent, ou l'un des deux, rappellent ce même sens dans les anciennes représentations. Elles montrent Marie auxiliatrice du genre humain en lui donnant le divin fruit de ses entrailles (*fructus ventris generosi*), tandis qu'Ève avait perdu l'homme en lui offrant le fruit défendu.

Il avait au moins l'entente du sujet qu'il exprimait si singulièrement, le bizarre artiste (Rosso, dans une voûte à Arezzo) qui représentait la Sainte-Vierge tirant la pomme du gosier d'Adam ; à peu près comme l'oiseau des fables de Phèdre, extrayant l'os de la gorge du loup.

4. Célèbre expression de saint Irénée, dont les protestants se sont transmis (sans réussite) la réfutation de docteur en docteur ; tant ils avaient besoin, pour y échapper, de meilleures raisons que celles données au XVIe siècle par leurs premiers maîtres !

5. Le plâtre de cette délicieuse sculpture (provenant de M. Micheli) existe dans le commerce, et nous sommes bien aise de l'indiquer comme tout autrement propre à nourrir la piété que celle de Bouchardon ou tant d'autres, qui sont en possession de prendre place dans les oratoires. On l'a même reproduit en bronze par la galvanoplastie.

reposant sous la protection de la Mère de Dieu, et conservées par elle malgré leurs infidélités ou leurs répugnances, nous lui citerions un tableau de Pinturicchio, où la Mère de Dieu se laisse patiemment becqueter le doigt par la colombe ; et la légende, pour ne laisser aucun doute sur la pensée du peintre, porte : *Mater misericordiæ*. D'autres peintures ou sculptures semblables, où l'enfant Jésus tient la colombe dans sa main, portent : *Maria santissima delle grazie, mater orationis* (à Rome)[1], etc. Or ce touchant emblème est devenu prosaïquement une *madonna del gatto* sous la main de Barroccio, ou une *santa familia del perrito* sur la toile de Murillo. Ces dénominations reçues en Italie et en Espagne sembleraient une dérision, si nous les rendions en français. Mais si l'on pouvait prétendre excuser ces artistes qui occupent la sainte famille d'une scène d'espièglerie faite pour les représentations domestiques du pinceau flamand, qu'y prétendra-t-on voir de sérieux? Y a-t-il moyen de supposer aux peintres le souvenir du passage des psaumes : *mon âme a été arrachée comme le passereau aux filets du chasseur;* lorsqu'il faudrait trouver le symbole du démon dans un chat ou un épagneul?

La naïveté des peuples fortement imprégnés de foi avait multiplié l'image de la Vierge-Mère, allaitant son divin enfant[2]; mais, quand le sensualisme des artistes du xvi° siècle eut inondé les peintures chrétiennes, le Guide porta, dit-on, la témérité de son paganisme classique jusqu'à rapprocher son sujet autant que possible de la mère des Amours[3]. Et lorsque Carle Maratte fut chargé de draper ce sein entièrement découvert (or, c'était dans la chapelle du palais de Montecavallo), on rapporte qu'il eut grand soin de n'employer que des couleurs qui pussent disparaître au moindre effort. Je ne garantis point le fait; il montre du moins la réputation d'idéalisme que se sont faite ces *grands maîtres*.

D'autres emblèmes, inaccessibles à la parodie, ont complétement disparu depuis le xvi° siècle. Telle est cette touchante représentation de la sainte Vierge adorant son Fils[4]; sujet si

---

1. La gravure que nous en connaissons indique le tableau comme existant autrefois à Castel-del-Piano, près de Sienne. Une autre Vierge, à Nocera dei Pagani, porte le titre et les symboles de *Madonna delle galline*; mais ici il s'agissait probablement de faire allusion au patronage de Marie : *Quemadmodum gallina congregat pullos suos sub alas*, etc.

Il ne serait pourtant pas impossible que la première idée de ce symbolisme appartînt à un ordre de pensées que j'ai signalé plus d'une fois dans les *Caractéristiques des Saints* (sous les mots *Calendrier, Oies,* etc.), et qui rattachaient le nom d'un saint à la saison pendant laquelle on le célèbre. Avant que la fête de l'Immaculée Conception fût répandue dans l'Eglise sous un rite si élevé, les grandes solennités de la Sainte-Vierge tombaient toutes vers la plus belle époque de l'an. Les noms populaires de *Notre-Dame de Mars, Notre-Dame d'Août, Notre-Dame de Septembre* (la Vierge aux greffes, la Vierge aux épis, la Vierge aux fruits) subsistent encore; et les Allemands continuent à dire :

« Mariæverkündigung, die Schwalben kommen wider umb [(um);
« Mariægeburt, die Schwalben fliegen wieder furt (*fort*). »

C'est peut-être en effet une hirondelle qui perche sur le poignet de la Madone à Montenero.

Les honneurs rendus à la Mère de Dieu étaient donc indices du beau temps, de la joie universelle annoncée par les petits oiseaux qui embellissent les mois favorisés sous nos latitudes. Le sentiment de la nature, si développé parmi les nations germaniques, se montre encore dans l'expression singulière qu'elles employaient pour nommer le papillon (*Sommervogel*), parce qu'il disparaît durant la saison fâcheuse.

La dévotion du mois de Mai consacré à la très-Sainte-Vierge, et dont la pratique est sensiblement moderne, ne serait qu'une transformation de cette pensée populaire charmante en soi. Honneur et modèle des femmes, la Mère de Dieu apparaît ainsi comme ornant la famille chrétienne, la nature elle-même, par les grâces de son regard aimant, et d'un sourire où rayonne la bonté. Cela ne s'accorderait donc pas mal, pour l'origine, avec l'époque du *Frauenlob*.

2. « Qui te creavit parvulum lactente nutris ubere. » — « Et lacte modico pastus est per quem nec ales esurit. » — Salvatorem sæculorum, ipsum regem angelorum, sola virgo lactabat ubere de cælo pleno (Off. du temps de Noël).

On ne saurait dire combien se sont retranché de ressources pour l'intelligence des monuments ceux qui avaient quitté la liturgie romaine. Témoin, entre autres, la sainte Cécile de Raphaël, qui n'est vraiment que la traduction en peinture du premier répons de Matines, et de la première antienne de Laudes dans l'office romain de cette martyre : « *Cantantibus organis*, etc. »

3. Voyez les faits antérieurs qui montrent cette tendance parmi les Florentins, dans l'ouvrage déjà cité de M. Rio, p. 327.

4. « Quem virgo concepit, virgo peperit, *virgo quem genuit adoravit.* » (Off. de la Présentation). —

« . . . . Tu quæ genuisti
« Natura mirante tuum sanctum genitorem. »

Dante, si plein de la liturgie ecclésiastique, qu'il l'enclave parfois textuellement dans ses tercets, et la croise avec ses

grave et si pieux, qu'affectionnèrent Pérugin et Lorenzo di Credi. On n'en aperçoit plus qu'un reflet déjà bien affaibli dans ces petits tableaux de Raphael, où Marie découvre respectueusement le berceau de son fils. Benvenuto Garofalo, élève de Raphael, a reproduit l'ancienne idée dans un tableau que possède le musée du Louvre; mais cette belle conception est devenue comme étrangère à la pensée des artistes postérieurs.

Telle est encore la touchante idée qui avait présidé à l'exécution de la *Notre-Dame auxiliatrice* de Passau; où l'enfant Jésus, qui se précipite au cou de sa mère, semble lui garantir l'effet assuré de toutes ses demandes[1]. Tout cela n'est plus compris que du peuple, et c'est à peine si les *connaisseurs* y trouvent désormais un sens.

Maintenant il sera permis de dire que la peinture chrétienne n'a point gagné à son émancipation; l'idéalisme et la profondeur s'y effacèrent à mesure qu'elle s'éloigna de son berceau, mettant de côté tout ce qui n'était point exclusivement profane. Comme si l'étude de l'anatomie et des monuments grecs anciens pouvait initier un artiste au monde intérieur que la religion de Jésus-Christ nous a fait, à nous autres qui croyons, espérons et aimons[2]! C'est là un ordre de choses à part qui ne s'enseigne point dans l'atelier. Du reste les classiques au sortir du *scriptorium* furent souvent aussi maltraités par les copistes de profession, que l'étaient les sujets religieux. Ebert[3] parle de l'inepte coquetterie des calligraphes employés par Mathias Corvin, pour lesquels une rature était bien plus odieuse qu'un barbarisme ou une mauvaise *leçon*.

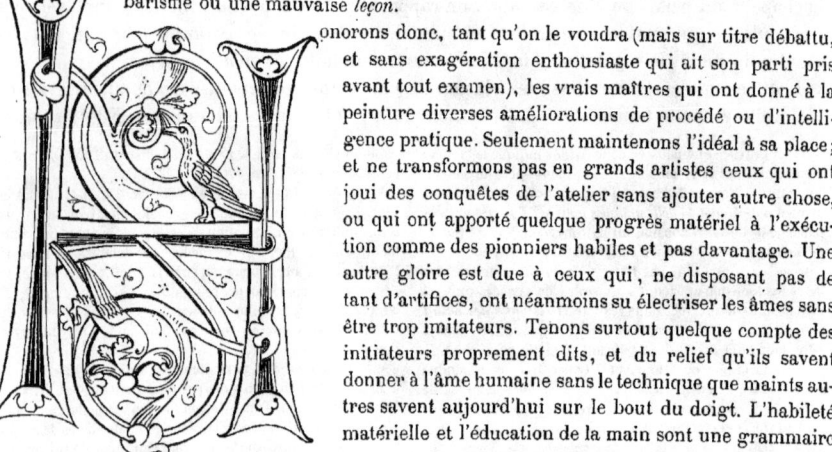

Honorons donc, tant qu'on le voudra (mais sur titre débattu, et sans exagération enthousiaste qui ait son parti pris avant tout examen), les vrais maîtres qui ont donné à la peinture diverses améliorations de procédé ou d'intelligence pratique. Seulement maintenons l'idéal à sa place; et ne transformons pas en grands artistes ceux qui ont joui des conquêtes de l'atelier sans ajouter autre chose, ou qui ont apporté quelque progrès matériel à l'exécution comme des pionniers habiles et pas davantage. Une autre gloire est due à ceux qui, ne disposant pas de tant d'artifices, ont néanmoins su électriser les âmes sans être trop imitateurs. Tenons surtout quelque compte des initiateurs proprement dits, et du relief qu'ils savent donner à l'âme humaine sans le technique que maints autres savent aujourd'hui sur le bout du doigt. L'habileté matérielle et l'éducation de la main sont une grammaire

rimes italiennes, n'a pas voulu omettre ce beau titre dans sa touchante prière à Marie (*Paradiso*, canto 33) :

« Vergine madre, *figlia del tuo figlio,*
Umile e alta più che creatura,
Termine fisso d'eterno consiglio;
Tu sei colei che l'umana natura
Nobilitasti si che' *l tuo fattore*
Non si sdegnò di farsi tua fattura. Etc. »

1. « Pete mater; neque enim fas est ut avertam faciem tuam. » III *Reg.* II, 20.
2. Certes, quand on voit Vasari appeler *virtù* le talent des peintres ses consorts, et *virtuosi* des hommes de la trempe

de Jules Romain, on sacrifierait volontiers cette *forme* des virtuoses modernes pour la peinture intime des vieux maîtres; et l'on est tenté d'y faire l'application de ces vers (*Chançon*) de Giotto, si luthériennement expliqués par Rumohr (t. II), comme si un catholique eût été tenu de canoniser tous les gens portant robes et capuchons!

« Cierto mi par grand'onta
« Chiamar virtute quel che spegne' *l bene*. »

On peut voir après tout dans les vitraux ou tympans du moyen âge, et dans l'*Hortus deliciarum*, si l'on se faisait scrupule d'envoyer en enfer les hommes d'Église et les religieux.

3. *Handschriftenkunde*, I, p. 97.

bien apprise qui ne gâte rien sans doute, mais dont il reste ensuite à faire emploi sous la dictée de l'intelligence et du cœur.

Un critique moderne[1] exprime, au sujet de la sculpture grecque archaïque, un jugement qui s'applique assez bien ici : « Je ne connais pas d'étude plus attachante que de rechercher, dans les aspirations et jusque dans les impuissances du premier âge, les éléments d'une supériorité qui ne s'affirme point encore. En étudiant ainsi le génie dans son germe, il semble, non sans raison, qu'on en surprend un à un tous les mystères; et le travail méthodique de l'analyse garde quelque chose des émotions et des surprises de la divination. Ainsi s'explique la séduction que les ouvrages des peintres primitifs italiens exercent de nos jours sur certains esprits curieux et délicats, jusqu'à leur faire presque oublier les chefs-d'œuvre que la Renaissance a produits dans son éclatante maturité. Sans partager (*et pourquoi pas?*) cette exagération, il faut convenir qu'il y a là (*tout comme des Éginètes, ou des Perses, à Phidias*) une série incomparable, qui permet de suivre sans interruption la marche ascendante de l'art, d'en compter tous les progrès, de mesurer la part de chaque maître dans l'œuvre commune, comme on relève le cours d'un fleuve de sa source à son embouchure, et comme on évalue chemin faisant le volume d'eau que chaque affluent lui apporte. »

Ce que je disais précédemment sur la persistance des calligraphes (conventuels surtout) après que la typographie eut fait son chemin (p. 141 sv.) est vrai aussi (et particulièrement) pour la miniature; d'autant que l'on n'avait pas à craindre sur ce terrain la rivalité des imprimeurs[2]. D'ailleurs les finesses patientes du miniaturiste conviennent assez bien aux femmes, et les monastères s'en servirent comme d'un moyen de revenu qui ne leur avait pas été inutile au temps des livres d'heures manuscrites. Je n'ai pas à suivre cette dérivation du moyen âge dans la course qu'elle a fournie après coup. Mais citons, pour le XVIIIe siècle, un fait dont il peut se trouver encore plusieurs vestiges dans les grandes familles qui avaient accès à la cour de France. Marie-Antoinette, quittant l'Autriche, s'était intéressée à une maison des visitandines de Vienne qui se trouvait bien dépourvue, et promit de leur faire parvenir des secours. Là dessus, elle montra aux dames qui l'entouraient à Versailles plusieurs petites miniatures sur vélin exécutées par les religieuses viennoises, déclarant qu'elle se ferait commissionnaire pour les personnes qui en voudraient de semblables, mais à un louis la pièce. On indiquait le sujet voulu, et le monastère l'exécutait pour la princesse autrichienne qui, naturellement, était bien payée. Cela faisait un petit revenu à ses protégées. Si quelqu'un voulait reconnaître une de ces petites œuvres pieuses, je dirai comme renseignement que le cadre de la peinture (pour ce que j'en ai vu à plusieurs exemplaires provenant de l'ancienne duchesse de Valbelle, puis comtesse d'Adhémar) avait environ sept centimètres de hauteur. Ce sont des monuments curieux d'un reste lointain du moyen âge (c'est-à-dire voisin pour nous), et de la charité gracieuse imaginée par celle qui devint reine de France pour finir à la guillotine des patriotes. C'est mon dernier souvenir des miniatures exécutées dans des couvents. Après cette fin du XVIIIe siècle, on me permettra de ne plus rien dire sur ce point.

---

1. M. L. Heuzey, *Journal des savants* 1868, p. 443, sv. Le même article renferme encore plus d'une observation sensée et fine, qui convient presque tout autant au moyen âge qu'à l'art hellénique primitif.

2. Ce n'est pas que l'on ne rencontre des *Heures de Notre-Dame* imprimées en caractères gothiques (par Simon Vostre, etc.) où certains exemplaires ont été relevés en couleurs à la main, après le tirage. M. Ambroise F.-Didot aurait pu en dire quelque chose, en notant une partie de son beau cabinet; mais il ne m'y a introduit que quatre ou cinq fois et pour quelques heures, en sorte que j'en ai à peine un souvenir sommaire.

XXXIII.

Terminons par quelques mots sur un sujet qui, tout en réclamant une mention, est trop accessoire néanmoins pour obtenir ici une place considérable. Je ne prétends entrer dans aucun détail sur la reliure des livres; mais, comme cette partie de la bibliognostique a un côté artistique important dans l'histoire des *scriptoria* monastiques et épiscopaux, elle ne saurait être entièrement passée sous silence. Les beaux-arts étant un des objets de l'éducation dans les cloîtres et dans les écoles capitulaires [1], il arrivait qu'un même personnage fût écrivain, peintre, sculpteur, fondeur, graveur, orfévre, joaillier, etc.; et, comme ces divers talents se combinent parfois pour l'embellissement des manuscrits, il est juste que nous en disions au moins quelques mots. Nous n'avons presque pas de musée ou de grande bibliothèque qui ne nous donne plusieurs œuvres de ce genre; et les publications chromolithographiques faites depuis une trentaine d'années en présentent bien des spécimens. Nous-même en avons donné quelque chose dans la 1ʳᵉ série des *Mélanges* (t. II, pl. iv-viii) et dans la série actuelle (t. II, pl. i, sv.; p. 1-13; et p. 28-34; p. 52-61; pl. iii, p. 80-83, etc.).

Cassiodore donnait déjà une telle importance à cette partie, qu'il avait dessiné lui-même de nombreux *spécimens* de reliures auxquelles il renvoie ses disciples [2] comme à une galerie de modèles. On voit, par ses expressions, que son but est surtout de rendre honneur aux livres saints; et cet usage fit loi au moyen âge, principalement

---

1. La vie de saint Meinwerk, évêque de Paderborn (de 1009 à 1036), rapporte ainsi en une espèce de prose à bouts rimés, ce qu'il faisait pour les études (cap. LII, ap. Leibnitz, *op. c.*) : « Studiorum multiplicia sub eo floruerunt exercitia..... Sub quo in Patherbrunnensi ecclesia publica floruerunt studia : quando ibi *musici* fuerunt et dialectici enituerunt *rhetorici* clarique *grammatici*... Ubi *mathematici* claruerunt et *astronomici*, habebantur *physici* atque *geometrici* : viguit Horatius, magnus et Virgilius, Crispus ac Sallustius, et Urbanus Statius. Ludusque fuit omnibus insudare *versibus*, et dictaminibus jocundisque cantibus. Quorum in *scriptura* et *pictura* jugis instantia claret multipliciter hodierna experientia; dum studium nobilium clericorum, usu perpenditur utilium librorum, etc. » Dans la vie de saint Bernward, évêque d'Hildesheim, son maître Tangmar raconte (cap. I, *ibid.*) le zèle qu'il montrait parmi ses condisciples, pour les humanités et la philosophie. Puis il ajoute comme par manière de continuation : « Et quamquam vivacissimo igne animi in omni liberali scientia deflagraret, nihilominus tamen in levioribus artibus quas mechanicas vocant, studium impertivit. In *scribendo* vero apprime enituit. Picturam etiam limate exercuit. *Fabrili* quoque *scientia* et arte *clusoria* (*jouaillerie*, l'art d'enchâsser les pierres précieuses, comme l'explique la version saxonne), *omnique structura* mirifice excelluit, ut in plerisque ædificiis, quæ pompatico decore composuit, post quoque claruit. » La cathédrale d'Hildesheim conserve encore plusieurs objets d'art (candélabres, vases sacrés, croix en filigrane, etc.) laissés par saint Bernward; pour ne rien dire des portes de bronze qu'il fit couler et qui ont échappé aux ravages du temps et des hommes. Cf. Fr. H. Müller, *Beitræge*...; et J. M. Kratz, *Der Dom zu Hildesheim*.

Notre IIIᵉ volume des *Nouveaux Mélanges* en a pu donner quelque idée, p. 211, 249-255, 260; 277, sv. Et les Hanovriens se sont mis depuis quelque temps à faire connaître ce trésor par des photographies (un peu trop réduites).

On dit de Manuius, abbé d'Evesham (xiᵉ siècle) : « Vir venerabilis et sacris liberisque plurimis artibus fuerat imbutus : videlicet *cantoris, scriptoris, pictoris, auriquæ fabrilis operis* scientia pollens; etc. » Cf. *Monasticon anglicanum*, I, 151. — Le B. Tutilo, moine de Saint-Gall : « Erat valde *eloquens*, voce clara et dulci, *cœlatura elegans, picturæ artifex*, ac *mirificus aurifex*; musicus sicut et socii, sed in omnium genere fidium et instrumentorum, et fistularum præ omnibus; nam et filios nobilium in loco ab abbate destinato fidibus edocuit.... In *structuris* et ceteris artibus suis efficax, concinnandi in utraque lingua promptulus et potens; etc... Abbatum vero sub quibus militaverat permissis, plerumque et præceptis, multas *propter artificia simul et doctrinas* peragraverat terras. Picturas et aurificia etiam et anaglyphas carminibus et epigrammatis decorabat singulariter pretiosis, etc. » Cf. Ekkehard, *Vit. Notkeri Balbuli*, cap. 22, etc.; ap. Goldast, *op. cit.* — Sur saint Dunstan, cf. Pits; ce dernier est, du reste, chez les Anglais une sorte de vis-à-vis pour notre saint Éloi. — Sur Salomon, abbé de Saint-Gall, cf. Ekkehard, *de Casibus Sancti-Galli*, cap. I.

2. *De Institutione divin. scripturarum*, cap. 30 « ... His etiam (*antiquariis*) addidimus in codicibus cooperiendis doctos artifices : ut litterarum sacrarum pulchritudinem facies desuper decora vestiret; exemplum illud dominicæ

pour ceux qui devaient servir à l'office divin. Afin de ne pas trop m'étendre sur ce point, je renverrai, sans plus, à ce qu'en dit le savant cardinal Bona[1]; on y verra que, par cet endroit, la ciselure du moyen âge confine à la bibliographie.

L'orfévrerie était peut-être l'art de luxe le plus avancé sous les Mérovingiens; mais la dynastie suivante la fit cultiver, sinon plus en grand, du moins en beaucoup plus de lieux. Nos vieux historiens parlent fréquemment de travaux extrêmement considérables en ce genre, exécutés soit pour la cour, soit surtout pour les églises. M. de Rumohr en cite quantité d'exemples remarquables qui devraient bien faire naître chez quelque savant artiste ou amateur le désir de travailler à l'histoire de l'orfévrerie durant le moyen âge. On y verrait que les écoles d'orfévres, de calligraphes et de miniaturistes n'étaient souvent qu'une seule et même chose. Encouragées par les princes, longtemps encore après Charlemagne, elles trouvaient d'ailleurs une protection naturelle dans l'Église; et la splendeur de l'empire sous les premiers Henri leur donna une impulsion singulière, dont on a conservé çà et là quelques vestiges[2]; d'ailleurs, la réapparition même de ces arts sous Henri et Othon Ier montre que les troubles du règne de Conrad et les ravages des Magyars n'en avaient point interrompu la transmission. La faveur accordée par les princes saxons à l'Église de Quedlimbourg y avait réuni des trésors que la suppression de ce monastère a dissipés, et probablement anéantis; mais la richesse même de ces précieuses couvertures d'or, d'argent et d'ivoires ciselés, les pierreries surtout qui les ornaient souvent, ont dû nous en faire perdre un grand nombre, par la tentation qu'elles offraient aux spoliateurs. Un motif semblable causa

figurationis ex aliqua parte forsitan imitantes, qui eos quos ad cœnam æstimavit invitandos in gloria cælestis convivii, stolis nuptialibus operuit. Quibus *multiplices species facturarum* in uno codice depictas, ni fallor, expressimus, ut qualem maluerit studiosus *tegumenti formam*, ipse sibi possit eligere. »

1. *De rebus liturgicis*, lib. I, cap. XXV, n° 10. « Missali magna olim adhibita reverentia; et in capitulari Caroli M. ex concilio aquisgranensi decernitur ut *si opus sit missale scribere, perfectæ ætatis homines scribant cum omni diligentia*. Nulli autem sacrorum codicum divino sacrificio inservientium major veneratio exhibita quam libro evangeliorum... Eum theca pretiosissima aurea vel eburna gemmisque distincta, cum imagine crucifixi, includere, aureisque litteris scribere mos priscus fuit; quem indicant Gregorius M. *lib.* XII, ep. 7, ad Theodolindam, et Gregorius Turonensis *lib. de gloria confess. cap.* 63; et *lib.* III, *Hist. Francorum, cap.* x. Consonat Aimonius, *lib.* II, *de gestis Francorum*, narrans a Childeberto rege avectas ab Hispaniis, inter ecclesiastici ministerii utensilia, capsas viginti evangeliorum solido auro fabricatas et gemmis ornatas. Libri quoque evangeliorum gemmis forinsecus et auro exornati mentionem facit Simeon monachus, *lib.* II, *de Dunelmensi ecclesia, cap.* XII. Leo Ostiensis (*lib.* III *chronici cassinensis, cap.* XX et LXXIV) inter ornamenta illi ecclesiæ acquisita et relicta a Desiderio, qui postea Victor III romanus Pontifex fuit, enumerat libros epistolarum et evangeliorum ac sacramentorum, cum tabulis aureis et argenteis. Flodoardus item, *libro* III, *cap.* v, librum sacramentorum ebore argentoque decoratum commemorat. Apud Goldastum (op. c., t. I) exstat liber de origine monasterii S. Galli, in quo legimus Hartmotum abbatem librum evangeliorum auro, argento, lapidibusque pretiosis ornasse. Ducas in *Historia byzantina, cap.* XLII, capta Constantinopoli evangelia adhibitis ornamentis mira arte compacta, auro argentoque inde revulsis partim venumdata, partim projecta conqueritur. Alia multa passim occurrunt, sed hæc carptim relata sufficiunt ut dignoscamus communem hanc librorum liturgicorum venerationem fuisse. Horum ornamentorum rationem reddit Rupertus abbas, *lib.* II, *de div. offic., cap.* XXIII; dicens : Codices quoque evangelici auro et argento, lapidibusque pretiosis non immerito decorantur, in quibus rutilat aurum cælestis sapientiæ, nitet argentum fidelis eloquentiæ, fulgent miraculorum pretiosi lapides, quæ manus Christi tornatiles, aureæ, plenæ hyacinthis, operatæ sunt. »

L'énumération des services rendus à l'abbaye de Saint-Riquier (*Chronic. centulense,* c. XVI), par l'abbé Angelramn, ne manque pas de rappeler les beaux livres d'église qu'il avait lui-même, ce semble, historiés en orfévrerie :

« Librum evangelii, sancti vitamque Richari
Ipsius studium mero argento decoravit;
Est et episto-liber-larum atque evangeliorum
Ipsius argento quem industria nempe paravit. »

Cf. D'Achery, *Spicileg.*, t. IV. — Schmid, *De cultu evangeliorum,* Iena, 1692. — Catalani, *De codice S. Evangelii lib.* III, *cap.* I (Romæ, 1743). — Cancellieri, *De secretariis* (disquisit. de biblioth.), etc. — Paciaudi, *de cultu S. Johann. Bapt.*, p. 230. — Borgia, *De cruce velitcrna*, clxxv, sqq. — P. Lacroix, *les Arts au moyen âge,* p. 490, svv. J'aurais assurément dû en citer bien d'autres, ici, comme ailleurs; je le reconnais chaque jour, mais :

« Non omnia possumus omnes. »

2. Le magnifique retable en or de la cathédrale de Bâle, découvert depuis 1834, maintenant au musée de Cluny (sous le n° 3122), peut en donner une idée véritablement avantageuse. Un autre retable, moins précieux pour la matière, avait été acquis pour Saint-Denis, par les soins de M. Debret.

parfois le déplacement de ces riches reliures[1], que l'on crut assortir plus convenablement en y renfermant des manuscrits différents de ceux auxquels les premiers donateurs les avaient destinées d'abord.

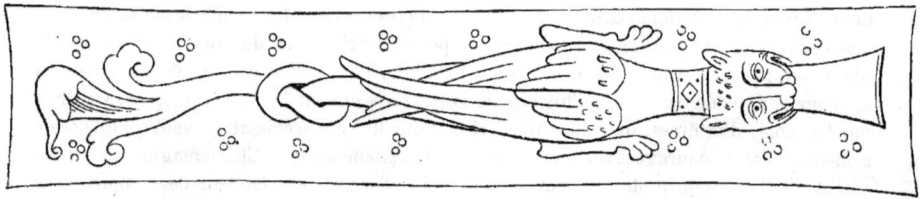

XXXIV.

ci s'arrêtait, en novembre 1839, ce mémoire dont la fin s'est trouvée ajournée indéfiniment. Si j'eusse pu le reprendre avec quelque loisir, la suite fût devenue une seconde section, dont le plan dès lors ébauché ne se retrouve plus en état présentable sous ma main. Voici cependant ce qu'elle devait à peu près contenir : Conservation des ouvrages profanes dans les bibliothèques ecclésiastiques du moyen âge. — Renaissance des lettres (comme on dit), et part importante qu'y prit le clergé. — Injustice des nombreuses accusations qui furent répandues à ce sujet par le protestantisme, et répétées par d'innombrables échos jusqu'à nos jours. — Joie que causa la typographie dans les monastères et influence des grandes abbayes pour répandre cet art nouveau. — Les classiques sortirent presque tous des bibliothèques bénédictines ou de celles des cathédrales, et des chanoines réguliers; plusieurs même y furent volés indignement par ceux qui crièrent le plus fort contre l'ignorance des ecclésiastiques. — Question des *palimpsestes*, qui ont donné lieu à beaucoup trop de déclamations contre la barbarie des moines. — Ouvrages littéraires et scientifiques de l'antiquité qui sont aujourd'hui perdus, et qui subsistaient au moyen âge dans les collections ecclésiastiques. A cette occasion, relevé des livres importants que mentionnent les catalogues ou les corres-

1. Voyez, par exemple, *N. Tr. de diplomat.*, III, 137.
Parmi les richesses que Childebert rapporta de la Septimanie où il était allé venger Clotilde sa sœur, on cite soixante calices, quinze patènes ou plateaux d'offrande, vingt couvertures ou boîtes d'évangéliaire ; le tout en or et garni de pierres précieuses. Cf. Gregor. Turon., *Hist. franç.*, lib. III, cap. X; et *de Glor. Confessor.*, cap. LXXXII. *Item* (pour une autre expédition) *Hist. franç.*, lib. III, cap. XXIX.
Sur la richesse des livres d'Évangiles ou des boîtes qui les renfermaient, on peut consulter Mondelli, ap. Zaccaria, *Racolta* (1re édition), t. VII, dissert. 8 (p. 276-283). — Seb. Paoli, *De ritu... exorcizandi aquam...* p. 225. — Buonarroti, *Vetri*, p. 94. — Gori, *Thesaur. diptychorum*, t. III, p. 59. — Peverelli, *Osservazioni intorno ai libri santi*, lib. I, n° 5. — Hieronym., *In Zachar.* VIII, 6 (ed. Vallarsi, t. VI, p. 841). — De Linas, *Revue de l'art chrétien*, t. I, p. 21, svv.; 62, svv. — *Bulletin du bibliophile belge*, t. IV, p. 167. — *Mélanges d'archéologie*, t. II, p. 39, svv.; et *Nouveaux Mélanges*, t. II, p. 1-13, p. 28-34; et p. 52-61, etc.

Les évangéliaires ornés étaient des présents royaux qui s'envoyaient aux basiliques les plus vénérables, et saint Grégoire le Grand en adresse un (dans une boîte de Perse, probablement coffre à filigranes) au roi lombard Adalwald. Cf. Greg. M., *Epist.* XIII, 12. — Vettori, *Dissert. philolog...*, p. 78, sq.; etc.
Ce genre de luxe était une convenance impérieuse pour les chapelles des nobles, aussi bien que pour les riches abbayes ; et les orfévres monastiques étaient souvent le recours des séculiers à ce sujet. Cf. D. Pez, *Thesaur.*, t. VI, P. II, p. 14,, sq.
Aussi le rapace Guillaume le Roux mit-il en réquisition les châsses et les couvertures d'évangéliaires dans les églises anglaises, pour avancer à son frère (Robert duc de Normandie) les sommes nécessaires à l'expédition de la Terre-Sainte. Il se débarrassait ainsi d'un prince énergique, et achetait la jouissance de la Normandie, sans bourse délier que celle d'autrui.

pondances, siècle par siècle. — Incendies et destructions de bibliothèques[1]. — Vandalisme des temps modernes pour les mss. du moyen âge. — Prix des manuscrits et des premières impressions. — Comparaison statistique de la distribution des livres dans nos provinces avant et après le protestantisme et la révolution française. — Promoteurs principaux des bibliothèques, et légendes sur les calligraphes. — Etc., etc.

« . . . Sed superent quibus hoc, Neptune, de-
[disti ! »

Il y avait là matière pour un gros volume, en sus de celui-ci, et je n'en aurais pas quitté la piste dans mon âge mûr, si je n'eusse été trop détourné par d'autres tâches. Mais à soixante-dix ans ! Quelqu'un dira peut-être :

« Magnis tamen excidit ausis. »

Pour moi, je m'en rapporte au bon sens du grand artiste italien :

« Chi non può quel che vuol, quel che può vo-
[glia. »

J'ajoute des ornements calligraphiques d'Attavante (tirés du missel de l'évêque de Dol) qui n'ont pas trouvé leur emploi dans les pages précédentes; et désormais je cède la parole à l'auteur de l'Appendice pour les bibliothèques espagnoles, annoncé dans ma préface. En ce nouveau sujet, le gracieux n'était plus guère de mise, ce dont je ne fais pas tare pour le pays; et il convenait de n'y admettre que la calligraphie ou la miniature exécutées en Espagne.

Charles Cahier.

[1]. Cette question, bien entendu, et plusieurs qui l'accompagnent, devraient être autrement étudiées que ne l'a fait un mémoire de M. Vinc. Mortillaro (Opere, t. I, p. 9, sgg. et 60, sg.) intitulé *Studio bibliografico*, lequel s'en tient à des généralités connues de quiconque n'est pas absolument ignare en ces matières. Ce n'est plus là ce qu'il nous faut aujourd'hui après divers travaux contemporains où l'on pénètre au-delà de l'écorce.

APPENDICE

SUR

LES BIBLIOTHÈQUES ESPAGNOLES DU HAUT MOYEN AGE.

Une distraction de l'historien moderne des Musulmans d'Espagne m'a donné la première idée d'entreprendre le travail dont je soumets les résultats au lecteur. Oubliant ce qu'il savait mieux que moi, pour l'avoir lu et relu dans le glossaire de Du Cange[1], M. Dozy écrit des Léonais du IXe siècle : « Ces barbares.., qui, quand ils parlaient d'une *Bibliothèque,* entendaient par là l'Écriture Sainte[2] ; » et leur attribue ainsi la paternité d'une expression usitée dans tout l'Occident chrétien, depuis saint Jérôme qui s'en est servi le premier. Je n'avais pas évidemment à m'occuper d'une erreur sans importance, dont la réfutation était d'ailleurs à la portée de tous. Mais le mot de *bibliothèque* avait piqué au vif ma curiosité, et l'envie me prit de rechercher ce qu'il pouvait exister de *vraies* bibliothèques dans ces royaumes du nord-ouest de l'Espagne, où, disait-on, les plus lettrés ignoraient le sens propre du nom qui sert à désigner ces dépôts littéraires. Je cédai d'autant plus facilement à cette envie, que je pouvais la satisfaire sans sortir du cercle d'études favorites où je me suis confiné depuis longtemps. J'y cédai tant et si bien que, des bibliothèques asturiennes et léonaises, je remontai, poussé par la force des choses, aux bibliothèques hispano-gothiques dont les premières avaient recueilli les épaves échappées au naufrage de l'Espagne chrétienne lors de l'invasion arabe. Mais comment la civilisation, dont l'existence nous est démontrée par la formation et le développement de ces bibliothèques sous les rois wisigoths, avait-elle pu échapper aux flots dévastateurs des barbares du nord qui, au Ve siècle, inondèrent la Péninsule, et la couvrirent de sang et de ruines ? Comment cette même civilisation et ces bibliothèques ont-elles survécu à l'invasion cent fois plus désastreuse des musulmans ? Ces deux questions étaient trop intimement unies aux deux autres pour qu'il me fût permis de les omettre. L'essai qu'on va lire se divise donc en quatre chapitres : les deux premiers consacrés à la civilisation et aux bibliothèques hispano-gothiques ; les deux derniers à la civilisation asturienne et léonaise, et aux bibliothèques du nord-ouest chrétien de l'Espagne. — Ceci soit dit tout d'abord afin qu'on ne s'étonne pas de me voir toucher à certains sujets que mon titre n'indiquait pas.

Jules Tailhan.

1. Cf. Gloss. med. et inf. lat., v° *Bibliotheca.*   2. Dozy, *op. cit.,* III, 31.

CHAPITRE PREMIER.

INVASION DES BARBARES. — RENAISSANCE HISPANO-GOTHIQUE.

I.

Les premiers barbares qui en 409 se précipitèrent sur l'Espagne par les *ports* occidentaux des Pyrénées traîtreusement ouverts, Alains, Suèves et Vandales de toute dénomination, étaient de vrais fauves, que n'avait adoucis nul contact suffisamment prolongé avec la civilisation romano-chrétienne. Ils commirent donc d'abominables cruautés dans la partie de la Péninsule qu'ils avaient envahie; ce n'était partout, sur leur passage, que meurtres, pillages, incendies, auxquels vinrent bientôt se joindre, pour mettre le comble aux maux des populations, la famine et la peste[1]. Il ne faudrait pas cependant comme l'ont fait certains écrivains modernes, donner à cette dévastation sanglante de l'Espagne, un caractère d'universalité et de continuité que les chroniqueurs contemporains lui refusent. Car, en premier lieu, la Tarragonaise tout entière (moins les îles Baléares) resta fermée aux pillards de la première heure. Cette province, en effet, ne figure pas dans la liste de celles que les barbares se partagèrent entre eux[2]. Puis, dans les portions de la Péninsule où ces hordes dévastatrices eurent leurs coudées franches, Galice, Lusitanie, Bétique et Carthaginoise, leur rage aveugle ne put tout d'abord sévir à l'aise que sur les campagnes et les bourgades ouvertes. Les cités closes de murs lui échappèrent si bien et si longtemps, qu'il faut descendre à la seizième année de l'invasion, pour trouver dans les chroniques contemporaines la première mention de villes prises ou pillées[3]; et que, dans la longue période de soixante ans (409-469), douze ou treize de ces villes au plus devinrent la proie des barbares ennemis ou auxiliaires des Romains[4].

Il faut remarquer en outre que, même dans les campagnes, les horreurs de la conquête ne tardèrent pas à s'atténuer. Dès l'an 411, les barbares fatigués de destruction, ou, ce qui est plus vraisemblable, craignant de mourir eux-mêmes de faim dans ces régions dévastées, conclurent un accommodement avec les populations de l'empire[5]. Ce ne fut là, il est vrai, qu'une trêve souvent violée par les agressions des nouveaux venus; elle permit toutefois à l'Espagne romaine de respirer et de reprendre des forces. Tandis que les barbares culti-

---

1. Idatii *Chron.* Sub A. 410, p. 60, 61. Edit. Bruxell. A. 1845. Cette édition, trop peu connue chez nous, mériterait de l'être davantage.
2. Id. *ibid.* A. 411, p. 61, 62. Voir aussi ce qu'écrit le même chroniqueur sous l'année 456 (p. 97).
3. Carthagène et Séville en 425, par les Vandales. Id., *ibid.*, p. 71, 72.
4. Outre les deux villes mentionnées dans la note précédente, Mérida en 429 et en 439 par les Suèves (ib., p. 73, 80), Mertola en 440 (p. 80), Séville en 441 (p. 81), Saragosse et Lérida en 449 (p. 86) par les mêmes; Braga en 456, Astorga et Palentia en 456 et 457 par les Goths de Théodoric (p. 99, 103 et 104), Portucale par les Suèves en 457, 458 (p. 104-106); Scalabis, aujourd'hui Santarem, par les Goths en 460 (p. 109); Coïmbre en 467 (p. 119), et Lisbonne en 469 par les Suèves (p. 121). De toutes ces villes, une seule, Carthagène, fut détruite de fond en comble. Les autres ne tombèrent guère au pouvoir des barbares que par surprise ou trahison, et n'y restèrent que temporairement.
5. Paul Orose, *Hist.*, ib., VII, c. 41 et 43; Idace, *Chron.*, p. 62, 63. Ce dernier affirme que les Hispano-Romains réfugiés dans les places fortes se soumirent au joug des barbares (barbarorum... se subjiciunt servituti). Mais, comme dans toute la suite de son récit (a. 430, 433, 438, 457, 458), le même historien nous montre les cités espagnoles jouissant d'une entière indépendance, et traitant de puissance à puissance avec les envahisseurs, cette sujétion ne peut être prise que dans un sens fort restreint. Elle doit probablement s'entendre de l'abandon d'une partie du territoire, et des contributions payées de temps à autre aux plus exigeants. Voir la note XXII de l'édition d'Idace, par le P. Garzon (p. 151, Brux.).

vaient la part du territoire qu'ils s'étaient adjugée ou se battaient entre eux, les Espagnols jouissaient, dans leurs villes et sur les terres qu'on leur avait laissées, d'une indépendance et d'une tranquillité, précaires sans doute, mais plus que suffisantes pour les empêcher de regretter la domination et l'administration romaines[1].

Si je n'ai point encore parlé des Wisigoths qui passèrent à leur tour les Pyrénées en 415, c'est que leur entrée en Espagne n'a rien ou presque rien de commun avec l'irruption précédente, à laquelle on l'a souvent assimilée bien à tort. Elle n'en fut pas la continuation, mais l'antidote salutaire, quoique parfois trop énergique. A demi romanisé par son long séjour sur les terres de l'empire, et plus encore par son récent mariage avec la sœur d'Honorius, Ataulphe pénètre en Espagne avec ses Wisigoths, non de son propre mouvement, mais sur l'ordre formel du vicaire impérial Constance[2]; il y pénètre pacifiquement par la Tarragonaise, sinon à titre d'allié et d'ami qu'il ne possédait point encore, du moins avec la ferme volonté de l'obtenir, et de restaurer dans la Péninsule, par l'extermination des autres barbares, la puissance romaine[3]. Ce projet dont l'exécution est retardée par l'assassinat d'Ataulphe, puis de Sigeric son successeur, est repris et réalisé par Wallia. Ce prince passe avec son armée, en 417, de la Tarragonaise dans la Carthaginoise, la Bétique et la Lusitanie, pour y guerroyer, au profit d'Honorius, contre les Alains et les Vandales Silinges qu'il extermine presque jusqu'au dernier. Au moment ou il va compléter son œuvre de libération si glorieusement commencée, il s'arrête sur un nouvel ordre de Constance, évacue les provinces reconquises, et vient occuper, dans la Gaule méridionale, les cantonnements que lui assigne le vicaire impérial[4]; preuve évidente que le roi des Wisigoths ne se considérait en Espagne que comme un chef soldé de troupes auxiliaires. C'est toujours en cette qualité que ces mêmes Goths reparaissent en Espagne de 422 à 456; et leur objectif unique est de combattre, au nom de Rome, les Suèves qui, après la migration volontaire des Vandales en Afrique, étaient restés seuls des premiers envahisseurs dans la Péninsule[5]. Si, après la mort de l'empereur Avitus, sa créature, Théodoric II prend des airs de maître en deçà comme au-delà des Pyrénées[6], il est ramené promptement à son devoir par l'énergique intervention de l'empereur Majorien[7]; et attend que l'assassinat l'ait délivré de ce vaillant homme pour exécuter son plan de conquête personnelle, dont la réalisation complète, réservée à son successeur Euric, mit les Wisigoths en possession de toute l'Espagne, sauf l'angle nord-ouest où les débris des Suèves parvinrent à se maintenir[8].

---

1. « Continuo barbari exsecrati gladios suos, ad aratra conversi sunt, residuosque Romanos ut socios modo et amicos fovent; ut inveniantur jam inter eos quidam Romani qui malint inter barbaros pauperem libertatem, quam inter Romanos tributariam sollicitudinem sustinere. » Oros., lib. VII, c. 41. Salvien (de Gubern., lib. v, c. 5) va beaucoup plus loin: d'après lui des Romains, et du plus haut rang, cherchaient parmi les Goths et autres barbares un abri contre les intolérables exactions du fisc impérial.
2. « Ataulfus a patricio Constantio pulsatus ut, relicta Narbona, Hispanias peteret, etc. Idat., Chron., p. 63.
3. Paul. Oros., Histor., l. VII, c. 41 : « Ob hoc abstinere a bello (Ataulphus), ob hoc inhiare paci nitebatur, etc. »
4. Idace, Chron., aa. 416, 419, p. 65, sqq.
5. Id., ibid., p. 69, 84, 93, 97, 98.
6. Id., ibid., p. 102-106.
7. Id., ibid., p. 106-108.
8. Id., ibid., p. 110, 120-122; Pseud. Sulp. Sever., Chron.

(Esp. Sagr. IV, p. 453); S. Isid. Hisp., Hist. Goth. A. 504-520, p. 31, 32 (Ed. Roesler, Tubingue, 1803). Je cite le texte de ce dernier historien, étrangement maltraité dans toutes les éditions par des transpositions maladroites, et que j'essaie de restituer en m'aidant surtout de la forme rhythmoïde et rimée, dont (comme bien d'autres après lui) Isidore fait un si fréquent usage dans sa chronique :

« Euricus.... Statim legatos ad Leonem imperatorem dirigit.
Nec mora partem (Ed. Partes) Lusitaniæ, magno impetu,
Deprædatur, captam misso exercitu.
[De] inde alium exercitum mittit,
Qui Pampelonam et Cæsaraugustam capit.
Superiorem quoque Hispaniam in potestate sua mittit ;
Tarraconensis etiam provinciæ Nobilitatem (ita Epit.; al. [civitates),
Quæ ei repugnaverat (al., ... rant), exercitus irruptione [evertit.

Or, et c'est ce qu'il importe de remarquer, dans le cours de ces expéditions au-delà des Pyrénées, les Wisigoths se distinguent des *vrais barbares* qui les avaient précédés dans la Péninsule, et de la plupart des civilisés de ce temps-là, par une humanité relative dont il faut leur tenir d'autant plus de compte, qu'elle était plus complétement oubliée de tous les contemporains en temps de guerre. Ils pillaient outrageusement, me dira-t-on, et ne laissaient pas même aux habitants des villes dont ils s'emparaient par surprise ou de vive force, une chemise pour couvrir leur nudité[1]. J'en conviens; mais qui donc à cette époque parmi les victorieux, Allemands ou autres, était moins âpre au butin? L'honneur des Wisigoths d'Espagne, — et cet honneur, eux seuls l'ont mérité, — c'est que, satisfaits de ce pillage consciencieux, ils ne souillaient leur victoire ni par le meurtre, ni par le viol, ni par l'incendie[2]. S'ils se sont une fois départis de leur règle ordinaire, c'est là une exception qu'expliquent les circonstances, et qui, à ce titre, confirme la proposition générale que je viens d'énoncer[3]. A plus forte raison n'autorise-t-elle pas un écrivain sérieux, se crût-il hispano-romain, à reprocher aux Wisigoths la *férocité* de leurs instincts[4].

Aussi ne craindrai-je pas de me tromper en affirmant bien haut que l'entrée des Wisigoths en Espagne fut pour ce pays un bienfait inappréciable. Elle eut, en effet, pour conséquence immédiate l'extermination ou l'éloignement des hordes brutales et sanguinaires qui la menaçaient d'un sort aussi misérable que le fut plus tard celui de l'Afrique romaine sous les Vandales. Ce bienfait, trop méconnu par quelques écrivains de nos jours, n'est pas le seul titre des Wisigoths à la reconnaissance de tout Espagnol dont l'esprit de système n'égare pas le jugement. Aucun d'eux ne doit oublier que, au prix d'une lutte prolongée, ces Goths qui avaient si vaillamment délivré l'Espagne des barbares, en réunirent les lambeaux épars et sanglants en un vaste et puissant royaume, dont, pendant deux siècles, ils défendirent glorieusement l'indépendance et l'intégrité contre des adversaires de toute race, Vascons, Francs, ou Byzantins[5]; qu'en dotant leur patrie adoptive d'un gouvernement aussi régulier que peut l'être une monarchie élective, ils lui rendirent l'ordre, la paix, la sécurité, le bien-être dans une proportion égale, sinon supérieure à celle dont elle jouissait sous les em-

In Gallias autem reversus, Arelatum urbem,
Et Massiliam bellando obtinuit;
Suoque regno utramque adjecit.

1. Theudorico rege cum exercitu ad Bracaram... pertendente... *etsi incruenta* fit tamen mœsta et lachrymabilis ejusdem direptio civitatis, Romanorum magna agitur captivitas captivorum; sanctorum basilicæ effractæ, altaria sublata atque confracta; Virgines Dei exin quidem abductæ, *sed integritate servata*, clerus *usque ad nuditatem pudoris exutus*; jumentorum, pecorum camelorumque horrore locus sacer repletus! Idat., *Chron.*, p. 99. On aura remarqué sans doute la mention de chameaux parmi les bêtes de charge qui suivent l'armée Wisigothe.

2. Voir dans Idace le passage précédemment cité, et pour les temps postérieurs la conduite chevaleresque de Sisebut et de Wamba, envers leurs prisonniers de guerre Francs ou Byzantins (Isid. Hisp., *Goth. Hist.*, ad Eram 639; Julian. Tolet., *Hist. Vambæ*, 25).

3. Lorsqu'en 457, Astorga et Palentia furent mises à feu et à sang par ces mêmes Goths qui l'année précédente s'étaient contentés de piller Braga (Idat., p. 102-104), ceux-ci étaient dans le paroxysme d'une rage anti-romaine causée par la déposition et l'assassinat de l'empereur Avitus, dont ils venaient d'apprendre la nouvelle.

4. S'il fallait en croire M. A. de Los Rios (*Hist. crit. de la liter. esp.*, P. I^a, c. x, p. 429, 432, 433), le clergé espagnol, *vrai miroir de mansuétude* au vi^e siècle, aurait, vers le milieu du siècle suivant, perdu tout l'éclat de cette vertu sous l'influence des Wisigoths aux *féroces instincts*. A cette assertion dénuée de preuves, la réponse est facile : 1° En 546, le concile de Lérida, exclusivement composé de prélats *hispano-romains*, se voit obligé de flétrir publiquement dans un de ses canons les clercs *hispano-romains*, purs de tout mélange Wisigoth, qui se battent et s'assomment sans vergogne (Conc. Ilerd., can. 11); 2° le concile d'Elvire (fin du iiie siècle), plus hispano-romain encore que le précédent, excommunie les dames chrétiennes qui faisaient mourir leurs esclaves sous le fouet, ou qui égorgeaient leurs enfants (Conc. Illiber., can. 5, 63, 68). Si c'est là de la *mansuétude*, je dois avouer que le clergé hispano-romain, et la population dont il était le fidèle représentant, au dire de l'auteur (l. c., p. 431) en avaient perdu quelque chose au contact de la férocité gothique; car, des trois manifestations de cette singulière douceur, les conciles de la fin du viie siècle n'ont jamais eu besoin de réprimer que la dernière.

5. Cf. Ioann. Bicl., *Chronicon*, sub a. 570-572, 581, 585, 586 et 588; Isid. Hips., *Chron. Goth.*; Isid. Pac., *Chron.*, etc.; etc.

pereurs romains; ce qui permit à la vieille civilisation hispano-chrétienne de panser les blessures que les barbares lui avaient infligées, et de renaître à une nouvelle vie.

II.

Ces blessures n'étaient en somme ni bien nombreuses ni bien profondes. Elles furent donc promptement cicatrisées. On n'en sera pas étonné après ce qu'on vient de lire. Les villes ayant — on l'a vu — échappé presque toutes à la ruine ou même à la dévastation, la civilisation dont elles étaient, en Espagne comme ailleurs, le principal foyer ne put évidemment souffrir de mortelles atteintes. Comment en douter, lorsqu'on voit, parmi les cités de la Péninsule, celles qui avaient précisément passé par les plus cruelles épreuves de l'invasion, recouvrer rapidement, sous la domination wisigothe, leur antique prospérité et tout l'éclat de la civilisation hispano-romaine? Mérida nous en est une preuve sans réplique. Capitale de cette province de la Lusitanie qui, de 409 à 469, servit de champ de bataille à toutes les tribus barbares, cette ville fut prise, évacuée, reprise au moins trois ou quatre fois dans cet intervalle par les Suèves, les Romains, et les Wisigoths, avant de rester définitivement au pouvoir de ces derniers[1]. On devrait donc naturellement s'attendre à n'y retrouver, au jour où les généraux d'Euric en prirent possession entre 470 et 480, qu'un amas de ruines hanté de quelques misérables habitants. C'est elle cependant que, dès le début et dans tout le cours du siècle suivant (531-600), nous voyons se dresser aussi fière qu'autrefois, sur la rive droite du Guadiana, ceinte de la couronne de remparts qui la protège en même temps qu'elle la décore[2]; avec son pont romain hardiment jeté sur le fleuve[3]; ses nombreuses et splendides basiliques urbaines ou suburbaines magnifiquement restaurées; ses palais, reconstruits sur un plan plus grandiose, au pavé et aux lambris de marbre, et dont les colonnes sont décorées des plus précieux ornements[4]. La nombreuse population qui s'y presse vit heureuse et satisfaite[5]. Dans les hautes classes, elle compte des citoyens assez opulents pour que la fortune d'un seul d'entre eux, léguée à l'évêque et par l'évêque à son église, fasse de celle-ci une des plus riches de la Péninsule[6]. Les pauvres s'y résignent à leur sort. Pourquoi s'en plaindraient-ils? Sont-ils en santé, la charité la plus prévoyante s'ingénie à leur épargner les privations que l'indigence amène à sa suite[7]. Viennent-ils à tomber malades, leurs souffrances immédiatement signalées, grâce à un service médical admirablement organisé et

---

1. Idatii *Chron.*, p. 73, 80, 101-103; Isid. Hispal., *Hist. Goth.*, p. 30, 31; et *Hist. Suev.*, p. 55.
2. Par le récit du diacre Paul de Merida (*VV. PP. Emerit.*, c. VII, 17), on voit que cette ville possédait encore, vers l'an 560, les vieux remparts admirés par le poëte Prudence, et que fit réparer plus tard le roi Ervigius.
3. Cf. Florez, *Esp. Sagr.*, t. XIII. Tr. 41, c. IX, p. 226,227.
4. Post non multum vero temporis intervallum, sedis dirutæ fabricam restauravit, ac pulchrius, Deo opitulante, patravit : ita nimirum ipsius ædificii spatia longe lateque altis culminibus erigens, pretiosaque atrii columnarum ornatibus suspendens, ac pavimentum omne vel parietes cunctos nitidis marmoribus vestiens, miranda desuper tecta contexuit. Deinde, miro dispositionis modo basilicam sanctissimæ virginis Eulaliæ restaurans in melius, in ipso sanctissimo templo, celsa turrium fastigia sublimi produxit in arce! Id., *ibid.*, c. VI, n. 16.
5. « Tantamque... omnium copiam deliciarum cuncto populo impertire dignatus est, ut nullus unquam, quamvis inops aliquid avere videretur, aut qualibet necessitate fatigaretur. Sed, quemadmodum opulenti, ita et inopes omnibus bonis abundarent! Id., *ibid.*, c. IX, p. 23.
6. Après avoir raconté fort au long comment un des sénateurs de Mérida et sa femme léguèrent tous leurs biens à l'évêque Paul et sous quelles conditions celui-ci les laissa par testament à Fidèle son neveu et son successeur (*ibid.* c. IV et V), Paul diacre conclut son récit en ces termes : « [Clerici emeritenses], plus inviti licet quam sponte, se pedibus ejus [vid. Fidelis] prostraverunt, ac ne eos desereret multis precibus flagitaverunt : quibus ille, non usquequaque repugnans, præbuit adsensum, ut curam regiminis gereret et ut post modum omne patrimonium suum ecclesiæ derelinqueret; quod ita factum est. Et ex eo tempore tantum ipsa locupletata est, ut in Hispaniæ finibus nulla esset opulentior. » *Ibid.*, c. VI, n. 14.
7. Si quis vero de civibus urbis aut rusticis de ruralibus

toujours en action, sont aussitôt soulagées dans l'immense hospice, largement doté par la munificence épiscopale, où tous sont reçus et choyés sans distinction de religion, et de nationalité[1]. Signalons enfin à Mérida le concours de trafiquants grecs venus pour échanger contre l'or ou les denrées du pays les précieuses marchandises de l'Orient[2]; de médecins de la même nation qu'y attire l'appât d'une riche clientèle[3]; de moines africains espérant y trouver la paix et la sécurité bannies de leur patrie[4]. Bref, de tous les représentants de l'ancienne civilisation, les avocats seuls ne figurent pas dans le récit de l'historien qui nous sert de guide, sans doute parce que les saints évêques dont il écrivait la vie se tenaient soigneusement en dehors de toute chicane et de tout procès. Mais qu'on se rassure : l'Espagne gothique, et Mérida par conséquent, ont eu des avocats aussi bien que des médecins. Les premiers y foisonnaient même à tel point que le code wisigoth autorise le juge à réduire la multitude de ceux qui se pressaient autour des clients, pour garantir la paix de l'audience contre d'assourdissantes et tumultueuses clameurs[5].

Ce tableau de Mérida au vi^e siècle, tracé d'après un écrivain contemporain, n'offre rien, ce me semble, qui trahisse la barbarie ou même une décadence quelque peu sensible. Or, ce qui est vrai de cette ville, l'était à plus forte raison de celles, en si grand nombre dans la Péninsule, qui n'eurent point à subir les rudes et multiples épreuves par lesquelles passa la riche capitale des Lusitaniens.

---

ad atrium (*palais épiscopal*) ob necessitatem accessisset, et liquorem vini, olei, vel mellis a dispensantibus poposcisset, et vas parvulum in quo levaret exhibuisset, vir sanctus.... mox ipsum vasculum confringi, et ut majus deferret præcipiebat... Tanta illi cura erat pro omnium ærumnis miserorum, ut.... duo millia solidos dederit, a quibus mox ut aliquis urgente necessitate adveniret, facta cautione, quantos vellet, absque aliqua mora... acciperet, suisque augustiis consuleret. Id., *ibid.*, c. ix, n. 24. » Voir aussi le passage cité plus haut (p. 221, not. 5).

1. Deinde Xenodochium fabricavit, magnis patrimoniis ditavit, constitutisque ministris vel medicis, peregrinorum et ægrotantium usibus deservire præcepit; talemque præceptum dedit, ut cunctæ urbis ambitum medici indesinenter percurrentes, quemcumque servum, seu liberum, christianum, seu judæum reperissent ægrum, ulnis suis gestantes ad Xenodochium deferrent. Straminibus quoque lectulis itidem præparatis, eumdem infirmum ibidem superponentes, cibos delicatos et nitidos eo usque præparantes, quousque, cum Deo, ægroto ipsi salutem pristinam reformarent.... His beneficiis adjiciens majora, præcepit medicis.... ut ex omnibus eximiis... ex omni patrimonio ecclesiæ in atrium (*palais épiscopal*) inlatis, medietatem acciperent et eisdem infirmis deferrent. Id., *ibid.*, c. ix.

2. « Accidit, die quadam, de regione qua ipse oriundus extiterat, negotiatores græcos in navibus de Orientis partibus advenisse, atque Hispaniæ littora contigisse. Cumque in Emeritensem civitatem pervenissent, etc., etc. » Paul Emerit. c. v, n. 12. — Il est très-permis de croire que Mérida s'approvisionnait par cette voie, des soieries dont on la voit si abondamment pourvue à la même époque : « Non tantum fratribus et amicis, quam et servis ipsis ecclesiæ se muneribus largum, ultra quam credi potest, præbebat. Ita nimirum temporibus ejus dilati sunt ut in die sanctissimo Paschæ cum ad ecclesiam procederet [episco-pus], pueri plurimi *clamides holosericas*

induentes corameo...... incederent. » Id., *ibid.*, c. ix, n. 24.

3. « Referunt multi sanctum virum, nomine Paulum, natione Græcum, arte medicum, de Orientis partibus in Emeritensem urbem advenisse...; et qui peregrinus nihilque habens advenerat, factus est cunctis potentibus potentior. » Id., *ibid.*, c. iii, n. 9 et 11.

4. Id., *ibid.*, c. ii, 7. L'abbé Nunctus, dont il est ici question, émigrait à Mérida vers le même temps que son compatriote S. Donat avec ses moines cherchait aussi un asile en Espagne, et très-probablement pour la même cause. Or saint Hildephonse n'en n'assigne pas d'autres à la fuite de saint Donat que les troubles ou insurrections dont l'Afrique romaine était alors le théâtre, et que Jean de Valclara signale sous les années 570, 571. Cf. Ildef. Tolet., *Suppl. ad Catal. VV.* Illustr., c. iv; Esp. Sagr., t. V; et Joann. Biclar., *Chron.*, ibid., t. VI, p. 376, 377.

5. Si pars adversariorum litigatores una plures habeat, et alia pauciores, judicantis inter eos erit electio... quia omnes ad causam dicendam consurgere non debebant..... ut nulla pars multorum intentione aut clamore turbetur. *For. Judic.*, II, tit. II, l. 3. — Ces *litigatores* ou *adsertores*, comme on les appelle ailleurs (*ibid.*, l. c. tit. II, l. III), de la première période du haut moyen-âge, se perpétuent dans la seconde (712-1200), sous le nom singulièrement significatif de *voceros* (cf. les *Voceri* de la Corse), que beaucoup d'entre eux tenaient à justifier, car la rage de parler les poussait à plaider sans titre légal qui légitimât leur intervention, c'est-à-dire sans pouvoirs écrits et signés du client qu'ils prétendaient représenter (Cf. *For. Jud.*, II, III, 3); c'est du moins ce dont on se plaignait en Portugal au xiie siècle : « Prohibemus omnes hujusmodi qui se faciunt vozarios falsos, *et non habent cartam*. Per tales enim omnis terra perdita est. » *Fueros de Thomar* (a. 1174), reproduits par les fueros postérieurs de Zezere, d'Ourem, de Pombal et de Torres-Novas. Cf. *Monum. Portug. Hist.* (Leges et consuetudines), pp. 400, 402, 404, 420, 478.

Les campagnes participaient, comme les villes, à ce renouveau de prospérité. Énergiquement protégé par la loi dans sa personne et dans ses biens[1], l'ouvrier des champs, quelle que fût d'ailleurs sa condition, client libre[2], colon plus ou moins attaché à la glèbe, ou esclave, se livrait activement aux travaux les plus variés. La culture des céréales, de la vigne, de l'olivier, des arbres fruitiers de toute espèce, s'associait dans l'Espagne du vi^e siècle et des suivants, à l'exploitation des forêts, à l'élevage du bétail, à l'éducation des abeilles[3]. La pêche fluviale était si largement pratiquée par les riverains, que le législateur dut intervenir pour protéger la navigation que leurs empiétements sur le lit des fleuves menaçaient d'interrompre[4]. Les eaux sagement aménagées mettaient en mouvement de nombreux moulins, ou étaient distribuées par des canaux d'irrigation sur tous les points du territoire que la sécheresse du climat aurait, sans cette précaution, condamnés à une perpétuelle stérilité[5]. Les routes, défendues, comme le lit des fleuves, contre l'avidité des riverains ouvraient une libre circulation aux voyageurs et aux marchandises[6]. Tout ceci nous explique un fait assez étrange à première vue, la disparition sous les rois wisigoths de ces bandes de Bagaudes que la misère et le désespoir avaient multipliées en Espagne et dans les Gaules aux derniers jours de l'Empire. Il nous aide aussi à comprendre par quels moyens l'Espagne gothique s'éleva à un tel degré de prospérité, accumula tant de richesses qu'il fallut aux pillards musulmans du viiie siècle près de vingt années pour la ruiner complétement[7].

III.

La vie littéraire, que les désordres et les malheurs de l'invasion avaient singulièrement alanguie, reprend, elle aussi, toute son activité et sa vigueur sous l'influence de l'Église espagnole, dès que la tranquillité commence à se rétablir en Espagne. Évêques et moines, étrangers et regnicoles concourent avec une ardeur égale à cette restauration des lettres et des sciences. Ils n'attendent même pas pour se mettre à l'œuvre que les races diverses qui se partagent le pays se soient fondues dans l'unité d'une même foi et d'un même gouvernement.

---

1. « Qui in itinere vel in opere rustico constituto aliquid violenter intulerit aut abstulerit, ubi ex hoc judici fuerit interpellatum, ille qui abstulerit quadruplum restituat. » *For. Jud.*, l. VIII, tit. i, l. 12.
2. Sur les clients libres et les concessions de terre qui leur étaient faites au temps des rois wisigoths. Cf. *ibid.*, lib. V, tit. iii.
3. Cf. *ibid.*, lib. VIII, tit. iii-vi. Les lois renfermées sous les titres précités, et destinées à protéger ces industries agricoles, en constatent par cela même l'existence.
4. *Ibid.*, lib. VIII, tit. iv, l. 29. Dans le texte de cette loi, je propose de lire *rates* au lieu de *retia*, bien que cette dernière leçon, défectueuse à mon avis, soit très-ancienne.
5. « Si quis molina violenter fregerit, quod fregit infra viginti dies reparare cogatur, et insuper viginti solidos compellatur exsolvere..... Eadem et de stagnis quæ sunt circa molina et conclusionibus aquarum præcipimus custodiri. » *Ibid.*, l. 30. — « Multarum terrarum situs qui indiget pluviis, foveri aquis studetur inriguis, cujus terræ ita experimentum tenetur, ut si defecerit aquarum solitus usus, desperetur confisus ex fruge proventus. Proinde ubi majores aquæ sunt, si quis furtive aut malitiose aquam ex decursibus subtraxerit alienis, per quatuor horarum spatium det solidum unum. Ubi autem sunt minores derivationes aquarum, per quatuor horas exsolvat tremissem unum. Aqua vero quantis horis alibi dilapsa convincitur, tantis ad inrigandum, competenti tempore, domino reformetur. » *Ibid.*, l. 31.
6. *For. Judic.*, lib. VIII, tit. iv, l. 24 et 25.
7. Tunc in era septuagesima secunda (a. C. 734) ....
Abdelmelic, ex nobili familia,
Super Hispaniam,
Dux mittitur ad principalia jussa.
Qui dum eam,
Post tot tantaque pericula,
Reperit omnibus bonis opimam
Et ita floride post tantos dolores repletam,
Ut diceres augustalem esse malogranatam ;
Tantam in eam,
Pene per quatuor annos, irrogat petulantiam,
Ut paulatim labefactata
A diversis ambagibus maneat exsiccata. »
(Isid. Pacens., *Chron.* n. 55, édit. Berganza.
Cette prose rhythmoïde importe extrêmement à l'appréciation des vieux textes.

Parmi ces pionniers de la première heure, à côté d'Hispano-Romains, tels qu'Apringius de Beja, Justinien de Valence, Juste d'Urgel, et ses deux frères Elpidius et Nebridius, Montan de Tolède, et Léandre de Séville, figurent avec non moins d'éclat deux Goths catholiques : Masona de Mérida, renommé entre tous les prélats de son temps par son éloquence, et Jean, abbé de Valclara, puis évêque de Girone, qui, parti jeune encore de la Lusitanie pour Constantinople, où il était né, étudie pendant dix-sept ans aux écoles de cette ville les lettres grecques et latines, puis revient enrichir la Tarragonaise des trésors amassés en Orient. A ces hommes d'origine diverse, mais tous Espagnols par la naissance, se joignent des étrangers : le Pannonien saint Martin, portant aux Suèves de la Galice, avec la foi catholique, la science qu'il avait (comme Jean de Girone) puisée dans les écoles grecques de l'Orient ; et l'abbé Donat, introducteur de la vie cénobitique en Espagne, et dont le monastère de Sirvium devint, en peu d'années, une des écoles les plus célèbres de la Péninsule[1].

C'est surtout quand la fusion dont je parlais tout à l'heure s'est accomplie, sous le roi Récarède et ses successeurs, que ce mouvement littéraire et scientifique se propage et se généralise au sein de la société espagnole. Les conciles nationaux de Tolède, dont les décrets ont désormais force de loi dans l'État, ne cessent de le favoriser. Étendre en effet, ou fortifier l'étude et l'instruction à tous les degrés de la hiérarchie sacrée, du plus haut au plus bas, et par le clergé aux fidèles, est leur plus constante préoccupation[2]. On les voit, revenant sans cesse à la charge, imposer aux métropolitains, aux évêques et à tous les autres supérieurs ecclésiastiques, l'obligation stricte d'instruire par eux-mêmes ou de faire instruire leurs subordonnés et plus particulièrement les enfants des affranchis de l'Église[3]; exiger, comme minimum de la science requise dans les candidats au sacerdoce, la connaissance des Saintes Écritures, des canons et des traditions ecclésiastiques[4]; décréter enfin l'établissement, dans chaque *atrium* ou résidence épiscopale, d'une école où les enfants seront reçus, entretenus et instruits jusqu'à leur dix-huitième année, avec pleine liberté pour eux de choisir à cet âge entre le service des autels ou la vie du monde[5]. Aux écoles épiscopales ne tardèrent pas à se joindre les écoles monastiques plus nombreuses encore, et dont les plus célèbres furent celles de Dume près de Braga, de Valclara, d'Agalia (*monasterium Agaliense*) près de Tolède, de Servitum dans la Carthaginoise, de Caulianum près de Mérida[6]. Les unes et les autres répondirent aux désirs et aux espérances de ceux qui les avaient fondées ou encouragées. Elles peuplèrent l'Église d'Espagne de saints et de savants qui ne le cèdent en rien à ceux dont cette Église se glorifiait avant l'invasion[7]. J'avoue

---

1. Sur ces doctes et saints personnages, on peut consulter le catalogue des hommes illustres dressé par saint Isidore de Séville à l'imitation de celui de saint Jérôme, et la continuation du même catalogue par saint Ildephonse (*Esp. sagr.*, V, append. v, c. 30, 33—35, 41, 44; et append. vi, c. 3 et 4), ainsi que la Vie des Pères de Mérida par le diacre Paul. (*Ibid.*, XIII, append. i, c. 11.)
2. Concil. Tolet. iv, c. 25; viii, can. 8; xi, can. 2 (Collec..... de todos los concil. de España, Madrid, 1859, in-fol. t. II).
3. Concil. Tolet., iv, can. 24; can. 10; xi, can. 2. (*Ibid.*)
4. Concil. Tolet., iv, can. 25.
5. Concil. Tolet., ii, can. 1; iv, can. 24. Le premier de ces deux conciles, célébré en 527, plus d'un demi-siècle avant la conversion des Goths au catholicisme, décrète l'ouverture de ces écoles; le second, tenu en 633 sous Sisenand, règle quelques points de leur discipline inté-

rieure, et nous les montre par conséquent en plein exercice.
6. On trouvera, sinon des détails sur ces écoles monastiques, au moins leur mention dans l'ouvrage du diacre Paul de Mérida si souvent cité (cap. II, n. 6), et surtout dans le catalogue des hommes illustres de saint Isidore, continué par saint Braulion, saint Ildephonse, saint Julien de Tolède et Cixila. Cf. *Esp. sagr.*, t. VI, append.— En dehors de ces écoles, il en existait d'autres tenues par des religieux menant la vie érémitique. Telle était, par exemple, celle que saint Valère ouvrait aux enfants des colons du Bierzo, lorsque la fonte des neiges rendait accessible le haut plateau où il avait établi sa demeure. Cf. S. Valerii Oper., nn. 45, 47 (*Esp. sagr.*, t. XVI, append.).
7. Le dépouillement du catalogue de saint Isidore et de ses continuateurs, où il n'est question que des écrivains ecclésiastiques, nous montre, dans les rangs du clergé hispano-gothique sorti de ces écoles, des commentateurs de la

même ne voir pas très-bien quel écrivain espagnol des quatre premiers siècles pourrait être comparé à saint Isidore de Séville, dont les œuvres forment une véritable encyclopédie où la foi et la science brillent d'un éclat incomparable.

IV.

Mais ce qu'il importe de signaler, après M. Dozy, dans cette renaissance intellectuelle, c'est l'enthousiasme avec lequel les Wisigoths devenus catholiques se jettent dans ce mouvement littéraire[1]. Peu contents de s'être romanisés dans leur vie religieuse par l'adoption de la foi, de la discipline et de la liturgie hispano-romaines en lieu et place de leur croyance, de leur discipline et de leur liturgie propres, condamnées et proscrites par le troisième concile national de Tolède[2], les conquérants travaillent de leur mieux à compléter, dans la vie civile et domestique, leur transformation en Romains, plus ou moins réussie. Ils échangent dans ce but leur langue et leurs mœurs contre la langue et les mœurs des vaincus, dont la civilisation supérieure les attire et les fascine en quelque façon[3]. La plupart, il est vrai, s'en tiennent au latin vulgaire ou rustique, le seul dont vraisemblablement on se servit alors, même parmi les Hispano-romains, dans le commerce ordinaire de la vie, et qui par une série de modifications successives devait aboutir à l'espagnol moderne[4]. Mais les rois, les seigneurs, et à plus forte raison le clergé de race gothique, abordent résolûment l'étude du latin littéraire restée la langue officielle de l'Église et de l'État, se familiarisent avec les chefs-d'œuvre sacrés et profanes écrits dans cette langue, et l'emploient exclusivement à toute autre dans leurs discours d'apparat, dans leur correspondance et dans les œuvres qu'ils livrent à un public toujours très-restreint qui ne se compose que de lettrés. Sans doute, le succès est loin de répondre au zèle de la plupart d'entre eux. A leur style obscur, prétentieux, ampoulé, on s'aperçoit facilement qu'ils écrivent dans une langue d'emprunt trop souvent rebelle à leurs efforts[5]. Mais d'ordinaire leur latin de décadence

---

Sainte Écriture, des théologiens, des poètes (plus que médiocres), des chroniqueurs, des mathématiciens, des astronomes, des compositeurs de musique sacrée, etc., etc.

1. Dozy, *Hist. des Musulmans d'Espagne*, II, 20.
2. Voici à quelles conditions, acceptées par eux, les Goths ariens d'Espagne furent reçus dans l'Église : « Fiet ut...,.. nihil infidum unquam de vestra suspicetur fraternitate, dum patuerit vos *tabem perfidiæ arianæ cum omnibus dogmatibus, regulis, officiis, communione, codicibus perdamnare* (Conc. Tolet. III, *Colecc. de todos los Concil. de Esp.*, II, p. 223). La proscription s'étendit jusqu'au baptême par triple immersion, alors usité dans quelques provinces d'Espagne; et qui, de l'avis de saint Grégoire le Grand, fut absolument interdit à cause de sa ressemblance purement extérieure avec le baptême des ariens (Concil. Tol. IV, can. 6.). Ceci constaté, il est difficile d'admettre : 1° avec un liturgiste romain de nos jours, que la liturgie hispano-romaine (al. *mozarabe*) ait été tirée, en tout ou en partie, de la liturgie dont les Wisigoths se servaient avant leur conversion; et 2°, avec le docte M. Le Blant, de l'Institut, que le chrisme accompagné des deux lettres grecques symbolisant la divinité du Christ (⚹), qui se montre si souvent sur les monuments écrits ou figurés de l'Espagne catholique du v⁰ siècle au xii⁰, ait jamais été employé par les Goths ariens de la péninsule. Cf. p. 226.

3. Cet entraînement vers la civilisation romaine se produisit chez les Goths bien avant Récarède, mais dans des limites beaucoup plus resserrées. Certes, Ataulphe et Theudis étaient presque aussi Romains que Wisigoths. C'était bien aussi un Romain de langue et d'éducation que ce comte Goiaric, président de la commission qu'Alaric roi de Toulouse avait chargée de codifier les lois de l'Empire à l'usage de ses sujets romains de Gaule et d'Espagne.
4. Presque tous les mots cités comme appartenant au latin rustique par les écrivains du temps (saint Isidore, saint Valère, etc.), s'éloignent autant du latin littéraire qu'ils se rapprochent de l'espagnol. C'est évidemment en cette langue populaire, et non en celle d'Horace ou de Virgile, qu'étaient composés les chants vulgaires qui égayaient plus que de raison les nuits des grandes solennités chrétiennes (Conc. Tolet. III, can. 23), et charmaient le travail des ateliers dans la Péninsule (Isid. Hispal., *Reg. monach.*, c. v, n. 5.).
5. Les lettres de Sisebut offrent, à mon avis, le spécimen le plus curieux de ce style gongoresque mille ans avant Gongora, et dont saint Isidore ne vante avec raison que *le brillant* dans l'éloge littéraire qu'il nous a laissé de ce prince :

« Fuit autem eloquio *nitidus*,
Sententia doctus,
Scientia litterarum satis imbutus. »
(*Chron. sub. Æra.*, 650.)

Signoclristum (Signum Christi), Cotton, *Claudius* A. III.
manuscrit espagnol
copié par le P. A. Martin au British Museum.

est assez correct, pour laisser voir qu'ils en ont étudié sérieusement la grammaire et qu'ils se piquent d'en observer les règles [1]. Les preuves historiques abondent à l'appui de ce qu'on vient de lire sur l'amour des lettres chrétiennes chez les Goths espagnols. Sisebut se délasse des tracas de la royauté par la composition de vies des saints et de lettres de polémique ou de direction, dont une se clôt par une pièce de vers de la façon du royal écrivain [2]. Son attrait pour les sciences physiques ou naturelles est d'autre part assez connu de ses contemporains, pour que saint Isidore lui dédie son *Traité de la nature des choses* [3]. Un des successeurs de Sisebut, Récesvinthe se pique aussi de littérature. Sa harangue aux Pères du huitième concile de Tolède, le *tome* ou la profession de foi qu'il leur présente, les lois dont il a enrichi son édition du code wisigoth, sont en totalité ou en partie écrites de ce style souvent recherché, à périodes rhythmoïdes et rimées, qui était alors et devait être longtemps encore en Espagne l'expression du suprême bon goût. Deux billets de ce prince montrent en outre que le littérateur, chez lui, était doublé d'un bibliophile aussi difficile que passionné [4]. Wamba qui monte après lui sur le trône, et dont saint Julien a tracé un si magnifique portrait [5], est un lettré comme ses prédécesseurs. Les lois qui nous restent de lui [6], les deux inscriptions métriques qu'au témoignage d'un écrivain presque contemporain, il composa et fit graver sur les portes de Tolède sa capitale, en sont la preuve [7]. Saint Braulion de Saragosse compte enfin, parmi ses correspondants connus, deux rois et quatre ou cinq représentants de la race conquérante [8].

Si des laïques wisigoths nous passons au clergé de même origine, nul, je pense, ne me contredira, quand j'affirmerai que les Masona, les Jean de Valclara, les Hildephonse [9], les Fructueux ont brillé du plus vif éclat parmi les lettrés et parmi les saints de leur temps. A propos du dernier de ces grands hommes, je dois faire observer que non-seulement il se

---

1. Prononçaient-ils le latin aussi correctement qu'ils l'écrivaient? J'en doute fort; car c'est très-probablement à ses clercs wisigoths que saint Isidore recommande si instamment d'observer avec plus de soin, dans la lecture à voix haute, les règles de l'accent, afin de ne pas exciter en pleine église, par leurs incongruités phonétiques, le sourire des connaisseurs (*De Offic. Eccl.*, II, XI, 4).

2. Cf. Sisebuti *Opera*, dans les appendices du t. VII de l'*España sagrada*.

3. V. l'article sur saint Isidore de Séville dans la continuation du Catalogue des hommes illustres, par S. Braulion (*Esp. sagr.*, v. 468).

4. Cf. *Coleccion de... Concilios de España*, II, 363; *Forum Jud.*, passim; et *Epist.* 38-51, inter Braulionianas (*Esp. sagr.*, XXX).

5. Cf. S. Juliani Tol., *Hist. excell. Wamb. Regis*, n. 1, 2 (*Esp. sagr.*, t. VI, append.).

6. Voir entre autres, dans le *For. Jud.*, les lois 8ᵉ et 9ᵉ du livre IX, titre II. Je ne puis me refuser le plaisir de citer ici les premières lignes de la seconde de ces lois :

« Si amatores patriæ hi procul dubio adprobantur,
Qui se periculis ultronee pro ejus liberatione objiciunt,
Cur desertores potius non dicantur,
Qui vindicatores ejus se esse desistunt?
Nam quando hi tales voluntarie terram salvaturi creden-
[di sunt,
Qui, etiam admoniti, pro liberatione patriæ non insurgunt;
Dum, aut de bellica profectione se differunt,

Aut, quod pejus est, vel remorari contra monita cupiunt,
Vel destituti contra ordinem proficiscunt,
Cum quidam illorum, laborandis agris studentes, servorum
[multitudinem tegunt,
Et, procurandæ salutis suæ gratia, nec vicesimam quidem
[partem suæ familiæ secum ducunt! »

Quelques manuscrits attribuent cette loi à Ervigius; mais l'appel qu'on vient de lire est celui d'un homme de cœur; or, cet Ervigius ne fut jamais qu'un intrigant et un fourbe.

7. « Qui [Wamba], in suprafata era 712 (a. C. 674), anni
[tertii sceptra regia meditans,
Civitatem Toleti miro (ed. *mire*) et eleganti labore renovat;
Quam (ed. *quem*) et opere sculptorio versificando pertitu-
[lans,
Hæc in porta epigrammata stylo ferreo, in nitido lucidoque
[marmore patrat, etc. »
(Isid. Pac., *Chron.* n. 24.)

Isidore terminait sa chronique moins d'un siècle après Wamba, en 754. Son témoignage mérite donc de n'être pas repoussé d'emblée et sans raisons clairement déduites. C'est ce que n'a pas fait M. Hübner (*Inscr. Hisp. Christ.*, p. 101), qui rejette purement et simplement, parmi les inscriptions suspectes ou apocryphes, celles dont Isidore de Beja nous atteste l'authenticité.

8. Cf. Inter epist. S. Braul., ep. 19, 28-30.

9. Le nom d'*Hildephonse* est à lui seul une garantie certaine de l'origine gothique du saint qui l'illustra. C'est ce que j'établirai plus loin.

distingua par sa science personnelle, mais encore qu'il contribua plus que tout autre à propager le mouvement littéraire dont nous parlons, en fondant sur tous les points de la Péninsule, du Bierzo et de la Galice aux extrémités de la Bétique, une foule de monastères qui devinrent autant de centres d'études [1].

Or, remarquons-le bien, cet attrait vainqueur qui poussait les Goths rentrés au sein de l'Église vers la civilisation hispano-chrétienne, ce besoin impérieux de se l'approprier, ne furent pas un de ces caprices passagers auxquels succèdent le dégoût et la réaction en sens contraire. Ils persévérèrent l'un et l'autre jusqu'à la ruine du royaume de Tolède par les Arabes. Qu'était-ce, en effet, que ce Theudimer tour à tour vainqueur, dans l'est de la Péninsule, des Byzantins et des Sarrasins, qui, poussé plus tard par les événements à la cour des califes, y conquit auprès des musulmans et des chrétiens un si grand renom de sagesse, de savoir et d'éloquence? Un comte ou duc wisigoth [2]. Qu'étaient et ce Gundéric, qui jeta un si grand éclat sur le siége primatial de Tolède au début du règne de Witiza [3], et ce Frédoaire de Cadix, qui éclairait par sa doctrine, soutenait et consolait par l'exemple de ses vertus les fidèles de son diocèse, courbés, depuis quelques années déjà, sous le joug odieux de l'Islam [4]? Deux évêques wisigoths, dignes imitateurs des doctes et saints prélats que leur nation avait donnés à l'Espagne dans les temps antérieurs.

Donc affirmer, comme l'a fait récemment un écrivain espagnol, que le clergé gothique a perdu l'Église hispano-romaine dont il avait grossi les rangs; qu'il a précipité cette Église, pure jusqu'alors et immaculée, dans un abîme de crimes, de scélératesses, de sacriléges et d'immoralité; soutenir enfin que, sous l'influence délétère et antichrétienne du wisigothisme, toute action civilisatrice, toute activité intellectuelle s'assoupirent profondément dans la Péninsule à la fin du VIIe siècle, ce n'est pas écrire l'histoire, c'est la dénaturer sous le coup de préventions aveugles, au profit de je ne sais quel *hispanisme* aussi déraisonnable que passionné [5]. Laissant de côté, cette fois, tout ce qui, dans ce réquisitoire virulent, ne touche pas à mon sujet, et ne m'attachant, entre toutes ces assertions gratuites [6], qu'à la der-

---

1. Cf. S. Valer., *Vit. S. Fructuosi*, dans le t. XV de *l'Esp. sagrada*.

2. « Theudimer, qui in Hispaniæ partes
Non modicas Arabum intulerat neces.....
Et diu exagitatis pacem cum eis fœderat habendam,
Sed etiam
Sub Egica et Witiza Gothorum regibus,
In Græcos, qui æquoreo navalique (*in Græcum qui æquoreis [navalibus?]*
Descenderant (*Descenderat?*),
Sua in patria de palma victoriæ triumphum reportaverat...
Fuit... Scripturarum amator, Eloquentia mirificus.....
Qui et apud Almiralmuminim prudentior inter cæteros [inventus,
Utiliter est honoratus, etc. »
(Isid. Pac., *Chron.*, c. 40.)

3. « Per idem tempus (a. C. 700), Gundericus
Urbis regiæ Toletanæ metropolitanus episcopus,
Sanctimoniæ dono illustris habetur,
Et in multis mirabiliter auctior celebratur. »
(Id., *ibid.*, c. 32.)

4. « Per idem tempus (a. C. 720), Fredoarius,
Accitanæ sedis episcopus,

Urbanus Toletanæ sedis urbis regiæ cathedralis veteranus [melodicus...
Nimium doctrina et sapientia, sanctitate quoque
Et in omni secundum scripturas spe, fide, et charitate,
Ad confortandam ecclesiam Dei clari habentur. »
(Id., *ib.*, c. 49).

5. J'ai résumé fidèlement en ces quelques lignes l'acte d'accusation dressé par M. Amador de Los Rios au chapitre X[e] de la première partie de l'ouvrage cité précédemment. Voir surtout aux pages 426, 429 (texte et note 1), 431-433 de l'édition originale espagnole.

6. Je les appelle *gratuites*, soit parce qu'elles sont dénuées de preuve, soit, et c'est le cas le plus ordinaire, parce que l'auteur les étaie d'arguments qui se retournent contre lui et démontrent la proposition contraire. Qu'on en juge par quelques exemples : *a*) M. de Los Rios affirme qu'à la période finale de leur existence (a. 650-721), l'Église et la société hispano-gothiques étaient une abominable sentine de vices (p. 429); et il le prouve par les nombreux canons disciplinaires des derniers conciles de Tolède (*ib.*, note 1). *b*) Pour bien établir que la responsabilité des désordres flétris par ces canons remonte à la portion gothique du clergé, l'auteur cite trois évêques de cette nation convaincus ou accusés : l'un (Sisebert) du crime de lèse-majesté, l'autre (Oppas) d'infâme trahison ; le troisième (Sindérède), de zèle

nière et à la plus étrange, je me bornerai à rappeler que, cet assoupissement scientifique, dont on parle sans le prouver (eût-il existé, ce qui n'est pas), il serait souverainement injuste de l'attribuer à l'influence du clergé wisigoth; et pour deux raisons : d'abord, dans l'Église espagnole, le nombre et par conséquent l'influence a toujours été du côté des Hispano-romains[1]; en second lieu, le clergé catholique wisigoth fournit à cette même Église, du vi° au viii° siècle, autant de littérateurs et de savants, toute proportion gardée, que leurs compatriotes d'origine hispano-romaine. Il se pourrait même que dans la comparaison des mérites respectifs de ces deux races, j'eusse, à mon insu, fait tort à la première au bénéfice de la seconde. Car si, pour les personnages illustres de l'Espagne gothique dont les historiens du temps taisent la nationalité, il nous est facile de déterminer avec certitude à quelle race tels ou tels d'entre eux appartiennent, cela nous est impossible pour une foule d'autres. Je m'explique : il n'existe pas d'exemple qu'un seul Hispano-romain ait, du v° siècle à la fin du ix°, pris un nom de provenance barbare. Donc, tout porteur d'un nom de ce genre, peut et doit sans autre preuve être réputé Goth ou Suève[2]. Il est au contraire historiquement certain qu'à la même époque un grand nombre de Goths espagnols[3], soit pour compléter leur assimilation aux anciens habitants du pays, soit pour tout autre motif, cachaient leur origine étrangère sous des noms latins ou gréco-latins. Tels furent Jean de Valclara, Fructueux de Braga, Rénovat de Mérida, Sinticius Deidomum (*Deidonum?*) dont nous ne connaissons que l'épitaphe[4], ce duc Paul, que les Wisigoths de l'Espagne orientale, révoltés contre Wamba, choisirent pour leur roi[5]; et bien d'autres sans doute, dont l'histoire n'a

inconsidéré et de lâcheté devant les Arabes (p. 434, 435). A merveille! Voyons maintenant la thèse contraire démontrée par le même procédé d'argumentation. Donc, *a*) l'Église et la société purement hispano-romaines étaient une sentine de vices infâmes, qui ne s'est partiellement désinfectée que grâce à l'introduction dans son sein de l'élément régénérateur du gothisme catholique; et je le prouve par les canons des conciles d'Elvire (fin du iii° siècle), de Tolède (aa. 397, 527, 587), de Tarragone (a. 516) et de Lérida (a. 546), où l'on trouve condamnés et flétris tous les crimes, moins le suicide d'origine probablement allemande, signalés dans les canons des conciles hispano-gothiques, et bien d'autres, plus odieux encore, contre lesquels ces derniers synodes n'eurent jamais à sévir. *b*) Les quelques prélats goths cités par M. de Los Rios n'ont fait, hélas! que suivre, dans la voie du désordre, des évêques ou clercs hispano-latins. Habentius d'Écija, condamné pour calomnie, subornation de témoins et usurpation de siège (Conc. Tolet. VI, a. 638), Eusèbe de Barcelone, entrepreneur de jeux scéniques ou de tauromachies et, pour cette cause, déposé par Sisebut, entre 612 et 621 (*Ep.* Siseb. regis VI a), Pothamius de Braga convaincu d'incontinence en 656 (Conc. Tolet. X), et enfin ce clerc Justus, parasite effronté qui payait son écot à la table des grands par ses chants lubriques rehaussés des accords de la lyre, et qui parvint au sacerdoce par cette voie peu canonique (S. Valerii *Opp.*, n. 33; *Esp. sagr.*, t. XVI). Au fond, il n'y a qu'une conclusion à tirer de tout ce qui précède : l'Église d'Espagne, comme *toutes les Églises du monde*, vit à *toutes les époques* de son existence éclater de tristes scandales, que le zèle de ses évêques travailla *toujours* énergiquement ou à réprimer ou à prévenir.

1. Dans *tous* les conciles nationaux ou provinciaux célébrés en Espagne, de Récarède à Witiza, [les évêques de race gothique certaine, présents ou représentés par des délégués, furent *toujours* en minorité; de plus, sur une cinquantaine de métropolitains qui, dans le même espace de temps, occupèrent les cinq grands sièges de la Péninsule, quinze seulement sont Goths de naissance. Au seizième concile de Tolède (a. 693), sur cinq métropolitains, quatre étaient, au moins de nom, d'origine hispano-romaine.

2. C'est donc bien à tort que M. A. de Los Rios (l. c., p. 432) classe S. Hildephonse parmi les Hispano-Romains.

3. Ajoutons et de Juifs convertis ou fils de convertis, témoin S. Julien, primat de Tolède, dont il est écrit :

« In cujus [Ervigii] tempore jam Julianus episcopus,
Ex traduce Judæorum, ut flores rosarum
De inter vepres spinarum
Productus,
Omnibus mundi partibus
In doctrina Christi manet præclarus. »
(Isid. Pac., *Chron.*, c. 25.)

Je cite ce passage parce que, en dépit de cette affirmation à peu près contemporaine, je vois S. Julien inscrit au tableau des grands hommes hispano-romains du vii° siècle (A. de Los Rios, I, p. 432).

4. Cf. S. Isid. Hisp. *Catal. VV. ill.*, c. 44; S. Val., *Vit. S. Fructuosi*, n. 2; Paul. Emerit., *VV. PP. Emerit.*, n. 50; Hübner, *Inscr. Hisp. Christ.*, inscr. 2. — L'historien de S. Fructueux dit simplement que ce saint était de race royale, d'où je crois pouvoir conclure qu'il était né de parents goths ou suèves; mais les charges importantes confiées à son père par les rois de Tolède me portent à le croire wisigoth d'origine.

5. Les nombreux fauteurs ou complices de Paul étant Goths de nom et par conséquent de race (moins deux ou

pas gardé le souvenir. Il suit de là que si le nom du personnage d'origine inconnue est latin, on ne saurait sans chance d'erreur conclure du nom à la nationalité [1].

V.

Ce mouvement littéraire se propagea jusque chez les Suèves refoulés en Galice par les Goths, et revenus au catholicisme avant leurs vainqueurs. Ils durent, eux aussi, se romaniser peu à peu au contact des anciens habitants du pays; et surtout, après leur conversion, sous l'action éminemment civilisatrice de l'Église catholique. Mais ici les détails nous manquent. Ce que nous pouvons affirmer de cette transformation se borne au peu que nous en apprennent indirectement les trop rares écrits de saint Martin de Dume, apôtre de cette nation. Ils nous autorisent à croire que, parmi les Suèves, le clergé et les grands s'étaient promptement rendu le latin littéraire assez familier, pour permettre à saint Martin, soit de correspondre en cette langue avec les rois et les évêques d'origine barbare [2], soit de composer, toujours dans la même langue, quelques traités aussi sagement pensés que correctement écrits : l'un de pure morale, à l'usage du roi et des personnes de sa maison [3], les autres destinés à l'instruction et à la direction de ses frères dans le sacerdoce [4].

Il est à peine besoin d'ajouter que ce développement de vie intellectuelle, dans ce qu'il avait de purement littéraire ou scientifique, ne s'étendit pas aux classes populaires. La cherté excessive des livres ne mettait qu'à la portée des riches et du clergé l'enseignement écrit, sans lequel il est difficile de devenir un vrai lettré ou un savant de quelque valeur [5]. Ouvriers des villes et paysans, sauf toutefois ceux d'entre eux qu'une vocation spéciale poussait dans les rangs du clergé séculier ou régulier, restaient donc complétement étrangers à

---

trois) ne pouvaient évidemment songer à se donner un roi hispano-romain; ajoutons que Paul fut un des électeurs de Wamba, ce qui me paraît compléter la démonstration. Cf. Juliani Tolet., *Hist*......, *Wamb. Regis*, nn. 6-8, 12, 33, 34, 36.

1. Donc : 1° l'argument tiré du nom gréco-latin du premier roi des Asturies contre l'origine gothique de ce prince (A. de Los Rios, II, 25, note 1), est absolument sans valeur; 2° les noms germaniques, qui figurent en si grand nombre au bas des plus anciennes chartes de la Galice et des Asturies dans les VIII° et IX° siècles (Append. de l'*Esp. sagr.*, t. XL et XXXVII), donnent un démenti formel à ces historiens qui ne veulent guère voir dans les héroïques adversaires du fanatisme musulman au nord-ouest de l'Espagne que des Hispano-romains (A. de Los Rios après Burriel, II, p. 20, not. 1).

2. V. *Epist. seu Libellus de Ira* Martini Episc. ad Vitimirum Ep. (*Esp. sagr.*, t. XV, p. 400), et la préface du traité de ce même saint, dont il est question dans la note suivante.

3. *Formula Vitæ honestæ* (*ibid.*, p. 385, svv). Dans sa dédicace au roi, le saint indique en ces termes ceux auxquels son ouvrage s'adresse spécialement : « Quem (*libellum*) non vestræ specialiter institutioni, cui naturalis sapientiæ sagacitas præsto est; sed generaliter his conscripsi, quos, ministeriis tuis adstantes, hæc convenit legere, intelligere et tenere (p. 384).

4. *De Pascha; De Trina mersione ad Bonifacium*. Dans cette lettre dogmatique, S. Martin défend énergiquement la licéité du baptême par triple immersion que bon nombre d'évêques catholiques d'Espagne attaquaient déjà pour le

motif que j'ai précédemment indiqué (supr., p. 225, not. 1); *De Correctione Rusticorum*, où l'on trouve de curieux détails sur les superstitions populaires des *ruraux* de la Galice; de *Jactantia, de Superbia; Exhort. humilitatis; de Moribus;* ce dernier traité me paraît être la continuation ou le complément du *Traité sur la colère* précédemment cité ; *Ægyptiorum PP. sententiæ*; ce recueil est traduit d'un écrivain grec inconnu. A ces ouvrages, qu'on ne trouve réunis que dans Florez, il faut, pour avoir les œuvres complètes de l'apôtre des Suèves, joindre la collection des canons de l'Église d'Orient, traduits également du grec par le saint et dédiés par lui à Nitigius et au concile de l'Église de Lugo. Elle est annexée aux actes du deuxième concile de Braga. Cf. *Collec. de Conc. de Esp.*, II, 631.

5. Le roi Récesvinthe fixe à 400 sous (d'argent évidemment, bien qu'il n'en dise rien) le prix *maximum* de sa recension du code wisigoth (*For. Jud.*, V, IV, 12). Or ce code, tel [qu'il était alors, ne remplirait pas trois cents pages d'un de nos *in-octavo*. On peut juger par là de ce qu'il en coûtait pour devenir l'heureux propriétaire d'un petit nombre de manuscrits, et combien peu, même parmi les clercs, pouvaient se donner ce luxe. C'est ce que saint Isidore confirme dans le passage de son traité *de Officiis*, où il recommande à son clergé d'écouter avec la plus grande attention les lectures faites publiquement dans l'église, et de n'y jamais manquer sous le spécieux prétexte de vaquer à la prière; car, ajoute-t-il, on ne peut lire quand on veut, tandis qu'on a toujours la facilité de prier : « Obtentu orationis, ne perdideris lectionem: *quia non semper eam quilibet paratam potest habere*, cum orandi potestas in promptu sit (lib. I, c. x, n. 2) ».

ces études d'ordre supérieur. La plupart ne songeaient même pas à profiter des écoles ouvertes en si grand nombre pour y apprendre les premiers éléments de la lecture ou de l'écriture. A quoi bon se munir d'un instrument scientifique condamné d'avance par la force même des choses à rester sans emploi, parce que cet emploi eût été trop dispendieux[1]? Mais ils ne méritent pas pour cela d'être confondus avec les barbares. L'enseignement oral de l'Église leur communiquait la science des devoirs du chrétien et, par conséquent, du parfait honnête homme et du bon citoyen; ces devoirs connus, ils pouvaient librement les remplir sous la protection d'un gouvernement régulier, et sous la direction de cette même Église; ils jouissaient donc sinon des raffinements, au moins du nécessaire de la vraie civilisation.

CHAPITRE II.

BIBLIOTHÈQUES ESPAGNOLES SOUS LES ROIS GOTHS DE TOLÈDE.

Le coup d'œil rapide que nous venons de jeter sur la société espagnole au temps de ces rois, sur le développement de vie intellectuelle qui se produisit dans son sein presque au sortir de l'invasion de 409, sur les savants, lettrés et grands hommes de tout genre dont elle put se glorifier jusqu'à sa fatale dissolution au viiie siècle, nous permettrait à lui seul d'affirmer que, dans l'Espagne gothique, grâce aux circonstances particulières qui accompagnèrent sa formation et son organisation après la chute de l'Empire, il exista de nombreuses et riches bibliothèques, dont la plupart n'étaient sans doute que les anciennes bibliothèques hispano-latines, échappées, comme les villes qui les renfermaient, à la fureur dévastatrice des barbares d'outre-Rhin.

Nous n'en sommes pas réduits toutefois à cette affirmation générale. Les documents historiques de cette époque, sauvés en trop petit nombre des désastres de la seconde invasion, nous fournissent sur plusieurs de ces collections précieuses des renseignements particuliers, et assez détaillés pour que nous puissions former quelque jugement de leur contenu, assez curieux pour mériter l'attention.

I.

La plus ancienne des bibliothèques espagnoles, non peut-être dans l'ordre des temps, mais très-certainement dans celui de nos connaissances présentes, est celle que réunit à son monastère de Dume, près de Braga, saint Martin, l'apôtre des Suèves, venu en Galice dans la première moitié du vi[e] siècle. Le noyau dut en être formé par les manuscrits que ce savant homme avait recueillis en Orient pendant les longues années qu'il y passa avant d'évangéliser la Galice. Trois ouvrages appartenant à cette collection primitive ont été traduits du grec en latin par le saint lui-même ou par son disciple Paschase. Ce sont le Recueil de

---

[1]. Si les manuscrits étaient chers, la matière première (parchemin) l'était assez pour engager les copistes à indiquer par un simple renvoi inscrit en marge le texte sacré expliqué dans les commentaires dont ils exécutaient la transcription. Cf. S. Braul. *Epist.* 14 (*Esp. sagr.*, XXX, p. 337). Le texte suivant de S. Juste d'Urgel nous fournit sur ce sujet des renseignements curieux : « quia sic accidit, ut membranis desistentibus (*deficientibus?*), minutioribus litteris eamdem scripturam (*eadem scriptura?*) in paribus (*imparibus?*) quaternionibus susciperent (*susciperetur?*); nec studiose fabrefactis lateralibus ambiretur, si memoratam rem alicujus meriti esse censueris... ut diligentiori studio transcriptum utilius coaptetur, quantocius studebis. » *Præf. Epistol. in Cant. Cant.* (Patrol. LXVII, p. 962).

canons tirés des synodes orientaux, les Sentences des Pères d'Égypte et les Vies des Pères grecs[1]. Cette bibliothèque comprenait en outre les livres de l'Ancien et du Nouveau Testament, les écrits d'anciens moralistes[2], divers traités publiés dans les siècles précédents sur le cycle paschal[3], les Commentaires de saint Jérôme sur l'Épître de saint Paul aux Galates, les Actes de saint Sylvestre, probablement aussi les Actes des conciles et les Décrétales des Papes, au moins celles qui touchaient aux questions agitées en Espagne[4]. Nul doute d'ailleurs que si, au lieu de l'unique et très-courte lettre qui nous fournit, à elle seule, nos dernières indications bibliographiques, nous possédions le volume ou livre contenant toute la correspondance de ce saint évêque, nous ne puissions en extraire des renseignements beaucoup plus nombreux et plus complets que ceux dont il faut nous contenter.

Licinien de Carthagène florissait vers la fin du même siècle, et peut, par conséquent, être regardé comme un des contemporains de l'apôtre des Suèves. C'était un prélat très-versé dans les Saintes Écritures, en correspondance avec saint Grégoire le Grand, ami de saint Léandre[5], et qui mourut à Constantinople empoisonné par ses envieux. Il avait écrit, au témoignage de saint Isidore, de nombreuses lettres que ce saint docteur avait entre les mains; ses autres travaux n'étaient point venus à la connaissance d'Isidore[6]. A cette catégorie d'ouvrages ignorés de l'évêque de Séville appartient, selon toute apparence, l'opuscule épistolaire sur l'*Incorporéité des Anges et des âmes*, composé en commun par Licinien et Sévère son ami, avant l'élévation des deux auteurs à l'épiscopat[7]. Vu l'importance du sujet, l'étendue, l'érudition et le soin avec lesquels il est traité, saint Isidore aurait mentionné à coup sûr cette lettre dogmatique s'il l'eût connue; or, il n'en dit pas un mot, ni dans l'article consacré à la biographie de Licinien, ni dans la notice de son collaborateur Sévère de Malaga[8]. Quoi qu'il en soit de cette question secondaire, il est très-certain que Licinien avait dans sa bibliothèque une collection remarquable d'ouvrages dus à la plume des plus célèbres écrivains ecclésiastiques. Nous le voyons, en effet, dans deux des trois seules lettres dogmatiques parvenues jusqu'à nous, citer, souvent par de longs extraits, les livres de l'Ancien et du Nouveau Testament, les écrits de saint Augustin, de saint Hilaire, de saint Grégoire de Nazianze, de saint Ambroise et de Claudien Mamert. Nous apprenons en outre, par ces mêmes lettres, qu'il possédait et les quatre livres du Pastoral de saint Grégoire et les six livres d'Origène sur Job, traduits en latin par le docteur de Poitiers[9]. Bien d'autres noms viendraient évidemment s'inscrire sur cette liste, s'il nous était donné de dépouiller sa lettre sur le Baptême et ses autres écrits aujourd'hui perdus.

Licinien ne cite, des divers ouvrages renfermés dans sa bibliothèque, que des traités théologiques, cela se comprend; il s'occupait exclusivement de questions de dogme ou de morale. On ne sera donc pas surpris que Jean de Valclara, dans sa chronique, la seule de ses œuvres qui nous soit parvenue, ne nous parle que des livres historiques dont il s'est

---

1. *Capitula sive Canones ex Orientalium antiquorum PP. synodis*, avec préface du saint traducteur; *Ægyptiorum PP. sententiæ; Vitæ PP. Græcorum*.
2. C'est ce que je crois pouvoir déduire des expressions dont saint Martin se sert dans la préface de sa *Formula vitæ honestæ* (*Esp. sagr.*, XV, 384), et dans celle de sa lettre à Vitimir (*ibid.*, p. 406).
3. Voir son *Traité de la Pâque* (*ib.*, p. 413, 414 et 416).
4. Cf. S. Martini *Epist. de trina mersione*, n. 3 et 4 (*Esp. sagr.*, XV, p. 423, 424).
5. Cf. Liciniani (al. *Luciniani*) Carthag., *Ep.* 1, ad Greg. Magnum (*España sagrada*, V, apend. 4.)
6. Isid. Hisp. *Catal. VV. illustr.*, c. 42.
7. Liciniani, *Epist.* 3 (*Esp. sagr.*, V, p. 426).
8. Isid. Hisp., *Catal. Vir. illust.*, c. 42 et 43.
9. Liciniani, *Epist.* 2 et 3. Les Saintes Écritures étaient alors, comme aujourd'hui, partie intégrante de toute bibliothèque ecclésiastique ou simplement chrétienne. Je ne les nommerai pas toujours dans ces notes sur les bibliothèques espagnoles afin d'éviter de fastidieuses répétitions; mais le lecteur peut et doit en ajouter le nom à celui des livres qui figurent dans mes catalogues bibliographiques.

servi ou qu'il a pris pour modèles. Aussi, de tous ceux qu'il avait recueillis dans ses lointains voyages ou depuis son retour en Espagne, ne pouvons-nous citer après lui que la chronique d'Eusèbe et les continuations de saint Jérôme, de saint Prosper et de Victor de Tunne [1].

Je n'ai que peu de chose à dire sur la bibliothèque du roi Réceswinthe. Saint Braulion de Saragosse, avec d'autres sans doute, — car il eût à lui seul succombé sous cette lourde tâche, — revisait les manuscrits de ce prince pour en faire disparaître les fautes et les omissions trop nombreuses de copistes hâtifs ou négligents; voilà ce que j'en sais, et rien de plus [2]. Saint Braulion nous laisse même ignorer, — et le roi son correspondant n'est pas plus explicite, — le titre de l'ouvrage dont la correction exigea tant de soins et de peines [3]. Je me borne donc à mentionner cette bibliothèque pour mémoire. J'en fais autant de celle qu'apporta d'Afrique en Espagne le saint abbé Donat dont il a été question précédemment. Elle comptait de nombreux volumes, c'est tout ce qu'en dit saint Hildephonse, et tout ce que je puis en dire moi-même après lui [4].

Les renseignements abondent au contraire sur la bibliothèque épiscopale de Tolède, et c'est à l'un des plus illustres prélats qui se soient assis sur le siége primatial de cette église (à saint Julien) que nous les devons. On voit en effet, par les nombreux extraits dont il enrichit ses propres ouvrages, que, de son temps, cette collection comprenait des écrits d'Origène, de Tertullien, de saint Cyprien, d'Athanase, de saint Hilaire, de saint Ambroise, de saint Épiphane, de saint Jérôme, de saint Augustin, de saint Jean Chrysostome, de saint Cyrille d'Alexandrie, de saint Fulgence, de Cassien, de Vigile de Tapse, de saint Pierre Chrysologue, de Julianus Pomerius, de saint Grégoire le Grand, de saint Isidore de Séville, d'Eugène II (*al*. III) de Tolède, son prédécesseur immédiat et son maître. En fait d'auteurs profanes, Julien ne mentionne que Cicéron et ses livres de la Rhétorique [5]; non certes que Cicéron soit le seul écrivain de l'antiquité dont la bibliothèque épiscopale de Tolède ait renfermé les ouvrages, mais — et j'ai déjà fait cette remarque à propos de Licinien et de Martin de Dume — parce que les écrits de saint Julien n'étaient pas de nature à rendre nécessaires ou simplement utiles les témoignages empruntés à ces auteurs. Au fond, entre tous les lettrés et savants de l'Espagne gothique dont nous avons parlé jusqu'ici et dont il nous reste à parler encore, un seul, Isidore de Séville, nous ouvrant à deux battants les portes de sa bibliothèque, nous permet d'en apprécier les richesse d'une façon à peu près complète. Les autres ne nous laissent voir de la leur que les volumes accumulés en plus ou moins grand nombre, suivant les besoins du moment, sur leur table de travail. Mais, avant de quitter Tolède, il me plaît de payer au dernier des docteurs de cette grande Église le tribut d'éloges qu'il a si bien mérité, et dont certains historiens ecclésiastiques ne s'acquittent qu'avec d'injustes restrictions. Les trésors littéraires que mettaient à sa libre disposition la dignité dont il était revêtu, ne restaient pas stériles entre les mains de Julien de Tolède. Il se les appropria si bien

---

1. Joann. Biclar. *Chron.*, p. 375 (*Esp. sagr.*, t. VI).
2. S. Braul. *Epist.* 38.
3. S. Braul. *Ibid.*; Receswinthi *epist.* inter Braul., 39.
4. « Cum septuaginta monachis, copiosisque librorum codicibus navali vehiculo commeavit (*Donatus*). » S. Hildeph. Tolet., *Contin. catal. vv. Illustr.* c. 4.
5. De tous les écrivains énumérés ici, j'ai relevé non pas les noms seulement, mais les citations dans les divers ouvrages de saint Julien de Tolède (*Patrol.*, t. XCVI). Je puis donc garantir absolument la fidélité de la liste que j'en ai dressée et que je mets sous les yeux du lecteur. Mais s'il ne s'y rencontre aucun nom qui n'ait droit d'y figurer, il est fort possible que dans le dépouillement des œuvres du saint, certains noms m'aient échappé, et par conséquent que mon catalogue soit incomplet. Cicéron n'étant cité que rarement, je donne ici le relevé exact de ces citations. S. Jul. *Præf. in Nahum* (*Patrol.*, t. cit., col. 708, 709) et *Comment. in Nahum proph.* (ib., col. 716, n. 18).

par l'étude et en fit un si heureux usage, qu'il devint l'oracle de toutes les églises d'Espagne, et fut applaudit par Rome elle-même. Or ces applaudissements eurent pour lui et doivent avoir pour nous d'autant plus de prix qu'il les obtint dans une controverse où le Souverain Pontife, qui, sur des impressions fâcheuses trop facilement accueillies, s'était d'abord prononcé contre le docteur espagnol, finit, après avoir lu son éloquente apologie, par lui rendre noblement justice en plein concile et déclara par rescrit tous les ouvrages de Julien aussi pieux qu'orthodoxes[1].

II.

Je disais tout à l'heure que saint Isidore nous ouvrait à deux battants les portes de sa bibliothèque; je ne crois pas cette expression exagérée. Car nous possédons de la main de ce saint Docteur, sinon un catalogue proprement dit de la volumineuse collection de livres sacrés ou profanes réunie à grands frais dans l'*atrium* épiscopal de Séville, tant par son maître, son frère et son prédécesseur saint Léandre que par lui-même, au moins les matériaux d'un catalogue à peu près complet, soit dans les inscriptions métriques qui ornaient les murs de sa bibliothèque ou les cassettes (*thecæ*) qui en contenaient les volumes[2], soit dans les préfaces de certains de ses écrits, et surtout dans son grand ouvrage des *Étymologies*. Ces documents divers qui se prêtent un mutuel appui, prouvent à qui veut prendre la peine, je ne dis pas de les étudier à fond, mais d'y jeter un simple coup d'œil, qu'Isidore n'exagérait pas lorsqu'il affirmait, au premier vers d'une des inscriptions dont nous parlions tout à l'heure, que sa bibliothèque renfermait des œuvres nombreuses de littérature sacrée et profane :

« Sunt hic plura sacra, sunt et mundalia plura. »

La Théologie y était représentée par les saintes Écritures, les ouvrages de Tertullien, d'Origène, de Cyprien, du pseudo-Clément (*Recognitiones*), de Lactance, de Victorin, d'Athanase, d'Hilaire de Poitiers, de Basile, de Grégoire de Nazianze, d'Ambroise, de Jérôme, d'Épiphane, de Rufin, de Chrysostome, d'Augustin, de Cyrille d'Alexandrie, de Léon le Grand, de Cassien, de Fulgence, de Cassiodore et de Grégoire le Grand[3]; la Philosophie par Aristote, Platon, Porphyre (d'après Boèce); les Sciences par Aratus, Hygin, Solin, Pline, etc.; les Antiquités par Varron et Macrobe; la Grammaire et la Rhétorique par Cicéron, Quintilien, Priscien, Donat, Servius, Victorin, Vilius Longus Charisius, etc.; les

---

1. Ejus (Egicani) tempore librum de tribus substantiis
[quem dudum Romam sanctissimus Julianus,
Urbis regiæ metropolitanus episcopus, miserat,
Et minus tractando, Papa Romanus
Arcendum indixerat,
Ob id quod voluntas genuit voluntatem ante biennium tan-
[dem scripserat,
Veridicis testimoniis;
In hoc concilio, ad exaggerationem (i. e. *incitamentum*)
[præfati principis,
Julianus episcopus, per oracula Majorum ea quæ Romam
[transmiserat,
Vera esse confirmans, apologeticum facit.....
Quod Roma pie et digne recipit
Et cunctis legendum indicit;

Atque summo Imperatori satis acclamando : « Laus tua,
[Deus in fines terræ » cognitum facit.
Qui (i. e. *Papa*) et rescriptum domno Juliano... satis cum
[gratiarum actione honorifice remittit;
Et omnia quæcumque scripsit,
Justa et pia esse depromit. » (Isid. Pac., *chron.*, a. 28.)

2. Ces inscriptions, publiées par Muratori, ont été revues sur les mss. espagnols et rééditées par Florez (*Esp. sagr.*, t. IX, p. 381).

3. Cf. *Tit.* 2 *Bibl.* dans Florez (l. c.); S. Isidori *mystic. Expos. in Genesim Præf*, n. 5; *Etymol.* passim; et pour les Pères grecs, la réfutation d'un Évêque acéphale, réfutation qu'Isidore composa, et qu'adopta le concile de Séville tenu sous sa présidence la neuvième année du règne de Sisebut, en 619 (*Colecc. de concilios. de Esp.*, t. II, p. 684-685).

Orateurs par Démosthène (*les Olynthiaques*) et Cicéron; le Droit par Caïus, Ulpien, Paulus, le Code Théodosien, etc.; la Médecine par Cœlius Aurelianus; l'Histoire par Salluste, Tite-Live, Suétone, Justin, Jules Africain, Hégésippe, Eusèbe, Paul Orose, etc.; la Poésie par Atta, Cinna, Dracontius, Horace, Juvénal, Juvencus, Lucain, Lucrèce, Martial, Névius — sous le nom d'Ennius, — Ovide, Perse, Plaute, Pomponius, Proba Falconia, Térence et Virgile; l'Architecture par Vitruve, etc. Cette énumération, que je ne pourrais étendre plus loin sans fatigue pour le lecteur[1], offre ceci de remarquable que la littérature et la science latines y figurent à peu près seules à l'exclusion de la littérature et de la science helléniques. Mais, si regrettable que soit cette lacune, la bibliothèque d'Isidore de Séville n'en fait pas moins grand honneur aux deux saints et doctes prélats qui l'ont formée. Elle eût excité bien des convoitises chez les amateurs romains de l'ère impériale, et n'aurait pas même, j'ose l'affirmer, fait trop mauvaise figure près de la très célèbre et très-légendaire bibliothèque de Cordoue[2]. Mais l'invasion arabe, en ensevelissant sous les ruines des villes pillées, saccagées ou détruites, presque toutes les bibliothèques espagnoles, et celle de Séville en particulier, sauva celle des Califes hispano-arabes du danger de toute comparaison. Une dernière réflexion avant de continuer notre itinéraire bibliographique. Si saint Isidore, poursuivi, pressé, harcelé de toutes façons pendant sept ans entiers par saint Braulion pour se mettre à l'œuvre et composer ses *Étymologies*, n'avait pas fini, de guerre lasse, par céder à ces amicales importunités, nous ne connaîtrions pas la dixième ou la vingtième partie des richesses littéraires accumulées dans sa bibliothèque. Ce qui aurait eu lieu dans cette hypothèse pour la collection Isidorienne, s'est évidemment, ainsi que je l'ai déjà remarqué à plusieurs reprises, vérifié pour les autres bibliothèques. Elles ne nous sont et ne peuvent nous être connues que très-imparfaitement, et ce serait s'exposer à une erreur grossière que de juger leur contenu réel par ce que nous en apprennent les rares documents de cette lointaine époque arrivés jusqu'à nous. Je vais plus loin, et je ne crains pas de me tromper en affirmant que Mérida par exemple ou Tarragone dont les bibliothèques épiscopales et monastiques ne sont mentionnées nulle part, en possédaient cependant qui, sans égaler peut-être celles de Séville ou de Tolède, ne devaient pas leur céder de beaucoup. Et, pour ne parler que de Mérida, pense-t-on que les nombreux médecins que comptait cette ville aient pu apprendre leur art sans étudier, et étudier sans livres? Est-il permis de supposer que les monastères dont les écoles étaient peuplées d'adolescents n'aient pas possédé une bibliothèque, nécessaire à la fois pour la formation des maîtres et l'instruction des élèves? Est-il enfin vraisemblable que d'opulentes métropoles et des centres d'étude fussent déshéritées de ce que possédaient des évêchés du second ordre et de simples particuliers? Poser ces questions, c'est les résoudre. Les faits qui nous restent à examiner compléteront au besoin cette réponse, si quelque lecteur la jugeait par trop sommaire.

---

1. Le dernier éditeur de S. Isidore, le docte Arevalo, donne la liste complète de tous les écrivains *nommés* dans les œuvres du savant évêque de Séville (*Isidoriana*, c. 53); j'y renvoie ceux que mon catalogue très-abrégé ne satisferait pas. Je n'y ai fait place qu'aux écrivains cités de première ou de seconde main par Isidore.

2. Cette bibliothèque aurait, s'il faut en croire les historiens arabes, compté 400,000 volumes. En divisant ce chiffre par vingt, le quotient serait encore, à mon humble avis, au-dessus de la vérité. Les Arabes, qu'il s'agisse des armées vaincues par les leurs, des milliers de pièces d'or contenus dans les coffres de leurs califes ou de leurs sultans, ou des livres de leurs bibliothèques, prennent volontiers pour multiplicateur du chiffre réel celui de *cent* et même de *mille*. Ce qu'il y a de plus merveilleux, c'est que le fondateur de cette bibliothèque, le calife Hacan II, au dire de ces mêmes chroniqueurs fantaisistes, aurait *lu tous* les quatre cent mille volumes et en aurait annoté de sa main le plus grand nombre (Dozy, *Hist. des Musulm.* t. III, p. 108). Dieu du ciel! qu'eût dit, s'il avait pu prévoir ce tour de force, Isidore de Séville, lui qui taxe de mensonge ceux qui se vantent d'avoir pu lire en entier les œuvres du docteur d'Hippone:

III.

Une lettre de saint Braulion de Saragosse, cet ami et admirateur d'Isidore dont il vient d'être question, et la réponse du prêtre Émilien son correspondant, nous fournissent la preuve qu'à cette même époque, dans une grande ville d'Espagne qui n'est pas nommée, — Tarragone peut-être, — il existait simultanément trois bibliothèques : celle d'Émilien d'abord, puis celle du comte Laurent, et enfin celle de Domnus, disciple de Braulion. Elles nous apprennent de plus que la seconde de ces bibliothèques venait d'être récemment dispersée, mésaventure aussi fréquente au moins aujourd'hui qu'autrefois; et que les deux autres ne renfermaient pas le Commentaire d'Apringius sur l'Apocalypse, dont Braulion sollicitait instamment l'envoi pour en faire tirer copie [1].

Émilien et Domnus n'étaient pas les seuls, entre les amis ou disciples de saint Braulion, qui se fussent donné le luxe d'une bibliothèque. Un troisième, nommé Jactatus, était l'heureux possesseur des œuvres de Jérôme, d'Augustin, d'Hilaire et de bon nombre d'autres écrivains ecclésiastiques. Vivant par l'étude dans l'intimité de ces grands hommes, il n'avait nul besoin d'aller chercher ailleurs la nourriture intellectuelle et morale dont il était affamé; et c'est ce que lui fait remarquer modestement le saint évêque de Saragosse auquel il avait demandé une lettre de conseils ou d'avis spirituels [2].

Braulion n'avait sous ce rapport rien à envier à Jactatus. Sa bibliothèque épiscopale était riche en excellents livres, et ses livres étaient nombreux; si nombreux même, que la moindre maladresse des serviteurs du prélat dans l'arrangement des manuscrits entraînait parfois la disparition de tel d'entre eux, qui, perdu dans la foule des volumes, échappait pendant des années à toutes les recherches, pour ne se retrouver que par hasard [3]. La littérature sacrée et profane y était représentée par ses chefs-d'œuvre : Térence, Virgile, Horace, Ovide, Appius [4] trouvaient place à côté des Livres saints, et des œuvres de saint Augustin, de saint Jérôme, de Théophile et de saint Cyrille d'Alexandrie, de saint Eucher, de Denis, de Protaire, de Cassien, de Paschasinus, de saint Grégoire le Grand, de saint Isidore de Séville et d'une foule d'autres écrivains dont saint Braulion ne cite pas les noms parce que la liste en serait trop longue [5].

Les richesses acquises ne font que rendre plus vif dans l'évêque de Saragosse le désir d'en amasser de nouvelles. Ses lettres nous le montrent tantôt envoyant à l'abbé d'un des monastères soumis à sa juridiction un commentaire des épîtres de saint Paul dont il désire

---

« Augustine, mentitur qui te totum legisse fatetur » (*Esp. sagr.*, IV, p. 381)!

1. Cf. S. Braul. *Epist.* 25, Ad. Æmilian.; et 26 Æmiliani ad. Braul. (*Esp. sagr.*, t. XXX).

2. Cum quotidie in Lege Domini meditaris et Beatissimorum Patrum peritissimorumque revolvas paginas virorum, quid in nobis, aut quantulum est quod aut ipse velis addiscere aut de quibus contingat tibi sacrum desiderium alere? Sufficit et valde sufficit, ut amicum tuum legas sanctum Augustinum, ut Hieronymum, ut Hilarium, ut ceteros doctissimos viros, quos et mihi commemorare longum est, et te usui habere dubium non est (S. Braul. *Ep.* 9).

3. « Intenderam, juxta fidem notitiæ quam sub testificatione Cythonati Abbatis venerabilis... collectam non ambigebam, vitam .. B. Æmiliani presbyteri... stylo præstringere;

sed quia... inter ipsa initia, molienti mihi quid dicerem negligentia administrantium intercepta fuerat, ipsa sub notatione ejus virtutum... prope elapsum a voluntate fuerat... Nunc cum quemdam codicem... vellem inspicere, jussissemque perquirere, ac revolveretur strues librorum, notitia illa diu perdita (Ed. mal. *prodita*) subito inventa est non quæsita. » (S. Braul. *Epist.* ad Fronimianum, en tête de la vie de S. Millan, *Patrol.*, t. 80.) Vers ce temps-là aussi, il fallait une sorte de miracle pour retrouver à Rome, dans la bibliothèque papale, la cassette (*theca*) où étaient déposées les *Morales* de S. Grégoire le Grand (Cf. Isid. Pac., *Chron.*, c. 16).

4. S. Braul. *Epist.* 11.

5. S. Braul. *Epp.* 11, 22, 42, 44; S. Isidori Hisp. *Epist.* 1; et S. Fructuosi *Epist.* 43 inter Braulinianas.

que les religieux tirent une copie exacte et soignée pour sa bibliothèque[1]; tantôt sollicitant de ses nombreux amis le prêt temporaire d'ouvrages qui lui manquent : du prêtre Émilien, les *Commentaires sur l'Apocalypse* d'Apringius; de Tajon à peine revenu de Rome, *les Morales sur Job* de saint Grégoire le Grand, que ce saint religieux en avait rapportées[2]. Mais c'est Isidore de Séville que, entre tous les autres, Braulion assiége de requêtes et d'affectueuses importunités. Il ne lui laisse, à la lettre, ni paix ni trêve qu'il n'en ait tiré tout ce qu'il s'est mis en tête d'obtenir. Or ce qu'il veut à tout prix, ce sont les ouvrages du saint Docteur qu'il ne possède pas encore, et plus spécialement les *livres des Origines* ou *des Étymologies*. Isidore lui envoie ses *Synonymes;* c'est bien, mais cela ne suffit pas[3]. Aux *Synonymes* succèdent les quatre *livres des Règles* ou *le Pastoral* de saint Grégoire; c'est très-bien, mais ce n'est pas encore assez[4]. Pourquoi les actes du concile récemment présidé par Isidore ne sont-ils pas arrivés à Saragosse? Il les faut à Braulion[5]. Et *les Origines* entreprises sur sa demande et qu'il attend avec une impatience fébrile, quand donc les recevra-t-il[6]? Les années succèdent aux années, et rien ne paraît. Isidore n'a jusqu'ici répondu à toutes les sollicitations de son ami que par de vaines défaites ou, ce qui est pire, par le silence. A la septième année d'attente, Braulion n'y tient plus; la passion le rend éloquent. Sa lettre est moins une supplique nouvelle qu'une sommation en six pages adressée au débiteur négligent de payer à son ami, que dis-je? au Christ et à l'Église tout entière la dette qu'Isidore a contractée par sa promesse : « Payez votre dette, » *Redde quod debes*[7]. Et notez, s'il vous plaît, que Braulion entend bien être payé en bonne monnaie. Il court par le monde des copies de l'œuvre encore incomplète d'Isidore, que l'avidité des libraires multiplie et fait circuler à l'insu de l'auteur; mais ces exemplaires de contrebande, pleins de fautes grossières, d'incorrections et de lacunes, ne peuvent ni tenter, ni à plus forte raison satisfaire un amateur éclairé tel que Braulion. Ce qu'il réclame, ce qu'il veut, c'est un exemplaire complet, ordonné, correct, exécuté sous les yeux d'Isidore et dans son *scriptorium*[8]. Cette fois, il n'y a plus moyen de résister : Isidore s'avoue vaincu, et dirige de Séville sur Saragosse ces *Étymologies* si ardemment et si longtemps convoitées. Il les accompagnait d'autres livres, destinés peut être à consoler son savant ami du désappointement qu'il allait éprouver, en recevant inachevé un ouvrage qu'il croyait terminé et qui ne devait l'être jamais[9].

---

1. « Istum apostoli commentarium quem direximus, diligenter legite prius, et in ordinem constituite... et diligenter conscribite. » (Ejusd. *Epist.* 14 ad Frunim. abb.)
2. « Peto... ut mihi codices sancti Papæ Gregorii inexpositos, qui necdum in Hispaniis erant, tuoque studio et sudore de Roma huc sunt delati, ad transcribendum ocius mittas. » (Ejusd. *Epist.* 42).
Isidore de Beja nous apprend en effet que l'ouvrage de S. Grégoire était contenu dans les *codices* que Tajon s'était procurés à Rome :
« Hic (*Chindaswinthus*) Taionem Cæsaraugustanum episco-
[copum,
Ordinis literaturæ satis imbutum...
Romam, ad suam petitionem, pro residuis libris Moralium,
Navaliter porrigit destinatum. » (*Chron.*, c. xvi.)
3. « Mittimus vobis synonymorum libellum, non quod alicujus utilitatis sit, sed quia eum volueris. » (Isid. *Epist.* 1ª inter Braulionianas.)
4. « Quaternionem Regularum per Maurentianum... direximus. » (Ejusd. *Epist.* 2ª *ibid.*)

5. Gesta etiam synodi, in qua Sintharius examinis vestri igne, etsi non purificatus, invenitur tamen decoctus, quæso ut vestro instinctu... nobis dirigantur cito. (Braul. *Epist.* 3).
6. Id., *ibid.*
7. Ejusd. *Epist.* 5, p. 323, 324. « Septimum, ni fallor, annum tempora gyrant ex quo me memini libros a te conditos Originum postulasse, et vario diversoque modo præsentem vos me frustratum esse et absentem nihil inde vos rescripsisse ; modo subtili dilatione, modo necdum esse perfectos, modo necdum scriptos, modo meas litteras intercidisse, aliaque multa opponentes, ad hanc usque diem pervenimus, et sine petitionis effectu manemus. Ob hoc et ego vertam preces in querelam... Redde, redde quod debes; nam servus es Christi et Christianorum; etc., etc. »
8. « Ergo et hoc notesco, libros Etymologiarum, quos a te Domino meo posco, etsi detruncatos corrososque jam a multis haberi sciam, inde rogo ut eos mihi transcriptos, integros, emendatos et bene coaptatos digneris mittere. » S. Braul. *Epist.* 5, p. 325.
9. Isidori Hispal. *Epist.* inter Braul. 6ª et 7ª.

Mais la joie de posséder enfin une portion si considérable de l'œuvre gigantesque entreprise sous son inspiration et poussée déjà si loin grâce à ses instances opiniâtres, suffit, je pense, à tempérer les regrets de l'ami d'Isidore. A cette joie s'unissait, dans le cœur de Braulion, la satisfaction d'un grand service rendu à l'Église. Ce n'est pas sans quelque fierté, bien légitime assurément, qu'il revendique dans ses propres écrits l'honneur exclusif d'avoir fait jaillir, au profit des esprits studieux, cette source abondante et pure de science divine et de science humaine [1].

IV.

Saint Braulion était donc bien un vrai bibliophile, aimant avec passion les livres et les étudiant avec une ardeur égale. Il n'était pas le seul de son pays et de son temps. Tout ce que nous savons des lettrés de l'Espagne gothique nous les montre épris du même amour et aussi ardents à le satisfaire. C'est en vérité un curieux spectacle de les voir correspondre entre eux d'un bout à l'autre de la Péninsule, presque toujours à la seule fin de se procurer les ouvrages dont ils sont privés, de compléter ceux dont ils ne possèdent que des portions, ou d'obtenir enfin d'un auteur célèbre la primeur de quelque nouvel écrit. Braulion, que nous voyions naguère poursuivre tous ses amis de semblables requêtes, est à son tour mis largement à contribution. Évêques, prêtres, moines, dames du monde, se mettent de la partie. Isidore n'a pas la sixième Décade des *Énarrations* de saint Augustin sur les Psaumes, vite un billet à saint Braulion pour la lui demander [2]. Saint Fructueux veut compléter son exemplaire des *Conférences* de Cassien, c'est à l'évêque de Saragosse qu'il s'adresse pour avoir communication de celles qui lui manquent [3]; c'est encore Braulion qui doit prêter à l'une de ses filles spirituelles nommée Apicella les livres historiques de l'Ancien Testament [4], c'est à lui que saint Eugène de Tolède ou Tajon exposent des doutes et des difficultés qu'il est prié de résoudre par une dissertation épistolaire où toutes les questions soulevées par ces correspondants soient pleinement élucidées [5]. Si de Saragosse nous passons à Barcelone, nous verrons Quiricus, évêque de cette ville, requérir de saint Hildéphonse de Tolède, pour son édification et celle de toute l'Église, une exposition mystique de l'Ancien Testament [6]; puis, à force d'importunités, obtenir de Tajon, successeur de Braulion sur le siège de Saragosse, le prêt de son manuscrit récemment terminé des *Livres des sentences*, où se trouve résumée dans un ordre clair et méthodique toute la doctrine répandue par saint Grégoire dans ses nombreux écrits. Quiricus voit ses vœux exaucés; mais un retard trop prolongé dans la restitution du volume prêté lui vaut une sommation impé-

---

1. Avant même d'avoir entre les mains l'œuvre capitale d'Isidore, S. Braulion écrivait (*Ep.* 3) : « Librum Etymologiarum quem... audivimus consummatum (en quoi il se trompe...) servo vestro dirigere jubeatis; quia, ut mihi conscius sum, *magna ibi ex parte servi tui postulatione sudasti.* » Plus tard, dans sa biographie d'Isidore (*Catal. VV. Illust.* c. 47), Braulion s'exprime plus clairement encore : « Etymologiarum codicem... distinctum ab eo titulis, non libris. Quem, *quia rogatu meo fecit...* ego in xx libros divisi. Quod opus, omni modo philosophiæ conveniens, quisquis crebra meditatione perlegerit, non ignarus divinarum humanarumque rerum scientia erit. »

2. S. Isidori *Epist.* ad Braul. 1ª inter Braulionianas.

3. Fructuosi *Epist.* ad eumd. inter Braul. 43ª.

4. *Epist.* S. Braul. 16 ad Apicellam.

5. Tajonis *Fragm.* ante Braul. *Epist.* 42ª, Eugenii Tolet. *Epist.* inter Braulion. 35. La difficulté que ce primat de Tolède, très-docte d'ailleurs, ne parvenait pas à résoudre, n'arrêterait pas deux minutes aujourd'hui un séminariste de première année. Voilà, soit dit en passant, à quoi servent ces *casuistes* et *summulistes* si sottement décriés par certaines gens.

6. Quirici Barcin. ad Hildeph. Tolet. *Epist.* (*Esp. sagr.*, xxix, escr. 7). Déjà Quiricus avait reçu du même correspondant le traité de la *Virginité de Marie* (Ejusd. ad eumd. *Epist., ibid.*, escr. 5).

rieuse de le rendre sans plus de délai[1]. A Tolède, saint Julien écrit tour à tour sa *Démonstration du sixième âge* sur l'invitation du roi Ervigius[2], et son *Prognosticon* pour l'évêque Idalius de Barcelone[3]. Or à peine cet excellent ouvrage est-il entre les mains du destinataire, que son voisin *Zunifrède*, métropolitain de la Gaule narbonnaise, en sollicite la communication, qui lui est gracieusement accordée, avec autorisation supplémentaire d'en donner connaissance à tous les évêques de sa province[4]. Lorsqu'on avait longtemps et vainement cherché dans toute l'Espagne l'ouvrage désiré, on le poursuivait au-delà des frontières et, soit par lettres, soit en personne, on allait au besoin le demander à Rome. Ainsi fit au vi° siècle ce Licinien de Carthagène, dont il n'y a qu'un instant nous inventorions la bibliothèque. Ce prélat était connu de saint Grégoire le Grand qui même lui avait fait don des *Quatre livres des Règles*. Il savait, pour l'avoir appris de la propre bouche de saint Léandre, que ce prélat avait rapporté de Constantinople les premières homélies sur Job, prononcées par saint Grégoire avant son élévation à la papauté; il savait de plus que ces homélies, dont Léandre n'avait pas voulu lui donner communication, étaient désavouées par l'auteur, qui les avait remaniées, refondues, et données au public sous le titre nouveau et définitif de *Livres des Morales;* c'est de cette œuvre importante, que Licinien veut enrichir sa collection. Il écrit donc à saint Grégoire, et joint dans sa lettre aux remercîments pour les *Règles* qu'il a reçues du saint Pontife, l'instante prière d'un second envoi, celui de ces *Morales sur Job* qu'il ne peut se procurer par aucune autre voie[5]. J'ignore comment cette demande fut accueillie à Rome; mais je sais bien qu'un siècle plus tard, cet ouvrage était aussi introuvable dans la Péninsule qu'au temps de Licinien[6]; et que, pour en doter sa patrie, Tajon dut entreprendre ce voyage de Rome, dont il a été ici même parlé à plusieurs reprises[7].

V.

Complétons ce qui précède par quelques détails sur l'exécution matérielle des livres réunis dans les bibliothèques hispano-gothiques, et sur le mode de composition généralement adopté par leurs auteurs à la même époque. Je serai bref, crainte de redites, et aussi faute de renseignements suffisants[8].

---

1. « Memor vestræ benignissimæ petitionis nostræque devotissimæ promissionis, hujus textum libelli (*Sententiarum*)... vestræ sanctitati malui dirigendum. » Tajonis *Epist.* ad Quiricum (*Esp. sagr.*, t. XXXI, p. 171). « Ego denique ideo ad dirigendum eumdem codicem vestrum (*Sententiarum*) piger exstiti, quia eum per me offerre cupivi... sed quia devinxistis me adjuratione divini nominis, ut sine ulla retardatione eum transmitterem, ideo per præsentem (*puerulum*) direxi. » Quirici ad Tajonem *Epist.* (*ibid.*, p. 175).
2. Voir la lettre de S. Julien à ce prince, en tête de l'ouvrage (*Patrol.*, t. XCVI, col. 537, sqq.).
3. Cf. S. Juliani Tolet. ad Idalium Barcin. *Epist.* (*Ib.*, col. 453, sqq.); et Idalii *Respons.* (*Ib.*, col. 457, sqq.). J'extrais de cette dernière pièce le passage suivant en la prose rimée dont j'ai déjà donné quelques échantillons :
« Recordatione peccaminum meorum pavidus,
Et memoria ingentium criminum usquequaque perterritus,
Putaveram divinas aures in meis penitus
Obduratas esse clamoribus,
Cum promissionis vestræ minime perciperem opus; etc. »

4. Idalii Barcin. *Epist.* 2ª ad Zunifredum Narbonensem (*Esp. sagr.*, XXIX, escr. 10).
5. Licinii *Epist.* ad Greg. M. n. 1... (*Esp. sagr.*, V, cscr. 4).
6. « Ante paucos annos Leander... remeans de urbe regia... dixit nobis habere se homilias a vestra Beatitudine editas de libro sancti Job..., minime eas petentibus nobis ostendit. Postea vero scripsisti de trina mersione, in qua epistola memorasti displicuisse vobis illud opus; sed hoc salubriori consilio statuisse, ut in librorum ductum (en une série de livres continue) eas transponeres... Dignetur ergo Beatitudo vestra opus ipsum de libro sancti Job, sed et alios libros morales, quos fecisse te memoras in hoc libro Regularum, exiguitati meæ transmittere; etc. » Id., *Ibid.*, n. 6.
7. V. p. 237, not. 2.
8. Au sixième livre de ses *Étymologies* (c. X-XIV), saint Isidore traite de tout ce qui concerne l'exécution matérielle d'un livre; mais dans cet exposé sommaire, tiré en très-grande partie d'auteurs plus anciens (Pline et S. Jérôme), l'auteur parle-t-il en antiquaire recueillant les souvenirs d'un passé qui n'est plus, ou en historien de ce qui s'ac-

Les livres sont écrits sur parchemin, avec la plume ou le roseau taillé, de cette écriture hispano-romaine si belle et si nette que supplanta, vers la fin du xi° siècle, l'écriture française (alias *gothique?*) introduite en Espagne par les moines de Cluny, qui franchement auraient bien pu se dispenser de cette réforme aussi inutile que malencontreuse[1]. Il existe en Espagne au temps des Wisigoths, comme sous l'ère impériale, des *librarii* en grand nombre et de condition diverse. Les uns, qu'on peut assimiler à nos imprimeurs-libraires, sont de vrais commerçants qui vendent au public lettré les ouvrages anciens ou nouveaux sortis de leur officine, et qui les lui vendent fort cher, comme le prouve la loi de Récesvinthe que j'ai citée ailleurs et qui fixe au prix de vente du *Forum Judicum* un *maximum* très-élevé que l'on ne pourra dépasser sans payer une forte amende[2]. Ces *librarii*, toujours à l'affût des ouvrages sortis de la plume des écrivains en renom, s'empressent de les reproduire par eux-mêmes ou par les copistes à leurs gages, en toute hâte, sans souci de la correction et de l'intégrité du texte. Parfois même, ils n'attendent pas que leurs livres aient reçu la dernière main. Ils s'en procurent, Dieu sait par quels moyens, des copies fautives, incomplètes, défigurées; les multiplient et en inondent le marché, avant que le destinataire de l'ouvrage ait reçu l'exemplaire promis et impatiemment attendu[3]. Aussi les amateurs éclairés avaient-ils grand soin de soumettre à la révision de censeurs d'une science — ajoutons et d'une patience — éprouvée, les volumes acquis de ces traficants avant de leur assigner dans leur bibliothèque la place d'honneur qu'ils devaient y occuper[4].

D'autres *librarii* n'ont directement rien à démêler avec le public. Exclusivement attachés au service de simples particuliers, ou de corporations, c'est à leurs maîtres quels qu'ils soient que revient le fruit de leur travail. Les princes et les seigneurs dont nous connaissons déjà les goûts littéraires, ceux-là surtout qui s'accordent le luxe d'une bibliothèque, y ajoutent probablement celui d'un *scriptorium* où des copistes à leurs ordres travaillent sans relâche à grossir le nombre de volumes que possèdent les patrons. Mais sur ce point le silence des documents contemporains nous condamne à des conjectures plus ou moins plausibles. En revanche, nous sommes certain qu'Isidore a des *notarii*, qui, renfermés dans le *scriptorium* du palais épiscopal de Séville[5], transcrivent les œuvres du saint Docteur ou d'autres écrivains célèbres. Saint Braulion et saint Julien de Tolède, s'ils n'ont pas sous leur toit un atelier calligraphique au complet, ont du moins à leur disposition des secrétaires qui, au premier signal, viennent écrire sous leur dictée la vie d'un saint personnage, ou le plan et les divisions principales d'un traité qu'ils se proposent de composer plus tard, aux heures de loisir[6]. Chaque monastère de quelque importance, et l'on sait qu'au vii° siècle

---

complit sous ses yeux? Voilà ce qu'il n'est pas toujours facile de deviner, et ce qui restreint singulièrement l'usage que je pourrais faire ici de cette source abondante d'informations.

1. Et même nuisible; car évidemment bon nombre des anciens et précieux manuscrits de l'Espagne gothique, devenus à peu près indéchiffrables pour les nouvelles générations, se trouvèrent de ce chef voués à l'oubli et à l'abandon, préludes d'une destruction complète.
2. V. plus haut, p. 230, not. 5.
3. Cf. S. Braul. *Epist.* 5 supr. cit. (p. 237, not. 8).
4. Il s'agit, je crois, d'un manuscrit de cette provenance dans le passage suivant d'une lettre de saint Braulion à Récesvinthe : « Quotiens de emendatione ejus (*codicis*) desperaverim, quotiensque... cessaverim, et rursus... ad opus interdimissum redierim in ejus versuum additamenta vel litterarum abolimenta, Gloriæ vestræ patebit. Nam tantis obrutus est negligentiis scribarum, ut vix reperiatur sententia quæ emendari non debeat; ac sic compendiosius fuerat denuo scribi, quam possit scriptus emendari. » Braul. *Epist.* 38. J'ai dit « je crois » par égard pour le personnel du *scriptorium* royal, qu'il me déplairait de le supposer capable de tant d'étourderie ou de négligence.
5. Voir parmi les inscriptions de la bibliothèque Isidorienne, le *Titulus Scriptorii*. (*Esp. sagr.*, IX, 379.)
6. « Notitia illa diu perdita, subito inventa est non quæsita... ut... tam crebræ petitioni vestræ parerem. Quocirca dictavi ut potui, et plano apertoque sermone... libellum de ejusdem sancti vita brevem conscripsi, ut possit in missæ ejus celebritate quantocius legi. » Braul. Præf. *Epistolar. in*

ils étaient nombreux en Espagne, possède, lui aussi, son *scriptorium* d'où sortent tous les livres nécessaires à la communauté. On y travaille même sur commande d'évêques amis de l'abbé ou ses supérieurs hiérarchiques, à la transcription élégante et correcte d'ouvrages, que, faute de copistes assez habiles ou assez instruits, ces prélats ne pourraient se procurer chez eux. C'est pour ce motif, sans doute, que saint Braulion envoie à l'abbé Frunimien un commentaire des Épîtres de saint Paul, avec prière d'en faire exécuter par ses calligraphes une nouvelle copie mieux ordonnée que l'ancienne, dont il se déclare peu satisfait [1]. En pareil cas, avec le volume qu'on veut faire transcrire, l'usage est d'envoyer le parchemin en quantité suffisante ou l'argent requis pour l'acheter [2]. Peut-être, comme on le fera quelques siècles plus tard en faveur des *notarii* monastiques de Castille et de Léon, joint-on à cette somme le prix du travail imposé aux copistes du *scriptorium*; mais les documents de l'époque n'en disent rien.

On rencontre enfin des scribes que j'appellerai indépendants ou volontaires. Ils se recrutent parmi tous ceux, clercs et laïques, auxquels leurs ressources trop limitées ne permettent pas d'acheter les livres dont ils ont besoin, et qui prennent le parti de s'en pourvoir eux-mêmes par leur travail personnel. Étrangers à toute pensée de lucre, et n'ayant en vue que leur utilité propre ou celle de leur entourage, ils écrivent leurs ouvrages et copient ceux des autres au fur et à mesure des besoins. C'est à ce labeur que saint Valère consacre tous ses loisirs dans les âpres solitudes du Vierzo où il vit caché. Livres liturgiques, saintes Écritures, traités ascétiques ou pédagogiques, autobiographie, sa plume agile suffit à tout et ne se lasse jamais [3]. Il est vrai que celui qui la tient est un saint, dont le courage et le dévouement grandissent en proportion des injures, déboires et déceptions, seule récompense qu'il retire en ce monde du travail obstiné auquel il se livre [4]. Je me trompe, une seule fois il est contraint d'accepter, en échange des peines qu'il s'est données, la promesse d'une cape de poil de chèvre ou de chameau; mais encore faut-il ajouter que cette promesse longtemps oubliée n'aurait jamais été remplie, si Dieu, par un miracle, n'en eût réveillé le souvenir chez les obligés de saint Valère et ne les eût contraints de s'exécuter [5].

C'est vraisemblablement à ces copistes, plus riches de bonne volonté que d'argent,

Vit. S. Æmiliani. — « Tunc Ego, ni fallor, urgentibus vobis, accito notario, capitula de præmissis quæstiunculis eodem die, in præsentia vestri, quanta potui brevitate collegi. Sed... tuæ Sanctitatis animus tenuitatis meæ vires... coegit... ut hæc ipsa quæ superius in quæstionem venerant, et quæ digesta titulorum nobis jam formatione placebant... uno tota et brevi volumine complicanda congererem, etc. » S. Juliani *Epistolar. Præf. ad Idalium* (Patrol. XCVI, p. 455-456).

1. « Membrana nec nobis sufficient, et ideo ad dirigendum vobis deficiunt; sed pretium direximus, unde si jusseritis comparare possitis. Istum Apostoli commentarium quem direximus diligenter legite prius, et in ordine constituite. Et quia diversorum opiniones etiam ad oram (Ed. male, *aurem*) habet conscriptas, unumquodque... in corpore contexite, et ita diligenter conscribite, ut per singula capita commenta sequantur, et non per paginas divisum ipsum opus habeatur, sicut istud est. » S. Braul. *Epist.* 14 ad Frunimian. Abb. — Au VIIe siècle, S. Valère mentionne avec éloge dans un de ses opuscules un habile copiste ou scribe, nommé Maxime, religieux d'un des monastères qui suivaient la règle de S. Fructueux : « Contigit, ut in quadam magnæ dispositionis ecclesia, in qua erat plerumque congregatio fratrum, aliquanto tempore commorassem; inter quos erat quidam frater nomine Maximus, librorum scriptor, psalmodiæ meditator, valde prudens, et in omni sua actione compositus; etc., etc. » S. Valerii *opp.*, n. 17, p. 379, 380. (*Esp. sagr.*, t. XVI.)

2. Cf. *Supra*, not. 1 (Braul. *Epist.*), premières lignes.

3. « Libros quos *de Lege Domini et Sanctorum Triumphis*, pro consolatione peregrinationis meæ... scientiæ industria ipse conscripseram. » S. Valerii *opp.*, n. 30. — « Cum quemdam Bonosum... enutrirem et illi pro eruditione præcipuum conscripsissem libellum. » Id., *ib.*, n. 43. — « Carrigavit asinum quem habebamus evectionem... de librorum volumina (sic) quos ipsi sancto altario conscripseram. » Id., *ib.*, n. 58; voir aussi dans cette même autobiographie le n. 66.

4. Pauvre S. Valère! c'est pitié de voir à quelles épreuves le soumettent la jalousie des mauvais prêtres, l'infidélité de ses disciples, la grossièreté des colons qui l'entourent. Les plus sensibles furent sans doute celles qu'il eut à subir comme auteur et comme bibliophile. On s'en aperçoit à la façon dont il les raconte dans ses mémoires. Cf. S. Val. *opp.*, nn. 30, 38 et 66.

5. S. Valerii *opp.*, n. 45, p. 403, sq 1.

qu'étaient dues ces reproductions *compendieuses* où, par économie de parchemin, les citations intercalées tout au long dans le texte original étaient supprimées et remplacées par de simples renvois inscrits en marge[1]. Peut-être aussi ne devons-nous voir là que le fait d'un copiste épiscopal ou monastique pressé de finir sa tâche, et jugeant inutile la transcription de longs passages empruntés à des livres possédés par ses patrons ou ses supérieurs, et auxquels ceux-ci pouvaient recourir à volonté.

De l'exécution matérielle des livres que renfermaient les bibliothèques hispano-gothiques à la méthode adoptée et aux règles suivies dans leur composition par les auteurs qui les livraient au public, il n'y a qu'un pas qu'il nous est facile de franchir grâce à ces auteurs dont plusieurs, nous ouvrant eux-mêmes leur cabinet de travail, permettent de les y voir à l'œuvre.

Voici d'abord saint Braulion, cet évêque de Saragosse qui nous est déjà si connu. Sur les instances de l'évêque Jean son frère aîné et son maître, il s'est chargé d'écrire la vie de saint Émilien (san Millan). Il ne s'agit pas ici d'un travail de longue haleine ni d'une œuvre de grande importance, mais d'une courte notice destinée à être lue publiquement, chaque année, au peuple réuni dans l'église pour y célébrer la fête du saint[2]. Braulion n'en prend pas moins les précautions les plus minutieuses, et les plus sûrs moyens pour arriver au vrai et ne rien affirmer en dehors des faits réels. Il se met en quête d'informations auprès de ceux qui ont connu personnellement les actions du saint personnage dont il va devenir l'historien, ou qui ont vu s'accomplir les miracles qu'on lui attribue. Mais des témoignages donnés de vive voix, que la mémoire peut à l'heure voulue ne pas rendre tels qu'elle les a reçues, ne lui suffisent pas. Il les veut consignés par écrit et, pour plus de sûreté, il les puise à quatre sources différentes[3]. Au moment où il va rédiger d'après ces documents la notice impatiemment attendue, le manuscrit qui les renferme ne se trouve plus et échappe à toutes les recherches. Braulion alors suspend son travail, pour ne le reprendre que longtemps après, lorsque le manuscrit égaré retombe par hasard entre ses mains, et qu'il peut ainsi composer et dicter à son secrétaire un récit entièrement conforme aux pièces écrites qu'il a sous les yeux[4]. Il exige en outre qu'avant de rendre son œuvre publique, le destinataire la soumette à l'examen de ceux des quatre témoins encore survivants dont il a reçu les informations, afin que cette révision critique soit pour son récit une nouvelle et dernière garantie de parfaite exactitude quant aux faits et quant aux noms[5]. Il est difficile, on l'avouera, de porter plus loin l'amour de la vérité et le respect pour ses lecteurs.

Saint Julien de Tolède, traitant dans son *Prognosticon* un sujet historico-dogmatique de

---

1. Il est question d'un ms. de ce genre dans la quatorzième lettre de S. Braulion. J'en ai parlé précédemment.

2. « Libellum de ejusdem sancti (*Emiliani*) vita brevem conscripsi, ut possit in missæ ejus celebritate quantocius legi. » S. Braul. *Epist.* ad Fronim., n. 2 (*Patrol.*, t. LXXX, col. 701).

3. « Tempore... Domini mei et germani majoris natu, communis et sanctæ vitæ, doctrinæque institutoris Joannis episcopi, tam ejus jussis quam tuis obediens præceptis, intenderam juxta fidem notitiæ quam sub testificatione Cithonati abbatis venerabilis, Sofronii et Gerontii presbyterorum atque sanctæ memoriæ Potamiæ religiosæ feminæ collectam..., vitam... It..Emiliani presbyteri... stylo perstringere. » Id., *ibid.*, n. 1.

4. « Sed quia plena pagina, inter ipsa initia, molienti mihi quid dicerem, negligentia administrantium intercepta fuerat, ipsa sub notatione ejus virtutum... prope clapsum etiam a voluntate fuerat ut quamvis ipse cogeres, ibi animum darem. Nunc autem, nutu ut reor divino, cum... notitia illa diu perdita subito inventa est non quæsita... armavi animum ut... tam crebræ petitioni vestræ parcerem. Quocirca, dictavi, ut potui, » etc. (Id., *ibid.*, n. 1 et 2). Il entendait donc n'écrire que sur données solides.

5. « Volo autem ut quia... Cithonatus presbyter atque Gerontius adhuc in corpore degunt, omnia quæ in eo (*libello*) scripsi ante recognoscant; et eorum discussione ventilata, si nec nominum nec rerum me fefellit sententia, habeantur confirmata. » Id., *ibid.*

l'ordre le plus relevé, ne procède pas autrement que le docte évêque de Saragosse. Le jour du Vendredi saint, où l'Église se prépare dans les larmes aux joies de la Pâque prochaine, Julien et son hôte Idalius de Barcelone se sont retirés loin du bruit dans le recoin le plus secret de l'*atrium* épiscopal. Là, seuls en présence de Dieu, appuyés chacun sur son humble couchette, ils lisent la Passion du Sauveur dans la *Concorde* des évangiles. Cette lecture fait naître dans leur esprit une foule de questions sur la mort et son origine, sur l'état des âmes séparées du corps jusqu'au jour du jugement, et sur la résurrection de la chair. D'un commun accord, les deux amis croient qu'il est utile et opportun de les résoudre; immédiatement un secrétaire est appelé qui en écrit l'énoncé complet sous la dictée de saint Julien. Mais comment et de quelle façon répondre à ces questions qu'ils viennent de se poser? Leur première idée est, sans recourir aux livres, d'emprunter les solutions désirées aux souvenirs qu'a laissés dans leur esprit l'étude des Pères et des Docteurs. Ce plan est presque aussitôt abandonné que formé; les deux saints prélats ne cherchent dans l'ouvrage en projet ni une occasion de faire briller leur talent personnel, ni toute autre satisfaction d'amour-propre. Ils ne veulent que donner à leurs lecteurs futurs l'enseignement catholique dans son expression la plus autorisée. Donc on décide séance tenante que ces réponses seront tirées des ouvrages des Pères les plus célèbres, et que saint Julien restera seul chargé du travail[1]. C'est ce qu'il fait à ses premières heures de loisir. Avec quelle fidélité scrupuleuse à ne jamais sortir volontairement du rôle qu'il s'est donné, à n'être toujours et partout que l'écho de l'antique tradition, il nous l'apprend lui-même avec la simple et noble franchise qui est un des traits caractéristiques de ce vaillant esprit[2]. La lecture de son ouvrage nous le démontre encore plus clairement. Nous pouvons donc nous représenter ce savant homme enfermé dans le silencieux *retrait*, où nous l'avons déjà vu à l'œuvre, en compagnie du même copiste dont il se servait alors, et lui dictant sur des notes précédemment recueillies, comme saint Braulion, ou plus probablement d'après les écrits des Pères dont sa table est chargée et qu'il consulte à chaque question nouvelle, la solution que celle-ci réclame, et dont il emprunte à ses guides ou le texte ou le sens.

Saint Braulion et saint Julien n'étaient ni les seuls ni les premiers à s'imposer ces règles dans la composition de leurs écrits. Tous deux imitent les exemples et marchent dans la voie du Docteur des Espagnes, saint Isidore, dont les œuvres encyclopédiques ne sont qu'un vaste réservoir d'érudition sacrée et profane puisée toujours, autant que possible, aux sources les plus pures; car on n'en pourrait citer une seule qu'il ait volontairement négligée[3]. C'est au reste une justice qu'il faut rendre sans exception à tous les écrivains de l'Espagne gothique, ainsi qu'aux représentants des arts et de la science en ce pays; s'ils n'ont pas senti le besoin de se frayer des voies nouvelles, ils ont en revanche déployé un zèle infatigable à garder intact le dépôt des vieilles traditions, et se le sont fidèlement transmis de génération en génération, pendant les trois siècles écoulés entre la double in-

---

1. Voir la lettre-préface de S. Julien à Idalius, dont ce qu'on vient de lire est tiré. (*Patrol.*, t. XCVI, col. 453, sqq.)

2. « In quo tamen (*libro*), non mea, sed majorum exempla doctrinamque reperies; et tamen si alicubi parum aliquid vox mea insonuit, non aliud quam quod in eorum libris legisse me memini, proprio stylo conscripsi. » (S. Jul. *ibid.*)

3. Rappelons à ce propos, et les *Étymologies* dont le texte est presque entièrement extrait des écrivains de l'antiquité, et les *Questions sur l'Ancien Testament*, où l'interprétation christologique de cette portion des saintes Écritures, largement développée dans les écrits d'Origène, de Victorin, de S. Ambroise, de S. Jérôme, de S. Augustin, de S. Fulgence et de S. Grégoire (Isid., *Præf. in Gen.*, n. 5), est résumée sur chaque point, en quelques lignes d'une admirable limpidité de style, sans que la concision dont l'auteur se pique fasse perdre quoi que ce soit de sa grandeur, de son éclat et de sa divine saveur à cette doctrine, que les Docteurs choisis pour guides par S. Isidore avaient empruntée aux plus anciens représentants de la tradition apostolique et aux apôtres eux-mêmes.

vasion qui désola la Péninsule. Le flambeau de la civilisation chrétienne confié à leur garde peut sans doute ne pas briller toujours d'un éclat égal entre leurs mains; mais, grâce à leur zèle, aucune tempête, si violente qu'elle soit, ne parvient à l'éteindre. C'est là leur gloire, et la seule qu'ils aient ambitionnée. On peut se contenter à moins.

VI.

Ces bibliothèques ecclésiastiques ou séculières étaient, on le devine d'avance, exposées sous les rois Goths aux mêmes accidents que les nôtres. Tantôt un événement imprévu, — la ruine du propriétaire, par exemple, ou la confiscation de ses biens, ou leur partage entre héritiers après décès, — amenait la dispersion partielle ou totale d'une collection réunie à grands frais et avec amour. Tel fut, nous l'avons vu, le sort de la bibliothèque du comte Laurent[1]; tel est aussi le sort ordinaire de presque toutes les bibliothèques privées qui se forment de nos jours, sauf qu'en notre siècle de tolérance et de liberté, la confiscation, avantageusement remplacée à l'occasion par le pillage, ne menace plus que les bibliothèques ecclésiastiques ou religieuses. Joignons à cette première série de chances, celles que le transport des livres d'un lieu à un autre n'amenait que trop souvent. C'est ainsi que, dans un de ses voyages, saint Fructueux se vit sur le point de perdre tout ou partie de sa bibliothèque au passage d'un fleuve, et ne la retrouva saine et sauve que par miracle[2]. Tantôt la négligence ou l'infidélité des emprunteurs pratiquait peu à peu le vide dans les collections dont l'accès avait été trop facilement ouvert. La vérité de l'axiome « Livre prêté, livre perdu » était donc aussi incontestable au VIIe siècle qu'au XIXe; demandez plutôt à saint Braulion[3]. Tantôt l'emprunt forcé, c'est-à-dire le vol à découvert et assaisonné d'injures, ou bien la filouterie discrète et cachée, remplaçaient, au plus grand détriment des bibliothèques et de leurs possesseurs, l'emprunt volontaire, mais à fonds perdu, dont il vient d'être question[4]. Tantôt enfin les irruptions des Vascons détruisaient en grand ce que les rapines précédentes n'avaient pas ruiné en détail; car il est à peine croyable que ces farouches montagnards qui mettaient tout à feu et à sang sur leur passage, sans même respecter les lieux saints, aient épargné les bibliothèques annexées aux églises qu'ils pillaient et renversaient[5]. Mais ces désastres d'un caractère purement local et transitoire étaient promptement réparés, tant était vive et tenace la passion des Goths et des Hispano-Romains pour les livres; tant

---

1. « Pro libris Laurentii soliciti fuimus; sed quia illo tempore res, sicut nostis, in dispersionem venit, nihil inde investigare potuimus. » Æmiliani. *Epist.* inter Braulionianas 26e.

2. « Accidit die quadam, puerulum cum caballo qui codices ipsius viri Dei gestabat, dum transmeare cum ceteris collegis suis nititur, in amnis fluenta profundissima cecidisse, et diutissime barathro gurgitum cum ipsis libris demersum fuisse... Idem autem sanctus vir paulo post eos pede proprio... properabat; cumque ad suos pervenisset comites, dictum est illi quod omnes codices sui in aquam cecidissent. Ille vero... sereno vultu, hilarique facie... ejici de marsupiis et sibi præsentari præcepit. Sed ita eos reperit siccos, ut illos fluvialis liquor nullo modo contigisset, nec madidos... facere potuisset. » S. Valer. *Vit. S. Fructuosi* n. 13 *Esp. sagr.*, XV, append.).

3. « Codices quos vobis a nobis dirigendos] mandastis, scriptos duplices non inveni; aliquos nec singulares reperi. Subtractos eos de armario nostro animadverti, inquisi-

tionemque occupatio tulit. » (S. Braul. *Epist.* 44 ad Fructuosum, p. 393, 394.)

4. « Insurgens quidam vir barbarus valde lubricus... Flainus nomine, ejusdem basiliculæ presbyter... libros quos... ipse transcripseram... mihi, cum ingenti contumelia abstulit. » — S. Valer. *opp.*, n. 30. « Hinc, nequiter devictus et facile superatus (*Saturninus Valerii discipulus*) egrediens per noctem, carrigavit asinum... de librorum volumina quos ibi sancto altario conscripseram vel cætera quæ ibidem de Dei dato contuleram, et temeranter persuasus ductus est a diabolo captivus. » Id., *ibid.*, n. 58.

5. « Gens effera Vasconum Pyrenæis montibus promota diversis vastationibus Iberiæ patriam populando grassatur... Innoxius quippe... sanguis effunditur... innumerabilis multitudo captivorum abducitur, immensa spolia subtrahuntur, templis Dei infaustum bellum infertur, sacra altaria destruuntur; etc., etc. » Taïon., *Præf. epist. in libr. Sentent.*, n. 2 (*Patrol.*, t. LXXX, col. 727). Biscaye ou Navarre affirmaient singulièrement leur autonomie, de cette façon.

étaient multipliés les moyens de la satisfaire ! Aussi les bibliothèques croissaient-elles sans cesse en nombre et en importance dans la Péninsule, comme l'atteste indirectement, vingt-huit ou trente ans à peine avant la conquête arabe, un des plus illustres représentants de cette civilisation hispano-gothique destinée à sombrer sous les flots de l'invasion des barbares du midi, cent fois plus désastreuse que celle des barbares du nord qui l'avait précédée de trois siècles[1].

Je dis *barbares du midi*, et n'en démords point. C'est le seul nom que méritent en effet les envahisseurs de l'Espagne au VIII° siècle. Maures et Sarrasins de Taric ou de Mousâ n'apportaient dans le malheureux pays ouvert par trahison qu'ignorance, fanatisme et brutalité. Facilement vainqueurs d'une nation désemparée de ses chefs, déshabituée des armes, et livrée à l'ennemi par une partie des siens, les musulmans, étrangers alors à toute notion littéraire, artistique ou scientifique, ne lui apportèrent, en échange de son indépendance perdue et de sa civilisation détruite ou mortellement blessée, que le pillage organisé, l'oppression méthodique, et la guerre civile ou étrangère avec son cortége ordinaire de ruines et de dévastations. Cette fois les bibliothèques furent moins heureuses qu'au V° siècle ; elles partagèrent le sort commun et disparurent si bien de toute la partie occupée par les Arabes, que, cent quarante ans après la conquête, saint Euloge de Cordoue, voulant ranimer parmi ses compatriotes le culte des lettres latines, dut aller chercher dans les montagnes du nord de l'Espagne, où la vieille foi trouvait encore son asile, les livres dont il avait besoin pour mener à bien l'œuvre patriotique à laquelle il se dévouait. C'est ce que ne devraient pas oublier ceux qui, se laissant éblouir par l'éclat de la civilisation éphémère et superficielle épanouie plus tard à Cordoue et ailleurs, se persuadent qu'à tout prendre la conquête arabe fut un bonheur pour la Péninsule, et qui seraient même disposés à exiger de nous un tribut de reconnaissance pour les conquérants. Plaisante idée en vérité ! car, sans vouloir nier ou même diminuer en rien les services rendus à la science par les musulmans d'Espagne, il est impossible de se dissimuler que ces services se réduisent à la restitution tardive et incomplète de trésors littéraires indignement gaspillés par leurs ancêtres. Or on n'a jamais, que je sache, entendu le naufragé bénir la mer qui dans sa fureur vient d'engloutir son vaisseau richement chargé, parce qu'elle en rejette quelques épaves sur la rive.

---

1. « Hoc igitur opus, non ad hoc tantum mihi formare perplacuit, ut quasi incognita legentibus demonstrarem, cum *multos non dubitarem* harum rerum scientiam *multiplicium librorum voluminibus* didicisse ; sed potius ut sub uno collecta futurorum ratio mentes mortalium... vehementius tangeret. » Julian. *Epist.* (*Patrol.*, t. XCVI, col. 457).

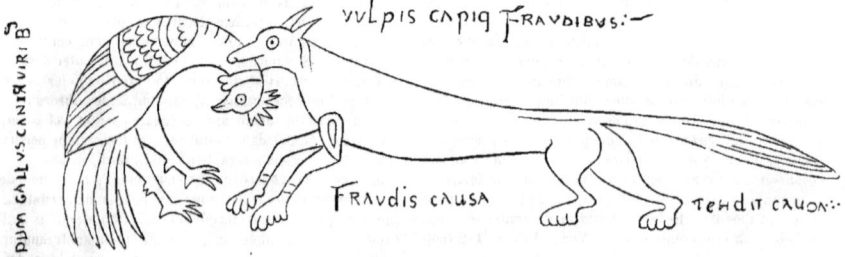

CHAPITRE III.

INVASION DES ARABES. — RENAISSANCE CHRÉTIENNE DANS LES ASTURIES.

I.

La bataille du Rio Salado (712), la mort du roi Rodrigue et la dispersion de son armée avaient en apparence décidé le sort de l'Espagne chrétienne. La prise de possession de cette riche et vaste contrée n'exigea plus guère des envahisseurs que la peine de se porter en avant et le temps nécessaire pour occuper presque sans coup férir ce qu'on ne leur disputait pas, ou ce qu'on essayait vainement de leur disputer. Si quelques villes tentèrent au début d'arrêter le flot toujours montant de ces *rats du désert*[1] que l'Afrique et l'Asie vomissaient sans relâche sur la Péninsule, leur généreuse tentative, promptement déjouée par la trahison des fils de Witiza et de leurs partisans, ou par celle des Juifs[2], fut aussitôt impitoyablement châtiée par le pillage, le meurtre et l'incendie. Les autres, affolées de terreur ou séduites par de mensongères promesses, ouvraient leurs portes aux musulmans sans se ménager l'honneur d'un semblant de résistance[3]. Le comte Theudimer lui-même, ce vaillant chef Wisigoth qui seul avait tenu tête à l'invasion et triomphé des Arabes en plusieurs rencontres dans l'ancienne Carthaginoise (Valence, Murcie), était enfin obligé d'accepter une capitulation très-honorable sans doute, mais qui ne l'en constituait pas moins tributaire et vassal du calife de Damas[4]. Donc, en 715, du détroit de Gibraltar aux Pyrénées, l'Espagne entière était aux mains des envahisseurs. Tout paraissait fini, et l'on pouvait croire la société et la civilisation hispano-gothiques englouties sans retour par cet ouragan imprévu. Il n'en était rien cependant. Un peuple chrétien n'est point balayé si facilement de la face du monde. Dieu a préparé d'avance aux vaincus dans les Pyrénées asturiennes et cantabres un asile inexpugnable dont ils se hâtent de profiter. Au moment même où les vainqueurs, croyant leur tâche terminée en Espagne, entreprennent la conquête de la Gaule méridionale, tout ce que la population hispano-gothique au nord de Tolède renferme de gens de cœur, incapables de supporter plus longtemps la tyrannie musulmane tour à tour hypocrite et violente, se réfugie dans cette citadelle de montagnes pour y fonder une

---

1. C'est le nom que donne aux Arabes Isidore de Beja dans le passage suivant de sa chronique (c. 4) :

« Cum in somnis de re hujusmodi multa ei venire ferunt,
[ex monito :
Et ut a *muribus eremi* immisericorditer vastaretur, per stel-
[larum cursum astrologico
Præmoneretur (..*caveretur ?*) indicio. Etc. »

2. Dozy, *Hist. des Musulm.*, III, 55, 56. — Les plus anciens chroniqueurs chrétiens, dont l'un, Isidore de Beja, écrivait quarante ans après la conquête arabe, et les deux autres (Alphonse III et le chroniqueur d'Albelda) vers la fin du IXe siècle, se taisent sur la trahison des Juifs. Isidore c. 35 et 36) ne mentionne que la trahison des rivaux de Rodrigue et la sanglante complicité d'Oppas dans les égorgements de ses compatriotes. Alphonse III, bien plus explicite que le précédent sur les menées des traîtres chrétiens,

ne dit également rien des Juifs (c. 9). L'anonyme d'Albelda, comme les autres, n'implique dans la ruine de l'Espagne que la trahison des fils de Witiza (n. 104, ed. Berg.; et 77, edit. Florez); ce silence est vraiment étrange, près d'autres assertions formelles.

3. « Civitates decoras igne concremando præcipitat,
Seniores et potentes sæculi cruci adjudicat,
Juvenes atque lactentes pugionibus trucidat ;
Sicque, dum tali terrore (*Mousâ*) cunctos stimulat,
Pacem nonnullæ civitates quæ residuæ erant,
Jam coactæ conclamitant. » Isid. Pac. *Chron.*, c. 37.

4. Nous avons précédemment cité en partie le passage d'Isidore qui concerne Theudimer (*Chron.*, c. 40). Par un des articles de la capitulation conclue entre lui et Abdelaziz, Theudimer doit livrer aux Arabes sept villes de son gouvernement. Cf. Casiri, *Bibl. arab. hisp.*, t. II, p. 105, 106.

nouvelle monarchie chrétienne, héritière de celle de Tolède et résolue de reconquérir son héritage[1]. Le début de cette revendication armée ne se fait guère attendre. Après vingt ans d'une défensive victorieusement soutenue par Pélage et son fils Favila, Alphonse le Catholique, gendre du premier et successeur du second, s'élance hors de son nid d'aigle à la tête de ses Asturiens et de ses Cantabres. Il parcourt en triomphateur le nord-ouest de l'Espagne, de l'Océan au Duero, et de l'embouchure de ce fleuve aux sources de l'Ebre. Tout plie devant lui. Les musulmans, affaiblis par leurs discordes intestines et battus en diverses rencontres, s'enfuient vers le sud ou sont impitoyablement égorgés en justes représailles des cruautés de l'invasion, trop récentes pour être oubliées. Ceci fait, Alphonse rentre dans son royaume, agrandi désormais de la Galice jusqu'à Lugo, de la zone septentrionale de la province de Léon, et de la Bardulie, berceau de la Castille; il y verse toute la population chrétienne du vaste territoire qu'il n'a pu ou voulu garder, et se repose sur ses successeurs du soin d'occuper en le repeuplant le désert qu'il laisse derrière lui[2]. Ceux-ci s'en acquittent si bien que, deux cents ans plus tard, grâce à la vaillante épée d'Ordoño Ier, d'Alphonse III et d'Ordoño II, le royaume des Asturies, devenu celui de Léon sous le dernier de ces rois, non-seulement atteint, mais dépasse les frontières que lui avait assignées d'avance Alphonse le Catholique, puisqu'il comprend dans ses limites Coïmbre et son territoire[3]. C'est là qu'aux premières années du xe siècle (900-920), il nous est donné de contempler cette vieille et si vivace nationalité hispano-gothique émergeant avec une nouvelle jeunesse de l'invasion qui devait l'engloutir, mais assez semblable à ce qu'elle fut autrefois pour qu'il soit impossible de la méconnaître. Exclusivement composée de représentants des trois mêmes races qui vivaient dans la Péninsule au viie siècle, anciens habitants du pays (Asturiens, Cantabres, Hispano-Romains), Suèves et Wisigoths[4], elle est

1. Sur l'origine de la monarchie asturienne et sur Pélage son premier roi, voir Isid. de Beja qui n'en parle qu'à mots couverts (Chron., c. 37 et vraisemblablement aussi, c. 55), l'anonyme d'Albelda, n. 161, 168 (Florez n. 45, et 50), et Alph. III, Chron. n. 8, 11; mais, en débarrassant ce dernier récit des absurdes interpolations dont Pélage d'Oviedo ou ses scribes l'ont farci à plaisir, ce qui n'offre pas d'insurmontables difficultés.

2. « Post Fafilani interitum,
Adefonsus, qui dicitur Catholicus, successit in regnum...
Arabum sæpe ab eo fuit audacia compressa...
Simul namque
Cum fratre suo Froilane,
Multa adversus Sarracenos prœlia gessit;
Atque plurimas civitates ab eis olim oppressas cepit...
Omnes quoque Arabes,
Prædictarum civitatum occupatores (Ed. Occ. præd. civ.)
Interficiens, Christianos secum ad patriam duxit. »
Adef. III. Chron., n. 13 (Ed. Florez), et p. 47 (Edit. Prudentii de Sandoval).
« Prœlia (Adefonsus) satis cum Dei juvamine gessit,
Urbes quoque Legionem atque Asturicam... victor invasit;
Campos quos dicunt gothicos usque ad fluvium Dorium
[eremavit;
Et christianorum regnum extendit. » Anon. Albeld. seu Æmilian. Chron., n. 170 (Ed. Berganza), et 52 (Ed. Florez).

3. La trop grande confiance donnée par Florez aux documents apocryphes ou interpolés d'Oviedo, lui a fait révoquer en doute plus d'une fois la prise de possession réelle et la colonisation chrétienne de la Galice méridionale et du Portugal jusqu'au Mondego par Alphonse III. L'une et l'autre cependant sont attestées en termes formels par le second des deux chroniqueurs contemporains cités dans la note précédente (Chron., Albeld. n. 61 et 62) que Florez a lui-même édités :

« Conimbriam ab inimicis possessam cremavit,
Et Gallæcis postea populavit.
Ejus tempore Ecclesia crescit et regnum ampliatur,
Urbes quoque Bracarensis, Portucalensis, Aucensis,
Eminensis, Visensis atque Lamecensis
A Christianis populantur. »

Or voici que ce témoignage dont Florez refusait de tenir compte, se trouve confirmé par plus de cent chartes ou contrats récemment publiés à Lisbonne (Monumenta Portug. Diplom. et Chartæ, t. I, in-f°, 1868).

4. Les chroniqueurs chrétiens et arabes du ixe siècle ou des suivants (Alph. III, Chron., c. 8 ; les compilateurs de l'Akhbar madjmoua cité par Dozy, Recherches, 1, 58) s'accordent sur l'origine gothique des émigrés aux Asturies, et plus spécialement de Pélage et d'Alphonse I (Alph. III, l. c. Anon. Albeld., Chron., n. 161, édit. Berg.). Il faut en outre tenir compte des fils de Suèves et de Goths ramenés dans son royaume par Alphonse I, car on ne poussera pas l'hispanisme jusqu'à supposer que tous les Suèves de la Galice et les Wisigoths des champs gothiques s'étaient faits musul-

gouvernée par des rois issus du sang de Récarède[1], mais qui tiennent leur pouvoir de l'hérédité et non plus de l'élection[2]. Ces rois, comme ceux de Tolède, sont et doivent être à la fois généraux d'armée, administrateurs et juges souverains. Les prélats réunis en conciles, le roi et les grands dans leurs plaids, traitent les causes majeures[3], et, suivant la nature de ces causes, prennent pour règle de leurs sentences et de leurs décrets les canons de l'Église d'Espagne ou le Code wisigoth[4]. Les causes de moindre importance sont jugées par des magistrats d'ordre inférieur, soit royaux, soit populaires : d'après les mêmes lois ou d'après les *fueros* octroyés aux villes, aux bourgs et aux simples villages par le souverain, les évêques et les propriétaires du sol[5]. Les cités, les districts, parfois des provinces entières sont confiées à des comtes chargés par le roi d'y exercer en son nom et sous sa dépendance, avec l'aide de juges et d'agents subordonnés, le triple pouvoir militaire, administratif et judiciaire dont lui-même possède la plénitude[6]. Sauf les cas de guerre et de convocation aux plaids ou aux conciles qui rendent momentanément nécessaire leur présence auprès du roi, les seigneurs et les nobles habitent leurs villas de la campagne ou la *corte* qu'ils possèdent dans la capitale[7]. Il en est de même des évêques, qui résident habituellement dans leur diocèse, et ne le quittent que pour assister aux assemblées politiques ou religieuses auxquelles ils sont convoqués[8]. Toutefois, conformément à l'antique usage[9], quelques-uns de ces prélats vivent à la cour, et suivent le monarque dans ses expé-

mans pour le plaisir d'être, avec les Mores leurs oppresseurs, passés au fil de l'épée par le roi catholique.

1. Alphonse I était de la lignée de ce roi :

« Vir magnæ virtutis,
Filius Petri ducis
Ex semine Leuvigildi,
Et Recaredi regum progeniti (*Ed. progenitus.*)
Alph. III, c. 10.

De Pélage, nous savons seulement qu'il était de race royale : « Pelagium filium quondam Fafilani ducis ex semine regio elegerunt. » Id., *ibid.*, n. 8. Cf. *Chron.* Anonym., Silens. n. 27 (Berganza, *Antigüedades* II, apend.).

2. Au début toutefois, l'élection ainsi que l'hérédité avait sa part dans le choix du roi, en ce sens que l'élection, devant porter sur un des membres de la famille royale, pouvait tomber sur des collatéraux, de préférence au fils du roi défunt. Alphonse le Chaste, par exemple, fils de Froila I et petit-fils d'Alphonse le Catholique, est exclu du trône au profit de Bermude I, cousin de Froila. En règle générale, scrupuleusement gardée jusqu'à la fin du Xᵉ siècle, l'enfant mineur est incapable de régner. A sa place, on proclame roi et non *tuteur* (remarquons-le bien) un des agnats de la famille royale arrivé à l'âge d'homme. S'il n'en existe pas, la couronne est donnée à la parente la plus rapprochée, offrant cette garantie de raison et de maturité. Voir les actes du concile de Léon de l'an 974 (*Esp. sagr.*, XXXIV, escr. 20), et Risco, *Reyes de Leon*, p. 213, 214.

3. Ces conciles étaient de vrais conciles, célébrés en présence du roi et des grands, de la même façon que ceux de l'Eglise hispano-gothique. Les *plaids*, assemblées politiques et judiciaires, n'étaient pas plus une innovation que les conciles. L'assemblée qui élut Wamba, celle qui jugea le rebelle Paul et ses complices (cf. Julian. Tolet., *Hist. Wamb.*, n. 2, 35-37), étaient de véritables plaids. L'usage de promulguer dans un concile des lois ou des privilèges royaux qui restaient annexés aux actes, existait déjà sous les anciens rois, comme on le voit par ce qui s'est passé au huitième concile de Tolède. J'y reviendrai plus bas.

4. Voir, en ce qui concerne l'application 1° des *canons*, les actes des assemblées politico-religieuses tenues à Léon en 886 et 915 (*Esp. sagr.*, XVI, escr. 1; XIX, escr. 11, n. 2, p. 350); et le concile tenu dans la même ville en 974 (*ib.*, XXXIV, escr. 20, p. 466), etc. ; — 2° du *Code wisigoth*, *Esp. sagr.*, XVIII, escr. 2; XXVIII, escr. 19, p. 313; Risco, *Reyes de Leon*, c. 26. Voir aussi le *Concile de Coyanza*.

3. Cf. Garcia Fernandez, *fuero de Cobarrubias*, a. 978 (Muñoz, *Fuer. munic.*, p. 49); Concile de Léon, can. 12, can. 18 (*ibid.*, p. 63), etc.

6. Gaton était comte d'Astorga en 886 (*Esp. sagr.*, XVI, escr. 1); Vigila Ximenez, d'Alava; Diego Rodriguez, de Castille en 882 (Anon. Albeld., n. 68, 69); Gonzalo Tellez de Cerezo en la même province, l'an 913 (Berg. *Antigüed.* II, escr. 11); Sisenand II, évêque de Compostelle, est chargé de l'administration du comté de Cornato par Ordoño III en 952 (*Esp. sagr.*, XIX, escr. 22, p. 364); les districts de Carioca et de Cartejo en Galice sont confiés aux comtes Don Gutierrez et Don Froila par Alphonse IV et Ramire II, en 929 et 942 (*Ibid.*, XVIII, escr. 14 et 15). Etc.

7. Cf. Steph. *Vit. S. Rudesindi*, lib. I, c. 1 (*Esp. sagr.*, XVIII, p. 375), et le fragment d'une donation où le *caballero* Hermenégilde mentionne sa *corte* de Léon (*Esp. sagr.*, XXXIV, p. 220).

8. Sur cette résidence habituelle des évêques dans leurs diocèses, voir ce qui est écrit de Gomade, évêque de Coïmbra, dans une donation d'Ordoño II, en 922 (*Mon. Port.*, escr. 25), et ce qui est ordonné par rapport à cette même résidence dans le concile de Léon de l'an 915 (*Esp. sagr.*, XIX, p. 350, n. 2).

9. « Placuit ut pro reverentia Principis ac regiæ sedis honore vel metropolitanæ civitatis ipsius consolatione, convicini Toletanæ urbis episcopi... singulis per annum

ditions en pays more, ou dans ses pacifiques pérégrinations à travers les provinces du royaume [1].

Il n'est plus question dans ces mêmes provinces, à l'époque où nous nous sommes transporté (810-1050), des privations de tout genre que Pélage et les siens durent s'imposer au début de leur insurrection [2]. A Léon, en Castille, en Galice et dans les Asturies, règnent au contraire la richesse dans les classes supérieures; et chez le peuple, cette aisance qui assure le bien-être ou du moins écarte le besoin. Le tableau des splendeurs de l'Espagne gothique tracé deux siècles auparavant par Isidore de Beja [3] n'exige pas de notables changements pour s'appliquer à l'Espagne nouvelle. Comme sa devancière, celle-ci a ses architectes qui lui construisent de nombreuses basiliques et des oratoires, chefs-d'œuvre de goût et d'élégance, dont les échantillons encore subsistants près d'Oviedo excitent la légitime admiration des connaisseurs [4]; de somptueux palais de ville ou de campagne, avec leurs thermes et eurs prétoires [5]. Elle a ses peintres ornemanistes qui décorent les murs de ses édifices de peintures dont l'éclat se marie harmonieusement avec celui des colonnes et des arceaux de marbre précieux qui en soutiennent les voûtes, de l'or et de l'argent qui s'y trouve prodigué sous toutes les formes [6]. Elle a ses orfévres et autres habiles ouvriers

---

mensibus, in eadem urbe debeant commorari. » (Conc. Tolet. vii, can. 6).

1. Voyage d'Ordoño II, de Porto à Crestuma, avec ses évêques en 922 (Mon. Portug. Diplom. et Chartæ, escr. 25); de S. Gennade avec Alphonse III qu'il assiste à ses derniers moments au retour d'une expédition contre les Arabes (Esp. sagr., xix, p. 352, 353); des deux évêques accompagnant Ordoño II, et faits prisonniers à la bataille de la Junquera perdue par ce prince et son allié le roi de Navarre (Sampir., Chron., n. 55, recens. Monach. Silens. dans Berganza, Antigüed. II, p. 353), etc.

2. « Territi metu recalcitrant, ad montana, tenti iterum effugientes, fame et diversa morte periclitant. » Isid. Pac. Chron. c. 37 (Berganza, Ferreras convincido, p. 466).

3. Chron., c. 39, 55 bis; p. 479.

4. Voir le jugement porté par Morales au xvi⁰ siècle (Viage, p. 102) et par Risco au xviii⁰ siècle (Esp. sagr., xxxvii, p. 196) sur les deux basiliques de Ste-Marie de Naranco et de S.-Michel de Lino, édifiées par Ramire I au ix⁰ siècle. Madoz (Dicc. geogr. de España, art. Naranco) m'apprend que S.-Michel de Lino tombe en ruines, sans que personne s'en inquiète et songe à prévenir la disparition de cette relique glorieuse d'un héroïque passé. Est-ce donc que l'Espagne contemporaine n'aurait plus rien de commun avec celle des anciens jours?

5. Le moine de Silos, oubliant le goût des rois Asturiens pour les bains, et les thermes que ces princes avaient élevés sur divers points de leur royaume (v. la note suivante), poursuit de ses sarcasmes le grand empereur des Francs qu'il accuse d'avoir précipitamment évacué la Navarre et l'Aragon, pour jouir plus vite de ceux qu'il s'était construits à Aix-la-Chapelle; il part même de là pour accuser de mollesse notre vaillant Charlemagne : « Quippe bellatrix Hispania duro, non togato milite concutitur. Anhelabat etenim Carolus in thermis (Ed. male internus) illis citius lavari, quos gravi ad hoc opere delitiose construxerat » (Mon. Sil., Hist., c. 11, n. 19; Berg., t. II, apend.). En réalité, au ix⁰ siècle comme au x⁰, Asturiens, Léonais et Francs se baignaient à-l'envi sans en être moins braves. Certes, les habitants de Zamora fièrement campée à l'extrême limite du border de Léon, n'étaient pas des efféminés en l'an de grâce 905, et cependant les bains publics ouverts en cette ville par Alphonse III rapportaient chaque année un revenu net de deux cent quarante sous d'argent (Esp. sagr., t. xxxvii, escr. 11, p. 335). Soyons toutefois indulgents pour le bon moine de Silos, et pardonnons-lui la virulente sortie, dont je n'ai cité que les derniers mots. Il l'écrivait évidemment sous le coup de l'exaspération qu'avait produite en lui la lecture de certains chroniqueurs français, dont les fabuleux récits donnent une importance imméritée à la stérile et malheureuse expédition de Charlemagne au-delà des Pyrénées occidentales. Au fait, Turpin et consorts feraient perdre patience à d'autres qu'à des Castillans.

6. « Omnesque has Domini domos cum arcis,
Atque columnis marmoreis,
Auro, argentoque diligenter ornavit (Adefonsus II);
Simulque cum regiis palatiis,
Picturis diversis decoravit. »
(Anon. Albeld., Chron., n. 175, col. 58.)

« Nam et regalia palatia,
Balnea, triclinia vel domata,
Atque prætoria construxit (Adefonsus II) decora,
Et omnia regni utensilia
Fabrefecit pulcherrima. » (Adef. III, Chron. c. 21.)

« In locum (ligno) ecclesiam et palatia,
Arte fornicea,
Mire construxit
Ibique a sæculo decessit (Ranimirus). »
(Anon. Alb., Chron., n. 176 (al. 59).

« Multa etiam non longe a supradicta ecclesia,
Condidit (id. Ranimirus) palatia,
Et balnea pulchra atque decora. » (Adef. III, Chron., c. 23.

— Alphonse III marcha sur les traces de ses prédécesseurs : après avoir construit les trois basiliques de Compostelle, de Gauzon et de Sahagun, ouvert des bains publics

qui façonnent l'or, l'argent[1], le cuivre, l'ivoire, le verre en couronnes et croix gemmées, portant suspendues les *Alpha* et les *Oméga* symboliques, en calices, aiguières, encensoirs, dyptiques, coffrets ou reliquaires pour le service du culte divin ; et pour les usages domestiques, en vaisselle plate, en coupes et autres vases de toute nature, ciselés, imagés, et ornés de pierreries, qui sur la table des princes, des grands et des seigneurs se mêlent aux verres ou cristaux de l'Irac[2]. Le même luxe éclate dans le reste de l'ameublement sacré ou profane. Grands voiles tendus entre le sanctuaire et la nef[3], voiles plus petits pendants devant chaque autel[4], tentures de chambre ou de lit, housses de siéges ou d'escabeaux, vêtements ecclésiastiques et laïques sont taillés dans les plus riches étoffes de coton, de soie, d'or ou d'argent. Les cavaliers chaussent des éperons d'or ; ce métal et l'argent brillent dans les harnais des chevaux de guerre ou de parade[5]. Les espèces métalliques abondent dans les

à Zamora, il se bâtit deux et peut-être trois palais en divers lieux. Cf. *Esp. sagr.*, XXXVII, escr. 11; Escalona, *Hist. de Sahagun*, escr. 3 ; les donations d'Ordoño II (*Esp. sagr.*, XXXIX, escr. 7 et 9); Sampir., *Chron.*, c. 2. Le chroniqueur d'Albelda, contemporain de ce prince, résume en deux lignes les grandes œuvres artistiques de son règne (n. 179, al. 65) :

« Ab hoc principe omnia templa Domini restaurantur,
Et civitas (i. e. *arx*) in Oveto cum regiis aulas ædificantur. »

1. Je trouve cité nominativement un des membres de l'honorable corporation des orfévres dans une charte de Lugo (a. 998) : « Lapidio a Saocto Felice, hereditatem de Leovegildo aurifice quam comparavimus » *Esp. sagr.*, XL, escr. 24, p. 407, 408.

2. Déjà au VI° siècle, les coupes de verre prenaient place sur la table des riches à côté des coupes d'or et d'argent. Isid., *Etymol.*, XVI, c. XVI, n. 4.

3. « Velos principales qui inter altare et vestibulum dependent. » Charte d'Ordoño I, a. 922 (Yepes, *Coronica general de la Orden de San Benito*, III, escr. 20). « Vela de paleis principalia oloserica duo. » Charte d'Alphonse II, a. 812 (*Esp. sagr.*, XXXVII, escr. 7).

4. « Frontales, pallas, acitaras auro textas grecirias (leg. *græciscas*) varias. » Charte du même, même année (*ibid.*, escr. 8). — « Dictacos (*diptychos*) sculptiles eburneos, frontales tres aurifrisos, velum de templo lotzori (?) majore, cum aliis duos minores arminios (*d'hermine*?). » Charte de Ferdinand I, a. 1063 (*ibid.*, t. XXXVI, p. CLXXXIX). — « Velum ante altare ponendum, auro et argento frixo mirifice textum. » Charte de Doña Urraca (Yepes, IV, escr. 36). Sur les *Acitaras* ou *Citaras*, v. Dozy, *Gloss.* à ce mot.

5. J'extrais de mes nombreuses notes sur ce sujet quelques exemples pris au hasard : 1° Alphonse le Chaste donne à l'église de S.-Sauveur d'Oviedo (*Esp. sagr.*, XXXVII, escr. 7, a. 812) un coffret, un encensoir avec sa navette (*uffercarium pro incenso*), huit lampes, un candélabre, une aiguière (*aquamanile*), un vase et une croix d'argent, quinze lampes de verre, deux grands voiles de soie et treize de lin brodé (*linea vela ornata*) ; 2° Ordoño I et Alphonse III ajoutent à ces premiers présents (*ibid.*, escr. 10 et 11) un très-grand nombre d'objets destinés au culte, en or, argent, ivoire, et des tissus d'or et de soie; 3° ce dernier prince mentionne dans sa donation au monastère de S.-André de Tuñon (*ibid.*, escr. 12, a. 891) quatre couronnes d'or, trois d'argent, des calices avec leurs patènes, une croix et un vase du même métal ; dans celle qu'il fit en 897 à la cathédrale de Lugo (*ibid.*, t. XL, escr. 19), deux mille sous d'argent en espèces sonnantes pour la réparation du toit, deux croix et trois coffrets en vermeil, un candélabre avec sa lampe (*lucerna*), quatre calices dont un plus grand que les autres avec sa patène, deux des couronnes, deux navettes (*offertoria*), trois encensoirs et trois aiguières d'argent, trois diptyques d'ivoire, des voiles d'église tissés de soie, et cinquante captifs arabes. 4° Un an plus tard, en 898, l'évêque de Lugo ajoutait à la splendide donation royale, de nouvelles offrandes presque aussi riches que les précédentes (*ibid.*, escr. 24), à savoir : des tapis, des garnitures de lit, des mantes, des turbans moresques (*mitras mauriscas*) etc., huit paires de nappes, deux plats (*misorios*) d'argent, deux gobelets en vermeil, une coupe sculptée et un vase en forme de gourde aussi sculpté, tous deux en argent, munis de leurs couvercles enrichis de pierres fines; dix vases de noms et de formes diverses en verre de l'Irac, deux chasubles et une dalmatique de soie, un cercle (*couronne?*) avec son baudrier d'argent orné de pierreries, et une étole de drap d'or. 5° Ordoño II, n'étant encore que roi de Galice, donne à l'église de Compostelle deux coffrets, un calice, trois couronnes et une patère d'or ; le tout en or et incrusté de pierres précieuses, et deux aiguières de vermeil (*Esp. sagr.*, XIX, p. 407, n. 51). 6° La donation de Doña Muma au monastère de Guimarães, en 959, se compose, dans sa partie mobilière, de vases d'or, de vermeil ou d'argent, la plupart garnis de pierres fines, de diptyques, etc., pour une valeur totale de huit cent quatre-vingt huit sous, non compris les objets précieux en très-grand nombre dont la valeur n'est pas indiquée (*Monum. Portug.*, escr. 76, p. 46). 7° La célèbre abbaye de Celanova reçoit de S. Roscndo son fondateur, vers l'an 942, pour le service de l'autel ou du monastère, deux croix d'argent dont une enrichie d'or et de pierreries, trois calices ciselés avec leurs patènes, quatre autres en vermeil et un en ivoire, un encensoir et ses *offertoria* en or, deux coffrets, deux diptyques imagés ou historiés en vermeil, quatre ceintures (*cingulos*), deux en or avec gemmes, et deux en vermeil dont une seule est garnie de pierres fines, cinq chasubles de soie, une étole tissue d'or et d'argent, deux flacons d'argent *de fabrique française*, une *soparia* et deux coupes de vermeil avec leurs couvercles, deux autres à bordures ou bandes (*litones*), six tasses dorées, et sept à bandes ou bordures ciselées, trois vases (*moyolos*, modiolos?) de vermeil, un calice d'or gemmé, un service de table complet en argent, quatre amphores de

provinces du nord-ouest, et figurent dans presque toutes les transactions commerciales, sous les mêmes noms qu'au vi⁰ siècle. Les monnaies diverses énumérées par saint Isidore de Séville dans ses *Étymologies*[1], monnaies réelles ou monnaies de compte : talent, livre, once, sou, denier, et obole d'or, livre, sou et denier d'argent, reparaissent dans les chartes, contrats et écritures de tout genre, passées dans les régions de l'Espagne chrétienne du viii⁰ siècle à la fin du xii⁰[2]. Elles sortent des ateliers monétaires établis dans ces provinces[3], ou viennent du dehors, c'est-à-dire de l'Espagne musulmane ; mais, dans ce dernier cas, ces monnaies exotiques sont baptisées à l'entrée des noms hispano-romains que portent les monnaies nationales de même poids et de même titre[4]. Toujours est-il que pour lire dans les documents asturiens, galiciens, léonais ou castillans, le nom arabe de quelque monnaie, il faut descendre à la seconde moitié du xi⁰ siècle, et jusqu'au milieu du siècle précédent, pour la Galice portugaise s'étendant du Minho à Coïmbre[5].

cuivre et sept bassins imagés de même métal, neuf flacons, deux aiguières et vingt autres récipients divers de forme et de nom en verre de l'Irac, une défense d'éléphant, etc., etc. (Yepes, v. escr. 2). 8° Mentionnons enfin un peu pêle-mêle les selles dorées, les vases d'argent et de verre, les vêtements de soie d'Hermégilde, caballero de Léon, en 931 (*Esp. sagr.*, xxxiv p. 220 et 221); le cheval bridé et sellé avec freins et *alhaguma* (al-hakema) d'argent, les robes et autres vêtements de soie d'une fiancée galléco-portugaise (*M. Port.*, escr. 36, a. 946); la jupe, la mante, les fourrures, le vase de vermeil imagé et les deux mules dressées (*placibiles*) de Doña Flamula, le tout d'une valeur de mille sous d'argent (*ibid.*, escr. 67, a. 953); les trois pièces de soierie byzantine et le lit de parade estimés ensemble mille sous, les éperons d'or payés deux cent vingt metkals, les deux tasses d'argent de cinquante sous chacune, la couronne d'or très-pur ornée de pierres fines et admirablement ouvrée, le grand flacon d'*electrum* du comte Hermégilde et de Gonzalo Mendez (*ibid.*, escr. 99, a. 968 ; escr. 138, not. 162, a. 983); la croix, les deux calices, les quatre couronnes d'argent, et la couronne de verre de Theuda et d'Argenti (*Escalona, Hist. de Sahagun*. escr. 14, a. 930); le croissant et le baudrier d'or constellés de perles, du prix de mille sous d'argent, donnés à Ordoño II (*Esp. sagr.*, xix, p. 111, a. 922); le cheval, sellé et bridé d'argent, qui figure parmi les arrhes de mariage de Mumadonna (*Escalona*, escr. 83, a. 1031); le manteau de drap d'or, la chapelle en argent doré, et les deux chasubles de soie d'une valeur totale de deux mille sous d'argent, offertes en *honneur* au roi Ferdinand I⁰ʳ par l'abbé de San Pedro de Cardeña (*Berganza, Antigüedades*, II, escr. 82, a. 1039). Parmi les magnifiques offrandes dont ce même prince enrichissait l'église de San Isidro de Léon, en 1063, un devant d'autel (*frontale*) d'or pur garni d'émeraudes et de saphirs, deux autres d'argent massif, et trois de drap d'or; un grand voile de soie et deux plus petits d'hermine, une cassette d'ivoire incrustée d'or, deux autres avec incrustations d'argent, une quatrième de cristal revêtue d'or, des diptyques d'ivoire sculptés, une croix d'or gemmée et un crucifix d'ivoire; trois couronnes d'or, dont une avait dans son pourtour six *alphas* suspendus (allusion aux paroles de l'Apocalypse : *Ego sum alpha et omega*, et protestation de foi en la divinité de Jésus-Christ (*Esp. sagr.*, XXXVI, *apend.*, etc.). Cf. p. 252. C'est assez, je suppose, pour démontrer que les Espagnols chrétiens du haut moyen âge n'étaient pas précisément de pauvres diables vivant uniquement de pillage, et réduits à ne commercer que par voie d'échanges en nature, faute de numéraire. (Dozy, *Hist.*, III, 31) — M. le baron de Slane m'apprend que l'*alhaguma*, dont il est parlé ici sous le n° 8, est le mors annulaire embrassant la mâchoire inférieure du cheval encore en usage chez les Arabes du Maghreb.

1. Isid. Hispal., *Etymol.*, l. XVI, c. xxv.
2. MONNAIES D'OR. 1° *Talent* : « Talentum (*auri*) habet mille octingentos (TDCCC) solidos » Escalona, escr. 92 (a. 1030); Cf. *Esp. sagr.*, XVIII, escr. 4, 5, 8 (a. 867, 877, 916); XXXIV, escr. 19 et 21 (a. 967, 981), etc. 2° *Livre* : *Esp. sagr.*, XXXVII, escr. 5 (a. 770) ; XXVI, escr. 2 (a. 804); XL, escr. 19 (a. 897); Berganza, escr. 24 et 69 (a. 935, 972), etc. 3° *Once* : *Esp. sagr.*, XXVI, escr. 50 (a. 1122). 4° *Sou* : Anon. Albeld., *Chron.*, n. 178 (a. 877); Berganza, escr. 26 (a. 941), etc. 5° *Denier* : Yepes, VII, escr, 21 (a. 1137). 6° *Obole* : « auri libras mille et obulum auri puri auriculari digito ponderatum persolvat. » *Esp. sagr.*, XXXVI, escr. 2 (a. 804).

MONNAIES D'ARGENT. 1° *Livre* : Berganza, escr. 15 (a. 921). 2° *Sou*: V. les notes précédentes. 3° *Arienzo* (*argenteus, numisma*) : *Esp. sagr.*, XXXIV, escr. 9 (a. 917), Escalona, escr. 28 (vers 1030); Muñoz, *Fueros de Leon*, art. 44 (*Fueros municip.*, p. 71). La vieille traduction de ces Fueros donne à l'*argenteus* la valeur de six deniers. 4° *Denier* : Cf. *Fueros de Melgar* (a. 988), dans Muñoz, p. 27.

3. « Accepi de pretio IIIXV (leg. CCCXV) solidos *gallicarios* usui terræ nostræ. » *Mon. Port.*, escr. 29 (a. 924). « Sex solidos *galliganos* », *ibid.*, escr. 35 (a. 929); « tres solidos *galleganos* », *ibid.*, escr. 69 (a. 955); viginti et octo solidos romanos [ad] usum terræ nostræ », *ibid.*, escr. 64 (a. 952); « quinque solidos monetæ *regiæ* (al. *regis*), » *Fueros de Leon*, art. 29 (a. 1020), dans Muñoz, p. 68; « quinque solidos monetæ urbis, » *ibid.*, art. 40. « Accepimus de vos... in argenteo, octoginta solidos *hallices* (leg. vid. *hallecos, gallecos*) », *Mon. Port.* (a. 1046), escr. 344, etc., etc.

4. « Solidos CCX *Toletanos*. » *Mon. Port.*, escr. 39 (a. 955); « Triginta et quinque solidos *Kazimis*, » *ibid.*, escr. 51 (a. 913); « accepi de vos argentum, solidos viginti duos : XVII solidos hazimis (l. *kasimis*) et quinque solidos *Mohomati*. » *Ibid.*, escr. 121 (a. 977). Sur les sous d'argent kasimi, V. Dozy, v. *Kazim*.

5. « Sporas fusiles de auro de CCXX *almetegales* » *Mon. Port.*, escr. 99 (a. 961). — Accepimus pretium... in undecim *morabitinis*, et capsa. *Ibid.*, escr. 171 (a. 994).

Autre *Signochristum* espagnol du xie siècle (ou, peut-être même, du xe).
Cf. *Supra*, t. II, p. 225-227, et 229; h. t., p. 226 et 250, sv. — J.-B. de Rossi, *Bullettino di Archeologia cristiana*, 1871; p. 65, sgg.
Même manuscrit (de Silos?) que ci-dessus, dont l'exécution paraît avoir été interrompue au moins deux fois.

Les richesses mobilières que nous venons d'énumérer étaient évidemment de provenance orientale, au moins quant à leur matière première; car l'Espagne chrétienne du haut moyen âge ne fournissait à ses habitants ni l'or, ni l'argent, ni la soie, ni le coton, ni même le verre de qualité supérieure. D'autres denrées, l'encens, le baume, les épices dont les Espagnols faisaient grand usage, leur venaient aussi des mêmes contrées[1]; ces métaux précieux et ces denrées ne pouvaient guère leur parvenir que par l'intermédiaire des Arabes leurs voisins, qui eux-mêmes les tiraient de l'Égypte, de la Syrie, des Indes et peut-être de la Chine. Ceci suppose l'existence de relations commerciales entre les deux races ennemies qui se disputaient la possession de la Péninsule. Mais la haine qui les divisait et leur état habituel d'hostilité réciproque ne permettent pas de croire que ces relations aient jamais été immédiates. Les Juifs très-nombreux alors en Espagne étaient donc le plus souvent, sinon toujours, les courtiers et agents de ce trafic international. On les voit, au XI° siècle, transporter d'une ville à l'autre leurs ballots de marchandises, pénétrer jusqu'au fond des provinces les plus éloignées, les sillonner en tout sens, s'arrêter dans les moindres villages; et dressant contre les murs de l'église l'étalage de leurs étoffes importées de Cordoue ou de Tolède, exciter la convoitise des paysannes émerveillées, au grand détriment de l'escarcelle des pères ou des maris[2]. En ceci, les Juifs du X° ou du XI° siècle n'agissaient pas autrement que leurs ancêtres de l'Espagne gothique, courant eux aussi de ville en ville et débitant leurs marchandises au plus juste prix, c'est-à-dire au triple de leur valeur[3]. Mais là s'arrête la ressemblance: car, si les Espagnols du VII° siècle méprisaient et persécutaient les Juifs vivant et commerçant parmi eux, Léonais et Castillans plus satisfaits sans doute des services que leur rendaient ces mêmes entremetteurs, non-seulement ne les persécutaient pas, mais, sans cesser peut-être de les mépriser, les couvraient eux et leurs biens d'une protection qui, pour être intéressée, n'en était ni moins énergique ni moins efficace. Ainsi, tandis que, relativement au prix du sang, il n'en coûte pas plus de tuer un more qu'un âne, le meurtrier d'un juif doit payer une somme égale au prix du sang d'un chrétien espagnol et même parfois à celui d'un infanzon ou d'un clerc[4]. Les vases de fabrique française dont il est question dans la donation de saint Rudesinde[5], semblent indiquer l'existence de relations com-

---

1. Par sa donation du 18 décembre 917 ou 918, le roi de Léon Ordoño II prescrit d'offrir tous les ans, en son nom, à la cathédrale de cette ville, pour chacune des sept grandes solennités comprises entre la fête de saint Martin et la Pentecôte, douze livres de cire et douze sous d'encens; de plus, à l'évêque, le jour des Rameaux, deux mesures d'huile pour le saint chrême; et, après la Pâque, une livre de poivre. *Esp. sagr.*, XXXIV, escr. 9.

2. « Judæus quidam ex Zamora in hanc terram veniens, mercemque venalem ad collum portans, accessit ad ecclesiam hujus divæ (*Senhorine de Bastos en Galice*), paloque in parietæ affixo mercem appendit, et ascendit ad sepulchrum sanctæ Senorinæ (*ut, scilicet, mercem facilius appenderet*)... ast illa hora dæmon in illum ita irrupit, ut pro mortuo haberetur... Postea vero, mercem iterum assumens, fugit... usque dum Toletum ubi habitaverat (*habitabat*) reversus est. » Anon., *Vit. S. Senorinæ* (*Mon. Portug., Scriptores*, t. I, p. 50, col. 2). — Les juifs servaient aussi de courtiers dans le rachat des chrétiens captifs. Cf. *Mon. Portug.*, escr. 239 (a. 1018).

3. « Adveniens namque quidam Judæus nomine Restitutus, quasi brutum, ut ita dixerim, animal materiam nomini congruentem deportans, librum quem... Sanctitudinis vestræ prudentia mittere procuravit, gemellis manibus obtulit... Præfato Judæo cur ea quæ acceperat illæsa detulerit prius, potius quam vobis, gratiam egi, considerans ne forsitan immutatione dextræ Altissimi ageretis; ut *is qui caduca mercimonia vectare solitus erat*, divinis æternisque mysteriis pararetur. » Idal. Barcin., *Epist. ad Julianum Tolet.* (Patrol., t. XCVI, p. 458).

4. « Si homines de Castro materent Judæo, tantum pectet (*pectent*) pro illo, quo modo pro Christiano. » Garcia Fernandez, comte de Castille, *Fueros de Castrojeriz* (entre 972 et 994), Muñoz, p. 38. — « Per homicidium de infancione vel de scapulato aut de Judæo, non debent aliud dare plebs de Naiera nisi CCL. solidos sine saionia; per homicidium de homine villano non debent dare nisi C. solidos sine saionia..... Si aliquis homo percusserit Judæum, quales livores fecerit, tales pariat (*patiatur?*) ad integritatem quomodo de infancione et de scapulato... Qui asinum (*occiderit*), XII solidos et medium (*pectet*). Qui maurum occiderit, XII solidos et medium. » *FF. de Najera* (a. 1075). M. p. 288, 290. Voir aussi les *fueros* mixtes de Léon, pour chrétiens et Juifs (a. 1089). *Esp. sagr.*, XXV, escr. 1; *Fueros de Santarem* (*Mon. Port.*, p. 348.)

5. V. supr. p. 250, note 5, § 7. Je dis *semblent indiquer*,

merciales entre l'Espagne du nord-ouest et la France, au xe siècle. Ce qui est rendu plus probable encore par le fait, historiquement constaté, de vaisseaux naviguant des ports asturiens ou cantabres soumis au roi Alphonse III, jusqu'à Bordeaux; évidemment pour y trafiquer, dès la fin du siècle précédent[1].

II.

Ce commerce pacifique, dont l'existence ne saurait être révoquée en doute[2], n'était pas la seule voie par où les riches produits et les métaux précieux de l'Orient pénétraient dans les royaumes chrétiens du nord de la Péninsule. Un genre de trafic tout différent les y faisait affluer plus abondamment encore : trafic très-glorieux auquel se livraient tout ce que ces royaumes renfermaient de gens de cœur, nobles et princes en tête; trafic très-économique, puisqu'il n'exigeait d'autre mise de fonds qu'une bravoure à toute épreuve, dont Léonais et Castillans du haut moyen âge étaient largement pourvus; trafic aussi nécessaire que légitime, car, en ruinant peu à peu les musulmans au profit des chrétiens, il facilitait d'autant l'œuvre laborieuse de la reconquête, et remettait les héritiers directs des vaincus du Rio-Salado en possession des biens enlevés à leurs ancêtres par d'injustes envahisseurs[3]. Ce trafic à main armée, — car c'est de lui, on l'a deviné, que je veux parler, — triomphalement inauguré par Alphonse le Catholique, repris par Alphonse le Chaste qui en étendit les opérations jusqu'au bord du Tage, poursuivi par les vaillants successeurs de ces princes, d'Ordoño I à Ramire II, suspendu par le retour cruellement offensif des Mores sous Almanzor dans la seconde moitié du xe siècle; et rouvert enfin, pour ne plus se refermer, sous Alphonse V, Ferdinand I et Alphonse VI, fut presque toujours largement rémunérateur. Les témoignages concordants des chroniqueurs contemporains nous autorisent à reconnaître dans une bonne part des richesses de tout genre, dont je n'ai donné dans les notes précédentes qu'une très-incomplète énumération, le fruit de ces invasions périodiques en pays arabe. On voit en effet, par le récit de ces historiens, que le butin enlevé dans les villes saccagées, les contributions de guerre payées par celles qui voulaient éviter un pareil sort, et la

---

car je tiens à ne pas changer de simples probabilités en certitude. Or, nous n'avons ici qu'une probabilité. Il faut se rappeler, en effet : 1° que la prise d'Albelda, où Mousâ II, émir d'Aragon, avait entassé ses immenses richesses et par conséquent les magnifiques présents de Charles le Chauve, mirent entre les mains d'Ordoño Ier des œuvres d'art d'origine française (Cf. Adefonsi III Chron., n. 26); 2° que, membre de la famille royale et compagnon d'armes du fils d'Ordoño I, le comte Guttierre Mendez, père de saint Rosendo, peut — mais peut seulement — avoir eu sa part de ces opulentes dépouilles par voie d'héritage ou de donation, et les transmettre à ses enfants.

1. « Quamobrem pernoscite navalem remigationem inter vos (leg. nos) et amicum nostrum Amaluinum ducem Burdelensem inesse, etc... disposuimus, ut mense Madio, nostræ naves cum pueris palatii nostri usque Burdelensem civitatem remigent. » Alphonse III, Lettre au clergé et au peuple de Tours (a. 905), Esp. sagr., XIX, p. 347. Les expressions dont se sert le roi des Asturies prouvent que l'intercourse en question existait déjà depuis longtemps.

2. Elle ne se trahit que par de rares indices aux deux premiers siècles de la reconquête chrétienne de la Péninsule, mais les siècles suivants nous la montrent pleinement épanouie dans l'intérieur du pays comme aux frontières. Voir les Fueros de Miranda (a. 1099), Muñoz, p. 352; Fueros de Toledo (a. 1137), ibid., p. 373; item de Santiago (a. 1102), ibid., p. 409; item de Calatayud (a. 1131), p. 465, ibid.; item de S. Sébastien (a. 1150), Diccionn. geogr. hist. de la Real Acad., t. II, escr. I, p. 543; item de Estella (a. 1164), Yanguas, Dicc. de Antig. de Navarra, t. I, p. 437, 455, etc.

3. Remarquons à ce propos : 1° que la conquête de l'Espagne par les Arabes, souverainement injuste à l'origine, n'a jamais été légitimée par la prescription, les propriétaires du sol envahi n'ayant pas un seul instant cessé de protester les armes à la main contre l'inique spoliation; 2° que, en dévastant et dépeuplant systématiquement les provinces frontières de l'Espagne musulmane, les premiers rois asturiens obéissaient aux inspirations d'une sage politique. Ils ouvraient ainsi et préparaient, pour un temps plus ou moins éloigné, de vastes espaces à une colonisation chrétienne homogène. Leurs successeurs se seraient évité bien des embarras et des ennuis en ne suivant pas d'autre méthode : celui, par exemple, d'expulser au xviie siècle d'irréconciliables ennnemis qu'on aurait pu ne pas garder au xiie.

rançon de nombreux captifs consistait en objets de prix et en riches étoffes autant au moins qu'en espèces métalliques[1]. Le surplus de la richesse mobilière des provinces chrétiennes était acquis par voie d'échange avec les productions d'un sol que fécondait le travail d'une nombreuse population. Car l'industrie agricole était alors plus florissante que jamais en Espagne, et les ressources qu'en tirait le pays auraient suffi à elles seules pour assurer le nécessaire à tous ses habitants, l'aisance à la plupart d'entre eux, et les jouissances du luxe aux plus favorisés. La partie de la Péninsule au pouvoir des chrétiens indépendants se prêtait en effet aux cultures les plus variées : à celle des céréales (blé, seigle, orge, avoine); de la vigne que les documents contemporains nous montrent répandue sur tous les points du territoire, à celle du lin[2] et de l'olivier[3], pratiquée sur une échelle assez étendue pour suffire à la consommation intérieure[4]. Presque pas de domaine, si étroites qu'en fussent d'ailleurs les limites, qui ne renfermât son jardin et son verger planté d'arbres fruitiers d'espèces diverses; poiriers, pommiers, cerisiers, figuiers, pruniers ou abricotiers; et ses bois ou massifs de noyers, de noisetiers et de châtaigniers[5]. Dans les pâturages d'hiver ou d'été, de la plaine ou de la montagne (*pratos, bustos, defesas, ferrenes, varzenas* et *varzas*[6])

---

1. « Venit etiam et legatus Hadefonsi regis Gallœciæ et Asturiæ... papilionem miræ pulchritudinis præsentans... Hadefonsus... prædata Olysipona ultima Hispaniæ civitate, insignia victoriæ suæ, loricas, mulos, captivosque mauros Domno regi Carolo per legatos suos... misit. « *Ann. Bertinian.*, sub a. 798. » — « In quo bello (*contra Ordonium I*) Muza omnem armorum et equorum multitudinem simulque spolia ex diversis victoriis congesta, nec non et insignia munera quæ Carolus (*Calvus*) ei direxerat, amisit... Quod audiens Lupus, quem Muza pater Toleto præfecerat... ei (*Ordonio*) obviam occurrit; et se inermem... suis legibus subdidit... et regi dum vixit tributarius fuit. » Anonym. Sil., *Chron.*, n. 38. Cf. Adefonsi *Chron.*, n. 26. — « Consul Spaniæ... Abuhalit bello in fines Gallœciæ capitur... qui dum postea se redemit, duos fratres suos, filium atque subrinum obsides fecit, quousque centum millia auri solidos regi (*Adefonso III*) persolvit. » Anon. Albeld., *Chron.*, n. 178, al. 52. — « Regel... bellando cepit (*Ordonius II*), omuesque bellatores Caldæorum gladio consumens, cum maximo captivorum spoliorumque numero ad Visensem reversus est urbem... Castrum colubri, quod nunc a Caldæis Alhanze nominatur invasit...; omnes eorum mulieres et parvulos cum immenso auri et argenti sericorumque ornamentorum pondere... rapuit, etc. » — « Cui omnes Emeritenses cum rege eorum... innumerabilia munera obtulerunt. » Anon. Sil., *Chron.*, n. 42, 44.

2. Linare mirificum cum suis aquaductibus. » *Esp. sagr.*, XXXVI, escr. 19 (a. 1039). Voir en outre, *ibid.*, t. XXXIV, escr. 11 (a. 917), XXXVI, escr. 13 (a. 1020) et XXXVIII, escr. 10 (a. 1031); *Mon. Port.*, escr. 13 (a. 906); 143 (a. 984); Berganza, *Antig.*, escr. 46 (a. 950) et 77 (entre 964 et 984); Yepes, VI, escr. 2 (a. 1022); Muñoz, p. 165, 282, etc.; *Monum. Port.* (*Leges et consuetud.*), passim.

3. Sur les plantations d'oliviers, voir *Esp. sagr.*, XL, escr. 10 (a. 745?) p. 357, et escr. 19 (a. 897); Escalona, escr. 23 (a. 945), etc.

4. Ce qui me porterait à le croire, en dehors de toute autre preuve, c'est que le lin a toujours gardé son nom hispano-latin (*lino*, lin; *linar*, *linare*, plantation de lin), et l'olivier aussi (*oliva*); tandis que le fruit de ce dernier et

l'huile qu'on en extrait ont échangé leur ancienne dénomination contre un nom arabe, dès le XIIe siècle en Portugal (*Fueros d'Evora*, a. 1166, *Mon. Port., Leges et consuet.*, p. 393), et seulement au XIIIe en Espagne. Ce nom étranger était même alors si peu connu du commun des lecteurs castillans, que, l'auteur du poëme de Fernand Gonzalès l'ayant employé, le plus ancien de ses copistes ait cru devoir, en marge du vers où *aceyte* se montre pour la première fois, inscrire la glose *olio*, glose que les copistes postérieurs ont introduite dans le texte, et que nous y lisons encore aujourd'hui (copla 39, v. 2) :

De *olio* e de *aceyte* e de cera [*las iglesias*] estavan vien [avasladas.

Or, les denrées ou marchandises de toute espèce importées habituellement et en quantité notable de l'Espagne musulmane dans l'Espagne chrétienne, y gardaient leur nom arabe devenu bientôt familier à tous. Cette importation, en ce qui concerne l'huile, n'a donc commencé dans le nord de l'Espagne, qu'après la conquête de l'Andalousie par saint Ferdinand II.

5. Il n'est presque pas de donation qui ne fasse mention de quelque jardin ou verger (*ortos, pomares, perales*, etc.); je me bornerai donc à citer ici le jardin payé 500 sous d'argent, qu'Alphonse III donnait, en 905, à l'église d'Oviédo (*Esp. sagr.*, XXXVII, escr. 11, p. 330), le verger du comte de Castille, cédé en 944 par Ramiro II au monastère de Cardeña (Berganza, escr. 44); les jardins potagers de l'évêque de Léon, Pélage Ier, qui, en 1084, met une partie des légumes qu'on y récolte à la disposition des malades de son hopital (*Esp. sagr.*, XXXVI, escr. 32), etc., etc. — Relativement aux arbres fruitiers, je signalerai seulement le prunier et l'abricotier (*ameixinar, ameixenar, ameisenal*), qui parait n'avoir été cultivé que dans les provinces portugaises du royaume de Léon. Cf. *Mon. Port.*, escr. 6 (a. 920?), escr. 175 (a. 995), escr. 203 (a. 1008); etc.

6. Voir les donations d'Ordoño I, en 857 (*Esp. sagr.*, XXXVII, escr. 10, p. 326, 327), d'Alphonse III, en 905 (Escalona, escr. 3); d'Oveco, évêque de Léon en 951 (*Esp. sagr.*, XXXIV, escr. 15), de Térèse Muniz, en 1049 (Escalona,

erraient de nombreux troupeaux de chevaux, de mules, de mulets, d'ânes et de gros ou de menu bétail, tandis que des bandes non moins nombreuses de porcs cherchaient leur glandée dans les bois [1]. Les haras surtout s'étaient à cette époque singulièrement multipliés. On les retrouve dans toutes les provinces de la monarchie léonaise et castillane. Il n'y a pas lieu d'en être surpris : en ce temps de pointes hardies et aventureuses chez les Arabes, de retraites rapides à la suite d'une fructueuse razzia, de fuites précipitées après un échec ou devant une invasion imprévue, la cavalerie jouait à la guerre le rôle principal, souvent même exclusif; d'où le nom de *cavalgada* (chevauchée) donné à ces expéditions purement équestres [2]. Ajoutez à ceci que la profession de *caballero* avec son cortége de prérogatives et d'exemptions diverses, si elle était ouverte à tous, ne l'était point à titre inaliénable. Acheter un cheval et le monter en temps de guerre, suffisait pour faire un caballero du dernier des *péons* ou vilains; mais en revanche négliger ou refuser de remplacer, dans les délais voulus, le cheval qu'on avait perdu n'importe par quel accident, rejetait le *caballero* négligent ou récalcitrant dans les rangs inférieurs de la société et le soumettait à toutes les charges de sa nouvelle condition [3]. Il n'en allait pas autrement du *caballero* de naissance, si une fois

---

escr. 91), etc., pour les *bustos*. — Sur les *varzenas* ou *bardenas* et *varzas*, V. les donations ou ventes de Munno Gonzalez en 985 (*Mon. Port.*, escr. 147), de Mummadonna en 959 (*ibid.*, escr. 76); du moine Christophe en 970 (*ibid.*, escr. 101); de Munnadonna en 973 (*ibid.*, escr. 107, etc. Dans la Carta-puebla d'Ejea, donné en 1180 (Muñoz, p. 299), il est question d'une *bardena*. Au milieu du xiv siècle, l'archiprêtre de Hita écrivait encore (copl. 101) :

« El mastel sin la vela non puede estar todo dia
Nin las *varzas* non se crian tambien sin la noria. »

1. Donation de Theuda et Argenti en 930 : sept juments et leurs étalons, dix vaches et un taureau, vingt brebis, vingt chèvres, trente porcs (Escal., escr. 14); *item*, d'Ovéco, évêque de Léon en 950 : dix chevaux de main, vingt juments et deux étalons (cheval et âne), cent vaches et deux taureaux, quinze paires de bœufs, six poulains et sept cent vingt brebis dans quatre domaines et autant de *bustos* (*Esp. sagr.*, XXXIV, escr. 15); *item*, de Froylan, évêque de la même ville, en 1002 : haras de dix juments et d'un étalon, un taureau et vingt vaches, un troupeau de deux cents brebis et trente paires de bœufs de labour (*ibid.*, XXXVI, escr. 7): *item*, de Pélage, évêque de Lugo, en 998 : cinquante domaines et dix *bustos* avec leurs troupeaux de vaches et de cavales (*ibid.*, XL, escr. 24); *item*, de saint Rosendo, évêque de Mondoñedo, à son monastère de Celanova, en 943 : sept églises, vingt-cinq villas, neuf cents chevaux ou mules, cent autres chevaux de guerre ou de parade (*equos majores*?), quatre cents vaches distribuées en dix-huit troupeaux, cinquante paires de bœufs (Yepes ou son copiste en marquent *deux* seulement; ils ont confondu le caractère hispano-romain, qui représense la valeur numérique de 50, avec le chiffre arabe 2, de forme identique), et du menu bétail en proportion (Yepes, V, escr. 1); *item*, du comte Osorio Gutierrez, au monastère de Lorenzana, en 969 : trente propriétés domaniales, dix mules et chevaux de main, quatre-vingt dix cavales et deux étalons en deux haras séparés, cent cinquante génisses et trois taureaux dans trois *bustos*, cent cinquante paires de bœufs pour le labour, mille brebis et cinq cents porcs (*Esp. sagr.*, XVIII, escr. 17).

Or ceci ne représente que la cinquième partie de la fortune mobilière du saint comte Osorio, la seule dont il pût disposer, lui, père de famille, en faveur de l'Église, d'après la loi toujours en vigueur du code wisigoth (*Forum Jud.*, lib. IV, v, 1); *item*, du comte Froylan Velez en 976 (Ed. erron. 1076) : quatorze villas, ses vignes, ses moulins et sa *corte* de Léon, vingt juments, cinquante vaches, vingt paires de bœufs et deux cents brebis (*Esp. sagr.*, XXXVIII, escr. 23); *item*, du comte Garci-Fernandez de Castille à sa fille doña Urraca et au monastère de Covarrubias, en 978 : Covarrubias et son territoire, une foule d'autres domaines avec leurs manoirs, cinquante esclaves mores, cent juments, cinq cent six vaches et mille soixante brebis (Yepes, V, escr. 22); *item*, de Mummadonna à l'abbaye de Guimarães, en 959: cent chevaux, cinquante mules ou mulets, soixante-dix juments et sept étalons (trois chevaux et quatre ânes) et, en outre, tout ce qu'elle possède de gros et de menu bétail (*Mon. Port.*, escr. 78, etc., etc.).

2. La *cavalgada*, en tant que distincte des expéditions auxquelles les fantassins prenaient part (*hoste, fonsado, annudba*), n'est mentionnée, à ma connaissance, dans les chartes espagnoles qu'à partir du xiie siècle. Voici le passage du plus ancien document qui en parle : « Volo etiam quod non faciant nec gabalchatam nec hostem. » *Fueros de Barbastro* (a. 1100). Muñoz, p. 355.

3. « Homo qui habuerit equa cum suas armas, fiat (al. faciat) quomodo cavallario. » *Carta puebla de Cernancelhe* (a. 1124), *Mon. Port.*, *Leges*, p. 363. Ces caballeros sont distingués des caballeros de naissance par l'adjonction à leur titre de l'épithète *villano*. *Fueros de Freixo* (a. 1152), *ibid.*, p. 379; et d'*Urros* (a. 1182), *ibid.*, p. 424. — « Peon, si habuerit equum, sit miles (syn. de *caballero*) si vult. » *Fueros de Leirena* (a. 1142), *ibid.*, p. 376. — « Cavaleiro ad quem suum caballum mortuum fuerit aut [se] perdiderit, excusarent illum usque ad tres annos. » *Fueros de Cernancelhe*. — « Ipsi milites qui in villas morant, si aliquis illorum cavallum suum perdiderit, non demandent illum usque ad plenum annum. Completo anno, si cavallum non habuerit, det sua jugada (*uit peon*). » *Fueros de Viseu* (a. 1123). *Ibid.*, p. 364, etc., etc.

sorti de tutelle et établi, il se refusait au service qui avait illustré sa race [1]. Les chevaux, nécessairement très-recherchés, atteignaient donc un très-haut prix sur tous les marchés de l'Espagne chrétienne [2]. Il était par conséquent de l'intérêt des riches propriétaires d'en accroître sans cesse la reproduction.

Ces prairies et pâturages, ces jardins et vignes, ces plantations de lin et ces champs de blé étaient soumis, partout où le permettait le régime des eaux, à l'action vivifiante d'une irrigation habilement ménagée, au moyen d'un réseau de canaux principaux et secondaires recouvrant bien des districts qu'il n'atteint plus aujourd'hui, et où chacun pouvait à titre presque gratuit pratiquer une prise d'eau d'un débit très-suffisant [3]. Les rivières et les ruisseaux mettaient en mouvement des moulins plus multipliés que jamais [4]. La mer et les fleuves livraient leurs poissons aux pêcheries échelonnées sur tous leurs rivages [5]. Les salines en exploitation sur les côtes de Cantabrie, des Asturies, de la Galice et du Portugal, ainsi que les puits salants de l'intérieur fournissaient en abondance le sel nécessaire à tous les besoins [6]. Les montagnes, berceau de l'indépendance, abandonnaient aux mineurs le fer caché dans leurs entrailles, et ce fer, transformé par l'industrie nationale en socs de charrue et en épées, devenait aux mains des chrétiens le glorieux outil des deux plus nobles métiers que l'homme puisse exercer sur la terre, car le sacerdoce n'en est pas un, celui de laboureur et celui de soldat [7].

---

1. « In Palencia nullus miles (syn. de *caballero*) armatus de senioribus det solidum pro marcio nec aliquid..... Quicumque fuerit de Palencia et habuerit patrem militem, ex quo casatus fuerit, si noluerit esse miles, faciat forum sicut alii pedites. » *Fueros de Palencia* (a. 1181), Llorente, *Noticias... de las tres prov. Vascong.*, IV, escr. 162, p. 265.

2. Le prix courant des *chevaux de guerre* ou *de luxe* monte d'année en année, de la fin du IXe siècle au commencement du XIIe : de 40 sous d'argent en 899 (Berganza, escr. 7), il s'élève successivement à 50, en 946 et 970 (Escalona, escr. 24 et 54), à 60 en 998 (*ibid.*, escr. 63), à 100 sous d'argent en 1020 (*Fueros de Najera*, Muñoz, p. 290), pour atteindre l'extrême limite de 200 sous, où il se maintient de 1030 à 1080 (Escalona, escr. 80; *Esp. sagr.*, XIX, p. 395; Gonzalez, *Colecc. de Privilegios*, VI, escr. 236; Berganza, escr. 108; *Mon. Portug.*, escr. 384, 425, 507, 577). Bien entendu que s'il s'agit de chevaux de race, le prix dépasse et de beaucoup cette limite; ainsi, je trouve trois chevaux vendus 500 et 501 sous d'argent, de 1047 à 1103 (Escalona, escr. 28, 136; Berganza, escr. 96), et 200 sous d'or en 1194 (Llorente, IV, escr. 183), etc. Un *cheval commun*, de selle ou de trait (*caballo de villanos*), vaut la moitié moins qu'un cheval de guerre en 1020 (*Fueros de Najera*, Muñoz, p. 290). Les *mules* et les *mulets*, cotés généralement sur les marchés espagnols du Xe et du XIe siècle cent sous d'argent (*Mon. Port.*, escr. 29, 168, 218, 381, 521; *Esp. sagr.*, XL, escr. 22), se payent parfois 150, 300, 500 et jusqu'à 1000 sous (*Esp. sagr.*, XVI, escr. 12; Berganza, escr. 87; Escalona, escr. 134 et 136; *Mon. Port.*, escr. 378).

3. Les canaux d'irrigation et les terres *irriguées* (*canales, canalejas, regos, aquæductus, aquæ productiles, aquæ ductiles, aquæ aquarum, calices, presus, regarias*), sont mentionnés dans presque tous les actes de vente ou de donation dressés dans les provinces chrétiennes du royaume de Léon. Cf. Berganza, escr. 15, 20, 22, 39, 52, 58, 63, 66, etc.;

Escalona, escr. 2, 4, 8, 9, 13. etc.; Muñoz, p. 16, 22, 48, 230, 251, 291, 339, 350, 391, etc.; *Mon. Port.*, escr. 10, 26, 28, 39, etc.: *Esp. sagr.* XXXVII, escr. 6, 8, 11 (p. 332, 334), 13 (p. 347), XL, escr. 11 (p. 363), 29 (p. 423), etc., etc. Sur la gratuité ou la presque-gratuité des concessions faites aux riverains par les propriétaires de canaux d'irrigation, voir le contrat passé entre l'abbé de S. Pedro de Cardeña et les habitants de Villa-Vascones en 956 (Berg., escr. 52) et la dotation de l'hôpital de Villa-Vascones, par le comte Garci-Fernandez, en 971 (*ibid.*, escr. 66).

4. Les moulins (*molinos, molendinos, sessiones molinarum, sessigas molinarias*) ont leur certificat d'existence inscrit à chaque page des actes cités dans la note précédente et d'une foule d'autres. Je me bornerai donc à rappeler ici : 1° les moulins de l'Arlançon et de l'Ebea, vendus à l'abbé de Cardeña par don Gonzalo Diaz moyennant cent vingt livres d'argent, des étoffes et un manteau du prix total de 80 sous (Berg., escr. 15, a. 921); 2° les huit moulins construits par un propriétaire hispano-portugais sur un seul de ses domaines (*Mon. Port.*, escr. 113, a. 974).

5. Cf. Berganza, escr. 8, 25, 35, 63, 74, 120, etc.; Escalona, escr. 91, 95, etc.; Muñoz, p. 22, 48, 71, 204, 277, 345, 349, 565, etc ; *Esp. sagr.*. XIX, escr. 27 (p. 381); XXXVII, escr. 8 (p. 317), 9 (p. 331, 332), 14 (p. 349), XL, escr. 16 (p. 375), 18 (p. 382), 19 (p. 389, 391); *Mon. Port.*, escr. 56, 67, 82, 101, 102, 111, 112, 114, 123, 127, 604; Yepes, VI, p. 490 (verso); Llorente, IV, escr. 162 (p. 290), etc., etc.

6. Cf. Berganza, escr. 8, 25, 35, 63, 74, 120, etc.; Llorente, III, escr. 19, 57; Yepes, V, p. 436 et 444; Escalona, escr. 6; *Esp. sagr.*, XIV, escr. 3 (p. 369); XXXVII, escr. 9 (p. 320, 325), escr. 11 (p. 332), etc.; *Mon. Port.*, escr. 67, 76 (p. 46), etc., etc.

7. *Esp. sagr.*, XXXVII, escr. 11 (p. 332); Llorente, IV, escr. 162 (p. 268); *Mon. Port.* (*Leges et Consuetudines*), p. 367, 373, etc., etc. Remarquons en outre que le fer ne figure pas dans la liste des métaux frappés de droits à

Ici encore, dans l'Espagne renaissante, il est facile de reconnaître les traits caractéristiques de l'Espagne gothique. Le rejeton sorti d'une racine immortelle se revêt du même feuillage, se pare des mêmes fleurs et se couvre des mêmes fruits dont s'enorgueillissait autrefois le tronc puissant abattu par les Arabes. Sans doute, si la fleur est épanouie, le fruit noue à peine; mais patience, laissons venir l'été, et nous verrons, aux chauds rayons du soleil d'août, la grenade espagnole revêtir sa robe de pourpre et d'or, robe mille fois plus splendide que celle dont Isidore de Béja admirait le merveilleux éclat aux premières années du VIIIe siècle[1].

Signalons cependant une importante différence entre ces deux Espagnes également chrétiennes, également prospères. Dans l'Espagne léonaise ou castillane, les hautes classes de la société ne sont pas les seules à profiter de la richesse et de la prospérité du pays, comme cela n'avait lieu que trop souvent dans l'Espagne gothique et romaine. La sobre et laborieuse population des campagnes, autrefois trop déshéritée, jouit aujourd'hui d'une aisance qui assure son bien-être, et dont, si elle leur eût été connue, les paysans d'Allemagne, d'Angleterre, de France et d'Italie à la même époque auraient eu tout droit d'être jaloux. Elle en jouit, sauf de très-rares exceptions, dans la plénitude d'une indépendance personnelle inconnue partout ailleurs, et qui se perpétue dans la Péninsule jusqu'à l'introduction aussi inutile que malencontreuse de la féodalité en ce pays au XIIIe siècle. A vrai dire, on ne peut étudier la vie privée de ces libres campagnards de Léon, d'Aragon ou de Castille, à la clarté que projettent sur elle les actes publics et privés de cette période du haut moyen âge, sans constater l'amélioration sensible qui s'est produite dans la condition des classes agricoles, et sans en arriver même à se demander par quelle voie, sauf celle de la paresse, de l'inconduite ou de la maladie, la misère aurait pu se glisser dans la demeure du paysan espagnol et s'asseoir à son foyer.

t d'abord ce n'est pas la terre, qui, à partir du IXe siècle, se refuse aux robustes défricheurs trop longtemps emprisonnés dans les Asturies, et qui s'en échappent par nombreux essaims sous Ordoño I, Alphonse III et Ordoño II. Aujourd'hui, comme plus tard sous Ferdinand I et ses successeurs, ce sont bien plutôt les défricheurs qui manquent aux libres espaces que l'épée vient d'ouvrir à la colonisation chrétienne. Aussi, dans toutes les provinces enlevées aux Arabes, dans le Léonais comme en Castille, dans la Galice portugaise comme en Aragon, les propriétaires du sol, — rois, comtes, *infanzons*, évêques et abbés, — s'efforcent-ils à l'envi d'attirer sur leurs terres de nouveaux colons ou d'y retenir ceux qui s'y sont déjà fixés. Dans ce but hautement avoué et pour l'atteindre plus sûrement, ils luttent entre eux à qui fera aux immigrants de meilleures conditions[2]. De tous ceux qui se présentent, quels que soient leurs antécédents, nul n'est exclu. Voleurs

---

l'importation (cuivre, plomb, étain) par les *fueros* de S. Sébastien, ce qui semble indiquer qu'on le tirait du pays même et non du dehors.

1. « Eam [Hispaniam] post tot tantaque pericula,
Reperit omnibus bonis opimam,
Et ita florida post tantos dolores repletam,
Ut diceres augustalem esse malogranatam. »
Chron., n. 55.

2. Alphonse VI déclare franchement que, par la charte

de fueros octroyée aux habitants de Logroño et de Miranda del Ebro, il s'est proposé de leur enlever tout motif et toute envie d'émigrer ailleurs. Cf. Muñoz, p. 335 et 344. Ce même prince déclare autre part (*ibid.*, p. 257) que, s'il étend à tout le district de Burgos les droits et priviléges concédés à cette ville, ce n'est pas seulement au profit de la population agricole qui l'habite actuellement, mais aussi de tout colon étranger désireux de se dérober aux trop lourdes charges qui pèsent sur lui. Alphonse Ier d'Aragon donne à Saragosse ses fueros afin qu'elle soit bien peuplée (M. p. 451).

ou meurtriers, débiteurs insolvables ou paysans trop foulés par un maître exigeant, sont accueillis avec un empressement égal. C'est tout au plus si, sur quelques points, on repousse les esclaves fugitifs connus comme tels, et encore cette exception est-elle bientôt limitée aux seuls esclaves musulmans [1]. A chacun d'eux on assigne d'ordinaire un lot de cinquante arpents [2], pris sur la portion inoccupée des immenses domaines, récompense de la bravoure déployée sous le drapeau chrétien aux jours de la reconquête [3], ou don de la pieuse munificence des premiers conquérants [4]. La perpétuelle possession lui en est garantie moyennant le paiement annuel d'une redevance en nature ou en argent, toujours assez modique pour laisser au défricheur la plus large part des fruits de son travail [5]. Aucune autre charge réelle ou personnelle, impôt, péage, corvée, n'est imposée aux *peones* de la campagne et de la ville [6]. Le service militaire, lui-même, si nécessaire qu'il soit à la défense et à la complète libération du pays, n'est obligatoire pour cette partie de la popu-

1. « Si quis igitur infra hos terminos (*de Valpuesta*) pro aliquo homicidio vel culpa confugerit, nullus inde audeat abstrahere, sed salvetur ibi omnino. » Alphonse le Chaste, *Fueros de Valpuesta* (a. 804), Muñoz, p. 13. Voir aussi : *Fueros de Rezmondo*, par le comte Fernand Gonzalez (a. 969), Berganza, escr. 63 ; Alphonse V, *Fueros de Leon* (a. 1020), art. 20, 21 dans Muñoz ; *Fueros de Villavicencio* (vers 1030), Escalona, escr. 72. apend. ; don Garcia, roi de Navarre, *Fueros de Santona* (a. 1042), Muñoz, p. 190 ; Ferdinand Ier de Castille et de Léon, *Fueros de Santa Cristina* (a. 1062), *id.*, *ibid.*, p. 222 ; *id.*, *Fueros de Santa Maria de Tera* (a. 1063), *ibid.*, p. 227 ; Alphonse VI, *Fueros du district de Burgos* (a. 1073), *ibid.*, p. 257 ; Sancho le Grand, *Fueros de Najera* (entre 1001 et 1035), *ib.*, p. 292 ; Sancho Ramirez, roi d'Aragon, *Fueros de San Juan de la Pena* (a. 1090), *ib.*, p. 325 ; Alphonse le Batailleur, roi d'Aragon, *Fueros de Belchite* (a. 1116), *ib.*, p. 413 ; Fernand Mendez, gouverneur (*Potestas*) de Bragance, *Fueros de Numão* (a. 1130), *Mon. Portug.*, p. 369. L'article de ces *fueros* qui ouvre à tout immigrant un libre asile est répété dans les *fueros* portugais postérieurs de *Freixo*, de *Trancoso*, de *Linhares*, de *Mos*, de *Moreira*, de *Marialva*, d'*Aguiar*, de *Celorico*, de *Gouveia*, de *Felgosinho* et de *Valhelhas*, qui tous, y compris ceux de *Numão*, sont la reproduction pure et simple des *Fueros de Salamanque* (*Mon. Port.*) ; Alphonse le Batailleur, *Fueros de Caseda* (a. 1129) et de *Calatayud* (a. 1131), Muñoz, p. 474, 475 et 459. — Aux deux exceptions signalées dans le texte, dont la première n'est inscrite que dans les *Fueros de Leon* (art. 21, 22), et la seconde dans ceux de *Santa Cristina*, il convient d'ajouter l'exclusion donnée aux voleurs par les *fueros* de *Najera* (M. P., 292), et aux ravisseurs de la femme d'autrui par tous les *fueros* portugais cités plus haut.
2. Lorsque, entre le colon ou ses héritiers d'une part, et de l'autre, le seigneur ou ses héritiers, il s'élevait une contestation sur la contenance de la concession primitivement octroyée, et qu'il n'existait aucun moyen juridique d'en constater l'étendue, le juge la fixait d'office à cinquante arpents. Cf. *Forum Iudicum*, l. X, tit. I, 14. Cette loi est reproduite dans l'ancienne version officielle du code wisigoth en langue vulgaire sous Ferdinand I.
3. Sur la prise de possession (*presura* ou *pressura*) de terres en pays conquis par ceux qui avaient accompagné le roi ou chef de guerre dans son expédition et combattu sous son drapeau, voir deux chartes portugaises des IXe et

Xe siècles (*Monum. Portug.*, escr. 5 et 6, a. 880 ? 920 ?). Elles offrent ceci de curieux, qu'elles sont les seules chartes hispano-latines où il soit question du drapeau, et où celui-ci porte le nom arabe d'*Albende*, qui ne se rencontre nulle part ailleurs. Cf. Dozy, *Gloss.*, v° ALBENDA.
4. Les divers recueils cités dans les notes précédentes sont remplis de pareilles donations. Il nous suffirait donc d'y renvoyer le lecteur. Voir toutefois encore *Mon. Portug.*, escr. 25, *Esp. sagr.*, XVII, escr. 1 ; XVIII, escr. 5, 8, etc., etc.
5. Voir, outre les fueros auxquels j'ai déjà renvoyé le lecteur, les conditions faites aux colons par les *fueros de Lugo* (a. 841), *Esp. sagr.*, XL, escr. 16, p. 376 ; de *Melgar-d'en-Haut* (a. 970), Muñoz, p. 27 ; de *Villanueva* (a. 1032), *ib.*, p. 103, etc., etc. De ses colons de Longares, l'évêque de Najera recevait annuellement et par famille, en 1063, un pain, un agneau, une poule, une mesure d'orge et neuf journées de travail (*Fueros de Longares*, *ib.*, p. 230, 231). Ceux de Castrojeriz, plus favorisés encore, n'étaient tenus, en vertu de leurs fueros de l'an 974, qu'à trois journées de travail agricole et de charroi (*ibid.*, p. 38). Le seigneur ou maître du sol devait, pendant ces jours de prestation, nourrir bêtes et gens employés à son service. Cf. *Fueros de Leon* (art. 27), de *Villanueva* (Muñoz, p. 184), de *Villavicencio* (*ib.*, p. 172), de *Santa Cristina* (p. 222), etc., etc.
6. Cette exemption de toutes charges autres que celles ressortant de la redevance annuelle ou du service auquel le colon est tenu envers le seigneur ou est inscrite dans tous les fueros. Citons un des plus anciens (*Fueros de l'Église d'Oviedo*, a. 857, M., p. 22) : « Omnis etiam homo habitans in hereditate Sancti Salvatoris nam servus quam liber, non faciat aliquid fiscale servitium regis ; non reddat aliquid pro homicidio quod non fecerit ; non rausum (*rapt*) quamvis fecerit, non fosataria (Muñoz, *fosocaria male*), non carnicerias, non sigillum positum (*droit de scel* et de *scellé*)... non portaticum (*droit de péage*) in officinis salinarum, aut in piscationibus fluminum vel maris. » L'unanimité des *fueros* sur ce point et l'extension de ces mêmes *fueros* à tout le territoire espagnol eurent pour résultat de ne plus laisser guère subsister que le nom de ces charges fiscales, legs probable de la vieille monarchie de Tolède à la monarchie naissante d'Oviédo. On en trouvera l'énumération à peu près complète dans les fueros octroyés à *Javilla* et à *Rezmondo* par le grand comte de Castille Fernand Gonzalez (Muñoz, p. 25, 26 et 34) ; à *Valpuesta* par Alphonse le Chaste (*ibid.*, p. 14, 15) ; à l'église d'Oviedo, etc., etc.

lation qu'en des circonstances extraordinaires, ou pour un temps si court qu'il en devient presque dérisoire. Un jour ou deux par an, trois jours au plus, parfois une seule matinée, telle est la part des *peones* dans l'impôt du sang ; aux *caballeros* et aux hommes de bonne volonté, moyennant solde et part du butin, à payer le reste [1]. Se plaît-il dans la résidence qu'il s'est choisie ou que ses pères lui ont léguée, le colon y vit en paix des fruits de son travail, sous la protection de magistrats et d'administrateurs presque toujours de son choix, et à la juridiction desquels nul n'a le droit de le soustraire [2]. Malheur au reste à qui l'essayerait. Au premier bruit d'une pareille agression, toute la population court aux armes, pourchasse les agents du pouvoir étranger violateur de ses priviléges, les tue comme des chiens quand elle parvient à les saisir, et, s'ils lui échappent, pille et dévaste sans miséricorde les domaines et la demeure de celui qui les aurait envoyés, quel que soit son rang ou son autorité [3]. C'est là un droit qu'elle tient de ses fueros, une obligation qu'ils lui imposent. Elle se garde bien de les oublier, et ne permet à qui que ce soit de les

---

1. Sur l'exemption complète de service militaire (*Fonsado, Fonsadera, Arcato, Annudba*), lire les fueros de *Valpuesta*, de *Brañosera*, d'*Oviedo*, de *Rezmondo*, de *Covarrubias*, de *Villafria*, de *Miranda* et de *Logroño* déjà cités dans les notes précédentes; auxquels on peut joindre ceux d'*Arlanza* (Yepes, I, escr. 31), de *Javilla*, d'*Iriezo*, d'*Arcos*, de *Soldaño* et d'*Orbanella de Picos* (Berganza, escr. 26, 70, 81, 114, 114 *bis*, 113), d'*Auca* (*Esp. sagr.*, XXVI, escr. 5), de *Numão* (*Mon. Port.*, p. 368), de *Seia* (*ib.*, p. 371), etc., etc. — Le service est limité : 1° à l'*apellido*, avec exclusion complète du *fonsado* (expédition au dehors), mais sans détermination de durée, par les *Fueros d'Avila*, reproduits dans ceux d'*Evora*, d'*Abrantes*, de *Corũche*, de *Palmella*, de *Covilhan*, de *Centocellas* et de *San Vicente de Beira* (*ib.*, p. 392, 418, 426, 430, 456. 487, 494); 2° à un jour, chaque année, par les FF. de *Longares* en Espagne, de *Penella*, de *Guimarães* et de *Constantim* en Portugal (*ib.*, p. 346, 350, 352); 3° à deux jours par les FF. de *Léon* (a. 27); 4° à une seule matinée, par ceux de *Santa Cristina*; 5° enfin à trois jours, par les *Fueros de Juca*, de *Tudela* (Muñoz, p. 241, 418), de *Cernancelhe* (*Mon. Port.*, p. 364), etc., etc.

2. Parmi les fueros, les uns stipulent *explicitement* que les juges seront élus, ou ne rendront leurs jugements que d'accord avec un certain nombre d'assesseurs, que leur adjoint le libre suffrage des habitants; tels sont ceux de *Covarrubias* (Muñoz, p. 49), de *Sepulveda*, de *Belorado*, d'*Escalona* (*ib.*, p. 284, 411, 486), de *Guimarães*, de *Constantim*, de *Cernancelhe*, de *Satão*, de *Penella* (*Mon. Port.*, p. 350, 352, 365, 355 et 371); les autres le décident *implicitement* en renvoyant toutes les causes litigieuses aux alcades ou au conseil (*concejo*) qu'on sait avoir été électifs. C'est ce qui est réglé par les FF. de *Najera*, de *Miranda* (Muñoz, p. 264, 349, 350); mais *tous* excluent *toute* intervention de juges ou fonctionnaires étrangers.

3. Voir : 1° quant à l'obligation pour la communauté de repousser toute agression, le serment imposé aux habitants de Tudela et de Saragosse (Muñoz, p. 421, 453), et le très-remarquable passage des *Fueros de Castrojeriz*, que je reproduis ici avec les corrections rendues nécessaires par l'étrange corruption du texte de Muñoz (p. 39) : « Dedit adhuc alio foro, ut, si alios homines pignorent ganatum de Castro, applegent se usque ad octo dies caballeros et pedones, et vadant post illa pignora, et dirumpant palatios et villam de comites et principes, et saccent sua pignora inde. Et sic fecerunt homines de Castro. » En écrivant ces derniers mots, l'*escribano* de Castrojeriz ne vantait pas ses concitoyens aux dépens de la vérité : nous en aurons bientôt la preuve. 2° Quant au droit de tuer le juge ou le fonctionnaire qui essayait de faire acte de juridiction sur le territoire d'autrui, il est inscrit dans la plupart des fueros, à partir des plus anciens. tels que ceux d'*Oviedo*, donnés en l'an 857 (Muñoz, p. 22), de *Melgar-d'en-haut*, en 950 (*ib.*, p. 28), de *Rezmondo*, en 969 (*ib.*, p. 34), etc., etc. On en usa au besoin sans miséricorde, et avec pleine approbation de l'autorité suprême. Écoutons sur ce point nos amis de Castrojeriz : « In tempore illo, venit merino de illa infante Domna Urraca (la sœur bien-aimée du roi Alphonse VI de Castille), et accepit ipsa pignora, et misit illa in palatio de illa infante, in villa Icinaz; et fuimus post illa, et rumpimus villa et palatio, et bibimus illo vino quantum potuimus, et illud quod non potuimus bibere, dedimus de manu per terra. Et venit illa infante cum querimonia ad illo rege suo germano, et *confirmavit nostro foro*. » Et plus haut : « Fuimus post uno pedrero (*recors*) et abscondit se in illo palatio de rex Ferraadus (Ferdinand I, père d'Alphonse VI) in Astudiello, et disrumpimus illos palatios et matamus inter (*intra* ou *intus*) illo pedrero... et venit Ordon Ordonez qui tenebat Palentia, et fecit querimoniam ad regem Domino Ferrando, et *autorisavit nostros foros*. » (*Fueros de Castrojeriz*, Muñoz, p. 40.) Cette revendication armée et légale d'un droit méconnu est, aux yeux de l'honnête Muñoz (p. 39, note 9), une preuve sans réplique du règne de la *force* et de la *violence* dans l'Espagne du haut moyen âge. Ce langage est singulièrement plaisant dans la bouche d'un des enfants de cette Espagne contemporaine où chaque année amène un *pronunciamento*, non pour défendre le droit, mais pour le violer effrontément. Et puis, est-ce que, au sein des sociétés les plus calmes et les plus policées, la justice n'a pas sous la main pour se faire respecter au besoin la gendarmerie ou la maréchaussée? La milice de l'*apellido* était l'unique maréchaussée de la vieille Espagne. Elle réprimait sans frais tout désordre et toute violence; elle les réprimait en outre si énergiquement, que huit ou dix exécutions du genre de celles dont on vient de lire le récit, suffirent à maintenir les habitants de Castrojeriz dans la paisible possession de leurs droits et de leurs privilèges pendant près de trois siècles, de 974 à 1234. Puis, l'approbation de Ferdinand Ier vaut bien le blâme de M. Muñoz.

mépriser ou de s'y soustraire [1]. Vient-il au contraire en pensée à ce même colon de chercher fortune ailleurs, il en est le maître. Quand il s'est présenté, on l'a reçu et traité en homme libre; c'est en homme libre qu'on le traite à son départ. Qu'il aille où l'appellent son goût, son caprice ou son intérêt : la terre est grande et tous les chemins sont ouverts. On ne s'inquiète pas plus de savoir où il va, qu'on ne s'est informé jadis d'où il venait; il est libre : *Vaya con Dios* [2]! Non-seulement aucun obstacle ne se dresse devant le colon tenté d'émigrer; mais certains fueros lui accordent huit jours pour déménager et le droit, s'il ne possède pas de bêtes de somme, d'user gratuitement de celles du manoir pour le transport de son mobilier [3]. Libre de sa personne, il l'est aussi de ses biens, dont il peut disposer à son gré par vente, donation ou testament, à la condition toutefois, s'il s'agit d'un immeuble, que le nouveau possesseur, à titre onéreux ou gratuit, se soumette aux charges fiscales et aux services dont l'immeuble est grevé et qu'acquittait son prédécesseur [4].

Ces libertés et immunités de tout genre, si généreusement octroyées aux défricheurs des terres reconquises sur les Arabes, amènent graduellement l'extinction du servage ou colonat forcé, auquel la plus grande partie des populations agricoles était condamnée en Espagne sous les empereurs romains, sous les rois goths de Tolède et, dans les Asturies, le nord de la Galice, de Léon ou de la Castille, sous les premiers rois de Cangas et d'Oviedo. La servitude proprement dite, celle du moins qui pèse sur des chrétiens, disparaît également de ces anciennes provinces de la monarchie asturienne. C'est là une conséquence nécessaire du nouvel état de choses inauguré dans les territoires récemment ouverts à la colonisation espagnole. Nul autre moyen de retenir sur le sol qu'ils cultivent les colons serfs ou esclaves que de leur octroyer gracieusement les libertés et les immunités qu'ils seraient tentés, si on les refusait plus longtemps, d'aller chercher dans les colonies du *border* méridional. Les garder de force sous le joug est simplement impraticable. Comment river au champ qu'il veut quitter le laboureur qu'une course nocturne de quelques heures met hors de toute atteinte en le transportant, lui, sa famille, et son bétail, s'il en a, sur un domaine étranger largement ou-

---

1. Au cri d'appel ou d'alarme (*apellido, annudba*), poussé sur tous les points du territoire envahi par l'ennemi ou par les agents judiciaires d'un autre district, la population valide devait tout abandonner et courir aux armes; le refus de concourir à la défense commune, ou même le simple délai à se rendre au cri d'appel est rudement châtié : « Debent venire in nostro apellido tota illa alfoz; et una vice noluerunt venire de Melgar ad Melgar, et plegamus nos totos, et fuimus ad illos, et fregimus illas villas, et venerunt ad nos. » *Fueros de Castrojeriz* (p. 41).— Cf. *FF, de Sepulveda, de Caparroso, de Sahagun*, confirm. des *FF. de Jaca* (Muñoz, p. 294, 392, 176, 244); et en Portugal, *FF. de Leirena, de Freixo, d'Urros*, et toute la nombreuse série des reproductions portugaises des fueros espagnols d'Avila et de Salamanque dans les *Monumenta Portugaliæ*.

2. La liberté personnelle des colons et *pobladores* leur est solennellement octroyée par l'immense majorité des fueros espagnols ou portugais à partir de la seconde moitié du xᵉ siècle. V. *FF. de Javilla* (Muñoz, p. 25), *de Castrojeriz* (ib., p. 37), de *Villavicencio* (p. 171), de *Villanueva* (p. 183), de *Villafria* (p. 206), de *Sejuola* (p. 224), de *Saint-André* (p. 232), de *Saint-Anaclet* (p. 233), de *Alquezar* (p. 248), du *Bourg-Neuf de Alquezar* (p. 234), de *Sepulveda* (p. 283), de *Valle* (p. 332), de *Logroño* (p. 335), de *Barbastro* (p. 353), des *Mozarabes de Tolède* (p. 361), de *Caparroso* p. 390, 391), de *Santa Cara* (p. 394), de *Tudela* (p. 418), de *Caseda* (p. 474), de *Borovia* et d'*Artasona* (p. 512), de *Peralta* (p. 546), de *Guimarães* (*Mon. Port.*, p. 351), etc., etc.

3. « Homo qui se voluerit ire ad alia villa, quomodo vaziet sua casa ata viii dias; et si boves non habuerit, vadat ad illos de palatio, et mutet sua causa cum illos, et tornet illos ad locum suum. » Ferdinand I, *Fueros de Santa Cristina* (Muñoz, p. 222). Voir aussi l'ampliation et confirmation de ces mêmes fueros par Alphonse IX de Léon (ib., p. 225), et les fueros concédés au bourg de Valle par le comte Raymond, gendre d'Alphonse VI (ib., p. 332).

4. Cette libre disposition des biens meubles ou immeubles est assurée aux colons par le plus grand nombre des *cartaspueblas* et fueros d'Aragon, de Navarre, de Castille, de Léon, de Galice et de Portugal précédemment cités et auxquels je renvoie le lecteur. Les restrictions, très-rares d'ailleurs, apportées à ce libre droit de vente ou de donation, ont pour but la sauvegarde des intérêts du propriétaire primitif ou seigneur du sol : 1° par le droit de préemption stipulé en sa faveur, mais à un prix qu'il ne lui appartient pas de fixer arbitrairement (*FF. de Leon*, art. 25, de *Villavicencio, d'Orense*, dans Muñoz, p. 67, 172, 176, 500); 2° par l'exclusion de certaines catégories d'acquéreurs (*Fueros épiscopaux d'Orense*, M., p. 500), ou de vendeurs (*Concile de Léon*, can. 7, texte non interpolé de l'Académie, *Cortes... de Leon*, I, p. 3); 3° enfin, par son consentement à la vente, préalablement requis (*FF. de Villafria*, M., p. 204).

vert à tout venant? Comment le poursuivre et le ressaisir dans l'asile qu'il s'est choisi, asile inviolable *de droit*, grâce à ses fueros particuliers, et *de fait*, par la résistance obstinée et toujours victorieuse de ceux qui l'habitent à toute intervention ou agression du dehors? Il n'est guère plus pratique d'introduire dans les fueros ou cartas-pueblas dont on est l'auteur, une clause interdisant à ceux en faveur desquels on les octroie d'accueillir sur les terres qu'on leur concède les colons du donateur. A quoi bon une porte fermée, lorsque huit ou dix autres dont on n'a pas la clef restent constamment ouvertes? Aussi n'ai-je rencontré qu'un seul exemple de prohibition de ce genre[1]. Toute réflexion faite, mieux vaut donc user, au nord de l'Espagne chrétienne, de ces généreuses concessions dont le midi est si prodigue. C'est le parti auquel on s'arrête généralement; et, ce parti une fois adopté, on y reste constamment fidèle. On s'engage même si avant dans cette voie de larges concessions que, l'émulation aidant, on en vient sur certains points à donner carte blanche aux colons ou *pobladores*, leur octroyant d'avance toutes les libertés, les exemptions et les priviléges qu'il leur plaira d'inscrire dans le texte des fueros dont on leur confie la rédaction[2]. En somme, dès la fin du xe siècle, le servage n'existe plus qu'à l'état d'exception infime dans toute l'étendue des royaumes espagnols du nord-ouest; si même il y existe[3]. Quant à l'esclavage proprement dit, il n'est guère représenté dans cette partie de la Péninsule que par des nègres et des Sarrasins enlevés en pays arabe[4].

Dans ces conditions d'existence libre et facile, le paysan espagnol que la paresse n'éloignait pas du travail, ou qui par son inconduite n'en gaspillait pas follement les fruits, était, comme je l'ai dit plus haut, à l'abri de la pauvreté. Il pouvait même, — et les documents historiques du temps en contiennent la preuve, — amasser assez de richesses pour être tenté

---

1. « Damus licentiam populandi, tamen *non de meos homines et de meas villas*, sed de homines excussos et de alias villas (*et* omitt. mihi videtur), et undecumque potueritis, et sint liberi et ingenui ab omni foro malo. » Comte Fernand Gonzalez, *Fueros de Javilla* (a. 941). Muñoz, p. 25.

2. « Facio vobis hanc cartam, homines de Peralta, sive infanzones, sive villanos, sive Francos... propter que popletis sursum in illa penna. Facio vobis ingenuos, et francos de todos usaticos malos et azoforas (*corvées*, Dozy), et de peitas malas, que non habeat super vos... Insuper dono vobis *illo foro qualecunque vos volueritis et eligeritis, et scripseritis in vestra carta.* » García Ramirez, roi de Navarre, *FF. de Peralta* (a. 1144); Muñoz, p. 456.

3. Le doute que je viens d'exprimer persiste en dépit des documents allégués d'ordinaire pour établir l'existence du servage à l'époque dont nous parlons. Il se fonde sur les considérations suivantes: 1° dès la fin du xe siècle, les expressions *servus, servitium, conditio servilis, servire* n'ont plus par elles-mêmes, et indépendamment du contexte, le sens précis et rigoureux de *serf*, d'*esclave*, de *servage* ou de *servitude*. On voit, en effet, le même document déclarer *libres* et *ingénus* les colons qui, peu de lignes plus bas, sont dits être à jamais les *servi* de telle église ou de tel seigneur; c'est-à-dire que, *libres de leurs personnes*, ces colons sont tenus à *servir* annuellement au propriétaire du sol qu'ils occupent la redevance convenue. V. *FF. de Villanueva* (a. 1032) et de *Sojuela* (a. 1039) dans Muñoz, p. 183 et 221; de *Guimarães* (a. 1096), *Mon. Port.*, p. 341; 2° la *vente* ou la *donation de familles et d'individus* en même temps que des terres où ils sont établis, ne signifie le plus souvent que le transfert à l'acquéreur ou au donataire par le vendeur ou le donateur, du droit aux redevances et aux services dus par les colons exploitant librement le domaine aliéné, tant qu'il leur plaira de le cultiver. Le passage suivant des *Fueros de Saint-Anaclet* (a. 1063) confirme tout ceci d'une façon péremptoire : « Non habeatis super vos aliud pondus, nec aliud onus, nec alio nullo pacto ad ipse dominator qui dominatus fuerit, nisi de cunctis frugibus quos ocupaveritis concedatis illo decimo... de omni alio pacto *ingenui ac liberi inveni vos*, et quemadmodum *emi vos* de manu Sancionis regis, volo ut *sitis ingenui* vos et filii vestri. » (Muñoz, p. 233); 3° la production d'un inventaire (*cobrinello*) où figurent des familles de paysans avec désignation du service spécial auquel chacune d'elles est appliquée, ne tranche pas la question. Il faut encore démontrer que ce *service* n'était pas *libre*, et la conséquence d'un contrat librement passé et rescindable à volonté ; tel, en un mot, que le curage annuel d'une portion déterminée du canal d'irrigation appartenant au monastère de Saint-Martin, dont, en 959, se chargèrent librement les habitants de Villa-vascones, en échange d'une prise d'eau consentie à leur profit par l'abbé et les moines (Berganza, escr. 52).

4. Il est question d'un esclave nègre dans la vie de saint Rudesinde ou Rosendo (*lib.* II, cap. 1, n. 2). Les esclaves mores sont mentionnés bien plus fréquemment. Cf. *Esp. sagr.*, escr. 15, t. XXXIV (a. 950); escr. 23, t. XXXVIII (a. 976), Yepes, V; escr. 22 (a. 978), etc. Les *Fueros de Jaca* (a. 1064) ne supposent pas qu'il existe d'autres esclaves ; puisque, dans l'article destiné à régler les *aliments* de l'esclave saisi et détenu en prison par le créancier de son maître, il n'est parlé que de musulmans de l'un et de l'autre sexe (Muñoz, p. 238).

de s'égaler aux caballeros en se refusant aux charges dont ceux-ci étaient exempts, et pour céder à la tentation [1].

Cette prospérité et cette aisance des classes agricoles en Espagne au x° siècle est d'ailleurs, indirectement sans doute, mais très-clairement attestée par les chroniqueurs arabes cités et résumés dans la savante histoire de M. Dozy. Ces écrivains racontent que, en l'année 982, lorsqu'Almanzor inaugurait la longue série de ses terribles et victorieuses expéditions contre l'Espagne chrétienne, l'avant-garde de son armée détruisit, dans un seul district du territoire de Zamora, un millier de villages « presque tous bien peuplés et remplis de cloîtres et d'églises [2] ». Or ce territoire, formant depuis près d'un siècle l'extrême frontière du Léonais, avait dû, pendant cette longue période d'années, être le théâtre ordinaire et la victime des razzias musulmanes; si donc, après quatre-vingts ans d'hostilités à peine interrompues par de rares et courtes suspensions d'armes, le *border* espagnol offrait le spectacle inattendu d'une nombreuse et riche population, combien plus riches et plus peuplées encore devaient être les campagnes de l'intérieur, où depuis si longtemps l'ennemi héréditaire n'osait plus pénétrer! L'état florissant des frontières léonaises au début des campagnes d'Almanzor, prouve aussi,—soit dit en passant,—que les expéditions antérieures des sultans ou des califes de Cordoue dans les royaumes chrétiens ont fait plus de bruit dans les chroniques arabes que de mal en réalité [3]. Aucune d'elles ne porte la plus légère atteinte à l'intégrité territoriale de l'Espagne chrétienne telle qu'Alphonse le Grand l'a constituée, aucune ne peut compromettre sérieusement sa prospérité. Les pompeux récits que nous ont laissés les historiens (toujours quelque peu conteurs) du califat espagnol, sur les guerres de leurs souverains contre Léon ou la Castille, me paraissent donc être à la vérité *vraie* ce qu'est une tapisserie plus ou moins élégante au maigre canevas qu'elle recouvre et dissimule.

Le fait, étrange à première vue, que nous ont révélé les annalistes d'Almanzor s'explique facilement à la réflexion. Toutes les précautions que l'expérience peut suggérer étaient, en effet, prises d'avance, pour déjouer la cruauté et la rapacité des musulmans, qui pénétraient en armes dans les provinces chrétiennes. Non-seulement les villes, mais les bourgades de quelque importance, étaient ceintes de bonnes murailles qui les mettaient à l'abri des coups de main, seul danger qu'elles eussent à redouter d'ennemis encore étrangers aux pratiques de la grande guerre, et plus avides de butin que de conquêtes. C'étaient donc là autant de refuges toujours ouverts, et rarement forcés [4]. De plus, et dès la première apparition des musulmans sur les frontières, les cavaliers de la *noudba* parcouraient à franc étrier le district menacé, en poussant le cri d'appel aux armes [5]. A ce signal bien connu, les hommes

---

[1]. Voir ce qui est dit, en l'année 1045, des clercs *vilains* établis sur les terres de l'abbaye de Cardeña dans les *Fueros de Villafria* (Muñoz, p. 206, 207) ; et la sentence rendue contre une paysanne de Terrero par l'évêque don Sancho et le seigneur de Biscaye en l'an 1040. (*Ibid.*, p. 157, 158.)

[2]. Dozy, *Hist. des Musulm.*, III, p. 190.

[3]. Pour se faire une idée juste des maigres résultats obtenus par les plus formidables expéditions musulmanes avant Almanzor, il suffit de lire le curieux récit de celle qu'entreprirent en 882, contre les Beni-Casi de Saragosse et le roi d'Oviédo Alphonse III, le fils et le vizir de Mohamed I*er* de Cordoue, à la tête d'une armée de quatre-vingt mille hommes, bientôt grossie par les contingents d'un des chefs musulmans déserteur de l'alliance espagnole. Le bilan en est des plus pauvres : échec honteux et sanglant devant Saragosse, Cellorigo en Alava, Poncorvo en Castille ; entrée triomphale dans la bourgade ouverte de Castrojeriz ; reculade précipitée à la vue des troupes d'Alphonse massées sous les murs de Léon, incendie de quelques bicoques enlevées dans le cours de cette retraite, et, enfin, après une promenade ridicule de six mois, rentrée à Cordoue des deux généraux, aussi légers de gloire que de butin. Cf. Anon., *Chron. Albeld.*, n. 180 (al. 66-70).

[4]. C'est ce que prouve le double échec de l'armée musulmane devant les bourgs fortifiés de Cellorigo et de Poncorvo, dont il est question dans la note précédente.

[5]. Après avoir réglé le service militaire annuel auquel sont tenus les *vilains* et les *infanzons* ou caballeros de Na-

valides couraient en toute hâte se ranger autour du chef militaire (comte, mérino, etc.) de leur canton respectif. Les vieillards, les femmes et les enfants, emportant ce qu'ils possédaient de plus précieux et poussant devant eux leur bétail, se jetaient dans les places fortes du voisinage ou, à leur défaut, dans les recoins les plus cachés de leurs bois ou de leurs montagnes [1]. Ce double mouvement de concentration et de retraite auquel obéissait la population armée ou désarmée s'exécutait avec une régularité et une promptitude parfaites. La crainte d'une forte amende imposée aux retardataires aiguillonnait au besoin ceux que l'approche du danger aurait laissés indifférents [2]. Il résultait de tout ceci que, dans la plupart des cas, les dommages causés par des invasions aux apparences formidables se bornaient à l'incendie des villages ouverts et de récoltes encore sur place, au massacre et à la captivité de quelques traînards malavisés. Franchement, il n'y avait pas là de quoi ruiner un peuple, qui ne tardait pas d'ailleurs à reprendre aux ennemis l'équivalent du peu qu'il venait de perdre, en organisant à son tour des razzias en sens inverse plus vigoureusement conduites et, partant, plus fructueuses que toutes celles dont il avait été la victime.

III

Si de ce qu'on vient de lire, quelqu'un imaginait de conclure que, dans ma pensée, l'Espagne chrétienne était à cette époque un Eldorado où la misère aurait été inconnue, il se tromperait beaucoup, et je ne veux pas encourager des inventions trop optimistes. Ni la richesse des hautes classes, ni l'aisance dont jouissaient généralement les classes inférieures, ne bannissaient absolument la pauvreté du sein de la société espagnole. Il y avait donc des pauvres dans cette partie de la Péninsule; il y en avait moins qu'ailleurs peut-être, moins certainement qu'au temps des rois wisigoths, mais assez pour que la charité trouvât à s'exercer largement en leur faveur sous toutes les formes. Elle ne manquait pas à ce devoir sacré, et l'inépuisable munificence de Masona envers les membres souffrants de Jésus-Christ, au VI° siècle, trouvait, au XI°, à Léon, en Castille, dans toutes les provinces du nord-ouest, des imitateurs, dont beaucoup n'avaient sans doute jamais entendu parler du saint évêque de Mérida, mais auxquels la même foi inspirait et imposait les mêmes œuvres. Évêques et rois ouvraient dans les villes principales des hôpitaux (*albergia, albergaria*) aux pauvres, aux

---

jera (Muñoz, p. 289), les fueros de cette ville imposent à ces mêmes infanzons l'obligation d'entretenir à leurs frais un cavalier armé et monté, qui ait charge de la *noudba*, toutes les fois qu'il sera nécessaire de le proclamer : « Debent isti infanziones poncre unum militem qui teneat adnupdam, ubi homines de Nagara necesse habuerint; cum caballo, cum armis ligneis et ferreis. » *Ibid.* Voir sur ce mot arabe, passé dans le haut espagnol, et sur ses diverses significations, Dozy, *Gloss.*, v° ANNUBUVA, p. 192.

1. Le chroniqueur anonyme de Silos (n. 73, 74) entre dans de curieux détails sur la tactique suivie par les chrétiens aux jours des invasions musulmanes : « Si aliquando hostis solito formidolosius irruerat, relicta planitie ad civitates et castella in intervallis montium sita currebatur. Ad hoc algoris, et laborum..... utcunque patientes, et arreptis leviori bus armis, per colles et opaca sylvarum loca pedientes serpiendo, ex improviso castra hostium conturbabant..... succincti et leves, statim ut res postulabat, in diversa ra-

piebantur, etc. » L'auteur, il est vrai, ne parle ici que des *Cantabres*, mais le récit précédemment cité du chroniqueur d'Albelda, rapproché des prescriptions édictées par les fueros de Najera (p. 263, not. 5) et de Jaca (*infra*, not. 2), montrent qu'à peu de chose près on usait de la même tactique devant des forces supérieures dans toutes les provinces chrétiennes.

2. « De *apelitis* (syn. espagnol de la *noudba*) ita statuimus : cum homines de villis, vel qui stent in montanis cum suis ganatis audierint apelitum, omnes accipiant arma, et dimissis ganatis et omnibus aliis suis faciendis, sequantur apelitum..... et unusquisque homo ex illis qui tardius secuti sunt apelitum, et quem magis remoti precesserunt, pectet tres solidos, et ex illis duodecim denarii sint Domini regis, duodecim sint Domini villæ, et duodecim alteri sint de illis junctariis (i. e. *de illis qui promptius se junxerunt ad apelitum*). » Alphonse II d'Aragon, *confirm. des FF. de Jaca* (a. 1187); Muñoz, p. 244.

malades, aux étrangers, aux voyageurs ou enrichissaient de donations nouvelles ceux qu'avait déjà ouverts la libéralité de leurs prédécesseurs.

Dès l'an 1045, Najera, alors résidence royale, possédait le sien que dotait la reine Doña Estefania, et auquel le roi de Castille Alphonse VIII faisait quelques années plus tard de nouvelles largesses [1]. L'antique et glorieuse capitale du royaume de Léon ne pouvait rester longtemps en arrière. En 1084, Pélage, évêque de cette ville, ému des souffrances et des privations de la portion la plus déshéritée de son troupeau, construisit en face et sur les propriétés de sa cathédrale une *maison d'hospitalité*, où les pauvres, les languissants, les infirmes (aveugles, boiteux et muets), les pèlerins et les étrangers trouvaient, donnés au nom de Dieu, le vivre, le couvert, le repos et, s'ils étaient malades, les soins nécessaires jusqu'à leur parfaite guérison, à la seule charge de prier pour le roi, l'évêque et tous les clercs de son église [2]. Certes, en ce qui concernait le fondateur et le roi, ces prières étaient bien méritées; car c'est à leurs libéralités combinées que le nouvel hospice devait sa dotation formée tout entière de terres et de redevances distraites du domaine royal et de celui de la cathédrale [3]. Le successeur de Pélage sur le siége de Léon compléta l'œuvre de son prédécesseur. Il reconstruisit hors de la ville et près des remparts l'albergaria de Sainte-Marie, soit parce que l'édifice primitif, ne suffisant plus aux besoins toujours croissants, ne pouvait dans sa situation première, au cœur de la cité, recevoir les agrandissements nécessaires; soit parce qu'il ne s'y trouvait pas établi dans des conditions désirables de salubrité. Il fit plus encore : détachant du patrimoine de son église un grand nombre de nouveaux domaines ou de redevances, il en grossit la dotation hospitalière constituée par son saint prédécesseur, qu'il n'estimait pas assez opulente [4]. Alphonse VI prêta en cette circonstance le même concours à

1. Cf. Yepes, VI, pag. 464 et 467 *verso*. Dans la donation de la reine de Navarre, la maison des pauvres de Najera est appelée *albergaria*, et *alvergia* dans le privilége du roi de Castille.

2. « Ante januam Ecclesie,
In hereditate sancte Marie,
Domum hospitalitatis fieri jussi,
Quod (*quo?*) omnes pauperes, debiles, claudi, ceci,
Mudi, aliarumque provinciarum peregrini,
In timore Christi hospitium querentes,
Refectionem corporis invenientes,
Quietem noctis gaudentes,
Preces fundant ad Dominum pro rege, pro episcopo, pro omnibus
Clericis in ecclesia degentes (l. *degentibus*).
Atque, si quis in infirmitate oppressus,
Paupertatis necessitate [est] compulsus,
Ibi tamdiu custodiatur, donec, misericordia Christi,
Pristine sanitati
Sit redditus.
Audiant nunc, presentes et absentes, viventes et nascituri :
Ego [j]am supradictus Pelagius in senectute positus,
Appropinquante die mei transitus,
Non auditor obliviosus factus,
Sed factor incepti operis, vellem esse beatus ;
[Quare] h[u]ic hospitio Christi facio testamentum,
Quod volo a Deo sit confirmatum,
Ab omnibus quoque orthodoxis laudatum. »
Pelag. Episc. Leg. *Donat.* (*Esp. sagr.*, XXXVI, escr. 32).

3. Voici le curieux détail de cette dotation : 1° La villa Palanquina, qui était en friche et déserte lorsque le roi, sur la demande de Pélage, en fit don à l'église cathédrale, mais que lui, Pélage, a repeuplée, défrichée et mise en plein rapport; 2° dix pièces de vigne en toute propriété; 3° la dîme du vin récolté dans sept autres vignobles ; 4° celle des aulx et des oignons de tous les jardins épiscopaux, et la part qui revenait au siège de Léon dans les dîmes des trois villas de Reiligos, d'Auteiros et de Melgar; 5° le tiers des revenus ecclésiastiques (*tertias*) de Villa-Nava, attribué à l'évêque par le droit canon hispano-gothique, et la troisième partie des fruits recueillis dans le verger que Pélage avait fait planter et clore, au pied des remparts de Léon ; 6° enfin, le dixième de la dîme du sel de Lampreana. Cf. Pelag. *Donat.* supr. cit.

4. Cf. Petri ep. Leg. *Donationes* (a. 1092, 1093 et 1096) *Esp. sagr.*, XXXVI, escr. 35, 36, 39. La première de ces donations s'ouvre par l'éloge rimé et très-régulièrement rhythmé du fondateur de l'albergaria de Léon, l'évêque Pélage. Je le cite comme un nouvel et parfait spécimen du genre de poésie alors populaire parmi les clercs, et qui ne différait de la poésie des classes illettrées que par l'idiome.

« Sub Dei Patris gratia,
Et Filii victoria,
Sub igne Sancti Spiritus
Refulget *donī* titulus.

Hec fides est catholica
Quam celebrat Christicola :
Qui credit sine dubio
Regnabit in perpetuo.

Ardorem hujus fidei
Fatetur sensus pectoris,
Cum factis quis insequitur
Quod bene lingua loquitur.

Valde constat laudabile,
Satis et acceptabile,
Quod Sancti Patres *celitus*
Constituerunt primitus.

Pierre, qu'à Pélage douze ans auparavant, non-seulement en confirmant les donations du nouvel évêque de Léon, mais en y joignant les siennes[1]. Cela se passait le 6 mars 1096. Quatre mois plus tard, le 23 juillet, ce même prince abandonnait un des palais royaux d'Oviédo à l'évêque de cette ville pour en faire une *maison d'aumônes et d'hospitalité* ouverte aux indigents de la vieille capitale[2]. La noble et sainte pensée d'héberger dans une résidence royale la pauvreté que Jésus-Christ, en la choisissant pour compagne de sa vie entière, avait associée à sa divine royauté, était digne de ce magnanime héritier de Pélage, d'Alphonse le Catholique et de cette longue lignée de rois, qui en plus de trois siècles (791-1112) ne compta guère que des héros[3]. Il l'accepta donc avec empressement quand elle lui fut suggérée, et, pour mieux la réaliser, il joignit au don matériel du palais et de toutes ses dépendances, l'octroi de fueros qui assuraient, dans le présent aussi bien que dans l'avenir, la pleine indépendance et la parfaite administration du nouvel établissement hospitalier[4]. Avant Oviédo et Léon, Burgos possédait une albergaria dont l'existence nous est connue par la donation de riches domaines et la concession de nombreux priviléges qu'Alphonse VI lui fit en 1085. Nous apprenons par cette même pièce et par la vie de saint Adélelme ou Aldhelme, moine français appelé en Espagne par Alphonse VI à la suggestion de la reine Constance, qu'à cette époque, existait aussi aux portes de la capitale des comtes et des rois de Castille, un hospice pour les pèlerins de Saint-Jacques, avec un oratoire dédié à saint Jean l'Évangéliste, frère du glorieux apôtre de la Péninsule[5]. Cent ans plus tard et dans la même ville, Alphonse VIII, marchant sur les traces de son généreux quadrisaïeul, construisait et dotait une maladrerie; puis, dans la banlieue, près de l'abbaye de Las Huelgas, et sur le bord du chemin de Burgos à Compostelle, une nouvelle albergaria exclusivement destinée aux pèlerins de plus en plus nombreux qui, de tous les pays du monde chrétien, se rendaient au tombeau de saint Jacques[6]. Ce que les rois ou les évêques avaient fait pour les pauvres, indigènes ou étrangers, dans les capitales de la Navarre, de Léon, des Asturies et de Castille, un chanoine de Compostelle d'une naissance illustre et d'un grand savoir, Diego Gelmirez, chancelier du gendre d'Alphonse VI, le comte Raymond de Bourgogne, voulut le faire dans la ville même de Saint-Jacques et y réussit. Une maison achetée

---

Ex *quibus quidam* inclitus
Hujus sedis episcopus,
Qui Pelagius nomine,
Pelagus Dei fomite,

Altaribus Ecclesie
Censum promisit tradere.
Ne carerent luminibus
In nocturnis temporibus. »

Les corrections faites au texte donné par Risco sont indiquées ici par des *italiques*. Le sens et le rhythme me les imposaient; car l'un et l'autre repoussent également les leçons *Domini* (v. 4), *constituerunt primitus celitus* (v. 15, 16), *ex quibusdam inclitus* (v. 17), et *Pelagius* (v. 20) de l'*Espana sagrada*.

1. « Et Ego, rex Adefonsus, etc. » *Esp. sagr.*, *ibid.*, escr. 39, p. LXXXVI.

2. « Proposui facere, sicut et facio cartulam testamenti de illo palatio Frantisco, quod est in Oveto, foras de illo nostro. Deque illo palatio facio hoc testamentum Deo atque Ecclesie Sancti Salvatoris..... ut, per arbitrium episcopi Domini Martini ejusque canonicorum, quorum petitioni faveus hoc scribere mandavi, fiat in illo palatio domus eleemosinaria ad pauperes Christi hospitandos. » Alph. VI, *Esp. sagr.* XXXVIII, escr. 27. Il ne s'agit pas ici, comme Risco *ibid.*, p. 93, 94, semble le croire, du palais royal proprement dit, que le roi de Castille habitait lorsqu'il venait à Oviedo, mais d'une autre résidence royale sise dans la même ville et distincte de la première. C'est ce que prouvent ces paroles du texte cité : « Foras de illo nostro (palatio). »

3. Je ne connais, dans toute cette longue suite d'années, que cinq souverains sur dix-neuf qui fussent peu dignes du trône où ils se sont assis : Alphonse IV, Sancho II (al. I). Ramire III, Bermude II, et l'usurpateur Ordoño el Malo. qui ne fit qu'y passer. De quelle dynastie chrétienne ou musulmane de la même époque pourrait-on en dire autant?

4. Alph. VI, *Esp. sagr.*, XXXVIII, escr. 27.

5. « Do atque concedo quinque villas meas... ad illam albergariam, ut ibi dent (M. *ibidem*) pauperibus [hospitium], et sustentationem peregrinorum. » Adefonsi VI, *FF. de la Albergaria de Burgos* (Muñoz, p. 263 sqq.). Cf. Florez, *Esp. sagr.*, t. XXVI, p. 210 et 262; et, dans le tome XXVII, l'article consacré à cet hôpital dit *del Emperador* (p. 346 sgg.); Rodulphi *Vit. S. Adelelmi*, nº 13. (*Ibid.*, XXVI, apend.)

6. Florez, *Esp. sagr.*, XXVII, p. 347, 349, etc.

de ses deniers fut transformée en hospice de malades et de pèlerins, et Diego la dota richement, partie sur ses propres biens, partie sur ceux de son église quand il se fut assis sur le siége apostolique del'Espagne, et qu'il put ainsi donner un plus large cours à sa libéralité[1]. Enfin Braga, l'ancienne métropole de la Galice, avait aussi son hôpital au xiie siècle[2].

Les albergarias d'origine royale ou épiscopale ne constituaient qu'une très-faible partie des nombreux asiles ouverts sur les divers points de l'Espagne aux pauvres de Jésus-Christ. Tous les monastères de quelque importance, — Saint Millan, Cardeña, Silos, Sahagun, Celanova, Guimarães, Lorenzana, etc., — étaient la maison des indigents, des malades, des pèlerins et des voyageurs, autant que celle des moines. L'hospitalité donnée à tous sans acception de personnes, l'aumône distribuée à quiconque la sollicitait, étaient, pour les religieux de Saint-Isidore et de Saint-Benoît, les seuls que l'Espagne du haut moyen âge semble avoir connus, une obligation chère et sacrée, dont aucun de ceux qui se sont quelque peu familiarisés avec l'histoire monastique de la Péninsule ne les accusera d'avoir jamais négligé l'accomplissement. La conscience leur faisait de cette obligation un devoir rigoureux; car il leur était imposé à la fois par la règle qu'ils avaient embrassée[3], et par la volonté formelle des fondateurs ou bienfaiteurs consignée dans les chartes de la plupart des monastères, et dans les actes de donation postérieurs à leur établissement[4]. C'est ainsi, pour ne citer qu'un petit nombre d'exemples, que, dans la somptueuse et royale dotation de l'abbaye de Lorenzana, qui comprend entre autres objets trente-trois lits montés et garnis dont douze sont réservés exclusivement à l'usage des indigents, le saint comte Osorio Gutierrez clôt l'interminable énumération des biens de tout genre qu'il abandonne au monastère, par la solennelle recommandation d'appliquer ces richesses, en toute paix et charité, à la nourriture et à l'habillement des religieux, des hôtes, des voyageurs et des pauvres[5]. S. Rosendo, dans la dotation plus magnifique encore de Celanova, ne tient pas un autre langage. Tout ce qui

---

1. Cf. *Hist. compost.*, lib. I, c. XIX et lib. II, c. XCIV (*Esp. sagr.*, XX, p. 53 et 472.

2. In eadem quoque civitate [Bracarensi] erat quædam muliercula domum hospitalem inhabitans, etc. Anon. *Vit. S. Geraldi*, n. 28 (*Mon. Portug.*, p. 58).

3. Sur l'honneur rendu à la pauvreté, l'amour des pauvres et la pratique de l'hospitalité dans le saint et glorieux ordre du patriarche saint Benoît, je ne puis que renvoyer le lecteur à ce qu'en dit le comte de Montalembert au tome VIe de ses *Moines d'Occident* (p. 298-323). Voici maintenant quelques-unes des prescriptions de la règle moins connue de saint Isidore sur le même sujet : 1° tous les revenus du monastère sont divisés en trois portions égales : l'une pour les vieillards et les infirmes de la communauté, l'autre pour l'entretien des religieux valides et des enfants élevés dans l'enceinte du cloître, la troisième pour les indigents (*Reg. monach.*, XIX, 5; *S. Isidor.*, t. VI); 2° le portier reçoit les hôtes qui se présentent, ils sont confiés aux soins d'un religieux qui doit veiller à ce que rien ne leur manque (*ibid.*, XX, 2 et 5); il les accueillera donc avec un visage joyeux, assignera à chacun sa chambre, leur lavera les pieds et pourvoira libéralement à tous leurs besoins (*ibid.*, XX, 5; XXII, 1, 2); 3° à ce même religieux est confié le soin de distribuer aux indigents les aumônes du monastère (XX, 5); 4° la desserte des religieux appartient de droit aux pauvres sans qu'on en puisse rien distraire (IX, 7); mais franchement, vu la chère plus que frugale des moines Isidoriens pendant les trois quarts de l'année, les débris de leur maigre pitance ne devaient pas grossir de beaucoup la part heureusement très-large que leur charité faisait aux pauvres. — D'après le texte le plus ancien des actes du concile de Coyanza, publié par l'Académie des sciences de Lisbonne (*Mon. Portug.*, Leges, I, 138, col. I), il existait encore des monastères Isidoriens en Espagne au temps de ce concile (a. c. 1050).

4. Cf. S. Osorio, *Charte de fondation de l'abbaye de Lorenzana* (a. 969), n° 7 et 8, *Esp. sagr.*, XVIII, escr. 47, p. 332 ; Ordoño II, *Charte de fondation du monastère de Samos* (a. 922), *Esp. sagr.*, XIV, escr. 3 ; Diego Gudesteoz, *Donat. au monastère de Cardeña* (a. 944), Berganza, escr. 32; Garcia Fernandez, comte de Castille, *Donation à la même abbaye* (a. 971), *ibid.*, escr. 66; Theodo et Argonti, *Donat. au monastère de Piasca* (a. 930), Escalona, escr. 14; S. Rosendo, *Charte de dotation de Celanova* (a. 942), et don Froyla Gutierrez, son frère, *Donat. au même monastère* (a. 936), Yepes, V, escr. 1, 4; Bermudo II, *Donat. à Saint-Laurent de Carbuero* (a. 999), Id., *ibid.*, escr. 7; Alphonse VIII, *Donation au monastère de Buxedo* (a. 1175), Llorente, IV, escr. 151, etc., etc.

5. « Etiam alios viginti unum lectos de almuzallas, mantas, plumazos. Etiam alios duodecim lectos per ad pauperes [de] almuzallas, mantas, plumazos..... Hæc omnia equanimiter possideant in victu et vestimentum corporum, seu charitative, sacerdotum, confessorum, hospitum, peregrinorum, pauperum; et qui tribuerit, mercedem accipiat. » Comte Osorio (*Charte de fondat. de Lorenzana* citée dans la note précédente).

est renfermé dans mon testament (*donation*), y lisons-nous, doit rester en la possession des religieux, afin que, distribué en entier par leurs soins aux pauvres, aux hôtes et aux voyageurs, il procure aujourd'hui et toujours, à ceux-ci le vivre et le vêtir, à moi l'éternelle récompense[1]. Le vaillant roi de Léon, Ordoño II, insère les mêmes prescriptions dans sa donation au monastère de Sainte-Colombe, afin, ajoute-t-il, que jamais les nécessiteux n'y essuient un refus[2]. Trois siècles plus tard, au moment même où se ferme le haut moyen âge espagnol, Alphonse IX de Léon ne confirme les donations faites à l'hospice monastique d'Arvas et n'y ajoute les siennes, qu'à la condition imposée aux religieux de donner un pain entier et du vin à tout venant bon ou mauvais, de quelque part qu'il vienne, qui demandera humblement et dévotement l'aumône à leur porte[3].

Pour les moines dignes de ce nom, et c'était le plus grand nombre, cette pratique de la charité envers les déshérités de ce monde n'était pas seulement un devoir de conscience, mais aussi et plus encore un besoin du cœur. Enivrés de l'amour du Christ que le regard de leur foi, perçant les voiles d'une chair mortelle, leur montrait présent et vivant dans chacun de leurs frères, et plus particulièrement dans les pauvres, ils goûtaient une joie ineffable, une sainte et pure volupté à se dévouer, à se dépenser, eux et tout ce que Dieu leur donnait de richesses, au service de ce Sauveur tendrement aimé, et redevenu visible dans chacun de ceux qui franchissaient le seuil de leur demeure, pour y chercher un abri ou un secours. Tous étaient donc accueillis avec empressement, et l'hospitalité monastique, si lourdes qu'en fussent les charges, ne chômait jamais. Ni l'insolence des grands ou de leur suite [4], ni la brutalité et les violences des soldats malades dont le comte de la province confiait la guérison aux religieux[5], ni les tentatives de friponnerie des faux indigents[6] ne lassaient ou ne déconcertaient un dévouement, qui, venu de Dieu, ne s'adressait qu'à Lui et ne cherchait qu'en Lui sa récompense. Dieu d'ailleurs savait au besoin protéger par d'éclatants prodiges ses serviteurs dans l'exercice de leur infatigable charité. On le vit parfois frapper leurs oppresseurs ou leurs spoliateurs des mêmes châtiments auxquels étaient voués d'avance, par les imprécations finales des chartes de fondation des monastères, les misérables dont la cupidité s'attaquait au divin patrimoine des pauvres[7].

---

1. « Que in hoc testamento resonant... per fratrum disponantur solertia et eis maneant habitura, atque pauperibus, hospitibus et peregrinis distributa universa, si[n]t eis amodo et deinceps temporale victum et tegumentum, et nobis ante Dominum premium indeficiens (V. *indefensim*). » S. Rosendo, ubi supr. (Yepes, V, p. 424, recto et verso.)

2. « Pro victum ac tegumentum fratrum, sive pro advenientium pauperum vel peregrinorum, unde humanitatem denegatam non habeant. » Ordoño II (a. 923), Yepes, IV, escr. 20.

3. « Concedo prefato monasterio et hospitali Sancte Marie de Arvis omnes hereditates..... quantascumque avus meus imperator bone memorie, et pater meus... et ego... dedimus : tali tamen conditione servata : de predicto hospitali panem integrum et vinum omni advenienti, undecumque adveniat, detur, tam bono homini quam malo, dummodo charitatis eleemosinam in predicto hospitali humiliter petat ac devote. » Alphonse IX (a. 1216), *Esp. sagr.*, XXXVIII, escr. 39, p. 361.

4. « Fatebatur enim quod quadam Dominice nativitatis solemnitate, Orraca regina cum non minima militum multitudine Cellam novam devenisse[t]... Inter hec autem cum...

thesauri domus a sacrista peteretur, cumque in ipsius ascensu itineris, quidam miles... consederet cum aliis, illius oram chlamidis casu accidente pedibus conculcavit. Moxque adversus Dei servum maximo furore infremuit, ac contumeliosis verbis tractavit, etc. » S. Rudesindi, *Mirac.*, lib. II, n. 12 (*Monum. Portug.*, Scriptores, I, p. 49).

5. Cf. *ibid.*, lib. I, n. 2 (*M. P.. ib.*, p. 39).

6. Lire dans Gonzalo de Berceo (*San Domingo de Silos*, lib. II, copl. 376 sgg.), la *grande courtoisie* dont usa saint Dominique de Silos envers les maraudeurs qui s'étaient introduits la nuit dans le verger du monastère, et la façon gracieuse et charmante dont il déjoua la ruse de faux pèlerins qui essayaient de lui escroquer des habits dont ils n'avaient nul besoin (*ibid.*, copl. 479-484).

7. Saint Rosendo termine sa donation à Celanova par cette imprécation : « Si quis ex regia potestate... pontifex, comes, propinquus, vel quisquis infaustus judex exsurgere quieverit ad convellendum quod Deo et servis ejus per hoc testamentum concedimus, in primis sit excommunicatus... et cum diabolo et Juda a sinistris discedens, pari pœna damnetur. » Or, cent quarante ou cent cinquante ans plus tard, un misérable apostat, nommé par la sœur d'Alphonse VI,

ais ces tentatives d'usurpation ou de spoliation, très-rares en Espagne, étaient plus que compensées par les donations de plus en plus multipliées faites par les fidèles à ce qu'un poëte castillan appelle à si juste titre de *saintes hôtelleries* [1]. Somme toute les pauvres ne pâtissaient en rien de ces avanies brutales, peut-être n'en soupçonnaient-ils pas l'existence. La charité espagnole alors dans son plein épanouissement avait, en outre, d'héroïques volontaires lancés de toutes parts en éclaireurs, qui épargnaient aux nécessiteux jusqu'à la peine de venir solliciter les secours dont ils avaient besoin. Tel était saint Martin, simple prêtre, et pasteur du bourg de Saure nouvellement rétabli à vingt-cinq milles au sud de Coïmbre, vers le commencement du XIIe siècle (1110-1120). Vrai *factotum* de la civilisation chrétienne dans cette extrême frontière du Portugal, ce saint homme, levé avant l'aube, se rendait aussitôt sur les terres de son église qu'il défrichait et cultivait de ses propres mains jusqu'à midi. Rentré dans son église au milieu du jour, il y célébrait le saint sacrifice, distribuait aux fidèles le pain de la parole, puis, toujours à jeun, allait par les carrefours et les chemins à la recherche des étrangers, des voyageurs, des mendiants, qu'il invitait, qu'il contraignait même par une sainte importunité à venir partager son unique réfection, à laquelle il ne voulut jamais toucher qu'en compagnie des hôtes qu'il avait ainsi recrutés à la sueur de son front [2]. Tel était aussi, à la fin du même siècle (1196-1208), saint Julien, évêque de Cuenca, qui, se condamnant avec son unique serviteur, à vivre d'un travail quotidien et manuel, distribuait en aumônes tous les revenus de son siége, sans en rien réserver pour ses propres besoins [3]. Tels étaient enfin et saint Théotonio qui, n'étant encore que prieur séculier de l'église de Viseu, abandonnait aux pauvres la plus large part des fruits de son bénéfice, et de ses rentes patrimoniales [4]; ce moine français, dont je parlais naguère, saint Ald-

doña Elvire, abbé intrus de Celanova, à la place de l'abbé légitime que cette princesse avait chassé, fut frappé de mort subite et creva par le milieu du corps comme Judas, la veille du jour où il devait expulser les religieux des lieux réguliers pour y installer l'infante, ses dames et ses valets. Cf. Rudesendi, *Mirac.*, I, n. 1. Voir un autre trait du même genre, *ibid.*, II, n. 11.

1. Gonzalo de Berceo fait dire à saint Dominique de Silos, parlant de la célèbre abbaye de San Millan :

« Tus abuelos ficieron este sancto ospital. »
(*S. Dom. de Silos*, copl. 137.)

2. « Plebem igitur sibi commissam catholice fidei regula sepissime instruebat... de operibus misericordie cunctos edocebat..... Hospitalitatem precipue alacri mente omnibus hominibus exhibebat... et tanto caritatis flagrabat ardore, ut non solum adventicios hospites et peregrinos dictis quibuslibet invitaret, immo quandoque etiam resistentes trahens, eos secum in domum ire compellebat..... Numquam ociositas..... eum domi torpentem invenit; quin potius in assiduis agrorum laboribus sua sponte urgeretur, si quando mens ab oratione... cessabat... Cum vero ab operatione manuum cessando domum rediret, licet medius esset dies, prius tamen solito more sacre solemnia misse celebrabat. Nec prius corpus alimento reficiebat, quam forum et castelli plateas si adventicius esset [quærens] circuiret, quem secum ad cibum capiendum advocaret, etc. » Salvat., *Vit. S. Mart. Saur.*, n. 9 (*Mon. Port.*, Script. I, p. 64).

3. *Esp. sagr.*, XXVII, p. 98, n. 70.

4. « Subveniebat pauperibus, visitabat languentes, provocabat hospitio, lenibat blanditiis..... majorem partem sui laboris et totius quod habebat indigentibus tribuebat ; reliquam vero partem in usus vestimentorum sibi moderate retinebat. Ipsa postmodum vestimenta, intuitu miserationis, maxime viduis tribuebat..... In omniquaque

helme, qui, assis presque toute la journée à la porte extérieure du couvent qu'Alphonse VI lui avait construit à Burgos, offrait à tous les indigents, à tous les voyageurs qui passaient devant lui un des pains dont les corbeilles placées à ses côtés étaient remplies [1]; et ce noble Ansur, un des plus puissants seigneurs de la cour de Ramire III, qui sur ses biens, tous légitimement acquis, prélevait chaque jour d'abondantes aumônes en faveur de tous les nécessiteux, pèlerins, prisonniers ou mendiants [2]. Non-seulement les pauvres étaient secourus dans leurs nécessités, mais, soit spontanément, soit pour obéir aux décrets de leur église, les riches Espagnols se faisaient un honneur et un devoir de les associer à leurs joies ou à leurs douleurs. Ils étaient conviés aux fêtes et réjouissances par lesquelles on célébrait la naissance et le baptême des nouveau-nés [3]; une place leur était réservée à tous les banquets de funérailles [4]. Les chrétiens captifs en terre infidèle ne pouvaient évidemment être oubliés. Dès 950, trois cents ans avant l'institution de l'ordre de la Merci, un riche caballero, passé de la milice du siècle dans celle de l'Église qu'il servait en qualité de diacre, léguait pour le rachat des Espagnols que le hasard des batailles avait fait tomber aux mains des Arabes, ses vastes domaines de la plaine et de la montagne, son manoir (corte) de Léon, son argenterie, ses meubles, ses selles rehaussées d'or et ses armes de guerre [5]. Au siècle suivant, saint Dominique de Silos donne pour le même objet, à une famille éplorée qui sollicitait sa pitié, l'unique cheval de son pauvre monastère [6]. Saint Martin de Saure, fait prisonnier par les Mores avec les chevaliers du Temple qu'il accompagnait en qualité de chapelain dans une de leurs expéditions, demande et obtient la permission de partager l'horrible captivité des esclaves chrétiens dans les cachots infects de Santarem, de Cordoue et de Séville. Il y meurt dans l'exercice de la plus héroïque charité [7]. Saint Théotonio, devenu prieur des chanoines réguliers de Sainte-Croix de Coïmbre, apprenant que, dans une triomphale razzia poussée jusqu'aux murs de Séville, Alphonse I de Portugal et son armée ont fait une multitude de captifs parmi lesquels se trouvent quelques milliers de chrétiens mozarabes, sort de son couvent dont il n'avait pas franchi le seuil depuis sa profession, va au-devant de l'armée victorieuse, réclame éloquemment au

---

feria vi... in ecclesia B. Michaelis archangeli, quæ foras murum in cemeterio... est, pro cunctis defunctis missam celebrabat. Ad quam... plurima et diversa, ut illius regionis moris est, devote offerebant. De quibus omnibus... nihil omnino sibi reservans... cunctis indigentibus... omnia distribuebat, etc. » Anon., *Vit. S. Theotonii*, n. 7 (*Mon. Port.*, Scriptores, p. 84).

1. « In cella sua quam ei dederat rex (leg. *rex dederat*),
Quotidie, post matutinos missas celebrabat,
Quibus peractis, cum panuum cophinis quot poterat,
Ad ostium cellulæ (*cellæ*) ubi pauperum transitus erat,
Quotidie sedens quæcumque habebat,
Necessitatem patientibus largiebatur (leg. *largiebat*). »
Rodolfus Mon., *Vit. S. Adelelmi*, n. 15 (*Esp. sagr.*, XXVII, escr. 5).

2. « Audivimus eo quod fuit vir nomine Ansuri, servus esse regis fideliter et inter majores natu solitus, explente directa servitia in palacio regis domnissimi imperatoris. Ille vero timens Deo et recedens a malo... quod de vera justitia adquirebat, in hospitum, pauperum, peregrinorum vel captivorum quotidie expendebat. » Ramire III (a. 976), Escalona, escr. 51.

3. A l'occasion de la naissance de leur fils (a. 907?), les parents de S. Rosendo affranchirent leurs esclaves et distribuèrent aux pauvres d'abondantes aumônes. S. Rosendo de son vivant, et, après sa mort, les moines de Celanova célébraient cet anniversaire, transféré au jour du baptême du saint, par des largesses faites aux indigents. Cf. *S. Rudesindi Vit.* 1ᵃᵐ et 2ᵃᵐ, lib. I, n. 4 et 1 (*Mon. Port.*, Script. p. 35 et 34).

4. « Clerici et laici qui ad convivia defunctorum venerint, sic panem defuncti comedant, ut aliquid boni pro ejus anima faciant. Ad quæ tamen convivia vocentur pauperes et debiles pro anima defuncti. » *Concile de Coyanza* (a. 1050), can. 5 (*Esp. sagr.*, XXXVIII, escr. 4).

5. *Esp. sagr.*, XXXIV, pp. 220-221.

6. Gonz. de Berceo, *San Domingo de Silos*, copl. 353-368.

7. « In Scalabi castri menia... perductus est (*Martinus*). Ingressus est itaque sua sponte, *nullo cogente*, in horribile et fetidum carceris ergastulum ubi christiani compedibus tenebantur adstricti; tanta animi diligentia erga christicolas et fidei consortes in eo erat! etc. » Salvatus, *Vit. S. Martini Sauriensis*, n. 11 (*M. P.*, p. 62).

nom du Christ la liberté que ces malheureux allaient par une déplorable confusion perdre sans retour, et à laquelle ils avaient comme chrétiens un droit imprescriptible. Sa demande est aussitôt accueillie. Mais il ne suffit pas au saint homme d'avoir soustrait ses nouveaux clients à la servitude dont ils étaient menacés, il pourvoit en outre à tous leurs besoins avec une paternelle sollicitude pendant plusieurs années [1]. L'Espagne chrétienne du haut moyen âge a donc fait bien réellement ce que la légende raconte du Cid Campeador : comme Rodrigue avec le lépreux ramassé sur le chemin de Compostelle [2], l'Espagne castillane ou léonaise partage son gîte, sa table et sa couche avec le pauvre qu'elle recueille sur son chemin. Ici encore, on reconnaît dans la fille les traits de la mère; dans l'Espagne d'Alphonse le Grand d'Oviédo, ou de Ferdinand I de Burgos et de Léon, cette Espagne gothique, dont les évêques spoliés et proscrits donnent sans hésiter leur dernière pièce de monnaie au mendiant qu'ils rencontrent [3]; dont les rois consacrent au rachat des prisonniers faits par leurs troupes victorieuses, et au soulagement des misérables, les richesses de leur épargne [4].

IV.

L'honneur de cet épanouissement de la charité publique et privée, du développement si complet de la liberté domestique ou civile, et de la prospérité matérielle revient tout entier, — ne craignons pas de l'affirmer, — à l'Eglise espagnole. C'est elle, qui, par ses évêques et par ses moines, conservant dans la plénitude de la vie chrétienne, y ramenant au besoin ses enfants insurgés contre l'islamisme triomphant dans la Péninsule, en a fait ce peuple de héros catholiques dont le dévouement à Dieu et à la patrie ne s'est ni démenti, ni même lassé une seule fois pendant les cinq siècles de cette seconde période du haut moyen âge. A peine, en effet, s'est-elle reconstituée, ou plutôt retrouvée dans les Asturies telle qu'elle était à Tolède [5], qu'au milieu des désastres de la conquête musulmane, elle reprend la sainte mis-

---

1. « O rex, inquiens, et cuncti barones qui sancte Matris Ecclesie filii estis, cur fratres vestros vobis in servos et ancillas subjugatis? Peccatis super hoc Domino vestro. Cumque prout debuit, compendiose tamen, eos allocutus fuisset... rex et cuncti bellatores totum illud genus hominum... coram eo liberum abire permiserunt... Igitur... liberatis a servitute plus quam mille hominibus, exceptis uxoribus et parvulis, quicumque de gente illa Colimbrie esse voluerunt, locum habitandi circa monasterium Sanctus dedit, eosque per annos plurimos de annona monasterii pavit, utpote imbecilles et legitima terre ignorantes. » Anon. *Vit. S. Theotonii*, n. 17.
2. Voir cette légende dans Berganza, I, p. 406, et dans Risco : *La Castilla y el mas famoso Castellano*, p. 83.
3. « Igitur sanctus vir antistes Masona, tribus tantum de suis secum comitantibus pueris, ad locum destinatum pervenit, cum quibus cum... exilio in monasterium relegarunt... Omnia quæ ibidem suis usibus suorumque famulorum habere poterat necessaria pauperibus erogavit... Quædam vidua paupercula... ad eum stipem flagitans advenit. Cum vero vir Dei, qui jam omnia in opus simile consumpserat... quid ei impertiret... minime reperiret, cepit pueros... deposcere, ut si aliquis eorum aliquid haberet...' jam dictæ mulierculæ tribueret. E quibus unus... respondit dicens : Habeo quidem unum solidum, sed si dedero, nihil omnino unde nobis vel bestiunculæ nostræ ut postmodum emamus, habebimus. Cui vir Domini, ut sine aliqua hæsitatione integrum daret, nihiloque sibi ex eo reservaret, præcepit. » Paul. Emerit., *VV. Patrum Emerit.*, XIII, 32.
4. Saint Isidore de Séville écrit du roi Sisebut (*Hist. Goth.*, ad Æram 650, A. C. 612) :

« Adeo post victoriam clemens, ut multos,
Ab exercitu suo hostili præda in servitutem redactos,
Pretio dato absolveret,
Ejusque thesaurus redemptio captivorum existeret. »

Et précédemment (*ibid.*, ad Ær. 624, A. C. 586), du saint roi Récarède : « Opes suas in miseris, thesauros suos in egenis recondens, sciens ad hoc illi fuisse collatum regnum, ut eo salubriter uteretur. » Voir aussi ce que raconte le même historien des libéralités de Svinthila pendant les premières années de son règne (*ib.*, ad Ær. 659, A. C. 621).

5. « Omnemque Gothorum ordinem (*Adefonsus II*), sicut [Toleto fuit (Ed. *fuerat*). Tam in Ecclesia quam palatio, in Oveto cuncta statuit. » *Chron. Albeld.*, n. 175 (*Al.* 58).

La vraie leçon ne serait-elle pas au second vers, « quam *in* palatio, Oveto *constituit*? » Il ne faut pas oublier que nous ne possédons que des *copies de copies* de cette chronique.

sion de civilisation chrétienne par l'enseignement et par l'exemple qu'elle tient de Dieu même, et dont elle s'est si glorieusement acquittée au sortir de la première invasion. Inviolablement attachée à sa vieille foi et à son antique discipline, elle s'acquitte de cette tâche par l'emploi des moyens dont l'expérience des siècles précédents lui a prouvé la divine efficacité. Dans ses basiliques construites sur le plan de celles que l'islam lui a ravies, ornées et décorées comme elles, où règne sans partage l'antique liturgie espagnole, héritage sacré légué à cette Église par ses premiers apôtres et ses plus illustres docteurs[1], les évêques et les abbés réunis en concile, aussi souvent que les circonstances le permettent, délibèrent en présence du roi et des grands de son entourage[2], sur les mesures à prendre pour maintenir les clercs dans la continence dont les anciens canons leur font une loi, le peuple dans la pureté des mœurs, l'Église dans la liberté qui lui est nécessaire, et la société temporelle dans la paix et la tranquillité ; pour assurer à tous les fidèles, clercs ou laïques, l'instruction religieuse dont ils ont besoin ; pour extirper du corps social les crimes, les désordres, les violences de tout genre dont à certains moments l'Espagne léonaise et castillane n'est pas moins affligée que l'Espagne gothique[3]. Les décrets disciplinaires qu'ils rédigent à cet effet sont empruntés presque tous à la collection des canons de leur ancienne Église, et il n'y a pas lieu d'en être surpris, puisqu'il s'agit de réprimer aujourd'hui les mêmes abus qu'autrefois, ou de pourvoir aux mêmes besoins[4]. On doit s'étonner moins encore de l'absence de tout décret dogmatique dans les actes de ces assemblées : la vieille foi espagnole, retrempée dans l'adversité et fortifiée par la lutte, est désormais à l'épreuve de l'hérésie. Je dois même faire observer ici que l'enseignement solennel des lois de la morale chrétienne et de la discipline ecclésiastique n'a guère eu lieu, par la voie des conciles, dans les royaumes du nord-ouest de la Péninsule, qu'au sortir de longues années de

---

1. Tout ce qui concerne l'origine de cette vénérable liturgie, sa parfaite orthodoxie, mise en suspicion par de très-savants hommes qui la jugeaient sans la connaître, mais reconnue par les souverains pontifes eux-mêmes, le respect et l'amour dont elle fut entourée pendant tout le haut moyen âge, et sa suppression au XIe siècle, est traité à fond par Florez dans sa *Dissertacion historico-cronológica de la Missa antigua de España*, insérée au tome troisième de l'*España sagrada*.

2. « Imperatore nostro A[defonso] præsente atque favente. » *Concile national de Palencia*, tenu sous Alphonse VII en 1129 (*Esp. sagr.*, XX, p. 484). Les comtes et autres grands officiers de la couronne y assistèrent, bien que les actes du concile ne les mentionnent pas. C'est ce que nous apprend l'*Historia Compostellana*, au chapitre qui traite de ce concile (lib. III, c. VII, p. 182). — « Magnatibus palatini officii residentibus. » *Concile provinc. de Compostelle*, célébré en 1056 (*ibid.*, t. XIX, p. 403). « Nos autem episcopi... consentiente Fredenando rege et Sancia regina, statuimus, etc., etc. » *Conc. nat. de Coyanza* en 1050 (*Mon. Port. Leges*, p. 138, col. 1). Le tome du discours lu par le roi au début des anciens conciles, et dans lequel étaient énumérés les points que le prince désirait voir discuter et décider par les Pères assemblés, est supprimé dans les synodes léonais, et remplacé par l'entente sur les sujets à traiter, établie entre le roi et quelque prélat influent dans une réunion préliminaire et privée. Cf. *Hist. Compost.*, lib. III, c. VII, 2.

3. Les désordres et les crimes sont flétris par les conciles de Coyanza (can. 4), et de Palencia (*Cortes. de Leon y de Cast.*, I, 37). Le premier livre des miracles de saint Rosendo (n. 1 et 10), la vie de saint Géraud, archevêque de Braga (n. 5, 8 et 12), et d'autres documents que j'ai mis ailleurs à contribution (*Etudes relig.*, IVe série, t. VI, p. 587-589), en fournissent d'assez nombreux exemples. Je ne puis renvoyer le lecteur à mon premier travail sur les *Espagnols du haut moyen âge* sans l'avertir de l'erreur qui s'y est glissée. J'ai, par une étrange distraction, sacré évêque de ma propre autorité (*ib.*, p. 595, 596) un *fidalgo* hispano-portugais, incestueux, proscrit, traître à son pays, mais complètement étranger à l'ordre ecclésiastique.

4. La défense aux clercs de porter les armes faite par les conciles de Coyanza (can. 5), de Compostelle (can. 2) et de Palencia, est la répétition de celle qu'avaient décrétée le premier concile de Tolède (can. 8), le quatrième (can. 45) et celui de Lérida (can. 1). Les conciles de Coyanza (can. 5) et de Compostelle (can. 2) déterminent la science exigible des clercs aspirant au sacerdoce, d'après les règles posées par le huitième concile de Tolède (can. 8). L'interdiction de la maison du prêtre à toute femme, avec exception en faveur des plus proches parentes, est empruntée par le concile de Coyanza (can. 3) et de Compostelle (can. 3) au quatrième concile de Tolède (can. 42). Lorsque le concile de Compostelle défend par un décret spécial aux officiers royaux et aux juges tout acte d'oppression et d'injustice (can. 5), il ne fait que remplir l'obligation, imposée aux évêques par le même concile de Tolède (can. 32), de protéger le peuple et plus spécialement les pauvres contre tout abus d'autorité, etc., etc.

guerres étrangères et de discordes intestines, qui avaient couvert le pays de ruines et de sang, favorisé la licence des mœurs, jeté le trouble et la division dans les esprits, et rendu ainsi nécessaire l'intervention de l'Église pour rappeler les populations au respect des lois divines et humaines trop longtemps méconnues [1]. Cette nécessité n'existait pas, ou au moins ne se faisait pas sentir avec la même force en toute autre circonstance. Aussi voyons-nous les nombreux conciles célébrés dans les cinquante premières années du x° siècle, années de gloire, de grandeur et de prospérité pour l'Espagne, s'abstenir de toute intervention de ce genre, et se borner, — autant que nous permettent d'en juger les documents contemporains, — à résoudre d'après les anciens canons des cas particuliers de discipline pratique, à réformer les monastères d'où l'observance religieuse est bannie, à sanctionner de leur autorité les fondations monastiques nouvelles, à recevoir communication officielle et à munir de leur approbation les actes de donation consentis par les rois ou les grands du royaume au profit d'églises ou d'abbayes [2].

Évidemment les temps et les hommes n'exigeaient pas d'autres soins; car supposer dans l'épiscopat espagnol, illustré à cette époque plus que jamais peut-être par l'éminente sainteté de la plupart de ses membres, l'oubli de ses propres devoirs et des besoins du peuple qui lui est confié, serait faire acte d'injuste témérité, acte contre lequel proteste d'avance la vie toute de dévouement des Froylan de Léon, des Atilan de Zamora, des Gennade d'Astorga, des Vimaraise et des Viliulfe de Tuy, des Gomade de Coïmbre, des Rosendo de Mondoñedo et de tant d'autres saints prélats qui fleurirent au x° siècle, figurèrent dans ces synodes, et ne peuvent être soupçonnés d'avoir jamais consenti à jouer le rôle de chiens muets aux heures de péril.

Mais, en dehors de cet enseignement conciliaire donné à titre exceptionnel dans les plus graves conjonctures, il existe dans l'Église d'Espagne, comme dans toutes celles du monde catholique, un enseignement ordinaire et quotidien qu'évêques et prêtres doivent par la prédication mettre à la portée des simples fidèles. Ce devoir est consciencieusement rempli, après comme avant l'invasion arabe, par tout ce que l'Église espagnole compte de ministres vraiment dignes de ce nom. L'histoire, en nous montrant à l'œuvre quelques-uns d'entre eux, nous laisse deviner le zèle et l'assiduité que durent apporter à l'accomplissement de cette tâche tous ceux de leurs frères qu'animait le même esprit. Citons d'abord cet admirable saint Froylan qui, né en Galice, près de Lugo, se retire dès l'âge de dix-huit ans dans la solitude pour s'y livrer aux exercices de la vie érémitique; puis, appelé à l'apostolat par un éclatant miracle [3], consacre plus d'un demi-siècle à l'évangélisation des provinces chré-

---

1. Concile de Léon, en 1020, après quarante années de défaites, d'invasions et de discordes civiles; concile de Coyanza, en 1050, après vingt années de luttes sanglantes entre Navarre, Castille et Léon, sous Sancho le Grand, Ferdinand I, Bermude III; concile de Palencia, en 1129, après le règne orageux et troublé de la reine doña Urraca, toujours en guerre avec son mari, Alphonse le Batailleur, d'Aragon, et au début du règne réparateur d'Alphonse VII.

2. Un concile de dix évêques, sous Ordoño II, enjoint aux titulaires de Tuy et de Lamego de résider dans leur diocèse respectif (*Esp. sagr.*, XIX, p. 350, 2); le concile de Logio, en 927, introduit des religieux réformés dans ce monastère et enregistre la donation des parents de saint Rosendo à la nouvelle communauté (*ib.*, XVIII, escr. 13); Ordoño II publie ou promulgue sa donation au monastère de Samos dans un concile tenu en 922 (*ib.*, XIV, escr. 3, p. 371); un autre concile confirme la fondation et la dotation de l'abbaye de Lorenzana par le saint comte Osorio Gutierrez (*ib.*, XVIII, escr. 17); le concile de Léon, sous la reine Elvire, en 974, supprime l'évêché de Simancas, arbitrairement érigé par Alphonse IV (*ib.*, XXXIV, escr. 28), etc., etc. Beaucoup plus tard, le concile tenu dans la même ville, sous Alphonse V, assiste à la promulgation solennelle des *fueros* concédés par ce prince à sa capitale, et leur texte reste annexé aux actes de ce concile, dont il forme les vingt-neuf derniers articles. C'est ainsi que, au vii° siècle, le roi Recesvinthe promulguait une loi émanée de son initiative personnelle en plein concile de Tolède (*Conc. Tolet.*, VIII, dans la *Colecc. de Conc. de Esp.*, II, p. 393).

3. « Quum esset decem et octo annorum concupivit cre-

tiennes en compagnie d'Atilan, que Dieu lui a donné pour auxiliaire; voit suspendues à ses lèvres d'immenses multitudes accourues de toutes parts pour l'entendre, où tous les âges, les sexes et les conditions sont représentées[1]; ravit d'admiration le roi Alphonse le Grand qui le fait venir dans sa capitale pour jouir de son entretien[2], et fonde avec le concours de ce prince de vastes monastères où se réfugient par centaines les âmes qu'il a enivrées de l'amour de la perfection évangélique, dont il est lui-même consumé[3]. Contraints d'accepter l'épiscopat que leur impose l'ordre formel et irrévocable du roi, Froylan et son ami continuent leur apostolat avec une ardeur nouvelle, l'un à Léon, l'autre à Zamora. Ces deux lampes resplendissant sur leur candélabre, écrit un historien contemporain, illuminaient toutes les plages de l'Espagne des clartés de l'éternelle lumière, par la prédication de la divine parole; et parce qu'ils avaient désormais à instruire, dans un double diocèse, les religieux, les clercs et les laïques, il leur fut départi une double grâce. Ils usèrent en serviteurs fidèles de ce don de Dieu jusqu'à la mort. Nous le savons de source certaine pour saint Froylan, qui, au moment d'expirer, prêchait encore aux assistants éplorés le respect et l'amour de la loi chrétienne[4]. Citons encore saint Gennade, que le même roi arrachait aux solitudes du Vierzo et plaçait sur le siége d'Astorga, ne voulant pas laisser enfoui plus longtemps au désert celui qui pouvait travailler ailleurs si efficacement à l'édification commune. Gennade répondit si bien aux espérances d'Alphonse le Grand, que ce héros chrétien, peu content de le retenir de longues années sur ce siége que la sainte nostalgie du cloître le poussait à quitter[5], le choisit entre tous les prélats du royaume pour le suivre

mum... et quia vas electionis predestinatus erat ad illuminatione [m] multarum plebium, et cui animus semper intentus erat Deo, ardentes prunas sibi in ore misit, probando, ut si extuassent labia, predicationis officium non adsumeret; sin vero inleso ore et labia permansisset, eloquia divina populis nuntiare licuisset... Apparuit inlesus... Hoc prima virtus in eum Dominus manifestare voluit, ut servus suus fretus iret ad predicationis officium. » Ioann. Diac. Legion., Vit. S. Froylani (Esp. sagr., XXXIV, escr. 8). Cette vie a été écrite en 920, quinze ans seulement après la mort du saint. Cf. ibid., p. 165, n. 52.

1. « Jam deinde quis poterit enarrare magnalia, quod ex ore ejus ad docendos emanabat?... Quis fuit qui ex ore ejus verbum salutis audivit, et statim mutata mente et habitu seculari ad Deum non [se] convertit?... Cum enim illustraret urbes et instanter predicaret verbum divinum in populis... habens secum collegam sanctum Atilanem sacerdotem... rumor ejus peragravit omnem provinciam. Fit concursus populorum utriusque sexus ad audiendum verbum divinum promiscuo populo, magnati, pontifices, clerus, et omnis cœtus, tam viri quam etiam mulieres timentes Deum, etc., etc. » Id., ibid., p. 423.

2. « Cum ejus fama totam peragraret Hispaniam, pervenit quam tarde ad aures principis Adephousi qui regnum Gothorum regebat in Oveluo... Accessere eum ad se precepit. Quod (quo) viso, tantæ sanctitatis decore ornatus (ornato) stupefactus, admirans in eum, divina gratia plenum et [Ed. et plenum] Spiritu sancto, dedit laudem Deo qui talem elegisset famulum. » Id., ib., p. 424.

3. De ces trois monastères fondés dans le Léonais, le premier, celui de Visco, reçut trois cents religieux; le second, établi à Tabora, était double, et renfermait six cents religieux ou religieuses; le troisième dont on ignore le nom, comptait près de deux cents moines. Alphonse le Grand ne concourut, par ses libéralités en terres et en argent, qu'à la fondation des deux derniers monastères. Id., ibid., et Risco, ibid., p. 180-182.

4. Après avoir raconté le double sacre des deux évèques, le diacre Jean (Hist. S. Froyl., p. 424) poursuit en ces termes : « Duæ vero lucernæ super candelabro imposite claritate lucis eternæ illuminaverunt Hispanie littus... duplicem gratiam invenerunt ad docendos utrarumque [sedium] ordines monachorum, clericorum et laicorum... Cum jam tempus resolutionis suæ advenire sensisset, convocatis omnibus discipulis sive cœtu monachorum vel clericorum in unum, docuit servare divina precepta... Clamor plangentium attollitur... civitas omnis murmure repleta, ululatu et fletu, etc., etc. » — S. Froylan mourut en 905; il était né en 833. Cf. Risco, Esp. sagr., XXXIV, p. 175, n. 39 et 186, n. 89.

5. « Vitam eremitarum delectatus, cum duodenis fratribus Dei (Deo) certantibus... ad sanctum Petrum, ad sanctum eremum perrexi, qui locus (al. loculus) positus a beato Fructuoso est institutus... Suprafatum locum (al. loculum) in vetustate reductum, pene oblivioni deditum, vepribus seu densissimis silvis opertum... restauravi, edificia instruxi, vineas et pomares plantavi, terras de scalido ejeci, horta et omnia que ad usum monasterii pertinent imposui. Sed emulus virtutum, vitam nostram invidens, quasi pro edificatione multorum, mentes plurimorum excitans, ad pontificatum Astoricæ... adtractus sum. In qua multis annis semivolens et magis vi Principum perdurans quam spontanea mente, sed neque plene corporis (corpore) ibidem commoravi. » S. Gennad., Testam. (a. 914), dans Sandoval, Fundaciones (San Pedro de Montes, p. 28), et Florez, Esp. sagr., XVI, p. 130-131. On aura remarqué sans doute, dans ce passage, la forme vulgaire horta, aujourd'hui huerta, jardin maraîcher.

et l'aider de ses prières dans sa dernière expédition en pays more, le garda au chevet de son agonie, et lui confia l'exécution du legs pieux qu'il laissait en mourant à l'apôtre saint Jacques [1]. Saint Rosendo, nommé à vingt ans évêque de Mondoñedo par acclamation unanime du roi, des grands et du peuple, s'appliquait à l'instruction religieuse de son troupeau avec un dévouement égal à celui des Froylan et des Gennade. Le charme de sa personne, la grâce et la suavité de sa diction, la sainteté de ses mœurs donnaient à sa prédication une efficacité toute-puissante [2]. Tels furent encore saint Alvitus, abbé de Samos, puis évêque de Léon, où Ferdinand I l'avait appelé, afin que de ce poste élevé l'éclat de sa doctrine et de ses vertus se répandît plus loin [3]; et au XII° siècle, dans les provinces portugaises, saint Martin de Saure et saint Théotonio, qui, dans l'exercice des fonctions sacerdotales et dans l'instruction du peuple fidèle, luttaient de zèle et de dévouement avec les plus saints évêques de leur temps et des siècles antérieurs [4].

On pourrait croire que l'Église d'Espagne, vu les circonstances spéciales au milieu desquelles devait alors s'exercer son apostolat, cédait souvent aux préoccupations du présent dans l'enseignement public donné en son nom aux fidèles par ses interprètes officiels; que par conséquent, sans négliger en rien l'instruction dogmatique et morale de leur troupeau, évêques et prêtres adressaient de fréquents appels au patriotisme chrétien de ces populations dont la confiance entière et absolue leur était acquise; qu'ils leur montraient dans la guerre contre les infidèles l'œuvre sainte entre toutes, et le plus sûr moyen de conquérir le ciel. Cette hypothèse est si vraisemblable, qu'elle a été admise comme un fait incontestable et incontesté par de très-graves historiens [5]. Je dois néanmoins faire observer que l'enseignement religieux de l'Église hispano-portugaise du haut moyen âge, tel que nous le connaissons par les documents historiques du temps, ne laisse entrevoir aucune trace de pareilles excitations, d'ailleurs assez légitimes. Écrit ou parlé, cet enseignement se renferme scrupuleusement dans les limites que lui assignent sa fin propre, qui est la sanctification des âmes; il se tait absolument sur tout le reste. Prenez et lisez les Commentaires sur l'Apocalypse écrits par saint Beatus de Liebana, en 784 [6], c'est-à-dire, quand les flots menaçants de l'islamisme viennent encore battre les contre-forts des Pyrénées asturiennes, et dans la longue et minutieuse explication de ce livre mystérieux, qui, par la nature de son contenu, se prête si bien à des lamentations sur le passé, à des encouragements sur le présent, à des spéculations plus ou moins hasardées sur l'avenir, vous ne trouverez pas une allusion aux malheurs de l'Espagne contemporaine. Vous y chercherez vainement le nom de Mahomet ou des Arabes, il n'y est

---

1. « Firmum manet atque notissimum eo quod genitor noster bonæ memoriæ Dominus Adefonsus rex ad obitum veniens ordinavit, sub juramenti diffinitione, pro remissione peccatorum suorum, Patri Genadio episcopo quingentos auri nummos aulæ Beati Jacobi Apostoli deferendos... Ille vero hoc agere non valuit, quia germanus noster Dñus Garsea apicem regni accipiens, aditum eundi et redeundi ad eumdem locum sanctum jam dictus episcopus minime habuit. » Ordoño II, *Charte d'échange* (a. 915), dans l'*Esp. sagr.*, XIX, p. 332. Alphonse étant mort à Zamora, chef-lieu du border léonais, au retour de sa glorieuse campagne, Florez conclut à bon droit de ce fait, attesté par Sampire et le moine de Silos, et rapproché de la présence de Gennade auprès du mourant, que le saint avait suivi le roi au-delà du Duero (*Esp. sagr.*, XVI, p. 139, n. 30).

2. « Eloquium ejus dulce et suave mulcebat et attrahebat, verbum in ore ejus potens et efficax omnia perficie-bat. Erat modestus... lætus et jucundus sine levitate, vultu placidus... curam adhibuit in docendo et prædicando verbum Dei, et in corrigendo pravos mores... omnes avertebat a vitiis et attrahebat ad servitium Dei, etc. » Steph., *Vit. S. Rudesindi*, n. 3 (ms. de Celanova). « Erat enim vultus ejus angelicus, et sermo dulcedine prædicationis mellifluus. » Id., ibid., n. 6 (ms. non interpolé d'Alcobaza). Cf. *Monum. Portug.*, t. I, pp. 35, 36.

3. Risco, *Esp. sagr.*, XXXV, p. 81, n. 106.

4. Cf. Salvat., *Hist. S. Martini Saur.*, n. 9, et Anon., *Vit. S. Theotonii*, n. 4, dans les *Monum. hist. Portugaliæ* (Scriptores), I, p. 61 et 80.

5. Dozy, *Hist. des Musulm. d'Espagne*, III, 31.

6. Cf. S. Beati Lieban. *In Apocalyps. Commentaria*, lib. IV, c. VII, p. 322 (1 v. in-4, Madrid, 1770). J'ignore pourquoi ce traité n'a pas pris place dans la *Patrologie* de Migne, à côté des autres ouvrages du saint abbé espagnol.

pas inscrit une seule fois[1]. Descendons d'un siècle, mêlons-nous à l'immense auditoire qui se presse autour de saint Froylan dans les campagnes de Léon, à l'heure même des grandes luttes d'Alphonse III contre les sultans de Cordoue. Que prêche l'apôtre à ce peuple enfiévré de guerre et couvert encore de la poussière des champs de bataille? Le mépris du monde, la pratique des divins préceptes et celle des conseils évangéliques[2]. Ce sont ces mêmes préceptes de justice et de charité chrétiennes que Dominique, le saint ami de Ferdinand I, expose tour à tour aux rois, en plein chapitre de l'abbaye de Saint-Millan, et aux paysans des campagnes voisines de son monastère de Silos[3]. Cent ans plus tard, à Viseu en Portugal, saint Théotonio ne tient pas un autre langage, ne comprend pas différemment la mission qui lui est confiée. Fidèle observateur des canons anciens et nouveaux de son Église, il se borne dans son enseignement public à catéchiser les ignorants, à exposer les règles de la vie chrétienne, à dire la vérité à tous, y compris les reines dont il sait à l'occasion réprimer les caprices et flétrir les désordres[4]. Son contemporain et son compatriote, Martin de Saure, campé à l'extrême limite du border portugais avec son petit troupeau de hardis pionniers, sans cesse inquiété par les maraudeurs ennemis[5], ne s'occupe en chaire, lui aussi, ni de prises d'armes ni de chevauchées lointaines. L'unique but de sa prédication est d'inculquer à ses auditeurs la règle de la foi catholique, de leur inspirer l'amour de la religion, la pratique de ses saintes œuvres, l'horreur du vice et des désordres dont les aventuriers accourus sur ces terres nouvelles donnent trop souvent le scandale, aussitôt réprimé par le zèle du saint prêtre[6].

Est-ce à dire que, dans la personne de ses ministres, l'Église se désintéresse de la lutte héroïque engagée contre l'islamisme, lutte où sa propre existence est en cause au moins autant que celle du peuple espagnol? Ce serait folie de le penser. Mais, en conformant scrupuleusement aux règles qu'elle s'est elle-même tracées son enseignement religieux, en ne s'y proposant que la sanctification des âmes, cette Église n'ignore pas, elle ne peut pas ignorer qu'elle travaille en réalité et plus efficacement que personne au salut, à la prospérité, à la vraie grandeur de la patrie commune. Elle sait que dans chaque nouveau soldat donné

---

1. On m'objectera peut-être que ce commentaire est extrait, presque en entier, d'œuvres similaires de Pères ou d'Écrivains ecclésiastiques des premiers siècles; oui, sans doute, mais saint Béat parle çà et là en son propre nom, et cela suffit pour laisser à mon observation toute sa valeur.
2. Joann. Diac., *Vit. S. Froylan.*, p. 423, 425.
3. Cf. Gonz. de Berceo, *S. Dom.*, copl. 136, sgg., 463, sgg.
4. « Exequebatur mirabiliter sui ordinis (*presbyteratus*) officium rudes populos catechisando... Precepta Dei ad populum deferebat veritatem predicando... Nunquam cessabat in plebe verba veritatis fructu fidei redundancia seminare : nunc omnes de pio christiane religionis opere commonebat, nunc alios de confessione Sancte Trinitatis conformabat, nunc reliquos de promissione regni celestis invitabat. Fornicatores vero et adulteros, ceterosque malefactores anathematis gladio feriebat, neminem formidans... siquidem fama refert, quadam die, in ecclesia Visiensi so predicante, memoratam reginam (l'infante-reine Térèse, fille d'Alphonse VI) et consulem Fernandum, qui eo tempore contubernalis ejus, non vir legitimus erat, rubore verecundie suffusos de ecclesia festinanter exisse. » Anon. *Vit. S. Theoton.*, n. 4 et 5. — Une autre fois, cette même

reine, déjà à la porte de l'église, envoya prier le saint de se hâter en disant la messe; « J'ai au ciel, lui répondit Théotonio, une reine autrement bonne et noble que vous, en l'honneur de laquelle je vais célébrer le saint sacrifice avec la dignité et la lenteur requises. Quant à vous, vous êtes libre d'y assister ou de vous retirer » (*ibid.*, n. 6).
5. Cf. Salvat. *Vit. S. Martini Saur.*, n. 2, 6.
6. « Plebem igitur sibi commissam catholice fidei regula sepissime instruebat... omnes de pio religionis opere commonens... O virum nimie curiositatis circa omnes, ne in vitium laberentur, ac si eos omnes parturiret!... Si vero aliquis affinium civitatum vel locorum feminam aliquam filiamve alicujus, vi eam opprimens, ad id loci quo ipse (*Martinus*) morabatur deducebat, ut in hujusmodi assolet extrematuris, vir Dei illico eis obviabat..., vel federe legitimo, si res poscebat, conjungebat, vel, nisi juxta Canonum decreta suo obtemperarent imperio, eos inde... expellebat. » Id., *ibid.*, n. 9. — On le disciple et l'historien de saint Martin a écrit aussi la vie de saint Théotonio, ou l'auteur anonyme de celle-ci avait entre les mains l'ouvrage de Salvado. Dans les chapitres qui traitent de la prédication des deux saints, et dont j'ai cité de courts extraits, on trouve employés, en effet, non-seulement les mêmes mots, mais les mêmes phrases.

par elle à Dieu et à son Christ, l'Espagne trouvera un défenseur héroïque dont le courage ne faiblira devant aucun danger, dont nulle fatigue ne lassera la patience. S'est-elle trompée ? L'histoire des Espagnols du haut moyen âge proteste tout entière contre une pareille supposition. Elle nous montre ce peuple, sorti si profondément chrétien des mains de son Église, parcourir ses plus glorieuses étapes, dans l'âpre sentier de la revendication armée de son indépendance, précisément aux époques où l'ardeur de sa foi éclate en flammes plus vives, et sous la conduite de ceux de ses rois qui se sont montrés dans leur vie et dans leur mort le plus franchement et le plus fièrement catholiques, Alphonse I, Alphonse le Grand, Ferdinand I de Castille, et au début du bas moyen âge, Ferdinand III, prince accompli, dont le double héroïsme chrétien et guerrier est l'éternel honneur de l'Espagne, comme celui de son cousin saint Louis est la gloire impérissable de la France[1]. Il est impossible de méconnaître dans cette coïncidence une splendide réalisation de la promesse faite par l'Homme-Dieu aux nations aussi bien qu'aux individus : « Cherchez d'abord le royaume de Dieu et sa justice, et le reste vous sera donné par surcroît[2]. »

Il ne faudrait pas d'ailleurs oublier qu'en dehors de l'enseignement donné du haut de la chaire et que l'histoire nous montre exclusivement consacré à la formation du chrétien, bien d'autres moyens de concourir directement à l'œuvre de la restauration nationale s'offrent à l'Église espagnole, et qu'elle n'en laisse aucun sans emploi. S'agit-il, en effet, de la colonisation des terres enlevées aux Mores, c'est le clergé régulier ou séculier qui se met à l'avant-garde et donne l'exemple. Il défriche, plante des arbres et des vignobles, creuse des canaux, édifie des églises et des monastères. C'est par des moines qu'Oviédo commence[3]; Sahagun et Cardeña, ces deux célèbres abbayes, sont déjà debout en avant de Léon et de Burgos, à la fin du IX° siècle[4], exposées à tous les hasards des retours offensifs de l'ennemi. Nous voyons il n'y a qu'un instant saint Froylan construire ses trois grands monastères dans la plaine de Léon vers la même époque, et au milieu des mêmes dangers. Lorvão est fondé dans les premières années du siècle suivant à l'extrême limite des récentes conquêtes d'Alphonse le Grand en Portugal[5]. Les dangers dont je parlais tout à l'heure sont si réels, qu'avant le milieu du X° siècle, Sahagun et Cardeña ont été ruinées de fond en comble, et deux cents religieux égorgés par les Sarrasins dans le second de ces monastères[6]. Il suffit au reste de lire la vie si souvent citée ici même de saint Martin de Saure, et la donation de saint Gennade, pour se faire une juste

---

1. M. Dozy n'a pas eu occasion de parler de Ferdinand III. Mais je dois rendre cette justice à l'historien des musulmans d'Espagne, avec lequel j'ai eu parfois le malheur de me trouver en désaccord, que, de tous les écrivains de ma connaissance, nul, même parmi les catholiques, n'a donné de la vie et de la mort de Ferdinand I un récit aussi vrai, aussi ému, aussi sympathique, et qui fasse plus complétement honneur au héros et à l'écrivain. V. Dozy, *Hist.*, III, p. 118-128.
2. Matth., VI, 33.
3. En 781, sous le règne de Silo, par l'abbé Fromista et ses compagnons. *Esp. sagr.*, XXXVII, escr. 6.
4. Sahagun fut fondé en faveur de moines émigrés de l'Espagne arabe par Alphonse III, dans les premières années de son règne, de 866 à 880; mais pas plus tard, puisque les Mores le détruisaient en 883. Voir, sur la fondation de ce monastère, la charte de Ramire II (Escalona, *Hist. de Sahagun*, escr. 22), et, sur sa destruction par Abou-Halit, la Chronique d'Albelda, n. 382 (al. 75). — Quant à saint Pierre de Cardeña, ses origines remontent très-haut dans le IX° siècle, quoiqu'il soit impossible de leur assigner une date certaine. Cf. Florez, *Esp. sagr.*, XXVI, c. IV.
5. Le premier abbé de Lorvão (*Laurbanum, Lauribanum*) recevait une donation au nom de son abbaye, sous Ordoño II, le 25 août 919 (*Mon. Port.*, escr. 22).
6. Nous connaissons la date certaine de la destruction de Sahagun. Celle de la ruine de Cardeña et du martyre de ses religieux est controversée. Florez la fixe à l'an 872 (*Esp.*

idée de la part prépondérante que prend le clergé espagnol dans la colonisation des pays reconquis, à toutes les époques du haut moyen âge [1]. L'Église ne s'associe pas avec moins d'ardeur aux guerres nationales contre l'islamisme, bien qu'elle n'en fasse pas, comme on l'a prétendu, le thème obligé de sa prédication. C'est dans ses temples qu'au début de toute expédition, le roi va demander avec la bénédiction de l'évêque le secours et la protection du Dieu des armées : c'est là qu'il reçoit, des mains du pontife, la croix d'or qu'un clerc à cheval devra porter toujours devant lui [2]. Derrière la croix et à côté du prince, chevauchent les prélats invités à le suivre. Ils le suivent sans reculer d'un pas dans la marche et au plus fort de la mêlée, priant, consolant, encourageant, jusqu'à l'heure du triomphe où ils entonnent le *Te Deum* au milieu des morts et des mourants; jusqu'à celle de la défaite qui les jette avec leurs compagnons d'infortune dans les cachots de Cordoue. Tel était le rôle que les canons de l'Église d'Espagne permettaient aux prêtres et aux évêques de jouer à la guerre, le seul qu'ils y aient rempli avec un zèle infatigable du IXe au XIIIe siècle, d'Alphonse III et d'Ordoño II à Alphonse VIII de Castille, de la déroute de la Junquera à la victoire de Las Navas. C'est bien là, ce me semble, du patriotisme, et du meilleur aloi [3].

V.

Cette Église prête un concours non moins efficace à la restauration sociale de l'Espagne, en reprenant après l'invasion arabe la mission scientifique et littéraire qu'elle avait remplie autrefois avec tant d'éclat dans la Péninsule inondée de barbares Germains. Elle est trop fidèle gardienne des traditions antiques pour l'oublier ou la négliger un moment. Aussi, à peine s'est-elle reconstituée dans les Asturies, qu'elle la reprend pour ne plus l'abandonner, et s'en acquitte avec un zèle qui ne le cède qu'à celui dont elle fait preuve dans l'accomplissement de la mission plus haute de gagner les âmes à Dieu. A vrai dire, elle n'a jamais complétement abandonné la glorieuse tâche d'instruire ses enfants dans les lettres, les sciences et les arts dont elle a reçu et garde fidèlement le dépôt. Aux jours les plus sombres

---

sagr., XXVII, p. 112) ; M. Dozy à l'an 934 (*Recherches*, I, pp. 166-170); le seul document ancien qui nous ait transmis le souvenir de cet événement, l'inscription de Cardeña, au mercredi 6 août de l'ère 872 (a. c. 834), fête des SS. Juste et Pasteur. Aucune de ces dates ne me paraît admissible : la dernière parce que le *six* août 834 tombait un jeudi et non un mercredi ; la première parce qu'on l'obtient en changeant arbitrairement l'année de l'ère espagnole en année de l'ère chrétienne; la seconde enfin parce qu'une charte de la comtesse Mumadonna, datée du 5 août 935, nous montre en cette année Cardeña debout avec sa nombreuse population monastique : « Placuit nobis atque convenit ut daremus... tibi patri nostro Adefonso abbati *cum omni congerie* qui sunt sub ditione tua et militant Deo in sancto cenobio, etc. » (Berganza, escr. 24) ; ce qui rend la destruction totale de Cardeña (*adhuc est Karadigna*) et le martyre de ses deux cents religieux en 934 absolument invraisemblable. Je proposerais de lire dans l'inscription : Era DCCCLXXIII. VI. F. vat Idus Ag. au lieu de Era DCCCLXXII. IIII. F., etc. En l'ère 873 (a. 835) le six août tombait un vendredi. On sait d'ailleurs que les chiffres VI et III en écriture hispano-gothique se ressemblent à s'y tromper.

1. En nous montrant ce que devaient affronter de travaux et de périls les colons des frontières, le premier de ces documents confirme ce que nous avons dit ailleurs du motif de la générosité avec laquelle rois, seigneurs, évêques ou abbés prodiguaient toutes sortes de priviléges aux hardis défricheurs de ces territoires contestés.

2. Voir le chapitre XVII du Rituel de Silos, composé en 1052, d'après des rituels plus anciens, et publié par Berganza (*Antiguedades* II, apend., secc. III, p. 684).

3. Lire dans Rodrigue de Tolède (*de Rebus Hisp.*, lib. VIII, c. x) le récit ému et vivant de cette dernière bataille et de ce qui se passa entre le Primat et le roi, au milieu des péripéties diverses de la lutte entre chrétiens et musulmans. — En réalité, dans toute la durée du haut moyen âge, deux évêques seulement ont combattu les armes à la main ; mais ils l'ont fait en ces cas d'extrême nécessité où les lois humaines, canoniques ou civiles, n'obligent plus. Ce furent Sisenand II, de Compostelle, tué par les pirates normands qu'il essayait de repousser (Cf. Florez, *Esp. sagr.*, XIX, p. 157, n. 44), et S. Rosendo, administrateur du même siège après la mort de Sisenand et gouverneur de la Galice, qui repoussa victorieusement une double invasion de Normands et de Sarrasins (id., *ibid.*, XVIII, p. 81, n. 21).

et les plus malheureux de la conquête musulmane, elle la poursuit dans la paix et le silence des rares monastères trop bien perdus dans les replis les plus cachés des montagnes du nord-ouest pour ne pas échapper aux recherches des pillards de l'Islam. Parmi ces asiles privilégiés de l'étude au VIII° siècle, je range sans hésitation ce monastère de la Liebana dont saint Beatus était abbé, et où il écrivait le commentaire sur l'Apocalypse mentionné plus haut. Ce saint religieux, nourri sans doute et formé dès l'enfance dans cette maison, y compta lui-même des disciples dont le seul qui nous soit connu, saint Etherius, était évêque élu d'Osma en 784, et collaborait l'année suivante au grand ouvrage que son maître composa contre le nestorianisme hypocrite d'Élipand, primat de Tolède. Tout ceci nous autorise à reporter l'existence de ce monastère et de son école au commencement du siècle, c'est-à-dire avant la ruine du royaume des Wisigoths. En même temps la science des Écritures et des Pères qui brille dans les écrits de Beatus et de son disciple, protestant une fois de plus contre l'*assoupissement* intellectuel où l'on plonge très-gratuitement l'Espagne gothique aux dernières années de son existence, nous montre que la tradition des fortes études n'y fut jamais brisée[1]. Vers la même époque, saint Julien de Samos (*Sammanos*) possédait une école monastique où le fils de Froila I, relégué tout enfant dans ce monastère[2], s'instruisit dans les sciences divines et humaines, et puisa cet amour pour les arts, les lois et les usages antiques dont il donna de si éclatantes preuves dans le cours de son règne[3]. Par ce qui se passait à Saint-Martin de Liebana et à Samos au VIII° siècle, nous pouvons et devons juger de ce que les religieux des autres grandes abbayes de la Galice maritime, des Asturies et de la Cantabrie, échappées à la rapacité sarrasine, ou fondées depuis la libé-

---

1. Lire la notice sur Beatus que Florez a placée en tête de son édition du *Commentaire sur l'Apocalypse* compilé par ce saint personnage d'après les anciens interprètes. Il sera encore une fois question de ce savant homme dans le chapitre suivant, à propos de sa bibliothèque. Mais, puisque j'ai dit un mot de sa controverse avec le vaniteux et pédant primat de Cordoue, il me sera bien permis de demander comment certains historiens de l'Église ont pu raconter très au long les troubles causés en Espagne et dans les Gaules, par les erreurs d'Elipand et de son séide Félix d'Urgel, sans dire un traître mot, sans même prononcer le nom du premier et du plus énergique adversaire de ces hérésiarques, de celui qui ferma tout accès à leur doctrine dans les Asturies et le nord-ouest de la Péninsule (V. Risco, *Esp. sagr.*, XXXVII, p. 122-124).

2. Saint-Julien de Samos existait déjà au VII° siècle, comme le prouve l'inscription d'Erméfrède, évêque de Lugo à cette époque (651-656). Cette inscription, dont un fragment était connu d'Ordoño II quand il rédigeait la donation de l'an 922 citée plus bas, a été retrouvée, en 1753, quant à la portion ignorée de ce prince, et publiée en entier par Risco (*Esp. sagr.*, XL, p. 81-83). Ruiné par les Arabes, Saint-Julien de Samos fut rétabli par l'abbé Argéric, venu de l'Espagne arabe, sous le roi Froila I. La charte d'Ordoño, dont je parlais il n'y a qu'un instant, renferme de curieux détails sur le rétablissement de ce monastère et le long séjour qu'y fit Alphonse. J'en extrais le passage suivant : « Cupientes hunc locum glorie vestre reparare (*Ordoño s'adresse ici aux saints patrons de Samos, Julien et Basilisse*), quove tempore, vel a quo dudum fundatus fuerit, nunc me convenit memorare... Unde vero cognoscimus, eo quondam sacerdos, nomine Argericus, abba, et soror ejus nomine Sara venerunt de finibus Spanie, tempore dive memorie proabii mei Domni Froilani principis... qui concessit eis ipsum locum, et construxerunt monasterium, et fecerunt cenobium multorum, secundum normam sanctorum Patrum, et per hordinationem ipsius principis prendiderunt villas... ab stirpe relicta[s]... Postea vero bene proabus meus jam supradictus Dominus Adefonsus, adhuc in pueritia, remoravit ibidem in Sammanos et in alium locellum quem dicunt Subrego, in ripa Laure cum fratres, multo tempore, in tempore persecutionis ejus, etc. » *Esp. sagr.*, XIV, escr. 3 (a. 922). Voir dans Risco (*Esp. sagr.*, LX, p. 202-223) l'histoire de cette célèbre abbaye.

3. « Nous avons parlé ailleurs des magnifiques constructions de ce prince à Oviédo. Son attachement aux traditions nationales nous est attesté par le soin qu'il prit de tout rétablir dans son royaume sur le même pied qu'à Tolède (Anon. Albeld., *Chron.*, n. 175, al. 58). Voici maintenant un fragment de sa donation à la basilique de Saint-Sauveur qui fait autant d'honneur à sa science théologique qu'à son goût littéraire (*Esp. sagr.*, XXXVII, escr. 7) :

« Fons vitæ, o Lux auctor Luminis,
A et ω, initium et finis,
Radix et genus David, stella splendida et matutina,
Christe Jesu, qui cum Domino Patre et Spiritu Sancto es
[super omnia,
Deus (Ed. *Dominus*) benedictus in secula.....
Ad te loquor, quia de te loquor, Verbum Patris;
Concurro ad te, occurre mic[h]i : offero vota cum lacrimis,
Suspiria cum lamentis;
Tu redde gaudia cum redemptis
Innovando gloria[m] cum angelis, etc., etc. »

ration de ces premières provinces chrétiennes de la Péninsule, faisaient alors pour l'instruction des enfants et de ce qu'elles firent plus tard avec un zèle qui ne se démentit jamais. Durant tout le haut moyen âge, les abbayes de Navarre ou de Castille, de Léon ou des Asturies, de Galice ou de Portugal, Leyre comme Cardeña et San Millan, Sahagun et Eslonza, Sainte-Marie de la Regla et San Isidro de Léon, Celanova et Guimarâes, Lorvâo et Sainte-Croix de Coïmbre, à quelque institut monastique ou régulier qu'elles appartinssent, avaient leurs écoles, où, comme autrefois à Saint-Julien de Samos, se pressait une nombreuse jeunesse. On comprend d'autant mieux qu'il en ait été toujours ainsi, qu'à défaut d'une prescription formelle de leur règle ou d'un usage constant, reconnu et sanctionné par elle, l'éducation de l'enfance leur était imposée par l'impérieuse nécessité de vivre et de se perpétuer. C'est dans ces écoles, en effet, que chaque monastère recrutait la plus grande partie, sinon la totalité de son personnel. Aussi, voyons-nous les chanoines réguliers de Saint-Rufe, à peine établis à Coïmbre par l'archidiacre Tello, recevoir de jeunes écoliers auxquels le saint fondateur ne dédaigne pas de donner lui-même des leçons[1]. Toutefois, dans la Péninsule, comme dans les autres contrées de l'Europe catholique, les écoles monastiques, destinées avant tout aux enfants offerts et consacrés à Dieu par leurs familles, s'ouvrent également à ceux qu'on y envoie pour leur procurer le bienfait de l'éducation littéraire, sans aucune pensée de les vouer à la vie religieuse. Nous venons de voir, au VIIIe siècle, Alphonse le Chaste élevé par les moines de Samos; au Xe, le prince qui devait sous le nom de Sancho le Grand porter le royaume de Navarre à un si haut degré de gloire et de puissance, recevait sa première éducation dans le célèbre monastère de Leyre qu'il combla plus tard de ses bienfaits. Dans la plus riche de ses donations, ce monarque désigne l'abbé de Leyre sous le double titre de père spirituel et de maître, en souvenir de la double instruction religieuse et littéraire qu'il avait reçue dans ce cloître béni[2]. Un fait curieux se rattachant à la même époque et raconté par Escalona me semble prouver d'ailleurs que, dans la législation espagnole du temps, qui n'était en ceci que l'interprète fidèle du canon porté par un des premiers conciles de Tolède[3], l'engagement d'embrasser la vie monastique pris par le père au nom de l'enfant, n'était considéré comme irrévocable qu'après ratification postérieure du contrat par la partie directement intéressée, ratification donnée dans la plénitude de la raison et de la liberté[4]. De ce chef donc, les monastères durent assez

---

1. « Ubi autem illius corpus nimia infirmitatis angore..... fractum, presbitero gratum recusat ferre laboris pondus, claustro includitur [Tello]... Quis illius sermones moralitatis dulcedine refertos in senes... in viros... in juvenes... in pueros, quos ut diligens pedagogus et pater amandus parcendo arguebat, aliquo valeat explicare sermone? » Anon. Vit. Tellonis archid. (Mon. Port., Scriptores, I, p. 66, col. 2).

2. « Damus et offerimus ipsi Deo et Sanctis prenominatis et monasterio Leyrensi et vobis spirituali patri et magistro nostro Domno Sanctio episcopo et monachis, etc. » Sancho el Mayor, Donat., a. 1014, dans le Dictionnaire géographique de l'Académie de l'histoire, secc. Ire, t. 1, art. Leyre. Sur le titre d'évêque, donné ici à Sancho, abbé de Leyre, voir ibid., p. 442, et Yepes, IV, p. 77, verso.

3. Conc. Tolet. II, can. I (a. 565). « De his quos voluntas parentum a primis infantiæ annis clericatus officio mancipavit, hoc statuimus observandum, ut mox detonsi vel ministerio electorum quum traditi fuerint, in domo eccle-siæ sub episcopali præsentia a præposito sibi debeant erudiri. At ubi octavum decimum ætatis suæ compleverint annum, coram totius cleri plebisque conspectu, voluntas eorum de expetendo conjugio ab episcopo perscrutetur. Quibus si gratia castitatis, Deo inspirante, placuerit et professionem castimoniæ suæ, absque conjugali necessitate, se sponderint servaturos, hi, tanquam appetitores arctissimæ vitæ, lenissimo Domini jugo subdantur, ac primum subdiaconatus ministerium, habita probatione professionis suæ, a vicesimo anno suscipiant, etc. »

4. Ansur, un des principaux seigneurs de la cour du roi Ramire III, aussi distingué par ses vertus que par les services rendus à son maître, fit à son lit de mort, en présence d'abbés et de ricos hombres de Léon, un testament verbal par lequel il léguait au monastère de Sahagun son corps pour y être enseveli; ses deux enfants pour y recevoir l'éducation monastique et y faire leur profession religieuse; enfin, tous ses biens meubles et immeubles, avec cette clause que, si ses fils ne persévéraient pas dans la vocation

souvent rendre au monde, outre les élèves séculiers dont l'éducation leur était confiée, un certain nombre d'écoliers à destination monastique non suivie d'effet. Parmi ces écoliers à vocation indéterminée, citons encore saint Martin de Léon, amené par son père au couvent des chanoines réguliers de Saint-Marcel, où il fit ses premières études, libre de tout engagement et revêtu de son costume laïque [1]. Ces quelques exemples suffisent, alors surtout que l'existence de cette double catégorie d'élèves dans les écoles monastiques de la Péninsule nous est formellement attestée, pour toute la durée du haut moyen âge espagnol, par un document historique de la plus haute valeur, dont j'ai déjà eu occasion de parler, l'*Ordinal* (Liber ordinum) de l'Église hispano-gothique ancienne et nouvelle. Le second chapitre de l'édition qu'en a donnée Berganza renferme deux bénédictions distinctes pour les jeunes enfants, à leur entrée dans les écoles ecclésiastiques ou monastiques, selon qu'ils se destinent simplement à l'étude des lettres, ou joignent à cette première visée l'intention plus haute de se consacrer au service de Dieu dans le sacerdoce ou le cloître. Par la première, on supplie Notre-Seigneur d'accorder au futur écolier, avec le don de sagesse, la grâce de s'instruire parfaitement dans les sciences dont il va aborder l'étude ; par la seconde, de combler de ses grâces divines celui qui se retire de la vie du siècle. Cette dernière bénédiction est en outre précédée de la coupe des cheveux du récipiendaire, ce qui n'a pas lieu pour la première [2].

J'ai parlé tout à l'heure de l'entrée des enfants dans les écoles *ecclésiastiques* ou *monastiques* : c'est que, en effet, à côté des écoles ouvertes dans les abbayes et monastères proprement dits, auxquelles je réserve exclusivement la seconde de ces épithètes, il en existait d'autres, en grand nombre, épiscopales et presbytérales, qui demandent une qualification moins restreinte, parce que les maîtres qui les dirigeaient n'appartenaient pas toujours à l'ordre monastique [3]. L'ouverture d'écoles épiscopales ordonnée par le concile de Tolède, dont je transcrivais naguère le canon, devient dans le concile de Compostelle l'objet d'un nouveau décret, rendu en 1056, que les malheurs, guerres ou désordres de plus d'un demi-siècle avaient rendu nécessaire [4]. C'est dans une de ces écoles, celle de Coïmbre, que saint Martin de Saure alla terminer les études commencées dans un bourg du territoire de cette ville [5]. Saint Théotonio eut aussi pour premiers maîtres Cresconio, son oncle, évêque de

où il venait de les engager, ils ne pussent, en quittant le monastère, réclamer quoi que ce soit de l'héritage paternel. Ce testament, couché par écrit, fut ensuite présenté au roi pour être confirmé. Mais ce prince, de l'avis de sa mère, la reine Térèse, de tous les évêques et de tous les grands du royaume réunis à Numance (*Zamora*), modifia cette dernière clause, et décida que, dans le cas prévu par le testateur, les deux enfants d'Ansur reprendraient la moitié des biens de leur père. Ceci se passait en 976, et prouve évidemment que, dans l'opinion alors universellement reçue, l'oblation absolue d'un enfant à un monastère ne le liait pas d'une façon irrévocable à la vie religieuse. Cf. Escalona, lib. I, c. VIII, p. 43, et escr. 51.

1. « Pater... cum aliis omnibus quæ possidebat et filio ecclesiæ sancti Marcelli martyris, quæ in urbe sita est Legionis, sub B. Augustini regula se Deo contulit serviturum, filio tamen propter pueriles annos permanente in habitu sæculari. » Luc. Tudens. *Vit. S. Martini Leg.*, c. III.

2. « Oratio super parvulum quem parentes *ad doctrinam offerunt*. Domine Jesu Christe, qui os mutorum aperuisti et linguas infantium fecisti disertas, aperi, quæsumus, os famuli tui *ill.* ad percipiendum sapientiæ tuæ donum, ut in doctrina qua[m] nunc inchoat, perfectissime doceatur, etc. » — « Benedictio super parvulum quem in ecclesia ad *ministerium Dei detunditur*. Deus, qui cordium arcana cognoscis... te supplices petimus et precamur, ut præsentem servum *ill.* a te sæculari vita conversum divinitatis tuæ benedictione locupletes, etc., etc. » Berganza, II, p. 628.

3. La cathédrale de Pampelune resta monastique jusqu'en 1023, la cathédrale de Léon fut pendant près de deux siècles desservie par des religieux ; aussi s'appelait-elle Santa Maria de Regla (*Regula*). V. Risco (*Esp. sagr.*, XXXIV, p. 262-266).

4. « Adjungimus, ut per omnes dieceses tales (al. *Sacerdotes*) eligantur abbates, qui... in divinis Scripturis et sacris Canonibus sint eruditi. Hi autem abbates per proprias ecclesias canonicas faciant scholam, et disciplinam componant, ut tales defera[n]t ad episcopos clericos. » Concil. Compost. can. 2, *Esp. sagr.*, XIX, p. 398.

5. « Dum in hoc mundo vixerunt, hunc pre ceteris filium, Martinum videlicet, nimio affectu nutrientes, a primevo infancie suæ tempore cum litterarum rudimenta docue-

cette même ville de Coïmbre, et l'archidiacre Tello qui fonda, comme nous l'avons dit ailleurs, le monastère des chanoines réguliers de Sainte-Croix, dont notre saint devait être le premier prieur. L'archidiacre fut chargé d'instruire Théotonio dans la musique et le chant; Crescencio s'occupa seul de l'éducation littéraire de son neveu, éducation qu'il avait commencée à Ganfey près de Tuy, résidence de leur riche et puissante famillle, et qu'il acheva à Coïmbre après avoir été promu à l'épiscopat[1]. Si du XII° siècle nous remontons au XI° d'abord, puis au X°, nous retrouvons trois de ces mêmes écoles en plein exercice. L'une à Compostelle, où fut élevé le saint évêque de Léon, Pélage, l'ami de Ferdinand I et d'Alphonse VI[2]; l'autre, celle de Dume-Mondoñedo, compta parmi ses élèves le fils aîné d'une des plus grandes familles de l'Espagne chrétienne, saint Rosendo. Confié par ses parents à Sabaric II, évêque de cette ville, Rosendo conserva le plus tendre souvenir de celui qu'il appelait toujours du doux nom de père, et dont, par son testament ou donation, il ordonna de célébrer solennellement l'anniversaire chaque année, le jour de la fête de saint Romain[3]. La sainteté de Rosendo, sa science théologique, la pureté et l'élégance relatives de son style font un égal honneur à l'école d'où il sortit, et au maître qui le forma[4]. Plus heureuse encore, l'Église de Tuy voyait peu après, vers 917 ou 918, prendre place parmi les plus jeunes élèves de son école épiscopale, deux neveux de l'évêque Hermoygius, dont l'un, Vimara ou Vimaraise, monté en 936 sur le siège de Tuy, d'où son oncle était descendu dix ans auparavant pour embrasser la vie religieuse, mérita, paraît-il, les honneurs d'un culte public, d'ailleurs assez restreint[5]; l'autre, célèbre dans tout l'Occident chrétien au moyen âge, est l'héroïque martyr saint Pélage, qui mourut dans les plus cruels tourments pour la défense de sa foi et de sa chasteté, par l'ordre et sous les yeux du calife Abderrame III, en 926. Il était entré trois ans et demi auparavant dans les prisons de Cordoue, où son oncle Hermoygius, pris à la bataille de la Junquera, l'avait laissé en otage[6]. Si jeune encore,

runt; atque diebus omnibus cum Domino serviendum promiserunt... Accidit autem... ut prefate urbis (Colimbrie) venerabilis vite antistes... adveniens, per supra memoratum vicum contigit habere transitum. Quem parentes ipsius... Martini hospitio ovanter suscipientes... ilare obsequium... ministrarunt, dicentes sese in litteralibus studiis clericulum filium habere, quem tanti presulis arbitrio obtemperare desiderabant... Episcopus... in sui episcopatus sedem puerum deferri precepit... in numero canonicorum puerulum Martinum... canonicavit. Qui in juvenilibus adhuc positus annis... grammatice professioni operam dedit, etc. » Salvat., *Vit. S. Martini Saur.*, n. 4 et 5.

1. « Cum ad etatem discipline congruum pervenit, spiritualibus litterarum studiis eruditus est. Deinde, intervallo temporis exacto, cum jam inter pueritiam adolescentiamque medius esset, cum avunculo suo Colimbriensi episcopo, Domno Cresconio, ejus magister ejus fuit, Colimbriam venit, ibique sub Tello archidiacono... legendi simul et cantandi usum ecclesiasticum... memoriter et plenarie didicit. » Anon., *Vit. S. Theoton.*, n. 2. L'auteur de cette vie ne se fait connaître que par le titre de *disciple* du saint.

2. « Ego enim Pelagius... in Gallecia provincia ortus, adolevi in sede sancti Jacobi, ibique doctrinis ecclesiasticis adprime eruditus, ad gradum usque levitici ordinis promotus sum. » Pelage a. 1073, *Esp. sagr.*, XXXVI, escr. 28.

3. « Villa Cerebre quam mihi concessit pius pater Dominus Sabaricus episcopus... Omni tempore, studeant in memoria sancti patris mei spiritalis Sabarici episcopi, festa sancti Romani monachi persolvere. » S. Rudesindi *Testamentum.* (Yepes, V, escr. 1). Cf. Florez, *Esp. sagr.*, XVIII, p. 69, n. 7.

4. L'éminente sainteté du grand évêque de Mondoñedo éclate dans toute sa vie à laquelle je renvoie le lecteur. Mais il me parait bon de donner ici le début de son testament, en confirmation du jugement que j'ai porté sur la doctrine et le style de saint Rosendo : « O Lumen verum ex vero Lumine ineffabiliter oriens, et omnem hominem in hunc mundum venientem illuminans! O Ver[b]um ex ore Patris plenum gratia et veritate progrediens, qui cum eo et Spiritu sancto sic personaliter in singulis manes, ut unus adoreris, lauderis atque confitearis; qui ita te nobis misericorditer ostendisti, ut quod celorum mi[ni]steria nesciebant, nostro in tempore revelares; quod illi (l. *illa*) in enigmate, nos cerneremus in veritate; qui Israelitico populo per prophetas, nunc nobis per te, Filius Dei, loqueris; dum illis Deus videbaris in rubo, nunc [nobis] appares ex Virgine homo, etc., etc. »

5. Cf. Florez, *Esp. sagr.*, XXII, p. 41, n. 23; p. 45 et 46; et p. 52, n. 56, 57.

6. Cf. Florez, *ibid.*, XXIII, p. 106 sgg. — A propos de Pélage et d'Hermoygio, Florez (p. 106, n. 3) affirme qu'au X° siècle, les évêques qui accompagnaient le roi dans les expéditions (*fonsados*) contre les Arabes, non-seulement encourageaient l'armée de leur présence et de leur parole, mais aussi commandaient les milices, tant de leurs domaines personnels et

il était déjà assez avancé dans la connaissance des lettres humaines, pour lire avec goût et étudier avec fruit les épîtres de saint Paul, durant les loisirs de sa captivité, ce qui prouve à la fois la pénétration de son esprit et la solidité de sa première éducation[1].

Au-dessous de ces écoles supérieures où les enfants recevaient une instruction complète, il en existait d'élémentaires ou primaires dans presque tous les villages. Elles étaient tenues par les prêtres réguliers ou séculiers chargés du soin des âmes dans chaque bourgade. C'est ainsi que saint Martin reçoit dans celle d'Auranca, où il est né, la première teinture des lettres humaines[2]. C'est ainsi encore que, plus tard, ce même saint Martin, installé à Saure, joint à ses nombreux travaux d'apôtre, de constructeur et de défricheur, l'instruction religieuse et littéraire de la jeunesse. Ce dévouement lui vaut un historien; car Salvado, qui nous a laissé le curieux récit de sa vie, avait été formé par ses soins[3]. C'est ainsi, enfin, que, dans la Rioja, au commencement du xie siècle, lorsque saint Dominique de Silos veut échanger le soin des troupeaux contre la clergie, il n'a qu'à changer d'habit, et trouve à Cañas même, sa patrie, qui n'était alors et n'est encore aujourd'hui qu'un très-petit village, l'école et le maître dont il a besoin pour atteindre le but qu'il se propose[4]. Les sources d'instruction ouvertes par l'Église d'Espagne étaient donc, à la dernière période du haut moyen âge, aussi nombreuses, aussi variées qu'à la première. Toutes les classes de la société pouvaient aussi facilement, plus facilement peut-être qu'autrefois, y puiser la science dont

de ceux de leurs églises, que des villes épiscopales. Acceptant cette affirmation dénuée de preuves sur le pied d'une démonstration catégorique, le récent auteur d'une excellente histoire d'Espagne, le regretté Cavanilles, termine le récit de la déroute de la Junquera par cette réflexion (*Hist. de Esp.*, II, p. 9) : « Ces évêques guerriers nous étonnent aujourd'hui. Nous les rencontrerons à chaque pas dans tout le moyen âge et dans toute l'Europe, soit à titre de sujets, soit comme seigneurs de vassaux. Ne les accusons pas, accusons le temps où ils vivaient. » N'allons pas si vite! Avant de condamner de ce chef et l'Espagne du xe siècle, voire du xie et du xiie, et ses évêques, il faudrait : 1° citer un seul chroniqueur, un seul document du temps qui nous montre les évêques, attachés suivant l'antique usage à la personne du roi, amener avec eux des troupes sur le champ de bataille et combattre à leur tête; c'est ce qu'on n'a jamais fait, et ne fera pas davantage à l'avenir; 2° produire une donation de la même époque, consentie en faveur d'un évêque ou de quelque autre ecclésiastique, avec obligation pour le donataire de prendre les armes et de guerroyer au service du donateur; ou bien encore, indiquer quelle loi, quels fueros obligeaient, contrairement au droit canon espagnol toujours en vigueur, un ecclésiastique quelconque à porter les armes; 3° prouver enfin, sur pièces, que les colons ou *pobladores* des domaines ecclésiastiques, exempts par leurs fueros et *cartas-pueblas* de tout ou presque tout service militaire, devaient, dans les circonstances extraordinaires et très-nettement déterminées où ils étaient tenus de prendre les armes, guerroyer sous les ordres de leur évêque ou de leur abbé, et non du comte ou du mérino chargés par le roi du gouvernement civil et militaire de la province, ou du district dont ces domaines faisaient partie. En attendant ces preuves absentes, faisons grâce à l'Église d'Espagne de nos excuses; elle n'en a nul besoin. La promptitude avec laquelle ses évêques, réunis en concile au xie siècle, renouvelèrent les anciens canons de Tolède,

interdisant aux clercs le port des armes (v. plus haut, p. 272, not.), nous est d'ailleurs un sûr garant que, si elle fut témoin de quelques abus en ce genre, elle ne les laissa pas dégénérer en coutume.

1. « Igitur iste beatissimus Pelagius..... caute in carcere vivebat, ubi ferme decem annorum etate clausus fuerat. Porro qualem ibidem se gerebat sodales non tacent... Erat enim... orationibus vigil, lectione assiduus... Elegerat enim sibi magistrum Paulum apostolum... Quapropter solers erat in lectione, ac facilis in doctrina... Si quando forte quivis dissimilis fidei garrulus aderat, refutatus abibat. » Raguel, *Hist. S. Pelagii*, n. 4 (*Esp. sagr.*, XXIII, escr. 4).

2. Salvat., *Vit. S. Mart. Saur.*, n. 4.

3. « Dum sub disciplina illius olim tenerer ego ipse, utpote rudis et magis lascivie quam doctrine deditus, de ejus actibus probitatisque moribus, ut puerulus, paucorum reminiscor. » Id., *ibid.*, n. 1.

4. « El santo pastorziello, ninno de buenas mannas,
Andando con su grey por termino de Cannas,
Asmó de ser clerigo, saber buenas fazannas,
Por vevir honesto con mas limpias compannas.
Plógo a los parientes quando lo entendieron,
Cambiáronle el habito, e otre meior le dieron,
Buscaronle maestro el meior que podieron,
Levaronle a la eglesia, a Dios le ofrecieron,
Dieronle sus cartiellas a ley de monaciello,
Assentóse en la tierra, tollósse el capiello,
Con la mano derecha priso su estaquiello...
Venie a su escuela el infant grant mannana.
Non avie a decirgelo, nin madre, nin hermana...
Bien leie e cantaba sin ninguna pereza,
Mas tenie en el seso toda su agudeza...
El obispo de la tierra oyó deste christiano...
Mandol prender las Ordenes, diogelas de su mano, etc. »
Gonzalo de Berceo, *S. Domingo de Silos*, copl. 34-43.

elles avaient envie ou besoin. Le péon, artisan ou cultivateur, n'en était pas plus exclu que le caballero, l'infanzon ou le fils du roi. Ils s'y rencontraient pêle-mêle, et s'abreuvaient des mêmes eaux. C'est le spectacle dont l'antique abbaye de Samos fut témoin au temps où, jeune encore, Alphonse le Chaste en fréquentait l'école; et celle de Leyre, quand elle comptait Sancho de Navarre parmi les élèves qu'elle instruisait dans la vertu et dans les lettres. Nul doute aussi que le noble Hermégilde et le saint comte Osorio, dont il a été question ailleurs, n'aient acquis, côte à côte de fils d'ouvriers et de colons, dans quelque école monastique ou épiscopale, les connaissances qui leur permirent d'embrasser, sans nouvelles études préparatoires, l'état ecclésiastique et monastique, après de longues années passées à pourfendre de leur bonne épée les crânes rasés des musulmans, dans les guerres d'Ordoño II et de Ramire II. Il faut toutefois ajouter que, en ce qui concerne les princes du sang royal, ceux surtout des Asturies et de Léon, il n'est pas certain que l'éducation leur ait toujours été donnée dans ces écoles ecclésiastiques. On voit, en effet, au xi° siècle, Ferdinand I établir dans son propre palais une école, tenue sans doute comme les autres par des clercs ou des moines, mais uniquement destinée aux enfants de ce saint et vaillant roi. C'est là que, sous sa surveillance, et recevant les leçons des mêmes maîtres, ses trois fils, Sancho, Alphonse et Garcia, et ses deux filles, Urraca et Elvire, étudiaient ensemble les sept arts libéraux. Mais leur père avait trop de sens chrétien ou de bon sens pour s'en tenir là. L'Espagne avait alors besoin d'autre chose que de princes lettrés et d'infantes bas-bleus. Ferdinand ne l'ignorait pas; il voulut donc que, ces études littéraires terminées, et même concurremment avec elles, ses fils s'appliquassent à tous les exercices du corps nécessaires à la formation d'un parfait caballero, et ses filles aux travaux propres de leur sexe [1]. Ses intentions furent suivies et ses désirs satisfaits. Les infantes ne furent pas celles qui retirèrent le moindre fruit de la sage et virile éducation qu'elles avaient reçue; l'aînée surtout de cette héroïque lignée, doña Urraca, si elle a vraiment, comme je le crois, écrit elle-même le préambule de sa donation à l'Église de Tuy, joignait à la sainteté des mœurs, au ferme courage, à la haute prudence dont ses contemporains les plus dignes de foi lui font honneur [2], un esprit élevé, sachant exprimer de nobles et grandes pensées en un style qui est loin de les déparer [3]. De pareils exemples d'éducation privée se retrouvent dans l'histoire des riches familles espagnoles de ce temps-là. C'est ainsi que, au début du x° siècle, les nobles parents de sainte Senhorine de Basto en usèrent avec leur fille, qui, de leur consentement, s'était dès son plus bas âge vouée à la vie monastique. Ils lui choisirent pour gouvernante (*nutrix*) une sainte religieuse chargée de l'instruire des devoirs de sa vocation, par ses leçons, par ses exemples, par l'explication des livres saints, des traités de saint Ambroise et des autres

---

1. « Rex vero Fernandus filios suos et filias ita censuit instruere, ut primo liberalibus disciplinis, quibus et ipse studium dederat, erudirentur. Dein, ubi ætas patiebatur, more Hispanorum equos cursare, armis et venationibus filios exercere fecit; sed et filias, ne per otium torperent, ad omnem muliebrem honestatem erudiri jussit. » Monach. Sil., *Chron.*, n. 81 (Berganza, II, p. 544). Le moine de Silos, écrivain contemporain, est d'autant plus digne de foi dans tout ce qu'il raconte de l'éducation des enfants de Ferdinand I, qu'il avait personnellement connu doña Urraca et traité souvent avec elle. Parlant de cette princesse, il dit en effet (n. 14) : « Pollebat namque et consilio et probitate, quippe quod *magis experimento*, quam opinione didicimus. »

2. Anon. Sil., *Chron.*, n. 14.

3. « Omnipotens Factor omnium rerum, Rex seculorum [fortis,
Qui cum Patre et Spiritu sancto intemporalis,
Et coeternus eternaliter regnas;
Qui regis populos, pariterque et regna gubernas,
Cui, candoris ad instar, lumine clarent lilia cœli,
Ante quem terra tremit, cui tartara serviunt, qui rabidas,
Magna virtute, frenas mundi,
Marisque procellas;
Cui visibilia cedunt et invisibilia famulantur, etc., etc. »
Doña Urraca, *Donat. à l'église de Tuy* (a. 1071), *E. s.*, XXII, escr. 1.

Pères qui ont écrit sur la virginité, enfin par celle de la règle de saint Benoît que Senhorine avait embrassée [1].

Peu importe au reste que nous ignorions à quelle école tel noble ou tel roi en particulier a dû le bienfait de son éducation. Ce qu'il est essentiel de constater et de retenir, c'est que, de tous les grands hommes de l'Espagne chrétienne du haut moyen âge, il n'en est aucun qui n'ait été d'une façon ou d'une autre élevé par l'Église : Ordoño II de Léon, le digne héritier d'Alphonse le Grand, autant que tout autre. Je n'ignore pas que la chronique contemporaine, connue sous le nom d'Albelda ou de san Millan, affirme ou plutôt semble affirmer le contraire. Mais cette affirmation d'un fait invraisemblable jusqu'à l'absurde, celui d'un roi, le plus ferme et le plus vaillant chrétien de son temps, confiant à un émir musulman l'éducation de son fils âgé de six ou huit ans à peine, n'appartient pas, ne peut appartenir au texte original de cette précieuse chronique. Il est impossible d'y voir autre chose qu'une mensongère interpolation, enfoncée de force comme un coin dans un texte qui n'était pas fait pour la recevoir, et qu'elle brise quant au sens et quant au rhythme, aussi maltraités l'un que l'autre [2]. Il y a plus : cette interpolation, qui se trahit elle-même, dénonce également par son contenu, quoique d'une façon moins nette, celui qui doit en porter la responsabilité. Je ne crois pas, en effet, m'écarter de la vraie piste, en attribuant cette malencontreuse addition à l'un des copistes castillans qui reproduisirent notre chronique dans la seconde moitié du x° siècle. Jeter, en recueillant ou fabricant ce conte ridicule, quelques nuages sur l'orthodoxie de l'éducation d'Ordoño II, était, en ces temps de foi ardente et pure, un moyen trop assuré d'attirer la haine et le mépris sur le prince qui réprima si énergique-

---

[1]. « Post hec Virgo, octavum annum complens, habitum ordinis sancti Benedicti assumpsit..., veneranda nutrix jam palam discipulam instruit, eamque optima disciplina et castigatione erudit, statutis Regule sue informat... exponit libros Divi Ambrosii et aliorum sanctorum, et alios ecclesie et ad ejus ordinem pertinentes, ut ipsa facilius sacram Scripturam intelligere posset, etc. » Anon., *Vit. S. Senorine*, p. 47, col. 2, 48, col. 1. — Cette vie a été rédigée d'après d'anciens documents (et voilà pourquoi je la cite) par un clerc de la fin du xiii° siècle au plus tôt. On ne s'expliquerait pas autrement l'étrange anachronisme de l'auteur faisant trôner les rois de Léon à Tolède dès l'an 950. Cf. *Ibid.*, p. 51, col. 2.

[2]. Un coup d'œil sur le passage de la Chronique d'Albelda, auquel je fais allusion, en dira plus sur les interpolations qu'on lui a fait subir que tous les raisonnements. Le voici, tel que le donnent les copies du x° siècle. Je place au-dessous ce même texte tel que l'avait probablement écrit l'auteur :

« Tunc Abdella ipseque (al. *ipse qui*) Mahomat iben Lupi, qui semper noster fuerat amicus, sicut et pater ejus, ob invidiam de suis tionibus, cui rex filium suum Ordonium creandum dederat, cum Cordubensibus pacem fecit, fortiamque suorum in hostem eorum misit. »

(Anon. Albeld., *Chron.*, n. 180, al. 67.)

« Tunc Abdella iben Lupi, qui semper noster fuerat amicus,
Sicut et pater ejus,
Ob invidiam de suis tionibus,
Cum Cordubensibus pacem fecit,
Fortiamque suorum in hostem eorum misit. »

Quant à l'impossibilité du fait en lui-même, il me suffira, pour la faire mieux ressortir, de prouver ici ce que j'ai simplement affirmé dans le texte, l'extrême jeunesse d'Ordoño, au moment où l'on suppose que le roi son père aurait chargé l'émir Abdallah de l'élever et de l'instruire. Alphonse III, monté sur le trône en 866, à dix-huit ans (Anon. Albeld., *Chron.*, n. 178, al. 61), n'épousa Chimène, princesse de Navarre, qu'après la première campagne des Arabes de Cordoue contre Léon (Sampire, *Chron.*, n. 49, apud Mon. Sil.). Cette expédition, d'après ce que nous en apprend un auteur contemporain (Anon. Alb. ubi supra), fut postérieure de plusieurs années (*tempore preterito jamque multo*) non-seulement à l'avénement de ce prince, et à la révolte du comte de Galice qui le força de chercher un refuge en Castille, mais à la double et victorieuse campagne contre les Vascons qui suivit la réintégration d'Alphonse sur le trône paternel. Il est difficile, en présence de pareils témoignages, de placer le mariage d'Alphonse III avant l'année 874, huitième de son règne, et ce calcul est confirmé par le moine de Silos, qui met entre le couronnement et le mariage d'Alphonse un égal intervalle d'années (Mon. Sil., *Chron.*, n. 40). Ordoño, le second des fils d'Alphonse, n'a donc pu naître avant la fin de l'année 876. Or, c'est six ans à peine après sa naissance, dans l'été de 882, que notre chroniqueur aurait mentionné, comme un fait déjà ancien, la remise d'Ordoño à l'émir musulman, apparemment pour lui apprendre à épeler ses premières lettres. Est-ce vraisemblable, surtout dans un roi chrétien tel qu'Alphonse III, devenu, grâce aux doctes leçons de ses maîtres asturiens, un des savants hommes de son temps, au dire, — très-authentique cette fois, — du chroniqueur d'Albelda (n. 178, p. 559, col. 1, édit. Berganza)?

ment les actes d'insubordination de ceux de ses comtes de Castille qui visaient à l'indépendance, et de rendre intéressantes les victimes de son inflexible justice[1], pour qu'un patriotisme peu scrupuleux se refusât au plaisir de l'employer. Remarquons d'ailleurs que, le fait en question fût-il prouvé, Ordoño, sorti avant sa sixième année révolue des mains musulmanes auxquelles on l'avait, dit-on, confié, n'en aurait pas moins reçu en réalité la même éducation religieuse, littéraire et scientifique que ses prédécesseurs ou ses successeurs. C'est ce que démontreraient au besoin les vertus dont il fut orné : sa bravoure unie à une rare prudence, sa justice, sa miséricorde, sa charité sans mesure envers les pauvres, la sainteté de ses mœurs, et la souveraine honnêteté de son gouvernement; toutes choses — les qualités guerrières exceptées — trop ignorées ou trop méprisées des fils de renégat qui trônaient à Saragosse, pour qu'ils en aient inspiré l'amour et enseigné la pratique à celui dont on veut faire leur élève[2]. Il reste donc bien établi que, dans les cinq siècles de la présente période du haut moyen âge, le seul enseignement offert aux Espagnols du nord-ouest, à quelque condition et rang qu'ils appartinssent, le seul qu'ils aient accepté ou recherché, a été l'enseignement donné par l'Église dans les diverses écoles dont nous avons parlé.

Mais quel était l'objet ou la matière de cet enseignement? Le meilleur moyen de résoudre cette question, sera de suivre l'enfant qui franchit le seuil de l'école pour la première fois, et va s'asseoir par terre, tête nue, aux pieds du maître dont il doit recevoir les leçons[3]. Après l'étude préparatoire et absolument élémentaire de la lecture et de l'écriture, il est appliqué à celle des sept arts libéraux, dont les trois premiers, c'est-à-dire la grammaire, la rhétorique et la dialectique, forment ce qu'on appelle le *trivium*, et les quatre autres, musique, arithmétique, géométrie et astronomie, le *quadrivium*. C'est à ces études dont l'ensemble constitue l'enseignement secondaire, que nous avons vu se livrer, par ordre de leur père, tous les enfants de Ferdinand I au XI° siècle. C'est aussi leur cercle entier que parcouraient, sous la direction de Sabaric son maître, saint Rosendo au siècle précédent[4], et, au XII° siècle, l'historien de ce grand homme, dans l'école monastique de Celanova[5]. Pour nous, qui connaissons maintenant l'attachement passionné de l'Espagne chrétienne à ses vieux usages, sa répugnance à les changer ou même à les modifier, sauf sous le coup de l'impérieuse nécessité, il est vraisemblable, sinon certain, que la matière et l'ordre de cet enseignement n'ont pas plus varié de saint Beatus et d'Alphonse le Chaste à saint Ferdinand III, que de Beatus lui-même, en remontant le cours des siècles, à saint Julien de Tolède ou à saint Isidore de Séville. Je suis donc persuadé que le fabuleux historien du Docteur des Espagnes, rendant compte des études de son héros, d'après ce qui se passait sous ses yeux dans les écoles du XIII° siècle, a dit par hasard à peu près la vérité[6].

---

1. « Rex Ordonius, ut erat providus et perfectus, direxit Burgis pro Comitibus qui tunc eamdem terram regere videbantur... Venerunt ad junctam regis in rivo qui dicitur Carrion, loco dicto Tebulare (al. *Teliare*)... Nullo sciente, exceptis consiliariis propriis, [rex] cepit eos, et vinctos et catenatos ad sedem regiam Legionensem secum adduxit, et ergastulo carceris tradi jussit. » Samp., *Chron.*, 36 (apud Mon. Sil.).

2. — Erat namque in omni bello providus ac prudentissimus ; in civibus justus et misericordissimus, in miserorum pauperum necessitudinibus ultra modum humanum misericordiæ visceribus affluens, et piissimus, atque in universa gubernandi regni honestate præclarus. » Mon. Sil., *Chron.*, n. 43.

3. Berceo, *San Domingo*, copl. 36, cité plus haut.

4. « Litteras ac liberales artes faciliter didicit. » Steph., *Vit. S. Rudesindi*, n. 3.

5. « Cum in primo tenere etatis flore litterarum studiis traderer, præ tanti studii sudores, seu virgarum, sicut solet fieri in pueris, percussione, eis abrenunciarem, locis silvarum occultis, ob hoc sepius occultarem... divino nutu magister meus sancti Rudesindi sepulchrum petit, candelam accendit, flexis genibus orationem fudit, quatenus... ipse me... ad discendum cor dignaretur aperire, etc. » Ordoño, *S. Rudesindi Miracul.*, II, n. 13.

6. « In trivio et quadrivio fuit perfectus. » Cerrat, *Vit. S. Isidori*, n. 2 (*Esp. sagr.*, IX, apend. 6).

Les études grammaticales par lesquelles s'ouvre le *trivium* ont, en Espagne comme ailleurs à cette époque, la langue latine pour objet à peu près exclusif. Il est facile d'en comprendre la cause. Cette langue conserve encore au sein de la société espagnole la position officielle qu'elle y occupait avant l'invasion arabe. Elle est la langue *écrite* de l'Église, de l'État, des sciences et des affaires. Décrets des conciles, décisions prises ou jugements rendus dans les plaids royaux, chroniques et biographies, fueros de villes ou de districts agricoles, contrats de toute nature sont toujours rédigés en latin, du viii° siècle à la fin du xii°. Il n'est pas d'*escribano* qui n'ait la prétention d'écrire en cet idiome classique l'acte de vente ou de donation qu'il grossoie rapidement à la requête du noble ou du paysan de son voisinage. Aussi le voit-on assez souvent avertir le lecteur que tel mot qu'il emploie appartient à la langue vulgaire[1]. Il ne se permet d'ailleurs de pareils emprunts que lorsque sa mémoire rebelle ne lui suggère pas assez promptement le mot latin dont il a besoin, ou quand ce mot n'existe pas[2]. Mais, dans le commerce ordinaire de la vie, et comme langue *parlée*, le latin est complétement supplanté par sa fille, la langue vulgaire, la seule qui soit comprise de tous sans exception. Il est si bien réduit au rôle de langue *écrite*, que, dans le style du temps, *témoignages oraux* et *témoignages en idiome rustique* sont des expressions synonymes[3]; il est si bien ignoré des Espagnols de toute condition qui ne l'ont pas appris par principes, comme nous-mêmes l'apprenons aujourd'hui, que la fille d'un des plus grands seigneurs de la Galice portugaise au x° siècle, sainte Senhorine de Basto, encore enfant, se fait lire dans

---

1. « Facimus agnitionem cujusdam intentionis que orta fuit inter episcopum Legionense sedis... et inter milites... qui *vulgari lingua* infanzones dicuntur. » Pierre, év. de Léon (a. 1093), *Esp. sagr.*, XXXVI, p. lxxxi. — « Damus unam ecclesiam sancte Marie vocabulo dedicatam, *rusticanoque eloquio* de Leva-torre dictam. » Alphonse VII (a. 1120), Yepes, I, p. 31 verso (*apend.*). — « Judices habeatis quatuor qui *vulgo* alcaldes vocantur. » Id., *FF. de Balbas* (a. 1135), *M. p.*, 314. — « Aliam mandationem que *vulgo* Regarias nuncupatur. » Alphonse VII (a. 1134), *E. s.*, xli, escr. 10, p. 313. — « Inde ad alium limitem que est in loco *vulgariter* nuncupato el Cerello agudo. » Alph. VIII (a. 1180), Thomas Gonzalez, *Colecc. de Privilegios*, V, p. 94, etc., etc. Parfois, sans nommer la langue vulgaire, on s'exprime, à propos du mot qu'on lui emprunte, de façon à ce qu'on ne puisse se tromper sur sa provenance : « Non habeant super seipsas villas... nullum laborem ex castellis, et nulla expeditione publica *que dicitur*, Fossato. » Ferdinand I (a. 1039), Berganza, escr. 84. — « Tres phialas *quas dicunt* rotomas (auj. *redomas*). » Pélage, év. de Léon (a. 1073). *E. s.*, XXXVI, p. lx. Il est évident que ces façons de parler répondent à celle qu'employait déjà saint Isidore de Séville en même occurrence : « Impetigo et sicca scabies... hanc vulgus sernam appellat. » Étym., l. IV, c. viii, n. 6.

2. Remarquons à ce propos : 1° que les chroniques, vies de saints, actes de conciles et autres écrits de cabinet rédigés à tête reposée, ne renferment qu'un très-petit nombre de mots de la langue vulgaire; 2° qu'en ce qui concerne les actes d'intérêt public ou privé, il faut distinguer entre le préambule, quand ils en ont, et le corps même de l'acte contenant l'énumération des biens meubles ou immeubles, la description par les uns, l'énoncé des limites naturelles ou artificielles des autres, etc. Le préambule, qu'il soit emprunté à un recueil de formules, ou, ce qui arrive souvent, composé d'avance par le donateur, le vendeur, ou le scribe à ses ordres, est en latin, latin plus ou moins soigné suivant la qualité des personnes, plus ou moins maltraité par des négligences d'expédition, ou par des erreurs postérieures de déchiffrement, mutilé, plus fréquemment encore, dans les cartulaires, par le désir d'arriver plus tôt au terme d'une tâche ingrate ; mais en latin pur de tout mélange, sinon de tournures, au moins de mots espagnols. Mais dans le corps de l'acte, écrit sous la dictée faite en langue vulgaire par les contractants, les mots empruntés à ce dernier idiome abondent plus ou moins, suivant que le notaire est plus ou moins lettré. Celui-ci, en effet, n'ayant pas le temps de chercher ses mots, laisse tomber sur le parchemin le premier qui vient au bout de sa plume. Voilà pourquoi dans le même acte, à quelques lignes de distance, nous rencontrons tour à tour la dénomination latine et vulgaire d'un même objet (*argentum* et *plata*, *poblador* et *populator*); parfois même la forme vulgaire se présentera avec sa terminaison propre et sa terminaison latinisée (*majorinus*, *merino*, *merinus* ; *molendinum*, *molino*, *molinum* ; *arrogium*, *arroyo* ou *arroio*, *aroium*). C'est ainsi encore que, entre des fueros octroyés par le même roi, pour des villes d'une même province ou de provinces limitrophes, mais rédigés par autant d'écrivains différents, les uns abondent en expressions vulgaires, tandis que les autres n'en renferment qu'un très-petit nombre. Comparez par exemple les fueros de Cardeña, rédigés par les moines de ce monastère en 1042 et signés de Ferdinand I (Berg., escr. 84), à ceux que donnait vingt ans plus tard ce même prince au *pueblo* de Sainte-Christine, près de Zamora (Muñoz, p. 222); ceux de Sahagun à ceux de Logroño, octroyés tous deux par Alphonse VI, l'un en 1085, l'autre en 1095.

3. « Non sit ei licentia per nullam humane scientie artem, per nullamque *rusticam* aut scripturarum assertionem, sed moneatur ut desinat tale nefas agere. » Scudamire (a. 1086). *Mon. Port.*, escr. 658.

sa langue *paternelle* les vies des saints, dont le texte latin lui est inintelligible [1]. C'est évidemment aussi dans la même langue que sa docte maîtresse lui expliquait et commentait les écrits des saints Pères latins et la règle de saint Benoît [2]. Ceci nous prouve aussi que cette maîtresse connaissait la langue ignorée de son élève, et, par conséquent, qu'il n'est pas nécessaire de descendre jusqu'au milieu du xie siècle pour rencontrer en Espagne des femmes se livrant comme les hommes à l'étude grammaticale du latin.

Le grec ne paraît pas avoir été complétement négligé. On en donnait quelques notions dans l'école monastique de l'illustre abbaye de Cardeña. Le prêtre Endura et le diacre Sébastien, son disciple, terminaient, le 17 janvier 949, dans le scriptorium de ce monastère, la transcription du Commentaire de Cassiodore sur les psaumes, qui leur avait été commandée et grassement payée par deux bienfaiteurs de Cardeña [3]; or tous deux, l'un à la seconde feuille du manuscrit, l'autre à la dernière, ont écrit deux ou trois lignes dont le latin se cache sous des lettres grecques [4]. Je dis *quelques notions*, parce qu'un pareil enfantillage sent trop son commençant, et qu'il me paraît absolument incompatible avec une connaissance un peu approfondie de la langue dont on fait si naïvement parade. Ramire III de Léon avait aussi reçu de ses maîtres une légère teinture du même idiome. On le devine au soin qu'il prend de se *titrer* ou faire titrer en grec lui et les siens dans les chartes émanées de sa chancellerie [5]. Si le trivium s'ouvre par l'enseignement du latin, le quadrivium se ferme par celui des mathématiques pures et appliquées, c'est-à-dire de l'arithmétique, de la géométrie et de l'astronomie. Cette dernière science a toujours été cultivée dans l'Église, au moins dans celles de ses notions élémentaires dont la connaissance lui est absolument nécessaire pour la fixation annuelle du jour où doit être célébrée la Pâque chrétienne, et pour la rédaction du calendrier liturgique. Martin de Dume en Galice, au vi[e] siècle [6], Jean de Saragosse et Eugène de Tolède, au siècle suivant, composaient des traités sur ces matières [7]. Si, dans la seconde période du haut moyen âge, à Léon, à Burgos, ou dans les grandes abbayes de l'Espagne chrétienne, on n'a pas composé d'ouvrages théoriques du genre de ceux qu'avaient livrés au public lettré des royaumes wisigoth ou suève les écrivains ecclésiastiques que je viens de citer, on ne peut douter que, sous le coup de la même nécessité, leurs traités n'aient été étudiés, et leurs méthodes appliquées au problème qu'il fallait résoudre chaque année [8]. Nous retrouvons une autre application des mathématiques, et par conséquent une

---

1. « Vitæ sanctorum, ad instantiam (*Senorinæ*), sermone paterno legebantur. » *Vit. S. Senor.*, p. 48, col. 1.
2. *Vit. S. Senor.*, ibid.
3. « Obtulerunt optimum pretium ad conscribendum librum hecade, videlicet omnium Psalmorum... concessumque jure perenni fruendum Stephano abbati pastoralis cura digne ferenti ducentorum numero monachorum, Caradigne in asisterio. » Endura et Sébastien, cités par Berganza (*Antiguedades*, I, p. 221, n. 111).
4. Id., ibid., p. 222, n. 111 et 112.
5. « Ranimirus Flavius princeps magnus, *Basileus* unctus, in regno fultus... manu mea confirmo. Geloira Deo dicata et *Bassilet*, regis amita. » Escalona, escr. 18 (a. 974).
6. La bibliothèque de saint Martin renfermait bon nombre d'écrits sur le cycle pascal, et lui-même rédigeait un traité de la Pâque, édité par Florez, au tome XV de l'*España sagrada*, parmi les œuvres du saint.
7. « Joannes ecclesiæ Cæsaraugustanæ sedem ascendit. Primo pater Monachorum, et ex hoc præsul factus... Annotavit inter hæc inquirendæ Paschalis solemnitatis tam subtile atque utile argumentum, ut lectori et brevitas contracta et veritas placeat patefacta. » — « Eugenius... sedis ejus post illum (scil. *Helladium*) tertius rector accessit... Numeros, statum, incrementa, decrementaque, cursus, recursusque lunarum tanta peritia novit, ut considerationes disputationis ejus auditorem et in stuporem verterent, et in desiderabilem doctrinam inducerent. » S. Hildeph. Tolet., *Contin. Catal. Viror. illustr.*, c. v et xiii (*Esp. sagr.*, t. V).
8. Nous rencontrerons, dans quelques-unes des bibliothèques léonaises ou castillanes, des spécimens de ces calendriers. Celui que M. Dozy publiait il y a quelques années, et qui fut composé à Cordoue en 961, peut donner quelque idée de ce qu'étaient ces sortes d'ouvrages. Car, si l'auteur de ce dernier calendrier n'est pas un chrétien mozarabe, ce que je ne me charge pas de décider, il me paraît assez vraisemblable qu'en le composant il a eu sous les yeux un des calendriers ecclésiastiques de cette ville. Cf. Dozy, *Calendrier de Cordoue*, 1 v. in-8, Leyde, 1873.

preuve nouvelle de leur enseignement, dans le plan scientifique que les architectes de cette époque, tous chrétiens et sortis des écoles monastiques, traçaient, par avance et le compas à la main, des édifices dont la construction leur était confiée. Ainsi faisait à Coïmbre, au XII° siècle, le saint archidiacre Tello, et sans doute aussi saint Pierre de Dieu à Léon, au siècle précédent, avant d'élever, l'un son monastère de Sainte-Croix et ses dépendances [1], l'autre la magnifique église où fut déposé le corps de saint Isidore de Séville, et le pont qui du nom de son constructeur prit celui de *Pont-de-Dieu* [2]. Ainsi firent tous les architectes qui, du VIII° au X° siècle, couvrirent le nord-ouest de l'Espagne de monuments sacrés et profanes, depuis le maître inconnu qui, sous le fils et le successeur de Pélage, édifiait l'église cruciforme de Cangas, alors capitale du royaume naissant des Asturies [3], jusqu'à Tioda auquel Alphonse le Chaste confiait la construction de la basilique de Saint-Sauveur d'Oviedo (a. 730-802) [4]; jusqu'à Vivien, qui s'intitule *constructeur d'églises*, et dont l'épitaphe se voyait encore au siècle dernier dans un des monastères de Vierzo [5].

Des gens qui savaient assez de mathématiques pour tracer scientifiquement le plan d'un palais, d'une église ou d'un monastère, ne peuvent avec quelque vraisemblance être soupçonnés d'avoir complétement ignoré les règles de l'arpentage. Non-seulement ces règles leur étaient connues, mais ils ont dû en faire l'application pratique dans une foule de circonstances; dans le partage des terres reconquises sur l'ennemi, par exemple, ou dans la délimitation des *dextros* ecclésiastiques [6], et plus spécialement dans la mesure de cette zone de territoire se développant, autour du tombeau de saint Jacques, sur un rayon de trois milles de longueur, porté successivement à six et à douze milles, dont Alphonse le Chaste et ses successeurs concédèrent le haut domaine à l'évêché d'Iria ou de Compostelle, aux IX° et X° siècles [7].

---

1. « Velut Martha satagebat circa frequens ministerium, murum in circuitu cenobii construendo, turres in excelso erigendo, domos intra claustrum et extra edificando.... Quia vero totum, prout erat futurum, vel fundare minime poterat, radium affectans manu, ut Thomas apud regem Gondaforum, peritus architector interius compositionem, et exterius totius dispositionem structure describit edificiorum. » Anon., *Vit. Tell. Archid.*, p. 66, col. 2.

2. Saint Pierre de Dieu fut, à sa mort, enterré par les soins d'Alphonse VI et de la reine Doña Sancha dans l'église de Saint-Isidore de Léon. Son épitaphe est conçue en ces termes : « Hic requiescit Petrus de Deo qui superedificavit ecclesiam hanc. Iste fundavit pontem, qui dicitur de Deo tamben, et quia erat vir mire abstinentie et multis florebat miraculis, omnes eum laudibus predicabant. Sepultus est hic ab imperatore Adefonso et Sancia Regina. » Risco, *Iglesia de Leon y Monasterios*, p. 144 (Madrid, a. 1792).

3. « ... Perspicue clareat hoc templum obtutibus sacris
Demonstrans figuraliter signaculum almæ crucis...
Quam famulus Fafila sic condidit fide probata, etc. »
Inscr. de Cangas, *Esp. sagr.*, XXXVII, p. 86.

4. Tioda signe comme témoin la donation d'Alphonse à l'Église d'Oviedo, et fait suivre son nom des qualifications suivantes : « Maître qui ai construit ladite église de Saint-Sauveur. » Cf. Morales, *Coronica gen.*, l. XIII, c. LXII, 2 ; et Risco, *Esp. sagr.*, XXXVII. p. 143.

5. « Quem tegit hic paries dictus fuit hic Vivianus :
Sit Deus huic requies, angeliceque manus,
Iste magister erat et conditor ecclesiarum, etc. »
Esp. sagr., XVI, p. 52.

6. On désignait sous ce nom la portion de terrain contiguë à chaque église, et s'étendant autour d'elle sur une largeur totale de quatre-vingt-deux pas. Le cimetière, pour sa part, prenait à peu près la septième partie du *dextro*, soit douze pas ; le reste était affecté au service de l'église et des prêtres qui en étaient chargés : « Item adjicimus in omni gyro ecclesie LXXXII pavos (leg. *passos*); duodecim pro corpora tumulanda, et septuaginta pro toleratione omnes vita sancta degentes cum ceteris suis adjunctionibus. » Alphonse III (a. 886), *Esp. sagr.*, XVII, escr. 1. — « Villa... cum duabus in ea fundatis ecclesiis... cum earumdem in ambitu dextros. » S. Rosendo (a. 942), Yepes, V, escr. 1, p. 424, etc., etc.

7. « Damus et concedimus huic B. Jacobo Apostolo et tibi Patri nostro Theodomiro episcopo tria millia in gyro tumbe ecclesie B. Jacobi Apostoli. » Alphonse le Chaste (a. 824). *Esp. sagr.*, XIX, escr. 1. — « Mittimus tibi... nostros pueros et familiares nuntios... ut confirment tibi, post partem loci sancti tria millia que Dive Memorie preddecessor meus Domnus Adephonsus Castus... contulit. Et ego similiter... addo alia tria millia, ut sint sex millia integra. » Ordoño I (a. 854). *Ibid.*, escr. 3. — « Concedimus nempe Paternitati vestre et sancte regule XII millia in omni circuitu aule ipsius alumni (*Almi?*) Apostoli. » Froila II (a. 924). *Ibid.*, escr. 17, p. 358. — Ramire II, dix ans plus tard, prend connaissance de toutes les donations de ses prédécesseurs, les confirme de sa pleine autorité, et en explique le sens et

M. Dozy ne nie pas que l'arpentage ait été pratiqué en Espagne. Il affirme seulement que l'ignorance des chrétiens les contraignait, lorsqu'ils voulaient arpenter leurs terres, de recourir à des Sarrasins. Il cite en preuve une charte du 27 juin 931 renfermant le procès-verbal d'une vérification de limites, faite par Ayoub et Solaiman, Arabes de nom ou d'origine, et serviteurs du roi Alphonse IV de Léon[1]. Mais ce fait, d'où le savant historien a cru pouvoir légitimement tirer la conclusion qu'on vient de lire, ne prouve absolument rien, pour plusieurs raisons. Et d'abord, on avait si peu besoin d'Arabes dans les royaumes de Léon ou de Castille pour des opérations de ce genre, que, sous Ordoño II, en 921, sous Ramire II, frère et successeur d'Alphonse IV, sous Alphonse IV lui-même, et précisément en l'année 931, des Léonais et des Castillans très-authentiques, de toute classe et de tout rang, menaient à bien, sans l'aide d'aucun musulman, une opération identique à celle dont les deux soi-disant Arabes d'Alphonse IV avaient été chargés[2]. Le choix de ce prince ne lui a donc été imposé par aucune nécessité. Il y a plus et mieux : l'arpentage était exclu de cette reconnaissance juridique de limites contestées. Il faut se souvenir, en effet, qu'aucun titre de propriété (acte de vente, d'échange ou de donation), dressé par les notaires espagnols du haut moyen âge, n'a jamais donné, en mesures de superficie, la contenance du domaine auquel il se rapporte. Tous, du premier au dernier, déterminent simplement l'étendue réelle des villas et autres propriétés rurales par l'énumération plus ou moins détaillée des signes naturels ou artificiels, qui en marquent les limites, et les rendent visibles, tels que routes, montagnes, cours d'eau, maisons, bornes en pierre sculptée, levées de terre ou de cailloux agglomérés (*arcas, arcas petrinias, aggeres*), arbres avec entailles (*decuria, decoria*)[3], etc. Quand donc, entre propriétaires voisins, s'élevait une contestation à propos de limites, il n'y avait pour le juge devant lequel la cause était portée qu'un moyen de terminer le différend : l'enquête faite sur les lieux. Il s'y transportait en personne ou par ses délégués, et là, partant d'un point incontesté de la ligne de démarcation, objet du litige, il en recherchait et rétablissait pas à pas le parcours, à l'aide des indications contenues dans les vieux titres, ou, à leur défaut, de celles que lui fournissaient les anciens du pays convoqués à cet effet. L'opé-

---

la portée. Je cite le passage suivant de sa charte de confirmation, parce qu'il établit solidement ce que j'ai précédemment écrit sur la véritable signification des expressions *servire* et *servitium* dans les royaumes chrétiens de la Péninsule : « Sagaci mente percontari cepimus quid parentes, avi et proavi nostri eodem in loco devota contulerant voluntate... inter cetera, reperimus testamentos antiquos de tempore Adefonsi Catholici regis (Alphonse le Chaste) conscriptos, per quos concessit in omni gyro *hominum ingenuorum* ejusdem sanctissimi loci milliarios adnotatos, ut ibidem, *non ut servi deservirent, sed censum quod regi solvebant, illuc fideliter redderent*. » *Ibid.*, escr. 24, p. 363. Nous voilà certes bien loin de l'esclavage, du servage ou du vasselage proprement dits ; et, cependant, Ordoño I, ainsi interprété par Ramire II, écrivait simplement dans sa donation : « Ut omnis populus qui ibi habitaverit, *serviat* loco sancto sicut mihi. » Ordoño I, ubi supra.

1. Dozy. *Hist. des Musulm.*, III, 31.
2. En 921, sous Ordoño II, délimitation du diocèse de Dumium par deux évêques et treize autres arbitres ; pas de Sarrasins (*Esp. sagr.*, XVIII, escr. 9) ; en 931, reconnaissance et rétablissement des limites du monastère de Saint-Julien par le roi Alphonse IV en personne, deux évêques et un grand nombre de seigneurs (Risco, Reyes de Leon, p. 142-143) ; en 942, même opération accomplie par Ramire II, en compagnie d'Oveco, évêque de Léon, de cinq abbés et de quatre ricos-hombres, aussi Espagnols les uns que les autres (id., *ibid.*, p. 142) ; en 1052, démarcation judiciaire de la villa de Llanos par le mérino de Léon, Fernand Salvatoriz, Cid Marvaniz, mérino de la cathédrale de la même ville, Jimeno Velasquez et Bermudo Froilaz (*Esp. sagr.*, XXXVI, escr. 24) ; en 1177, Garcia Martinez de Roda, délégué d'Alphonse VIII, confie la vérification des limites entre Vado del Conde et Guma, à des *labradores* des villages voisins (*Indice de Docum.*, I, p. 8). Voir aussi dans l'appendice aux *Memorias para la vida del santo Rey Fernando III*, Part. 3, p. 352, 466.

3. « Aggeres terræ sive arcas quas propter fines fundorum antiquitus apparuerint fuisse congestas atque constructas... lapides etiam propter indicia terminorum notis evidentibus sculptas... in arboribus notas quas decurias vocant. » *For. Jud.*, X, tit. III, 3. — Ces diverses expressions se retrouvent dans la charte d'Ordoño II (a. 921), citée plus haut (note 2) ; *decoria* se lit dans une charte hispano-portugaise de l'an 906 (*Mon. Port.*, escr. 13).

ration une fois terminée par le retour au point de départ, le juge ou son délégué en consignait les résultats dans un procès-verbal, qui, revêtu de la signature du juge et des témoins, puis muni de l'approbation royale, faisait loi pour les parties et mettait fin au débat[1]. Cette enquête, on le voit, n'avait rien de scientifique, et n'exigeait de celui qui en était chargé que de bons yeux, pas mal d'attention, et beaucoup de patience.

J'ai dit plus haut, en parlant d'Ayoub et de Solaiman, *Arabes de nom ou de profession* et *soi-disant Arabes,* parce que rien n'établit que les deux délégués d'Alphonse IV aient été de vrais Sarrasins. Il faut se souvenir, en effet, que, si, dans l'Espagne du vi^e siècle, bon nombre de Goths se dissimulent sous des noms latins ou gréco-latins, au xe, à Léon et en Castille, on trouve étiquetés en arabe, à côté d'esclaves musulmans de naissance et d'éducation, des chrétiens mozarabes de race espagnole, et les descendants christianisés des rares Berbers, qui, lors de l'expédition victorieuse d'Alphonse le Catholique des Asturies au Duero, avaient échappé au glaive de ce prince et de son armée[2]. Il serait donc ici encore très-hasardeux de conclure, du nom arabe que porte tel ou tel personnage, à la nationalité de ce personnage ou à la religion qu'il professe[3]. Il suit de là qu'alors même que Solaiman et Ayoub auraient procédé à un véritable arpentage, nous n'aurions aucun droit de rapporter à l'islam plutôt qu'à l'Évangile le très-mince honneur de ce petit travail scientifique.

1. Lire les actes ou procès-verbaux que j'ai cités dans une note de la page précédente. — On ne procédait pas autrement à la rectification ou vérification des limites sous les rois wisigoths : « Quotiescumque de terminis orta fuerit contentio, signa quæ antiquitus constituta sunt oportet inquiri... Si quis intra terminos alienos partem aliquam forte possederit... Statim quum per antiqua signa evidentibus inspectoribus fines loci alterius cognoscuntur, amittat Domino reformandam. » *Forum Jud.*, X, tit. iii, 4 et 5.

2. On sait que les Berbers musulmans, entrés en Espagne avec Tàric, eurent, dans la répartition des terres entre les conquérants, les provinces du nord-ouest de la Péninsule en partage (Dozy, *Hist. des Musulm.*, I, 255, suiv.). Décimés déjà par les guerres civiles et la famine (id., *ibid.*, et iii, 24, 25), ils disparurent presque entièrement devant la reconquête chrétienne d'Alphonse I. La postérité de ceux qui furent alors épargnés, soit par satiété de l'égorgement dans les vainqueurs, soit par la promptitude des vaincus à renoncer à l'Islam auquel ces Africains ne tenaient guère, devait être, au xe siècle, trop peu nombreuse pour constituer une portion quelque peu notable de la population nominalement arabisée du royaume de Léon. Elle était d'ailleurs depuis longtemps espagnole d'éducation. Il en était, quant au nombre, tout autrement des émigrés hispano-gothiques du sud de la Péninsule. Ces Mozarabes, opprimés et persécutés par les Musulmans, saisissaient toutes les occasions favorables de chercher dans un pays ami, où ils étaient sùrs d'être accueillis avec la plus grande faveur, la paix, le repos et la liberté de leur culte. Il est à croire, d'autre part, que, fidèles à la politique inaugurée par Alphonse le Catholique, Alphonse III et son fils, Ordoño II, à la suite des hardies et triomphantes expéditions qu'ils poussaient jusqu'au cœur de l'Espagne arabe, ramenaient avec eux vers le nord tout ce qu'ils avaient rencontré de chrétiens sur leur passage. Ceux-ci s'étaient donc considérablement multipliés à Léon et dans les Asturies. Or, il est certain que, parmi ces émigrés qui en pays more joignaient un nom ou surnom arabe à leur nom chrétien, beaucoup ne le quittaient pas en pays chrétien, au moins dans les premiers temps de leur séjour en cette nouvelle patrie. Voilà pourquoi dans les chartes de l'abbaye de Sahagun, fondée ou rétablie en 904 par Alphonse le Grand pour des moines mozarabes (lire la charte de Ramire II, Escalona, escr. 22), nous voyons figurer les diacres Zalama (*ib.*, escr. 10, a. 921), Ayoub, Mousâ, Mutarraf, Halib (*Ghalib?*), les prêtres Melik, Solleyman, Salama, Habib, Kazzem (*Câsim*), etc. (*ib.*, escr. 34, a. 959; escr. 35, a. 960; escr. 38, a. 962), et enfin, parmi les laïques, Lubila, *surnommé* Hischàm, fils de Récarède (*ib.*, escr. 33, a. 959), etc.

3. Le doute dont je viens de parler s'évanouit dès qu'au nom arabe se joint, dans les documents du xe et du xie siècle, une indication quelconque sur la position sociale de celui qui le porte. Ainsi, l'épithète d'*esclave*, accolée à un nom de ce genre, suffit pour nous permettre d'affirmer qu'il est question d'un musulman. Au contraire, l'adjonction d'un titre honorifique est un indice certain d'origine espagnole, ou tout au moins de profession de foi chrétienne. Ainsi Abou'l-Mondhar, comte en Castille sous Ordoño II (Samp., *Chron.*, 56), Ayoub, chambellan de Ramire II en 945 (Escalona, escr. 22), Walid, sayon du roi, Abdallah, cousin de Doña Infante (*id.*, escr. 33, a. 959), le juge Motarraf (*id.*, escr. 46, a. 971), les comtes Abou'l-Az Anhanniz (*Aswa Hanniz?*), et Abou'l-Câsim Gebaldi, seigneur attaché à la personne de Sancho el Gordo (*id., ibid.*, escr. 34, a. 959), etc., me paraissent devoir être classés sans hésitation parmi les Berbers christianisés depuis longtemps, ou plus probablement parmi les Mozarabes. Car ceux-ci ont été de tout temps l'objet d'une prédilection singulière de la part des rois de Léon et de Castille. C'est à l'un d'eux que Ferdinand I confiait le gouvernement de Coïmbra et de tous les districts portugais reconquis pour la seconde fois sur les Arabes (*Chron.* Sil. 91). C'est aux Mozarabes trouvés à Tolède, ou qu'il y avait appelés, qu'Alphonse VI tient ce langage vraiment paternel, dans la charte de privilèges qu'il leur octroie en 1101 : « Facio hanc cartam firmitatis ad totos ipsos Muztarabes de Toledo, caballeros et pedones...

VII.

A l'enseignement des sept arts libéraux succédait l'enseignement public ou privé de la médecine, du droit et des sciences sacrées. La mention assez fréquente de médecins dans les documents hispano-latins du haut moyen âge prouve que les études médicales étaient loin d'être négligées dans les royaumes chrétiens de la Péninsule, et que les malades n'y languissaient pas privés des soins que réclamait leur état. Sans être agglomérés en aussi grand nombre sur un seul point qu'ils l'étaient autrefois à Mérida[1], les médecins étaient cependant assez multipliés pour qu'on les trouve répandus à peu près partout. Il y en avait en Galice[2], en Castille[3], en Aragon[4], dans le royaume de Léon[5] et dans les provinces portugaises[6]. Cette science comptait des adeptes dans les monastères, où les comtes et autres officiers royaux envoyaient en traitement les caballeros à leur solde qui tombaient malades, et que la noblesse de leur condition ne permettait pas de confondre avec les pauvres recueillis dans les hopitaux[7]. Ces praticiens espagnols se formaient-ils à leur art sous des maîtres de même origine, dépositaires des traditions médicales de l'Espagne romaine ou gothique? Allaient-ils, au contraire, demander à des maîtres juifs ou sarrasins les secrets d'une science devenue étrangère à leurs compatriotes? C'est ce que j'ignore[8]. Laissant donc volontiers à de plus compétents le soin de répondre à cette double question, je me contente de répéter ici ce que m'ont appris, sur la thérapeutique alors en vigueur dans les provinces chrétiennes, les documents contemporains. Cette thérapeutique ne différait pas notablement de celle des temps antérieurs, ni même de celle de notre temps. Les saignées, les purgations, les potions

---

et do eis libertatem, ut qui fuerit inter eos pedes, ut voluerit militare, si posse habuerit, ut militet. Et vendendi, dandi, vel possidendi, seu de possessione sua quidquid voluerit faciendi, liberam in Dei nomine habeat potestatem... Hoc autem facio pro remedio anime mee et parentum meorum, et ut vos omnes, quos in hac urbe semper amavi et dilexi, seu de alienis terris adduxi semper habeam fideles et amatores. » Muñoz, p. 364. Quant aux Musulmans, pas plus au x⁵ siècle qu'au xɪɪ⁵, un roi de Léon ou de Castille n'aurait songé à leur conférer une charge ou une dignité. Cf. Alphons. VII, *Fueros de Toledo* (a. 1118), *ibid.*, p. 365.
1. V. supr., pp. 221, 222.

2. « Un conde de Gallicia, que fuera valiado...
Perdió la vision, andaba embargado,
Ca omne que non vede non debe seer nado...
Contendiendo con *menges*, comprando las *menyias*
Avie mucho espenso en vanas maestrias. »
(Gonz. Berceo, *S. Dom. de Silos*, copl. 388, 389.)

3. « Era un omne bono de Gomiel natural,
Garci Muñoz por nombre, avie un fiero mal,
Prendielo à las veces una gota mortal...
Subielo esta gota tomar al corazon,
Tolliele la memoria, fabla e vision...
Oracion nin jejunio non li valie nada,
Nin escantos, nin *menges*, nin cirio, nin oblada...
Era la malatia vieia e porfiosa,
De guarecer muy mal, de natura rabiosa,
Non la podie el *menge* guarir por nulla cosa. »
(Id., *ib.*, copla 398, 399, 403, 410.)

4. « Era un mancebiello, nació en Aragon,
Peydro era su nombre, assi diz la lection,
Enfermo tan fuertemiente que era miration...
Grant fu la malatia, e muy prolongada
Nunca vinieron *fisicos* que le valiessen nada. »
(Id., *ibid.*, c. 538, 539.)

5. « Quo tempore idem clericus (ut ab ipso accepimus) ecclesie ipsi esset prepositus, venit quidam ex Zamora... atque filium nativitate claudum in jumento attulit... cui medici remedii afferre non poterant. » Anon., *Vit. S. Senorinæ*, p. 51, col. 1. Voir aussi *Mirac. S. Rudesindi*, n. 13 et 14.

6. « Apud Portugalem (*Porto*) in monasterio Fontis Archadie, quidam monachus... valde a quaternis urgebatur febribus. Cum per unum annum, nec per ecclesiarum visitationem, nec per *medicorum* operationem sublevaretur, etc. » Ordoño, *Mirac. S. Rudes.*, III, 23. — « Inter duo flumina scilicet inter Hominem et Cadavum (*in Diœcesi Bracarensi*), quædam mulier morabatur que... infirmitatem quam *medici* asma vocitant sustinuerat... nullo igitur medicaminis suffragio remedium adipiscens, etc. » Bernald., *Vit. S. Geroldi Bracar.*, n. 30. Cf. *ibid.*, n. 26.

7. Je ne trouve ce fait historiquement constaté que pour Celanova (*Mirac. S. Rudesindi*, n. 2). Mais il n'y a pas d'apparence que cette abbaye ait été, sous ce rapport, soumise à des exigences qu'on aurait épargnées aux autres grands monastères.

8. Un écrivain ecclésiastique de Coïmbre désigne l'abcès sous son nom arabe (Anon., *Vit. Tellonis archid.*, p. 46, col. 2); mais ceci s'explique tout naturellement dans un habitant d'une ville alors frontière.

variées, les cataplasmes et la diète, contre laquelle le patient s'insurgeait parfois, en constituaient le fond, et aidaient, alors comme aujourd'hui, les malades à revivre ou à mourir [1].

Il en est du droit comme de la médecine. L'existence de tribunaux et par conséquent de juges et d'avocats dans les royaumes hispano-chrétiens suppose que, parmi les lettrés espagnols, clercs ou laïques, l'étude du droit civil et ecclésiastique était en honneur. Le premier, codifié depuis longtemps dans le *Forum judicum* (*Fuero-Juzgo*), est, à partir du x⁰ siècle, complété et modifié sur certains points par les fueros ou priviléges locaux. Le second est compris tout entier dans l'ancienne collection canonique, attribuée dès lors à saint Isidore de Séville, et digne à tous égards de l'avoir pour auteur, bien qu'en réalité elle ne soit pas l'œuvre de ce grand homme [2]. Ces deux précieux recueils où, sous un mince volume, sont renfermés d'inestimables trésors de sagesse humaine et divine, ont eu de plus l'heureuse fortune d'échapper, durant tout le moyen âge, au parasitisme encombrant des commentateurs de profession. Ils offraient par conséquent, à qui voulait ou devait les étudier, un abord facile et un parcours aisé, rendu plus facile par l'aide que prêtaient — moyennant honnête salaire sans doute — de nombreux maîtres en loi écrite aux débutants trop embarrassés de leur personne [3]. Pour se mettre en état de figurer dans les plaids royaux comme juge ou comme avocat (*vocero*), il ne fallait donc aux prétendants qu'une dépense modérée de travail et de temps, jointe à une dose ordinaire de bon sens. Par contre les profits du métier, surtout en ce qui concerne les avocats, devaient, à ce qu'il semble, être d'une maigreur peu commune. Comment eût-il pu en être autrement? L'allure rapide et dégagée qu'imprimait la législation à la procédure civile ou criminelle, coupait court chez l'avocat à toute manœuvre chicanière, à tout déploiement oiseux d'éloquence vénale. Elle épargnait ainsi aux juges l'ennui d'éviter les piéges de l'une, ou de subir les assauts de l'autre; aux parties, celui plus grand encore d'en couvrir les frais par le déboursé de gros honoraires [4]. C'est

---

1. « Quid memorem clementiam ejus et sedulitatem in egrotantes, quos miris obsequiis et ministeriis conferri faciebat?... Quecumque enim sustentationi diversarum infirmitatum necessaria erant, omni observantia... illis amministrari jubebat... Nunquam ad domum infirmorum, quamvis... exoratus, ire voluit; nunquam sanguinem minuit, nunquam vel levissimam potionem aliquando accepit. » Anon., *Vit. S. Theotonii*, n. 16. — « Ego vero Bernaldus... artificio... medicaminis, humorum superfluitates opportunitate temporis exigente, detrahere consueveram; sed... occupatus, usum medicine pro consuetudine implere nequivi. Unde humores extra cursum nature defluentes, in gutture modo apostematis collectionem adunarunt... multis et diversis medicaminibus adhibitis tantum apostematis malum dimovere tentavi, etc. » Bern., *Vit. S. Gerald.*, n. 36. — « Ad cujus equidem sepulturam quidam clericus cujus nomen Sesgudus dignoscitur venisse, qui quemdam morbum quem medici fistulam vocant, in crure suo multo tempore passus fuerat, et diversis herbarum medicaminibus adhibitis sanari non valebat. » Id., *ibid.*, n. 24. — Le caballero que le comte Raymond de Bourgogne avait envoyé à Celanova pour y être traité, était sans doute réduit par le médecin au quart ou à moitié de portion, lorsqu'il ordonnait à son nègre d'enfoncer les portes de la dépense pour y prendre ce que les moines refusaient à son appétit renaissant. Cf. Steph., *Mirac. S. Rudes.*, l. 1, n. 2.

2. « Postulavi ab eo [Thoemiro episcopo] consilium, qualiter pervenirem ad augendam normam sancti Benedicti; et quomodo haberem ab ipso episcopo, una cum aliis provincialibus concedentibus, discretionem sanctam et justam, secundum canones Isidorus (*Isidori*) Hispalensis. » S. Osorio Gutierrez (a. 969). *Esp. sagr.*, XVIII, escr. 17, p. 328.

3. Il est question de ces professeurs de droit écrit dans une charte hispano-portugaise de l'an 1014. La comtesse Toda, assistée de cinq comtes voisins, en son plaid de Penhamōr (*Penna major*), choisit les juges d'un procès entre les moines de Guimarães et Ordoño Sentiriz, parmi les lettrés qui *enseignent la loi* (Ordinarii... suos judices que legem docebant), et elle en trouve cinq dans ce coin de la Galice portugaise. Cf. *M. P.* escr. 225.

4. Une très-curieuse charte d'Alphonse III renferme, en un cadre très-étroit, le tableau complet de la marche d'un procès devant les cours espagnoles du ix⁰ siècle. Donc, le 10 novembre 878 (875?), maître Mathieu, avocat des héritiers de Cattelin, un des premiers *pobladores* d'Astorga, expose, devant le comte Gaton et son assesseur Hermégilde, les titres de ses clients à la propriété du domaine de Vimineta, que l'évêque, prétend-il, détient indûment. Maître Argemire réplique au nom du prélat. Procès-verbal des dits et contredits est dressé par Dateo, sayon du comte, et revêtu de la signature des *voceros*. Puis, Gaton ordonne aux deux parties de comparaître avec leurs témoins au palais du roi, à Léon, dès que ce prince, alors absent de cette ville, y sera rentré. Le 6 juin 878, l'évêque se présente, suivi de cinquante témoins. Ses adversaires ayant fait défaut, sentence est rendue en sa faveur par les

apparemment afin de remédier à cet état de choses, que certains maraudeurs de la basoche portugaise, multipliant les procès qu'ils ne peuvent éterniser, plaident à tout propos, même dans les causes qu'on ne leur a pas confiées, et ruinent le pays qui a le bonheur de les posséder[1]. Les magistrats chargés de rendre la justice d'après le droit wisigoth en vigueur dans l'Espagne et le Portugal[2], sont pris indifféremment parmi les clercs ou les laïques nobles et bourgeois; preuve évidente qu'il se rencontrait alors des lettrés dans les diverses classes de la haute société espagnole. Ainsi, à Léon, le tribunal du Fuero-Juzgo, outre le juge nommé par le roi pour veiller à ses intérêts, en compte trois autres qui doivent toujours appartenir, le premier au clergé, le second à la noblesse, le dernier à la bourgeoisie de la capitale[3]. C'est ainsi encore qu'en Portugal, au XIIe siècle, l'abbé Pierre joint à son nom le titre de juge de la *Loi des Goths*[4]; et qu'à Tolède, la connaissance de toutes les causes de droit écrit est dévolue vers la même époque à l'un des deux alcades de la ville, d'après un usage en pleine vigueur au milieu du XIIIe siècle[5], et dont, selon toute apparence, l'origine remonte, sinon au conquérant de la cité-reine, Alphonse VI, au moins à son petit-fils Alphonse VII[6]. Dans l'Espagne proprement dite, le Fuero-Juzgo fut toujours le code national par excellence et non celui d'une caste particulière; les juges chargés de l'appliquer recevaient donc les causes qui leur étaient portées sans égard à la condition des parties[7]. Il n'en était plus de même en Portugal, au XIIIe siècle[8].

L'enseignement théologique ne paraît pas avoir subi de changement notable dans la période du haut moyen âge espagnol, qui s'étend de Pélage à Ferdinand I et Alphonse VI, introducteurs en Castille et à Léon de la réforme de Cluny. Il reste dans sa matière et dans sa forme à peu près tel que nous l'avons vu organisé sous les rois wisigoths. Les conciles du XIe siècle nous en fournissent une preuve sans réplique; car, dans ceux de leurs décrets qui concernent cet enseignement, comme je l'ai déjà fait observer, ils ne font guère que reproduire les anciens canons des conciles de Tolède. Aujourd'hui donc les clercs admis dans les écoles monastiques, épiscopales ou presbytérales[9], doivent, sous la direction de maîtres d'une

---

juges royaux Fortunio, Vindemaro, Pélage et Baton, en présence du roi qui la confirme, et le débat est clos. Cf. *Esp. sagr.*, XVI, escr. 1. Voir encore, en fait de procès-verbaux du même genre, *Mon. Port.*, escr. 183 (a. 999), et, dans Risco, *Reyes de Leon*, p. 140, l'analyse d'un troisième.

1. Lire ici même (p. 222, not. 4) les plaintes que cet abus arrachait aux habitants de Thomar, de Zezere, d'Ourem, de Pombal, de Torresnovas, et qui sont consignées *ad perpetuam rei memoriam* dans leurs chartes de fueros.

2. Ce fait, nié pour le Portugal par quelques écrivains de ce pays, plus patriotes que de raison, est solidement prouvé dans le discours préliminaire des *Monum. Portugaliæ* (leges).

3. Cf. Risco, *Reyes de Leon*, p. 143, 144.

4. « Petrus abba, judex qui tenet lex Godorum. » *Mon. Port.* (Leges), Disc. prel., p. IX.

5. « Vos sabedes bien que yo embié una mi carta abierta en que mandé que los alcaldes de vuestra villa que yudgassen como yudgan en Toledo : el uno que yudgase por el Libro-yudgo de Toledo, et el otro por el fuero de los Castellanos de Toledo. » Alphonse X, *lettre aux alcades de Talavera* (a. 1254). *Memorial hist.*, I, escr. 20.

6. « Rex Adefonsus, Raymundi filius, ad omnes cives Toletanos, scilicet Castellanos, Mozarabes atque Francos, propter fidelitatem et equalitatem illorum... omnia' judicia corum secundum Librum Judicum sint judicata coram decem ex nobilissimis et sapientissimis illorum, qui sedeant semper cum judice civitatis ad examinanda judicia populorum. » Alphonse VII, *Fueros de Tolède* (a. 1118). Ce juge de la cité, dont il est ici parlé, n'est et ne peut être que l'*alcade* d'Alphonse X. Ce mot arabe avait, en passant dans la langue espagnole, conservé sa signification propre (*alcádhi*, juge), ainsi que le prouve le passage suivant d'une charte de fueros : « Et los alcaldes qui la villa judicaverint, dum fuerint alcaldes, sin[t escusados de] facendera. » Alphonse VI, *Fueros de Sepulveda* (a. 1076). Muñoz, p. 285.

7. Voir, sur la juridiction non privilégiée des tribunaux du *Fuero-Juzgo*, la charte d'Alphonse VII, citée dans la note précédente; les canons 7, 9 et 12 du concile de Coyanza, et enfin Risco, *Reyes de Leon*, p. 142, 143.

8. Alphonse II de Portugal, dans son édit du 19 juin 1222, dit, en parlant du *Fuero-Juzgo* : « Per quem librum et per quale forum debent judicari filiis de algo Portugalie. » *Mon. Port.* (Leges), I, p. 180. Mais c'est là, je pense, une innovation introduite après la scission entre le Portugal et l'Espagne, et la constitution du premier en état indépendant.

9. École tenue par un prêtre réunissant autour de lui quelques disciples, comme l'avait déjà fait saint Valère au VIIe siècle. Telle est celle où saint Dominique de Silos com-

science éprouvée, s'appliquer à l'étude des saintes Écritures et des lois canoniques[1]. Pour beaucoup d'entre eux, à cette première étude, s'ajoute celle des Pères de l'Église dont on peut leur mettre les ouvrages entre les mains. Parmi ces ouvrages, le choix tombe de préférence sur ceux où la doctrine catholique est, en tout ou en partie, exposée dans son ordre logique, avec la netteté et la précision requises pour la rendre plus facilement abordable à des intelligences encore novices. Sous ce rapport, et sans recourir à des docteurs étrangers, les jeunes théologiens trouvent ce dont ils ont besoin dans les œuvres des écrivains ecclésiastiques de l'Espagne gothique, dans les *Offices* par exemple, et dans les *Sentences* de saint Isidore, dans celles que Tajon de Saragosse a compilées d'après saint Grégoire le Grand, et dans le *Prognosticon* de saint Julien de Tolède. Mais ce qu'on exige de tous les aspirants au sacerdoce sans exception, conformément à la discipline antique toujours en vigueur, c'est qu'au moment de leur ordination, ils sachent par cœur les livres les plus usuels de la liturgie hispano-romaine : le Psautier, l'Hymnaire, l'Évangéliaire, et le double recueil des Épîtres et des Oraisons de toute l'année[2]. Cet enseignement, donné à tous les prêtres, n'est, pour le plus grand nombre d'entre eux, c'est-à-dire pour les moines, qu'une initiation ou une préparation à l'étude ultérieure et de plus en plus approfondie des sciences sacrées, à laquelle ils doivent se livrer sans interruption jusqu'au terme de leur vie religieuse. La lecture de l'Ancien et du Nouveau Testament, des Pères et des écrivains ecclésiastiques, est en effet imposée à tous sans exception; et tous, Isidoriens ou Bénédictins, sont tenus d'y consacrer chaque jour un nombre d'heures strictement déterminé[3]. La somme des connaissances ainsi quotidiennement acquises dans la paix et le silence de la cellule, s'accroît encore de celles que ce même religieux, occupé d'office à la transcription des manuscrits, puise, au scriptorium, dans le travail dont il est chargé. A moins toutefois qu'on ne suppose — supposition peu vraisemblable — que, chez ces copistes lettrés, l'intelligence se désintéresse complétement de la tâche que la main accomplit. Ceci dit, je suis prêt à reconnaître, si on y tient, que l'enseignement théologique espagnol, tel que je viens de le décrire à grands traits, offre de regrettables lacunes et quelques vices de méthode ; mais il ne faut pas oublier que la perfection n'est pas de ce monde, et qu'en somme, à le juger par ses résultats, cet enseignement mérite toute autre chose que notre dédain. Après avoir donné à l'Espagne gothique sa radieuse pléiade de docteurs et de saints. il a doté l'Espagne nouvelle d'un clergé qui, dans les rangs inférieurs de la hiérarchie, s'est, pendant trois siècles, généralement signalé par la pureté de sa foi et son dévouement inaltérable à Dieu et à la patrie ; et, dans les rangs plus élevés, a fait preuve d'une pureté et d'une inté-

---

mence et termine son éducation littéraire et cléricale (Gonzalo de Berceo, *S. Dom.*, copl. 35-43) ; celle aussi que, cent ans plus tard, ouvre à Saure l'infatigable saint Martin, à la fois curé, défricheur, architecte et maître des enfants qu'on lui confie pour les initier aux lettres et aux sciences (Salvado, *Vit. S. Mart. Saur.*, n. 1).

1. « Per omnes dieceses tales eligantur abbates qui mysterii sanctæ Trinitatis rationem fideliter faciant, et in divinis Scripturis et sacris canonibus sint eruditi. Hi autem abbates per proprias ecclesias canonicas faciant scholam et disciplinam componant, ut tales deferant ad episcopos clericos ordinandos. » Concil. Compost. (a. 1056), can. 2. — « Sciant igitur sacerdotes Scripturas sacras et canones. » Concil. Tolet. IV (a. 633), can. 25. Je dois cependant faire observer qu'en réalité le concile de Compostelle, à son insu peut-être, va beaucoup plus loin que celui de Tolède, qui, dans son canon 25e, par *Sacerdotes* entend non les simples prêtres, mais les évêques, comme cela ressort très-clairement du canon 26e du même concile.

2. « Decernimus ut archidiaconi tales clericos... ad ordines ducant, qui perfecte totum psalterium, hymnos et cantica, epistolas, orationes et evangelia sciant. » Concile de Coyanza (a. 1050), can. 5. — « Nullus cujuscumque dignitatis ecclesiasticæ percipiat gradum, qui non totum psalterium vel canticorum usualium et hymnorum, sive baptisandi perfecte noverit supplementum. » Concil. Tolet. (a. 653), can. 8.

3. S. Isidorus, *Reg. monach.*, c. v, n. 2 et c. vii, S. Bened., *Reg.* xlviii.

grité de mœurs bien rares alors dans les Églises de l'Europe occidentale. L'épiscopat espagnol, dans les cent cinquante années qui ont précédé l'intronisation de Grégoire VII, a donné au ciel un grand nombre de saints; à côté de leurs noms glorieux, il n'eut jamais à inscrire dans ses fastes le nom déshonoré d'un simoniaque ou d'un concubinaire. Quel autre épiscopat peut, à la même époque, lui être comparé sous ce rapport?

Remarquons enfin que l'enseignement littéraire ou scientifique à tous ses degrés, du plus bas au plus haut, est, comme le précédent, absolument traditionnel, c'est-à-dire identique à celui que l'Église hispano-gothique distribuait à ses enfants avant l'invasion arabe. Il imprime donc aux générations qui le reçoivent dans les écoles de Léon et de Castille, un cachet d'étroite ressemblance intellectuelle et morale avec les générations antérieures, sorties des antiques écoles de Séville, de Mérida, de Saragosse ou de Tolède. De part et d'autre, même attachement à la foi et à l'antique discipline, qui résiste sans effort aux rares assauts de l'hérésie[1]; mêmes goûts et mêmes procédés littéraires, même estime de la science et des lettres, même amour des livres qui en renferment le dépôt, amour qui se trahit par la multiplication des bibliothèques. C'est à faire ressortir quelques-uns de ces traits de ressemblance, le dernier surtout, que sera consacré le chapitre suivant.

---

[1]. 1° L'hérésie des acéphales vaincue dès sa première apparition en Espagne en 619 (cf. Concile Hispal. II, can. 12); 2° l'Adoptianisme, repoussé des Asturies où il essayait de pénétrer, et victorieusement réfuté par Etherius et Beatus au VIIIe siècle. — Quant à l'*hérésie disciplinaire* du mariage des évêques et des prêtres, que Witiza aurait, dit-on, imposée au clergé de son royaume, il ne faut y voir qu'un sot et ridicule conte, éclos dans le cerveau mal équilibré de quelque Asturien du Xe siècle, et glissé par interpolation, avec quelques autres légendes de même valeur, dans la chronique d'Alphonse III, prince trop instruit des choses de son temps et de celles d'autrefois, pour avoir écrit rien de pareil. J'ai dit Xe siècle, car ce conte circulait avant Pélage d'Oviédo et le moine de Silos.

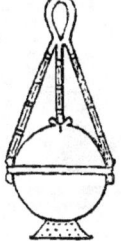

Vases liturgiques du haut moyen âge espagnol.

CHAPITRE IV.

LES BIBLIOTHÈQUES ESPAGNOLES DU NORD-OUEST.

Il semble utile, pour mettre plus d'ordre et de clarté dans ce recensement des bibliothèques, que je les distribue en deux séries. Dans la première trouveront place les bibliothèques qui atteignaient déjà un certain degré de développement lorsqu'on trouve indiquée leur existence. La seconde série, aussi nombreuse, comprendra celles que les documents nous montrent au moment de leur première formation, et comme à l'état *naissant* ou rudimentaire.

I.

A l'est de la province des Asturies et en contact immédiat avec elle, le district de Liebana s'abrite et se cache derrière un rempart circulaire de hautes montagnes presque inaccessibles, dont aucun *port* n'abrége la pénible ascension et la périlleuse descente[1]. Il se trouva ainsi tout naturellement préservé de l'invasion et de la domination musulmanes au VIIIe siècle. Car Arabes et Turcs, plus habitués à courir la plaine qu'à escalader les cimes escarpées ou à franchir les précipices, ont de tout temps, dans le cours de leurs conquêtes à travers le monde, laissé volontiers de côté les massifs montagneux qu'ils rencontraient sur leur chemin et que leurs habitants ne craignaient pas de défendre[2]. Donc, en 780, dans

---

1. Cf. Madoz, *Dicc. geogr. — estad. — historico de España*, v° LIEBANA.

2. A l'appui de cette assertion, il me suffira de citer en Afrique, la *Kabylie*; en Asie, le *Liban*; en Europe, le *Monténegro*, et l'*Albanie* sous Scanderbeg. Lire aussi, dans Dozy (*Hist. des Musulm.*, t. II), le très-curieux et très-attachant récit de la résistance opiniâtre et victorieuse que, pendant plus de trente années, Omar-ibn-Hafçoun, père de la mar-

un des monastères perdus au fond de cette vaste dépression pyrénéenne à forme de cratère, vivait, travaillait, enseignait sans grand souci des Sarrasins, ce saint et docte Beatus, dont il a été déjà question ici même à plusieurs reprises, et que je nomme une fois encore, parce que les ouvrages qu'il composa vers ce temps-là, me permettent de reconstituer partiellement la section théologique de la bibliothèque du monastère que ce savant homme gouvernait en qualité d'abbé. Le premier en date de ces écrits est le commentaire sur l'Apocalypse, puisé tout entier — c'est l'auteur lui-même qui le déclare dans l'épître dédicatoire à son ami et disciple l'évêque Etherius — aux sources les plus pures de la tradition ecclésiastique, c'est-à-dire dans les traités des anciens Pères les plus célèbres et les plus autorisés. Beatus ajoute que parfois il a reproduit dans son texte non pas la pensée seulement, mais l'expression des écrivains qu'il mettait ainsi à contribution [1]. Leurs ouvrages étaient donc entre ses mains lorsqu'il composait son œuvre, et dès lors le catalogue des Pères ou des Docteurs que Beatus a pris pour guides est en même temps l'inventaire — évidemment incomplet mais dont il faut bien nous contenter — des richesses bibliographiques que possédait son monastère. Le saint nous a évité la peine de dresser ce catalogue ; il le donne tout entier dans sa préface, d'où je l'extrais textuellement. On y voit figurer saint Irénée, saint Ambroise, Victorin, Tichonius, saint Jérôme, saint Augustin, Apringius, saint Fulgence, saint Grégoire le Grand, saint Isidore de Séville [2]. Il faut y joindre saint Cyprien, l'ancienne collection canonique d'Espagne, les actes de saint André, dont Beatus se sert quelquefois dans les deux livres qui nous restent de sa réfutation d'Élipand, primat de Tolède [3], la Bible enfin, citée par le Saint sous le nom alors universellement accepté de *Bibliothèque* [4], et à laquelle il fait d'innombrables emprunts. Sauf les Livres saints, dont la collection complète existait dans le monastère de Beatus, les autres écrivains inscrits sur la liste qu'on vient de lire n'étaient sans doute représentés, dans la bibliothèque de cette abbaye, que par un petit nombre de leurs principaux traités. C'est ce qu'il nous est permis de supposer par analogie avec ce que nous savons de la rareté des manuscrits à cette époque reculée, et ce que nous apprendra par la suite, sur le même sujet, l'inventaire des autres bibliothèques espagnoles.

Les montagnes de la Navarre avaient-elles, comme celles des Asturies et de la Cantabrie,

---

tyre sainte Argentée, opposa dans la serrania de Regio, avec ses montagnards musulmans et chrétiens, aux califes de Cordoue.

1. « Ea quæ diversis temporibus in Veteris Testamenti libris prænunciata sunt de nativitate Domini et Salvatoris nostri secundum Deitatem, vel de corporatione ejus, de passione quoque et morte sive de resurrectione, de regno atque judicio, pro viribus scientiæ, ex innumerabilibus libris et sanctorum Patrum nobilissimorum sententiali brevitate notata pauca proferenda putavi... Hæc sunt parva ex multis quæ probabilium virorum novimus percepisse doctrinis; quorumque eloquia proinde quibusdam in locis a nobis interjecta esse noscuntur, ut sermo noster paternis sententiis firmaretur, etc. » S. Beatus, *in Apocal.*, p. 1 et 2 Edit. Florezii.

2. « Quæ tamen non a me, sed a SS. Patribus explanata reperi in hoc libello indita sunt, et firmata his auctoribus, id est Hieronymo, Augustino, Ambrosio, Fulgentio, Gregorio, Tichonio, Irenæo, [Victorino], Abringio et Isidoro. » Id., *ibid.*

3. « Proinde autem, ut sanctissimus Cyprianus ait, calix Dominicus ideo vino mistus aqua offertur, etc. » Id. contr. Elipand., n. 76. — « Iste est agnus immaculatus, qui quotidie, ut beatus Andreas ait, in altare crucis sanctificatur. Cujus carnes posteaquam omnis populus credentium manducaverit et ejus sanguinem biberit, agnus qui sanctificatus est integer perseverat et vivus. » Id., *ibid.*, n. 126. Comparer avec les actes de saint André dans Tischendorf, *Acta Apost. apocr.*, p. 113, texte et note (Leipzig, 1851). Les actes de S. André, cités par Beatus, faisaient sans aucun doute partie du recueil de Vies de Saints ou *Sanctoral*, dont toute église possédait un exemplaire. — Quant à la collection espagnole des anciens canons, c'est à elle évidemment que Beatus emprunte ses citations du concile d'Éphèse. Cf. *ibid.*, n. 21, 28, 29, etc.

4. « Velata fuit Moysi, usque ad Christum, Bibliothecæ facies, et in fine hujus Bibliothecæ revelata est... quæ tota Bibliotheca unus liber est, in capite velatus, in fine revelatus, qui liber duo Testamenta dicuntur... Quo firmato ad Bibliothecam nostram redeamus. » Id., *ibid.*, n. 99, 114, etc., etc.

dont la Liebana est une dépendance, échappé à la rapacité des musulmans? C'est ce que je me dispenserai d'examiner en ce moment. Il suffira de constater que, vers le milieu du ix° siècle, c'est-à-dire moins de cent ans après saint Beatus, ces montagnes renfermaient une population chrétienne indépendante, au sein de laquelle de nombreux et florissants monastères entretenaient l'amour de la science et de la piété [1]. Dieu merci ! la *civilisation* de l'islam, ou n'avait pas pénétré jusqu'en ces confins reculés de la Péninsule, ou en avait été assez promptement chassée pour n'y laisser sa trace imprimée dans aucune ruine. Aussi, lorsque le glorieux martyr saint Euloge voulut donner cours au noble dessein de ranimer l'étude trop négligée des lettres latines parmi les chrétiens opprimés de Cordoue, sa patrie, ce fut à la Navarre et à ses religieux qu'il alla demander les moyens de le réaliser. Bien que le motif de son voyage en cette province ait été complétement étranger au plan projeté d'une renaissance littéraire parmi les Mozarabes, le saint ne le perdit jamais de vue dans le cours de son excursion. Accueilli par les moines navarrais des diverses abbayes qu'il visita, avec une charité et une cordialité dont, après dix années écoulées, le souvenir attendri vivait encore au fond de son cœur [2], Euloge ne craignit pas de faire appel à leur libéralité en faveur de ses frères malheureux. Les bibliothèques de ces monastères étaient abondamment pourvues d'excellents livres. Il sollicita et obtint de ses hôtes le don d'un certain nombre de leurs manuscrits, et les rapporta triomphant à Cordoue. La Cité de Dieu de saint Augustin, l'Énéide de Virgile, les satires d'Horace et celles de Juvénal, les fables d'Avienus, les opuscules de Porphyre, des hymnes catholiques d'une rare élégance de style — celles du poëte espagnol Prudence peut-être —, les inscriptions métriques (*Epigrammata*) d'Aldhelm, évêque saxon du viii° siècle [3], entrèrent pour la plus large part dans le butin recueilli par Euloge [4]. La dîme ainsi prélevée sur les bibliothèques monastiques de Navarre nous permet, on le voit, de nous faire une assez juste idée et de la générosité des religieux de ce pays, et de la richesse des collections littéraires et scientifiques qu'ils avaient formées et conservées.

---

1. « Ego Cordubæ positus, sub impio Arabum gemam imperio; vos autem Pampilona locati, Christicolæ principis lueri meremini dominio. » S. Eulogii, *Epist. ad Wiliesindum*, n. 9 (*Patrol.*, t. CXV). — « Cumque me uno residere loco multiplex dolor non sineret, libuit mihi loca visitare sanctorum... et maxime libuit adire beati Zachariæ acisterium, quod situm ad radices montium Pirenæorum, in præfatæ Galliæ portariis, quibus Aragus flumen oriens, rapido cursu Seburim et Pampilonam irrigans, amni Cantabro infunditur; quod famosissimis in exercitatione regularis disciplinæ studiis decoratum, toto refulgebat occiduo... Prius autem quam ad eumdem locum accederem plures apud Legerense monasterium commorans dies, præcipuos in Dei timore viros ibidem manere cognovi, etc. » Id., *ibid.*, n. 1 et n. 2. Au paragraphe 133 de la même lettre, saint Euloge mentionne trois autres monastères de ces mêmes contrées qu'il avait visités. La lettre est datée du 15 novembre 851. Le voyage du saint en Navarre aurait eu lieu une dizaine d'années auparavant. Cf. Morales, not. 2 in hanc epist., *ibid.*, col. 903.

2. Voir le magnifique éloge que le saint trace de ces religieux dans sa lettre à l'évêque de Pampelune Wiliesinde, n. 2-4 (*Patrol. ubi supr.*, col. 846, 847).

3. Saint Aldhelm mourut en 709. Ces œuvres, publiées de nouveau, il y a quelques années, par le docteur Giles, en Angleterre, et reproduites dans le tome LXXXIX° de la *Patrologie*, ne renferment pas d'*Epigrammata*. Sous ce nom, Alvaro de Cordoue désigne les *Ænigmata* du saint évêque, insérés dans son grand traité *de Septenario*, et qui ne sont en réalité que des inscriptions pour divers objets plus ou moins curieux.

4. « Occasione fratrum suorum, qui ipsis diebus in Franciæ finibus exulabant, indoptam viam arripuit (*Eulogius*), et in Pampilonensium territoria ultro progrediens, monasterium sancti Zachariæ ingressus, et aliorum cœnobia ipsarum regionum gliscenti voto percurrens, multorum Patrum est amicitia dulcoratus... In quibus locis multa volumina librorum reperiens... inde secum librum Civitatis Beatissimi Augustini et Æneidos Virgilii, et Juvenalis metricos itidem libros, atque Flacci satyrata Poemata, seu Porphyrii depicta opuscula, vel Adhelelmi Epigrammatum opera, necnon Avieni Fabulas metricas, et Hymnorum catholicorum fulgida carmina, cum multis minutissimarum causarum ex sanctis quæstionibus multorum ingenio congregatis, non privatim sibi, sed communiter studiosissimis inquisitoribus reportavit. » Alvaro de Cordoue, *Vit. de Eulogii*, n. 9 (*Esp. sagr.*, X, apend., 6). — Par *Opuscula depicta Porphyrii*, Alvaro, sans doute, entend les *Dialogues* de ce philosophe traduits et commentés par Boèce. La mise en couleur des quatre ou cinq figures intercalées dans le texte aura, je suppose, valu ici à ces opuscules le qualificatif joint à leur nom.

Comme les monastères auxquels elles appartenaient, les deux bibliothèques dont nous venons de parler se rattachaient très-probablement par la date de leur création aux siècles antérieurs à l'invasion arabe. Il n'en est pas ainsi de celle d'Oviedo. Pélage s'était soulevé contre les Mores, les avait vaincus et était mort entouré d'une auréole de gloire dont aucun échec n'avait terni l'éclat; son gendre Alphonse I avait doublé l'étendue du royaume des Asturies et porté au loin la terreur des armes chrétiennes; et cependant le terrain où devait s'élever un jour la capitale de ce royaume naissant était encore désert, hérissé de ronces et de broussailles. Lorsque Froila I, fils et successeur d'Alphonse le Catholique, vint y jeter, vers la cinquième année de son règne (762), les fondements de la cité royale, les choses n'avaient guère changé de face : deux moines, l'oncle et le neveu, et leurs serviteurs, défrichant le sol autour de l'humble chapelle qu'ils avaient édifiée en l'honneur de saint Vincent martyr, étaient les seuls habitants de cette solitude[1]. Délaissée par quelques-uns des successeurs de Froila, en partie ruinée par les Arabes, sous le règne de l'usurpateur Mauregat, ou au début du règne d'Alphonse le Chaste[2], Oviedo fut magnifiquement restaurée par ce dernier prince, qui l'orna de palais, de bains publics splendidement décorés, et rebâtit de fond en comble sur un plan plus vaste la célèbre cathédrale de Saint-Sauveur *aux douze autels*[3]. Non-seulement Oviedo doit à ce roi sa splendeur nouvelle, et sa dignité de capitale qu'elle devait garder un siècle entier; mais c'est à lui qu'elle est redevable du premier noyau de sa bibliothèque épiscopale. Dans la charte de dotation de la basilique de Saint-Sauveur, Alphonse le Chaste, entre autres dons de sa libéralité vraiment royale, mentionne, en effet, celui d'une *bibliothèque de livres,* c'est-à-dire d'une bibliothèque proprement dite, et non d'un exemplaire de la sainte Écriture, comme le prouvent les quelques lignes laissées en blanc, qui, dans la copie dont Risco se servait, suivent immédiatement, et devaient recevoir les titres des divers ouvrages contenus en cette collection[4]. Soit oubli, soit négligence, ce vide n'a jamais été rempli. Nous serions donc réduits à de vaines conjectures sur le nombre et la valeur des livres légués à Saint-Sauveur d'Oviedo par Alphonse II, si, en 882, un des notaires de cette basilique n'avait eu l'heureuse pensée d'en dresser l'inventaire, et de l'écrire sur la dernière page d'un des manuscrits de cette bibliothèque. Ambroise de Morales, dans le voyage bibliographique entrepris par ordre de Philippe II, retrouvait, en 1572, à Oviedo, ce précieux

---

1. « Non est dubium, sed multis manet notissimum, quod istum locum quem dicunt Oveto, tu, jam dicto Maximo, prius erexisti et aplanasti illum una cum servos tuos ex squalido, nemine possidente et populante de monte, et sic postea conjunctus pariter cum eodem predicto tio tuo Domino Fromistano abbate, fundastis in isto loco jam dicto Oveto, basilicam Sancti Vincentii levite et martyris Christi... Et ego jam Fromista abba, qui jam viginti annos sum quod simul cum meo sobrino Maximo presbytero hunc locum squalidum a nemine habitante irrumpimus, etc., etc. » Fromista et alii (a. 779). *Esp. sagr.*, XXXVII, escr. 6.

2. Risco (*Esp. sagr.*, XXXVII, p. 192, n. 305, 306) croit que l'Église de Saint-Sauveur, bâtie par Froila, fut détruite et profanée par les Arabes dans la bataille qu'ils livrèrent à Mauregat, aux portes d'Oviedo, et d'où ce prince sortit vainqueur. Il interprète dans ce sens un passage des actes passablement suspects du premier concile d'Oviedo (Conc. Ovet., I, n. 9). M. Dozy place en 794 la prise et la ruine d'Oviedo par Abdalmelic, général d'Hicham I (*Recherches*, I, p. 141). Quels que soient les doutes sur le règne et l'année, le fait en lui-même est certain. Il est affirmé dans une inscription commémorative d'Alphonse II reproduite dans la note suivante.

3. « Quicumque cernis hoc templum,
Dei honore dignum,
Noscito hic, ante istum,
Fuisse alterum,
Hoc eodem ordine situm,
Quod princeps condidit Salvatori Domino, supplex per omnia,
Froyla duodecim Apostolis dedicans bis sena altaria...
Præteritum hic antea edificium
Fuit partim a gentilibus dirutum,
Sordibusque contaminatum.
Quod denuo totum
A famulo Dei Adefonso cognoscitur esse fundatum,
Et omne in melius renovatum, etc. »
(Risco, *Esp. sagr.*, t. XXXVII, p. 140.)

Voir, sur les autres constructions d'Alphonse le Chaste, à Oviedo, les textes cités précédemment, p. 249, not. 6.

4. Cf. Risco, *ubi supr.*, escr. 7, p. 313. — Jamais, d'ail-

manuscrit, passé depuis à l'Escurial, où il existait encore il y a quelques années[1], et bon nombre d'autres, depuis lors disparus du dépôt qui les avait fidèlement gardés pendant huit siècles. Ce savant homme copia l'inventaire dont je viens de parler, et l'inséra dans la relation de son voyage publiée seulement au siècle dernier par Florez. C'est d'après sa copie que je donne ici ce curieux catalogue avec les corrections faites sur l'original par don José de Eguren[2] et mes propres observations :

« Au nom du Seigneur. Ceci est l'inventaire des livres écrit, Dieu aidant, en l'ère MCCCCXX (a. 882)[3].

« Bibliothèque de l'Ancien et du Nouveau Testament. » Cette Bible, écrite en caractères majuscules hispano-gothiques du VII° siècle, a disparu d'Oviedo, où Morales la vit encore lors de son voyage. Une impardonnable négligence amena sa destruction vers 1659[4]. « Exposition de Daniel, » par saint Jérôme (?), « de l'Apocalypse » par saint Beatus de Liebana (?), et « du Cantique des Cantiques » par Juste d'Urgel (?), en un volume. « Exposition d'Ézéchiel. » Il s'agit sans doute ici des homélies de saint Grégoire le Grand sur ce prophète. « Le livre d'Orose, » c'est-à-dire les sept livres de l'histoire contre les païens de cet ami et disciple du docteur d'Hippone. « Le livre du Psautier, » avec sommaires et notes marginales[5]. « Livre d'histoire ecclésiastique » d'Eusèbe et de Rufin. Ce manuscrit, d'après la description qu'en donne Morales, était orné à la première page d'une représentation de la croix évangélique d'Oviedo, et de l'inscription suivante en forme de labyrinthe : « J'appartiens au roi Alphônse (*Adefonsi principis sum*) »[6]. Il est donc permis d'y reconnaître un des livres d'Alphonse le Chaste lui-même, ou de son successeur Alphonse le Grand qui régnait déjà à Oviedo depuis seize ans lorsque fut dressé le présent catalogue de la bibliothèque épiscopale de cette ville. « La Cité de Dieu de saint Augustin. » Ce manuscrit, de la fin du VIII° siècle ou des premières années du suivant, appartient aujourd'hui à la bibliothèque de l'Escurial[7] ; « de la Nature des choses », savant traité qu'Isidore de Séville écrivit à la demande du roi Sisebut et qu'il lui dédia. Viennent à la suite dans le même volume, mais sans être portés sur l'inventaire, le « Breviarium de Festus Rufus Victor, l'Itinéraire d'Antonin », et quelques autres pièces. C'est dans ce manuscrit antérieur à l'invasion arabe, qu'au dernier feuillet se lit le catalogue qui nous sert de guide[8]. Le « Pastoral »[9]; les « Homélies du Bienheureux Grégoire ». Sous ce dernier titre, l'auteur du catalogue me paraît

---

leurs, on ne trouvera cette formule de la donation d'Alphonse, *et librorum bibliotheca*, employée par des écrivains espagnols pour désigner la collection des livres saints.

1. Cf. Morales, *Viage... a los Reynos de Leon y Galicia y principado de Asturias* (Madrid, 1765), pp. 93 et 94. — Eguren, *Memoria... de los Codices notables... de España* (Madrid, 1859), p. XXVI.
2. Morales, *Viage*, pp. 94, 95 ; Eguren, p. 89.
3. C'est la date exacte, vérifiée par Eguren (*l. c.*). L'édition imprimée de Morales (p. 94) porte, par erreur, era DCCCCXC.
4. Eguren, p. XXV.
5. Cf. Morales, p. 97. J'identifie le Psautier hispano-gothique, décrit ici par Morales, avec celui qui figure dans l'inventaire (p. 94) et qui faisait encore partie de la bibliothèque d'Oviedo quand ce savant la visita.
6. Morales, p. 97. Sur la croix miraculeuse d'Oviedo, on peut lire ce qu'en ont écrit le moine de Silos (*Chron.* n. 30), et Risco, *Esp. sagr.*, XXXVII, p. 143, 146. — Des inscriptions en forme de labyrinthe étaient aussi gravées sur la pierre. On trouvera dans Risco (*ibid.*, p. 117) et dans Hübner, *Inscr. Hisp. Christ.*, n. 145) la reproduction de celle du roi Silo à Pravia.
7. Eguren, p. 82.
8. Morales, p. 93; Eguren, p. XXVI. — L'éditeur des œuvres de saint Isidore de Séville (Madrid, 1778) signale dans ce manuscrit la particularité suivante : au chapitre XI° du traité *de Natura rerum*, et au centre de la figure circulaire qui le termine, on lit, écrit en lettres rouges : *Eulogii mementote peccatoris*. Cet Euloge serait, dit-on, le copiste ou le propriétaire du livre. Pourquoi pas un de ses lecteurs? Il ne serait pas le premier qui se serait complu à laisser une trace importune de sa personne dans les livres à lui confiés. Cf. Arevalo, *Isidoriana*, LXXVI, 5.
9. Cet ouvrage figure au rang de ceux qui avaient déjà disparu d'Oviedo en 1572 (Morales, p. 94). Je trouve toutefois, parmi les manuscrits que Morales décrit plus loin *de visu* (p. 97), un exemplaire du *Pastoral* qui répond aux indications de l'antique catalogue de Saint-Sauveur; et qu'on peut identifier avec celui que Morales croyait perdu.

avoir désigné un très-ancien codex vu par Morales, et qui, d'après la description qu'il en donne, portait au premier feuillet la croix angélique d'Oviedo, au second, l'inscription en labyrinthe : « J'appartiens au roi Alphonse (*A defonsi principis sum*). » Il contenait une courte exposition de ce grand docteur sur tous les livres du Nouveau Testament[1]. «Livre des Canons », magnifique exemplaire de la collection conciliaire d'Espagne, en très-grand format, écrit tout entier en lettres majuscules hispano-gothiques, et d'une très-haute antiquité (VIIe siècle). Ce précieux manuscrit subit, après la visite de Morales, le même sort que la Bible splendide dont j'ai parlé au début de cet article[2]. Le poëme évangélique du « prêtre Juvencus ».

Les ouvrages mentionnés jusqu'ici dans l'inventaire existaient encore à Oviedo en 1572. Les autres articles, dont on va lire l'énumération, étaient déjà détruits ou enlevés à cette époque. «Apringius» et «Junilius» en un volume, qui renfermait par conséquent les commentaires du premier sur l'Apocalypse, et le traité du second, *de Partibus divinæ legis libri duo*. Le « Livre des Collations », ou Entretiens de Cassien. La «Chronique du Bienheureux Isidore », celle sans doute qu'Arévalo a publiée dans le septième volume des œuvres du saint évêque de Séville[3]. Le livre ou traité « d'Augustin à Probus »[4]. Le « Livre des Hommes illustres », c'est-à-dire le catalogue historico-bibliographique composé par saint Isidore et continué par saint Hildephonse. Le « Prognosticon » de saint Julien de Tolède. « Elipand », c'est-à-dire le recueil des lettres dogmatiques de ce triste personnage, adressées à l'abbé asturien Fidèle, à Charlemagne et au docte Alcuin, soit pour défendre, soit pour propager ses erreurs, soit surtout pour diffamer ses adversaires; ce à quoi ces sortes de gens sont plus enclins que de raison[5]. Le «Livre du Festin des Noces par le Bienheureux Cyprien »; ce bizarre opuscule, relégué avec raison, par tous les éditeurs du grand évêque de Carthage, dans l'appendice des œuvres du saint docteur réservé aux apocryphes, est un exercice de mnémotechnie sacrée à l'usage des jeunes clercs. Il renferme dans le cadre d'une légende quasi-récréative, et assez courte pour se graver facilement dans la mémoire, la nomenclature des principaux personnages de l'Ancien et du Nouveau Testament[6]. « De la Prédestination et du Libre arbitre » par saint Augustin[7]. Œuvres de « saint Jérôme »[8]. Extraits « d'O-

---

1. Morales, p. 96. — La bibliothèque d'Oviedo possédait en outre quelques cahiers (*quadernos*) des Homélies proprement dites, d'une écriture hispano-gothique majuscule, feuilletés par Morales (p. 97). Je ne saisis donc pas très-bien le motif qui, ici encore, a porté ce savant homme à ranger cet article de l'inventaire parmi les absents.
2. Morales, p. 95 et 93, Eguren, p. xxv.
3. Cf. Arevalo, *Isidoriana*, c. LXXVI et LXXVII.
4. Les œuvres connues de saint Augustin ne renferment aucun traité adressé à un Probus quelconque. Il existe, au contraire, trois lettres de ce docteur à Proba Falconia, dont la première est un véritable traité de l'oraison (*Aug. Epist.*, 130). Ne serait-ce pas de cette lettre qu'il faut entendre le présent article de l'inventaire? Morales, dans ce cas, aurait pris l'*a* ouvert hispano-gothique pour notre *u* et déchiffré *ad Probum* au lieu de *ad Probam*. Ce passage du catalogue n'est pas compris parmi ceux qu'Eguren a corrigés sur l'original.
5. Les lettres d'Élipand ont été publiées par Florez (*Esp. sagr.*, V, p. 513).
6. L'appendice des œuvres de saint Cyprien renferme deux opuscules intitulés *Cœna*; mais le titre complet donné par notre catalogue (*Cœnam Nuptiarum*) exclut le premier où il n'est fait mention de noces d'aucune sorte. C'est donc au second qu'il faut nous arrêter. En voici le début : « Quidam rex nomine Jabel *nuptias* faciebat... in Chana Galilææ. Is invitavit plurimos ut cœnam ejus frequentarent, etc. » Voilà bien le *Festin de noces* de notre catalogue. L'auteur de ce traité est-il, comme l'indiquait, je ne sais plus où, le R. P. Cahier, saint Cyprien, évêque de Toulon au VIIe siècle? C'est fort possible, probable même. Toutefois, l'emploi d'un mot espagnol (*cardeno*, violet) dans le passage de cette légende, où l'impie Hérodiade entre en scène vêtue d'une robe de cette couleur (*Herodias, vestem cardinam*), me paraît devoir s'opposer à cette attribution, tant qu'on n'aura pas constaté hors de la Péninsule l'usage de cette expression. Je la trouve employée couramment dans les chartes hispano-latines du Xe siècle. Cf. Yepes, V, escr. 1, p. 424 (a. 942); *Esp. sagr.*, XXXIV, escr. 15 (a. 953); *ibid.*, XL, escr. 24, p. 409 (a. 998), etc.
7. Peut-être ce traité était-il placé en tête du manuscrit en 2 vol. gr. in-fol. d'écriture hispano-gothique que Morales décrit d'une façon par trop sommaire (p. 96). On a vu plus haut, à propos du volume renfermant le traité de la *Nature des choses*, que l'auteur du catalogue inscrit chaque manuscrit sous un seul titre, celui de l'ouvrage initial, bien que ce manuscrit renferme plusieurs opuscules d'origine diverse.
8. Même remarque à faire sur cet article du catalogue

puscules divers de saint Eugène» de Tolède. Des deux primats espagnols de ce nom, c'est vraisemblablement le second, musicien, théologien, liturgiste et poëte, dont les écrits avaient contribué à la formation de ce recueil. « Saint Prosper à Julien » [1]. Choix d' « Opuscules de divers poëtes » [2]. « Martyrologe romain » [3]. Trois autres livres liturgiques : l'ordinal et deux antiphonaires [4]. Un « Glossaire » [5]. Un traité de « Géométrie ». Œuvres poétiques de l'évêque « Alchime » ou Alcime, c'est-à-dire de saint Avit, archevêque de Vienne [6], de l'évêque saint Aldhelm, de Dracontius, de Sédulius et de Prudence [7]. Les douze livres de l'Énéide du poëte Virgile en un volume. Vie de Virgile, d'Ovide, notes et remarques sur les Livres de l'Énéide, et quelques aphorismes des Philosophes, en un volume [8]. Le Livre des Consolations, de Boëce, et un traité de l'Art grammatical, en un volume [9]. Cinq livres de Juvénal, en un volume [10]. Les distiques moraux de Caton. Enfin les Panégyriques de Justin le Jeune et d'Anastase [11], tous deux d'auteurs inconnus.

Dans les années qui suivent la confection de l'inventaire, la bibliothèque de Saint-Sauveur d'Oviedo s'enrichit d'un certain nombre d'autres ouvrages, soit par la libéralité de donateurs restés inconnus, soit par le travail des copistes du scriptorium épiscopal. Citons parmi ceux de ces manuscrits que Morales y retrouvait encore au xvie siècle, un Nouveau Testament écrit par le notaire Juste pour son usage personnel, comme le prouve l'inscription en labyrinthe dont il est orné [12]. Ce manuscrit remonte aux dernières années du viiie siècle ou aux premières du ixe [13]; un Sanctoral écrit pour Froila I qui régnait dans les Asturies de 757 à 768 [14]; les Homélies d'Origène sur le Lévitique, les Nombres et autres livres de l'Ancien Testament traduites par Rufin; les Vies de saint Martin par Sulpice Sévère, et de saint Millan par Braulion de Saragosse; un très-ancien manuscrit en deux volumes contenant des opuscules de saint Ambroise et de saint Augustin; les Sermons du second de ces deux grands docteurs; les Œuvres de saint Valère, de saint Fructueux et quelques vies de saints en un

d'Oviedo que sur le précédent. Morales signale, parmi les manuscrits existants encore de son temps dans la bibliothèque de Saint-Sauveur, un volume in-4° d'écriture hispano-gothique, renfermant quelques opuscules de saint Jérôme, auquel la présente indication pourrait bien se rapporter. Cf. Morales, *Viage*, p. 97.

1. Les œuvres connues de saint Prosper ne renferment aucune lettre ou traité adressé à un personnage de ce nom.

2. Cet article et les deux précédents sont ainsi rédigés dans l'inventaire : « Ex diversis opusculis Beati Eugenii. Beati Prosperi ad Julianum. Item ex opusculis Poetarum. » Morales, p. 96, 97.

3. « Martyrologium Romense. » Suivaient dans le manuscrit quelques autres mots que Morales ne put déchiffrer. Cf. *ibid.*, p. 96.

4. L'un de ces antiphonaires porte dans le catalogue le titre de « Antiphonarium ex quotidianis », l'autre celui de « Antiphonarium malorum ». Je lis *majorum* [dierum], et j'interprète « Antiphonaire des grandes fêtes », par opposition au premier qui était, je pense, l'antiphonaire des féries ou des fêtes ordinaires.

5. « Glossematum [Liber]. »

6. Sextus *Alcimus* Avitus, mort au commencement du vi[e] siècle.

7. « Prudentii, libros II (Morales, *libri* xi) corpore uno. » Eguren, p. 89.

8. « Vita Virgilii, Ovidi Nasonis : in libris Eneidarum et quedam sententie philosophorum, corpore uno. » Eguren, *ibid.*

9. « Liber Consolationum (Mor. *Collationum*), Artis Grammatice. » Eguren, *ibid.*

10. « Juvenalis libros V, corpore uno. » Eguren, *ibid.* Morales omet *libros* V. Livre est ici, je pense, synonyme de satire, dont cinq seulement auraient été contenues dans le manuscrit.

11. « In laudem Justini Minoris. In laudem Anasthasii. » Mor., p. 95.

12. Id. *ib.* — « Justi liber ». Voici à peu près la façon dont ces deux mots étaient écrits en labyrinthe, à en juger d'après le spécimen d'inscription analogue publié par Risco et Hübner :

    REBILIBER
    EBILILIBE
    BILITILIB
    ILITSTILI
    LITSVSTIL
    ITSVIVSTI
    LITSUSTIL
    ILITSTILI
    BILITILIB
    EBILILIBE
    REBILIBER

13. On lit à la fin de ce manuscrit la note suivante : « Obiit Justus notarius die xii kal. Ianuarii, era DCCCL » (21 décembre 812). Cf. Morales, p. 95.

14. Morales, *Viage*, p. 96, 97. Ce manuscrit portait l'inscription *Froylani Principis sum*, tracée dans l'intérieur de la grande lettre initiale de la vie de saint Alexandre.

volume; un magnifique exemplaire des Homélies de saint Grégoire le Grand terminé le 18 juillet de l'an 901, et distinct par conséquent de ceux dont il a été précédemment question; les Sentences de saint Isidore en double exemplaire; recueil de vies de saints écrit ou possédé par un certain Valérius, que Morales serait tenté d'identifier avec saint Valère du VIIe siècle[1]; Exposition du Cantique des Cantiques suivie de la traduction du traité *de Reparatione lapsi* de saint Jean Chrysostome, manuscrit antérieur à l'invasion arabe, d'après Morales. Le Livre de Pélage d'Oviedo, en double exemplaire, contenant les anciennes chroniques d'Alphonse III ou de Sébastien de Salamanque, de saint Julien de Tolède, d'Isidore de Séville, de Pélage lui-même; les lettres du roi Sisebut, un formulaire wisigothique[2], et un certain nombre d'autres pièces, entre autres un traité fort court des sept arts libéraux. Ce recueil compilé dans les premières années du XIIe siècle serait d'un très-grand prix, si l'auteur eût bien voulu nous transmettre les vieux chroniqueurs asturiens, tels qu'il les avait reçus, au lieu de les défigurer et de les déshonorer tout à la fois par de ridicules ou d'absurdes interpolations[3]. Composé pour le roi Alphonse VI, ce manuscrit portait en tête la croix d'Oviedo suivie du chiffre de ce prince[4]. Le Cartulaire de l'Église d'Oviedo, compilé par les ordres du même évêque Pélage. Mentionnons enfin, pour compléter ce qui précède, un exemplaire des Étymologies du docteur de Séville, écrit dans les Asturies en 733, entré dans la bibliothèque de Saint-Sauveur après 882, puisqu'il ne figure pas sur l'antique inventaire, absent d'Oviedo lors du voyage bibliographique de Morales, et qui fait aujourd'hui partie de la riche collection de l'Escurial, où il a failli périr dans un incendie; et le Traité du baptême des enfants par saint Augustin. Ce manuscrit lombard de la fin du VIe siècle ou du commencement du VIIe siècle a passé comme le précédent de la bibliothèque d'Oviedo à celle de l'Escurial[5]. De tous ces manuscrits précieux, encore si nombreux au temps de Morales, il n'existait plus au siècle dernier dans les archives de la cathédrale de Saint-Sauveur que le cartulaire de cette église, qui aujourd'hui, sans doute, en aura disparu pour devenir aux mains des agents du fisc révolutionnaire un instrument de spoliation[6].

---

1. Morales, *Viage*, p. 97.
2. Ce formulaire a été publié par M. de Rozière d'après une copie du livre de Pélage ou d'Oviedo, exécutée au XVIe siècle sur l'original, aujourd'hui perdu (*Formules wisigothiques inédites*, broch. in-8°. Paris, Durand, 1854). Le titre de cette publication est très-bien choisi; car ce formulaire, wisigothique d'origine, l'est aussi resté par l'usage. Des quarante-cinq formules qu'il renferme, deux seulement, à ma connaissance, la VIIIe et la IXe, ont été quelque peu mises à contribution par les notaires du haut moyen âge asturien, léonais ou castillan, et les emprunts qu'on leur fait se bornent aux deux ou trois premières lignes du début.
3. Sur le livre de Pélage, v. Risco, *Esp. sagr.*, XXXVIII, p. 109-138; Morales, *ibid.*, *apend.*, escr. 40; de Rozière, *Introduction*, p. XVII-XXI. Ce dernier, tout en reconnaissant les erreurs grossières et les infidélités de l'évêque d'Oviedo, trouve que la critique a été trop sévère à son égard. Elle aurait dû, en effet, lui tenir compte du désintéressement dont il a fait preuve en ne s'appropriant pas, comme la plupart des chroniqueurs, les œuvres qu'il reproduisait; et aussi de ce que, dans ces altérations ou interpolations, qui ont toutes pour but de rehausser l'éclat du siège d'Oviedo et d'en agrandir les privilèges, il a partagé le tort commun aux écrivains du moyen âge. Je ne puis me rendre à ces raisons, et crois, au contraire, que la critique, loin de se montrer trop sévère, a péché par excès d'indulgence, en admettant, sur la seule autorité de ce prélat, des faits et des documents qu'elle aurait dû tenir en quarantaine, jusqu'à confirmation de leur vérité ou de leur authenticité par des témoins plus dignes de foi. Lorsqu'un historien a été convaincu de mensonge, d'ignorance et de sotte crédulité, il perd, ce me semble, tout droit à être cru sur parole. Le désintéressement dont on fait honneur à Pélage était forcé. S'il n'eût pas laissé à leurs auteurs les œuvres qu'il interpolait, ces chroniques, publiées sous son nom, n'auraient eu que peu ou point de crédit. Tous les chroniqueurs espagnols antérieurs à Pélage, Idace et Jean de Valclara, Isidore de Séville et Julien de Tolède, Isidore de Béja et Alphonse III, l'anonyme d'Albelda et Sampire avaient d'ailleurs donné l'exemple d'un désintéressement au moins égal; car je ne sache pas qu'aucun d'eux ait *reproduit l'œuvre de ses devanciers en se l'appropriant*. Je n'en connais également aucun qui ait été convaincu d'avoir sciemment altéré la vérité et supposé de fausses pièces, pour rehausser l'éclat de son siège, quand il était évêque; de son monastère, quand il était abbé; de son royaume quand il était roi. Ils n'ont donc partagé en rien les torts justement reprochés à Pélage d'Oviedo.
4. Cf. Morales, dans Risco, *ubi supr.*, p. 368.
5. Eguren, p. XXIII et 81, 82.
6. « De tantos libros como han existido en la Iglesia de

La bibliothèque épiscopale d'Oviedo eut un roi pour fondateur; celle de Léon, ou plutôt de Sainte-Marie de la Regla, cathédrale monastique de cette ville, doit sa première origine à la sollicitude éclairée des évêques de la seconde capitale du royaume fondé par Pélage. Aux premières années du règne d'Alphonse le Grand, en 874, alors que Léon n'était encore qu'un simple chef-lieu de province, Frunimius I cédait à Sainte-Marie les Questions sur la Trinité de saint Augustin et le livre des Offices de saint Isidore de Séville avec quelques manuscrits liturgiques[1]. Cette collection embryonnaire s'accrut en 928 d'une Bibliothèque sacrée, des Canons de l'Église d'Espagne, d'un livre d'homélies, et des Collations de Cassien données à son église par l'évêque Frunimius II[2]. Grâce à d'autres donations qui n'ont pas laissé de traces dans l'histoire, et aussi, sans aucun doute, au travail assidu des moines copistes du scriptorium de *la Regla*, la bibliothèque épiscopale de Sainte-Marie se développa si bien, que, vers la fin du xi° siècle, elle était devenue une des plus considérables du royaume. Mais si les malheurs des temps — guerres étrangères et guerres civiles — n'avaient pu en arrêter le développement, ils y avaient rendu nécessaire un travail à peu près complet de réparation et de réorganisation.

Ce fut encore un évêque qui se chargea de cette tâche, et qui la remplit consciencieusement. Pélage, né en Galice, sortit riche de vertus et d'érudition ecclésiastique de l'école épiscopale de Compostelle où il avait été élevé. Sa réputation, s'étant peu à peu répandue au dehors de son diocèse d'origine, s'étendit enfin jusqu'à la capitale du royaume. Ferdinand I, instruit de son mérite, le demanda à son évêque, et le plaça sur le siége épiscopal de Léon, la dernière année de son règne (1065)[3]. Le nouveau prélat se montra digne de l'estime et de la faveur de ce prince, le plus grand et le plus saint des rois de la vieille Espagne, si Ferdinand III n'eût pas existé. Son épiscopat tout entier fut consacré à réaliser les nobles œuvres que sa foi et sa charité lui inspiraient. Mais cet évêque pieux et zélé était aussi un lettré, et de plus un bibliophile. Il ne lui suffit donc pas de relever de leurs ruines et de décorer avec magnificence la cathédrale de Sainte-Marie de la Regla et son monastère, de fonder et de doter l'hôpital dont nous avons parlé ailleurs, d'obtenir d'Alphonse VI, second successeur de Ferdinand, la suppression d'un péage également onéreux aux nationaux et aux étrangers[4]; il voulut employer le peu de loisirs qui lui restaient à restaurer complétement la bibliothèque épiscopale. La prise et le pillage de Léon par Almanzor, les discordes intestines dont cette ville et tout le royaume furent le triste théâtre pendant le demi-siècle qui suivit cette catastrophe, avaient réduit cette collection précieuse au plus pitoyable état. Elle était encore, à la vérité, très-considérable, lorsque Pélage prit possession de son siége, mais les volumes en nombre *infini* qui la composaient étaient lacérés et dispersés çà et là. L'évêque les rechercha patiemment, les réunit et les fit réparer avec le plus grand soin[5].

Oviedo, no hay sino solo uno de que dió noticia Ambrosio de Morales... que... no es en realidad sino un tumbo de testamentos antiguos. » Risco, *l. cit.*, p. 113, 116.

1. « Libros sex : Comicum (ou *cosmicum*), Manuale, Orationum, Sermonum; liber Quæstionum sancti Augustini de Trinitate, et alio Officiorum (sancti Isidori?]. » Frunimius I (*Esp. sagr.* XXXIV, escr. 3).

2. Cf. Risco, *Esp. sagr.*, XXXIV, p. 233, n. 43.

3. « Ego enim Pelagius auctor istius Testamenti, in Gallecia provincia ortus, adolevi in sede S. Jacobi, ibique doctrinis ecclesiasticis adprime eruditus, ad gradusque leviticii ordinis promotus sum. Inde, evolatis aliquibus annis, et maxime cum jam temporanei funderentur vertice cani, arcessitus sum [a B.] memoriæ regæ Fredenando et Sanctiæ reginæ usque in hâc sedë Sancti Salvatoris, et S. Mariæ urbis Legionensis constitutus sum episcopus, Deo auxiliante et Domino meo Crescenio Pontifice in hoc consentiente. Itaque, eodem anno defuncto rege, etc. » Pélage, évêque de Léon (a. 1073), *Esp. sagr.*, XXXVI, escr. 28. Cette charte autobiographique, écrite avec une charmante simplicité, mérite d'être lue d'un bout à l'autre.

4. Cf. Risco, *ibid.*, t. XXXV, p. 208, n. 151, 152.

5. « Reparavi (*libros*) quoscumque inveni disruptos et dispersos quorum infinitus est numerus. » Pélage, év. de Léon, *ubi supr.* — Nombre infini! L'expression me paraît quelque peu hyperbolique.

Il sauva ainsi d'une destruction imminente le dépôt littéraire lentement amassé par ses prédécesseurs, et le grossit de quelques ouvrages, entre autres d'une Bible complète achetée à très-haut prix[1]. Cette riche collection n'eut pas dans la suite des temps un sort plus heureux que celle d'Oviedo. Lorsque le docte et sage Risco, continuateur de l'*España sagrada*, pénétrait, en 1784, dans les archives de Sainte-Marie de Léon, dont les portes étaient restées fermées à Morales, il n'y trouva plus, à côté de nombreuses chartes originales et de précieux cartulaires soigneusement conservés, que de rares débris de la bibliothèque proprement dite. Une dizaine de manuscrits, dont la moitié d'écriture française et par conséquent postérieurs à Pélage, avaient seuls échappé comme par miracle au vandalisme ou à l'incurie moderne. C'étaient, pour ne parler ici que des manuscrits hispano-gothiques ayant appartenu ou pu appartenir à la bibliothèque de Léon, vers 1073, 1° le second volume d'une Bibliothèque sacrée, copiée pour le monastère d'Albares dans la vallée d'Abéliar, la sixième année du règne d'Ordoño II (a. 920), par le moine-diacre Jean, auteur d'une vie de saint Froylan de Léon, à laquelle nous avons fait de nombreux emprunts[2]. Ce manuscrit, outre cette notice intercalée entre le livre de Job et celui de Tobie, renferme les grands et les petits Prophètes, Job, Tobie, Esther, Judith, les Machabées et le Nouveau Testament tout entier. Il porte à la première page la croix d'Oviedo, à la seconde une rose des vents à figures symboliques et un zodiaque. Des gloses et notes marginales, parfois même des commentaires ajoutés à certaines parties du texte sacré, en éclaircissent les difficultés ou en exposent le véritable sens. Le tout fait grandement honneur à l'habileté calligraphique et à la science du bon moine d'Albares[3]. 2° Les neuf premiers livres de l'Histoire ecclésiastique d'Eusèbe. 3° Un recueil des prophéties, épîtres et évangiles pour tous les jours de l'année, donné à son église par Pélage[4]. 4° Un autre recueil *artificiel* d'opuscules de divers auteurs écrits de différentes mains, dans le courant du IXe siècle, en Andalousie, d'où il fut apporté, selon toute apparence, par son premier propriétaire, le moine Samuel[5]. Après avoir passé de ses mains à celles des moines des saints Côme et Damien de la vallée d'Abéliar près de Léon[6], il fut donné ou vendu par ceux-ci à Sainte-Marie de la Regla. Ce manuscrit contient entre autres pièces du plus haut intérêt les lettres de saint Braulion, les actes du procès des

---

1. « Post hec comparavi ad honorem Sancti Salvatoris et Beate Marie librum magni pretii quem Bibliothecam dicimus, et septem libros quos Misticos vocamus, qui sufficerent ecclesie usque ad annum recurrentem, et librum in ecclesia necessarium de Prophetiis, Epistolis et Evangeliis qui Comicus dicitur, et cum his duos libros orationum, et alium librum missarum, et duos libros ordinum et aliud librum in quo continentur quorumdam vite Sanctorum, et alium librum qui dicitur textum Evangeliorum. » Pélage, év. de Léon, *Esp. sagr.*, XXXVI, escr. 28. — A l'exception du premier article (*Bibliothèque sacrée*), tous les autres ouvrages énumérés ici sont des livres liturgiques. Je dois faire observer en outre que le Livre *cosmique*, du *comte* ou du *compagnon* (*Cosmicum*, *Comicum*, *Comitis*) ne contenait parfois que les leçons tirées des Prophètes ou des Épîtres. Les évangiles récités aux messes de l'année formaient alors un volume à part.

2. Au verso de l'avant-dernière page, on lit : « Sub Xpti nomine completus fuit iste liber sub umbra Aule Ste Marie et Sti Martini in Monasterio vocabulo de Albares. Notum die VII kal. — Era DCCCC. — VIII. Anno feliciter glorie sue Rege nro Ordonius sexto anno regnante. » L'ère, en partie effacée, peut et doit être rétablie en s'aidant de la seconde indication. C'est ce qu'a pensé Risco (*Iglesias de Leon*, p. 78). Il fixe donc la date de notre manuscrit à l'ère 938, qui répond à l'an de J.-C. 920, sixième année d'Ordoño II, monté sur le trône de Léon en janvier 915 (Risco, *Reyes de Leon*, p. 176). L'ère 898, adoptée par Éguren (p. 46, col. 2), ne satisfait pas à cette condition ; car Ordoño I était alors (a. 860) dans la dixième, et non dans la sixième année de son règne.

3. Voir la description complète de ce manuscrit dans Risco et Eguren, aux endroits cités dans la note précédente. Ce manuscrit est aujourd'hui à l'Escurial.

4. Un des feuillets porte inscrit le nom de ce prélat : « Pelagius episcopus sum liber ». Cf. Risco, *Iglesias de Leon*, p. 80.

5. Sur plusieurs pages du manuscrit on lit cette note : « Samuel librum ex Spania veni. » Cf. Risco, *Iglesias de Leon*, p. 82.

6. Une autre inscription en caractères microscopiques du même manuscrit est ainsi conçue : « SS. Cosme et Damiani sum liber. In territorio Legionense, in flumen Torius in valle Abeliare, ibi est monasterium fundatum. Et qui illum extraneum inde fecerit, extraneus fiat a fide sancta catholica... et qui illum aduxerit aut indigaverit, habeat partem in regno Christi et Dei. » Risco, *ibid.*, p. 83.

évêques Marcien et Habentius devant le sixième concile de Tolède, et ceux d'un concile célébré à Cordoue en 839, d'où Risco et Florez les ont tirés pour les publier dans l'*España sagrada*. 5° Un antiphonaire copié en 1069 sur un manuscrit, remontant, par une série plus ou moins développée d'intermédiaires, jusqu'à la première année du roi Wamba, l'an 710 de l'ère espagnole et 672 de l'ère vulgaire[1]. Il est précédé d'une préface et d'une exhortation aux chantres, l'une et l'autre en vers élégiaques, ainsi que d'un traité du comput ecclésiastique et d'un calendrier, dont, vu leur antiquité reculée, il serait à désirer qu'un savant espagnol entreprît quelque jour la publication, si toutefois le précieux antiphonaire qui les renfermait existe encore dans les archives de Sainte-Marie de Léon ou ailleurs[2]. Arias, qui exécuta la présente copie de cet antiphonaire, était Galicien de naissance et doué d'une instruction assez étendue. Un des premiers parmi ses compatriotes, il voyagea hors de la Péninsule, et se livra, pendant ces excursions en pays étranger, à des recherches littéraires, qui décèlent en lui un vif amour de l'étude[3].

Postérieure de plus d'un siècle à la bibliothèque de la cathédrale, celle de l'abbaye royale de saint Isidore de Léon l'égala bientôt, si même elle ne la surpassa, par le nombre et la valeur des livres qui la composaient. Elle a eu de plus qu'elle l'heureuse fortune de conserver jusqu'à ces derniers temps une partie notable des richesses littéraires que la munificence des rois ou des particuliers y avait accumulées. Comme on le verra par le catalogue suivant, la plupart de ces manuscrits avaient appartenu à des monastères plus anciens, d'où par voie d'achat, de donation ou d'annexion, ils étaient venus successivement grossir la bibliothèque de saint Isidore. 1° Bible in-folio écrite sur parchemin en caractères hispanogothiques, sous le règne d'Ordoño le Mauvais (a. 962), par le prêtre Sancho sous la direction de son maître Florent, tous deux religieux d'un monastère de Castille[4]. 2° Autre Bible de même format, transcrite sur parchemin au ix° ou x° siècle. Outre le texte sacré, elle renferme l'Harmonie des Évangiles par l'Alexandrin Ammonius[5]. 3° Une troisième Bible en deux volumes in-folio, écrite par ordre de dom Mendo, abbé de Saint-Isidore, sur du parchemin qu'un des religieux du monastère avait apporté de France au prix de mille fatigues. Commencée le 26 août 1161, elle était achevée le 26 mars de l'année suivante. Le copiste n'avait mis que six mois à son travail, l'ornemaniste ou miniaturiste terminait le sien en trente jours : vrai tour de force calligraphique dont s'émerveillait à bon droit un contemporain[6]. 4° Les Morales de Grégoire le Grand ; cette reproduction de l'œuvre capitale

---

1. On lit dans notre manuscrit les deux indications chronologiques suivantes : « Ab incarnatione autem Domini usque ad presentem et primum gloriosissimi Wambanis principis annum, qui est era 710, sunt anni 672. » Puis, immédiatement après : « Quando hoc scriptum est sic fuerunt anni : Incarnatio Domini 1077 (leg. 1069), in era 1107. » Risco, *ibid.*, pp. 80, 81.
2. Id., *ibid.*, 81, 82.
3. Dans une note de sa main sur les auteurs de l'*Histoire tripartite*, Arias parle en ces termes de sa province d'origine et de son excursion en France : « Est liber Hestorie ecclesiastice, que dicitur Tripartita, attribuata a tribus de Grecia... Ego Arias vidi ipsum librum in Francia, quem nondum videram in Gallecia. » Risco, *ibid.*, p. 81.
4. Tout ceci ressort de la note finale du manuscrit, note rédigée par Sancho et apostillée par son maître. En voici le passage le plus important : « Conscriptus est hic codex a notario Sanctioni presbytero, xiii kal. julias era 998, obtinente glorioso ac serenissimo principe Ordonio sublimis apicem regni, consulque ejus Fredenando Gundesalviz, egregius comes, in Castella comitatum gerente, etc. » La mention du célèbre comte Fernand Gonzalez, à la suite de sa créature Ordoño el Malo, est le meilleur certificat d'origine castillane qu'on puisse produire en faveur de notre manuscrit. Après le disciple, écoutons le maître : « Florentius confessor karissimo micique dilecto discipulo et pre gaudio retaxando Sanctioni presbitero. Benedicamus Celi quoque regem nos, qui ad istius libri finem venire permisit incolumes. Amen. » Cf. Risco, *Iglesias*, p. 153, 154. Eguren, p. 47, col. 1.
5. Risco, *ibid.*, p. 154 ; Eguren, *ub. supra*.
6. Dans une note ajoutée postérieurement en tête du premier volume, et à laquelle nous empruntons tous ces détails : « Tempore serenissimi Fredinandi (II), Adefonsi imperatoris filii, hoc opus ceptum... Rmo Dño Menendo abbate..... S. Isidori regimen gubernante. Hujus etiam pretiosissimi operis pergamena quidam e S. Isidori canonicis, ex

du saint docteur est due à la plume de Baltaire, religieux d'un monastère de Saint-Vincent dont le site m'est inconnu ; elle fut exécutée sous la direction de l'abbé Sabaric, l'année même de la mort du vaillant roi de Léon, Ramire II (951)[1]. 5° Le commentaire de Cassiodore sur les Psaumes terminé dans la nuit du 9 juillet 953, troisième année d'Ordoño III, par Florent, religieux du monastère de Valeranica[2], le même, peut-être, qui, sept ans plus tard, transcrivait avec son disciple Sancho la magnifique Bible dont il a été parlé plus haut. 6° Commentaire de saint Béatus sur l'Apocalypse, dont la première page est remplie tout entière par un Alpha dessiné avec beaucoup d'élégance et orné d'arabesques d'or, qui, bien entendu, n'ont d'arabe que le nom dont faute d'autres je suis contraint de me servir; la seconde est ornée de la croix d'Oviedo, et, sur la troisième, deux inscriptions en labyrinthe nous font connaître que ce précieux manuscrit fut exécuté sous le roi Ferdinand I et la reine doña Sancha; par conséquent entre l'année 1037 où ces deux princes montèrent sur le trône de Léon, après la défaite et la mort de Bermude III, et l'année 1065 qui fut la dernière du glorieux règne de Ferdinand[3]. 7° Un exemplaire du *Forum judicum* ou Code wisigoth, écrit en 1058 pour un personnage du nom de Froyla par le prêtre Muñoz[4]. Ce manuscrit, dont Risco donne une description complète[5], renferme, outre le recueil des lois gothiques, une chronique latine inédite que ce savant homme aurait bien dû publier tout entière, au lieu de se borner à quelques fragments, un traité du comput ecclésiastique suivi d'un calendrier, un itinéraire de Cadix à Constantinople, une Chronologie des rois goths, débutant par l'invasion de ce peuple en Italie et descendant jusqu'au règne d'Ordoño I, roi des Asturies, un court traité d'orthographe, un glossaire et autres opuscules de moindre importance. 8° Martyrologe in-quarto écrit en caractères hispano-gothiques[6]. Ces manuscrits, dispersés aujourd'hui dans les grandes bibliothèques d'Espagne, ne donnent qu'une faible idée des richesses réunies dans celle de Saint-Isidore au XII° siècle. Le dépouillement des écrits de saint Martin de Léon, religieux de cette maison, mort en 1203, écrits purement théologiques où, par conséquent, il ne saurait être question d'ouvrages profanes[7], nous montre que ce savant homme avait à sa disposition les Étymologies, les Synonymes, les livres de Sentences, le traité des Offices ecclésiastiques, les livres contre les Juifs, tous

---

Gallicis partibus, itineris labore nimio, ac maris asperrimo navigio... reportavit. Quodque maxime mireris, in sex mensium spatio scriptus, septimoque colorum pulchritudine iste fuit liber compositus, sub era 1200, vii kal. aprilis. » Risco, *Igles. de Leon*, p. 154, 155; Egueren, p. 47, col. 2.

1. « Baltarius scripsit sub ara Dñi Vincentii levite et martyris Xpti, sive sub regimine Domini mei Savarici abbate socii ejus. Era 989. » Cf. Morales, *Viage*, p. 51; Risco, p. 155. Cette note, placée en tête du manuscrit, est de la main de Baltaire lui-même.

2. « Florentius, confrater licet exiguus... cepi opus, erumnose vite hujus peracto etatis mee trigesimo quinto anno. Extat preterea hoc gestum Valeranica in arcisterio... magna docente claraque monacorum caterva, patre spirituali Martino, gratia regiminis Priore in ordine constituto. Perfectus est igitur hic liber, Expositionem in se mirificam continens omnium Psalmorum, Xpti juvante dextera, era 991, diemque temporis nocturni vii Iduum Juliarum, tertio regnante anno Ordonius princeps. » Sur cette note finale de notre manuscrit, voir Risco, *Iglesias*, p. 155, 156, et *Reyes de Leon*, p. 181. Les derniers mots de l'annotation précitée ajoutent un nouveau et formel témoignage à tous ceux qu'a réunis M. Dozy (*Recherches*, I, p. 186 sv.) pour établir que la vie et le règne de Ramire II se sont prolongés jusqu'en janvier 951.

3. Egueren, p. 50. Ce savant bibliographe ne reproduit pas le texte des labyrinthes. Je le regrette; car je serais porté à penser que ces inscriptions ont pour but, non de signaler simplement sous quels rois notre manuscrit fut exécuté, mais bien plutôt les personnages par l'ordre et aux frais desquels cette œuvre fut entreprise.

4. « Incipit liber Gothicum quem ediderunt reges Gothorum ...Initiatus fuit et completus tempore Fredinandi regis, proles secunda Sancius (*Sancii*), in era 1096. » Une autre inscription contient les noms du propriétaire et du copiste : « De Froyla sum liber, et Munio presbiter me scripsit. » Risco, *Iglesias*, p. 156.

5. Risco, *Ibid.*, pp. 156-158. Voir aussi Egueren, p. 83.

6. Morales, *Viage*, p. 52. Morales croit, sans oser l'affirmer, que S. Adon est l'auteur de ce martyrologe. Risco ne retrouva plus ce très-ancien et très-précieux manuscrit dans la bibliothèque de S. Isidore de Léon.

7. Publiées pour la première fois au siècle dernier (a. 1782) à Ségovie, par les soins et aux frais du cardinal Lorenzana, archevêque de Tolède, les œuvres de S. Martin de Léon ont été reproduites dans la grande collection de Migne (*Patrol.*, t. CCVIII, CCIX).

les Commentaires sur l'Écriture sainte et la Chronique du docteur de Séville; les Homélies sur Ézéchiel et sur les Évangiles, les Morales sur Job, le Pastoral et les Dialogues de saint Grégoire le Grand, la Cité de Dieu, les Sermons, les Énarrations sur les psaumes et sur l'évangile de saint Jean, les livres contre Faust le manichéen et un grand nombre d'autres écrits authentiques ou apocryphes de saint Augustin; quelques commentaires et traités dogmatiques ou polémiques de saint Ambroise, de saint Jérôme, de saint Fulgence, de Cassiodore, du vénérable Bède, de Paulin d'Aquilée, d'Alcuin et d'Amalaire; l'histoire des Francs de Grégoire de Tours et celle des Lombards de Paul Diacre; les œuvres enfin du Maître des sentences dont Martin de Léon fut le contemporain[1]. Il serait même possible, à la rigueur, que notre saint, un des plus infatigables voyageurs ou pèlerins de son temps[2], trouvant, lors de son passage à Paris vers 1178 ou 1179, l'Université et l'Église de cette ville toutes remplies encore de la renommée de cet illustre docteur, ait eu la pensée d'acheter ses écrits pour en faire présent à son monastère[3].

Dix ans avant la fondation de saint Isidore de Léon par Ferdinand I, son frère don Garcia, roi de Navarre, fondait à Najera, dans la Rioja, en 1052, la célèbre abbaye de Sainte-Marie, dont l'église devint le lieu de sépulture de ce prince et de ses successeurs, comme celle de Saint-Isidore le fut des souverains de Léon. Doté avec une royale magnificence, ce monastère ne tarda pas à posséder une bibliothèque qui ne le cédait en rien à la collection formée par les religieux de Saint-Isidore, et dont cependant nous ne soupçonnerions même pas l'existence, sans une fantaisie littéraire à laquelle les moines de Sainte-Marie durent se prêter bon gré mal gré, dans le cours du xiiie siècle. Alphonse X régnait alors en Castille. Ce prince, le plus élégant écrivain et le plus grand savant de son temps, auquel il n'a manqué pour être un des plus glorieux rois de l'Espagne chrétienne, au lieu d'en être un des plus pitoyables, que ce bon sens pratique dont il se trouvait complétement dépourvu, aimait passionnément les livres, les achetait à grand prix tant qu'il eut de l'or dans ses caisses pour les payer, et les empruntait, quand il se fut ruiné en entreprises plus insensées les unes que les autres[4]. C'est de cette façon qu'il se fit prêter par le prieur et les religieux de Najera, contre reçu en bonne forme, quinze ouvrages d'anciens auteurs[5], parmi lesquels figurent les Bucoliques et les Géorgiques de Virgile, les Épîtres d'Ovide, la Thé-

---

1. Saint Martin, au dire de Luc de Tuy son historien, était déjà très-avancé en âge en 1183, lorsqu'il se mit à écrire « cum... esset jam venerando senio fessus » (*Vit. S. Mart.*, c. xii); or, Pierre Lombard ne mourait qu'en 1160, c'est-à-dire lorsque notre saint avait atteint ou même franchi le seuil de l'âge mûr.

2. Saint Martin partit de saint-Marcel de Léon, où il avait été élevé, peu d'années après son ordination au sous-diaconat, et au plus tard à l'âge de trente ans, puisqu'il se proposait de mater, par les fatigues de ses longs pèlerinages, les ardeurs du sang et de la jeunesse. Saint-Jacques de Compostelle eut sa première visite; de là, il se rendit à Rome, au mont Gargan, à Bari pour y vénérer le corps de saint Nicolas, aux Saints-Lieux où il séjourna près de trois ans, à Antioche et dans les montagnes du voisinage, peuplées encore de saints solitaires qu'il voulut entretenir, à Constantinople, à Saint-Gilles en Languedoc, en Dauphiné, au tombeau de saint Antoine, à celui de saint Denis près de Paris, de saint Thomas de Cantorbéry en Angleterre, de saint Patrice en Irlande, de saint Martin à Tours, de saint Sernin à Toulouse. Il rentrait à Léon aux premiers jours de l'épiscopat de don Manrique, c'est-à-dire dans les derniers mois de 1181 ou les premiers de l'année suivante, et faisait profession à Saint-Marcel de cette ville, d'où, vers 1183, il se transporta, avec les chanoines réguliers de ce monastère, à celui de Saint-Isidore. Cf. Luc. Tud., *ibid.*, c. iv-x, et Risco, *Esp. sagr.*, XXXV, pp. 367-372.

3. Bien qu'avant son départ de Léon, Martin eût distribué aux pauvres l'héritage paternel, l'argent ne lui fit jamais défaut dans le cours de ses pérégrinations. Celui qui put acheter à Constantinople une riche chasuble de soie (Luc. Tud., *ibid.*, c. vi) pouvait très-bien faire emplette de livres à Paris.

4. Sa poursuite acharnée de la couronne impériale d'Allemagne, par exemple; poursuite vaine, fort heureusement pour l'Espagne, dont une poursuite identique, mais cette fois plus fortunée, commença la ruine, sous Charles-Quint. Puis, sa tentative de changer l'ordre de succession au trône, etc.

5. « Otorgo que tengo de vos el prior e convento de Sancta Maria de Najera quince libros de leitura antigua que me emprestastes, etc. » Alphonse X (*el Sabio*), cité par Eguren, Introd., p. lxxix.

baïde de Stace, les poésies de Prudence, les œuvres de Donat en double exemplaire [1], la grande Grammaire de Priscien [2], les livres de la Consolation de Boëce, et son commentaire sur les dix Prédicaments [3], le Songe de Scipion de Cicéron, le Code wisigoth (*libro Juzgo*), un Catalogue des rois goths, un traité de jurisprudence [4], l'Histoire des rois, celle d'Isidore le Jeune [5] et le livre des Hommes illustres de saint Jérôme ou de saint Isidore, et de tous deux peut-être [6].

Un autre emprunt fait à la même époque par ce même prince aux chanoines d'Albelda, successeurs et héritiers des religieux bénédictins pour lesquels cette illustre abbaye avait été fondée, en janvier 924, par don Sancho, roi de Navarre, nous apprend, grâce au reçu délivré par Alphonse, que, parmi les richesses de l'ancienne bibliothèque de ce monastère, on comptait la Pharsale de Lucain, les Étymologies de saint Isidore, les Conférences de Cassien et une collection conciliaire ou canonique [7]. Il s'agit sans doute ici du célèbre manuscrit d'Albelda, dont se glorifie à bon droit aujourd'hui la bibliothèque de l'Escurial, où il est précieusement conservé. Ce recueil renferme les actes de soixante-neuf conciles, dix de l'Église orientale, huit de l'Église d'Afrique, quinze de la Gaule et vingt-six de l'Espagne. Viennent ensuite cent trois lettres décrétales des papes, toutes d'une incontestable authenticité, le traité de saint Isidore sur la Foi catholique, une très-ancienne chronique dont j'aurai occasion de parler bientôt plus au long, composée dans les Asturies sous le règne d'Alphonse le Grand, et enfin le Forum Judicum. Le manuscrit d'Albelda est orné de la croix d'Oviedo, de deux labyrinthes, d'une rose des vents et de très-curieuses miniatures [8]. Il fut exécuté en 976 par trois moines de ce monastère, Vigila, Sarrasin, tous deux élèves du savant et pieux Sauve (*Salvo*), prédécesseur dans la charge abbatiale de Maurel, destinataire du volume, et Garcia, disciple de Vigila. Vu la place d'honneur que le premier de ces scribes occupe dans les diverses inscriptions métriques ou autres du manuscrit, il est permis de voir dans Vigila le chef du scriptorium monastique d'Albelda, à cette époque [9].

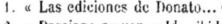

ébergé dans l'abbaye de Silos au moment même où il se livrait à ces recherches bibliographiques, et aux réquisitions ou emprunts forcés qui en étaient la conséquence pratique, Alphonse X songea-t-il à étendre ce genre d'opération aux livres que possédait le monastère où il recevait l'hospitalité? C'est possible et même très-vraisemblable ; mais, si pareille requête a été faite par le roi, et, comme de juste, immédiatement prise en considération par les moines, il n'en subsiste aucune trace. Je le regrette en vérité ; car un reçu détaillé des livres prêtés, délivré par ordre d'Alphonse à

---

1. « Las ediciones de Donato... Otro Donato. » Id., *ibid.*
2. « Preciano mayor. » Id., *ibid.*
3. C'est-à-dire ses Commentaires sur les Catégories d'Aristote. Cf. Boetii *Opp.* t. II (*Patrol.*, LXIV).
4. « Un libro de justicia. » Alph. X, *ibid.*
5. « La Historia de los Reyes et de Isidro el Menor. » Id., *ibid.*
6. « Liber Illustrium Virorum. » Alphonse X, *l. cit.* (Eguren, p. LXIX).
7. Cf. Eguren, *ibid.*
8. Eguren (p. 70, sgg.) donne du manuscrit d'Albelda une description détaillée. Voir aussi Risco, *Esp. sagr.*, XXXIII, p. 192. et *apend.*, 13, p. 471.
9. Ces détails nous sont fournis par les auteurs mêmes du manuscrit. Un des deux labyrinthes placés en tête du volume se résout en cette inscription : « Maurelli abbatis librum. » Dans le premier des poèmes à double acrostiche contenus dans ce volume et publiés par Risco, on lit les deux vers suivants :

« Sarracinus Salbi, ipseque Vigila magistri optimi adjuvati
    [prece
Quorum digessimus clara nunc nomina scriptores gemini-
    [que tenet liber hic. »

L'acrostiche initial porte : « Vigila Sarracinusque edidcerunt, » et le final : « Era millesima sive (= et) quarta decima. » (Risco, pp. 471, 472). Enfin une miniature, dont le haut est occupé par les portraits en pied des rois goths

l'abbé de Silos, accroîtrait d'autant le peu que nous apprend du contenu de la bibliothèque de ce monastère le religieux qui y composait l'histoire du roi Alphonse VI aux premières années du XII° siècle. Contentons-nous toutefois de ce que nous avons; car peu vaut mieux que rien. Donc, par le dépouillement de la seule partie de cet ouvrage qui nous soit parvenue, nous savons que les religieux de Silos, qui s'occupaient de recherches historiques sur l'Espagne, trouvaient alors dans leur bibliothèque la chronique universelle de S. Isidore et son histoire des Goths, des Suèves et des Vandales[1]; l'histoire du roi Wamba par saint Julien de Tolède, que le moine de Silos attribue au même saint Isidore[2]; les Dialogues de Grégoire le Grand[3]; les Vies des Pères de Mérida par Paul, diacre de cette église, à laquelle notre historien emprunte des détails qu'on chercherait vainement ailleurs, sur les troubles excités par les Ariens dans la Narbonnaise sous le roi Récarède[4]; les chroniques, anonymes pour lui, d'Alphonse III qu'il met souvent à contribution, et de Sampire dont il insère le texte entier dans son propre ouvrage, mais en le dégageant des interpolations trop fantaisistes qui le surchargent dans d'autres recueils[5]; un certain nombre de chroniques hispano-latines aujourd'hui perdues, qui lui ont fourni, sur les anciens rois asturiens, léonais et navarrais, aïeux de son héros, des renseignements plus complets que ceux qu'on trouve dans les chroniques de même provenance dont nous possédons le texte[6], enfin quelques historiens francs de l'empereur Charlemagne et de ses successeurs immédiats, qui ont eu la male chance d'échauffer la bile du bon moine castillan[7]. Silos possédait en outre les Étymologies de saint Isidore, les Commentaires de Smaragde, le Géronticon, la Vie de saint Augustin par son disciple Possidonius, et les conférences de Cassien[8].

Les débris de la bibliothèque, dont l'abbaye de Saint-Millan se glorifiait autrefois, nous montrent que cette collection ne le cédait en richesse à aucune de celles dont il a été question jusqu'ici. Parmi les plus remarquables de ces manuscrits, signalons le fameux

Chindasvinthe, Recesvinthe, Egica, le centre par ceux des rois Sancho et Ramire et de la reine doña Urraca, et le bas par ceux des trois copistes monastiques, porte une double légende: 1° en regard des souverains navarrais : « In tempore horum regum atque regine perfectum est opus libri hujus, discurrente era TXIIII; » et 2°, accompagnant le groupe des trois écrivains: « Vigila scriba, cum sodale Sarracino presbitero pariterque cum Garcea discipulo suo, edidit hunc librum. » Cf. Eguren, p. 70, 72. Sur Salvo, maître de Vigila, voir la courte notice publiée par Schott, Hispania illustrata, II, p. 16.

1. Cf. Monach. Sil. Chron., c. I, n. 2 et 6.
2. Id., ibid., n. 6.
3. Id., ibid., n. 3.
4. Comparer la chronique du moine de Silos, c. I, num. 4 et 5, à Paul de Mérida, Vit. PP. Emerit., c. XIX.
5. Le moine de Silos (c. II, n. 15) amplifie le récit du règne de Vitiza donné par Alphonse III (Chron., n. 8, edit. Berganza); plus loin, dans sa narration de la bataille livrée aux Mores par Pélage (c. III, n. 23), il reproduit textuellement la courte allocution aux Arabes que le roi chroniqueur met dans la bouche du misérable Oppas (Adefonsi Chron., n. 12). — Quant à Sampire, son texte, tel qu'il nous est donné par le moine de Silos, est allégé des Actes plus que suspects du concile d'Oviédo sous Alphonse le Grand, de l'exécution des comtes de Castille par Ordoño II, de l'éclipse merveilleuse de soleil qui aurait précédée la victoire remportée à Simancas par Ramire II, du prétendu divorce

d'Ordoño III, etc., etc., dont Pélage d'Oviédo a surchargé son édition de Sampire. Notre chroniqueur pousse le scrupule jusqu'à conserver, dans le texte de l'évêque d'Astorga, la légende des frères d'Alphonse III révoltés contre ce prince (Samp., Recens. Sil., n. 49), bien que lui-même ait déclaré plus haut qu'Alphonse le Grand était fils *unique* d'Ordoño I (Mon. Sil., c. IV, n. 30). — Remarquons, en passant, que le moine de Silos laisse sans glose ou explication, dans le texte de Sampire, le mot arabe *Ceipha* toutes les fois qu'il se présente; la vraie signification de cette expression était donc généralement connue des Castillans lettrés du temps où il écrivait (1114-1120). On peut, ce me semble, conclure de là que l'Inscription de Cardeña (v. *supr.*, p. 277, not. 6), où l'on prend la *Ceipha* pour un roi more, n'a été composée que beaucoup plus tard, c'est-à-dire vers la fin du XII° siècle, sur d'anciens documents mal déchiffrés et malheureusement perdus aujourd'hui.

6. M. Dozy (*Recherches*, I, p. 90) a fait cette remarque bien avant moi. Je crois devoir ajouter que ces chroniques ou fragments de chroniques, dont se servait le moine de Silos, contenaient le récit d'évènements bien antérieurs au règne d'Alphonse III, tels que le meurtre de Theudefrède, duc de Cordoue et père de Rodrigue, par Vitiza (Mon. Sil., II, 15, 16), le rétablissement légendaire du célibat ecclésiastique en Espagne, par Froila I (*ibid.*, III, 27, 28), etc., etc.

7. Mon. Sil., Chron., II, 19, 20, IV, 37.
8. Cf. Berganza, Antiguedades, I, p. 56, et 215, n. 93, 20 et 42, n. 113, 114.

Codex Emilianensis, recueil à peu près identique quant à la composition, l'exécution et l'ornementation au manuscrit d'Albelda précédemment décrit [1]. Le moine Velasco et son disciple Sisebut mirent seize années entières à l'exécuter sous la haute direction de l'évêque Sisebut (a. 976-992) [2]; le commentaire de saint Beatus de Liebana sur l'Apocalypse en double exemplaire, dont l'un du x° siècle, et l'autre aurait été copié, s'il fallait en croire une inscription d'authenticité plus que douteuse, pour le monastère de San Millan, sous Benoît son neuvième abbé, en l'année 670 [3]; deux Glossaires latins composés dans le cours du x° siècle par des religieux du même monastère, à l'usage vraisemblablement des élèves qui en fréquentaient les écoles [4]; les Actes des conciles de Nicée et d'Ancyre avec le livre des Sentences de saint Grégoire par Taion de Saragosse [5]; des commentaires sur les Évangiles et les Épîtres de saint Paul en un seul volume, un commentaire sur les livres de Josué et de Judith [6], un magnifique Sanctoral sur vélin, de la fin du xii° siècle [7], et un Missel qu'Eguren croit écrit au vii°, vu le style archaïque de la belle miniature placée en tête du canon de la messe [8]. Elle représente Notre-Seigneur attaché par quatre clous à l'instrument de son supplice; des bras de la croix pendent les lettres symboliques A et ω, comme dans le double *signochristum* du manuscrit du British Museum reproduit ici même [9]. Deux médaillons les surmontent renfermant la figure en buste du soleil et de la lune sous les traits d'Apollon et de Diane, costumés l'un et l'autre à la façon des Goths romanisés de Wamba ou d'Ervige; Marie et le disciple bien-aimé sont debout au pied de la croix. Les Étymologies de saint Isidore faisaient aussi partie de la même bibliothèque, dès le milieu du x° siècle, et s'y trouvaient encore quand Berganza la visita aux premières années du xviii° [10].

A côté de San Millan, il n'est que juste de mentionner ici le célèbre monastère de Cardeña, si cher aux deux grands héros castillans, Fernand Gonzalez et le Cid. De sa bibliothèque, si considérable autrefois, il ne restait plus au commencement du siècle dernier, lorsque Berganza écrivait l'histoire de cette abbaye, dans ses Antiquités de Castille, que de rares épaves échouées dans les archives, et dont la vue attristait le bon et savant religieux, en lui rappelant les splendeurs et les richesses d'un passé évanoui sans retour [11]. Parmi les anciens manuscrits existant encore de son temps, ou ayant existé autrefois à Cardeña, Berganza cite le Geronticon, recueil des règles monastiques des anciens Pères (saint Pacôme, saint Macaire, saint Basile, les collations ou conférences de Cassien) [12]; la lettre de Taion de

---

1. Ce recueil paraît avoir été primitivement compilé dans les Asturies, au plus tard vers les dernières années du ix° siècle, ou les premières du siècle suivant (890-920). Les reproductions s'en multiplièrent rapidement, puisque, en la même année, 976, les couvents d'Albelda et de San Millan en possédaient chacun un exemplaire sur lequel les écrivains de leur scriptorium respectif exécutaient la copie que nous possédons encore.

2. Eguren (pp. 72 et 73) donne de ce manuscrit une description détaillée à laquelle je renvoie le lecteur.

3. A la p. 58 du manuscrit on lit : « Tempore Benedicti abbatis VIIII Sancti Emiliani, scriptum per Albinum monachum ejusdem. in Era DCCVIII. » Voir, sur la valeur de cette inscription, Florez, *Præf. in S. Beati Liebun. Comment.*, n. 78, 79; et Eguren, p. 30.

4. Eguren, p. 80.

5. Risco, *Esp. sagr.*, XXXI, p. 154. n. 4; Eguren, p. 77, col. 2.

6. Eguren, p. 59.

7. Id., p. 56.

8. Cf Eguren, p. 54. Si l'archaïsme iconographique du missel de San Millan était, par hasard, le seul argument qu'on pût faire valoir en faveur de la haute antiquité de ce manuscrit, actuellement conservé aux archives de l'Académie de l'Histoire à Madrid, cette antiquité ne me paraîtrait pas absolument démontrée. L'archaïsme en question peut très-bien, en effet, être le résultat de la fidélité scrupuleuse des artistes du ix° ou du x° siècle à rendre trait pour trait l'ornementation de l'ancien manuscrit dont on exécutait la copie dans le *scriptorium* de leur monastère.

9. P. 226, 232.

10. Cet exemplaire des Étymologies fut écrit en 946 par un certain Jimeno (*Eximinio*), qui prend le titre d'archiprêtre dans la note apposée à la fin du volume. Elle est conçue en ces termes. « Ora pro scriptore Eximinione arcipresbitero. » Cf. Berganza, I, p. 226, col. 2.

11. Cf. Berganza, *Antigüedades*, I, p. 215, n. 92.

12. Id., *ibid.*, pp. 19, 20, n. 49-51.

Saragosse à saint Eugène de Tolède servant d'introduction à son livre des Sentences [1], la règle monastique de saint Isidore de Séville [2]; les Morales de saint Grégoire le Grand, manuscrit exécuté en 914 par le diacre Gomez, religieux de Cardeña, sur l'ordre de Damien son abbé [3]; une Bible ou Bibliothèque, œuvre du même copiste, avec un prologue de saint Isidore sur le livre de la Sagesse, celui de saint Jérôme sur les épîtres de saint Paul, et un recueil de quatre-vingt-dix canons extraits de ces mêmes épîtres par un contemporain de Priscillien pour réfuter les erreurs de cet hérésiarque [4]; un Sanctoral en deux volumes in-folio d'où Berganza tirait si à propos, au siècle dernier, pour la donner au public, l'histoire du martyre de sainte Argentée, fille de cet Omar ibn-Hafçoun, dont M. Dozy a retracé d'après les historiens arabes les curieuses aventures, et les luttes victorieuses contre les califes Omayades de Cordoue [5]; l'exposition de l'Apocalypse de saint Beatus de Liebana [6]; les Commentaires de Cassiodore sur les Psaumes [7]; enfin les chroniques de Cardeña, écrites dans la Bible dont il vient d'être question, et que Berganza a publiées [8].

Terminons cette nomenclature des bibliothèques du haut moyen âge espagnol, dont l'existence à l'état de formation complète, ou de plein développement, nous est historiquement connue, par celle du royal monastère de Sahagun qui fut, pour le royaume de Léon, ce qu'était en Castille San Pedro de Cardeña. Cette riche collection avait, comme les précédentes, subi des pertes immenses dès avant le xvi⁰ siècle. Toutefois, lorsque Morales la visita vers la fin de ce même siècle, il y trouva un exemplaire très-bien conservé de la collection canonique de l'Église d'Espagne, les commentaires de saint Grégoire le Grand sur Ezéchiel, la Cité de Dieu de saint Augustin, les œuvres complètes de ce même saint docteur en sept volumes in-folio, copiées pour cette abbaye par l'ordre de son abbé dom Gutierre, dans la seconde moitié du xii⁰ siècle, les Sentences de saint Isidore de Séville, les *Scintillæ* d'Alvaro de Cordoue, l'ami et l'historiographe de saint Euloge au ix⁰ siècle, sans parler d'autres manuscrits que Morales ne put examiner parce qu'on venait de les prêter à l'évêque de Palencia, et dont faisait partie un second exemplaire des conciles et des canons de l'Église d'Espagne, et quelques ouvrages de saint Isidore de Séville [9].

II.

Monastère et maison d'étude, en même temps que de prière et de travail des mains, furent des expressions synonymes, dès la naissance de la vie cénobitique, et ils le sont restés jusqu'à nos jours. Ils l'étaient plus que jamais dans l'Espagne chrétienne du haut moyen âge. Personne ne s'y trompait alors, pas plus qu'on ne s'y trompe aujourd'hui, même parmi ceux qui parlent le plus haut de l'ignorance des moines. Un monastère sans livres, c'est-à-dire

---

1. Berganza, *ibid.*, p. 32, n. 87.
2. Id., *ibid.*, p. 55, n. 144.
3. « Explicit feliciter liber Moralium Pape Gregorii pars ultima. Deo gratias. Gomez Diaconus, peccator, hoc opus era 952, v kalend. Decembris, ob jussionem Domni abbatis prescripsi. » C'est en tête de ce manuscrit que le même Gomez a copié la lettre de Taion à saint Eugène. Berganza, *ibid.*, p. 177, n. 16.
4. Id., *ibid.*, 177, n. 17, et 178.
5. Berganza, *ibid.*, p. 201, sgg.; Dozy, *Hist. des Musulmans*, II. Dans les actes de sainte Argentée, Omar-Ibn-Hafçoun n'est jamais désigné que sous son nom chrétien de Samuel, dont en revanche les historiens arabes ne se servent jamais.
6. Berganza, p. 214, n. 92.
7. Id., *ibid.*, 221, n. 111.
8. Id., *ibid.*, t. II, p. 578-590.
9. Morales, *Viage*, p. 39, 39. La Bibliothèque monastique de Santa Maria de Sobrado devrait figurer dans cette première section; je lis en effet, dans mes notes, l'extrait suivant de l'inventaire des biens de cette abbaye : « Libros nimis abundanter. » Mais, ne pouvant retrouver la source ou j'ai puisé ce renseignement, je ne mentionne ici cette collection que pour mémoire.

sans l'outil indispensable au labeur intellectuel, eût passé aux yeux de tous pour une véritable monstruosité. Aussi les religieux qui peuplaient les abbayes déjà constituées ne se donnaient-ils pas de relâche, que, à prix d'argent ou par le travail incessant du scriptorium, ils n'eussent formé, dans la maison de Dieu qu'ils s'étaient donnée pour seconde patrie, une de ces riches bibliothèques dont nous essayions naguère d'apprécier l'importance en étudiant leurs ruines. Par le même motif tout fondateur d'abbaye nouvelle, clerc ou laïque, aurait cru son œuvre imparfaite, s'il n'eût compris dans la dotation de ce monastère un lot plus ou moins considérable de manuscrits. Dans la pensée du fondateur, c'était là une bibliothèque initiale et rudimentaire, que le zèle scientifique des générations successives de religieux lettrés devait accroître et développer, jusqu'à ce qu'elle rivalisât avec les plus nombreuses collections de ce genre, existant dans les royaumes du nord-ouest de la Péninsule. Cette pensée, hâtons-nous de l'ajouter, fut rarement méconnue de ceux qui se trouvaient chargés de la réaliser. Mais, au début, comme on doit bien s'y attendre, le contenu de ces bibliothèques naissantes offre peu de variété. On y trouve le nécessaire, jamais le superflu, et très-souvent le nécessaire est ramené aux étroites proportions de l'indispensable. La grande, l'unique préoccupation du fondateur est de fournir aux religieux, en livres comme en toute autre chose, ce que réclame impérieusement la fin propre de leur vocation. Or la vocation du moine est de tendre à la perfection, ce qu'il ne peut faire qu'autant que la science des choses saintes éclaire les voies ardues qu'il doit suivre. Cette science, où la puisera-t-il, sinon dans la Bible qui en renferme les inépuisables trésors; dans la liturgie et dans les conciles, interprètes officiels des divins enseignements; dans les commentaires que nous ont laissés de ce même enseignement les Pères et les docteurs de l'Église; et dans l'histoire qui nous montre cet enseignement vivant et agissant au sein de cette société divine et dans les saints qu'elle a formés?

Histoire ecclésiastique, liturgie, théologie, sont donc les seules sciences représentées dans les bibliothèques initiales, que nous retrouvons à l'origine de presque tous ces monastères semés en si grand nombre dans les provinces de l'Espagne chrétienne dès les premières années de la reconquête.

En 770, Adelgastre, prince asturien, donne au monastère d'Obona, avec une partie des livres liturgiques de l'Église hispano-romaine, les Dialogues de saint Grégoire le Grand, la Règle de saint Benoît, et un Passionaire ou Sanctoral[1]. Alphonse III enrichit le monastère de Tuñon, fondé par lui un siècle plus tard (891), de la collection complète des livres liturgiques; les ouvrages qui en font partie sont désignés par l'appellation générique de « livres ecclésiastiques »[2]. Son fils Ordoño II, n'étant encore que roi de Galice sous l'autorité de son père, faisait, en 898, à San Pedro de Montes une donation de manuscrits du même genre, mais beaucoup plus complète; car presque aucun des livres liturgiques, alors en usage, ne manque à la collection offerte par le jeune prince au monastère qu'avait récemment rétabli saint Gennade[3]. Les livres offerts par Ordoño, se rapportant exclusivement

---

1. *Esp. sagr.*, XXXVII, escr. 5.
2. « Galnaprestem Silgas duos libros ecclesiasticos, Comico uno, Orationum quinto manuale unum antiphonarium unum, etc., etc. » Alphonse III, *Ibid.*, escr. 12, p. 339, 340. — Le texte, tel qu'on vient de le lire, mêle des choses fort dissemblables; il est de plus défiguré par de notables incorrections. La vraie leçon me paraît être : « Galnapes tres, sirgas duas. Libros ecclesiasticos: Comico uno, etc. »

3. « Nihil Deo celorum in cunctis terrenis,
Atque celestibus creaturis,
Deesse videtur, quod non a se (éd. *esse*) creatum obtineat,
Aut quod possessum gubernatione propria non disponat
(éd. *deponat*).
Et ideo, si, ejus opificio, et condita,
Et ordinata sunt universa,
Quid ei dignum possumus offerre,

au culte divin, ne peuvent, pas plus que ceux donnés à Tuñon par Alphonse III, être regardés comme constituant le premier noyau d'une bibliothèque proprement dite. C'est au saint personnage que je viens de nommer qu'avec l'honneur d'avoir relevé de ses ruines l'ancien monastère de San Pedro, et d'en avoir édifié quatre autres dans les solitudes du Vierzo [1], revient celui de les avoir dotés des premiers éléments d'une vraie bibliothèque. Le saint nous l'apprend lui-même par sa donation de l'an 919, qui renferme la liste des manuscrits dont il se défait en faveur de ses moines. En voici le contenu : une Bibliothèque sacrée complète, Job et les Livres sapientiaux, le Pentateuque et Ruth en un volume ; puis, en œuvres des docteurs ou des Pères de l'Église [2] : les Morales de saint Grégoire le Grand sur Job, ses commentaires sur Ézéchiel, et peut-être aussi sur les Évangiles [3]; les Vies des Pères ; des écrits de saint Prosper; les Offices et les Étymologies de saint Isidore; des commentaires sur l'Évangile de saint Jean [4]; les livres de la Trinité de saint Augustin ou de saint Hilaire ; le livre d'Apringius [sur l'Apocalypse]; les Lettres de saint Jérôme, et ses Étymologies des noms [hébraïques] [5]; le Livre des règles ; le Catalogue des hommes illustres [de saint Jérôme, de saint Isidore et de leurs continuateurs]; un livre liturgique (*le Livre du Comte*). Gennade ne se borne pas à doter ses monastères d'une bibliothèque, il en réglemente soigneusement l'usage. Il veut que cette bibliothèque unique appartienne

Qui ab eo accepimus flatum vite?
Et tamen quia ipse
Promittit placari se posse,
Sacrificio humilitatis spiritus,
Ea, que de manu ejus accepimus,
Ei gratissima devotione litemus...

Unde... Ego Ordonius rex et Geloira regina offerimus... libros ecclesiasticos : Psalterium, Comicum (*Cosmicum?*), Antiphonarium, Manualium, Orationum, Passionum, Sermonum, Hordinum, Precum, et Orarum, etc. » Ordoño II, dans Sandoval, *Fundaciones (San Pedro de Montes)*, p. 20, 21. Chaque fondation a sa pagination propre dans mon édition de cet ouvrage. — Trois pages plus haut, Sandoval donne tout au long une donation de Chindaswinthe, roi de Tolède, à saint Fructueux et à son monastère de Compludo dans le Vierzo. Cette charte, datée du 18 octobre 646, le jour même où se célébrait, en présence de Chindaswinthe, le septième concile de Tolède, me parait être l'œuvre d'un faussaire, et d'un faussaire assez maladroit; car il produit, sous le nom du roi goth, une copie de la donation d'Ordoño II, sans autres changements que ceux dont la différence des deux monastères de Compludo et de San Pedro lui faisait une nécessité. Il fait signer cet acte par Candidat, évêque d'Astorga, et ne se demande même pas comment ce prélat a pu signer, le 18 octobre 646, une donation évidemment dressée et homologuée à Tolède, lui qui, absent de cette ville, n'a signé que par procureur les actes du concile qu'on y célébrait le même jour. On s'explique encore moins qu'Ordoño II, s'il n'est que le copiste du roi goth, ne fasse aucune allusion à la charte de Chindaswinthe; qu'il retranche de sa copie l'éloge de saint Fructueux, qu'on lit dans la charte du roi de Tolède, etc. Ce qu'on s'explique trop bien, par exemple, c'est que le faussaire, en ajoutant, dans la pièce supposée, les *Dialogues* de saint Grégoire le Grand aux livres mentionnés dans la charte authentique d'Ordoño II, a voulu prouver que saint Benoît et

sa règle étaient connus de saint Fructueux et de ses contemporains, ce qui est plus que douteux.

1. Saint Gennade releva le monastère de San-Pedro et construisit ceux de Saint-André, de Saint-Jacques, de Peñalva et de Saint-Thomas (Florez, *Esp. sagr.*, XIV, p. 133, 27). Mais le testament de saint Gennade semble réduire Peñalva et saint Thomas à la condition de simples oratoires. L'église de Peñalva, reconstruite en 931 par Salomon, évêque d'Astorga et disciple de saint Gennade, offre ceci de curieux qu'elle se termine par une abside à ses deux extrémités, et que le cimetière couvert circule, en forme de cloître, autour de toute l'église, l'abside du chœur exceptée. Cf. Florez, *ibid.*, p. 39.

2. Gennade distingue très-nettement l'Écriture sainte des Saints Pères : « Libros, tam divinos, id est Bibliothecam totam, Moralium, Job, Pentateuchum cum historia Ruth liber unus; sive etiam et specialiter Doctorum, id est Vitas Patrum, etc. » Gennad., Donat. (a. 919). Sandoval, *Fundac.*, p. 28. Sur la date vraie de cette donation, voir Florez, *E. s.*, XVI, p. 141, 142.

3. « Moralium, Ezechielum, item Ezechielum. » Genn., *l. c.* Le nom d'Ézéchiel est répété deux fois par erreur dans cette énumération des trois principaux ouvrages de saint Grégoire le Grand. Je crois qu'il faut lire : « Ezechielum, item *Evangelium*. »

4. « Kata Juanis (l. *Joannem*). » Cette formule désigne d'ordinaire le texte de l'Évangile auquel on l'applique et rien de plus. Mais comme elle figure ici dans la section réservée aux SS. Pères, le texte du quatrième évangile devait être, dans le ms. en question, accompagné de notes ou de commentaires.

5. « Epistolæ Hieronymi, item etymologiarum glossematum. » Genn., l. c. L'*item* de S. Gennade rattache les *Étymologies* dont il est ici question à S. Jérôme comme à leur auteur. Je ne vois dans les œuvres de S. Jérôme que le *Livre des noms hébraïques* dont le contenu réponde d'une façon satisfaisante à l'énoncé de saint Gennade.

en commun aux trois maisons de San Pedro de Montes, de Saint-André et de Saint-Jacques, sans qu'aucune d'elles en puisse réclamer jamais la propriété exclusive au détriment des deux autres. La collection sera donc divisée en trois lots, un pour chaque communauté. Lorsque les religieux de l'une d'elles auront lu tous les ouvrages dont leur lot se compose, ils les échangeront contre ceux du couvent voisin, et ainsi de suite, de façon à établir une circulation constante et régulière de tous les livres de la bibliothèque commune, entre les trois monastères qui ont un droit égal à son usage, et entre ceux qui pourraient plus tard s'élever dans les montagnes du Vierzo, auxquels saint Gennade étend d'avance le même privilége [1].

Le monastère de Celanova, que saint Rosendo avait mis sept années entières à construire, reçut en 942 de ce saint prélat, qui devait un jour y vivre en simple religieux, une de ces bibliothèques initiales dont nous parlons. Elle ne le cédait en richesse à aucune autre. J'en donne l'inventaire tel que le saint l'a inséré dans sa charte de dotation : « Livres spirituels : la Bibliothèque ; les Morales, le Pastoral, les Dialogues et les Homélies sur Ézéchiel » de saint Grégoire le Grand ; « les Étymologies et les Sentences » de saint Isidore ; un recueil de « Lettres » de saint Jérôme (?) ; « l'Histoire ecclésiastique » d'Eusèbe sans doute, traduite par Rufin ; « l'Heptaméron » qui pourrait bien n'être autre chose que l'Hexaemeron de saint Ambroise auquel on aurait joint le traité du Paradis terrestre du même auteur ; « l'Exposition du mystère de la Sainte Trinité ; les conférences de Cassien ; le Geronticon » ; deux autres ouvrages dont le titre absolument défiguré ne me laisse deviner ni l'auteur ni le sujet [2], et dix livres liturgiques [3].

Je citais tout à l'heure les quelques livres donnés par Ordoño II à San Pedro de Montes. Ce même prince, devenu roi de Léon, prit à sa charge personnelle la restauration complète de l'antique monastère de Samos, et se montra, par cela même, beaucoup plus généreux pour cette abbaye, dont il se considérait à juste titre comme le fondateur, que pour celle de San Pedro rétablie par un autre. Il fit présent aux religieux qu'il y ramenait, des « Homélies » sur les Évangiles (?), « des Dialogues, et de l'Homélie des Prophètes », c'est-à-dire des Homélies sur Ézéchiel de saint Grégoire ; « d'une Exposition », ou Commentaire « d'Isaïe » par saint Jérôme (?) ; « d'une partie des Morales sur Job [4] » ; de la Décade sur les Psaumes » de saint Augustin ou de Cassiodore ; « du texte des Évangiles ; du livre des Règles » ; « des Offices » de saint Isidore, « de ses Synonymes et de ses Étymologies ; « de l'*Abtatigum laterculum* », titre énigmatique pour moi, qui abandonne volontiers à de plus doctes le soin d'en pénétrer le mystère ; et une collection très-complète de livres liturgiques.

Descendons de la Galice dans les provinces portugaises, reconquises par Alphonse III sur les Arabes, et jusqu'au XII° siècle soumises aux rois de Léon. Nous y retrouverons à chaque érection d'abbaye nouvelle, chez les fondateurs, la même générosité à pourvoir par un don de livres aux premiers besoins intellectuels des religieux. Guimarães, un des plus cé-

---

1. « Hos omnes libros jubeo, ut omnibus fratribus in istis locis communes sint, nec quisquam eorum pro dominatione sibi vindicet ; sed sicut dixi, per partes et in commune possidentes, videant legem Dei... Verbi gratia, ut quantoscunque fuerint et eis in S. Petro, alios tantos in S. Andrea, et alios tantos similiter in S. Jacobo. Et, multo eos disponentes, istos quosque legerint in uno monasterio, comutent eos cum alio [monasterio], ita per singula loca discurrentes, ut totos eos communiter habeant, et totos per ordinem legant... Nulli liceat ex his in alio loco transferre, donare, vendere aut commutare... Sed in hac eremo fundata sint, seu etiam, si adhuc alia oratoria infra istis montibus constructa fuerint, habeant participationem in his specialibus libris, etc. » Gennad., *l. cit.*

2. « Ingerarium, Geriææ. » S. Rosendo, *Donat.* dans Yepes, V, p. 424 recto.

3. Id., *ibid.*

4. Le texte donné par Florez (E. s., XIV, escr. 3) porte ici : « Parte de Morario, » ce qui me paraît n'avoir aucun sens. Je lis *Parte de Moraliu[m]*.

lèbres monastères de ces contrées, reçoit de sa fondatrice, doña Mummadonna Diaz, en 959, une « Bibliothèque » sacrée, les « Morales » de saint Grégoire, Deux « Règles (?) », le recueil des « Canons » de l'Église d'Espagne, « les Vies des Pères et le Geronticon », un Commentaire de « l'Apocalypse », celui d'Apringius sans doute ou de Beatus de Liebana; les « Étymologies » de saint Isidore, « une Histoire ecclésiastique », la « Décade des Psaumes », le Catalogue « des Hommes illustres, les règles du bienheureux Pacôme[1]... d'Ambroise, de Benoît, d'Isidore et de Fructueux reliées ensemble (*sub una cortex*), le livre des Dialogues » de saint Grégoire, « les Institutions du B. Ephrem, les Règles des Vierges », un second ou plutôt un troisième recueil de règles monastiques où ne sont comprises que celles de trois patriarches d'Occident, Benoît, Isidore, Fructueux, « la Vie du B. Martin, évêque » de Tours, par Sulpice Sévère, et le traité « de la Virginité perpétuelle de la bienheureuse vierge Marie en un volume », plus vingt livres liturgiques pour le service de l'Église[2]. Les dons en livres dans ces pays frontières n'étaient pas toujours aussi considérables. Aux premières années qui suivent la reconquête du Portugal et sous le règne d'Ordoño II, un des conquérants de ces provinces sur les Sarrasins fonde l'église de Saint-Michel de Negrellos, dans le diocèse de Porto, et la dote de livres liturgiques et d'un exemplaire de la passion de saint Christophe[3]. En 959, la noble fondatrice de l'abbaye de Lorvão dans le district de Coïmbre, D. Munia, joint aux dons de tout genre qu'elle prodigue à ce monastère celui d'un exemplaire des Saints Livres, ou d'une Bibliothèque[4]. Treize ans plus tard, Lorvão reçoit, de trois frères ou cousins, le prêtre Vincent, Martin, dit Homeir (*Omair*), et Adayzon ou Aizon, une collection de livres ecclésiastiques ou liturgiques, et une autre de livres spirituels; c'est-à-dire de livres de la sainte Écriture, et d'ouvrages des Pères et des docteurs. Car c'est en ce sens que l'expression « livres spirituels » est employée dans les chartes hispano-latines du haut moyen âge[5]. En l'an 1002, Godino Sandiniz, diacre, unit à l'abbaye de Vaccariza le monastère de Rocas, fondé par lui et son frère, avec ses dépendances, son mobilier et tous ses livres[6]. Herménégilde et sa femme Paterne comprennent dans la donation, faite en 952 au monastère de Sobrado en Galice, le traité de la Virginité de la sainte vierge Marie et les Synonymes de saint Isidore[7]. Sisenand, évêque de Compostelle, offre au même

---

1. Le nom de S. Pacome est suivi du mot *passionarii*, dont je ne m'explique pas la présence en cet endroit; car il me paraît peu probable que dans un recueil de règles monastiques, tel que celui dont il est question, on ait intercalé un Passionnaire ou Sanctoral.
2. *Mon. Portug.* (Chartæ), I, escr. 76.
3. *Mon. Port.*, escr. 5. — Cette charte, dans la transcription du *tumbo* ou cartulaire de Guimarães, connu sous le nom de *livro de Mumadona*, est datée de l'an 870. Cette date est inadmissible pour deux raisons principales : 1° En 870 la reconquête des provinces portugaises par Alphonse le Grand était à peine commencée, si même elle l'était. Or on parle de cet événement comme d'un fait déjà passé dans la charte qui nous occupe; 2° l'évêque Gomade aurait, d'après ce même document, consacré l'église de Saint-Michel, mais ce prélat fut élevé malgré lui sur le siège de Porto sous le règne d'Ordoño II, ainsi que nous l'apprend une autre pièce du même recueil (*M. P.*, escr. 25); or cet Ordoño ne monta sur le trône de Léon qu'en 914 ; c'est donc entre cette année et l'année 922, où Gomade avait obtenu la permission de renoncer à l'épiscopat pour se retirer dans la solitude (*M. P.*, escr. 26), que le présent acte fut dressé, ou mieux encore, entre l'année 898, lorsque ce même prince gouvernait déjà la Galice et ses dépendances avec le titre de roi, et la fin de l'année 924.

4. « Villam... cum monasterio et cum suo ornamento, et cum una bibliotheca. » *M. P.*, escr. 100.

5. « Vincenti presbiter et Martini cognomento Homeir et Adayson (infra *Ayson*)... fecimus textum scripture... pro remedio anime nostre, sive de tio nostro Vincentius presbiter Dive Memorie... Et ad[j]icimus... ecclesia nostra... cum suos dextros et cum suos villares et omnis ornatus ejus, signos, cruces, calices, vela templorum et altariorum, libros ecclesiasticos et spirituales. » *Ibid.*, escr. 104.

6. « Monasterio nostro proprio quem ganavimus vel fundamentavimus cum nostro germano Gudesteo presbitero Dive Memorie... cum domus, intrinsecus domorum, libros, capsas, calices, cruces, coronas, vela... cum omnibus adjuntionibus suis, etc. » *Ibid.*, escr. 182. — Le donateur prend au début les noms de *Guadinus* et de *Sandinus*; il signe *Godino*. Sandinus était, je pense, son nom patronymique; aussi lui ai-je donné la forme ordinaire de ces sortes de noms.

7. Eguren, p. LXXXIX.

monastère un second exemplaire des Synonymes, les Vies des Pères, les Règles monastiques et deux autres traités réunis en un volume[1]. Dans cette même province, au commencement du xii° siècle (a. c. 1119), le monastère de Saint-Martin de Lalin est gratifié de quinze manuscrits, entre lesquels se trouve un exemplaire du Code wisigoth[2]. Parmi ces évêques de Léon dont la libéralité enrichit Sainte-Marie de la Regla de sa nombreuse collection de manuscrits, restaurée avec tant de soin par Pélage à la fin du siècle précédent, signalons Oveco, fondateur de l'abbaye de Saint-Jean de la Vega, qui contribuait à la formation de la bibliothèque du nouveau monastère par la cession gracieuse de dix-sept volumes, dont sept « ecclésiastiques », et dix « spirituels ». Parmi ces derniers figurent les Vies des Pères, des traités de Saint Ephrem, et les œuvres de saint Prosper, des écrits ou des extraits de saint Augustin, un livre de saint Fulgence, les Collations de Cassien, un recueil d'homélies, le même peut-être dont Morales vit un exemplaire dans les archives de Saint-Sauveur d'Oviedo[3]; les Synonymes d'Isidore, les Sentences du même docteur, et celles de saint Grégoire le Grand, extraites de ses œuvres et classées par Tajon de Saragosse[4].

L'héroïque et docte infante doña Urraca, fille de Ferdinand I, sœur d'Alphonse VI, et digne de l'un et de l'autre par ses vertus religieuses et sa grandeur d'âme, se montre tout aussi généreuse en faveur du monastère de Saint-Pierre d'Eslonza, où elle venait de rétablir la vie et l'observance monastique, que les événements en avaient bannies[5]. Aux riches domaines, aux voiles tissés d'argent et d'or, aux candélabres d'argent, la noble princesse joint, comme noyau de la future bibliothèque monastique, la Bible, les Étymologies, les Sentences et les Offices de saint Isidore, les Morales sur Job et les Dialogues de saint Grégoire le Grand, les Vies des Pères, les Actes des martyrs ou Passionaire, le traité de la Virginité de la B. Vierge Marie de saint Hildephonse, le livre de l'Apocalypse, et les Prophéties de Jérémie[6].

---

1. Eguren, *ibid.*
2. Id., *ibid.*, p. xc.
3. « En un libro pequeño de quarto, hay homelias, y por no tener titulo, no pude entender cuyas son. Mas parecieronme muy buenas. » Morales, *Viage*, p. 97.
4. « Libros quippe ecclesiasticos VII, id sunt : Antiphonarium, Orationum, Comicum, Manuale, Ordinum, Psalterium, et Horarum. Et spirituales libros X, id sunt : Vitas Patrum, Beati Ephrem, Beati Prosperi, Sententiarum Beati Isidori et Sinonima ejus, Sententiarum Domini Gregorii, liber Domini Fulgentii et sceptra (*et scripta? Excerpta?*) Augustini, Liber Collationum, ac liber Homiliarum. » Oveco ep. Leg. *Donat.* (æ. 951). E. s., XXXIV, escr. 13.
5. « Sed quia in creaturis nihil est immutabile,
Quoniam tu solus es incommutabilis, Domine,
Hoc cenobium, nescio qua causa urgente,
Versum est in clericorum seu laicorum habitatione (Y. Donec ad me, [— nem),
Est devoluta hec possessio hereditaria sorte.
Quam, ut supra fassa (Y. *facta*) sum, a me separo,
Et tamen de Deo offero,
Ac divino honori reordino (Y. *ac re div. honore ord.*). »
Doña Urraca (a. 1099), Yepes, IV, escr. 36.

Le prologue de cette charte est un magnifique fragment de poésie latino-populaire, que je prends la liberté de reproduire ici.

« In nomine sancte et individue Trinitatis,

Eterni (Y. *et Æterni*) scilicet Genitoris,
Ante secula Domini existentis (Y. *Dño existente*),
Unigenitique Redemptoris,
Sine initio temporis
De Eodem eructantis,
Atque Flaminis ex utroque procedentis ;
Qui vere est trinus in Unitate,
Et vere (Y. *verus*) unus in Trinitate :
Quem laudant simul astra matutina,
Cui angelorum et archangelorum turme concelebrant [gaudia,
Mire (Y. *mira*) collaudando trinum Deum in una usia,
Qui celos extendit mirabili potentia.....
Cujus nutu reguntur universa,
Per cujus pavorem concutitur celi columna (Y. *columba*)...
Sub quo curvantur qui portant orbem et astra.
Ipsum collaudant bestie silvicole propria lingua, etc. »

6. « Offero etiam libros XI, quorum nomina hec sunt: Bibliotheca, Moralia Job, Vitas Patrum, Passionum, Dialogorum, Sententiarum, Genera Officiorum, librum Etymologiarum, libellum de Virginitate Sancte Marie, Apocalipsim, librum Jerem[i]e.

Accipe, Christe, hec munera,
A me tibi et Apostolis tuis oblata,
Nomini tuo et eorum consecrata ;
Et concede ut cum Judex adveneris,

Un des plus illustres ancêtres maternels de doña Urraca, le grand comte Fernand Gonzalez, aussi fidèle et généreux ami des clercs et des moines, qu'adversaire indomptable et indompté de l'islamisme, faisait en Castille quelque chose d'analogue, deux siècles auparavant. Il contribuait par un don de livres à la formation initiale de la bibliothèque de San Pedro de Arlanza dont il fut le fondateur. Longtemps après la mort du héros, vers la fin du xvi° siècle, Prudencio de Sandoval, visitant ce monastère, eut la consolation de retrouver dans les archives le Sanctoral dont Fernand Gonzalez avait fait présent aux religieux d'Arlanza; et c'est de ce manuscrit que le docte évêque de Pampelune tira, pour la livrer au public, la vie de saint Fructueux, un des Pères de la vie monastique en Espagne, vie que saint Valère avait composée au vii° siècle[1]. C'est sans doute à ce même noyau primitif de la bibliothèque monastique d'Arlanza, qu'appartenait le très-ancien manuscrit hispanogothique qu'y vit autrefois Yepes. C'était un exemplaire très-complet des Règles des Pères, le plus complet de tous ceux que j'ai mentionnés jusqu'ici; car il comprenait les règles de saint Macaire, de saint Pacôme, de Cassien, de saint Basile, de saint Isidore, de saint Augustin et de saint Fructueux[2].

En dehors des bibliothèques épiscopales ou monastiques, dont il a été question jusqu'ici, il existait dans les royaumes chrétiens du haut moyen âge espagnol, comme autrefois dans les provinces soumises aux rois goths de Tolède, des bibliothèques privées que les lettrés du temps, clercs ou laïques, formaient pour leur propre usage. Telle était, par exemple, la collection d'ouvrages mise par les parents de sainte Senhorine à la disposition de sa gouvernante pour l'éducation chrétienne et monastique de leur enfant, et dont j'ai donné le catalogue complet dans le chapitre précédent. Telle était encore celle dont Hermégilde, confesseur du roi Ordoño II, disposait par donation du 13 mai 922, en faveur du monastère de Sahagun, et qui comprenait le livre des Sentences d'Isidore de Séville, ou de Tajon de Saragosse[3]. Il est également hors de doute pour moi que les bibliothèques léguées par Alphonse le Chaste à Saint-Sauveur d'Oviédo, par les deux Frunimius de Léon à leur cathédrale, par saint Rosendo à Celanova, par Oveco à Saint-Jean de la Véga, par saint Gennade à ses monastères du Vierzo, étaient les bibliothèques privées de ce prince ou de ces prélats, avant de passer, par un effet de leur libéralité, au pouvoir des cathédrales ou des abbayes auxquelles ils en abandonnèrent la propriété.

Pour monter ou développer ces diverses bibliothèques, les lettrés espagnols du haut moyen âge ne se contentaient pas plus que leurs prédécesseurs du vi° ou du vii° siècle, des ressources qu'ils pouvaient trouver dans la partie de la Péninsule qu'ils habitaient. Comme le saint évêque Tajon allait autrefois chercher jusqu'à Rome les Morales de saint Grégoire, que l'Espagne de son temps ne possédait pas encore; Pierre, religieux de Sainte-Croix de Coïmbre, allait deux fois, par ordre de Tello fondateur de cette sainte maison, à Saint-Rufe en France, y passait, lors de son second voyage, une année entière, copiant ou faisant copier pour son monastère un certain nombre d'ouvrages qui manquaient à celui-ci, entre

---

Et cum eisdem Apostolis orbem judicaveris
Eorum precibus pulsatus,
Mihi sis Judex mitissimus, etc. »
  D. Urraca, *Ibid.*

1. Sandoval, *Fundaciones* (Sahagun), p. 79 : « Halle en el monesterio de San Pedro de Arlansa un libro manuscrito en pergamino, que, en el año 912, el conde Fernan Gonzalez le avia dado, donde entre otras vidas de santos está la deste bienaventurado [Fructuoso]. »

2. « Un libro, que halle en el monasterio antiquisimo de Arlança, escrito en letra gotica, que se intitulara Regla de los Padres. Estan en este libro las reglas de Macario, Pacomio, Cassiano, Basilio, Isidoro, Augustino, Benedicto, y la que el obispo san Fructuoso escrivio para monges. » Yepes, I, p. 160, col. 2.

3. Cf. Yepes, V, escr. 9.

autres l'Hexaméron de saint Ambroise, le Traité de la Pénitence, les Commentaires de saint Augustin sur l'Évangile de saint Jean, les Questions du même Père sur les Évangiles de saint Matthieu et de saint Luc, le Pastoral de saint Grégoire le Grand, et l'exposition du troisième de nos Évangiles par le vénérable Bède [1]. D'autres profitaient des chances heureuses qu'amenait une excursion plus lointaine encore, pour satisfaire leur amour des livres. Le prêtre galicien chargé de porter au pape Jean X, vers 916 ou 917, les lettres et les présents de Sisenand I d'Iria, ne laissa pas échapper l'occasion qui s'offrait de butiner, soit pour lui-même, soit pour le prélat qui l'envoyait, dans les trésors littéraires de la ville éternelle. Aussitôt arrivé à Rome, il se mit donc en quête de manuscrits, et il paraît que la chasse fut heureuse; car, au dire du vieux chroniqueur auquel nous empruntons ce récit, Janello ou Zanello, c'était le nom de ce prêtre, s'en revint tout joyeux en Galice, rapportant une quantité de livres précieux [2].

uand les moines ou clercs espagnols allaient ainsi au dehors s'approvisionner d'œuvres théologiques ou littéraires, ils ne faisaient que demander à leurs frères de France ou d'Italie un service qu'à l'occasion, ils rendaient de la meilleure grâce du monde aux étrangers qui le sollicitaient de leur charité. Dans les derniers mois de l'an 950, Gotescalc, évêque du Puy, arrivait en nombreuse compagnie au monastère d'Albelda, se rendant au tombeau de saint Jacques en Galice. Avant de continuer son pèlerinage, ce prélat sollicita des religieux une copie du traité de saint Hildephonse sur la perpétuelle virginité de Marie. Gomez, attaché au scriptorium de la célèbre abbaye, se mit aussitôt à l'œuvre; et, quand Gotescalc repassa par Albelda, au mois de janvier de l'année suivante, il reçut et emporta le manuscrit demandé, qui existe encore aujourd'hui et appartient à notre Bibliothèque nationale [3].

En résumé, et raisonnant d'après les seules données que l'histoire nous fournit, il est très-permis de croire et d'affirmer que, dans la période asturienne et léonaise du haut moyen âge, le nord-ouest de l'Espagne posséda autant de bibliothèques publiques ou privées que n'importe quelle partie d'égale étendue de la Péninsule sous les rois goths. Car

---

1. « Remansit item idem presbiter Petrus apud S. Rufum fere annum integrum, scrutans si aliquid deesset nobis vel in more, seu aliqua ecclesiastica doctrina. Itaque ipse... adduxit nobis capitularium integrum, antiphonarii morem, Augustinum super Joannem, item super quasdam questiones Mathei et Luce, Examcron Ambrosii, item de Penitentia, item Pastoralem, et Bedam super Lucam. » Anon., *Vit. Tell.*, n. 12, p. 68. Voir aussi sur le premier voyage de Pierre à Saint-Rufe, *Ibid.*, n. 9 et 10, p. 67. — Les éditeurs des *Mon. Port.* donnent à S. Theotonio, dans la note-préface placée en tête de sa vie, le titre de premier prieur de Sainte-Croix, et je le lui ai donné après eux. Je vois cependant ici l'archidiacre Tello, maître de S. Theotonio, prendre déjà le titre de prieur de Sainte-Croix dans sa lettre aux chanoines réguliers de Saint-Rufe (*Vit. Tell.* n. 9).

2. « Zanellus per spatium unius anni in Romana curia honorifice moram egit, qui collecta multorum librorum multitudine cum gaudio ad propria rediit. » Chron. Iriense, n. 7 (*Esp. sagr.*, XX, p. 603).

3. « Ego quidem Gomes, licet indignus, presbiterii tamen ordine functus, in finibus Pampilone, Albeldense in Arcisterio, infra atrio sacro, ferente reliquias sancti ac Beatissimi Martini episcopi, regulariter degens, sub regimine almi videlicet Dulquitti abbatis, inter agmina Xp̄i servorum ducentorum fere monacorum, compulsus, a Gotiscalco ep̄o, qui, gratia orandi egressus e partibus Aquitanie, devotione promptissima, magno comitatu fultus, ad finē Gallecie pergebat concitus, dei misericordiam sanctique Jacobi apostoli suffragium humiliter imploraturus, libenter conscripsi libellum ab sancto Ildefonso Toletane sedis ep̄o dudum edictum, in quo continetur laudem virginitatis sancte Marie perpetue Virginis Ihu Xp̄i Dn̄i n̄si Genitricis. » Gomes, *Prolog.*, ms. n. 2855 (fond latin), p. 89 verso, 90. A la fin du même prologue (p. 91 du ms.) on lit ce dernier détail : « Transtulit enim hunc libellum Gotiscalcus episcopus ex Spania ad Aquitaniam tempore iemis, diebus certis, Januarii videlicet mensis, discurrente feliciter era DCCCCLXXXVIII (a. 951). » On voit, par ce texte, que ce n'est pas précisément un pape de la fin du xie siècle qui inventa le pèlerinage de Compostelle, comme le prétend quelque part M. Génin.—La Gallia Christiana parle de ce pèlerinage de Gotescalc (t. II, p. 694), avec diverses inexactitudes, d'autant plus surprenantes que les auteurs avaient sous les yeux notre manuscrit, écrit cependant de façon à se laisser déchiffrer par le moins habile des apprentis paléographes.

si, à l'une et l'autre époque, tout monastère de quelque importance avait sa bibliothèque, — et, après ce qu'on a lu dans ce chapitre et dans les précédents, il est impossible de révoquer ce fait en doute, — jamais aucune province de l'ancien royaume hispano-gothique ne vit plus de grands monastères groupés sur son territoire, que les Asturies, la Galice, Léon, la Navarre ou la Castille. Je me hâte toutefois d'ajouter que ces collections, toute proportion gardée égales en nombre dans l'Espagne nouvelle à celles de l'ancienne Espagne, leur étaient très-inférieures quant aux richesses que chacune d'elle renfermait. Les bibliothèques épiscopales d'Oviédo et de Léon, par exemple, ne sauraient, sous ce rapport, soutenir un moment la comparaison avec celles de Séville sous Isidore, de Saragosse sous Braulion, de Tolède sous les Eugène et les Julien. Car, tout en prenant plus au sérieux les affirmations de Pélage de Léon et du chroniqueur d'Iria, que les ineffables gasconnades des *habladores* musulmans de Cordoue et d'ailleurs, je ne pense pas plus tomber au-dessous de la vérité en ramenant à quelques centaines le *nombre infini* de volumes, dont il est question dans la charte de Pélage, et à moins encore, la *multitude* des livres rapportés de Rome par l'agent de Sisenand I d'Iria, qu'en réduisant au vingtième et au quarantième de son chiffre total le nombre véritablement fantastique de manuscrits, entassés par l'imagination arabe dans la bibliothèque des califes de Cordoue, ou même dans celle d'un simple vizir du *principicule* d'Almeria, aux premières années du xie siècle [1].

Mais, en constatant cette pauvreté relative des bibliothèques asturiennes ou léonaises, comparées aux grandes collections de l'Espagne wisigothique, gardons-nous d'oublier les circonstances spéciales qui excusent cette infériorité en l'expliquant. Les bibliothèques espagnoles échappèrent presque toutes, nous l'avons vu [2], à l'invasion des barbares dans la Péninsule, au ve siècle, et par conséquent, prélats, moines et lettrés de siècles suivants, héritiers des trésors littéraires ou scientifiques amassés par leurs prédécesseurs, purent immédiatement utiliser ces richesses, qu'ils n'avaient eu que la peine de recueillir et de conserver. Il en fut tout autrement au viiie siècle, lors de l'invasion arabe. En moins de trois ans, les nouveaux conquérants étaient maîtres de la Péninsule entière ; pas de ville qui n'eût subi le joug. Tout ce que chacune d'elles renfermait de précieux, les bibliothèques comprises, ou devint la proie du vainqueur, ou ne fut laissé, à titre plus ou moins précaire, qu'aux Espagnols qui se soumettaient aux dominateurs étrangers. Les chrétiens, réfugiés dans les massifs montagneux du nord-ouest, se trouvèrent donc, au début de leur lutte séculaire contre l'islam, absolument dépouillés de tout. En fait de livres, ils étaient réduits aux collections des rares monastères asturiens et cantabriques, grossies des manuscrits évidemment peu nombreux qu'avaient pu emporter les fuyards des contrées envahies par les musulmans. Tout était donc à créer sous ce rapport, et si grand qu'ait été le zèle des clercs asturiens et léonais à remplir la tâche que les circonstances leur imposaient, on comprend sans peine que des siècles entiers d'un travail assidu n'aient pu suffire

---

1. « Le vizir de Zohair d'Almérie, Ibn-Abbàs, était aussi en effet un homme fort remarquable... sa richesse était presque fabuleuse. On évaluait sa fortune à plus de cinq cent mille ducats. » — C'est-à-dire, comme M. Dozy l'observe en note, cinq millions de francs, et, au pouvoir actuel de l'argent, trente-cinq millions. — « Son palais était meublé avec une magnificence princière et encombré de serviteurs ; il avait cinq cents chanteuses, toutes d'une rare beauté ; mais, ce qu'on y admirait surtout, c'était une immense bibliothèque, qui, sans compter d'*innombrables* cahiers détachés, contenait quatre cent mille volumes. » Dozy, *Hist. des Musulm.*, IV, 34, 35. — L'annaliste arabe d'où sont tirés ces renseignements a eu tort de s'arrêter en si beau chemin. A sa place, j'aurais grossi le dernier chiffre d'une centaine de mille. Cinq cents chanteuses, cinq cent mille volumes, cinq cent mille ducats : le parallélisme eût été complet, et le récit y eût gagné un charme de plus. Pourquoi se borner, quand on écrit avec tant de verve un supplément aux *Mille et une Nuits* ?

2. V. supr. p. 231.

à élever les nouvelles bibliothèques formées sur tous les points du territoire, au niveau des bibliothèques hispano-gothiques. On le comprend d'autant mieux que, dans les trois premiers siècles de la reconquête, les vicissitudes de la guerre entre chrétiens et musulmans amenèrent souvent, avec le pillage ou l'incendie des grands établissements monastiques de l'Espagne chrétienne par les Sarrasins, la destruction totale ou partielle des bibliothèques reconstituées avec tant de peine par les religieux, et ajoutèrent ainsi des pertes nouvelles, parfois irréparables, à celles qu'avait causées la première dévastation de la Péninsule par les Arabes. Une large part du temps et du travail qui, en des circonstances plus favorables, auraient été exclusivement consacrés à l'accroissement continu des bibliothèques préexistantes, devait donc, sous les rois asturiens et léonais, être employée à combler les vides produits par la guerre dans celles de ces collections qui n'avaient pas péri en entier, à renouveler celles que la tourmente avait anéanties [1].

Quant aux bibliothèques épargnées par le fléau de la guerre, un autre fléau vint les frapper avant la fin du haut moyen âge, qui rendit nécessaire leur reconstitution presque complète, et contraignit les copistes de chaque scriptorium monastique à recommencer sur nouveaux frais leur tâche déjà très-avancée. Vers le milieu du XIIe siècle, la mise à la réforme de l'ancienne écriture hispano-gothique était un fait accompli. Sauf quelques lettrés ayant gardé le culte des vieux usages et des vieux souvenirs, clercs et moines espagnols ne connaissaient et n'employaient plus que l'écriture française. Par une conséquence naturelle, les manuscrits d'écriture différente, c'est-à-dire tous ceux qui étaient l'œuvre des copistes des siècles précédents, tous ceux dont se composaient les bibliothèques de Castille et de Léon, devinrent inabordables à l'immense majorité des lecteurs, et partant inutiles ou à peu près. Il fallut les remplacer, et on le fit [2]. Mais, ici encore, que de temps et de travail perdus à tourner sur place, sans avancer d'un pas! On comprend maintenant pourquoi les écrivains ou copistes de cette dernière période du haut moyen âge n'ont pu, en dépit de leur diligence et de leur zèle, donner aux bibliothèques monastiques ou épiscopales, qu'ils étaient chargés d'alimenter et d'entretenir, le développement qu'avaient donné aux leurs les copistes de l'Espagne gothique.

Honneur toutefois à ces humbles et dévoués travailleurs que l'obéissance clouait sur les tables du scriptorium! Ils ont déployé au labeur ingrat de la transcription et de la multiplication des anciens manuscrits une ardeur infatigable, une patience à toute épreuve. Ce que nous possédons encore aujourd'hui de copies exécutées par eux dans les monastères du

1. Les écrivains du scriptorium de Cardeña durent une fois, sinon deux, consacrer leur temps et leur peine à reconstituer la bibliothèque de leur monastère mis à sac et détruit par les Mores avec tout ce qu'il contenait.

2. Sahagun nous en fournit à lui seul une preuve sans réplique. Lors du voyage de Morales, en 1598, les débris de son ancienne bibliothèque comprenaient en manuscrits de lettre française du XIIe siècle, la Cité de Dieu de saint Augustin et les œuvres complètes du même, le Commentaire de Pierre Lombard sur le Psautier, les Sentences de saint Isidore et les *Scintillæ* d'Alvaro de Cordoue (Morales, *Viage*, p. 38). Mentionnons en outre trois Bibles, de même type et du même temps, celle de saint Isidore de Léon, de l'an 1162 (id., *ibid.*, p. 53); celle que copiait, en 1189, un écrivain du nom de Pierre (id., *ibid.*, p. 10), et, enfin, la belle Bible actuellement aux archives de l'Université centrale (Eguren, p. 18, col. 2); les Morales de saint Grégoire, les Commentaires sur le Pentateuque et le livre des Rois, les Synonymes et les Sentences de saint Isidore, les Enarrations de saint Augustin sur les Psaumes, etc., de la même bibliothèque de Saint-Isidore de Léon (Morales, *ibid.*, p. 52, 53); les Étymologies du Docteur de Séville, et un commentaire sur les Psaumes conservés à la bibliothèque épiscopale d'Oviédo (id., *ibid.*, p. 98); les Vies des Pères et l'*Expomonogeron* de Celanova (id., *ibid.*, p. 153), un abrégé latin du *Forum Judicum* (id., *ibid.*, 26), etc., etc. Parmi ces manuscrits de lettre française ou commune, je crois devoir signaler celui que possédait le monastère de Sandoval. D'après ce qu'en dit Morales (*ibid.*, p. 41), ce manuscrit pourrait bien avoir été un exemplaire de la *Clé de Méliton*, ou quelque chose d'approchant. Il est fâcheux que le prieur de ce monastère n'ait pas donné suite, en 1598, au projet qu'il avait de le publier; et plus fâcheux encore que le manuscrit lui-même ne soit perdu depuis lors.

nord-ouest de la Péninsule n'est qu'une infinitésimale portion de leur œuvre totale, et cependant l'on est tenté, en parcourant la longue série de ces manuscrits encore subsistants en Espagne et hors de l'Espagne, de se demander comment les ouvriers ont pu suffire à pareille tâche. On ne se l'explique, et on ne revient de son étonnement, qu'en se rappelant combien les monastères, dont chacun avait son scriptorium en activité, étaient multipliés dans toutes les provinces des royaumes chrétiens de ce pays; quelle foule de religieux se pressait dans les cloîtres pour y vaquer à la prière et au travail[1]; et enfin quels nombreux copistes une telle multitude de moines devait fournir au scriptorium de chaque monastère.

Il est à croire d'ailleurs qu'en dehors des religieux, bien d'autres clercs se seront appliqués au même travail de transcription. Le besoin de livres était trop grand, le prix qu'on en offrait trop rémunérateur, pour que l'abstention volontaire et inexplicable de quiconque pouvait se livrer à cette industrie et en recueillir les fruits ait quelque vraisemblance. Je suis donc persuadé qu'il existait dans les villes principales de la Castille ou de Léon, comme autrefois dans celles du royaume de Tolède, des *librarii* au service du public, exécutant sur commande et à prix d'argent les copies d'ouvrages qu'on leur demandait. C'est de ces officines mercantiles qu'ont dû sortir, en grande partie, les livres réunis dans les bibliothèques privées dont il a été précédemment question; ceux que possédait saint Rosendo; les ouvrages que les parents de sainte Senhorine durent se procurer pour l'éducation de leur fille; ou bien encore la collection que l'infante doña Urraca donnait à l'abbaye d'Eslonza. Car, bien que les écrivains de tel ou tel scriptorium monastique aient parfois mis leur plume au service d'autrui, moyennant indemnité ou gratuitement, ce n'était là et ce ne pouvait être qu'une très-rare exception, motivée soit par la destination finale du manuscrit, lorsque, par exemple, dans l'intention de celui qui le commandait et en faisait les frais, ce manuscrit devait être appliqué à l'usage de la communauté ou de son chef; soit par les titres tout particuliers que possédait à la complaisance des religieux celui qui leur demandait ce service. L'histoire bibliographique de Cardeña et celle de Saint-Millan nous ont déjà fourni l'exemple de ces deux sortes d'exceptions[2]. Mais l'amour des livres dans les hautes classes de la société

---

1. Au IXᵉ siècle, lors de sa destruction par les Arabes, Cardeña comptait deux cents religieux au moins, puisque tel fut le nombre de ceux que les musulmans égorgèrent. Il en renfermait autant au Xᵉ siècle, lorsque Endura et Sébastien copiaient pour leur abbé Étienne l'Exposition des Psaumes par Cassiodore; Albelda, en 951 et 976, était habité par un nombre égal de moines, ainsi que l'atteste le prologue de Gomez, et l'inscription métrique du manuscrit de Vigila reproduite par Risco (*E. s.*, XXXIII, p. 472) :
« Unatim post, illuc uniti jugiter ipsis, conletemur angelorum cetu,
Eoo instar, turma cencies bina cenobii Albelda plurimum
[candida. »

Voir aussi ce qu'au chapitre précédent (p. 274) nous avons raconté des monastères fondés au IXᵉ siècle par saint Froylan de Léon.

2. A Cardeña (nous l'avons vu précédemment), deux moines copiaient pour leur abbé Étienne, en 949, aux frais de Munio et de sa femme Gugina, la Décade des Psaumes : « Divino presertim munere inspirante, est (*inspiratum est?*) Munnioni... nobili orto genere, simul cum conjuge clarissima Gugina... hoc peculiariter munus offerrent. Et obtuderunt optimum precium ad conscribendum librum Decade, videlicet, omnium Psalmorum... fruendum Stephano abbati, pastoralis cure digne ferenti ducentorum numero monachorum, Caradigne in Ascisterio. » En-

léonaise ou castillane d'une part, et de l'autre, la reconnaissance des moines pour les princes et les seigneurs, fondateurs ou bienfaiteurs insignes de toutes les abbayes espagnoles du haut moyen âge, nous autorisent à croire que des faits de ce genre ont dû se reproduire très-fréquemment [1].

III.

J'ai dit plus haut que tous les monastères de Léon et de Castille possédaient, à la deuxième période du haut moyen âge, leur scriptorium en activité. Sur ce point les preuves historiques abondent, et, bien qu'un certain nombre aient déjà passé sous les yeux du lecteur, je crois utile de grouper ici toutes celles qui sont venues à ma connaissance. Si incomplet qu'il soit, ce catalogue suffira, je pense, à démontrer ma proposition ; j'y vois en outre une introduction toute trouvée aux détails que je me propose de donner sur l'organisation du scriptorium, et sur l'exécution matérielle des manuscrits par les religieux appliqués à ce genre de travail dans les monastères espagnols, avant l'introduction de la réforme bénédictine de Cluny dans les provinces chrétiennes du nord-ouest de la Péninsule, c'est-à-dire de l'invasion arabe, en 712, à la fin du xie siècle.

En ce qui concerne les monastères d'Albares, d'Albelda, de Cardeña, de Saint-Isidore de Léon, de Sainte-Marie de la même ville, de Saint-Millan, de Saint-Prudence [2], de Sahagun, de Saint-Sauveur d'Oviédo, de Silos, de Valeranica et de Saint-Vincent, un simple rappel est suffisant : car l'existence d'un scriptorium dans chacune de ces maisons nous est déjà connue par les manuscrits signés et datés, dont nous avons fait mention dans la revue des bibliothèques espagnoles qui ouvre ce chapitre [3]. Passons donc outre sans plus de retard. En 968, le chef du scriptorium de Tavora, une des fondations monastiques de saint Froilan de Léon, le prêtre Magius entreprenait au profit de son monastère la transcription du commentaire de Beatus sur l'Apocalypse. La mort, qui le frappa cette même année, ne lui permit pas d'achever sa tâche. Émétérius son disciple la reprenait deux ans plus tard et la terminait le 27 juillet 970, après trois mois d'un labeur non interrompu qui semble avoir mis ses forces à bout [4]. Vers la même époque, les copistes de Celanova dotaient la bibliothèque de leur célèbre abbaye d'un grand nombre d'ouvrages, entre autres d'un magnifique exemplaire de la collection hispano-gothique des conciles, le plus complet de

---

dura et Sebastien, dans Berganza. (*Ib.*, p. 221, 222.) — L'évêque du Puy, Gotescalc, recevait une copie d'un traité de saint Hildephonse exécutée pour lui dans le scriptorium de saint Millan, sur son instante demande, et très-probablement en considération de sa haute dignité.

1. C'est peut-être pour un motif de ce genre que le prêtre Munio s'imposait, en faveur d'un certain Froïla, la tâche de copier en entier le code wisigoth. Cf. Risco, *Iglesias*, p. 156. J'ai parlé de ce manuscrit dans l'article consacré à la bibliothèque de Saint-Isidore de Léon.

2. Barthélemy, moine de ce monastère, rédigeait en 1052, par ordre de Dominique son abbé, l'Ordinal dont j'ai cité quelques passages et sur lequel j'aurai à revenir bientôt.

3. Voir, dans les deux premiers articles du présent chapitre, les détails donnés sur les manuscrits dus à la plume des écrivains de ces monastères.

4. « Ille erat desideratum voluminiu (*volumen, jamjam?*) ad portum item consutum (*constitutum?*), arcipictore honestum (*honesti?*) Magii prsbtu (*presbyteri*) et conversi emittit labore inquoatum... et discessit ab evo era MVI. Ego vero Emeterius presbyter, et ad magister meus Magi presbyteri nutritus, dum domino (*damini?*) suorum librorum construere eum voluerunt, vocaverunt me in Tabarense asceteri[um]... et de quos inveni inquoatum, de kldas magias usque ad vi kladas Augustas, juveni portum ad librum... O turre Taborense alta et lapidea, insuper prima teca, ubi Emeterius, tribusque mensi[bu]s, cucurvior sedit et cum omni membra calamum conquassatus fuit. Explicit librum VI kldas Augustas era millesima VIII, hora viii. » Florez, *Præf. in Beatum*, p. xxxix. C'est sur ce manuscrit, aujourd'hui perdu, qu'un copiste du xiii[e] siècle, et par conséquent de lettre française, transcrivit le commentaire de Beatus, y compris cette note finale de ses prédécesseurs du xe. On peut donc mettre sur le compte de son ignorance de la lettre hispano-gothique une partie des monstruosités grammaticales dont cette note fourmille.

tous, puisqu'il renfermait les actes perdus aujourd'hui du dix-huitième concile de Tolède[1]. Le 8 septembre 970, deux mois après l'achèvement du manuscrit de Tavora, Oveco, religieux d'un monastère dont le nom nous est inconnu, mais qu'on peut supposer avoir appartenu à l'évêché de Léon[2], entreprenait, par ordre de son abbé Sempronius et pour l'usage de ce dignitaire, une nouvelle copie du commentaire de saint Beatus[3]. Le scriptorium de Valvanera au IXe siècle nous est connu par un magnifique exemplaire de la Vulgate, avec les variantes, tirées des Septante, de Théodotion et d'une troisième version grecque, écrites en marge du texte[4]. En 902, Trasamond, abbé d'un monastère aussi ignoré que le précédent, recevait d'un des copistes de son scriptorium les œuvres de saint Valère, précédées de la Vie des Pères par saint Jérôme[5]. D'un autre scriptorium monastique également anonyme, mais probablement asturien, vu la représentation de la croix angélique d'Oviédo qui décore la première page du manuscrit, sortait, en 948, une copie de la collection conciliaire d'Espagne, destinée à Théodemir, abbé du monastère[6]. A Bobadilla, filiation de Samos, une religieuse bénédictine nommée Léodegonde transcrivait, en 912, un recueil de Règles monastiques remarquable par l'élégance de son exécution[7]. Enfin nous devons à Trasamond, moine de Samos, un recueil du même genre que le précédent, copié en 902[8].

On l'aura remarqué sans doute, sur la liste qu'on vient de lire, à côté des plus riches et des plus puissantes abbayes de Castille et de Léon, figurent un assez grand nombre d'humbles monastères qui n'ont laissé aucune trace dans l'histoire ecclésiastique de la Péninsule, et dont le nom même aurait péri, si les manuscrits que nous a légués la plume diligente des écrivains de leur scriptorium respectif, ne l'avait sauvé de l'oubli. C'est là une preuve nouvelle et sans réplique de l'universalité de cette institution et de son fonctionnement en Espagne durant toute cette seconde période du haut moyen âge.

Dans les monastères Isidoriens la charge de bibliothécaire était annexée à celle de sacristain ; c'est à lui que, chaque matin, les religieux devaient demander les livres dont ils avaient besoin, à lui qu'ils devaient remettre, chaque soir, ceux dont ils s'étaient servis pour leurs études particulières dans le cours de la journée[9]. Il est donc très-vraisemblable que ce même officier était chargé du scriptorium, d'en surveiller et d'en diriger le travail ; car nul n'était mieux que lui en état d'indiquer aux copistes les ouvrages qui manquaient à la collection confiée à ses soins, et dont il jugeait la transcription nécessaire. Au fond, le scriptorium était le complément indispensable de toute bibliothèque, et c'est pour ce motif

---

1. Cf. Morales, *Viage*, p. 155, et surtout Florez, *E. s.*, VI, Tr. VI, c. XIX, n. 5, et ç. XX, n. 4.

2. Cf. Morales, *ibid.*, p. 52.

3. La première page du manuscrit porte, au recto : « Sempronius abba librum » ; au verso : « Hoc opus ut fieret predictus abba Sempronius instanter egit, cui ego Oveco indignus, mente obediens devota, depinxi. » Plus loin, et au début même du Commentaire, on lit : « In nomine Dni nostri Jesu Christi initiatus est liber iste... VI Idus septembris sub era MVIII. » Cf. Florez, ubi supr., p. XIII.

4. Eguren, p. 45, col. 2.

5. Ce manuscrit appartient aujourd'hui à la bibliothèque de l'Église de Tolède. A la fin des œuvres de saint Valère, on lit la note suivante : « Explicit liber in era 940 regnante Dmno Adefonsum princeps. Armentarius indignus, et grave onus peccatorum depressus, scripsit. Hora pro me. Sic inveniad requiem anima tua. Amen. » Le verso de cette même page porte l'inscription : « Trasamundo abti, » tracée en forme de labyrinthe. Florez, *Esp. sagr.*, XVI, p. 348.

6. La croix d'Oviedo est suivie de cette inscription en labyrinthe : « Theodemiri abbatis liber » ; à la page suivante, on lit cette note chronologique : « Inchoatus est liber iste XIII kalendas februarii, era 986 ». Morales, p. 32.

7. Eguren, p. LV. Le manuscrit de Léodegonde se termine par cette note : « O vos omnes qui legeritis hunc codicem, mementote clientula et exigua Leodegundia qui huic scripsi in monasterio Bobatelle, regnante Adefonso principe, in Era DCCCCL. On voit qu'à Bobadilla on ne se doutait pas, en 912, du détrônement d'Alphonse III en 910.

8. Eguren, *ibid.*

9. « Omnes codices custos sacrarii habeat deputatos, à quo singulos singuli fratres accipiant, quos prudenter lectos vel habitos semper post vesperam reddant. Prima autem hora, codices singulis diebus petantur. Qui vero tardius postulat, nequaquam accipiat. » S. Isid., *Reg. Monach.*, c. VIII, n. 1.

sans doute que la règle Isidorienne ne parle que du bibliothécaire, et se tait absolument sur le scriptorium et son chef, s'en remettant là-dessus aux antiques usages monastiques transmis par tradition et fidèlement gardés.

Chez les Bénédictins de l'ancienne observance hispano-gothique, l'office du bibliothécaire, chef du scriptorium, est distinct et indépendant de celui du trésorier ou sacristain. Comme celui-ci, le bibliothécaire reçoit, par l'anneau et de la main de l'évêque, l'investiture de son office, en présence de tous les frères réunis dans le *præparatorium*, c'est-à-dire dans la salle attenante à l'église, où les prêtres revêtaient leurs ornements sacerdotaux pour la célébration des saints mystères. Mais la formule de tradition est différente et accuse nettement la distinction des deux charges [1]. Le chef du scriptorium reçoit parfois le titre d'*archiécrivain* [2], titre parfaitement justifié ; car, en vertu de son office, non-seulement ce dignitaire étend son autorité sur tous les copistes du monastère, distribue à chacun sa tâche, veille à ce qu'elle soit convenablement remplie, initie enfin aux secrets d'un art, dans lequel il est passé maître, les élèves placés sous sa direction par les supérieurs ; mais encore, il se réserve souvent la principale part du travail de transcription exécuté dans le scriptorium [3]. On voit ainsi Jimeno, moine de Saint-Millan, signer un manuscrit de sa façon, en ajoutant à son nom le qualificatif d'*archiprêtre* [4] ; mais cette expression ne se rapporte en rien au scriptorium ou à son administration. L'archiprêtre monastique était en effet le second dignitaire des abbayes espagnoles du haut moyen âge, et répondait au *prieur* des monastères bénédictins plus récents [5]. Il est donc probable que Jimeno, réunissant en sa personne l'office d'archiprêtre et celui de bibliothécaire, aura dans sa note accolé à son nom le titre de la plus haute des deux fonctions qu'il remplissait.

En Espagne, comme ailleurs, chaque monastère constituait une sorte de cité chrétienne qui savait se suffire à elle-même. Tous les arts utiles, tous les métiers nécessaires y étaient pratiqués, et chacun des membres de la communauté s'appliquait, par ordre et sous la direction de l'obéissance, à celui de ces arts ou de ces métiers pour lequel on lui reconnaissait une aptitude plus prononcée. Il ne faudrait donc pas s'imaginer que le scriptorium fût indifféremment ouvert à tous les religieux. On n'y occupait que les scribes déjà formés, et les jeunes gens doués de dispositions naturelles, pressenties ou connues, pour l'art calligraphique, dont, par conséquent, on se promettait qu'ils deviendraient dans un avenir pro-

---

1. « Ordo in ordinatione ejus cui cura librorum et scribarum committitur. Cum ordinatur qui librorum et scribarum curam habere possit, simili eodemque modo (*ac in ordinatione sacristæ*) adstantibus fratribus, in preparatorio residens episcopus tradit ei anulum de scriniis dicens illi : Esto custos librorum et senior scribarum. » *Ordinal de saint Prudence* (a. 1052), c. III, n. 20 (Berganza, II, p. 629). — « Ordo in ordinatione sacristæ. Cum ordinatur sacrista, adstantibus cunctis, episcopus, residens in preparatorio, tradit ei anulum de sacrario... dicens ei : Esto custos sacr[ar]iorum, janitor edituum, et prepositus ostiariorum. » *Ibid.*, n. 19.

2. Arcipictore..... Magii, etc. » *Note d'Emétérius*, citée précédemment.

3. Endura, chef du scriptorium de Cardeña, copie, avec l'aide de son disciple Sebastien, la Décade sur les psaumes, en 949 ; Vigila d'Albelda transcrit le célèbre recueil de ce nom avec le concours de deux copistes de son scriptorium, etc.

4. « Ora pro scriptore Eximinione arcipresbitero. » Berganza, *Antigüed.*, I, , p. 226, col. 2.

5. J'affirme ceci sur la foi de Berganza (*ibid.*, p. 223, sgg.). J'avoue toutefois que les preuves tirées de l'Ordinal de saint Prudence, les seules que ce docte bénédictin apporte à l'appui de sa thèse, me laissent quelques doutes. Cet ordinal, en effet, n'est pas purement monastique ; il donne un peu pêle-mêle les formules d'ordinations ecclésiastiques, tant régulières que séculières. Or, tout bien pesé, je crains que celle de l'*archiprêtre* (Berg. II, p. 633), évidemment empruntée aux ordinaux de Séville antérieurs à la conquête arabe, comme le prouve le nom sous lequel est désignée la cathédrale où se fait l'ordination, n'appartienne à la seconde catégorie. Rien en effet, dans cette ancienne formule, ne prouve, même de loin, qu'elle se rapporte à la collation d'une dignité monastique. Qu'on en juge : « Da huic ill. quem in preshiteris primum, in hac ecclesia sancta Ierusalem, sub nos (c'est l'évêque qui parle) præesse volumus, spiritum discretionis... commissum presbiterii gregem et verbis instruat, et moribus ad meliora componat, etc., etc. »

chain, grâce aux leçons du maître expérimenté auquel on les confiait, des copistes élégants et corrects, dont les manuscrits feraient honneur à la bibliothèque du monastère. Le personnel du scriptorium était donc un personnel de choix, d'un recrutement difficile ; car n'est pas calligraphe qui veut, habile calligraphe surtout. Ne soyons donc pas trop surpris si, vers la fin du x⁰ siècle (a. 968), l'abbaye de Tavora s'est trouvée prise au dépourvu par la mort du chef de son scriptorium, et si la copie inachevée des Commentaires sur l'Apocalypse n'a pu être continuée et terminée que deux ans plus tard, par un des élèves du défunt rappelé à cet effet dans le monastère[1]. Ce personnel une fois choisi se consacre exclusivement au travail du scriptorium. Nulle autre occupation ne vient l'en distraire, sauf bien entendu les exercices ou les pratiques imposées par la règle à tous les religieux sans exception.

Ce travail, qui réclame une attention toujours en éveil, se prolonge sans relâche pendant des mois et souvent des années entières. On ne surprend toutefois chez ces pionniers de la civilisation chrétienne, claquemurés dans le scriptorium monastique, aucune trace de découragement, d'ennui ou de dégoût. Ils se sont condamnés eux-mêmes par dévouement à Dieu au dur labeur qui use leurs forces ; c'est Dieu qu'ils voient dans leur supérieur, et quand celui-ci assigne à chacun d'eux sa tâche quotidienne, ils s'inclinent, et obéissent avec cet amour qui rend le joug suave et le fardeau léger[2]. Tout au plus, et lorsqu'ils ont fini l'œuvre commandée, relèvent-ils leur tête alourdie, leur corps rompu de fatigue, et se permettent-ils, avant d'entreprendre une tâche nouvelle, un soupir de satisfaction, un cri de joie et de reconnaissance, une humble supplication ou un charitable avis au lecteur chrétien. Mais ce n'est là qu'une halte d'un moment ; ils reprennent aussitôt la plume, le plus souvent pour consigner par écrit et en quelques mots l'expression touchante de leur gratitude envers Dieu ou de leur charité fraternelle. Recueillons au passage quelques-unes des naïves effusions échappées, il y a plus de huit siècles, à ces cœurs aimants et dévoués qui battaient sous le froc. « Enfin, s'écrie l'un de ces pieux copistes, enfin j'ai conduit au port le livre que j'ai trouvé commencé par mon maître avec toute sa magistrale habileté (puisse-t-il avoir ainsi mérité d'être couronné avec le Christ!). Amen. O tour de Tavora, haute tour de pierre, et toi aussi, réduit de son premier étage, où, pendant trois mois, Émétérius, assis le dos courbé, brisa tous ses membres et sa plume, le livre est fini[3]! » Ce n'est pas à leur scriptorium, mais à eux-mêmes et à Dieu, que, dix ans auparavant, en 960, s'adressaient, en pareille occurrence, deux moines castillans, le maître et l'élève : « A mon très-cher et bien-aimé disciple Sancho, dont la joie me remet le nom sur les lèvres, Florentius, moine : bénissons le roi du ciel qui nous a permis d'arriver à la fin de ce livre. Amen. » Et Sancho répond : « Maître, bénissons dans les siècles des siècles Notre-Seigneur Jésus-Christ ! Qu'il nous conduise au céleste royaume. Amen. » Quelques lignes plus haut, ce même Sancho se recommande en ces termes au pieux lecteur : « Qui que tu sois, lecteur, lorsque, parcourant ce volume jusqu'à la fin, tu auras contemplé les combats de ces glorieux athlètes, sois auprès d'eux, je t'en conjure, un intercesseur suppliant pour moi, pauvre Sancho ; et reçois

---

1. V. la note d'Émétérius déjà citée.
2. « Hoc opus ut fieret, predictus abba Sempronius instanter egit, cui ego, Oveco, indignus, mente obediens devota, depinxi. » Florez, *Præf. in S. Beati Comm.*, p. xiii.
3. Cette inscription hispano-gothique du x⁰ siècle, mal déchiffrée au xiii⁰ par un copiste de *lettre française*, nous est arrivée à l'état de logographe inintelligible ou peu s'en faut. L'essai d'explication qu'on vient de lire, essai où je ne me flatte guère d'avoir réussi, n'a même été possible qu'après restitution conjecturale du texte latin, que je livre ici pour ce qu'elle vaut : « De kldas magias usque vi kldas augustas, inveni portum ad librum, quos (*quem*) inveni inquoatum cum omni suo magisterio [per] magistrum meum. Sic eum mereat coronari cum Christo. Amen. O Turre Taborense..... conquassatus fuit, explicit librum! » Voir le texte original ici même, p. 324, note 4. Ajoutons pour l'honneur des scribes espagnols, que des passages de ce genre sont rares même dans les chartes les plus maltraitées.

toi-même de la main du Seigneur, en gerbes abondantes, la récompense de ton travail; car prier pour autrui, c'est se recommander à Dieu [1]. » Un troisième inscrit une demande du même genre à la fin du magnifique exemplaire des Morales de saint Grégoire qu'il vient de terminer : « Où peine le copiste, dit-il, le lecteur se délasse : l'un épuise son corps, l'autre nourrit son âme. O vous donc, qui que vous soyez, auxquels cette œuvre aura profité, daignez vous souvenir de l'ouvrier...... et, en retour de votre prière, vous recevrez l'éternelle récompense au jour du jugement. » Puis, récapitulant en quelques mots les fatigues et les souffrances du métier, vue affaiblie, dos voûté, côtes meurtries et brisées, reins endoloris, lassitude et marasme universels, il sollicite du lecteur, non quelque compassion pour l'écrivain, mais des ménagements pour le manuscrit : « Tourne donc lentement les feuillets, tiens les doigts loin du texte ; car, de même que la grêle ravage et stérilise une terre féconde, ainsi fait du livre et de ce qu'il renferme un lecteur insoucieux [2]. »

Soupçonner ces plaintes d'exagération, et les accueillir, à ce titre, d'un sourire d'incrédulité, ne pourrait être que l'effet d'une méprise inexcusable de la part de celui qui se permettrait l'un et l'autre. Ne jugeons pas du présent par le passé. Rappelons-nous que le moine confiné chaque jour de longues heures dans le scriptorium, n'ayant pour siège qu'un dur escabeau, sans feu l'hiver pour réchauffer ses doigts glacés, éclairé, quand le soleil lui refusait sa lumière, par les pâles et incertaines lueurs d'une de ces lampes primitives qui ne prêtaient aux yeux qu'un secours insuffisant, se trouvait privé de toutes les aises dont s'entoure aujourd'hui le moindre d'entre nous, lorsqu'il doit s'imposer une tâche du même genre. Un simple coup d'œil jeté sur le scriptorium de Saint-Martin de Léon, au XIIe siècle, en complétant les détails qu'on vient de lire, prouvera, mieux que tous les raisonnements, ce que les copistes du haut moyen âge s'imposaient ou acceptaient de fatigues. Ce scriptorium, installé dans l'humble cellule du religieux de Saint-Isidore, était, il est vrai, purement personnel ; mais, organisé par la généreuse initiative de la reine Bérengère de Léon et soutenu de ses aumônes, il semble que, plus qu'aucun autre, il aurait dû offrir au saint vieillard toutes les commodités compatibles avec la pauvreté religieuse dont il faisait profession [3]. La vérité est toutefois que, si les sept scribes, rendus nécessaires par la miraculeuse fécondité du pieux écrivain, avaient à leur disposition une table ou un pupitre, lui, leur chef et leur maître, se refusait ce luxe. Assis sur un escabeau sans dossier, le corps et les bras soutenus par des cordes fixées à une des poutres du plafond de sa cellule, il écrivait à main levée les fragments de son grand ouvrage sur des tablettes, qu'il passait, aussitôt remplies, aux copistes chargés d'en transporter le contenu sur parchemin, et en reprenait de nouvelles, n'apportant d'autre interruption à ce travail continu de lui-même et des siens,

---

1. Risco, *Iglesias*, p. 154.
2. « Labor scribentis refectio est legentis : hic deficit corpore, ille proficit mente. Quisquis ergo in hoc proficis opere, operarii laborantis non dedignemini meminisse... et pro vice (Eg., *voce*) tue orationis mercedem recipies in tempore judicii... Mentio tibi quam grave est escribere pondus : oculis caliginem facit, dorsum incurbat, costas... frangit, renibus dolorem immittit, et omne corpus fastidium nutrit. Ideo tu, lector, lente folias versa, longe a litteris digitos tene ; quia sicut grando fecunditatem telluris tollit, sic lector inutilis scripturam et librum vertit. » Cette note et le manuscrit auquel elle est attachée sont de l'an 945. Cf. Eguren, p. LVI, LVII.

3. « Uxor quoque ejus (*Adefonsi* IX), regina Berengaria Dei famuli sanctitatem suppliciter adorabat... Martinus, pauper Christi... abbatem Facundum humiliter supplicabat quatenus licentiam sibi daret habendi scriptores, et accipiendi eleemosynas quæ sibi misericorditer conferrentur... Abbas gratias agens dedit ei licentiam habendi librarios et quæ vellet volumina conscribendi, et accipiendi eleemosynas a fidelibus unde posset perficere quidquid sibi melius videretur. Regina vero Berengaria, ut comperit desiderium sancti viri, sufficientes expensas præbuit, ex quibus vir sanctus sua peregit volumina atque in ipso claustro in honorem deificæ Trinitatis ecclesiam construxit. » Luc. Tud., *Vit. S. Mart. Legion.*, c. XII, XIII.

que celle dont la récitation en commun de l'office divin et leur très-frugale réfection quotidienne lui imposaient la nécessité[1].

Nous voyons ici plusieurs copistes occupés à la transcription d'un même ouvrage, celui de saint Martin leur patron. Le cas n'était pas rare, et nous avons eu déjà l'occasion d'en citer maint exemple dans notre revue bibliographique des bibliothèques espagnoles. Bornons-nous donc à rappeler la copie du grand recueil canonico-historique d'Albelda et de San Millan, exécutée, dans chacun de ces monastères, par trois religieux, dont un chargé sans doute de toute la partie artistique du travail (miniatures, lettres ornées), tandis que les deux autres se partageaient le labeur de la transcription proprement dite. C'était surtout lorsqu'il s'agissait d'un ouvrage de très-longue haleine, ou dont la livraison urgente n'admettait pas de retard, que les écrivains d'un même scriptorium associaient ainsi leurs efforts. On n'avait pas à craindre que la multiplicité des copistes défigurât l'œuvre commune par des disparates trop choquantes d'exécution. Car le plus souvent, si ce n'est toujours, le copiste en chef ne choisissait d'aides que parmi ceux de ses élèves dont l'écriture se rapprochait le plus de la sienne[2]. A cette époque d'ailleurs la calligraphie hispano-gothique ne se modifiait pas au gré des caprices individuels. Elle avait ses règles fixes, ses formes arrêtées, que chaque scriptorium se faisait un honneur de respecter. Elle allait, il est vrai, se perfectionnant de siècle en siècle; mais ces perfectionnements n'entraînaient jamais des modifications bien profondes, et s'accomplissaient avec assez de lenteur, pour laisser à ce que j'appellerais volontiers l'écriture officielle de chaque génération de scribes monastiques ou autres, son caractère d'uniformité, je dirais presque d'identité. L'écriture hispano-gothique de la renaissance atteignit l'apogée de la perfection au xe siècle. Les manuscrits que nous a légués ce siècle, un des plus glorieux de la vieille Espagne, sont, au dire des paléographes espagnols, de vrais modèles de netteté et d'élégance[3]. Le manuscrit écrit à San Millan en 951, et que possède aujourd'hui notre Bibliothèque nationale, prouve à qui veut l'examiner que ces éloges n'ont rien d'exagéré.

Dans toute la durée de cette dernière période du haut moyen âge, comme dans celle qui précède l'invasion arabe, les copistes du nord-ouest de la Péninsule emploient exclusivement le parchemin pour les transcriptions dont ils sont chargés. C'est à peine, en effet, si le relevé des nombreux manuscrits, catalogués et décrits par Morales, Risco ou Eguren, m'en fournit trois écrits sur vélin, sur lesquels deux sont de provenance incertaine, et pourraient par conséquent être, par leur origine, étrangers aux provinces dont je m'occupe[4]. Le parchemin *teinté* (colorado) ne se montre qu'au xiie siècle[5]. Quant à des manus-

---

1. « Cum autem... per beatum confessorem Isidorum optatam accepisset a Domino intelligentiam Scripturarum, atque *Concordiæ* volumina vellet conficere; cum, in scribendo, manuum et brachiorum suorum pondus sustinere non posset, fecit ad quamdam trabem in sublimi colligari funes, quos per scapulas et brachia ducens, quodammodo suspensus imbecillis corporis pondus levius tolerabat, et sic, in tabulis cæratis scribens, tradebat scriptoribus, qui ab eo dictata vel copilata scribentes, transferebant in pergamena. » Id., *ibid.*, c. xii.

2. Ne serait-ce pas pour ce motif, plutôt que par manque d'écrivains dans le scriptorium de Tavora, que la transcription du Commentaire de saint Beatus sur l'Apocalypse resta suspendue deux ans entiers, après la mort de celui qui l'a-vait entreprise, jusqu'à ce que l'élève du défunt pût la reprendre et l'achever? Voir plus haut p. 327.

3. Cf. Eguren, p. lv.

4. Cf. Eguren, p. 20, 56 et 57. De ces trois manuscrits le dernier est du ixe siècle, le premier du xiie, et le second, sorti du scriptorium de San Millan, du xe. — Dans le bas moyen âge, l'usage du vélin se généralise; je trouve dans Eguren neuf manuscrits du xiiie siècle sur vélin, et dix du xive.

5. « Liber sententiarum B. Isidori, en pergamino, letra comun, mas muy antigua, en tablas coloradas... Sanctorale de mano en pergamino, letra antigua harto, en tablas coloradas: pareciome de los muy buenos. Morales, *Viage*, p. 38; cf. Id., *ibid.*, p. 41.

crits sur papier de provenance castillane ou léonaise, il n'en est question, à ma connaissance, que deux ou trois cents ans plus tard[1].

Les livres ne sortaient du scriptorium qu'après avoir passé des mains du scribe à celles de l'ornemaniste. L'illustration des manuscrits espagnols du haut moyen âge varie suivant l'importance de l'ouvrage et les exigences du destinataire. Tantôt — et c'est le cas le plus ordinaire — tout se borne à quelques lettres initiales[2], dessinées et peintes assez souvent avec une simplicité presque enfantine[3], mais parfois aussi d'une façon très-fantaisiste, comme le prouvent celles que nous a fournies le manuscrit du British Museum[4]. Tantôt aux lettres ornées se joignent les frontispices de caractère hiératique[5], suivis de peintures astronomiques, historiques ou symboliques semées dans le corps de l'ouvrage. Ceci a lieu surtout quand il s'agit de livres appartenant à la liturgie hispano-romaine, de la Bibliothèque sacrée, de ses commentaires les plus répandus, ou de la collection nationale des lois ecclésiastiques et civiles. J'ai signalé précédemment le Missel du viie siècle, dans lequel le canon de la messe est précédé d'une miniature de grand style représentant le Christ en croix sur le Calvaire[6]. Tel autre de ces manuscrits (Bible du xe siècle) s'ouvre par une série d'arbres généalogiques, dont chacun occupe une page entière, et porte à son sommet un médaillon, où est représenté à mi-corps le patriarche dont la descendance se développe au-dessous, soit en tronc unique soit en rameaux divers. Adam et Ève, Noé, Abraham, Isaac, Jacob, Juda et David passent ainsi successivement sous les yeux du lecteur[7]. Un troisième (Bible du ixe siècle) renferme le commentaire des principales parties des quatre Évangiles, et chaque chapitre de ce commentaire est orné d'une miniature symbolique ou typique se rapportant au sujet qui y est traité[8]. L'ouvrage de saint Beatus de Liebana est un de ceux qui ont le plus excité la verve des peintres ou miniaturistes espagnols du haut moyen âge. Il n'y a pas lieu d'en être surpris : nulle part ailleurs ne s'ouvre un plus vaste champ à l'imagination, et celle de nos artistes inconnus s'y est donné libre carrière, à tous les siècles du haut moyen âge. C'est d'une copie de cet ouvrage exécutée au xie siècle, à ce que croit mon docte maître[9], que sont tirés les dessins trop clair-semés intercalés dans mon texte. Une autre copie du xiie siècle, que j'eus occasion d'examiner avant

---

1. Commentaire sur les Épîtres de saint Paul de Martin de Cordova écrit en 1461 (Morales, p. 9); Commentaire de Lira sur les mêmes Épîtres, copie sur papier faite à Saint-Isidore de Léon par ordre de l'abbé et terminée le 29 septembre 1429 (Risco, *Iglesias*, p. 138). Il serait fort possible toutefois que le manuscrit historique sur papier dont Risco fait mention (*Ibid.*, p. 139) datât de la fin du xive siècle.

2. Le livre de la Perpétuelle Virginité de Marie, copié par les moines de San Millan pour l'évêque du Puy, n'est orné que de deux ou trois lettres initiales. Le silence gardé par Eguren sur l'ornementation du plus grand nombre des manuscrits qu'il a décrits, me fait supposer aussi peu favorisés sous ce rapport, que celui de la Bibliothèque nationale.

3. Simple tracé au minium relevé parfois de quelques mouchetures d'or. Voir à la fin du premier volume d'Amador de Los Rios les fac-simile de quelques initiales de manuscrits hispano-gothiques (*Juvencus, Hymnaire*).

4. Les esquisses du P. Martin nous montrent les artistes du scriptorium espagnol empruntant vers le xie siècle les éléments de leurs lettres ornées à l'art militaire, à l'ichthyologie, à une flore fantastique, à la chorégraphie, etc. L'initiale du chapitre XII de l'Institution des vierges par saint Léandre (xe siècle) demande les siens à la cynégétique (lévrier vermillon au collier d'argent, saisissant de la gueule et des pattes de devant un oiseau noir avec collier de même métal). Cf. Am. de Los Rios, *ubi supr*. Une épée à la garde d'or, dans son fourreau de sinople rehaussé d'ornements d'or, forme l'I initial de la notice de saint Hildefonse par Julien de Tolède dans un manuscrit de la même époque (Id., *ibid.*). Dans un Psautier du ixe siècle (Eguren, p. 48, col. 2), l'initiale du psaume LXXVII représente la rencontre de deux caballeros armés et montés, etc.

5. Alpha symbolique, croix angélique d'Oviédo, dont, si j'en juge par la description qu'en donne Risco (*E. s.* XXXVII, p. 143), celle des signochristum, dessinés par P. Martin d'après le manuscrit du British Museum, se rapproche sensiblement.

6. Voir p. 312 (texte et note 8).

7. Eguren, p. 19, col. 1.

8. Id., *ibid.*, p. 46. Voir aussi (p. 47) ce que dit le même auteur de l'ornementation figurée des deux Bibles de Saint-Isidore de Léon, l'une du ixe siècle et de lettre gothique, l'autre du xiie et de lettre française.

9. V. supr., p. 258.

son entrée par voie d'achat dans la riche bibliothèque de M. Firmin-Didot, renferme aussi de nombreuses miniatures de facture rude, sévère et même quelque peu sauvage, mais expressive. C'est du moins l'impression qu'elles ont laissée dans mes souvenirs, vieux déjà de neuf ou dix ans. De son côté Eguren enregistre dans son curieux et savant catalogue un manuscrit du x° siècle de ce même commentaire, qui est enrichi de peintures multipliées et d'une inspiration noble et hardie[1]; celle par exemple où les dix rois, alliés de la Bête contre le Fils de l'homme, vêtus en jongleurs et coiffés d'un bonnet de fou, se précipitent dans l'abîme de l'éternelle honte et des douleurs sans fin, sous le regard calme et dédaigneux de l'agneau triomphateur, témoin impassible de leur ruine. Certes, on ne pouvait peindre aux yeux, d'une façon plus saisissante, l'odieux et le ridicule du rôle joué en ce monde par les adversaires du Sauveur et de son Église; pauvres histrions, assez niais pour se prendre au sérieux et qui, au dénouement toujours le même de la triste comédie qu'ils donnent au ciel et à la terre, tombent écrasés sous le mépris de Dieu, sans même emporter la consolation d'avoir fait trembler un seul moment le dernier des vrais serviteurs du Christ.

Le mérite de l'exécution répond-il, dans l'œuvre iconographique du scriptorium, à la grandeur de la pensée qui inspirait les artistes, et qu'ils ont essayé de rendre à l'aide de leur pinceau? Je ne me charge pas de répondre à cette question pour cause d'incompétence. Je ne connais cette œuvre que par les quelques esquisses du P. Martin, rapportées du British Museum il y a plus de vingt ans, ou par les descriptions et les jugements d'autrui. Émettre une appréciation critique d'après des données évidemment insuffisantes, ou sur la parole aveuglément acceptée de ceux qui, plus heureux que moi, ont pu voir et juger par eux-mêmes les plus anciens et les plus remarquables spécimens de cette œuvre, dans les manuscrits des bibliothèques de Madrid et de l'Escurial, serait me donner un ridicule, dont je veux m'épargner l'ennui, ou me moquer du lecteur, ce qui, je l'espère, n'entrera jamais dans mes habitudes.

La question des origines de l'art du miniaturiste, tel que l'a connu et pratiqué l'Espagne chrétienne, du vııı° au xı° siècle, offre, ce me semble, moins de difficultés. On peut affirmer en réponse, sans trop grand risque d'erreur, que ces origines sont hispano-romaines. Les vieux enlumineurs de la renaissance espagnole n'ont pas plus inventé leur art qu'ils ne l'ont reçu de l'étranger. Comme tous les autres, comme l'architecture par exemple ou la musique, cet art leur vient de l'antique Tolède[2]. Dans les peintres qui travaillent à l'ornementation des manuscrits d'Albelda, de San Millan ou d'ailleurs, il est difficile de ne pas reconnaître

---

1. Cf. Eguren, p. 49.
2. Je n'ai rien à ajouter à ce que j'ai dit des origines hispano-romaines de l'architecture dans le nord-ouest espagnol, au cours de ce travail. La musique sacrée ne reste pas moins immuable que l'architecture. Les mélodies composées au vıı° siècle par saint Eugène de Tolède charment les fidèles réunis dans les églises de l'Espagne nouvelle, jusqu'à la suppression de l'antique liturgie vers la fin du xı° siècle. Quant à la musique profane, elle se transmet de génération en génération sans changements connus ou même probables. Une de nos lettres ornées (p. 269) nous montre, dans le *juglar* dansant et chantant au son de sa viole, l'héritier quelque peu dégénéré du parasite Justus flétri par saint Valère pour les chants équivoques dont il égayait les riches banquets des seigneurs goths ou hispano-romains (p. 228, not. 6). La guitare nationale et populaire remonte à la plus haute antiquité. Les bergers du v° siècle de notre ère en raclaient à outrance pour tromper l'ennui des longues veilles ou pour en bannir le sommeil, comme font encore les bergers d'aujourd'hui. On trouve en effet l'usage de cet instrument universellement répandu dans les campagnes de la Cantabrie indépendante, plus d'un siècle avant la conquête de cette province par le roi goth Léovigilde, c'est-à-dire, vers l'an 484. C'est ce qu'atteste l'auteur de la Vie de saint Millan, saint Braulion de Saragosse, dans le récit qu'il nous a laissé de l'enfance de ce vénérable personnage, qui parvint à l'âge de cent ans et mourut avant l'invasion de son pays: « Erat [Emilianus] pastor ovium, et ut mos solet esse pastorum, citharam vehebat secum, ne ad gregis custodiam torpor impediret. » *Vit. S. Emil.*, c. I. — Sur l'âge du saint à sa mort, et l'époque où cet événement arriva, cf. Id., *Ibid.*, c. xxv, xxvı.

la postérité artistique des maîtres inconnus qui, sous les rois goths, se livraient au même labeur sur les manuscrits dont on leur confiait l'*illustration* [1]. Je serais même très-porté à croire que, dans les deux premiers siècles de la restauration espagnole, au VIII° et au IX° siècle, l'ornementation figurée ou non des livres fut, le plus souvent, la reproduction pure et simple de celle de manuscrits antérieurs à la conquête arabe, sauvés à grand' peine de l'invasion, et que les artistes du scriptorium asturien ou léonais prenaient pour modèles [2]. Le caractère exclusivement traditionnel de la civilisation espagnole à cette époque de son histoire, le développement de cette civilisation à l'abri de toute influence venue du dehors, élèvent cette dernière hypothèse à un très-haut degré de probabilité [3].

IV.

Ce caractère traditionnel, auquel je faisais allusion il n'y a qu'un instant, se montre plus accusé, s'il est possible, que partout ailleurs, dans la composition des œuvres de l'esprit, quels que soient leur objet et la nature des questions qui y sont traitées. Il n'y a rien là qui puisse surprendre après les détails précédemment donnés sur l'éducation reçue par les jeunes générations dans les écoles primaires et supérieures de Castille ou de Léon, et sur les conditions d'existence de la société espagnole à la dernière période du haut moyen âge. Élevé et nourri dans l'amour et le respect des vieilles traditions, l'Espagnol, préoccupé d'intérêts de l'ordre le plus élevé, absorbé tout entier par sa lutte non interrompue contre un ennemi détesté, n'avait pas le loisir et n'éprouvait pas le besoin de se frayer des voies nouvelles dans les lettres, dans les sciences et dans les arts. Il jouissait de ce que ses ancêtres lui avaient légué, le transmettait fidèlement à ses enfants, n'écrivait lui-même que par occasion, et n'avait alors d'autre prétention que de marcher le plus fidèlement possible dans la voie et sur les traces des anciens auteurs, qui avaient traité des questions identiques ou analogues à celles qu'il se proposait d'examiner et de résoudre. De même donc que, en tout ce qui touche l'exécution matérielle du livre, nous n'avons pu constater aucune différence appréciable dans la matière et la forme des volumes sortis du scriptorium espagnol avant et après la conquête arabe, de même retrouvons-nous chez les auteurs de l'une et de l'autre époque les mêmes procédés de composition.

S'agit-il d'œuvres théologiques, c'est-à-dire de commentaires sur tel ou tel livre de la Sainte Écriture, ou de traités polémiques sur les erreurs du temps? Ceux que le zèle des âmes et l'amour de la vérité méconnue poussent à ce labeur, s'entourent des ouvrages les plus estimés de l'antiquité chrétienne sur le même sujet, se pénètrent de leur doctrine, et la résument fidèlement dans leurs propres écrits. Souvent aussi, au moyen d'extraits judi-

---

1. Voir ce que dit Eguren (p. 54, 55) du Missel encore existant, et qui aurait été écrit et enluminé au VII° siècle.

2. Je rangerais volontiers parmi les manuscrits dont les miniatures seraient des copies de ce genre, plutôt que des originaux, la seconde Bible de Saint-Isidore de Léon et les deux psautiers de l'Académie de l'histoire (IX° siècle) dont Eguren donne la description (p. 47, col. 1, et 48). Il se pourrait bien aussi que les *illustrations* du Commentaire de saint Martin de Liébana aient été, comme ce commentaire lui-même, tirées en grande partie de celles qui ornaient l'exposition de l'Apocalypse composée au V° siècle par l'évêque hispano-romain Apringius, et dont les copistes des siècles suivants multiplièrent à l'envi les exemplaires.

3. Ceci n'empêche pas que les miniaturistes espagnols aient pu emprunter quelques motifs d'ornementation à ces œuvres d'art étranger que le commerce ou la guerre avaient, depuis de longs siècles, semées à profusion autour d'eux. Les soieries byzantines et les vases de verre et de cristal de fabrique orientale abondaient dans la Péninsule dès le temps de Masona et d'Isidore. Ils n'étaient guère moins communs dans les Asturies, Léon ou la Galice, du X° au XII° siècle. Des vases liturgiques, dont le dessin au trait figure au bas de notre page 296, le premier et le dernier me paraissent être venus en droite ligne de l'Irac.

cieusement choisis et reproduits textuellement, ils la donnent telle que l'a exposée l'auteur original qu'ils ont sous les yeux. Ainsi avaient fait autrefois saint Isidore de Séville et saint Julien de Tolède, pour ne citer que les plus célèbres entre les docteurs de l'Espagne gothique; ainsi fait, au VIII° siècle et dans les Asturies, saint Beatus de Liébana, soit qu'il expose l'Apocalypse, soit qu'il combatte l'hérésie naissante de Félix et d'Élipand [1]; ainsi font à Cordoue, au siècle suivant, Euloge et Alvaro [2]. Enfin saint Martin de Léon, à la clôture du haut moyen âge, ne suit pas d'autre méthode dans sa Concorde parænétique de l'Ancien et du Nouveau Testament [3].

Nous retrouvons également en honneur, soit dans les provinces chrétiennes du nord-ouest, soit chez les Mozarabes de Cordoue, la poésie métrique ou érudite qu'avaient cultivée autrefois, sous les rois wisigoths, Maxime et Braulion de Saragosse [4], Eugène II, Hildephonse, Julien de Tolède [5], et bien d'autres lettrés clercs ou laïques [6]; et dans laquelle s'exercent maintenant les moines d'Albelda, Alvaro de Cordoue, l'abbé Samson et l'archidiacre Cyprien [7]. Ces poëtes de la seconde époque, non-seulement coulent leurs vers dans le même moule que leurs modèles des temps antérieurs, mais ils les groupent en petites pièces de facture identique et, avouons-le franchement, d'intérêt plus que médiocre, sauf quand, par hasard, elles renferment des renseignements dont l'histoire peut faire son profit [8]. A côté de cette poésie de cabinet, destinée le plus souvent aux seuls lettrés, et qui, même alors qu'elle s'adresse à tous, comme dans les hymnes liturgiques, est dès le VIII° et peut-être dès le VII° siècle inintelligible pour le plus grand nombre, fleurissait et s'épanouissait de plus en plus, envahissant le terrain qu'avait précédemment occupé sa sœur et sa rivale, se glissant où celle-ci n'avait jamais pénétré, la poésie rhythmoïde et rimée, poésie vraiment populaire, non sans doute par la langue dont elle se sert dans les monuments écrits qui nous en restent, puisque tous ceux qui appartiennent aux

---

1. L'*Espagnol* Félix d'Urgel fut moins le séide, comme je l'ai appelé ailleurs, que l'inspirateur et le maître d'Élipand de Tolède. C'est à Félix que revient le triste honneur de l'incubation et de l'éclosion de l'Adoptianisme, qu'Élipand propagea en Espagne, et l'*Espagnol* Claude de Turin hors de la Péninsule. Sur ce trio d'hérétiques, un seul, le primat de Tolède, était *Goth* de nom et vraisemblablement de race; je ne vois donc pas pourquoi M. Amador de Los Rios (*Hist. de la Litt. esp.*, II, p. 64) incrimine encore à ce propos le wisigothisme, qui eut, en réalité, la moindre part dans la naissance et la propagation de cette hérésie.

2. Euloge, dans son livre intitulé « Documentum Martyrii » et dans son « Apologie des Martyrs »; Alvaro, dans son « Indiculus Luminosus », et plus spécialement dans les « Scintillæ », ouvrage encore inédit, et qui, d'après le témoignage de ceux qui en ont étudié le contenu, est un spicilège ou mieux une chaine de textes empruntés aux anciens Pères et Docteurs de l'Église.

3. C'est le titre donné par saint Martin lui-même à son grand recueil de sermons : « Notandum , dit-il dans sa courte préface, quod hic liber Veteris ac Novi Testamenti Concordia vocatur, ideo videlicet quia sibi invicem in eo V. et N. Testamentum concordant. »

4. Cf. Isid. Hisp., *Catal. Vir. Illustr.*, c. XLVI, et Hildeph., *Cont. ejusd. catal.*, c. XII. Braulion nous apprend lui-même qu'il avait composé un hymne en vers ïambiques pour la fête de Saint-Millan : « Hymnum quoque de festivitate ipsius sancti, ut jussisti, iambico senario metro compositum transmisi. *Epist. ad Fronim.* dans Sandoval, *Fundaciones* (San Millan), p. 3, verso.

5. Cf. Hildeph., *Ibid.*, c. XIII; Julian., *Ibid.*, c. XV, et Félix, *Ibid.*, c. XVI, n. 9.

6. J'ai parlé ailleurs des essais en ce genre du roi Sisebut, des inscriptions métriques de saint Isidore pour sa bibliothèque, et du roi Wamba pour les portes restaurées de sa capitale. Hübner (*Inscript. Hisp. Christ.*, n. 23) et Florez avant lui (*Esp. sagr.*, XIII, p. 223) ont publié l'inscription à peu près métrique du pont de Mérida, composée sous le roi Ervige au VII° siècle.

7. Sauve, abbé d'Albelda, Vigila, moine du même monastère, dont il a été précédemment question. Les poésies d'Alvaro, de Samson et de Cyprien ont été publiées par Florez (*Esp. sagr.*, XI, p. 275 sgg. et 524 sgg.). Sur les poëtes métriques espagnols du haut moyen âge, on peut lire Amador de Los Rios qui en a longuement et doctement parlé dans son Histoire de la littérature espagnole (I, p. 389 sgg.; II, p. 198 sgg.).

8. Les œuvres poétiques des deux périodes du haut moyen âge espagnol se composent presque exclusivement d'inscriptions de tout genre (*Epigrammata*), d'hymnes, de prières, d'élégies, etc., etc. Comparez les poésies de saint Eugène (*Patrol.*, t. LXXXVII), par exemple, avec celles de Vigila, d'Alvaro, de Samson et de Cyprien. L'Anglo-Saxon Aldhelme dut aussi être fréquemment imité, lui, dont Oviedo, les monastères de Navarre et plus tard Cordoue possédaient les œuvres poétiques.

sept siècles du haut moyen âge espagnol sont écrits en latin; mais parce qu'elle tire son origine du peuple ; parce que, si son langage est celui des érudits, la forme qu'elle revêt, les règles qu'elle s'impose sont les mêmes que celles de la poésie vulgaire, telle qu'elle nous apparaît dans le plus ancien des poëmes espagnols qui nous soit parvenu, la Chronique du Cid[1]. Adoptée en Afrique dès la fin du IV° siècle par saint Augustin et plus tard par ses disciples, dans ceux de leurs écrits qui s'adressent plus spécialement aux simples et aux ignorants, évidemment parce qu'elle flatte leurs habitudes[2], mais dédaignée des écrivains espagnols de la même époque[3], cette poésie nouvelle est accueillie aux siècles suivants par les lettrés de la Péninsule, d'abord avec une très-grande réserve[4], puis avec un entrainement à peu près général[5]. Ce changement est dû, ce me semble, à l'exemple donné par le docteur d'Hippone, l'oracle de l'Occident chrétien, et aussi au besoin qu'éprouvent les lettrés espagnols de s'accommoder aux goûts de la foule toujours grossissante de ceux qui, parmi leurs compatriotes de race étrangement mêlée, se montrent rebelles aux charmes vieillis de la métrique latine. Quoi qu'il en soit de cette explication, le fait en lui-même est historiquement certain. A partir des successeurs de Récarède, le *rimado* envahit tout : la liturgie et les codes, les discours d'apparat et les correspondances, les chroniques et les biographies, les œuvres théologiques et l'épigraphie. J'en ai produit précédemment trop d'exemples, pour qu'il soit nécessaire d'appuyer mon assertion de citations nouvelles[6]. Un fait non moins avéré que le précédent, grâce aux nombreux extraits

---

1. L'origine populaire de cette poésie rhythmoïde et rimée ne me paraît pas pouvoir être mise sérieusement en question. On ne saurait lui en assigner d'autre en Afrique, et il n'existe aucun motif de supposer que les choses se soient passées différemment en Espagne et dans les diverses provinces de l'Occident romain. C'est donc bien sous cette forme que se produisaient les chants populaires dont il est question dans le troisième concile de Tolède (can. 23), et dans la règle de saint Isidore (c. v, n. 5). Si par aventure on se récriait contre l'expression de *poésie* appliquée à ce qui ne serait, au jugement de mes contradicteurs, que de la prose rimée, à rhythme flottant, je suis prêt à retirer le mot, mais à la condition qu'on ne verra désormais dans le poëme espagnol du Cid qu'une chronique en prose du même genre. Car, en vérité, il m'est impossible de découvrir la plus légère différence entre ce poëme et les *rimados* latins des siècles antérieurs, ni quant à la régularité du rhythme, ni quant à la richesse de la rime. Sous ce double rapport, bon nombre de ceux-ci, quelle que soit l'époque de leur composition, lui sont même supérieurs.

2. Lorsque saint Augustin voulut, vers 393, combattre les Donatistes, et dévoiler leurs erreurs aux pauvres gens qu'ils avaient séduits ou qu'ils s'efforçaient de séduire, il le fit au moyen d'un cantique ou psaume rhythmoïde et rimé que nous possédons encore (*Opp.*, IX, p. 1, sqq.). Ce psaume fut composé vraisemblablement d'après le modèle que fournissaient à ce saint docteur les psaumes anticatholiques chantés par ces schismatiques dans leurs réunions (Aug., *Epist. ad Januarium*, n. 34). Plusieurs sermons adressés au peuple d'Hippone sont, dans quelques-unes de leurs parties, écrits de la même façon. L'admirateur et le disciple d'Augustin, saint Fulgence, va beaucoup plus loin dans cette voie. Il est tel de ses discours aux fidèles de Ruspe qui n'est, du commencement à la fin, qu'un long *rimado*, à peine interrompu çà et là par quelques lignes de prose ordinaire. Cf. S. Aug., *Serm.* CLXXXIV, n. 2 et 3; *Serm.* CLXXXVII, n. 1 et 2; *Serm.* CLXXXVIII, n. 3; *Serm.* CXCI, n. 4, etc., et S. Fulgent., *Serm.* III, IV, V, etc.

3. On n'en trouve pas la plus légère trace dans les admirables lettres et traités de saint Pacien, évêque de Barcelone de 360 à 390. Cf. S. Paciani, *Opp.* dans Florez, *Esp. sagr.*, XXIX, apend. 4, et dans Migne, *Patrol.*, XIII.

4. Par Paul Orose dans quelques rares passages de son Histoire.

5. Toutefois, ni saint Martin de Dume, ni Jean de Valclara, ne partagent cet engouement de leurs contemporains. Mais, s'ils écrivaient tous deux en Espagne, ces saints personnages lui étaient complètement étrangers par leur éducation toute byzantine.

6. Complétons cependant ces citations, si nombreuses qu'elles soient, par quelques brèves indications : 1° dans la liturgie hispano-gothique, les oraisons qui ouvrent la *messe* proprement dite, la première surtout, et l'*inlatio* ou préface sont généralement rhythmées et rimées ; le canon est, au contraire, écrit tout entier dans l'ancien style. Pour se rendre compte de cette différence, il suffit de se rappeler que le canon est d'une rédaction très-ancienne, remontant probablement aux temps apostoliques, tandis que les oraisons qui le précèdent ont été rédigées en très-grande partie par les plus saints prélats espagnols, du v° au vii° siècle (Cf. Isid., *Catal.*, c. 13 et 41; Hildeph., *ejusd. Catal. cont.*, c. 6; Julian. Tolet., *ibid.*, c. 15; Félix, *ibid.*, c. 16, n. 11). 2° les lettres de Montan de Tolède (*Esp. s.*, V, apend. 3), celles de Licinien (*ibid.*, apend. 4), de saint Braulion (*ibid.*, XXX) et du roi Sisebut (*ibid.*, VII, apend., 1-8) sont semées de tirades de facture analogue; 3° il en est de même du traité de saint Hildephonse sur la Perpétuelle Virginité de Marie; 4° enfin, l'année 642 nous fournit une épitaphe de même style, celle du Goth Oppila (Hübner, *Inscr. Hisp. Christ.*, n. 123).

placés sous les yeux du lecteur, et qui l'ont mis d'avance en pleine lumière, est la popularité de ce genre de composition chez les chrétiens espagnols de la seconde période du haut moyen âge ; popularité telle qu'à certains moments et dans certaines provinces, le rhythme et la rime ont régné sans partage [1].

Cette similitude de composition littéraire, entre les écrivains espagnols de la première et de la seconde période du haut moyen âge, est plus frappante encore peut-être dans les œuvres historiques. Tous les chroniqueurs hispano-latins postérieurs à la conquête arabe, ceux du midi vivant au milieu des musulmans, ceux du nord, heureux et libres sous des rois chrétiens, semblent s'être donné le mot pour se choisir, parmi les chroniqueurs de l'Espagne gothique, un guide dont ils suivent les traces et reproduisent de leur mieux toutes les allures. Isidore de Beja, le plus ancien de tous, s'attache à Jean de Valclara. Il emprunte au vieil historiographe wisigoth le théâtre sur lequel s'accomplirent, au ve et au vi[e] siècle, les événements dont Jean nous a laissé le récit, et s'y renferme scrupuleusement. L'Orient, l'Afrique maritime, l'Espagne et le midi de la Gaule, tel est de part et d'autre le lieu de la scène. Si quelques-uns des personnages qui s'y meuvent ne sont plus les mêmes, leurs entrées et leurs sorties sont réglées par Isidore de la même façon que par son modèle. Enfin, à l'exemple de Jean de Valclara, ce même Isidore mêle, en guise d'épisodes, au récit des événements politiques, militaires ou religieux d'intérêt général, de courtes notices biographiques sur les prélats et les simples prêtres, dont la vertu ou la science ont jeté le plus d'éclat et fait le plus d'honneur à son pays et à l'Église. Le chroniqueur espagnol de la fin du viiie siècle ou des premières années du ixe, dont Euloge

---

[1]. Chez les Mozarabes Andalous du ixe siècle, la poésie métrique était complétement délaissée, et ses règles tombées en oubli. Saint Euloge les étudia pendant sa première captivité, les apprit aux autres, et rétablit le mètre dans ses anciens droits. Jusque-là, ses compatriotes et lui-même s'étaient contentés pour leurs essais poétiques du rhythme, agrémenté sans aucun doute de la rime. « Pueriles contentiones, dit Alvaro l'ami et l'historien d'Euloge, quibus dividebamur, non odiose, sed delectabiliter, epistolatim invicem egimus, et rhythmicis versibus nos laudibus mulcebamus... Ibi [in carcere], metricos, quos adhuc nesciebant sapientes Hispaniæ, pedes perfectissime docuit, nobisque post egressionem suam ostendit » (S. *Eulogii vit.*, c. i, n. 2; c. ii, n. 4). — Il y a déjà près de quarante ans que, dans son grand ouvrage sur les *Vitraux de Bourges*, le P. Cahier signalait l'usage fréquent du style quasi-rhythmé, mais bien rimé, chez quelques écrivains ecclésiastiques de l'Occident chrétien, au moyen âge. Plus tard, MM. Dozy et Amador de Los Rios l'ont constaté chez les auteurs espagnols de la même époque. Le premier de ces deux historiens s'est même très-heureusement servi de cette découverte, pour retrouver la vraie leçon de quelques passages d'anciens chroniqueurs hispano-latins, défigurés par les corrections grammaticales d'éditeurs modernes trop entichés de syntaxe classique (*Recherches*, I, p. 6, 14). Si dans un travail de ce genre on tient compte non-seulement de la rime, mais aussi du rhythme, qui n'est jamais assez incertain pour cesser d'être sensible, on arrive souvent à une restitution plus complète des anciens textes. Telle glose, que la rime seule ne permettrait pas de saisir, est trahie et livrée par le rhythme. A ce double moyen de contrôle s'en joint d'ordinaire un troisième, tiré de l'interruption maladroite du récit original par l'interpolation qu'on lui a fait subir. C'est ainsi que, dans la chronique d'Albelda (n. 67, al. 180), le rhythme et la rime suffiraient seuls pour exclure du texte l'addition relative à l'éducation musulmane d'Ordoño II ; tandis que le recours au dernier des moyens indiqués plus haut est nécessaire pour reconnaître l'origine étrangère de l'interpolation, plus insoutenable encore, qu'on s'est permise dans le passage suivant de la même chronique (n. 50, al. 168) :

« Primus in Asturias
Pelagius regnat in Canicas,
Annis novemdecim. Iste,
A Vitizane rege
De Toleto expulsus,
Asturias ingressus,
Et, postquam a Sarracenis Spania occupata est, [iste] pri-
Contra eos sumpsit rebellium (Éd. *rebellionem*) ; [mum
In Asturias [regnante Joseph in Cordoba]
Et in Gegione civitate, Sarracenorum jussa,
Super Astures, procurante Munnuza. »

Le rhythme et la rime acceptent sans difficulté l'interpolation du neuvième vers ; le contexte au contraire exige qu'on la rejette et qu'on lise :

« In Asturias et in Gegione civitate, Sarracenorum jussa, etc. »

L'auteur, en effet, n'a pu raisonnablement, entre le nom de la province gouvernée par Munnuza et celui de la ville où ce chef Berber résidait, jeter la mention absolument inopportune de l'émir Joseph et de Cordoue sa capitale.

retrouvait l'ouvrage dans un des monastères navarrais qu'il visita [1], semblerait aussi avoir adopté pour sa chronique le plan que, avant d'écrire la sienne, s'était tracé le saint évêque de Girone, Jean de Valclara [2]. Toutefois, le fragment que nous en a conservé saint Euloge est beaucoup trop court, pour me permettre de trancher cette question avec quelque certitude.

Il est au contraire de toute évidence qu'Alphonse III a composé l'histoire des rois ses prédécesseurs, à l'imitation de la chronique des Wisigoths que nous a laissée saint Isidore de Séville. Mais il a limité son imitation à la partie de la chronique Isidorienne qui traite des rois de cette nation établis en Espagne, et que par conséquent cette contrée peut revendiquer absolument comme siens, c'est-à-dire à partir de l'inauguration de Theudis en 626 [3]. Ce que je viens d'affirmer d'Alphonse III et de son œuvre, est également vrai de Sampire. Ce chroniqueur renferme en effet son récit dans le cadre choisi par le royal historien, dont il s'est fait le continuateur.

Peu après qu'Alphonse le Grand eut rédigé sa chronique sur les instances de son parent l'évêque Sébastien [4], un de ses sujets, dont le nom est resté inconnu, en composa une autre sur un plan différent [5]. Cette chronique est celle qu'on désigne tantôt sous le nom

[1]. « Cum essem olim in Pampilonensi oppido positus, et apud Legerense cœnobium demorarer, cunctaque volumina quæ ibi erant, gratia dignoscendi, incomperta revolverem, subito in quadam parte cujusdam opusculi, hanc de nefando vate (Mahomat) historiolam absque auctoris nomine reperi », etc. S. Eulog., *Apolog.*, n. 15.

[2]. Dans ce fragment les dates sont données en années des empereurs d'Orient et de l'ère espagnole ; la notice sur Mahomet est précédée du récit de l'avénement du roi Goth Sisebut à la couronne, et de faits ou de personnages concernant l'histoire ecclésiastique de la Péninsule. Cf. S. Eulog., *ibid.*, n. 16.

[3]. Bien entendu que, dans la chronique d'Alphonse, les années sont comptées uniquement d'après l'ère espagnole. Les années des Césars byzantins, mentionnées encore par Isidore de Séville et même par Isidore de Beja, n'y figurent plus. Qui donc, aux Asturies, pouvait encore s'inquiéter de ces misérables successeurs du grand Constantin ?

[4]. Quoi qu'en dise Florez, trop crédule à la parole de Pélage d'Oviédo (*E. s.*, XIII, apend. 6, n. 3), la lettre-préface d'Alphonse III à l'évêque Sébastien indique *très-clairement* que ce dernier n'est pas l'auteur de la chronique, et que le signataire de la lettre l'a seul composée sur la demande de son correspondant. Cette lettre, dont personne ne révoque en doute l'authenticité, réduit donc à néant l'affirmation contraire de Pélage, écrivain du XII⁰ siècle, et parfaitement ignorant des antiquités de son pays. Voici, au reste, cette lettre qu'on veut bien à tort faire passer pour un énigme presque indéchiffrable : « Adefonsus rex Sebastiano nostro salutem.

Notum tibi sit de historia Gothorum, pro qua nobis per Dulcidium presbyterum notuisti (al. *notuit*), pigritiæque (al. *pigritiaque*) veterum scribere noluerunt (*noluit*?) sed silentio occultaverunt (*occultavit*?). Et quia Gothorum chronica usque ad tempora gloriosi Wambanis regis Isidorus Hispalensis sedis episcopus plenissime edocuit ; nos (al. *et nos*) quædam ex eo tempore, sicut ab antiquis et predecessoribus nostris audivimus, tibi breviter intimabimus (pour *intimavimus*). » La seconde partie de cette lettre éclaire et détermine nettement le sens de la première, obscurci par la construction peu grammaticale du texte. Se rappelant la signification habituellement donnée à *notum* et *notuit* dans les chartes hispano-latines (*écrit*, *écrivit*), on peut et doit traduire ces lignes à peu près en cette façon : « Voici écrite pour vous l'histoire des Goths, au sujet de laquelle vous m'avez écrit par le prêtre Dulcidius, et que l'indolence de nos ancêtres, en les empêchant de l'écrire, a ensevelie dans le silence, etc. » — Je donne le titre d'évêque à Sébastien, non sur l'autorité de Pélage qui est nulle pour moi, mais parce qu'une des chartes d'Alphonse III (an. 886) mentionne un évêque Sébastien, cousin de ce roi : « Ecclesiam sancte Eugenie... que est in ripa fluminis Mincei... cum omnibus adjaccentiis suis... secundum quod cam empsimus de dato suprini mei Sebastiani episcopi » (*E. s.* XVII, escr. 1) ; et que je crois pouvoir avec quelque vraisemblance identifier ce prélat, proche parent d'Alphonse le Grand, avec le destinataire de la chronique composée par ce prince.

[5]. L'anonyme d'Albelda et Alphonse III emploient, à diverses reprises, les mêmes tournures et les mêmes expressions dans le récit de certains événements (Comparez Anon. n. 169, 172, 174, édit. B. avec Alph. n. 14, 17 et 20, même édit.). Or, le royal chroniqueur — sa lettre le prouve — ne connaissait, lorsqu'il composa son histoire, aucune chronique ayant traité le sujet qu'il avait choisi ; c'est donc

d'Albelda tantôt sous celui de San Millan, parce qu'elle occupe une place dans le célèbre recueil juridico-historique réédité simultanément au x° siècle dans le scriptorium de chacune de ces abbayes [1]. Bien que le plan adopté par cet auteur soit plus vaste que celui d'Alphonse, il est, comme lui, emprunté à Isidore de Séville. Le roi avait calqué l'ordonnance de son œuvre sur celle que le docteur des Espagnes avait gardée dans la portion de sa trilogie historique spécialement consacrée aux Wisigoths; l'anonyme asturien porte ses vues plus haut et plus loin. Il embrasse dans son récit l'histoire des Romains, des rois goths de Tolède et des Asturies, et des émirs arabes de Cordoue; c'est-à-dire des trois peuples qui avaient tour à tour conquis l'Espagne, et qui s'en disputaient encore la possession à l'heure où il écrivait [2]. Or c'est précisément ce qu'a fait Isidore dans sa chronique des Goths, des Vandales et des Suèves, où, à l'histoire des trois races qui au v° siècle envahirent l'Espagne, il joint celle des anciens habitants du pays, pillés et opprimés, protégés et sauvés par elles. Au premier coup d'œil, cette chronique asturienne, telle qu'elle nous apparaît dans les manuscrits du x° siècle, et dans les éditions faites d'après eux, ressemble beaucoup plus à un recueil informe de pièces diverses entassées pêle-mêle, qu'à une histoire écrite d'après un plan préconçu et suivi jusqu'au bout. Mais si l'on veut bien prendre la peine de l'étudier de près; si l'on sépare — ce qui est facile — le texte primitif, des documents étrangers, sous lesquels l'ont en quelque sorte enseveli les copistes postérieurs, on voit se dégager, l'une après l'autre, les lignes du plan que l'auteur s'est proposé d'exécuter, et l'on reconnaît dans ce chroniqueur anonyme — ce que je montrais en lui tout à l'heure — l'imitateur d'Isidore de Séville [3]. Rodrigue de Tolède et Luc de Tuy au xiii° siècle, l'anonyme de Silos au xii°, ne s'en tiennent pas à l'imitation fidèle de l'ordonnance générale et de la marche des chroniques antérieures. Ils insèrent le texte même de ces chroniques

bien l'Anonyme qui, écrivant après Alphonse III, et ayant son ouvrage entre les mains, fait à ce dernier des emprunts de mots et de phrases.

1. San Millan possédait deux copies de cette chronique, celle dont nous venons de parler, et une autre intercalée dans une Bible hispano-gothique du même monastère. Cf. Eguren, p. 76, col. I, et Berganza, II, p. 548.

2. La copie d'Albelda ou de Vigila fut exécutée d'après un texte plus remanié et retouché que celui qu'à la même époque, les notarii de San Millan avaient sous les yeux. Je pourrais à l'appui de ce que j'avance citer d'assez nombreuses preuves, une seule me suffira pour le moment. La copie de San Millan porte (Berg., p. 553, n. 163):

« Abderrhaman (II) genuit Mahomat, [iste] Mahomat
Qui nunc rex in Cordoba extat,
Sub quo Caldeorum regnum dirutum erit,
Si Domino placuerit. »

C'est bien là ce qu'a écrit et dû écrire en 883 le chroniqueur asturien, parlant d'un prince encore vivant et régnant en cette année-là même. On ne peut certes en dire autant du passage parallèle de la rédaction de Vigila (Florez, n. 82, 83): « Abderrhaman genuit Mahomat, Mahomat genuit Almundar. Iste Mahomat regnavit in Era predicta DCCCXXI, atque preliavit cum rege Ovetense nomine Adefonso. Dehinc pretermittendo et nunquam adjiciendo nomina Ismaelitarum; divina clementia indifferenter a nostris provinciis predictos trans maria expellat, etc. » Qui ne reconnaîtrait ici les façons de parler d'un écrivain que bien des années écoulées séparent des événements qu'il raconte?

3. A cette classe de documents étrangers, parfois d'une très-grande valeur, appartiennent : 1° et *certainement* les listes des rois de Léon et de Navarre composées à la fin du x° siècle, et qui ne se lisent que dans le manuscrit d'Albelda (Florez, n. 47-49, 87); 2° mais *probablement*, le farrago de notices géographiques, statistiques, ecclésiastiques et curieuses jetées en tête de notre chronique dans les deux manuscrits d'Albelda et de San Millan (Florez, n. i-vii et x; Berganza, n. 107-114). Il est enfin très-vraisemblable et presque certain que le catalogue des évêques siégeant dans l'Espagne asturienne d'Alphonse III et l'éloge de ce prince placés dans les prolégomènes (Fl., n. xi; B., n. 118) appartiennent au texte original, dont on les a détachés. Leur vraie place est à la fin de la chronique proprement dite, avant la continuation qu'en fit peu de mois après l'auteur lui-même (Fl., n. 65; B., n. 179): en se guidant sur la rime, on peut, sans grande difficulté, réintégrer ce fragment en son lieu de la façon suivante:

n. 65 (al. 179) « De regno terræ
   Ad regnum transeat cœli.
n. xi (al. 118) Præfatique præsules in ecclesiæ plebe
   Ex regis prudentia emicant clari : [ricæ.
   Regiam [nam]que sedem... Ranulphus Asto-
   Rex quoque clarus... deditus ibi regno, Amen.

Dans le style latin du temps, *præfari*, *præfatus* s'emploient indifféremment à propos de personnes et de choses dont on n'a pas encore parlé, ou qu'on a déjà mentionnées.

dans leurs propres ouvrages, soit en entier, soit par extraits plus ou moins étendus. Il y a toutefois cette différence entre ces écrivains, que le moine de Silos reproduit d'ordinaire l'œuvre de ses prédécesseurs sans mutilation, ni addition ; tandis que les deux premiers mêlent aux nombreux et larges emprunts qu'ils font à saint Isidore de Séville, à saint Julien de Tolède, à Isidore de Béja et aux autres vieux historiographes nationaux, toutes les légendes populaires d'origine espagnole ou arabe en circulation de leur temps [1]. Par cette confusion des fantaisies de l'imagination avec les réalités de l'histoire, Rodrigue de Tolède et Luc de Tuy ont défiguré et déshonoré de très-bonne foi, je m'empresse de le reconnaître, les origines d'un grand peuple qui ne méritait pas cet outrage. On ne saurait trop le regretter. Mais ce qui est plus regrettable, c'est de voir aujourd'hui encore ces légendes acceptées, même par de très-savants hommes, sur le seul témoignage de ces deux prélats [2].

---

1. La légende de Witiza, dont je parlerai plus au long dans la note suivante, me paraît être d'origine purement espagnole. La haine profonde et toujours grandissante qu'inspira l'infâme trahison des frères de ce prince, rejaillissant sur le chef de cette famille maudite, et s'armant des griefs qu'on pouvait faire valoir contre lui, donna naissance à ces odieux récits auxquels chaque génération nouvelle ajoutait des circonstances plus odieuses encore. Il se forma ainsi autour de l'histoire de Witiza comme un nuage d'ignominie, qui en déroba la vérité aux regards du vulgaire, et, plus tard, vers la fin du xie siècle, à ceux des lettrés eux-mêmes. Au fond, tout ce qu'on peut avec certitude reprocher à cet avant-dernier roi de Tolède se réduit à fort peu de chose : avant son avénement à la couronne, un meurtre dont la passion aurait été le mobile, et dont un passage de l'anonyme d'Albelda, que je crois authentique, bien qu'il ne se lise que dans la copie de San Millan, nous a conservé le souvenir (Chron. n. 161, édit. Berg.); vers la fin de son règne, la persécution contre des ecclésiastiques vertueux, excitée par le zèle inquiet et tracassier de Witiza et par celui du pieux mais crédule Sindérède, primat de Tolède. C'est ce que laisse clairement entendre un passage d'Isidore de Béja (Chron. n. 55), signalé avec beaucoup d'à-propos par M. Dozy.. — La légende du roi Rodrigue me paraît être au contraire un produit de l'imagination arabe élaborant, avec sa merveilleuse facilité, les sottes calomnies répandues sur le compte de ce vaillant et malheureux prince par les partisans de Witiza, restés en grand nombre dans le midi et le centre de la Péninsule. C'est de là que l'invraisemblable conte que l'on sait par cœur gagna les provinces chrétiennes du nord-ouest, vers les premières années du xie siècle. Les plus anciens historiens hispano-latins, Isidore, Alphonse III, l'anonyme d'Albelda, etc., l'ont complètement ignoré ou méprisé.

2. Rodrigue de Tolède ajoute de sa propre autorité toute une province d'Afrique — la Tingitane et ses dix cités — aux possessions des rois wisigoths d'Espagne (de Rebus Hisp., III, c. xxi) ; on le croit sur parole, et on reproduit son assertion (A. de Los Rios, II, p. 12). Or il est certain 1° que de Récarède à Witiza, tous les évêques du royaume hispano-gothique étaient tenus d'assister par eux-mêmes ou par leurs délégués aux conciles nationaux célébrés à Tolède ; 2° que cette règle a toujours été religieusement observée, sauf de très-rares exceptions d'un caractère purement individuel ; 3° enfin, que jamais évêque africain n'a siégé parmi les prélats de la Péninsule et de la Narbonaise dans aucune de ces solennelles assises du haut clergé hispano-gothique. Il suit de là, ou que la Tingitane est restée cent cinquante ans sans évêques, ce qui est absurde ; ou que les évêques de cette province se sont donné le mot pour manquer, tous et toujours, à leur devoir, ce qui ne l'est pas moins ; ou que Rodrigue s'est trompé et qu'on se trompe avec lui. Ailleurs on reproduit, tantôt en l'adoucissant (Cavanilles, *Hist. de Esp.*, II, 253, 254), tantôt en le chargeant de plus noires couleurs (Darras, *Hist. Eccl.*, XVI, 546), l'abominable tableau qu'ont tracé du règne de Witiza, et de la société espagnole de cette époque, ce même Rodrigue de Tolède (*Ibid.*, c. xvi) et Luc de Tuy (*Chronicon Mundi*, lib. III, p. 69, édit. Schott), enchérissant l'un et l'autre sur le récit déjà par trop légendaire de l'interpolateur d'Alphonse III, ou du moine de Silos. On oublie, ce qui est fâcheux, que ces deux chroniqueurs du xiiie siècle sont contredits par leurs prédécesseurs du viiie et du ixe, c'est-à-dire par des témoins contemporains ou quasi-contemporains, et que, dans ce conflit, c'est à ceux-ci qu'il faut ajouter foi. Voici l'honnête et véridique Isidore de Béja, qui, dans sa notice sur Witiza, écrite en 754, fait de ce prince un éloge complet, à peine tempéré par une critique ; critique légère d'ailleurs et hors de toute proportion avec les scélératesses dont on a plus tard chargé sa mémoire. Car enfin, qu'on donne le sens qu'on voudra au mot *petulanter*, dont se sert Isidore dans les premières lignes de sa notice (*Chron.* n. 34, édit. Berganza) :

« Hic [Witiza], patri succedens in solio,
Quamquam petulanter, clementissimus tamen, XV per an-
[nos, extat in regno. »

Jamais on n'arrivera à lui faire dire que ce roi *très-clément* poussa la licence des mœurs jusqu'à la polygamie la plus éhontée ; qu'il en imposa la pratique à la noblesse et au clergé de son royaume ; que la mort ou l'exil furent le partage de tous ceux qui refusaient de se plier aux infâmes caprices de sa tyrannie ; qu'il fit sanctionner ces turpitudes par un concile national, etc., etc. ; toutes choses qui répugnent absolument au contexte d'Isidore. Un demi-siècle après cet historien, Alphonse le Chaste rejette ou ignore ces odieuses fables. S'il voit dans la ruine du royaume de Tolède un châtiment de la divine justice, il met personnellement les derniers rois hors de cause, et n'accuse la nation entière que de *jactance* ou de présomption excessive (*Esp. s.*, XXXVII, escr. 7) :

« Cujus [Dei] dono, inter diversarum gentium regna,

Qu'on accueille avec une respectueuse déférence ce témoignage quand il porte sur des faits dont ceux qui le rendent ont vu se dérouler la trame sous leurs yeux, ou qui se sont accomplis dans un temps assez rapproché du leur pour leur permettre d'en acquérir la notion vraie ; rien de mieux. Bien téméraire serait à mon avis quiconque agirait autrement. Mais il n'en est plus ainsi dès que ce même témoignage s'applique à des événements perdus dans le lointain obscur de cinq siècles écoulés, et que les écrivains contemporains ont ignorés, ou dont ils nous donnent une version toute différente. Car, dans le premier cas, surtout lorsque l'honneur d'un individu ou d'une nation est en jeu, s'abstenir est un devoir. Dans le second, il faut, sous peine de méconnaître les lois de la critique la plus élémentaire, n'ouvrir l'oreille qu'aux dépositions antiques, et la refuser aux modernes, qui, ne concordant pas avec elles, se produisent par voie de simple affirmation.

Les chroniqueurs du haut moyen âge léonais ne nous fournissent que rarement l'occasion d'appliquer à leurs écrits ces règles d'une sage critique ; parce que, à l'exemple de leurs devanciers de l'Espagne gothique, Isidore de Béja, Alphonse III, Sampire et même Pélage d'Oviédo se proposent uniquement de reprendre le récit des événements au point où l'ont laissé les chroniques précédentes et de le conduire jusqu'à leur temps. Ne remontant guère par conséquent au-delà d'un siècle, ils sont moins exposés aux illusions d'optique causées par un trop grand éloignement ; illusions dont Rodrigue et Luc de Tuy — nous venons de le voir — ont été victimes en maintes rencontres, dans le cours de l'exploration aventureuse entreprise par eux dans le passé de leur histoire, sans moyens sûrs d'information, ou sans critique suffisante pour reconnaître et utiliser à propos ceux qu'ils avaient sous la main. Parmi les vieux chroniqueurs de la période asturo-léonaise, ceux-là même qui ont poussé leurs recherches plus avant, et jusqu'aux origines historiques de l'Espagne ancienne ou nouvelle, comme l'anonyme d'Albelda dans ses chapitres sur les Romains et sur les rois goths de Tolède, comme le moine de Silos dans ses prolégomènes à la vie d'Alphonse VI, ceux-là, dis-je, résument de leur mieux, sans y rien ajouter du leur, les récits des vieux historiens qu'ils prennent pour guides ; ou bien insèrent textuellement dans leur œuvre personnelle les documents et même les chroniques entières des âges précédents, bornant à peu près leur travail à relier ensemble ces pièces d'origine diverse. Ils évitent ainsi le danger, auquel leurs successeurs du XIIIe siècle n'ont pas échappé en traitant le même sujet, celui de mettre en circulation, sous le couvert et la garantie de l'histoire, bon nombre de fables indignes de toute créance. S'ils y tombent, c'est précisément lorsque, s'écartant de la règle qu'ils se sont tracée, ils vont puiser leurs informations aux sources suspectes d'une tradition sans valeur ou d'écrits mensongers [1]. Mais, chez les chroniqueurs hispano-latins

---

Non minus, in terminis Spanie, clara
Refulsit Gothorum victoria.
Sed quia te offendit eorum prepotens jactantia,
In era septingintesima quadragesima nona (a. 711),
Simul cum rege Ruderico, regni amisit gloria. »

Saint Euloge, archevêque de Tolède et martyr, ne tient pas un autre langage. Il admet, lui aussi, que le péché a causé la ruine des Goths ; mais, comme s'il eût voulu exclure d'avance les crimes invraisemblables dont la crédulité populaire devait les accuser plus tard, il se hâte d'ajouter que, naguère encore et jusqu'à l'invasion arabe, le royaume hispano-gothique s'est distingué par la pureté du culte rendu à Dieu dans la plénitude de la vraie foi, par le mérite de son vénérable épiscopat, par la magnificence de ses basiliques : « Non hujus impiæ gentis beneficio, in cujus ditione, *nostro compellente facinore*, sceptrum Hispaniæ post excidium et evulsionem regni Gothorum translatum est (quod felicissimo fidei christianæ pridem cultu pollebat, venerabilium sacerdotum dignitate florebat, et admirabili basilicarum constructione fulgebat), sed gratia Redemptoris sui... ecclesia custodiri meretur. » *Memor.* SS. n. 30. Certes, Euloge ne pouvait vanter ainsi sans aucune restriction le *mérite* d'un épiscopat dont les dernières années se seraient souillées des hontes de la polygamie, ou du mariage sacrilègement contracté au mépris des canons les plus sacrés de l'Église universelle.

1. Ce malheur est arrivé à Sampire dès le début de sa

de cette période finale du haut moyen âge, d'Isidore de Béja au moine de Silos, en passant par Alphonse III, l'anonyme d'Albelda et Sampire, ces sortes d'oubli ou de distraction sont rares, beaucoup plus rares qu'on ne serait de prime abord porté à le supposer. Les erreurs qu'on relève dans le texte actuel de ces chroniqueurs sont, en effet, le plus souvent, imputables aux interpolateurs trop hardis des siècles suivants, heureusement assez maladroits pour se trahir eux-mêmes dès qu'on prend la peine de les regarder bien en face [1].

En somme, et quelles que soient les limites entre lesquelles il leur plaît d'enfermer leurs récits, tous ces chroniqueurs — Pélage d'Oviédo excepté, dont pour les raisons données ailleurs la critique sérieuse ne doit pas tenir compte — ont, à défaut d'autres, le mérite de la véracité et de l'impartialité. Ils aiment la vérité; ils la cherchent avec une ardeur égale à celle dont saint Braulion faisait preuve autrefois; ils la disent telle qu'ils la connaissent, sans réticence, sans dissimulation, sans mensonge, qu'elle soit ou non favorable à la cause sacrée que défendaient ceux dont ils écrivent l'histoire, et qui leur est à eux-mêmes plus chère que la vie. Si les chrétiens sont battus, ils l'avouent franchement; et ne mettent pas leur imagination à la torture pour donner de cet échec une explication qui enlève au vainqueur la gloire ou le mérite de son triomphe [2]. Ont-ils au contraire à enregistrer une victoire des leurs? Ils le font simplement, en aussi peu de mots que s'il s'agissait d'une déroute [3]. Mentionnent-ils une conquête des Espagnols sur les Mores ou des Mores sur les

---

chronique. Voulant compléter ce que raconte l'anonyme d'Albelda des premières années d'Alphonse le Grand, il a ramassé je ne sais où la légende invraisemblable d'une guerre de sept ans au moins, soutenue par ce prince contre des frères qui n'ont jamais existé, et à une époque de sa vie — entre son mariage et la conquête du Portugal — qui refuse toute place à pareil événement. Cette même envie de combler les lacunes qu'on croit entrevoir dans les antiques récits, a fait accueillir trop légèrement par le moine de Silos l'absurde roman de Rodrigue et du comte Julien (Chron. II, n. 16), dont il ne trouvait cependant aucune trace dans les historiens des temps antérieurs, pas même dans la chronique interpolée d'Alphonse III qu'il avait sous les yeux.

1. Nous l'avons précédemment prouvé pour la chronique d'Albelda. En ce qui concerne celle de Sampire, le fait n'est pas moins certain. Il est démontré par le simple rapprochement du texte authentique conservé par le moine de Silos, du texte interpolé par Pélage. Il est aussi très-facile de reconnaître la main de ce dernier dans plusieurs chapitres de la chronique d'Alphonse III (n. 16, 18, 20, 24, 25, édit. Berg.). Toutefois l'interpolation relative aux crimes de Witiza et au mariage qu'il aurait imposé au clergé espagnol n'est pas de Pélage, comme j'ai déjà eu occasion de le remarquer. Ce que cette dernière interpolation offre de curieux, c'est que son auteur, quel qu'il soit, après avoir emprunté le commencement de cette fable aux contes populaires de son temps, a oublié d'en donner la fin, c'est-à-dire l'abrogation postérieurement faite de ce décret par Froila I. Mais ce qui est pour moi hors de doute, c'est l'impossibilité pour Alphonse III d'avoir cru un seul moment à ce conte ridicule, et de lui avoir donné place dans sa chronique. Ce vaillant homme savait très-bien que le célibat ecclésiastique était gardé par le clergé de l'Espagne arabe, aussi bien que par celui des Asturies; or, étant admise la vérité de la légende en question, ce célibat, aboli dans toute l'Espagne par Witiza, n'aurait pu être rétabli par Froila I que dans son petit royaume asturien; il serait donc resté supprimé dans le reste de la Péninsule. Alphonse, témoin oculaire du contraire dans ses relations personnelles avec des évêques et des moines mozarabes (E. s., XVII, esc. 1, n.2; Escalona, esc. 22), n'a pu par conséquent accepter cette légende comme vraie.

2. Voir dans Sampire, le récit des deux défaites d'Ordoño II (Chron. n. 55 ; ap. Mon. Sil.) et des désastres de l'Espagne chrétienne au temps d'Almanzor (Ibid., n. 68). Ce dernier passage a été mutilé et tronqué par Pélage, peut-être parce qu'il infligeait d'avance un démenti formel à la notice que ce prélat a donnée de Bermude II, dans sa propre chronique (Pelagii, Chron., c. 1 ; E. s. XIV, p. 466). — Les Arabes sont moins scrupuleux que les Espagnols sur cet article. Rien de plus réjouissant que de lire, par exemple, les explications successives et toujours passablement ridicules qu'ils donnent, dès le temps d'Isidore de Béja et plus tard, de la défaite complète de leur armée par les Berbers d'Afrique en 742 (Isid. Pac., Chron. n. 57; Dozy, Hist. des Musulm., I, p. 246, svv.); ou bien encore de celle d'Abdérame III à Simancas (Dozy, ibid., III, p. 62, 63).

3. Voici comment Isidore de Béja raconte la défaite de l'émir Abdalmélic par les montagnards chrétiens, en 734, un an avant la mort de Pélage (Chron. n. 55) :

« E Corduba exiliens cum omni manu publica,
Subvertere nititur Pyrenaica inhabitantium juga.
Et expeditionem per loca
Dirigens angusta,
Nihil prosperum gessit, convictus de Dei potentia...
Et... multis suis bellatoribus perditis, sese recipit in plana,
Repatriando per devia (al. dubia). »

Alphonse III est bien plus bref encore lorsqu'il traite des victoires de son vaillant aïeul Ramire I sur les Sarrasins (Chron. n. 24) :

Nam et adversus Sarracenos bis proeliavit,
Et victor extitit.

chrétiens ? On peut se fier à leur parole. Ces conquêtes sont de vraies conquêtes, dont la réalité démontrée tôt ou tard par d'irrécusables témoignages finit toujours par triompher des doutes et des négations qu'on lui oppose[1]. A plus forte raison, aucun d'eux ne s'avise-t-il, à l'exemple de certains historiens arabes, de biffer d'un trait de plume un siècle entier des annales qu'il s'est chargé d'écrire, pour éviter à son amour-propre l'ennui de raconter les humiliations de sa patrie[2]. Jamais aussi on ne les surprend, ce qui reviendrait presque au même, étranglant entre deux lignes le narré d'une époque néfaste, tandis qu'aux jours prospères, leur enthousiasme déborde et couvre de nombreuses pages[3].

Il est sans doute fâcheux que ces chroniqueurs soient si concis dans leurs narrations ; que, s'inquiétant peu ou point du désappointement infligé à notre curiosité par leur laconisme systématique, mais uniquement préoccupés de serrer de près leurs modèles des âges précédents, ils n'aient donné place dans le récit de chaque époque ou de chaque règne qu'aux principaux événements, rejetant ces détails intimes dont nous sommes aujourd'hui si friands, et les faits secondaires que nous serions heureux de connaître, et qui n'étaient pour eux que d'un mince intérêt[4] ; bref, qu'ils aient tracé un simple croquis au lieu du tableau que semblait exiger la grandeur du sujet choisi[5]. Mais prenons garde que ce regret de ne pas trouver chez eux tout ce que nous y cherchons, ne nous rende injustes, en nous faisant méconnaître la valeur de ce qu'ils nous donnent. Car ce qu'ils nous donnent n'est rien moins que l'histoire vraie, quoique trop sommaire, de la renaissance d'un grand peuple, de sa lutte séculaire, d'abord pour l'existence, puis pour le triomphe final, que ces chroniqueurs n'ont pas eu le bonheur de contempler ; mais qu'ils ont pressenti, et dont les derniers d'entre eux ont vu se lever l'aube radieuse à leur horizon. Oui, cette histoire, étudiée dans les conditions voulues, c'est-à-dire, pour chaque siècle, dans ceux de nos historiographes qui ont vu de plus près se dérouler la série d'événements dont ce siècle a été le théâtre, cette histoire est vraie dans son ensemble et dans la plupart de ses détails. Je ne sache pas,

---

Il se tait complètement sur la défaite d'Abdalmélic par Pélage ; peut-être parce que, dans les anciennes traditions, que ce prince avait si soigneusement recueillies (*Ep. ad Sebast.*, supr. cit.), la première et la dernière victoire de Pélage s'étaient fondues en un seul et éclatant triomphe, celui de Covadonga. Ceci expliquerait pourquoi ce dernier combat prend, sous la plume d'Alphonse, plus d'importance qu'il ne paraît en avoir eu en réalité.

1. La conquête et la colonisation chrétienne du Portugal jusqu'au Mondego par Alphonse le Grand et ses successeurs, affirmée par la chronique d'Albelda, a été mise hors de doute, comme je l'ai fait observer ailleurs, par la publication de nombreuses chartes renfermées dans un des volumes des *Monumenta Portugalliæ*.

2. Ibn-Khaldoun, dans le chapitre de son Histoire universelle qu'il a consacré aux rois chrétiens d'Espagne, passe absolument sous silence les trois règnes glorieux d'Ordoño I, d'Alphonse III et d'Ordoño II (Cf. Dozy, *Recherches*, I, p. 104), ne dit qu'un mot de Ramire II ; mais accorde une page entière aux règnes insignifiants de Sancho III (al. II) et d'Ordoño el Malo, et cinq ou six aux règnes désastreux de Ramire III et de Bermude II (*Ibid.*, p. 104-106).

3. Dans cette même histoire des rois chrétiens d'Ibn-Khaldoun, où Ramire III et Bermude II occupent une place d'honneur (Dozy, *ibid.*, p. 106-110), parce qu'ils furent toujours battus par Almanzor ; le grand saint Ferdinand III est expédié, lui et son règne de conquêtes, en ces deux lignes caractéristiques : « Alphonse eut pour successeur son fils Ferrando surnommé le Louche, qui enleva Cordoue et Séville aux Musulmans » (Id., *ibid.*, p. 117). On ne pouvait, il faut l'avouer, s'en tirer à moins de frais.

4. A leurs yeux les razzias ou même les ceiphas annuelles et bisannuelles, sur lesquelles l'habitude les avait blasés, tombent au rang de ces faits secondaires dont ils ne parlent que par exception. Mais, ici encore, ils ne se départent jamais de leur impartialité. Si, par exemple, ils se taisent sur l'occupation momentanée d'Oviédo par les Musulmans à une époque où cette ville sortait à peine de ses langes, ils se taisent également, et sur la déroute finale des envahisseurs, et sur l'expédition triomphante qu'Alphonse le Chaste poussa peu après jusqu'à Lisbonne, qu'il prit et pilla. On comprend très-bien aussi qu'ils n'aient pas songé à nous renseigner sur tel défaut naturel ou telle infirmité des rois dont ils resserraient les glorieux faits d'armes en quelques lignes : *De minimis non curat prætor*. Qu'importe après tout à l'histoire que tel roi ait été louche, ou que tel autre soit tombé du haut-mal ?

5. Ceci ne s'applique pas à tous nos chroniqueurs indistinctement. Isidore de Béja, dans sa description des malheurs de l'Espagne aux jours de la conquête, ou de la bataille de Poitiers, ainsi que dans le récit des aventures de Munnuza et de sa femme ; le moine de Silos, dans la notice consacrée à Ferdinand I, se donnent l'un et l'autre plus large carrière.

en effet, que, jusqu'à présent, cette histoire ainsi étudiée, celle des derniers rois de Tolède et de l'invasion arabe, dans Isidore de Béja[1]; des rois asturiens, dans Alphonse III et l'anonyme d'Albelda, débarrassés l'un et l'autre des interpolations étrangères dont on a chargé leur texte; des rois de León jusqu'à Bermude II inclusivement, dans Sampire délivré lui aussi de ces incrustations parasites, et dans le moine de Silos; de ces mêmes rois de León et de ceux de Navarre et Castille, de Sancho le Grand aux premières années d'Alphonse VI, dans le dernier des deux auteurs que je viens de citer; d'Alphonse VI enfin et de ses successeurs dans Rodrigue de Tolède et Luc de Tuy, ait reçu un démenti mérité de la critique sérieuse et impartiale sur un seul des faits de quelque importance qui y sont exposés.

N'oublions pas d'ailleurs que nous devons aux lettrés espagnols de la même époque une foule d'autres documents historiques du plus grand prix : actes de conciles, fueros, biographies, petites chroniques (*cronicones*), inscriptions, chartes et contrats de toute nature, qui nous initient dans le plus grand détail à la vie intime des populations et, corrigeant sur certains points les grandes chroniques dont il vient d'être question[2], les confirment ou les complètent sur un grand nombre d'autres[3]. Ce n'est pas tout, ces mêmes

---

1. La partie de sa chronique qui concerne les rois de Tolède offre un certain nombre de lacunes, qui peuvent et doivent être comblées à l'aide des actes des conciles célébrés sous ces rois, des inscriptions publiées dans l'*España sagrada* et par Hübner, des lettres et autres écrits de saint Braulion, de saint Julien de Tolède, etc. Une remarque à ce propos : il n'est pas tout à fait exact, comme l'a cru M. Dozy (*Recherches*, I, p. 72), qu'Isidore n'ait gardé un silence absolu que sur la mort de Witiza. Il ne parle pas davantage de celle de Sisenand, de Sinthila, de Wamba et d'Erwige. Pour tous ces princes, comme pour Witiza, Isidore se borne à inscrire, au début de la notice qu'il leur consacre, les années de leur règne, et rien de plus. Ce silence n'implique donc en aucune façon la mort violente du dernier de ces rois. D'autre part le passage très-obscur du même Isidore, où M. Dozy voit une allusion à ce tragique événement (*Ibid.*), est dans son état présent rattaché par le chroniqueur à l'année 704 (Isid., *Chron.*, 32 al. 30) :

« Qui et (al. *qui in*) in era 739, suprafatæ cladis non ferent Per Hispaniam e palatio vagitant, » etc.   [tes exitium,

Or la déposition de Witiza n'eut lieu que dix ans plus tard, en 711 (Id., *ibid.*, 35, al. 34). L'autorité d'Ibn-Adhâri, écrivain du XIIIᵉ siècle, qui, sur la foi d'une tradition d'une autorité plus que douteuse — car M. Dozy reconnaît que la compilation de cet auteur en renferme bon nombre de mensongères (*Ibid.*, p. 44) —, affirme que Witiza fut tué par Rodrigue, ne me paraît pas suffisante, pour entendre de ce meurtre le passage cité plus haut d'Isidore de Béja, en dépit de la date qui y est inscrite. Il serait plus plausible de l'appliquer à l'assassinat du père de Pélage par Witiza, dont il est parlé dans l'anonyme d'Albelda (texte de San Millan, n. 101); puisque, d'après ce chroniqueur, cet événement aurait eu lieu lorsque Witiza, associé à la couronne par son père, gouvernait la Galice, c'est-à-dire entre 698 et 701. Le plus sage me paraît toutefois d'avouer simplement que nous ignorons à quoi Isidore fait ici allusion.

2. On trouvera des exemples de rectifications de ce genre dans l'histoire d'Ordoño III, par Risco (*Reyes de Leon*), et dans les *Recherches* de M. Dozy (I, p. 154 svv., 186 svv.). Le récit donné par Sampire de la déposition, en 910, d'Alphonse III par ses enfants révoltés et par sa femme Chimène ne mérite guère confiance, en présence, non-seulement du témoignage contraire et contemporain de Léodegonde cité plus haut (p. 325 n. 7), mais encore de celui du roi Ordoño II, fils d'Alphonse le Grand, qui, dans une charte de l'an 913, ne fait monter sur le trône de León son frère aîné Garcia, qu'après la mort de leur père commun Alphonse III : « Genitor noster B. M. Dominus Adefonsus *ad obitum veniens* ordinavit... patri Genadio episcopo quingentos auri nummos Aulæ B. Jacobi apostoli deferendos... Ille vero hoc agere non valuit, quia germanus noster Dominus Garsea *apicem regni accipiens*, aditum eundi... ad eumdem locum sanctum jam dictus episcopus minime habuit » (*E. s.* XIX, p. 352, 353); enfin de celui du moine de Silos conçu presque dans les mêmes termes que le précédent (Anon. Sil., *Chron.*, c. IV, n. 42, 43).

3. C'est ce dont l'*España sagrada* fournit la preuve presque à chaque page. Il me suffira donc de citer ici la charte d'Alphonse le Grand, de l'an 886 (*E. s.* XVII, escr. 1, n. 2). Cette pièce nous apprend qu'Ordoño I n'a jamais poussé ses conquêtes au sud de la Galice asturienne plus loin que le district d'Orense, et qu'il ne parvint pas à repeupler ce district. D'où on doit conclure 1° que l'honneur des conquêtes chrétiennes en Portugal revient à son fils Alphonse le Grand, comme l'affirment l'anonyme d'Albelda, Alphonse lui-même et Sampire; 2° que la date des chartes II et III des *Monumenta Portugalliæ* (Chartæ, I, p. 3) a été faussée par le copiste du Tumbo de Lorvão, et que ces chartes sont non d'Ordoño I, mais d'Ordoño II, et peut-être d'Ordoño III. Enfin ce qu'on nous raconte de la colonisation du district d'Orense par Alphonse III et de l'installation effective sur le siége de cette ville d'un évêque chassé de l'Espagne arabe, nous démontre qu'il faut prendre au pied de la lettre ce qu'on lit dans les chroniques citées plus haut, de la repopulation chrétienne des provinces conquises par ce prince, et de leur réorganisation ecclésiastique. Citons aussi les confirmations successives des *Fueros* de Brañosera (M. p. 17), qui nous donnent la généalogie authentique de Fernand Gonzalez, à partir des premières années du IXᵉ siècle; et la charte d'Ordoño II (M. P. escr. 25) qui nous rend un chapitre perdu de l'histoire épiscopale de Porto, au siècle suivant.

documents nous aident à découvrir la fausseté des quelques pièces apocryphes du même genre, que l'ignorance ou la crédulité ont trop facilement acceptées des mains d'imposteurs intéressés[1]. Cet ensemble de documents est si complet, que, mis en œuvre avec une rare habileté par les savants auteurs de l'*España sagrada*, il leur a permis de reconstituer en son entier, dans leur inestimable recueil, l'histoire ecclésiastique, civile et politique de la Péninsule au moyen âge. Or, je le répète, s'ils ont rempli à la satisfaction de tous cette tâche ardue, c'est sans autre aide que celui des pièces hispano-latines que je viens d'énumérer. Ils n'ont jamais eu besoin de recourir à des sources étrangères, que pour des faits peu nombreux et d'importance secondaire, qu'ils pouvaient omettre sans nuire à l'intégrité ou à la perfection de leur œuvre. Quant aux erreurs ou aux lacunes qu'on y rencontre, elles ne sont dues qu'à l'impossibilité où étaient Florez et Risco de consulter bon nombre de ces documents, alors encore enfouis dans la poussière des archives. Aujourd'hui qu'ils en sont sortis, il sera facile à leurs continuateurs d'effacer les unes, et de combler les autres, sans s'adresser ailleurs.

Il y a là, ce me semble, de quoi faire pardonner aux chroniqueurs et autres écrivains de toute catégorie, dont il est question en ce moment, leur style incorrect, souvent embarrassé, prétentieux et obscur, sans toutefois l'être jamais ou presque jamais assez, pour s'étendre en voile impénétrable sur la pensée de l'auteur. Ce pardon s'impose de lui-même, dès qu'il s'agit de la longue série des chartes de donation ou de priviléges, et des contrats d'intérêt privé. Ce qu'on demande, en effet, à ces sortes de pièces, ce sont des dates, des faits, des détails de mœurs, dont les nôtres fournissent aux esprits curieux une abondante moisson. Y chercher des modèles de beau langage, serait folie ; s'irriter de ne pas les y trouver, serait ridicule. En aucun pays et en aucun temps, les notaires n'ont eu souci d'enrichir les cours de littérature. Et encore est-il juste de rappeler que, sous ce rapport, les notaires espagnols du IX° siècle et des suivants se piquent d'une générosité inconnue aux nôtres ; car ils nous ménagent fréquemment, dans les préambules rimés des actes sortis de leur scriptorium, de très-agréables surprises auxquelles nous étions loin de nous attendre.

Se montrer moins indulgent pour les chroniqueurs et les biographes hispano-latins serait presque aussi injuste, et pour bien des raisons. Il s'en faut d'abord de beaucoup que les défauts signalés plus haut se retrouvent tous et au même degré dans chacun de ces écrivains. Moins saillants et moins nombreux dans Alphonse III, l'anonyme d'Albelda et Sampire, que dans Isidore de Béja ; ils ont presque entièrement disparu de la chronique du moine de Silos, qui est d'un bout à l'autre d'une lecture aussi aisée qu'attrayante. Ces mêmes défauts, en quelque proportion qu'on les rencontre dans l'œuvre de nos historiographes, sont d'ailleurs imputables en très-grande partie aux copistes ou éditeurs des âges

---

1. Le diplôme où Ramire II passe en revue toutes les donations faites à l'église d'Iria et au tombeau de saint Jacques par ses prédécesseurs, à partir d'Alphonse le Chaste, semble n'avoir été écrit que pour démontrer la fausseté de la prétendue donation de Ramire I à cette église, après la bataille de Clavijo, et du privilége *de los votos* qui la contient. Cf. Ranimiri II, *Privil.* (a. 934), *Esp. sag.*, XIX, p. 363, 364. De même, il suffit de rapprocher le diplôme des *votos de San Millan*, attribué au comte Fernand Gonzalez, des diplômes authentiques de ce grand homme, pour reconnaître la fausseté du premier. J'en dis autant des actes du prétendu concile d'Oviédo, intercalés dans la chronique de Sampire par Pélage, comparés aux actes des autres conciles espagnols du haut moyen âge, avec lesquels ils n'ont rien de commun. Il suffit d'ailleurs de se rappeler ce qu'était l'Espagne chrétienne d'Alphonse le Grand, sa grandeur, sa prospérité, le triomphe continu de ses armes depuis quarante ans, et les conquêtes qui en avaient été la suite, pour rejeter comme apocryphe et sorti d'un cerveau brouillé par l'Ovétomanie, le plat et ridicule dialogue que, dans ces actes, le pauvre Pélage prête au roi Alphonse et à ses prélats. Les prérogatives de la noble cité d'Oviédo n'ont pas besoin de faux papiers. Il leur suffit du chroniqueur d'Albelda (n. 58, al. 175). Ajoutons, par contre, que, n'en déplaise au P. Masdeu et à son école, le nombre de ces chartes apocryphes est singulièrement restreint.

suivants, qui ont défiguré le texte original par leurs interpolations, leurs mutilations, leurs gloses, leurs bévues de déchiffrement, et souvent par des corrections inutiles, quand elles ne sont pas maladroites[1]. Quant aux incorrections ou obscurités dont les auteurs sont évidemment responsables, elles naissent toutes de la substitution des règles de la syntaxe rustique à celles de la syntaxe classique; ainsi que de l'emploi habituel de certains mots, soit dans un sens que la langue latine littéraire ne leur reconnaît pas ou qu'elle n'y rattache que rarement, soit sous une forme que cette même langue a rejetée ou qu'elle n'a jamais acceptée[2]. En tout ceci, il n'y a rien qui justifie la sévérité outrée de certains critiques trop délicats envers nos chroniqueurs. Leurs dégoûts affectés ne font tort qu'à eux-mêmes. Quoi de plus plaisant, en effet, que les petits cris d'effroi, la mine effarée et les ridicules grimaces de tels ou tels Cicéroniens de la Renaissance contraints d'aborder l'étude de l'inestimable Chronographie d'Isidore de Béja[3]? Ne tombons pas dans ce travers, et n'oublions pas que l'histoire a plus besoin de vérité que de littérature. A son tribunal, la déposition honnête et loyale d'un témoin à la parole inculte, à la robe de bure usée et trouée jusqu'aux coudes, est accueillie avec une respectueuse reconnaissance; tandis que l'inattention ou le dédain sont réservés aux récits que viennent débiter à sa barre, en périodes harmonieuses, des témoins ignorants, trompés, ou trompeurs, fussent-ils parés et attifés à la dernière mode de la Rome d'Auguste et de la Cordoue des califes espagnols.

V.

Il est temps et, au gré du lecteur sans doute, plus que temps de conclure. Ce qui me semble ressortir avec une pleine évidence des pages qu'on vient de lire, c'est d'abord que les Espagnols du haut moyen âge ont possédé de véritables et nombreuses bibliothèques, à tous les moments de cette longue période de huit siècles; qu'ils les ont formées avec amour, entretenues avec soin, enrichies avec une ardeur et une générosité qui ne se sont jamais lassées ni démenties; qu'ils ont mis enfin un zèle infatigable à les reconstituer, toutes les fois que la guerre étrangère amenait leur ruine ou leur dispersion. C'est, en second

---

1. Cf. Dozy, *Recherches*, I, p. 4. J'étends à tous les chroniqueurs hispano-latins la remarque qui, dans M. Dozy, s'applique au seul Isidore de Béja. J'ai cru en outre devoir la compléter par l'adjonction des éditeurs modernes aux anciens copistes. Car, pour ne parler que d'Isidore, je crains bien que les premiers, en introduisant dans le texte de cet historien un grand nombre de leçons nouvelles tirées de Rodrigue de Tolède et de Mariana, ne l'aient en réalité plus altéré que restitué. Aussi me suis-je, dans le cours de ce travail, servi des éditions de Berganza et de Sandoval collationnées entre elles, de préférence à celle de Florez, où les corrections dont je parle ont eu lieu sur une trop grande échelle. A propos de ces corrections inutiles faites à d'anciens textes hispano-latins, je dois avertir le lecteur que je mets de ce nombre celles qui sont proposées ici même sous forme dubitative, et auxquelles je suis étranger (p. 246, not. 1, lign. 5, et p. 254, not. 4, lign. 9). *Pariat* et *præmoneretur* sont les vraies leçons.

2. Citons quelques exemples à l'appui de ce qu'on vient de lire: 1° la suppression de ce que nous appelions autrefois l'*ablatif absolu* et son remplacement par le *nominatif absolu*; la disparition de la forme passive dans les verbes transitifs qui en sont revêtus, l'emploi de l'article dans la déclinaison, et des verbes auxiliaires dans les temps et modes où la conjugaison classique ne l'admet pas, etc., etc. 2° *Vel* dans le sens de *et*; *nisi* très-fréquemment dans celui de *sed*; *sedeam, sedeas, sedeat*, au lieu de *sim, sis, sit*, et avec la même signification, etc., etc. 3° *Rebellium* pl. *Rebellia* (Isid., *Chron.*, n. 3; *Chron. Albeld.*, n. 175, al. 58), Révolte; *Præsagatio* (Isid., *ibid.*), Présage; *Pompizare* (Jo. Biel. et Isid. Pac.), être ignominieusement promené en public; *Farmalium* (Albeld., n. 162, 164, al. 46, 77), Discorde, rixe, sédition, etc., etc. Au lieu de cette dernière expression ne faudrait-il pas lire *Farallium*, du verbe *farallar* ou *barallar* (auj. *Barajar*) que je retrouve sous la première de ces formes dans la quatrième addition faite aux Fueros de Castrojeriz, au temps d'Alphonse VI (1073-1109)?

3. Voir entre autres le jugement porté sur Isidore de Béja par Vasco, dans Florez, *E. s.* VIII, apend. II, n. 6. Pour ma part, je donnerais bien volontiers tous les ouvrages de ce docte et très-élégant écrivain, en échange de l'*Abrégé des temps* ou *Livre des événements du siècle*, que le *barbare* Isidore avait composé (Cf. *Chron.* n. 63 et 74), et qui est aujourd'hui perdu. J'y joindrais même au besoin — que les amateurs du grand style me le pardonnent! — l'*Histoire d'Espagne* de Mariana.

lieu, que ces mêmes Espagnols, loin d'être des barbares comme on l'a dit, vivaient en pleine civilisation chrétienne ; que cette civilisation n'a jamais souffert d'éclipse dans la Péninsule; qu'elle reste purement hispano-gothique, de Récarède à Ferdinand I de Castille, au milieu des transformations successives auxquelles, sous le coup de la nécessité, elle se prête avec une facilité merveilleuse; qu'enfin, dans ses transformations, elle s'accommode toujours de la plus admirable façon aux besoins du peuple qu'elle a enfanté et qu'elle prépare lentement à de si hautes destinées. Aux jours de paix et de prospérité qui suivent la fusion des deux races gothique et hispano-romaine, cette civilisation donne au royaume catholique de Tolède des littérateurs, des savants, des artistes, des théologiens, des jurisconsultes, dont, à la même époque, aucune autre contrée ne réunit une pléiade mieux fournie et plus brillante. Lorsqu'une odieuse trahison livre le pays au pillage, à la servitude, à l'abjection, cette même civilisation, incarnée et vivante dans l'Église, prodigue — le mot n'est pas trop fort — à la nation vaincue et près de succomber, tout ce que réclame la situation nouvelle que les événements lui ont faite : des *clercs* en assez grand nombre pour lui garder le dépôt littéraire et scientifique légué par les ancêtres; de saints évêques pour la guider vers Dieu et lui concilier le ciel; des rois, sages dans le gouvernement, intrépides à la guerre, pour maintenir l'ordre et la paix au dedans, et pour conduire au dehors, contre l'ennemi commun du Christ et de l'Espagne, les soldats sobres et dévoués qui chaque jour se pressent plus nombreux sous leur glorieux drapeau.

Cette intelligence si nette des nécessités du moment, cette sollicitude si prompte à y pourvoir, sont et seront toujours l'honneur de la civilisation hispano-chrétienne du haut moyen âge, à la période de la reconquête. Que d'autres lui reprochent de s'être bornée, dans l'ordre purement intellectuel, à garder tant bien que mal le terrain précédemment conquis; de n'avoir doté le monde ni de grands savants ni de grands lettrés; libre à eux. Moi, qui mets la patrie avant le monde, loin de m'associer à ces reproches, je me félicite qu'ils soient mérités; parce que, de cette façon, toutes les forces vives de la civilisation espagnole ont pu s'appliquer à la formation de la longue série des libérateurs de la patrie esclave, d'un peuple digne d'être commandé par de pareils chefs. Et quels libérateurs que ces Pélage, ces Alphonse, ces Ordoño, ces Ramire, ces Ferdinand, ces Fernand Gonzalez et ces Cid Campéador[1] ! Quels nobles cœurs, quelles âmes vaillantes, quels bras infatigables aux grands coups d'épée, à ces coups merveilleusement assénés, qui, si elle en eût été témoin, auraient fait pâmer d'aise la plus spirituelle des marquises de notre grand siècle[2] ! Quelles joies mâles et vivifiantes j'ai goûtées moi-même en la compagnie de ces héros, au milieu desquels il m'eût été si doux de vivre et de mourir ! En ces tristes années qui viennent de s'écouler, années de deuil et de persécutions pour l'Église, d'humiliations et d'amoindrissements pour la France, quelles consolations et quels lointains espoirs n'ai-je pas puisés dans le spectacle d'un peuple vaincu et terrassé, qui se relève plus fort qu'avant sa chute; d'une Église, qui ne paraît un moment vaincue et captive, que pour triompher ensuite

---

1. Non pas seulement le Cid de la poésie, mais le Cid de l'histoire, tel qu'il se montre à nous dans la chronique latine publiée par Risco (*La Castilla y el mas famoso Castillano*, apend. 6), et dans la dissertation où M. Dozy a si bien mis en œuvre les documents arabes sur le même sujet (*Recherches*, II, p. 1 et svv.).

2. Aussi, lorsque je lis dans les historiens arabes du Cid (Dozy, *Recherches*, II, p. 25) que ce vaillant homme tombait en extase au récit plus ou moins légendaire des hauts faits de je ne sais quel guerrier arabe, je me dis, ou que ces historiens nous servent ici un de ces contes dont ils sont coutumiers, ou que le Cid avait au cœur des trésors d'admiration dont il ne savait que faire. Car, de tous les héros musulmans que M. Dozy m'a fait connaître, je n'en vois aucun qui aille à la cheville d'Alphonse le Grand, de Ferdinand I et du Campeador lui-même.

avec plus d'éclat ! Et maintenant que, après des retards prolongés à plaisir — le lecteur s'en est bien aperçu — il faut enfin me séparer de ces héroïques amis d'un autre âge; je leur dis adieu avec reconnaissance et regret : reconnaissance du bien qu'ils m'ont fait, regret amer de les quitter. Cette amertume ne sera certes pas adoucie par les folies et les bassesses du présent où je vais rentrer[1].

31 juillet 1877.

[1]. Un malentendu, dont il serait trop long d'expliquer les causes, ne m'a pas permis d'apporter tous les soins requis et nécessaires à la correction des cinq ou six premières feuilles de ce travail. De nombreuses fautes s'y sont donc glissées. Je ne relèverai ici que celles de ces fautes qui intéressent le sens. J'abandonne les autres à l'intelligente et patiente charité du lecteur. A ces corrections indispensables, je joins quelques additions ou modifications, dont le sujet m'a été fourni par les recherches que j'ai poursuivies au cours de l'impression.

CORRECTIONS : 1° p. 222 (not. 4, lig. 9), 231 (not. 1 lig. 8), 246 (not. 1, lig. 5), et 253 (not. 4, lig. 9), supprimez les parenthèses et leur contenu, pour la raison précédemment indiquée (p. 344, n. 1). 2° p. 224, lig. 5, 6, rétablir ainsi la phrase qu'une correction mal comprise a défigurée : « de la Lusitanie, où il était né, pour Constantinople. » Même opération, p. 254, ligne 3, où il faut lire : « Bordeaux, dès la la fin du siècle précédent, évidemment, etc. »; 3° p. 224, lig. 11, 12 : « Sirvium, » lis. « Sirvitum ». 4° *Ibid.*; lig. 22 : « au sacerdoce » — « à l'épiscopat ». 5° p. 229, lig. 2 : « (cût-il existé, ce qui n'est pas) » — « eût-il existé (ce qui n'est pas) ». 6° p. 231, ch. II, lig. 13 : « et assez » — « assez ». 7° p. 240, not. 4, lig. 11 : « royal, qu'il » — « royal. Car il ». 8° p. 246, lig. 8 : « fils de Witiza » — « frères et des fils de Witiza ». 9° p. 247, not. 3, lig. 10 : « cremavit » — « cremavit ». 10° p. 248, not. 8, lig. 3, et 273, lig. 19 : « Coîmbre » — « Porto ». 11° p. 249, not. 2. lig. 1 : « montana, tenti » — « montana tenti ». 12° p. 259, not. 2, lig. 7 :

« Ferdinand I » — « Ferd. [III. » 13° p. 269, lig. dern. : « Ce moine » — « et ce moine ». 14° p. 299, not. 1, lig. 15 : « 133 » — « 13 ». 15° p. 317, n. 3, l. 13: « 914 » — « 915. »

ADDITIONS : 1° p. 278, not. 6, dernière ligne, ajoutez: « L'erreur des auteurs ou déchiffreurs de l'inscription de Cardeña consisterait donc simplement dans l'adjonction de la dernière unité de l'ère au chiffre mal lu de la férie. » 2° p. 315, not. 5. Il ne me paraît plus aussi clair que l'*item* de saint Gennade ait la valeur déterminative que je lui prête dans cette note. Il se pourrait donc bien que les ouvrages rattachés aux précédents par cette particule n'eussent rien de commun avec saint Jérôme. Peut-être est-il question ici des Étymologies [de saint Isidore], et d'un Glossaire. 3° p. 317, n. 3, lig. 16 : terminez cette note après les mots « fut dressé ». La conjecture que j'émets ensuite me paraît aujourd'hui dénuée de probabilité sérieuse. Alphonse le Grand pouvait bien confier à un de ses fils, associé à sa royauté, le gouvernement d'une province; mais il n'était pas homme à se dépouiller si facilement du droit de nomination aux évêchés. 4° p. 326, not. 5. Le doute que laissait subsister l'Ordinal, cité par Berganza, est dissipé presque entièrement par la note du copiste Jimeno, publiée en entier par l'Académie de l'Histoire de Madrid (*Memorial Hist.*, II, p. x). On y voit que l'archiprêtre Jimeno était moine de San Millan, sous l'abbé Gomez, et qu'il terminait sa transcription des Étymologies d'Isidore, le 20 septembre 946, sous les rois Ramire II de Léon et Garcia Sanchez de Navarre.

TABLE DES MATIÈRES.

MÉMOIRES QUI COMPOSENT CE VOLUME
(Les planches doivent prendre place vis-à-vis de la page indiquée).

	Pages
Avant-propos.	I-V
Bibliothèques du moyen age, Introduction.	1
M. Letronne et la cosmographie des SS. Pères.	7
I. Structure du firmament.	15
II. Pluralité des cieux.	17
III. Configuration de la terre et du ciel.	19
Réfutation de M. Libri, et motifs du mémoire précédent.	
IV. L'*Histoire des sciences mathématiques en Italie*, esprit qui dirigeait l'auteur.	39
V-VII. Ses invectives contre le christianisme.	42
VIII. Bibliothèques ecclésiastiques des premiers siècles de l'Église.	47
Des bibliothèques au moyen age.	
IX-XI. Soins que l'on y donna dans les monastères.	51
XII. Principales bibliothèques d'alors (en Occident).	62
XIII. Difficultés pour la formation des bibliothèques.	65
XIV. Emplois de ceux qui s'y consacraient	71
XV. Copie et moyens divers pour accroître les bibliothèques.	75
XVI. Transcription et ses règlements.	81
XVII. Réquisitions des abbés pour l'augmentation de la bibliothèque.	87
XVIII. Copies exécutées par des femmes.	89
XIX. Érudition des séculiers au moyen âge.	97
XX. Écoles de cette époque.	104
XXI. L'Irlande, comme exemple entre autres.	110
Calligraphie au moyen age.	
XXII. L'*Hortus deliciarum* de l'abbesse Herrade.	115
Planche I. L'abbesse Uota (de Ratisbonne).	118
XXIII. Du luxe bibliographique chez les copistes, et conséquences qu'en ont déduites les diplomatistes.	Ib.
XXIV. Calligraphes célèbres au moyen âge.	125
Planche II. Saint Jean évangéliste (de Ratisbonne)	134

MINIATURES DU MOYEN AGE.

XXV. Anciennes peintures des livres chrétiens. 144

    Pl. III. Les quatre évangélistes (de Bamberg) 146

XXVI. Documents historiques renfermés dans les livres à miniatures (même à l'insu du peintre), et qui n'en intéressent pas moins le vrai curieux. 154

XXVII. Modifications de certains sujets dont la marche progressive peut être suivie chez les miniateurs. 161

Les miniatures du moyen âge considérées comme documents et jalons historiques.

XXVIII. Importance des miniatures pour l'histoire de l'art. 167
XXIX. Leurs caractères les plus saillants entre le vii⁰ siècle et le xiv⁰. 173

    Pl. IV. Saint Fortunat écrivant (de Poitiers) 177
    Pl. V. Sainte Radegonde (*ibidem*). 178

Luxe bibliographique au moyen âge, suite.

XXX. Caractères des miniatures après la moitié du xiv⁰ siècle. 185
XXXI. Principaux miniateurs, depuis le viii⁰ siècle jusque vers le xv⁰ (exclusivement). 194

    Pl. VI. S. Mathieu (de Ratisbonne). 196

XXXII. *Item*, au xv⁰ siècle et au xvi⁰. 200
XXXIII. Couverture et reliure des livres liturgiques. 213
XXXIV. Anciens projets de l'auteur sur l'histoire des bibliothèques monastiques, abandonnés depuis à des mains plus libres et plus actives. 215

APPENDICE TOUT SPÉCIAL SUR L'ESPAGNE, par le P. Jules Tailhan. — Préambule. 217

I. Invasion des barbares du Nord et renaissance hispano-gothique.

1. Premiers ravages et leur extension. — Venue des Visigoths envoyés par Rome. . 218
2. Espagne du vi⁰ siècle : reprise de la civilisation romaine. — Villes et campagnes. . 221
3. Renouveau de vie intellectuelle. — Visigoths catholiques et romanisés. 223
4. Lettrés de race gothique. — Prétendue corruption du clergé hispano-romain par l'entrée des Visigoths dans le ministère ecclésiastique. 225
5. Les Suèves et la civilisation hispano-romaine. — Classes populaires de la Péninsule. 230

II. Bibliothèques espagnoles sous les rois goths de Tolède

1. Dume, Carthagène, Valclara, le roi Récesvinde. Tolède au temps de saint Julien. . 231
2. Séville sous saint Isidore, autres églises. 234
3. Émilien, le comte Laurent, Domnus. Saint Braulion de Saragosse et sa passion pour les livres. 236
4. Autres prélats d'Espagne, bibliophiles : saint Isidore, saint Fructueux, saint Eugène de Tolède, Taion, Quiricus, etc. 238
5. Exécution matérielle des livres, copistes; procédés de composition littéraire. . . . 239
6. Dangers courus par les bibliothèques hispano-gothiques, et leur perte quasi entière lors des irruptions musulmanes. 244

III. Invasion arabe, et renaissance chrétienne dans les Asturies.

1. Conquête musulmane. Espagnols refoulés vers le nord-ouest. — Défensive des Asturiens d'abord, puis offensive. — Organisation du royaume chrétien et ses moyens de prospérité. 246
2. Sources diverses des richesses de l'Espagne chrétienne et libertés du paysan. . . . 254

TABLE DES MATIÈRES.

	Pages.
3. Le pauvre dans cet état social.	264
4. Influence de l'Église sur l'épanouissement nouveau d'une civilisation hispano-gothique.	271
5. Instruction donnée aux enfants.	278
6. Enseignement supérieur : jurisprudence, médecine, théologie, etc.	292

IV. Bibliothèques espagnoles du nord-ouest.

1. Collections formées : Saint-Martin de Liébana, abbayes navarraises du ixe siècle, Oviédo, Léon, Albelda, Silos, Cardeña, Sahagun, etc. 297
2. Bibliothèques en formation : Obona, Tuñon, Celanova, Samos, Guimarães, etc. — Bibliophiles espagnols et autres. — Difficultés qu'on avait à vaincre. — Copistes. 313
3. Le *scriptorium* monastique, copie et ornementation des manuscrits. 324
4. Caractère traditionnel qui semble régir toutes les œuvres de cette époque, pour le fond comme pour la forme. — Prose rimée, fort en usage du vi^e siècle au xiie. — Coup d'œil sur les chroniques et documents de ces temps-là. 332

V. Conclusion de l'Appendice. 344

Additions et corrections pour la même partie. 346

Notez que presque toutes les gravures de l'*Appendice* ont pour principal point de départ le manuscrit Cottonien de Londres (provenant, ce semble, du monastère de Silos), indiqué aux pages 226 et 252. Mais l'I capital de la page 323 appartient à un original que le P. Arthur Martin avait copié à Saint-Omer, et il le désigne comme ayant mine d'œuvre espagnole du xe siècle. Peut-être, cependant, n'était-ce là qu'une assimilation à deux figures d'évêques ou abbés données par lui dans son mémoire sur les crosses, d'après notre manuscrit du *British Museum*.

Un autre I (page 297), copié sur un manuscrit des Bollandistes, dont la provenance m'est inconnue, n'est pas sans quelque analogie avec maintes initiales qui ornent les grands antiphonaires manuscrits de l'Espagne au xviie siècle ; il est donc permis de supposer que ce style avait des racines dans les régions transpyrénéennes, et peut-être depuis longtemps. Car l'Espagne du passé ne se pliait pas complaisamment aux idées d'autrui.

Les lettres ornées ou vignettes des pages 320, 328 et 346 sont empruntées à deux manuscrits de Laon (n°s 33 et 423), mais les indications du P. A. Martin ne m'y paraissent pas toujours bien conformes au catalogue imprimé plus tard par ordre du ministère de l'instruction publique. Quoi qu'il en soit, on les tient pour appartenant à peu près au viie siècle ; et rien ne semble constater qu'ils sortent d'un *scriptorium* de la ville ou des environs. D'ailleurs, comme les écrivains qu'on y transcrit sont Paul Orose et saint Isidore, le calligraphe (même Français du Nord) aura bien pu y copier un modèle espagnol.

Formons aussi une table des autres ornements accessoires (lettres ornées et vignettes ou culs-de-lampe) semés dans ce volume, lorsque j'en pourrai constater l'origine qui ne serait pas suffisamment indiquée par le texte courant.

Page v. Q. Soi-disant Psautier de saint Louis à l'Arsenal.
P. viii, I. Manuscrit de Munich, n° 34.
P. ix, U. Manuscrit de Munich n° 40.
P. x, H. Manuscrit des Bollandistes, à Bruxelles.
P. xi, Vignette. Origine inconnue (calques du P. A. Martin), peut-être d'Attavante.
P. 1, L. Manuscrit des Bollandistes.
Ibid., I. Même manuscrit.
P. 4, Q. Même Psautier de saint Louis, que ci-dessus.
P. 5. S. Même manuscrit des Bollandistes, que ci-dessus.
P. 7. E. *Item.*
P. 8, C. *Item., ibid.*
P. 9, V. *Item.*
P. 11, O. *Item?*
P. 13, M. Lectionnaire d'Aix-la-Chapelle.
P. 14, C. Manuscrit des Bollandistes.
P. 15, S. Passional d'Aix-la-Chapelle.
P. 16. H. Manuscrit des Bollandistes.
P. 18. D. Lectionnaire (ou Passionnal) d'Aix-la-Chapelle.
P. 19, P. Manuscrit des Bollandistes.

P. 20, M. Bibliothèque de Munich, n° 40.
P. 21, R. Manuscrit des Bollandistes.
P. 22, S. Munich, n° 34.
P. 24, L. Munich, n° 40.
P. 26, E. Manuscrit du British Museum (Cotton, Claudius).
P. 27, D. Lectionnaire d'Aix-la-Chapelle.
P. 28, N. Manuscrit des Bollandistes.
P. 29, Q. Manuscrit de Munich, n° 40.
P. 31, S. Manuscrit des Bollandistes.
Ibid., V. Item.
P. 32, N. Manuscrit des Bollandistes.
P. 34, B. Manuscrit de Poitiers (Vie de sainte Radegonde).
P. 35, T. Lectionnaire d'Aix-la-Chapelle.
P. 37, N. Psautier de saint Louis, à l'Arsenal.
P. 38, C. Manuscrit des Bollandistes.
Ibid. Vignette. Origine inconnue (calques du P. A. Martin).
P. 39, E. Manuscrit des Bollandistes.
P. 40, Q. Item.
P. 41, Q. Psautier de saint Louis, à l'Arsenal..
P. 42, I. Ibidem.
P. 43, V. Manuscrit de Munich, n° 34.
P. 47, M. Manuscrit des Bollandistes.
Ibid., P. Manuscrit de Poitiers.
P. 49, C. Manuscrit de Munich, n° 34.
P. 50, Vignette. Lectionnaire d'Aix-la-Chapelle.
P. 51, L. Bibliothèque de Laon, n° 281.
P. 52, S. Psautier de saint Louis, à l'Arsenal.
P. 55, H. Manuscrit de Munich, n. 34.
P. 56, I. Manuscrit des Bollandistes.
P. 57, Q. Psautier de saint Louis, à l'Arsenal.
P. 58, Q. Origine inconnue (calques du P. A. Martin).
P. 59, D. Psautier de saint Louis.
Ibid., N. Manuscrit des Bollandistes.
P. 60, C. Manuscrit des Bollandistes.
P. 61, D. Manuscrit de Munich, n° 40.
P. 62, P. Ibid.
P. 63, E. Psautier de saint Louis.
P. 64, I. Item.
P. 65, vignette. Item.
Ibid. S. Lectionnaire d'Aix-la-Chapelle?
P. 67, V. Manuscrit des Bollandistes.
P. 68, A. Manuscrit de Munich, n° 40.
P. 69, L. Cf. p. 24.
P. 71, C. Cf. p. 14.
P. 73, Q. Manuscrit de Munich, n. 34.
P. 76, I. Manuscrit des Bollandistes.
P. 78, T. Origine inconnue; calque du P. Martin.
P. 79, P. Manuscrit des Bollandistes.
P. 80, B. Lectionnaire d'Aix-la-Chapelle.
P. 81, I. Manuscrit des Bollandistes.
Ibid., vignette. Origine inconnue; calque du P. Martin.
Ibid. I. Manuscrit des Bollandistes.
P. 83, C. Ibid.
P. 86, A. Lectionnaire d'Aix-la-Chapelle.
P. 88, A. Missel de Saint-Maur-des-Fossés, xi° siècle.
P. 89, M. Manuscrit des Bollandistes
P. 91, V. Bible de Charles le Chauve (rue Richelieu).
P. 94, P. Manuscrit de Munich, n° 34.
P. 95, D. Lectionnaire d'Aix-la-Chapelle.
P. 96, vignette. Psautier de saint Louis.
P. 97, I. Manuscrit des Bollandistes.
P. 98, E. Lectionnaire d'Aix-la-Chapelle.

P. 100, E. Manuscrit des Bollandistes.
P. 101, Q. Manuscrit de Bourges, n° 88.
P. 103, D. Lectionnaire d'Aix-la-Chapelle.
P. 104, M. Ibid.
P. 105, C. Passional d'Aix-la-Chapelle.
P. 106, I. Manuscrit de Laon, n° 281.
P. 109, F. Manuscrit des Bollandistes.
P. 110, P. Ibid.
P. 112, L. Manuscrit de Bourges, n° 11.
P. 114, I. Manuscrit des Bollandistes.
Ibid., vignette. Attavante, missel de l'évêque de Dol.
P. 115, I. Manuscrit des Bollandistes.
P. 116, H. Manuscrit de Munich, n° 34.
P. 120, Q. Manuscrit des Bollandistes.
P. 121, H. Manuscrit espagnol du British Museum.
P. 122, S. Manuscrit des Bollandistes.
P. 123, M. Cf. supra, p. 13.
P. 125, I. Lectionnaire d'Aix-la-Chapelle.
P. 126, V. Manuscrit de Munich, n° 34.
P. 129, E. Manuscrit des Bollandistes.
P. 130, N. Lectionnaire d'Aix-la-Chapelle.
P. 132, A. Ibid.
P. 135, E. Ibid.
P. 136, P. Manuscrit des Bollandistes.
P. 137, A. Cf. supra, p. 68.
P. 138, K. Manuscrit anglo-saxon?
P. 139, L. Cf. supra, p. 24.
P. 140, D. Manuscrit de Munich, n° 40.
P. 141, A. Manuscrit des Bollandistes.
P. 143, vignette. Attavante, missel de l'évêque de Dol.
P. 145, A. Manuscrit de Bourges, n° 3.
P. 148, N. Manuscrit de Munich, n° 34.
P. 156, Q. Manuscrit de Munich, n° 40.
P. 158, A. Lectionnaire d'Aix-la-Chapelle.
P. 160, C. Manuscrit de Munich, n° 34.
P. 161, R. Manuscrit des Bollandistes.
P. 162, Z. Fantaisie médiévale d'un amateur encore vivant.
P. 163, B. Manuscrit de Munich, n° 34.
P. 165, P. Lectionnaire d'Aix-la-Chapelle.
P. 167, O. Manuscrit des Bollandistes.
P. 168, P. Ibidem.
P. 169, N. Lectionnaire d'Aix-la-Chapelle.
P. 171, I. Manuscrit des Bollandistes.
P. 174, B. Manuscrit de Munich, n° 34.
P. 175, L. Cf. supra, p. 112.
P. 176, E. Manuscrit de Munich, n° 34.
P. 178, N. Cf. supra, p. 28.
P. 180, N. Cf. supra, p. 32.
P. 181, N. Manuscrit de Munich, n° 40.
P. 184, E. Manuscrit des Bollandistes.
Ibid., vignette. Attavante, missel de l'évêque de Dol.
P. 186, E. Manuscrit de Munich, n° 40.
P. 187, I. Manuscrit des Bollandistes.
P. 189, D. Cf. supra, p. 18.
P. 190, T. Lectionnaire d'Aix-la-Chapelle.
P. 191, Q. Manuscrit de Munich, n° 34.
P. 192, E. Manuscrit des Bollandistes.
P. 193, I. Ibidem.
P. 194, N. Cf. supra, p. 37.
P. 195, E. Manuscrit espagnol du British Museum.
P. 197, H. Manuscrit de Bourges, n° 73.
P. 199, K. Lectionnaire d'Aix-la-Chapelle.

P. 200, R.	Manuscrit des Bollandistes.		P. 211, H.	Lectionnaire d'Aix-la-Chapelle.
P. 201, I.	Lectionnaire d'Aix-la-Chapelle.		P. 213, T.	Cf. *supra*, p. 78.
P. 204, N.	Cf. *supra*, p. 59.		P. 215,	vignette. Manuscrit de Laon, n° 281.
P. 205, M.	Sacramentaire de Metz (fête de S. André). Cf., *supra* t. II, p. 134.		*Ibid.* I.	Manuscrit des Bollandistes.
Ibid., I,	Manuscrit des Bollandistes.		P. 216.	Tige centrale avec rinceaux supérieurs et inférieurs. Attavante, missel de l'évêque de Dol.
P. 207, Q.	Cf. *supra*, p. 29.			
P. 208, A.	Manuscrit de Munich, n° 34.			
P. 209, R.	*Ibidem*.			

Pour le reste (*Espagne*), voir la p. 349, après l'indication des sujets traités dans le texte.

FIN DE LA TABLE.

Paris. — Typographie de Firmin-Didot et Cie, rue Jacob, 56 — 4708.

www.ingramcontent.com/pod-product-compliance
Lightning Source LLC
Chambersburg PA
CBHW060618170426
43201CB00009B/1056